Bibliothek des technischen Wissens

Qualitätsmanagement
Arbeitsschutz, Umweltmanagement und
IT-Sicherheitsmanagement

4. Auflage

bearbeitet von Lehrern und Ingenieuren (s. Rückseite)
Lektorat: Prof. Dr.-Ing. Dietmar Schmid, Essingen

VERLAG EUROPA-LEHRMITTEL • Nourney, Vollmer GmbH & Co. KG
Düsselberger Straße 23 • 42781 Haan-Gruiten

Europa-Nr.: 53812

Die Autoren des Buches

Kirchner, Arndt, Dipl.-Ing. (FH), Geschäftsführer, Oberlenningen: *Qualitätsmanagement, Umweltmanagement*

Schmid, Dietmar, Prof. Dr.-Ing., Essingen: *Arbeitsschutz, IT-Sicherheitsmanagement (Organisation), Notfall- und Krisenmanagement*

Kaufmann, Hans, Dipl.-Ing. (FH), Studiendirektor, Aalen: *Instandhaltung, IT-Sicherheitsmanagement (Technik)*

Fischer, Georg, Dipl.-Ing. (FH), Studiendirektor, Neresheim: *Vertiefung statistische Prozessüberwachung, Pareto-Analyse*

Lektorat und Leitung des Arbeitskreises: Prof. Dr.-Ing. Dietmar Schmid, Essingen

Bildbearbeitung: Zeichenbüro des Verlags Europa-Lehrmittel, Ostfildern

Das vorliegende Buch wurde auf der **Grundlage der neuen amtlichen Rechtschreibregeln** erstellt.

4. Auflage 2012

Druck 5 4 3 2 1

Alle Drucke derselben Auflage sind parallel einsetzbar, da sie bis auf die Behebung von Druckfehlern untereinander unverändert sind.

ISBN 978-3-8085-5384-8

Diesem Buch wurden die neuesten Ausgaben der DIN-Blätter und der VDE-Bestimmungen zugrunde gelegt. Verbindlich sind jedoch nur die DIN-Blätter und VDE-Bestimmungen selbst.

Die DIN-Blätter können von der Beuth-Verlag GmbH, Burggrafenstraße 6, 10787 Berlin, und Kamekestraße 2–8, 50672 Köln, bezogen werden. Die VDE-Bestimmungen sind bei der VDE-Verlag GmbH, Bismarckstraße 33, 10625 Berlin, erhältlich.

Alle Rechte vorbehalten. Das Werk ist urheberrechtlich geschützt. Jede Verwertung außerhalb der gesetzlich geregelten Fälle muss vom Verlag schriftlich genehmigt werden.

© 2012 by   Verlag Europa-Lehrmittel, Nourney, Vollmer GmbH & Co. KG, 42781 Haan-Gruiten
            http://www.europa-lehrmittel.de

Umschlaggestaltung: Grafische Produktionen Jürgen Neuman, 97222 Rimpar und Grafik & Sound, 50679 Köln

Satz: Grafische Produktionen Jürgen Neumann, 97222 Rimpar

Druck: M. P. Media-Print Informationstechnologie GmbH, 33100 Paderborn

Vorwort zur 4. Auflage

Die industrielle Fertigung ist nur erfolgreich, wenn neben der richtigen Auswahl von geeigneten Fertigungsverfahren mit der Absicherung durch Messen und Prüfen auch das *Qualitätsmanagement (QM)* durchgängig eingeführt ist, beherrscht und akzeptiert wird. Nach außen zeigt sich dies durch die Qualitätszertifizierung der Unternehmen. Innerbetrieblich führen die Qualitätsmanagementmaßnahmen zu einer erhöhten Produktivität, einem verbesserten Betriebsklima, zu verringerten Unfallrisiken und einem verbesserten Arbeits- und Gesundheitsschutz.

Das **Qualitätsmanagement** ist als Teilgebiet der Produktionsorganisation für den Techniker und Ingenieur von essenzieller Bedeutung. Es wird ihn im Berufsalltag fortwährend neu herausfordern. Daher ist es richtig, wenn begleitend zu einer technikzentrierten Ausbildung stets auch das Qualitätsbewusstsein geweckt wird und die Methoden des Qualitätsmanagements systematisch erlernt werden. Qualitätsmanagement ist für jede Art von Unternehmen eine Notwendigkeit. Nur damit erzielt man verkaufsfähige Produkte und Dienstleistungen und kann nachhaltig Arbeitsplätze sichern.

Umweltschutzmanagement ist in den Unternehmen zu einem strategischen Faktor geworden. Ohne Umweltschutz gibt es keinen nachhaltigen Unternehmenserfolg mehr – zumindest nicht bei uns in Europa. Für die Unternehmen und deren Mitarbeiter bedeutet das, ihren Verantwortungsbereich unter dem Gesichtspunkt des Umweltschutzes zu analysieren, die Problemzonen zu erkennen, die Ausgangssituation zu dokumentieren und auf eine Verbesserung hinzuwirken. Dabei sind nicht nur die Prozesse in der Produktion zu sehen, sondern die vollständigen Prozessketten. Überall lassen sich Umweltbelastungen erkennen und reduzieren, ob bei eingesetzten Methoden, Rohstoffen, Materialien, Produkten oder bei der Produktentsorgung.

Bei allen Gestaltungen darf man den **Arbeitsschutz** nicht vergessen. Der Mensch ist das Maß aller Dinge und alle Handlungen sollten sich daran ausrichten. So sind im Buch *Unternehmenskultur, Sicherheit am Arbeitsplatz, Arbeitsbelastungen* und *Gesundheitsschutz* auch mit eigenen Abschnitten thematisiert. Stark erweitert und neu strukturiert sind die Abschnitte zur EU-Maschinenrichtlinie.

IT-Sicherheitsmanagement mit der Sicherung von *Vertraulichkeit, Verfügbarkeit* und *Integrität* ist zu einer strategischen Aufgabe eines jeden Unternehmens geworden.

In der **4. Auflage** gibt es an vielen Stellen einzelne Verbesserungen. Besonders hervorzuheben sind die Aktualisierungen bezüglich **DIN EN ISO 9001:2008**. Diese sind nun alle eingearbeitet. Obwohl es durchweg nur geringfügige Veränderungen gegenüber der Vorgängernorm sind, hat die Tatsache einer Neuerscheinung der so wichtigen und umfangreichen Norm zum Jahresende 2008 erhebliche Unsicherheiten verursacht.

Die Kapitel des Buches sind:

Qualitätsmanagement	Arbeitsschutz	Umweltmanagement	IT-Sicherheitsmanagement
• DIN EN ISO 9000	• Arbeitsschutz-	• Umweltschutz	• Gefährdungen durch
• Zertifizierung	management	• DIN EN ISO 1400	Missbrauch, Versagen
• Total Quality	• Gefährdungsanalysen	• Umweltaudit	und Fehlhandlungen
Management	• Schutzausrüstungen	• Energie-Monitoring	• Strukturierung und
• KAIZEN	• Arbeit und Arbeits-		Aufbau
• Instandhaltung	belastungen		• Notfall- und Krisen-
	• EU-Maschinenrichtlinie		management

Schüler und Studierende signalisieren für diese Aufgaben und Fragestellungen oft noch wenig Interesse. Für deren berufliche Entwicklung sind sie aber von großer Wichtigkeit und sollten gerade bei einer lernfeldorientierten Ausbildung im Sinne ganzheitlichen Betrachtens stets Beachtung finden. Mit einer Vielzahl von Übungen, Beispielen, Fotos und Grafiken wird das Buch belebt und erleichtert das Lernen. Diese Übungen sind zumeist ausgerichtet an den Aufgaben und Geschehnissen der Fertigungstechnik und sprechen so vor allem den großen Bereich der Ausbildung und Weiterbildung in Berufen für das produzierende Gewerbe an.

Hinweise und Verbesserungsvorschläge können dem Verlag und damit den Autoren unter der E-Mail-Adresse lektorat@europa-lehrmittel.de gerne mitgeteilt werden.

Frühjahr 2012   Dietmar Schmid

Inhaltsverzeichnis

1	**Qualitätsmanagement (QM)**	7

1.1	**Entwicklung des QM**	7
1.1	Entwicklung des QM	7
1.1.1	Qualität	8
1.1.1.1	Qualitätsmerkmale	9
1.1.1.2	Fehler	9
1.1.2	Ziele des QM	10
1.1.3	Qualitätskreis und Qualitätspyramide	12

1.2	**Teilfunktionen des QM**	12
1.2.1	Qualitätsplanung	13
1.2.2	Qualitätsprüfung	14
1.2.2.1	Prüfplanung	14
1.2.2.2	Prüfausführung	15
1.2.2.3	Prüfhäufigkeit	17
1.2.2.4	Prüfdatenverarbeitung	18
1.2.3	Qualitätslenkung	18
1.2.4	Qualitätsförderung	19

1.3	**DIN EN ISO 9000**	20
1.3.1	Die Normen (Übersicht)	21
1.3.1.1	Die Normenstruktur	22
1.3.1.2	Die Ausschlussmöglichkeiten	23
1.3.1.3	Die Prozessorientierung	23
1.3.1.4	Dokumentationsanforderungen	24
1.3.2	Das QM-System	25
1.3.2.1	Dokumentationsanforderungen, Allgemeines	25
1.3.2.2	QM-Handbuch	26
1.3.2.3	Lenkung von Dokumenten	27
1.3.3	Verantwortung der Leitung	28
1.3.4	Management von Ressourcen	32
1.3.5	Produktrealisierung	34
1.3.5.1	Planung der Produktrealisierung	34
1.3.5.2	Kundenbezogene Prozesse	34
1.3.5.3	Entwicklung	37
1.3.5.4	Beschaffung	40
1.3.5.5	Produktion und Dienstleistungserbringung	42
1.3.5.6	Lenkung von Überwachungsmitteln und Messmitteln	45
1.3.6	Messung, Analyse und Verbesserung	46
1.3.6.1	Allgemeines	46
1.3.6.2	Überwachung und Messung	46
1.3.6.3	Lenkung fehlerhafter Produkte	48
1.3.6.4	Datenanalyse	49
1.3.6.5	Verbesserung	50

1.4	**Die Zertifizierung eines Unternehmens**	51
1.4.1	Vorbetrachtung	51
1.4.1.1	Welche Merkmale zeichnen ein zertifiziertes Unternehmen aus	51
1.4.1.2	Welche QM-Norm ist die Richtige	51
1.4.1.3	Warum ein zertifiziertes QM-Management	53
1.4.2	QM-Handbuch	54
1.4.2.1	Vorbereitung zur Dokumentation	54
1.4.2.2	Dokumentation	54
1.4.2.3	Bekanntmachen und Aktualisieren	54
1.4.3	Dokumentenprüfung und Voraudit	56
1.4.4	Systemaudit und Zertifizierungsaudit	57
1.4.4.1	Planung des Zertifizierungsaudits	57
1.4.4.2	Durchführung des Zertifizierungsaudits	59
1.4.4.3	Bewertung	60
1.4.4.4	Abschlussbesprechung und Bericht	62
1.4.5	Wiederholungsaudit und internes Audit	63
1.4.6	Auditarten	64
1.4.6.1	Qualitätsaudit	64
1.4.6.2	Second-Party-Audit und Prozessaudit	65

1.5	**Total Quality Management (TQM)**	67
1.5.1	Einführung	67
1.5.2	TQM – Modell für Europa (EFQM)	69
1.5.3	TQM – Merkmale	71
1.5.4	Six Sigma	74

1.6	**Werkzeuge des TQM**	82
1.6.1	7 Tools	82
1.6.2	QFD – Quality Function Deployment	91
1.6.3	FMEA – Failure Mode and Effects Analysis	93
1.6.4	Statistische Prozesssenkung	94
1.6.4.1	Einführung	94
1.6.4.2	Darstellen und Auswerten von Prüfdaten	98
1.6.4.3	Mathematische Modelle	103
1.6.4.4	Auswerten von Messreihen	109
1.6.4.5	Qualitätsregelkarten	112
1.6.4.6	Maschinen- und Prozessfähigkeit	116

1.7	**Vertiefung zur statistischen Prozessüberwachung**	117
1.7.1	Fähigkeitsuntersuchungen	117
1.7.2	Prüfmittelfähigkeit	122

Inhaltsverzeichnis

1.7.3	Maschinenfähigkeit	128
1.7.4	Erstellen und Führen einer Qualitätsregelkarte	137

1.8 KAIZEN 143

1.8.1	Begriff und Prinzip	143
1.8.2	Innovation und KAIZEN	144
1.8.3	Funktionsweise	144

2 Instandhaltung 145

- **2.1 Begriffe** 145
- **2.2 Wartung** 148
- **2.3 Inspektion** 152
- **2.4 Instandsetzung** 154
- **2.5 Inbetriebnahme** 155
- **2.6 Fehlersuche** 157
- **2.7 Reparatur** 158
- **2.8 Condition-Monitoring (zustandsbedingte Instandhaltung** 159

3 Arbeitsschutz 163

3.1 Der Mensch ist das Maß 163

3.1.1	Mitarbeiterbeteiligung	164
3.1.2	Unternehmenskultur	164

3.2 Arbeitsschutzmanagement 165

3.2.1	Allgemeines	165
3.2.2	Das Arbeitsschutzgesetz	166

3.3 Gefährdungsanalysen und Abhilfen .. 168

3.3.1	Mechanische Gefährdungen	168
3.3.1.1	Bewegte Maschinenteile und Werkstücke	168
3.3.1.2	Sicherheit durch ergonomische Gestaltung	171
3.3.1.3	Sicherheit bei Griffen, Stellteilen und Bediengeräten	172
3.3.1.4	Sicherheitsgerechtes Gestalten und Betreiben von Anlagen	174
3.3.1.5	Gefährdung durch Bauteilversagen und mangelnde Stabilität	175
3.3.1.6	Gefährdung beim Transportieren und durch bewegte Teile	178
3.3.1.7	Beispiele zur Sicherheit an Menschen	179
3.3.2	Elektrische Gefährdungen	181
3.3.3	Gefahrstoffe	187
3.3.4	Brand- und Explosionsgefährdungen	189
3.3.5	Heiße und kalte Stoffe	191
3.3.6	Klima am Arbeitsplatz	192
3.3.7	Lärm	193
3.3.7.1	Physikalische Grundlagen	193
3.3.7.2	Lärmemission und Lärmimmission	196
3.3.7.3	Maßnahmen gegen Lärm	196
3.3.7.4	Lärm und Gesundheit	197
3.3.8	Vibration und Stöße	198
3.3.9	Strahlung	199
3.3.9.1	Nichtionisierende Strahlung	199
3.3.9.2	Ionisierende Strahlung	202

3.4 Das Licht am Arbeitsplatz 203

3.5 Wahrnehmung von Signalen und Prozessmerkmalen 205

3.6 Arbeit und Arbeitsbelastung 207

3.6.1	Schwere der Arbeit	207
3.6.2	Beanspruchungen und Überlastungen	208
3.6.3	Ergonomie	209
3.6.4	Psychische und mentale Belastung	213
3.6.5	Belastungen durch die Arbeitsorganisation	214

3.7 Sicherheitszeichen 215

3.8 Persönliche Schutzausrüstungen am Arbeitsplatz (PSA) 217

3.9 Der PC-Arbeitsplatz 219

4 EU-Maschinenrichtlinie 221

4.1 ANHANG I: Grundlegende Sicherheits- und Gesundheitsanforderungen für Konstruktion und Bau von Maschinen 222

4.2 Europäische Sicherheitsnormen 249

5 Umweltmanagement (UM) 251

5.1 Umweltschutz im Unternehmen 251

5.2 Umweltorientierte Unternehmensführung 252

5.3 Umweltmanagementsystem nach DIN EN ISO 14 001 253

5.4	Von der Umweltpolitik zum Umweltprogramm 255	6.2.2	Gefährdung durch technisches Versagen 291
5.5	Umsetzung der Norm 256	6.2.2.1	Gefahr durch Überspannung 291
5.6	Umsetzungsprojekt 258	6.2.2.2	Sichere Stromversorgung 293
5.7	Eingabe/Ausgabe-Analyse 260	6.3	Strukturierung eines IT-Sicherheitsmanagements 295
5.8	Umweltaudit 261	6.4	IT-Notfallmanagement 300
5.9	Energie-Monitoring und Energieeffizienz 269	6.4.1	Notfallmanagementprozess 300
		6.4.2	Initiierung der Notfallsituation 301
5.10	Kreislaufwirtschafts- und Abfallgesetz – KrW-/AbfG (Auszug) 271	6.4.3	Kritische Geschäftsprozesse, Risikoanalyse und Strategien 302
		6.4.3.1	Business-Impact-Analyse (BIA) 302
6	**IT-Sicherheitsmanagement**	**275**	6.4.3.2	Risikoanalyse 303
		6.4.3.3	Strategien 304
6.1	Einführung 275		
6.2	Gefährdungen und Abhilfen 279	**7**	**Notfallbewältigung und Krisenmanagement**	**305**
6.2.1	Sicherheit und Gefährdungen durch Missbrauch 279		
6.2.1.1	Serverraum 279	**8**	**Glossar zu QM**	**307**
6.2.1.2	Sabotage 279		
6.2.1.3	Diebstahl 280	**Fachwörterbuch Deutsch-Englisch, Sachwortverzeichnis**		**312**
6.2.1.4	Datensicherung 281		
6.2.1.5	Passwörter 282		
6.2.1.6	Computerviren 283		
6.2.1.7	Verändern von Dateien, Verschlüsselungen 286	**Professional Dictionary, English-German, Index**		**316**
6.2.1.8	E-Mail-Sicherheit 289		
6.2.1.9	Sicherheit bei WLAN 290	**Quellenverzeichnis**		**6**

Quellenverzeichnis

Die meisten Bilder und Tabellen entstanden auf der Basis von Entwürfen der Autoren bzw. entstammen ihrem Arbeitsumfeld. Nachfolgend genannte Firmen und Institutionen haben den Arbeitskreis aber im Besonderen mit Druckschriften, Zeichnungen und Fotos (Seite/Bild -Nr. in Klammern) unterstützt; dafür bedankt sich der Arbeitskreis. Herausragend war die Unterstützung durch die ALFRED HEYD GmbH u. Co. in Öhringen und der Continental AG in Hannover. Ihre Beiträge dienten uns über mehrere Abschnitte hinweg als Beispiele.

ALFRED HEYD GmbH u. Co., Öhringen
Bildarchiv Preussischer Kulturbesitz (bpk), Berlin, 007/1, 155/1
Boehringer Ingelheim, 238/1/2
Bundesanstalt für Arbeitsschutz und Arbeitsmedizin, Dortmund
Bundesministerium für Arbeit und Sozialordnung, Berlin
Bundesministerium für Umwelt, Naturschutz und Reaktorsicherheit, Berlin
Continental AG, Hannover, 255/1, 264 bis 268
CSG - Computer Supplies Group, Düsseldorf, 280/2, 280/3
DELTALOGIC Automatisierungstechnik GmbH, Schwäbisch-Gmünd, 150/1/2, 151/1/2
Erlau AG, Aalen, 174/1, 260/1mitte
Europäische Agentur für Sicherheit und Gesundheitsschutz am Arbeitsplatz, Bilbao
Europäisches Parlament und Rat der Europäischen Union, Strassburg
Festo AG, Esslingen-Berkheim, 149/2

Greg Goebel: www.vectorsite.net, 288/1
HAKO-Lehrmittel, Reutlingen, 105/3
Hans Wälischmiller, Markdorf, 202/1
HUMAN SOLUTIONS GmbH, Kaiserslautern, 210/1/2/3
ifm electronic gmbh, Tettnang, 159/1/2
KESSLER+CO, Abtsgmünd, 168/3, 175/1, 210/4
Kuka Roboter GmbH, Augsburg, 205/2
Leuwico Büromöbel GmbH, Braunschweig, 219/1
Materialprüfungsanstalt Stuttgart, 177/3
MMC-I Messtechnik, Nürnberg, 294/1
NASA Photo Gallery, Washington D. C., 253/2
Phönix Contact, Blomberg, 291/1/4, 292/2
Pilz GmbH, Ostfildern, 228/1
Robert Bosch GmbH, Stuttgart, 149/1/3, 155/1, 198/1, 277/1/2
Rolls-Royce Group, London, 162/3 unten
Siemens AG, München, 81/4, 228/2 links, 234/1, 279/4, 280/1links
Siemens- Dematic, München, 212/3
STILL GmbH, Hamburg, 240/1, 241/1
Vohtec Rissprüfung GmbH, Aalen, 199/1

1 Qualitätsmanagement (QM)

1.1 Entwicklung des QM

Die Entwicklung des Qualitätsmanagements begann mit der zunehmenden Arbeitsteilung zu Beginn des letzten Jahrhunderts und wurde von einigen Vordenkern in den einzelnen Entwicklungsstufen maßgeblich geprägt. Bis Anfang des letzten Jahrhunderts blieben in der industriellen Produktion die einzelnen Fertigungsschritte zur Herstellung eines Produkts, wie in den Manufakturen vor der industriellen Revolution, im Wesentlichen im Verantwortungsbereich eines Werkers, der damit auch die Qualität seiner eigenen Arbeit prüfen konnte.

Die gestiegene Nachfrage nach Gütern aller Art zu Beginn des 20. Jahrhunderts, machte eine geänderte Produktionsstrategie notwendig. Um den Produktionsausstoß der Fabriken zu erhöhen, spezialisierten sich Gruppen unter der Leitung eines Vorarbeiters auf einzelne Fertigungsschritte. Die Qualitätsprüfung wurde durch den Vorarbeiter durchgeführt, der für die Qualität der unter seiner Aufsicht durchgeführten Arbeiten verantwortlich war.

Erst zur Zeit des Ersten Weltkrieges wurden die ersten Vollzeitqualitätsprüfer eingesetzt. Nach Überlegungen des Ingenieurs *Frederick W. Taylor*[1] sowie dem Konzept von *Henry Ford*[2] zur Produktion des Automodells T (Tin Lizzy) wurden die Fertigungsvorgänge zerlegt, die dann von den geeignetsten Arbeitskräften ausgeführt wurden **(Bild 1)**. Diese als Funktionsmeisterprinzip bezeichnete Arbeitsorganisation führte dazu, dass in der Produktion am Band vor allem ungelernte Arbeiter eingesetzt wurden, die aufgrund ihrer geringen Qualifikation die Prüfung der hochtechnischen Produkte nicht durchführen konnten. Es entstanden Qualitätsprüfabteilungen, die ausschließlich für die Überwachung der Qualität der Produkte verantwortlich waren **(Bild 2)**.

Noch bis in die 50er Jahre hinein war *Taylors* Ansatz der Arbeitsorganisation weitgehend akzeptiert. Mit Beginn der Massenproduktion wurde immer deutlicher, dass eine 100 %-Kontrolle der gefertigten Produkte zu aufwendig ist. Diese wurde durch eine Teilkontrolle auf der Basis statistischer Verfahren ersetzt, um die Leistungsfähigkeit und den Durchsatz der Prüfabteilung zu erhöhen.

---

[1] *Fredrik Winslow Taylor* (1856 bis 1915) amerikanischer Ingenieur
[2] *Henry Ford* (1963 bis 1947), amerikanischer Automobilhersteller

Bild 1: Fließbandmontage: Ford T-Modell, 1920

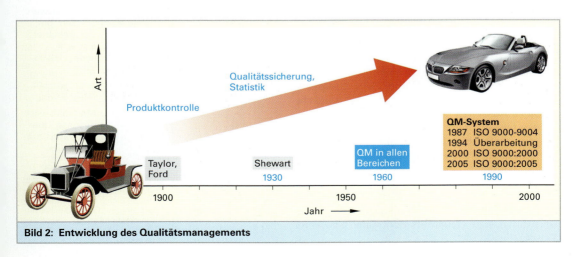

Bild 2: Entwicklung des Qualitätsmanagements

Das notwendige Know-how war bereits seit Anfang des 20. Jahrhunderts vorhanden, wurde aber erst ab etwa 1930 in der Industrie eingesetzt. 1924 wurden Methoden zur kontinuierlichen Prozessbeobachtung und Bewertung auf statistischer Grundlage (Kontrollkarten, Prozessregelkarten) entwickelt. In den 60er- und 70er-Jahren führte eine zunehmende Komplexität der Produkte und Fertigungsprozesse zu einer stärkeren Integration des Qualitätsmanagements in den Produktionsentwicklungs- und Herstellungsprozess.

Ziel der Bemühungen war und ist es, die Fehler nicht erst dort, wo sie entdeckt werden, sondern dort, wo sie entstehen, zu beseitigen; denn je später ein Fehler entdeckt wird, desto höher sind die Kosten der Fehlerbehebung. Reine Kontrollmaßnahmen treten dadurch in den Hintergrund. Die wesentlichen Änderungen im Bereich des Qualitätsmanagements, die sich in den letzten 20 Jahren vollzogen haben, lassen sich in vier Kernpunkten zusammenfassen **(Tabelle 1)**.

Tabelle 1: Ganzheitliche Anwendung des QM

- Verstärken der Qualitätsplanung mit dem Ziel, vorbeugend Fehlerquellen zu erkennen und durch entsprechende Maßnahmen auszuschließen,
- Möglichst weitgehende Vorverlagerung von Qualitätsprüfungen mit dem Ziel, Ausschuss und Nacharbeit von Bauteilen von vornherein zu vermeiden,
- Zunehmende Anwendung statistischer Verfahren bei der Qualitätsplanung, Lenkung und Überwachung,
- Zunehmende Automatisierung des Qualitätsmanagements und Einführung von rechnergestützten Mess-, Prüf-, Auswerte- und Darstellungstechniken,
- Bildung von Kennzahlen zur schnellen Bewertung der Qualität kritischer Prozesse.

1.1 Qualität

> Qualität ist der Grad, in dem ein Satz inhärenter (zugehöriger) Merkmale Anforderungen erfüllt (DIN EN ISO 9000:2005).

Die **Qualitätsanforderungen** werden vom Kunden oder der Gesellschaft in Form von Erwartungen und Wünschen an den Hersteller festgelegt.

> Qualität ist die Erfüllung geforderter und erwarteter Kundenansprüche.

Der Kunde erwartet zum Beispiel eine optimale *Funktion*, hohe *Sicherheit* und *Zuverlässigkeit*, eine gute Beratung und Betreuung und wünscht ein gutes Aussehen des Produkts. Eng damit verbunden ist auch eine **maximale Preisvorstellung** und ein akzeptabler **Liefertermin**. Auf Seite der Lieferanten verursachen die Qualitätsforderungen Kosten, die nicht immer mit der Preisvorstellung der Kunden in Einklang zu bringen sind.

Die **Beschaffenheit** eines Produkts wird durch die Gesamtheit aller **Qualitätsmerkmale** bestimmt **(Tabelle 2)**.

Tabelle 2: Qualitätsmerkmale

Merkmalsart		Kennzeichen	Beispiel
quantitativ	kontinuierliches Merkmal	messbarer, stetiger Merkmalswert	Durchmesser eines Bolzens **Merkmalswert**: z. B. 20,05 mm, 20,1 mm oder 20,02 mm
	diskretes Merkmal	zählbar (0, 1, 2, ...)	Schweißpunkte **Merkmalswert**: z.B. 23, 24 oder 20 Schweißpunkte
qualitativ	Ordinalmerkmal	Beurteilung mit Ordnungsbeziehung	Aussehen einer Oberfläche **Merkmalswert**: z.B. sehr gut, gut, geeignet, schlecht, sehr schlecht
	Nominalmerkmal	Beurteilung ohne Ordnungsbeziehung	Rillenrichtung einer geschliffenen Fläche **Merkmalswert**: gekreuzt, quer oder längs zum Werkstück

---

[1] Bis zum Jahr 1993 war die Benennung für diesen Oberbegriff im ganzen deutschen Sprachraum „Qualitätssicherung". Um eine Anpassung an den internationalen Sprachgebrauch zu erreichen, wurde dieser Oberbegriff in der DIN 55 350 in „Qualitätsmanagement" umbenannt.

1.1.1.1 Qualitätsmerkmale

Die Merkmale eines Produkts, z.B. Farbe, Länge oder Schweißpunkte, weisen unterschiedliche Charakteristiken auf. Deshalb unterscheidet man verschiedene **Merkmalsarten**. Mit den Merkmalsarten werden auch die Arten der **Merkmalswerte** festgelegt **(Tabelle 1, vorhergehende Seite)**.

Da die quantitativen (mengenmäßigen) Merkmale bei der Fertigung erfahrungsgemäß eine Streuung aufweisen, werden die vom idealen Merkmalswert, dem Sollwert, abweichenden Werte durch die Grenzwerte **Mindestwert** und **Höchstwert** eingegrenzt. Bei Längenmaßen nennt man diese Grenzwerte **Mindestmaß** und **Höchstmaß**. Die Differenz zwischen Höchstwert und Mindestwert ist die **Toleranz**.

Bewegt sich ein **Merkmalswert** innerhalb der Toleranz, so ist er **geeignet**. Erreicht er den **Sollwert**, so ist seine **Qualität am höchsten**. In Richtung der Toleranzgrenzen wird die Qualität zwar reduziert, ist aber noch akzeptabel **(Bild 1)**.

Betrachtet man die Auswirkung bei fortschreitendem Fertigungsverlauf, so kann man feststellen, dass bei Merkmalswerten, die immer weiter vom Sollwert entfernt liegen, mehr Probleme auftauchen als bei Merkmalswerten am Sollwert. Das Fügen zweier Werkstücke kann z.B. in der Montage nur durch Nacharbeit oder Einsatz von speziellen Werkzeugen durchgeführt werden. Die Folge sind zusätzliche Kosten und damit Verluste. Dieser Zusammenhang wird durch die **Verlust-Funktion** nach *Taguchi*[1] **(Bild 2)** deutlich.

Ziel der Produktion muss also sein, den Merkmalswert am Sollwert mit einer möglichst geringen Streuung zu erreichen.

1.1.1.2 Fehler

Wird eine Qualitätsforderung nicht erfüllt, so liegt ein Fehler vor. Dies kann sein, wenn ein Merkmalswert außerhalb des Toleranzbereichs liegt oder eine geforderte Eigenschaft nicht vorhanden ist.

> **Fehler werden nach ihren Folgen in Fehlerklassen eingeteilt:**
> 1. **Kritischer Fehler** (Fehler mit kritischen Folgen). Dieser Fehler hat eine Gefahr für die Personen, die das Produkt benutzen, instand halten oder auf das Produkt angewiesen sind zur Folge. Ein kritischer Fehler kann auch ein Fehler sein, der zum Ausfall einer größeren, wichtigen Anlage führt. Dies kann der Fall sein, wenn z.B. ein Schiffsantrieb ausfällt, eine Rechenanlage still steht oder ein Nachrichtensatellit nicht mehr funktioniert.
> 2. **Hauptfehler** (Fehler mit erheblich beeinträchtigenden Folgen). Dies ist ein nichtkritischer Fehler, der eine vollständige Beeinträchtigung der Brauchbarkeit (Ausfall oder Verlust) eines Produkts zur Folge hat (Hauptfehler A) oder die Brauchbarkeit für den vorgesehenen Verwendungszweck wesentlich herabsetzt (Hauptfehler B). Dies kann zum Beispiel beim Ausfall der Belichtungsautomatik an einem Fotoapparat oder beim Ausfall des Antriebsmotors eines Staubsaugers der Fall sein.
> 3. **Nebenfehler** (Fehler mit nicht wesentlichen Folgen). Dies ist ein Fehler, der die Brauchbarkeit eines Produkts für den vorgesehenen Verwendungszweck nicht wesentlich herabsetzt oder ein Fehler, der den Gebrauch oder den Betrieb der Einheit nur geringfügig beeinflusst (Nebenfehler A) oder die Brauchbarkeit nicht beeinflusst (Nebenfehler B). Ein Riss im Kunststoffglas einer Kraftfahrzeugrückleuchte oder ein Lackierfehler wären z.B. solche Fehler.

---

[1] *Genichi Taguchi* (sprich tagudschi), japanischer Wissenschaftler

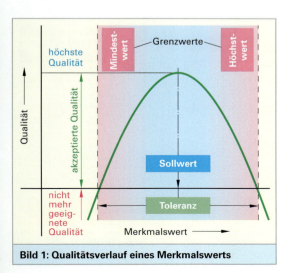

Bild 1: Qualitätsverlauf eines Merkmalswerts

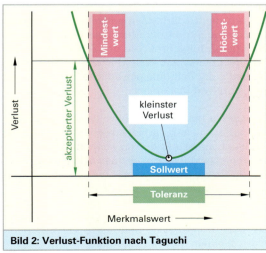

Bild 2: Verlust-Funktion nach Taguchi

1.1.2 Ziele des QM

Kundenorientierung
Kaufen wir heute ein Produkt, so erwarten wir, dass es zuverlässig unsere gestellten Anforderungen erfüllt. Erfüllt es eine oder mehrere Anforderungen nicht, so sind wir verärgert. Treten Folgeschäden an Menschen oder Sachen auf, machen wir die Herstellerfirma haftbar. Wir werden das Produkt in Zukunft meiden und unsere Erfahrung anderen mitteilen. Die Folge ist ein Umsatzrückgang und Kosten für Haftung und Schadenersatz bei der Herstellerfirma. Ihre Kapazitätsauslastung und ihr Gewinn sinken, Arbeitsplätze müssen reduziert werden.

Eine Qualitätsverbesserung des Produkts und des Herstellungsprozesses führt zu einer Produktivitätsverbesserung. Die Maßnahmen hierfür haben oft kurzfristig eine Kostensteigerung zur Folge, führen aber bei sinnvollem Einsatz langfristig zu einer Kostenreduzierung und damit zu der Möglichkeit, die Preise zu reduzieren. Der Marktanteil wird sich erhöhen, die Position des Unternehmens und die Arbeitsplätze werden gesichert (**Bild 1** und **Bild 2**).

> Oberstes Ziel des Qualitätsmanagements muss also sein, die Kundenanforderungen optimal zu erfüllen. Jeder Mitarbeiter des Unternehmens muss hierzu seinen Beitrag leisten.

Das *Kano*-Modell
Will ein Unternehmen die Merkmale seines Produkts an den Kundenforderungen ausrichten, so müssen diese ständig untersucht und neu festgelegt werden. Es liegt in der Natur des Menschen, dass er ständig neue Bedürfnisse entwickelt.

Die aus den Bedürfnissen entstehenden Kundenanforderungen an die Merkmale eines Produkts sind demzufolge im Laufe der Zeit einem steten Wandel unterzogen. Weiterhin setzen die Kunden im Laufe der Zeit unterschiedliche Prioritäten bei den einzelnen Merkmalen.

So werden manche Merkmale als selbstverständlich vorausgesetzt, andere wiederum sind zwar nicht unbedingt erforderlich, können aber bei einer Kaufentscheidung von großer Wichtigkeit sein. Durch Trends und Werbeaktionen können solche Merkmalsforderungen noch verstärkt werden.
Diese unterschiedliche Bedeutung der Merkmale bei Kunden untersuchte der japanische Wissenschaftler *Noriaki Kano* und fasste seine Erkenntnisse in einem **Modell** zusammen.

Bild 1: Die Kette von der Qualitätsverbesserung bis zum Geschäftserfolg

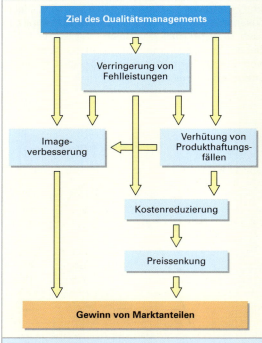

Bild 2: Die wichtigsten Ziele des Qualitätsmanagements

1.1 Entwicklung des QM

Die Anforderungen, die von den Kunden an ein Produkt gestellt werden, teilt *Kano* in **3 Kategorien** ein:

A) Die Basisanforderungen
Diese Anforderungen sind Selbstverständlichkeiten, bei denen ein Kunde davon ausgeht, dass sie in jedem vergleichbaren Produkt realisiert sind. Bei einem Personenwagen sind dies zum Beispiel Sicherheitsgurte mit Aufrollautomatik, Scheibenbremsen oder verstellbare Sitze. Die Basisanforderungen erzeugen auch bei starker Erhöhung des Erfüllungsgrads, z.B. durch eine wesentliche Konstruktionsänderung, die zur Verbesserung führt, kaum zusätzliche Kundenzufriedenheit. Der Kunde nimmt diese Basisanforderungen als selbstverständlich hin und achtet beim Kauf kaum mehr darauf.

B) Die Leistungsanforderungen
Diese sind Anforderungen, die einem Kunden besonders wichtig sind und auch direkt von ihm genannt werden. Bei einem Wettbewerbervergleich spielen diese Anforderungen eine entscheidende Rolle. Dies können zum Beispiel bei einem PKW Airbags auf der Fahrer- und Beifahrerseite, eine höhenverstellbare Lenksäule oder eine Zentralverriegelung sein. Diese Leistungsanforderungen beeinflussen die Kunden direkt und ihr Erfüllungsgrad beeinflusst die Kaufentscheidung am stärksten.

C) Die Begeisterungsanforderungen
Diese Anforderungen erwarten die Kunden noch nicht. Es können z.B. technische Neuerungen an einem Produkt sein, die noch unbekannt oder noch zu wenig bekannt sind. Entdecken die Kunden solch eine besondere Eigenschaft eines Produkts, löst diese eine Begeisterung aus und kann entsprechend ihrem Erfüllungsgrad wesentlich zu einer Steigerung der Kaufentscheidung beitragen. Bei einem PKW können dies zum Beispiel Seitenairbags, automatisch arbeitende Scheibenwischer oder ein ferngesteuerter Türöffner sein.

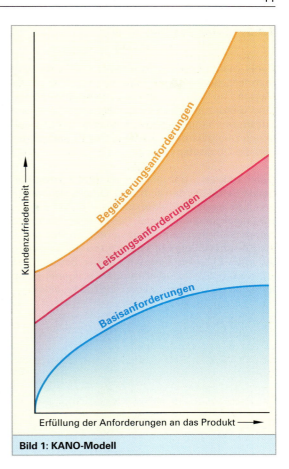

Bild 1: KANO-Modell

Bild 1 zeigt die grafische Darstellung des *Kano*-Modells. Die drei verschiedenen Anforderungskategorien sind hier in Bezug zum Erfüllungsgrad und zur Kundenzufriedenheit dargestellt.

Kommt eine Begeisterungsanforderung beim Kunden mit großem Erfolg an, werden die Konkurrenten ihre Produkte ebenfalls auf diese neu entstehenden Anforderung anpassen.

Nach einer gewissen Zeit, wenn alle Konkurrenzprodukte die gleichen Anforderungen erfüllen, können die Begeisterungsanforderungen zu Leistungsanforderungen und die Leistungsanforderungen zu Basisanforderungen werden. Will ein Unternehmen mit seinem Produkt am Markt mithalten, so müssen ständig Verbesserungen eingeführt werden, um neue Begeisterungs- und Leistungsanforderungen auszulösen.

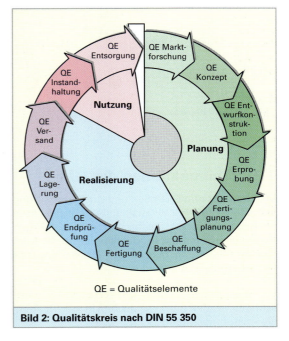

Bild 2: Qualitätskreis nach DIN 55 350

1.1.3 Qualitätskreis und Qualitätspyramide

Denkt man an die Qualität eines Autos, so stellt man fest, dass sich die Gesamtqualität aus einer Menge an Einzelelementen zusammensetzt. Eine Gliederung dieser Einzelelemente und ihre Zusammenhänge verdeutlichen zwei Denkmodelle des Qualitätsmanagements: Der **Qualitätskreis** und die **Qualitätspyramide**.

Qualitätskreis. Im Qualitätskreis **(Bild 2, vorhergehende Seite)** werden sämtliche Qualitätselemente im Laufe eines Produktzyklusses von der Idee bis zur Entsorgung aufgelistet. Jedes dieser Elemente bildet einen Baustein zur gesamten Produktqualität. Kommt z.B. die Marktforschung zu einem fehlerhaften Ergebnis oder wird in der Beschaffung ein zwar billigeres, aber minderwertigeres Zulieferteil eingekauft, so sinkt die Produktqualität.

Qualitätsförderung muss also ein Ziel sämtlicher organisatorischer Unternehmensbereiche sein.

> Durch die ständige Weiterentwicklung der Produkte beginnt der Qualitätskreis immer wieder von neuem.

Qualitätspyramide (Bild 1). Die Gesamtqualität eines Erzeugnisses setzt sich durch die Beschaffenheit der einzelnen Baugruppen zusammen. Deren Qualitäten hängen wiederum von den Merkmalswerten der Einzelteile und deren Rohmaterialien ab. Umgekehrt kann man folgern, dass bei der Erwartung eines bestimmten Qualitätsstandards eines Erzeugnisses von den Baugruppen, deren Einzelteilen und ihrer Rohmaterialien ganz bestimmte Forderungen erfüllt sein müssen. Werden Baugruppen oder Einzelteile fremd bezogen, so muss auch hier gewährleistet sein, dass diese Fremdbezugsteile bzw. Fremdbezugsbaugruppen den erwarteten Qualitätsanforderungen entsprechen.

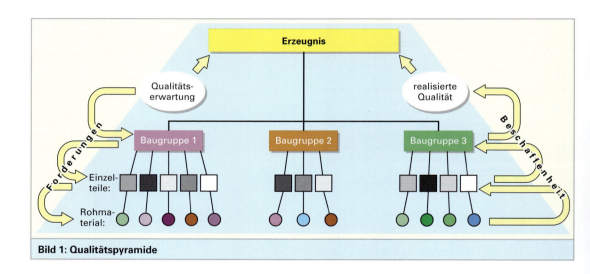

Bild 1: Qualitätspyramide

1.2 Teilfunktionen des QM

Maßnahmen zum Erreichen und zur Verbesserung der geforderten Produktqualität finden sich in allen Bereichen eines Unternehmens wieder. Sie verfolgen den gesamten Produktlebenslauf, von der Produktentstehung bis hin zur Anwendung des Produkts durch den Kunden.

Die **Funktionen eines Qualitätsmanagementsystems** werden im Wesentlichen in vier Teilfunktionen aufgeteilt **(Bild 2)**.

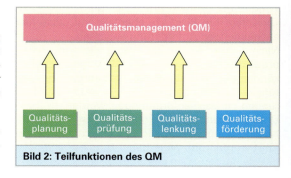

Bild 2: Teilfunktionen des QM

1.2 Teilfunktionen des QM

1.2.1 Qualitätsplanung

> **Definition nach DIN ISO 8402:**
> Unter Qualitätsplanung versteht man die Tätigkeiten, welche die Zielsetzungen und die Qualitätsforderungen sowie die Forderungen für die Anwendung der Elemente des Qualitätsmanagements festlegen.

Die **Qualitätsplanung** umfasst also die Gesamtheit aller planerischen **Tätigkeiten vor dem Produktionsbeginn**. In dieser Phase wird die Qualität eines Produkts im Wesentlichen bestimmt durch folgende drei Einflussgrößen:
- die aus den Anforderungen des Kunden abgeleiteten und festgelegten Produkteigenschaften,
- die technische Realisierbarkeit der Produkteigenschaften,
- die materiellen, personellen und finanziellen Voraussetzungen des Unternehmens.

> Qualitätsplanung bezüglich eines Produkts: Identifizieren, Klassifizieren und Gewichten der Qualitätsmerkmale sowie Festlegen der Ziele, der Qualitätsforderungen und der einschränkenden Bedingungen.

In vielen Untersuchungen wurde mehrmals festgestellt, dass die meisten Fehler in der Produktplanungsphase entstehen. Die Fehlerbehebung erfolgte häufig aber erst, nachdem die Fertigung schon angelaufen war oder das Produkt den Kunden schon erreicht hatte **(Bild 1)**.

Fehlplanungen und Folgekosten
Je später ein Fehler entdeckt und behoben wird, desto höher werden die Kosten zur Behebung des Fehlers. Wird der Fehler erst beim Kunden entdeckt, so wird auch der Ruf des Unternehmens geschädigt.
Erfahrungswerte haben gezeigt, dass die Folgekosten von Fehlern, je später sie entdeckt werden, nach der so genannten „Zehnerregel" ansteigen. Diese besagt, dass die Folgekosten von Phase zu Phase im Produktlebenslauf um das 10-fache ansteigen **(Bild 2)**. Rückrufaktionen in den letzten Jahren in der Automobilindustrie, die mehrstellige Millionensummen kosteten und von der Presse sehr wirksam verbreitet wurden, belegen diese „Zehnerregel".

Ziele der Qualitätsplanung
Eine gute Qualitätsplanung hat zum Ziel, das Produkt, die Produktentstehungsprozesse und die Vertriebsprozesse zu optimieren. Da die Beschaffenheit eines Produkts durch seine **Merkmale** (siehe „Qualitätsmerkmale") bestimmt wird, gilt es zunächst, diese Merkmale **optimal** festzulegen. Den Bereichen Produktplanung und Produktentwicklung kommt demzufolge die Aufgabe zu, die Merkmale aus den Anforderungen des Kunden abzuleiten und die Toleranzbereiche festzulegen. Da weitere Fehler noch bei den **Produktions- und Vertriebsprozessen** entstehen, gilt es weiterhin, diese Prozesse zu **optimieren**. Dies wird dann erreicht, wenn zum einen die geeigneten Verfah-

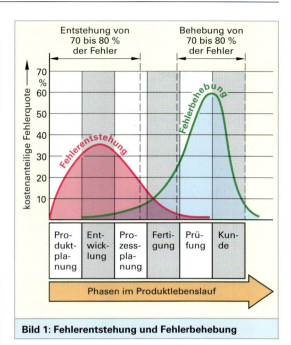

Bild 1: Fehlerentstehung und Fehlerbehebung

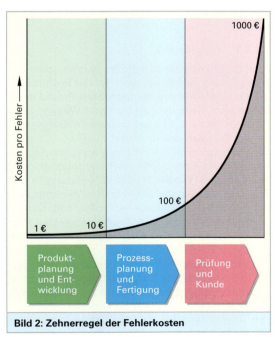

Bild 2: Zehnerregel der Fehlerkosten

ren ausgewählt werden und zum anderen die Prozesse ständig überwacht werden. Als Hilfsmittel stehen der Qualitätsplanung verschiedene Werkzeuge (siehe „Werkzeuge des TQM") bereit.
Sie tragen dazu bei, Fehler im Voraus zu erkennen, damit diese erst gar nicht entstehen. Sie werden deshalb als präventive (vorbeugende, verhütende) Hilfsmittel eingestuft und reduzieren durch weniger Fehler auch die meist sehr aufwändigen Fehlerbehebungsmaßnahmen.

1.2.2 Qualitätsprüfung

Aufgabe der Qualitätsprüfung ist demnach, zunächst festzulegen, wie die definierten Merkmale eines Produkts zu prüfen sind (**Prüfplanung**), wann, wo und durch wen die Prüfung auszuführen ist (**Prüfausführung**) und wie die erhaltenen Prüfdaten weiterverarbeitet werden sollen (**Prüfdatenverarbeitung**).

> In der Qualitätsprüfung wird festgestellt, inwieweit eine Einheit, d.h. die Merkmale einer Einheit, die Qualitätsforderung erfüllt (**Bild 1**).

1.2.2.1 Prüfplanung

Sind die Qualitätsmerkmale im Rahmen der Qualitätsplanung festgelegt, wird bei der Prüfplanung die **Qualitätsprüfung im gesamten Produktionsablauf** vom Wareneingang bis zum Versand eines Produkts geplant. Alle geforderten Prüfungen werden im **Prüfplan** dokumentiert.
Die Festlegungen, die im Prüfplan gemacht werden müssen, lassen sich durch die Beantwortung von 8 Fragen (**Tabelle 1**) zusammenfassen.
Zunächst werden die zu prüfenden Merkmale mit den geforderten Grenzwerten aufgelistet. Danach wird die Prüfmethode mit dem passenden Prüfmittel ausgewählt. Das Prüfmittel darf vor allem in Bezug zur Toleranz eine bestimmte Messunsicherheit nicht überschreiten, da sonst das Messergebnis nicht verlässlich festgestellt werden kann. In Prüfmittelfähigkeitsuntersuchungen wird deshalb die Eignung eines Prüfmittels ermittelt.
Der Prüfumfang ist so festzulegen, dass möglichst alle fehlerhaften Teile erfasst werden können. Trotzdem soll die Prüfung wirtschaftlich und kostengünstig sein, d.h., es soll nur so viel wie nötig geprüft werden. Werden die Fertigungsprozesse weitgehend beherrscht, so genügt es, in größeren Zeitintervallen nur eine Stichprobe zu untersuchen. Mit gleicher Sensibilität sind auch der Prüfer und der Prüfort passend auszuwählen. Sind die Prüfdaten ermittelt, so muss über-

legt werden, wie sie ausgewertet werden sollen. Neben der Feststellung, ob ein Produkt als „Gut" eingestuft werden kann, will man häufig auch Daten über die Charakteristik des Fertigungsprozesses ermitteln. Art und Umfang der Auswertung und Datenarchivierung müssen also gezielt festgelegt werden.

Prüfplanung	Erstellen eines Prüfplanes: Festlegung der Prüfmerkmale, der Prüfmethode, des Prüfgerätes usw.
Prüfausführung	Ermitteln der gefertigten Merkmalsdaten und Vergleich mit den geforderten Qualitäten
Prüfdatenverarbeitung	Erfassung, Komprimierung, Auswertung und Protokollierung der Prüfdaten

Bild 1: Teilbereiche der Qualitätsprüfung

Tabelle 1: Acht Fragen zum Prüfplan	
Fragen	**Erläuterung**
Was?	Beschreibung der Prüfmerkmale, z.B. Längenmaß, Rundheit, Härte, Farbe
Wie?	Festlegung der Prüfmethode, z.B. Attributsprüfung oder Variablenprüfung
Womit?	Auswahl des Prüfmittels, z.B. vertikales Höhenmessgerät, digitaler Messschieber, Rockwell-Härteprüfgerät
Wieviel?	Festlegung des Prüfumfangs, z.B. Stichprobenprüfung, 100%-Prüfung
Wann?	Festlegung des Prüfzeitpunkts, z.B. Eingangs-, Zwischen- oder Endprüfung
Wer?	Auswahl der Person, die prüfen soll, z.B. Werker, Maschinenbediener, Fachmann aus dem QM-Bereich
Wo?	Festlegung des Prüforts, z.B. direkt an der Maschine, im Mess- und Prüfraum
Was geschieht mit den Prüfdaten?	Auswertung und Dokumentation der Prüfdaten z.B. statistische Auswertung, Form und Umfang der Prüfprotokolle

1.2 Teilfunktionen des QM

In der „VDI/VDE/DGQ-Richtlinie 2619" wird die Verfahrensanweisung zur Erstellung eines Prüfplans beschrieben. Sie ist in **Bild 1** in verkürzter Form als Ablaufplan dargestellt. Als Beispiel ist auf der folgenden Seite der Prüfplan eines Rohrwellenschafts dargestellt.

1.2.2.2 Prüfausführung

In der Prüfausführung wird festgestellt, ob und inwieweit die Produkte oder Dienstleistungen die an sie gestellten Qualitätsanforderungen erfüllen. Dabei werden die ermittelten Werte mit den in der Prüfplanung festgelegten Vorgabewerten verglichen. Werden Abweichungen festgestellt, sollen möglichst schnell die Ursachen gefunden und geeignete Korrekturmaßnahmen eingeleitet werden.
Dies kann zur Folge haben, dass die fehlerhaften Teile für die Weiterbearbeitung gesperrt werden und abgewogen wird, ob eine Nacharbeit möglich ist oder ob Teile ausgesondert werden müssen. Eine genaue Untersuchung der Fehlerursachen bildet die Grundlage für Verbesserungsmaßnahmen am Fertigungsprozess mit dem Ziel, weitere Fehler zu reduzieren oder ganz auszuschließen.

Innerhalb des Produktentstehungsprozesses unterscheidet man drei Arten der Prüfungen:

a) **Die Eingangsprüfung**
Sie muss sicherstellen, dass ein angeliefertes Produkt nicht verwendet oder weiterverwendet wird, solange nicht festgestellt ist, ob die festgelegten Qualitätsanforderungen erfüllt sind.

b) **Die Zwischenprüfung**
Sie stellt innerhalb eines Fertigungsablaufs immer wieder fest, ob bei den einzelnen Fertigungsschritten die geforderte Qualität erreicht wurde. Erst dann wird der Weg für die weitere Fertigung freigegeben. Die Zwischenprüfung hat weiterhin das Ziel, die einzelnen Fertigungsprozesse genauer kennen zu lernen. Häufig werden hier zur Auswertung statistische Verfahren angewendet (Siehe „Statistische Prozesslenkung").

c) **Die Endprüfung:** Diese Prüfung findet bei Fertigerzeugnissen bzw. Endprodukten ihre Anwendung. Bevor ein Produkt eingelagert oder zum Kunden versendet wird, werden hier als Abschluss die gefertigten Merkmalswerte mit den Vorgabewerten verglichen. Bei kompletten Systemen werden dabei häufig umfangreiche Funktionsprüfungen durchgeführt.

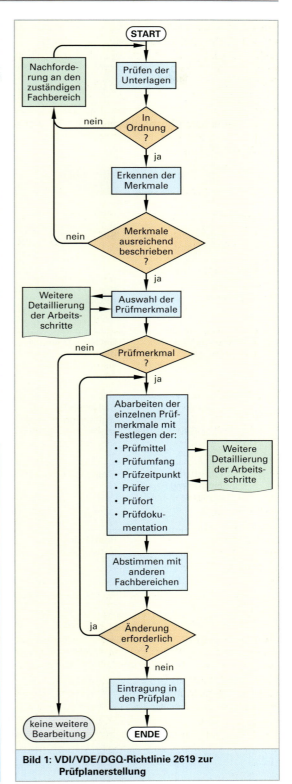

Bild 1: VDI/VDE/DGQ-Richtlinie 2619 zur Prüfplanerstellung

1 Qualitätsmanagement

Prüfplan		Dok.-Nr.:	Q-PO-160297-2/97
		Blatt:	1 von 1

Ident-Nr.	3107
Zeichnungs-Nr.:	3107-1
Benennung:	Rohrwellenschaft 40
Prüfplan-Nr.	3107-P

lfd. Nr.	Prüfmerkmal	Prüfmittel	Prüf-umfang	Prüf-methode	Prüf-zeitpunkt	Prüfdoku-mentation
1	Gesamtlänge 54 ± 0,2 Maschinenfähigkeits-untersuchung	Messschieber mit digitaler Anzeige und SPC-System	n = 50	2/V	Serien-beginn	Prüfprotokoll (SPC-System)
2	Gesamtlänge 54 ± 0,2	Messschieber mit digitaler Anzeige und SPC-System	n = 5	1/V	100 Stück	SPC-System Regelkarte
3	Innendurchmesser 36 F8 GoB = 36,064 GuB = 36,025 Maschinenfähigkeits-untersuchung	Selbstzentrierende digitale Innenmess-schraube 35 bis 50 mm	n = 50	2/V	Serien-beginn	Prüfprotokoll (SPC-System)
4	Innendurchmesser 36 F8 GoB = 36,064 GuB = 36,025	Selbstzentrierende digitale Innenmess-schraube 35–50 mm	n = 5	1/V	100 Stück	SPC-System Regelkarte
5	Oberflächenrauheit Innenbohrung Rz = 6,3 (Durchmesser 36 F8)	Rauheitsmessgerät	n = 5	1/V	100 Stück	SPC-System Regelkarte
6	Härte 58 + 2 HRC	Rockwell-Härteprüfgerät	n = 1	3/V	2 je Charge	Prüfprotokoll

Prüfmethode:
1 = Werker-Selbstprüfung
2 = Prüfung durch die Abteilung „Qualitätswesen"
3 = Prüfung im Mess- und Prüfraum
4 = Prüfung im Labor

V = variabel (quantitativ ermitteln)
A = attributiv (qualitativ ermitteln)
n = Stichprobenumfang (Anzahl der Teile aus dem Gesamtlos)

Erstellt durch:	*Baumann*	Datum:	*22.10.2010*
Freigabe:	*Schlipf*	Datum:	*28.10.2010*

Änderungsstand:	*28.01.11*			
Verteiler:	*Bm/Sf/Ro*			

1.2 Teilfunktionen des QM

1.2.2.3 Prüfhäufigkeit

Bei der Prüfhäufigkeit werden die **100%-Prüfung, die Stichprobenprüfung** und **die dynamisierte Stichprobenprüfung** unterschieden.

100%-Prüfung:
Alle gefertigten Einheiten werden auf die gestellte Qualitätsanforderung geprüft. Da diese Prüfung sehr zeitaufwändig und damit kostenintensiv ist, wird sie nur bei kritischen Teilen angewendet.

Stichprobenprüfung:
Aus der Grundgesamtheit („N" = die Anzahl der Grundgesamtheit) wird eine Stichprobe mit kleinerer Anzahl („n"= Umfang der Stichprobe) entnommen und geprüft. Diese Prüfung wird bei der Wareneingangsprüfung bei der Annahme von Losen mit größerem Umfang („N") angewendet. Um den Prüfumfang bei Fertigungsprozessen in der Serienfertigung zu vermindern, beschränkt man sich auch hier auf Stichproben. Diese können entweder nach bestimmter Anzahl gefertigter Werkstücke oder in bestimmten Zeitabständen entnommen werden. Grundlage für diese Prüfung ist eine genaue Kenntnis der Prozesscharakteristik. Dafür werden in bestimmten Zeitabständen spezielle Maschinen- und Prozessfähigkeitsuntersuchungen durchgeführt.

Dynamisierte Stichprobenprüfung:
Zeigt eine Stichprobenprüfung über längere Zeit sehr gute Prüfergebnisse, so werden die Prüfhäufigkeit, der Prüfungsumfang oder beide verringert. Zeigt die Prüfung wieder ein schlechteres Ergebnis, so wird die Prüfung wieder verschärft.

Dies soll am Beispiel einer Wareneingangsprüfung näher erläutert werden:
Für die Kreuzgelenkwelle werden von einem Lieferanten Gummilippenringe in Losen zu je 500 (= „N") Stück bezogen. Zur Beurteilung der Lose wird von jedem Los eine Stichprobe vom Umfang $n = 20$ Stück entnommen. Befinden sich darin keine fehlerhaften Ringe, so wird das Los angenommen. Wird ein fehlerhaftes Teil gefunden, so wird das Los abgewiesen und bei den nächsten Losen der Stichprobenumfang auf $n = 50$ erhöht (**verschärfte Prüfung**). Fallen fünf Prüfungen in Folge wieder fehlerfrei aus, so wird wieder normal geprüft. Ergeben fünf normale Prüfungen keine fehlerhaften Teile, so wird auf die **„reduzierte Prüfung"** übergegangen. Dabei wird nur noch ein Stichprobenumfang von $n = 10$ geprüft. Fallen hier 5 Prüfungen in Folge fehlerfrei aus, so wird nur noch jedes zweite Los mit einer Stichprobe vom Umfang $n = 10$ geprüft (**Skip-Los-Prüfung**). Wird aber wieder ein fehlerhaftes Teil gefunden, so wird die Prüfschärfe wieder auf die nächste Stufe gesetzt. **Bild 2** verdeutlicht diese Prüfstufensteuerung.

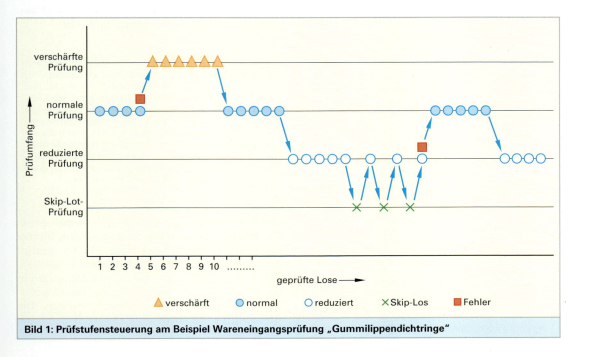

Bild 1: Prüfstufensteuerung am Beispiel Wareneingangsprüfung „Gummilippendichtringe"

1.2.2.4 Prüfdatenverarbeitung

Prüfdaten werden aus zwei Gründen gesammelt:
1. Durch eine **Archivierung der Prüfdaten** kann jederzeit nachträglich nachvollzogen werden, wann und mit welchen Ergebnissen einzelne Werkstücke, Baugruppen oder Erzeugnisse die Fertigungsprozesse durchlaufen haben. Fällt also ein Erzeugnis bei seinem Einsatz aufgrund eines Fehlers, der im Produktionsprozess seinen Ursprung hatte, vorzeitig aus, so kann festgestellt werden, ob der Fehler nur bei einem einzelnen Erzeugnis vorkam oder eine ganze Serie betroffen ist. Durch Rückrufaktionen können dann weitere Ausfälle verhindert werden.
Häufig fordern auch Kunden vom Hersteller eine Prüfdatenarchivierung, um beim Auftreten von Schäden und Haftungsfällen eine **Rückverfolgbarkeit** zu gewährleisten. Außerdem kann sich ein Kunde durch mitgelieferte Prüfdaten des Zulieferers eine umfangreiche und kostenintensive Wareneingangsprüfung ersparen. Besonders die Vorteile einer „Just-in-time"-Produktion würden durch eine Wareneingangsprüfung wieder weitgehend zunichte gemacht.
Die Art und der Umfang der Dokumentation werden im Prüfplan vorgegeben. Wenn Prozesse ausreichend beherrscht werden, genügt es auch häufig, nur Kenndaten von **komprimierten Prüfdaten** (z.B. Mittelwert und Standardabweichung bei normalverteilten Prozessen) oder Prüfdaten von Stichproben zu archivieren.

2. Die gesammelten Prüfdaten lassen wertvolle Rückschlüsse auf die Qualität und zeitliche Entwicklung der Produktionsprozesse zu. Es können Aussagen gemacht werden über die **Fähigkeit von Prozessen** (siehe „Maschinen- und Prozessfähigkeit") oder beim Erkennen von negativen Tendenzen kann rechtzeitig ein Prozess gestoppt und korrigiert werden. Damit wird ein **Regelkreis** geschlossen, der eine möglichst homogene Qualitätsentwicklung garantiert **(siehe Qualitätslenkung)**.
Häufig werden in Produktionen die gesammelten Daten recht selten zu Prozessuntersuchungen genutzt. Eine Berücksichtigung des untenstehenden Grundsatzes hilft unnötige Prüfungen zu vermeiden.

Grundsatz bei Prüfplanung:
Prüfe nur, was du auch dokumentierst,
dokumentiere nur, was du auch auswertest,
werte nur aus,
wenn du daraus auch Schlussfolgerungen ziehst!

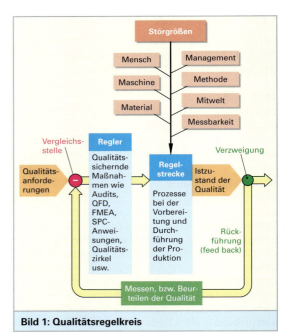

Bild 1: Qualitätsregelkreis

1.2.3 Qualitätslenkung

Bei der Qualitätslenkung steht die Prozessbeherrschung im Vordergrund. Oberstes Ziel ist die Vermeidung von Fehlern. Im gewünschten Endzustand werden die Prozesse in allen Bereichen eines Betriebs beherrscht und es können keine Fehler mehr vorkommen. Nach DIN ISO 8402 wird die Qualitätslenkung wie folgt beschrieben:

Qualitätslenkung beinhaltet die vorbeugenden, überwachenden und korrigierenden Tätigkeiten bei der Realisierung von einem Erzeugnis mit dem Ziel, unter Einsatz von Qualitätstechniken die Qualitätsforderungen zu erfüllen. Qualitätslenkung umfasst also alle Arbeitstechniken und Tätigkeiten, deren Zweck sowohl die Überwachung eines Prozesses als auch die Beseitigung von Ursachen nicht zufrieden stellender Leistung in allen Stadien des Qualitätskreises ist, um wirtschaftliche Effizienz zu erreichen.

Demnach gilt es also, in allen Betriebsprozessen **Qualitätsregelkreise (Bild 1)** aufzubauen. Hierbei werden die Prozessergebnisse ständig geprüft und mit den Qualitätsforderungen verglichen. Regelmechanismen greifen bei Abweichungen in den Prozess ein und korrigieren ihn, bis die geforderten Qualitäten wieder erreicht werden. Die Streuung der Qualitätsmerkmale wird durch die **7M-Störgrößen** verursacht.

Die 7M-Störgrößen mit Beispielen:

Mensch:	Qualifikation, Pflichtbewusstsein, Engagement, Motivation, Kondition, Verantwortungsgefühl	**Management:**	Stellenwert der Qualität, Qualitätspolitik, Qualitätsziele, Vorbildfunktion.
Maschine:	Leistung, Steifigkeit, Positioniergenauigkeit, Verschleißzustand, Beschaffenheit des Werkzeugs, Schwingungsverhalten.	**Methode:**	gewählte Fertigungsverfahren, Prüfmethoden, Arbeitsschritte.
		Mitwelt:	Einflüsse der Umgebung wie Temperatur, Luftfeuchtigkeit, Lichtverhältnisse, Bodenbeschaffenheit.
Material:	Festigkeit, Spannungen, Gefügezustand, Abmessungen, Formgenauigkeit, Homogenität.	**Messbarkeit:**	Prüfbarkeit der Qualitätsmerkmale, Möglichkeiten und Qualitäten der vorhandenen Prüfmittel, Prüfmittelfähigkeit.

Die Qualitätslenkung hat zum Ziel, die durch die 7M-Störgrößen verursachten Streuungen der Qualitätsmerkmale zu minimieren und in Grenzen zu halten. Dies wirkt sich positiv auf die Verbesserung der Qualität und der Lebensdauer aus.

Aufgabe einer modernen Unternehmensführung muss also sein, Qualitätsregelkreise in allen Unternehmensbereichen aufzubauen, sie laufend zu pflegen und sie immer wieder auf ihre Effektivität zu überprüfen. Nur so kann ein Unternehmen in der heutigen Zeit auf den immer schneller werdenden Wandel in der Bedürfnisstruktur der Kunden reagieren, der Konkurrenz gegenüber bestehen und damit die Wettbewerbsfähigkeit sichern.

Die Motivation der Mitarbeiter lässt sich durch folgende Maßnahmen erhöhen:
- Fairness im Umgang miteinander,
- Ermutigung der Mitarbeiter,
- Vertrauensförderung durch mehr Transparenz und Offenheit,
- Information über Ziele und Entscheidungen,
- Beratung, Unterricht und Schulung der Mitarbeiter,
- Austausch von Erfahrung und Wissen,
- Beteiligung der Mitarbeiter bei Zielfindungen und Entscheidungen.

1.2.4 Qualitätsförderung

Wie Untersuchungen über Fehler und Probleme in Unternehmen zeigen, liegen deren Ursachen öfter im **menschlichen** als im technischen oder technisch-organisatorischen Bereich. Die Qualitätsförderung hat deshalb zum Ziel, jeden Mitarbeiter zu einem **qualitätsorientierten Denken und Handeln** zu bringen. Es muss ihm bewusst werden, dass seine Tätigkeit ein wesentlicher Baustein zur Gesamtqualität des Produkts ist. Er muss motiviert werden, an seinem Platz stetig darauf zu achten, dass der Qualitätsstandard mindestens gehalten oder verbessert wird. Verbesserungsvorschläge von Seiten des Mitarbeiters müssen gefördert werden und ihnen die notwendige Beachtung, z. B. durch ein Prämiensystem, geschenkt werden.

Qualitätsförderung kann über zwei Wege begonnen werden **(Bild 1)**:

1. Qualitätsförderung am Produkt bzw. der Dienstleistung,
2. Qualitätsförderung über die Menschen.

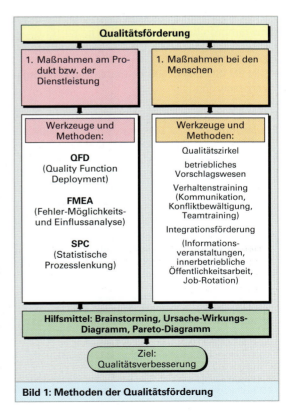

Bild 1: Methoden der Qualitätsförderung

1.3 DIN EN ISO 9000

Den Aufbau eines Qualitätsmanagementsystems (QM-System) haben viele Unternehmen in den zurückliegenden Jahren verwirklicht. Der Anstoß dabei kam in der Regel vom Kunden oder weil sich das Unternehmen nach außen und innen als qualitätsbewusst darstellen wollte.

Der Kunde verlangte vom Lieferanten eine Zusicherung, Qualitätsstandards der zu liefernden Produkte einzuhalten. Um diese Anforderungen an das QM-System zu vereinheitlichen und transparenter zu machen, wurden Ende der achtziger Jahre (**Tabelle 1**) die bestehenden Normen weiter verbessert und im Jahre 1994 als Neuausgabe die Normenfamilie DIN EN ISO 9000 ff veröffentlicht. Nach den Richtlinien der ISO (International Organization for Standardization) müssen alle ISO-Normen im Zyklus von fünf Jahren überprüft werden. So wurde das Ziel realisiert, im Jahr 2000 die neue Normenfamilie DIN EN ISO 9000:2000 ff vorzustellen und mit einer Übergangsfrist von drei Jahren einzuführen.

Die offizielle Sprache des ISO-Quellentextes ist englisch. Für den französischen und deutschsprachigen Raum wird der Text übersetzt. Die Normen sind dreisprachig.

Zur Normenfamilie des Qualitätsmangementsystems gehören drei Normen (**Bild 1**):
- DIN EN ISO 9000:2008 Grundlagen und Begriffe,
- DIN EN ISO 9001:2008 Anforderungen,
- DIN EN ISO 9004:2008 Leitfaden zur Leistungsverbesserung.

Dabei ist die Kernnorm ISO 9001 als zertifizierbare Forderungsnorm zu sehen und die ISO 9004 als Leitfaden für ein umfassendes QM-System, das sich in Richtung TQM weiterentwickeln kann. (TQM = Total Quality Management, **Bild 2**).

Die Merkmale der neuen Kernnormen sind:
- Prozessorientierung,
- Kundenorientierung,
- Gliederung entsprechend der Lieferantenkette,
- Ständige Verbesserung,
- Vorbeugung (Prävention),
- nur eine Kernnorm für alle Organisationen,
- ISO 9004 bildet die Brücke zum TQM,
- kompatibel zu Umweltmanagementnormen,
- interne Audits und Selbstbewertung sind gestärkt.

Aus der alten QM-Norm sind geblieben:
- jährlicher Auditrhythmus eines akkreditierten Auditors,
- interne Audits mit der Bewertung der Ergebnisse,
- Messen des Erfüllungsgrades der Qualitätsziele.

Tabelle 1: Entwicklung der QM-Normen

Jahr	Normen	Anzahl
1987	Erste Veröffentlichung der Normenreihe DIN EN ISO 9000 – 9004	5
1994	Veröffentlichung der überarbeiteten Normenreihe DIN EN ISO 9000 – 9004	5
2000	Veröffentlichung der überarbeiteten Normenreihe DIN EN ISO 9000:2000 ff	3
2005	Veröffentlichung der überarbeiteten Normenreihe DIN EN ISO 9000:2005 ff	3
2008	Veröffentlichung der überarbeiteten Normenreihe DIN EN ISO 9000:2008 ff	3

Bild 1: Die Normenreihe DIN EN ISO 9000:2000 ff

1.3.1 Die Normen (Übersicht)

Gliederung von ISO 9001 bis 9004

ISO 9001 spricht vom Kunden, ISO 9004 spricht von interessierten Parteien, (Personen oder Gruppen mit einem Interesse an der Leistung oder dem Erfolg einer Organisation, wie Eigentümer, Lieferanten, Banken oder die Gesellschaft).

Die Struktur der alten Norm (1994) war nach Funktionen in 20 Kapitel bzw. nach Elementen des Qualitätsmanagementsystems gegliedert.
Die neue Norm ist prozess- und kundenorientiert **(Tabelle 1)**.
Die Prozessstruktur beginnt beim Kunden und endet beim Kunden mit dem Ziel, eine möglichst hohe Kundenzufriedenheit zu erreichen. Die Inhalte sind aufeinander aufbauend **(Bild 1)**.

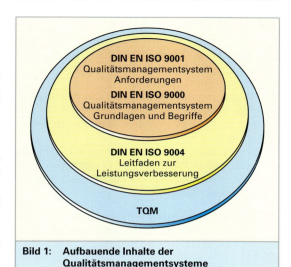

Bild 1: Aufbauende Inhalte der Qualitätsmanagementsysteme

Tabelle 1: Hauptkapitel der Kernnormen ISO 9001/9004

Kapitel	Normtitel	Kapitel	Normtitel
1	Anwendungsbereiche		6.3 Infrastruktur,
			6.4 Arbeitsumgebung,
2	Normative Verweisung		6.5 Informationen (nur ISO 9004),
			6.6 Lieferanten und Partnerschaften (nur ISO 9004),
3	Begriffe		6.7 Natürliche Ressourcen (nur ISO 9004),
			6.8 Finanzielle Ressourcen (nur ISO 9004).
4	Qualitätsmanagementsystem 4.1 Allgemeine Anforderung, 4.2 Dokumentationsanforderung, 4.3 Anwendung der Qualitätsmanagementgrundsätze (nur ISO 9004).	7	**Produktrealisierung** 7.1 Planung der Produktrealisierung, 7.1 Allgemeine Anleitung (nur ISO 9004), **7.2** Kundenbezogene Prozesse, 7.2 Prozesse bezüglich interessierter Parteien (nur ISO 9004), **7.3** Entwicklung, **7.4** Beschaffung, **7.5** Produktion und Dienstleistungserbringung, **7.6** Lenkung von Überwachungs- und Messmitteln.
5	**Verantwortung der Leitung** **5.1** Verpflichtung der Leitung, **5.1** Allgemeine Anleitung (nur ISO 9004), **5.2** Kundenorientierung, **5.2** Erfordernisse und Erwartungen interessierter Parteien (nur ISO 9004), **5.3** Qualitätspolitik, **5.4** Planung, **5.5** Verantwortung, Befugnis und Kommunikation, **5.6** Managementbewertung.	8	**Messung, Analyse und Verbesserung** **8.1** Allgemeines, 8.1 Allgemeine Anleitung (nur ISO 9004), **8.2** Überwachung und Messung, **8.3** Lenkung fehlerhafter Produkte, 8.3 Lenkung von Fehlern (nur ISO 9004), **8.4** Datenanalyse, **8.5** Verbesserungen.
6	**Management von Ressourcen** **6.1** Bereitstellung von Ressourcen, 6.1 Allgemeine Anleitung (nur ISO 9004), **6.2** Personelle Ressourcen, **6.2** Personen (nur ISO 9004),		

1.3.1.1 Die Normenstruktur

Management- und unterstützende Prozesse bestimmen die innerbetrieblichen Abläufe und werden von der Forderung nach „Ständiger Verbesserung" geprägt **(Bild 1)**.
Die Gliederung der Norm macht die Wechselwirkung der Einzelprozesse deutlich, die mit der Eingabe, dem Prozess und dem Ergebnis beschrieben werden.
Die Unterscheidung von Management-, Kern- und unterstützenden Prozessen ist in der Norm nicht gefordet, erleichtert aber die erste Einordnung der Hauptprozesse **(Bild 2)**.

Die Produktrealisierung wird aufgrund kundenseitiger Forderungen als Hauptprozess angesehen, mit der Zielsetzung der Kundenzufriedenheit **(Bild 1)**.

Der Produktrealisierungsprozess ist in folgende Kernprozesse gegliedert: Entwicklung, Beschaffung, Produktion, Dienstleistung und kundenbezogene Prozesse.

Bild 1: Modell eines prozessorientierten Qualitätsmanagementsystems nach ISO 9001

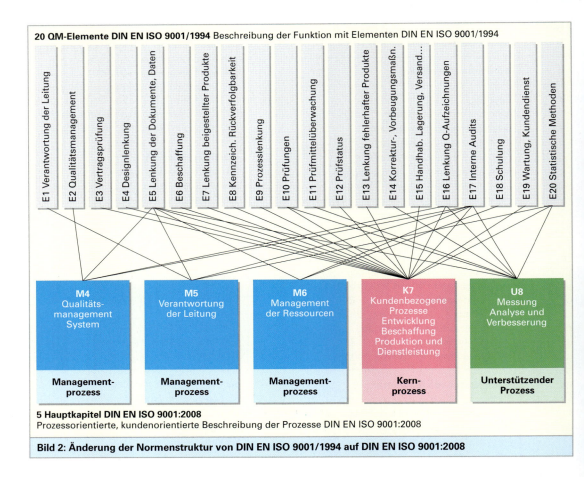

Bild 2: Änderung der Normenstruktur von DIN EN ISO 9001/1994 auf DIN EN ISO 9001:2008

1.3 DIN EN ISO 9000

Im PDCA-Regelkreis des Qualitätsmanagements **(Bild 1)** (Plan-Do-Check-Act-Kreis, siehe auch KAIZEN) gilt die Produktrealisierung als tun (Do = tun).
Die anderen Elemente des Regelkreises sind in den Kategorien QM-System, Verantwortung der Leitung, Management von Ressourcen (Plan = planen, Act = handeln) und Messung, Analyse und Verbesserung (Check = prüfen) zu finden. Diese vier Elemente des Regelkreises bilden die Basis des ISO-Modells. Sie bilden auch die fünf Hauptabschnitte der Norm.

1.3.1.2 Die Ausschlussmöglichkeiten

Unternehmen, die keine Entwicklungstätigkeiten durchführen, wurden bisher nach der Norm ISO 9002/94 auf Konformität geprüft. Diese Norm ist entfallen. Sie wurde durch die Ausschlussmöglichkeit der neuen Norm ersetzt.
Wenn Ausschlüsse vorgenommen werden, so ist das nur im Kapitel 7 Produktrealisierung zulässig. Die Forderungen nach der Fähigkeit und Verantwortung der Organisation zur Bereitstellung von Produkten, die den Kunden- und behördlichen Anforderungen entsprechen, muss gegeben sein.

> **Beispiel:**
> Nicht das Unternehmen, sondern der Kunde selbst entscheidet über die Gestaltung des Produkts und übernimmt dafür die Verantwortung. Das Unternehmen erhält vom Kunden eine Spezifikation wie das Produkt zu liefern ist, sei es Hardware, Software oder Dienstleistung. In diesem Fall können für dieses Produkt die Systemforderungen der neuen Norm ISO 9001:2000 in Abschnitt 7.3 Entwicklung ausgeschlossen werden. Diese Ausschlussmöglichkeit kann von einem Produkt zum anderen unterschiedlich sein.

1.3.1.3 Die Prozessorientierung

Die neue Norm versteht ein Unternehmen als die Summe verschiedenster Prozesse, die alle gleichartig strukturiert sind. Jeder Prozess besteht aus einer Eingabe (Input), dem eigentlichen Veränderungsprozess und einem daraus folgenden Ergebnis (Output) **(Bild 2)**.
Jede Tätigkeit, die eine Eingabe in ein Ergebnis umwandelt, kann als Prozess angesehen werden. Das Unternehmen selbst kann so als Prozess dargestellt werden, wobei das Ergebnis eine Dienstleistung (z.B. Transport), Software (z.B. Rechnerprogramm), Hardware (z.B. mechanischer Motorenteil) oder ein verfahrenstechnisches Produkt (z.B. Schmiermittel) sein kann. Erweitert man dieses Prozessmodell am Beispiel eines Unternehmens,

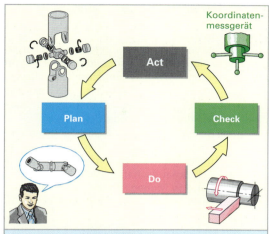

Bild 1: *Deming*[1]-Kreis/PDCA-Regelkreis

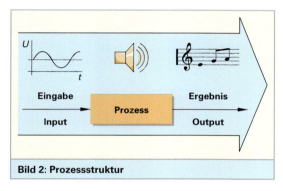

Bild 2: Prozessstruktur

Bild 3: Prozesslandschaft eines Unternehmens

kann man die Gliederung mit den Führungs- und Unterstützungsprozessen allgemeingültig ergänzen. In dieser Darstellung befindet sich der Kunde an beiden Stirnseiten des Unternehmensprozesses. Dieser Prozess hat als Eingabe die Kundenforderungen und als Ergebnis ein Produkt, das den Kunden zufriedenstellt **(Bild 3)**.

---

[1] *William Edwards Deming* (1900 bis 1993), amerik. Wirtschaftswissenschaftler

1.3.1.4 Dokumentationsanforderungen

Prozesslandschaft

Ein Unternehmen muss entsprechend den Forderungen der Norm das Qualitätsmangementsystem dokumentieren. Die Darstellungsform ist nicht vorgeschrieben. Es können entweder *Text, Text und Grafik* oder nur *grafische Darstellungen* (Flussdiagramme) verwendet werden.

Um einen schnellen Überblick über die dokumentierten Prozesse und deren Gliederung zu bekommen, wird in der Praxis als *Gesamtdarstellung* eine grafische Prozesslandschaft verwendet (**Bild 1**).

Die Gliederung in Management -, Kern- und unterstützende Prozesse ermöglicht eine erste Zuordnung der Einzelprozesse und ist an die Darstellung des Modells eines *prozessorientierten* QM-Systems der Norm angelehnt.

Allgemeines Ziel ist es, den Zugriff auf die Dokumentation und die Pflege des Inhaltes im innerbetrieblichen Rechnernetzwerk zu installieren.

Die Darstellung der Inhalte des QM-Systems in Form einer Baumstruktur wird ebenfalls angewendet und kann mit Hilfe von *Hyperlinks* für die Dokumentation herangezogen werden.

Hyperlinks verbinden Arbeitsmappen miteinander, sodass man sich durch die voneinander abhängigen Prozessdokumentationen klicken kann (Excel, Word).

Management-Prozesse M	Qualitätsmanagementsystem M 4		Verantwortung der Leitung M 5		Management von Ressourcen M 6	
	Allgemeine Anforderungen	M 4.1	Verpflichtung der Leitung	M 5.1	Bereitstellung von Ressourcen	M 6.1
	Dokumentationsanforderungen	M 4.2	Kundenorientierung	M 5.2	Personelle Ressourcen	M 6.2
			Qualitätspolitik	M 5.3	Infrastruktur	M 6.3
			Planung	M 5.4	Arbeitsumgebung	M 6.4
			Verantwortung, Befugnis und Kommunikation	M 5.5		
			Managementbewertung	M 5.6		

Kernprozesse K	Kundenbezogene Prozesse K 7.2		Entwicklung K 7.3		Überwachung und Messung K 8.2	
	Ermittlung der Anforderungen in Bezug auf das Produkt	K 7.2.1	Entwicklungs-Planung	K 7.3.1	Kundenzufriedenheit	K 8.2.1
	Bewertung der Anforderungen in Bezug auf das Produkt	K 7.2.2	Entwicklungs-Eingaben	K 7.3.2	Internes Audit	K 8.2.2
	Kommunikation mit dem Kunden	K 7.2.3	Entwicklungs-Ergebnisse	K 7.3.3	Überwachung und Messung von Prozessen	K 8.2.3
			Entwicklungs-Bewertung	K 7.3.4	Überwachung und Messung des Produktes	K 8.2.4
			Entwicklungs-Verifizierung	K 7.3.5		
			Entwicklungs-Validierung	K 7.3.6		
			Lenkung von Entwicklungsänderungen	K 7.3.7		
			Beschaffung K 7.4			
			Beschaffungsprozess	K 7.4.1		
			Beschaffungsangaben	K 7.4.2		
			Verifizierung von beschafften Produkten	K 7.4.3		
			Produktion und Dienstleistungserbringung K 7.5			
			Lenkung der Produktion und Dienstleistungserbringung	K 7.5.1		
			Validierung der Prozesse zur Produktion u. Dienstleistungserbringung	K 7.5.2		
			Kennzeichnung und Rückverfolgbarkeit	K 7.5.3		
			Eigentum des Kunden	K 7.5.4		
			Produkterhaltung	K 7.5.5		

Unterstützende Prozesse U	Messung, Analyse und Verbesserung U 8
	Planung der Produktrealisierung U 7.1, Lenkung von Prüfmitteln U 7.6, Allgemeines U 8.1 Lenkung fehlerhafter Produkte U 8.3, Datenanalyse U 8.4, Verbesserungen U 8.5

Bild 1: Unternehmensprozesse, dargestellt als Prozesslandschaft

1.3.2 Das QM-System

Normkapitel 4 (Bild 1)

Allgemeine Anforderungen Normkapitel 4.1
Die Organisation muss entsprechend den Anforderungen dieser internationalen Norm ein Qualitätsmanagementsystem aufbauen, dokumentieren, verwirklichen, aufrechterhalten und dessen Wirksamkeit ständig verbessern.
Die Organisation muss
a) die für das QM-System erforderlichen Prozesse und ihre Anwendungen in der gesamten Organisation festlegen,
b) die Abfolge und Wechselwirkung dieser Prozesse[1] festlegen,
c) die erforderlichen Kriterien und Methoden festlegen, um das wirksame Durchführen und Lenken dieser Prozesse sicherzustellen,
d) die Verfügbarkeit von Ressourcen und Informationen sicherstellen, die zur Durchführung und Überwachung dieser Prozesse benötigt werden,
e) diese Prozesse überwachen, soweit zutreffend messen und analysieren,
f) die erforderlichen Maßnahmen treffen, um die geplanten Ergebnisse sowie eine ständige Verbesserung dieser Prozesse zu erreichen.
Die Organisation muss diese Prozesse in Übereinstimmung mit den Anforderungen dieser Internationalen Norm leiten und lenken.
Wenn sich eine Organisation dafür entscheidet, einen Prozess auszugliedern, der die Produktkonformität mit den Anforderungen beeinflusst, muss die Organisation die Lenkung derartiger Prozesse sicherstellen. Die Art und der Umfang der Lenkung derartiger ausgegliederter Prozesse müssen im Qualitätsmanagementsystem festgelegt sein.

Ein wesentlicher Bestandteil des QM-Systems ist die Dokumentation von eigenen, definierten Vorgaben, die Beschreibung der Prozessdurchführung und die Bewertung der erreichten Ergebnisse.

Nachvollziehbar dokumentiert müssen sein:
- Qualitätspolitik des Unternehmens,
- Qualitätsziele der Organisation und deren Einheiten,
- Qualitätsmanagementhandbuch QMH,
- Lenkung von Dokumenten (z.B. Verfahrensanweisungen),
- Lenkung von Aufzeichnungen,
- Internes Audit,
- Lenkung fehlerhafter Produkte,
- Korrekturmaßnahmen,
- Vorbeugungsmaßnahmen.

Alle weiteren Dokumentationen von Prozessen, Abläufen und Bewertungen bestimmt das Unternehmen selbst.

Dabei hat es sich gezeigt, dass es hilfreich ist, wenn man sich an die Gliederung der Norm hält.

Auch kleinste Unternehmen haben die von der Norm beschriebenen Prozesse, wenn sie auch oft von nur einer verantwortlichen Person repräsentiert werden. Die Dokumentation der Wechselwirkung der Prozesse (Schnittstellen) verbessert die innerbetrieblichen Abläufe.

1.3.2.1 Dokumentationsanforderungen[2], Allgemeines

Die Dokumentation zum Qualitätsmanagementsystem muss enthalten:
a) dokumentierte Qualitätspolitik und Qualitätsziele,
b) ein Qualitätsmanagementhandbuch,
c) dokumentierte Verfahren und Aufzeichnungen, die von dieser Internationalen Norm gefordert werden,
d) Dokumente, einschließlich Aufzeichnungen, die die Organisation zur Sicherstellung der wirksamen Planung, Durchführung und Lenkung ihrer Prozesse als notwendig eingestuft hat.

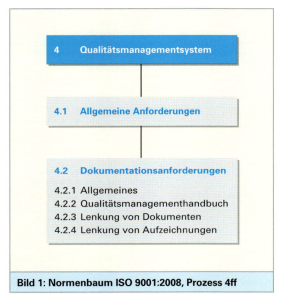

Bild 1: Normenbaum ISO 9001:2008, Prozess 4ff

---

[1] Prozesse, die für das oben genannte Qualitätsmanagementsystem erforderlich sind, sollten Prozesse für Leitungstätigkeiten, Bereitstellung von Ressourcen, Produktrealisierung und Messung einschließen.

[2] Wenn die Benennung „dokumentiertes Verfahren" in der Internationalen Norm verwendet wird, bedeutet dies, dass das jeweilige Verfahren festgelegt, dokumentiert, verwirklicht und aufrechterhalten wird.

1.3.2.2 Qualitätsmanagementhandbuch

> Die Organisation muss ein Qualitätsmanagementhandbuch erstellen und aufrechterhalten, das Folgendes enthält:
> a) den Anwendungsbereich des Qualitätsmanagementsystems, einschließlich Einzelheiten und Begründungen für jegliche Anschlüsse (siehe 1.2),
> b) die für das Qualitätsmanagementsystem erstellten, dokumentierten Verfahren oder Verweise darauf,
> c) eine Beschreibung der Wechselwirkung der Prozesse des Qualitätsmanagementsystems.

Die Gliederung des Qualitätsmanagementhandbuchs spiegelt die prozessorientierte Struktur der Norm wider, begründet eventuell vorgenommene Ausschlüsse und beschreibt die Wechselwirkungen der Prozesse im QM-System.

Im Beispiel der dargestellten Seite aus einem QM-Handbuch (Internes Audit[1]) wird die Wechselwirkung der Prozesse besonders in der Eingabe / Ergebnismatrix deutlich. Ebenso ist die Möglichkeit der Darstellung der Zuständigkeiten für die Einzelprozesse angewendet **(Bild 1)**.

Gelenkwellenfabrik MOBE GmbH		
DIN EN ISO 9001:2008 QM – Handbuch Prozess 8.2.2	8. Messung, Analyse und Verbesserung **Internes Audit**	Seite: 1 von 1 Ausgabe: 1.0 Stand: 30.07.2010

1. Zweck
Die Wirksamkeit des Qualitätsmanagementsystems wird durch interne Audits beurteilt und falls erforderlich verbessert. Interne Audits werden in allen Organisationseinheiten durchgeführt, deren Tätigkeit für die Qualität der Produkte von Bedeutung ist.

2. Geltungsbereich
Gesamtes Unternehmen

3. Prozessbeschreibung

3.1 Planung von internen Audits
Häufigkeit und Schwerpunkte für interne Qualitätsaudits werden unter Berücksichtigung der Bedeutung und Funktion betroffener Produkte und der Wichtigkeit von Tätigkeiten und Verfahren festgelegt. Die Planung berücksichtigt, dass alle betroffenen Organisationseinheiten und alle Prozesse dieses QM – Handbuchs zumindest einmal pro Jahr beurteilt werden. Der QMB erstellt und verteilt einen jährlichen Auditplan, in dem der Termin, die zu auditierenden Bereiche und die durchführenden Personen festgelegt sind.

3.2 Durchführung interner Audits
Die Durchführung erfolgt anhand von Auditfragen oder Protokollen, die vom QMB vorbereitet werden. Die vom Auditor festgestellten Ergebnisse werden im Auditprotokoll dokumentiert. Festgelegte Abweichungen werden in einem entsprechenden Auditbericht festgehalten und von dem betroffenen Bereich zur Kenntnis gegeben. In diesem Auditbericht werden vom QMB Maßnahmen zur Behebung der Abweichung vorgeschlagen bzw. mit dem betroffenen Bereich abgestimmt und festgelegt. Der zuständige Bereich führt die Korrekturmaßnahmen innerhalb der festgelegten Zeit durch und bestätigt dies. Die Wirksamkeit der Verbesserungsmaßnahme wird bewertet, weiter verfolgt oder abgeschlossen.

3.3 Außerplanmäßige Audits
Treten während einer Auftragsabwicklung Qualitätsprobleme auf, deren Bedeutung über das Tagesgeschehen hinausgeht oder die zu unterschiedlichen Auffassungen zwischen dem QMB und anderen Bereichen führen, so werden vom QMB außerplanmäßige Audits einberufen, an denen die betroffenen Bereiche teilnehmen. An dieser Arbeitsbesprechung werden Beschlüsse zur Ursachenfindung und nachgeschalteter Beseitigung der Qualitätsprobleme festgelegt. Die Ergebnisse und deren Bewertung werden in einem Auditbericht festgehalten und für die Beurteilung der Wirksamkeit des QMS herangezogen.

3.4 Berichterstattung und Dokumentation
Der QMB erstattet der Geschäftsführung und den Bereichsleitern (wenn vorhanden) regelmäßig Bericht über die Ergebnisse der internen Qualitätsaudits. Die zu erstellende Dokumentation umfasst den Auditjahresplan, den Auditplan, das Auditprotokoll und den Auditbericht. Korrektur- und Vorbeugungsmaßnahmen und ihre Erledigung (Verantwortlicher, Termin) sind im Auditbericht dokumentiert.

3.5 Zuständigkeiten (Tabelle ist nach der 6. Eingabe abgebrochen)

Eingabe	Abläufe	Ergebnis	Gesch.-leitung	QMB	Bereichs-leiter
Internes Audit	Jahresplan erstellt	Jahresplan erstellt		D	
Jahresplan erstellt	Genehmigung	Genehmigter Jahresplan	G		
Genehmigter Jahresplan	Information der betroffenen Bereiche	Bereichsleiter sind informiert		D	M
Einladungen zum internen Audit	Feinabstimmung des Termins mit den beteiligten Personen, Durchführung des Audit planen	Auditplan ist festgelegt		D	M
Auditplan ist festgelegt	Audit durchführen, dokumentieren und bewerten	Auditprotokoll u. Bericht		D	M
Auditplan liegt vor	Korrektur- und Vorbeugungsmaßnahmen ableiten	Verbesserung geplant		D	M

G = Genehmigung, D = Durchführung, M = Mitwirkung

Bild 1: Beispiel einer Prozessbeschreibung im Qualitätsmanagementhandbuch

---

[1] Audit, *der* od. *das*, von *engl.* audit = (unverhofft durchgeführte) Überprüfung, Untersuchung; *lat.* audito = Hören, Anhören

1.3.2.3 Lenkung von Dokumenten

> Die vom Qualitätsmanagementsystem geforderten Dokumente müssen gelenkt werden. Aufzeichnungen stellen einen besonderen Dokumententyp dar und müssen nach den in Abschnitt 4.2.3 genannten Anforderungen gelenkt werden.
> Ein dokumentiertes Verfahren zur Festlegung der erforderlichen Lenkungsmaßnahmen muss eingeführt werden, um
> a) Dokumente bezüglich ihrer Angemessenheit vor ihrer Herausgabe zu genehmigen,
> b) Dokumente zu bewerten, sie bei Bedarf zu aktualisieren und erneut zu genehmigen,
> c) sicherzustellen, dass Anforderungen und der aktuelle Überarbeitungsstatus von Dokumenten gekennzeichnet werden,
> d) sicherzustellen, dass gültige Fassungen zutreffender Dokumente an den jeweiligen Einsatzorten verfügbar sind,
> e) sicherzustellen, dass Dokumente lesbar und leicht erkennbar bleiben,
> f) sicherzustellen, dass Dokumente externer Herkunft, die die Organisation als notwendig für die Planung und den Betrieb des Qualitätsmanagementsystems eingestuft hat, gekennzeichnet werden und ihre Verteilung gelenkt wird, und
> g) die unbeabsichtigte Verwendung veralteter Dokumente zu verhindern und diese in geeigneter Weise zu kennzeichnen, falls sie aus irgendeinem Grund aufbewahrt werden.

Am Beispiel einer Werkstattzeichnung kann man die Notwendigkeit, Dokumente zu lenken, deutlich machen. Von der Erstellung, Kennzeichnung, Prüfung, Freigabe, Verteilung und Änderung bis zur Archivierung muss entsprechend der Prozessbeschreibung das Dokument von den zuständigen Stellen gelenkt werden. Ziel ist es, die geprüfte, mit dem aktuellen Änderungsstand gekennzeichnete Zeichnung zum richtigen Zeitpunkt am richtigen Ort zur Verfügung zu stellen und nach dem Gebrauch zu archivieren. Eine versehentliche Nutzung einer überholten Zeichnung muss ausgeschlossen werden können. Dasselbe gilt für ein CNC-Programm, eine Verfahrens- oder Prüfanweisung und alle weiteren in einem Betrieb befindlichen Dokumente. Die Norm unterscheidet zwischen Dokumenten und Aufzeichnungen.
Beispiele für Dokumente sind: Qualitätsmanagementhandbuch, Spezifikationen und Arbeitspläne.

Lenkung von Aufzeichnungen

> Aufzeichnungen, die erstellt werden, um Nachweise der Konformität mit den Anforderungen und des wirksamen Funktionierens des Qualitätsmanagementsystems bereitzustellen, müssen gelenkt werden. Die Organisation muss ein dokumentiertes Verfahren erstellen um die Lenkungsmaßnahmen festzulegen, die für die Kennzeichnung, die Aufbewahrung, den Schutz, die Wiederauffindbarkeit und die Aufbewahrungsfrist von Aufzeichnungen sowie die Verfügung über Aufzeichnungen erforderlich sind. Aufzeichnungen müssen lesbar, leicht erkennbar und wieder auffindbar bleiben.

Aufzeichnungen werden genauso gelenkt wie Dokumente. Sie unterscheiden sich nur durch ihren Erstellungszeitpunkt. Vereinfacht heißt das, Dokumente geben den Prozess vor, Aufzeichnungen dokumentieren das Ergebnis. Das QM – Handbuch ist ein Dokument, ein Auditbericht ist eine Aufzeichnung. Dokumente, die einen objektiven Nachweis über ausgeübte Tätigkeiten oder erreichte Ergebnisse liefern, werden Aufzeichnungen genannt.

Prozess M 4.2.3 Prozess M 4.2.4 ISO 9001:2008		Qualitätsmanagement – Handbuch **Lenkung von Dokumenten** **Liste M 4.2.3.01**					Seite: 1 von 2 Ausgabe: 1.1 Stand: 14.09.10		
Dok. = Dokument, Auf. = Aufzeichnung, QM = Qualitätsmanagement, QMB = QM – Beauftragter, QMH = QM – Handbuch, GF = Geschäftsführung									
QM Dok.	QM Auf.	Name/Vorgang	Kennzeichnung	Erstellung Änderung	Prüfung Freigabe	Verteiler	Archivierung	Wo	Dauer Jahre
x		Qualitätspolitik	M 4.2.1.01	GF / QMB	GF / QMB	Aushang	QMH	QMB	5
x		Qualitätsziele allgemein	M 4.2.1.02	GF / QMB	GF / QMB	Aushang	QMH	QMB	5
x		Qualitätsziele messbar	M 4.2.1.03	GF / QMB	GF / QMB	Abteilungen, Verteilerliste			
x		Qualitätsmanagementhandbuch	QMH M4 ff.	GF / QMB	GF / QMB	Abteilungen, Verteilerliste	QMH	QMB	ständig
	x	Verteilerliste QMH	M 4.2.3.04	GF / QMB	GF / QMB	Abteilungen	QMH	QMB	5
	x	Liste Dokumente + Aufzeichn.	M 4.2.3.01	QMB	QMB	Abteilungen	QMH	QMB	ständig
x		Angebot	K 7.2.1.02	Vertrieb	GF	Kunde	Vertrieb	Projekt	5

Bild 1: Lenkung von Dokumenten

1.3.3 Verantwortung der Leitung

> **Normkapitel 5 (Bild 1)**
> **Selbstverpflichtung der Leitung**
> Die oberste Leitung muss ihre Selbstverpflichtung bezüglich der Entwicklung und Verwirklichung des QM-Systems und der ständigen Verbesserung der Wirksamkeit des QM-Systems nachweisen, indem sie:
> a) der Organisation die Bedeutung der Erfüllung der Kundenanforderungen sowie der gesetzlichen und behördlichen Anforderungen vermittelt,
> b) die Qualitätspolitik festlegt,
> c) sicherstellt, dass Qualitätsziele festgelegt werden,
> d) Managementbewertungen durchführt,
> e) die Verfügbarkeit der Ressourcen sicherstellt.

Alle Forderungen des Kapitels 5 der Norm richten sich im englischsprachigen Quellentext direkt an das „Topmanagement" der Organisation. In all den aufgeführten Tätigkeitsbereichen muss die oberste Leitung persönlich etwas unternehmen und nachweisen können, dass sie selbst etwas tut oder in anderen Fällen mindestens sicherstellt, dass etwas getan wird.

Kundenorientierung

In der Norm wird die Kundenorientierung direkt in der Leitung gesehen und in den Forderungen 7.2 kundenbezogene Prozesse und 8.2.1 Kundenzufriedenheit vertieft. Die Norm fordert, dass die oberste Leitung sicherstellen muss, dass die Kundenanforderungen ermittelt und mit dem Ziel der Erhöhung der Kundenzufriedenheit erfüllt werden (siehe 7.2.1 und 8.2.1).

Qualitätspolitik

> Die oberste Leitung muss sicherstellen, dass die Qualitätspolitik
> a) für den Zweck der Organisation angemessen ist,
> b) eine Verpflichtung zur Erfüllung von Anforderungen und zur ständigen Verbesserung der Wirksamkeit des Qualitätsmanagementsystems enthält,
> c) einen Rahmen zum Festlegen und Bewerten von Qualitätszielen bietet,
> d) in der Organisation vermittelt und verstanden wird,
> e) auf ihre fortlaufende Angemessenheit bewertet wird.

Planung

> **Qualitätsziele 5.4.1**
> Die oberste Leitung muss sicherstellen, dass für zutreffende Funktionsbereiche und Ebenen innerhalb der Organisation Qualitätsziele einschließlich derer, die für die Erfüllung der Anforderungen an Produkte (siehe 7.1a) erforderlich sind, festgelegt sind. Die Qualitätsziele müssen messbar sein und mit der Qualitätspolitik in Einklang stehen.

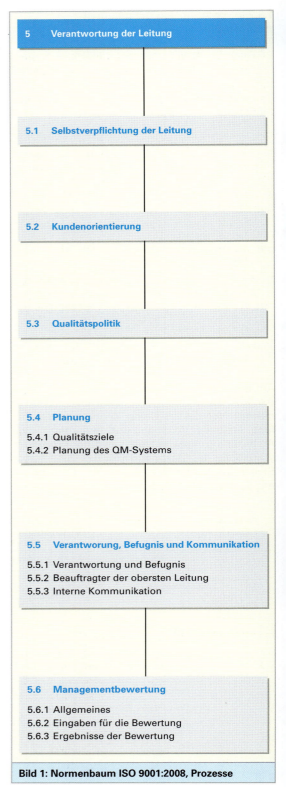

Bild 1: Normenbaum ISO 9001:2008, Prozesse

Qualitätsziele kann man vereinfacht in drei Gruppen aufteilen:
1. Langfristige Ziele
Beispiel: Die Beschaffung und Einführung eines neuen Produktionsplanungssystems, die Beschaffung einer modernen Produktionsmaschine, die Entwicklung neuer Produkte und Öffnung neuer Märkte.
2. Mittelfristige Ziele
Beispiel: Die Straffung der Produktpalette, die Einführung einer Messstation mit Auswertungselektronik, die Automatisierung eines Montagearbeitsganges.
3. Kurzfristige Ziele
Beispiel: Verbesserung unstabiler Arbeitsprozesse, Einführung neuer Kommunikationshilfsmittel, Verbesserung des Reinigungsprozesses, Realisieren des Internetauftrittes **(Tabelle1)**.

Tabelle 1: Qualitätsziele
Beispiele für Qualitätsziele
Langfristige Ziele: • Erweiterung der Produktionsfläche, • Beschaffung und Integration einer Messmaschine, • Einführung der KVP – Aktivitäten, • Gruppenarbeit.
Mittelfristige Ziele: • Optimieren des Werkzeugwesens, • Einführung von universellen Werkstückträgern, • Durchführung von Internen Audits, jährlich in allen Bereichen, • Senkung der Nacharbeitskosten.
Kurzfristige Ziele: • Verbesserung des Reklamationsmanagements, • Einführung neuer Verpackungstechniken, • Erweiterung der Online-Störungsdiagnose, • Verwendung des Bar-Codes als Infoträger.

Planung des Qualitätsmanagementsystems. Das Qualitätsmanagementsystem muss geplant und umgesetzt werden, damit die QM-Forderungen erfüllt werden können und die Voraussetzung für das Erreichen der Qualitätsziele gegeben ist.
Änderungen des QM-Systems müssen in kontrollierter Weise geplant und eingeführt werden.

Verantwortung, Befugnis und Kommunikation

> (Normkapitel 5.5)
> **Verantwortung und Befugnis**
> Die oberste Leitung muss sicherstellen, dass die Verantwortungen und Befugnisse innerhalb der Organisation festgelegt und bekannt gemacht werden.

Diese Forderung wird erfüllt durch Organisationsdiagramme **(Bild 1)**, Dokumentation der Federführung, Mitwirkung und Entscheidungsverantwortung im Qualitätsmanagement-Handbuch und in Stellenbeschreibungen. Unterstützend können Verantwortlichkeiten in Verfahrensanweisungen beschrieben werden.

Beauftragter der obersten Leitung

Die oberste Leitung muss ein Leitungsmitglied benennen, das, unabhängig von anderen Verantwortungen, die Verantwortung und Befugnis hat, das Qualitätsmanagementsystem zu verwirklichen, es aufrecht zu erhalten, der Geschäftsleitung darüber zu berichten und Verbesserungen umzusetzen **(Bild 2)**. Der Qualitätsmanagementbeauftragte muss sicherstellen, dass in der gesamten Organisation das Bewusstsein über die Erfüllung von Kundenforderungen gewährleistet wird.

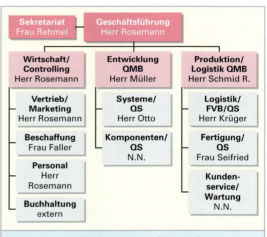

Bild 1: Organisationsdiagramm (Beispiel)

Der Qualitätsmanagementbeauftragte QMB ist für die Verwirklichung des QM – Systems verantwortlich und berichtet direkt der Geschäftsleitung darüber.

Bild 2: Beauftragter der obersten Leitung

> **Interne Kommunikation**
> Die oberste Leitung muss sicherstellen, dass geeignete Prozesse der Kommunikation innerhalb der Organisation eingeführt werden und dass eine Kommunikation über die Wirksamkeit des Qualitätsmanagementsystems stattfindet.

Die zur Verfügung gestellten Einrichtungen einer modernen Kommunikationstechnik gelten als Voraussetzung für die Durchführung der internen Kommunikation. Inhaltlich müssen Mitteilungen über die Wirksamkeit des QM-Systems stattfinden. Die interne Kommunikation kann zur Überwindung interner Schnittstellen **(Bild 1)** genutzt werden für:
- die Sicherstellung, dass die Qualitätspolitik in allen Ebenen der Organisation verstanden wird,
- Problemlösungen, die nach festgelegten Abläufen durchgeführt werden,
- die Behandlung fehlerhafter Produkte und die Benachrichtigung der betroffenen Stellen (Beispiel 1),
- die wirksame Behandlung von Kundenbeschwerden und Berichte über Produktfehler,
- die Rückmeldung eingeleiteter Maßnahmen zur Verbesserung eines Prozesses.

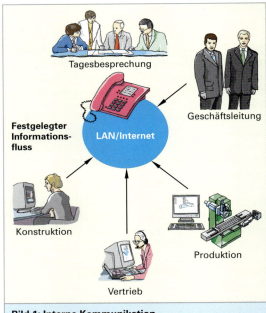

Bild 1: Interne Kommunikation

Beispiel 1: Interne Kommunikation am Beispiel des Prozesses der Lenkung fehlerhafter Produkte
Fehler bei Fertigung und Prüfung:
Werden bei Fertigung oder Prüfung Fehler an Produkten festgestellt, so werden:
- die Produkte auf den Begleitpapieren als gesperrt gekennzeichnet und der Fehler dokumentiert,
- der zugehörige Fertigungsauftrag nicht freigegeben,
- eine Entscheidung über Verwendung der Produkte oder Beseitigung der Fehler herbeigeführt,
- nach Vorliegen der Entscheidung die Produkte zur normalen Fertigungsfolge freigegeben oder
- nachgearbeitet bzw. als Ausschuss gekennzeichnet und verschrottet,
- Kaufteile zum Hersteller zurückgesendet,
- Lose, in denen fehlerhafte Produkte auftreten bis zur Fehlerbeseitigung nicht getrennt.

Behebung von Fehlern:
Fehler an Produkten, die nicht belassen werden können, werden durch Nacharbeit oder Reparatur so behoben, dass die Produkte danach den ursprünglichen Fertigungsunterlagen entsprechen (erforderlichenfalls nach zusätzlichen Fertigungsunterlagen).
Vor Aufnahme einer weiteren Bearbeitung im Anschluss an eine Nacharbeit werden die festgelegten Prüfungen wiederholt. Damit sind die Produkte zur weiteren Bearbeitung freigegeben.

Einholung erforderlicher Genehmigungen:
Entscheidungen über Fehler an Produkten, d.h. ob die Fehler belassen werden können, behoben werden müssen oder die Produkte unbrauchbar sind, trifft die Technik in schwierigen Fällen nach Einschaltung der zuständigen Fachbereiche. Die Genehmigung durch Kunden wird durch den Vertrieb dokumentiert.

Alle Mitarbeiter des Lagerwesens sind beim Auftreten fehlerhafter Produkte verantwortlich für:
- deren Aussortierung und Kennzeichnung mit dem Aufkleber „GESPERRT",
- deren Einlagerung im Sperrlager,
- die Dokumentation der Abweichungen und die Rückmeldung an die Materialwirtschaft,
- die Rücksendung oder fachgerechte Entsorgung auf Anweisung der Materialwirtschaft.

Alle Mitarbeiter der Produktion sind zuständig für:
- die sofortige Unterbrechung der Produktion beim Auftreten fehlerhafter Produkte und die Verständigung des Vorgesetzten,
- die Entscheidung, ob ein fehlerhaftes Produkt nachgearbeitet werden kann, in Absprache mit der Technik,
- die Nachbearbeitung fehlerhafter Produkte und deren erneute Prüfung,
- die Ausgliederung fehlerhafter Produkte, welche nicht nachgearbeitet werden können, aus dem Produktionsprozess und die Weitergabe an das Lagerwesen,
- die Dokumentation von im Produktionsprozess entstandenen fehlerhaften Produkten auf den Produktionspapieren.

Alle Mitarbeiter der Technik sind beteiligt an:
- der Entscheidung, ob Nacharbeit möglich oder ein Austausch erforderlich ist,
- der Klärung von Sonderfreigaben gemeinsam mit dem Vertrieb.

Alle Mitarbeiter der Materialwirtschaft sind zuständig für:
- die Klärung von Rücksendungen in Absprache mit dem Kunden,
- die statistische Erfassung aller fehlerhaften Produkte auf Grund der Produktions- und Lieferpapiere.

Alle Mitarbeiter des Vertriebs sind zuständig für:
- die Klärung von Sonderfreigaben in Absprache mit dem Kunden und die Dokumentation der zusätzlichen Vereinbarungen.

1.3 DIN EN ISO 9000

Managementbewertung

> **Normkapitel 5.6**
> **Allgemeines 5.6.1**
> Die oberste Leitung muss das Qualitätsmanagementsystem der Organisation in geplanten Abständen bewerten, um dessen fortdauernde Eignung, Angemessenheit und Wirksamkeit sicherzustellen. Diese Bewertung muss die Bewertung von Möglichkeiten für Verbesserungen und den Änderungsbedarf für das QM-System einschließlich der Qualitätspolitik und der Qualitätsziele enthalten. Aufzeichnungen über die Managementbewertung müssen aufrecht erhalten werden.

Ziele zu definieren, zu verfolgen und zu bewerten ist für jedes Unternehmen eine Grundvoraussetzung. Häufig werden diese Ziele jedoch nicht schriftlich festgehalten oder durch das Tagesgeschäft überholt **(Bild 1)**. Eine QM-Bewertung ist Review und Zukunftsplanung zugleich. Führen heißt, Anweisungen zu geben, aber nur, wer die Umsetzung überprüft, hat Erfolg (Beispiel 1).

Bild 1: Protokollierte Tagesbesprechungen können Teil der Managementbewertung sein.

> **Eingaben für die Bewertung 5.6.2**
> Eingaben für die Managementbewertung müssen Informationen zu Folgendem enthalten **(Bild 2)**:
> a) Ergebnisse von Audits,
> b) Rückmeldungen von Kunden,
> c) Prozessleistungen und Produktkonformität,
> d) Status von Vorbeugungs- und Korrekturmaßnahmen,
> e) Folgemaßnahmen vorangegangener QM – Bewertungen,
> f) Änderungen, die sich auf das QM-System auswirken könnten,
> g) Empfehlungen für Verbesserungen.

Bild 2: Managementbewertung

> **Ergebnis der Bewertung 5.6.3**
> Die Ergebnisse[1] der Managementbewertung müssen Entscheidungen und Maßnahmen zu Folgendem enthalten **(Bild 3)**:
> a) Verbesserung der Wirksamkeit des QM-Systems und seiner Prozesse,
> b) Produktverbesserung in Bezug auf Kundenanforderungen,
> c) Bedarf an Ressourcen.

Bild 3: Ergebnisbewertung

---

[1] Die Norm verlangt, dass die oberste Leitung das QM-System in geplanten Abständen bewertet. Die Ergebnisse der Bewertung müssen aufgezeichnet werden.

[2] Die Unternehmen definieren gemeinsam mit den Mitarbeitern klare, messbare Zielvorgaben. Es werden zusätzlich kurzfristige und langfristige betriebswirtschaftliche Ziele definiert und verfolgt. Die Prozessleistung und die Produktkonformität ist Basis dieser Betrachtung. Auch Verbesserungsvorschläge werden bewertet. Die sinnvolle Dokumentation des normalen Tagesgeschäfts kann die Grundlage für die Managementbewertung sein.

1.3.4 Management von Ressourcen

> Normkapitel 6

Bereitstellung von Ressourcen

Die Norm fordert, dass Ressourcen bereitgestellt werden müssen. Damit sind Mitarbeiterkapazitäten gemeint, die das QM-System verwirklichen, aufrechterhalten und ständig verbessern. Auch die Forderung nach Erhöhung der Kundenzufriedenheit durch die Erfüllung der Kundenanforderungen muss abgedeckt werden.

Der Qualitätsmanagementbeauftragte übernimmt federführend die Weiterentwicklung des QM-Systems. Der Vertrieb ist der erste Ansprechpartner des Kunden und führt die Bewertung der Kundenzufriedenheit durch (siehe auch Normkapitel 8.2.1 Messen der Kundenzufriedenheit).

Personelle Ressourcen

> **Allgemeines 6.2.1**
> Personal, dessen Tätigkeiten die Erfüllung der Produktanforderungen beeinflussen, muss aufgrund der angemessenen Ausbildung, Schulung, Fertigkeiten und Erfahrungen kompetent sein.

> **Kompetenz, Schulung und Bewusstsein**
> Die Organisation muss:
> a) die notwendige Kompetenz des Personals, dessen Tätigkeiten die Erfüllung der Produktanforderungen beeinflussen, ermitteln,
> b) wo zutreffend, für Schulung sorgen oder andere Maßnahmen ergreifen, um die notwendige Kompetenz zu erreichen,
> c) die Wirksamkeit der ergriffenen Maßnahmen beurteilen,
> d) sicherstellen, dass ihr Personal sich der Bedeutung und Wichtigkeit seiner Tätigkeit bewusst ist und weiß, wie es zur Erreichung der Qualitätsziele beiträgt,
> e) geeignete Aufzeichnungen zu Ausbildung, Schulung, Fertigkeiten und Erfahrung führen (siehe auch Lenkung von Aufzeichnungen 4.2.4).

In den Einstellungsunterlagen sind Ausbildung, Fähigkeiten und Erfahrung der Mitarbeiter dokumentiert. Im Arbeitsvertrag ist meist eine kurze Aufgabenbeschreibung vorhanden, die ausreichend sein kann.

Ob in jedem Fall eine Stellenbeschreibung erforderlich ist, ist von jedem Unternehmen selbst zu prüfen. Eine grundsätzliche Forderung ist in der Norm nicht vorhanden.

Die neue Norm fasst alle Aspekte der alten zusammen und ordnet sie den fünf Forderungen der Prozesse a) bis e) zu. Es muss sichergestellt werden, dass die Mitarbeiter die Qualitätsaspekte ihrer Arbeit kennen und die Führung der Nachweise über Schulbildung, Erfahrung, Schulungen und Qualifikationen durchgeführt wird (Beispiel 1). Die Mitarbeiter sind für die von ihnen durchgeführten Arbeiten zu schulen. Durch die Bewertung der Wirksamkeit der Schulung ist eine gezielte Entwicklungskontrolle möglich. Schulungen haben ein Ausbildungsziel, einen Nutzen für den Betrieb und den Mitarbeiter und verbessern das Leistungsergebnis.

Bild 1: Normenbaum ISO 9001:2008, Prozess 6ff

Beispiel 1: Qualifikationsmatrix als Grundlage für die Weiterbildung der Mitarbeiter in der Lackiererei.

Qualifikation Mitarbeiter	Schleifen	Füller spritzen	Lackieren Ein-schicht	Lackieren Mehr-schicht	Polieren	End-kontrolle	Blei-lackieren	Verpacken	Karosserie-arbeiten
Ugijanin Nedzad	XXX	–	–	–	–	XX	–	XX	–
Oezdemir Adnan	XXX	–	–	–	–	XX			

xxx: Arbeiten können selbstständig durchgeführt werden. xx: Arbeiten mit Anleitung. x: MA kann helfen ---- Arbeiten können nicht ausgeführt werden.

Infrastruktur

> Die Organisation muss die Infrastruktur ermitteln, bereitstellen und aufrechterhalten, die zur Erreichung der Konformität mit den Produktanforderungen erforderlich ist. Zur Infrastruktur gehören, soweit zutreffend:
> a) Gebäude, Arbeitsort und zugehörige Versorgungseinrichtungen,
> b) Prozessausrüstung (sowohl Hardware als auch Software)
> c) unterstützende Dienstleistungen (z. B. Transport, Kommunikation oder Informationssysteme).

Bild 1: Bereitstellen von Werkzeugen

Die Bereitstellung von geeigneten Produktions-, Montage- und Wartungseinrichtungen sowie eine zweckmäßige Instandhaltung von Einrichtungen wird gefordert, um ständig die Prozessfähigkeit sicherzustellen **(Bild 1)**.

Arbeitsumgebung. Die Organisation muss die Arbeitsumgebung, die zum Erreichen der Konformität mit den Produktanforderungen erforderlich ist, ermitteln, leiten und lenken.

Um den Prozess leiten und lenken zu können, muss zuerst untersucht werden, welche Faktoren die Arbeitsumgebung überhaupt qualitätswirksam beeinflussen **(Bild 2)**.
Die Arbeitsumgebung kann die Werkhalle betreffen aber auch das Umfeld im Dienstleistungsbereich.

Bild 2: Richtige Arbeitshaltung ermöglichen

Die qualitätswirksamen Faktoren können sein:
- Arbeitsmethode,
- Beleuchtung,
- Sauberkeit,
- Temperatur **(Bild 3)**,
- Klima (Luftfeuchte, Gase),
- Lärm.

In die Betrachtung können weitere Faktoren der Arbeitsumgebung mit einbezogen werden:
- Gesundheitsschutz,
- Arbeitssicherheit,
- besondere Umgebungsbedingungen,
- Schichtarbeit,
- Sozialleistungen.

Die Arbeitsethik bildet ein gutes Entwicklungspotenzial und kann hier dokumentiert und bewertet werden, wie z. B.
- Kritik und Anerkennung,
- Zufriedenheit der Mitarbeiter,
- Motivation der Mitarbeiter,
- Unternehmenskultur.

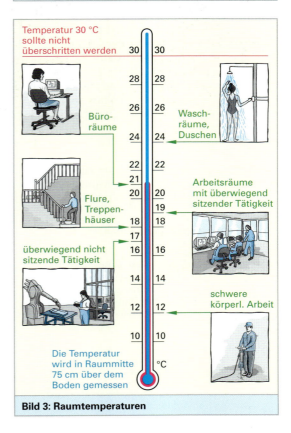

Bild 3: Raumtemperaturen

1.3.5 Produktrealisierung

Normkapitel 7 (**Bild 1**)

1.3.5.1 Planung der Produktrealisierung

Die Organisation muss die Prozesse planen und entwickeln, die für die Produktrealisierung erforderlich sind. Die Planung der Produktrealisierung muss mit den Anforderungen der anderen Prozesse des QM-Systems im Einklang stehen (siehe 4.1 Allgemeine Anforderungen an das QM-System). Bei der Planung der Produktrealisierung muss die Organisation, soweit angemessen, Folgendes festlegen:
a) Qualitätsziele und Anforderungen an das Produkt,
b) die Notwendigkeit, Prozesse einzuführen, Dokumente[1] zu erstellen und produktspezifische Resourcen bereitzustellen,
c) die erforderlichen produktspezifischen Verifizierungs-, Validierungs-, Überwachungs-, Mess- und Prüftätigkeiten sowie die Produktannahmekriterien,
d) die erforderlichen Aufzeichnungen, um nachzuweisen, dass die Realisierungsprozesse und resultierenden Produkte die Anforderungen erfüllen (siehe 4.2.4 Lenkung von Aufzeichnungen).
Das Ergebnis dieser Planung muss in einer für die Betriebsweise der Organisation geeigneten Form vorliegen[2].

Je nach Unternehmenszweck wird die Umsetzung dieser Aufgabe sehr unterschiedlich sein. Die Planung der Produktrealisierung betrifft alle Prozesse zwischen dem Kunden als Besteller und dem Kunden als Empfänger des Produkts oder der Dienstleistung. Schwerpunkte können hier sein:
- schnelle Lieferbereitschaft bei bestehendem Produktspektrum,
- die Entwicklung neuer Produkte, vom Prototyp zur Serie,
- Fertigung der Losgröße eins, bis zur Großserie,
- Umsetzung der Dienstleistungswünsche des Kunden in kürzester Zeit oder/und rund um die Uhr.

1.3.5.2 Kundenbezogene Prozesse

Ermittlung der Anforderungen in Bezug auf das Produkt
Die Organisation muss Folgendes ermitteln:
a) die vom Kunden festgelegten Anforderungen einschließlich der Anforderungen hinsichtlich Lieferung und Tätigkeiten nach der Lieferung,
b) vom Kunden nicht angegebene Anforderungen, die jedoch für den festgelegten oder den beabsichtigten Gebrauch, soweit bekannt, notwendig sind,
c) gesetzliche und behördliche Anforderungen, die auf das Produkt zutreffen,
d) alle weiteren von der Organisation als notwendig erachteten Anforderungen.

Die Schwerpunkte der Ermittlung der Anforderungen unterscheiden sich je nachdem, ob die Entwicklung eines Produkts durchgeführt wird, ohne dass eine konkrete Kundenforderung vorhanden ist oder Produkte bzw. Dienstleistungen auf Kundenwunsch realisiert werden.
In jedem Fall sind vier Kategorien der Forderungen in Bezug auf das Produkt zu berücksichtigen:
a) vom Kunden ausgesprochene Forderungen,
b) vom Kunden unausgesprochene Forderungen,
c) geltende gesetzliche und behördliche Forderungen,
d) sonstige von der Organisation festgelegte Forderungen.

Bild 1: Normenbaum ISO 9001:2008 Prozess 7 bis 7.2.3

Beispiel 1: Gesetzliche und behördliche Forderungen
- Auto (Forderungen an die Betriebssicherheit),
- Essen (Forderungen an die Hygiene),
- Heizung (Forderungen an die Emission),
- Roboter (Forderungen an die Sicherheitseinrichtungen),
- Wasser (Forderungen an die Güte),
- Arzneimittel (Forderungen an die Erprobung),
- Fernseher (Forderungen an die elektrische Betriebssicherheit und Strahlungsemission).

---

[1] Ein Dokument, das die Prozesse des QM-Systems (einschließlich der Produktrealisierungsprozesse) und die Ressourcen festlegt, die auf ein bestimmtes Produkt, Projekt oder einen bestimmten Vertrag anzuwenden sind, kann als Qualitätsmanagementplan bezeichnet werden.
[2] Die Organisation kann die in Abschnitt 7.3 (Entwicklung) angegebenen Anforderungen auch auf die Entwicklung von Produktrealisierungsprozessen anwenden.

Bewertung der Anforderungen in Bezug auf das Produkt

Die Organisation muss die Anforderungen in Bezug auf das Produkt bewerten[1]. Diese Bewertung muss vor dem Eingehen einer Lieferverpflichtung gegenüber dem Kunden (z. B. Abgabe von Angeboten, Annahme von Vertrags- oder Auftragsänderungen) vorgenommen werden und muss sicherstellen:
a) dass die Anforderungen an das Produkt festgelegt sind,
b) dass Unterschiede zwischen den Anforderungen im Vertrag oder Auftrag und den früher ausgedrückten Anforderungen beseitigt werden,
c) dass die Organisation in der Lage ist, die festgelegten Anforderungen zu erfüllen.
Aufzeichnungen der Ergebnisse der Bewertung und deren Folgemaßnahmen müssen geführt werden (siehe Lenkung von Aufzeichnungen).

Die Aufgabe den Kunden zu informieren übernimmt das Marketing oder der Marketingbeauftragte. Informationen zu den Produkten bzw. den angebotenen Dienstleistungen werden dem Kunden in verschiedensten Weisen vermittelt. (Beispiel 1). Je nach zu erreichender Zielgruppe wird die Form gewählt, dieses Ziel bestmöglich zu erreichen. Im Abschnitt b) werden festgelegte Abläufe im Hinblick auf die kommerzielle Abwicklung der Kundenaufträge gefordert.

Die innerbetrieblichen Schnittstellen zwischen den Bereichen und Aufgaben sind zu beschreiben, um einen reibungslosen Durchlauf von Kundenaufträgen zu gewährleisten. Der Vertrieb ist in diesem Fall der Ansprechpartner für den Kunden und benötigt aktuell den Status des Kundenauftrags, um eindeutige Aussagen machen zu können. Bei Störungen im geplanten Ablauf, bei Beschwerden oder Reklamationen entscheidet die zuständige Stelle im Unternehmen über die durchzuführende planmäßige Störungsbeseitigung und damit über den zu treibenden Aufwand und setzt die Kommunikation mit dem Kunden fort.

Wenn der Kunde keine dokumentierten Anforderungen vorlegt, müssen die Kundenforderungen vor der Annahme von der Organisation durch ein Angebot bestätigt werden **(Bild 1, folgende Seite)**. Wenn sich Produktanforderungen ändern, muss die Organisation sicherstellen, dass die zutreffenden Dokumente ebenfalls geändert werden und dass dem zuständigen Personal die geänderten Anforderungen bewusst gemacht werden.

Kommunikation mit dem Kunden

Die Organsation muss wirksame Regelungen für die Kommunikation mit dem Kunden zu folgenden Punkten festlegen und verwirklichen:
a) Produktinformation,
b) Anfragen, Verträge oder Auftragsbearbeitung einschließlich Änderungen,
c) Rückmeldungen von Kunden einschließlich Kundenbeschwerden.

Beispiel 1: Möglichkeiten der Produktinformationen

Aktivitäten	Produkte
• Messen	• ausstellen
• Verkaufsveranstaltungen	• vorführen
• Vertreterbesuche	• vorstellen
• Mustersendungen	• ausprobieren
• Werbung in den Medien und im Internet	• bekannt machen
• Direkt-Werbung	• anbieten
• Kataloge	• anbieten

Wiederholung und Vertiefung

1. Nenne die Normenreihe der DIN EN ISO 9000.
2. Was wird mit der Norm DIN EN ISO 9004 vorgegeben?
3. Mit welcher Formulierung wird die ständige Veränderung der QM-Prozesse gefordert?
4. In welche drei Arten von Prozessen kann die Norm gegliedert werden?
5. Auf welchen Hauptprozess bezieht sich die Ausschlussmöglichkeit der Prozessbeschreibung?
6. In welchem Dokument werden die QM-Prozesse dokumentiert?
7. Wer ist für die Verwirklichung des Qualitätsmanagementsystems verantwortlich?
8. An welchen geplanten Kriterien orientiert sich die Managementbewertung?
9. In welchem Prozess ist die Weiterbildung der Mitarbeiter gefordert?
10. In wie viel Einzelprozesse ist die Entwicklung gegliedert?

---

[1] Anmerkung:
In einigen Fällen, z. B. bei Internetverkäufen, ist eine formale Bewertung jedes einzelnen Auftrags nicht praktikabel. Stattdessen kann sich die Bewertung auf zutreffende Produktinformationen wie z. B. Katalog oder Werbematerial beziehen.

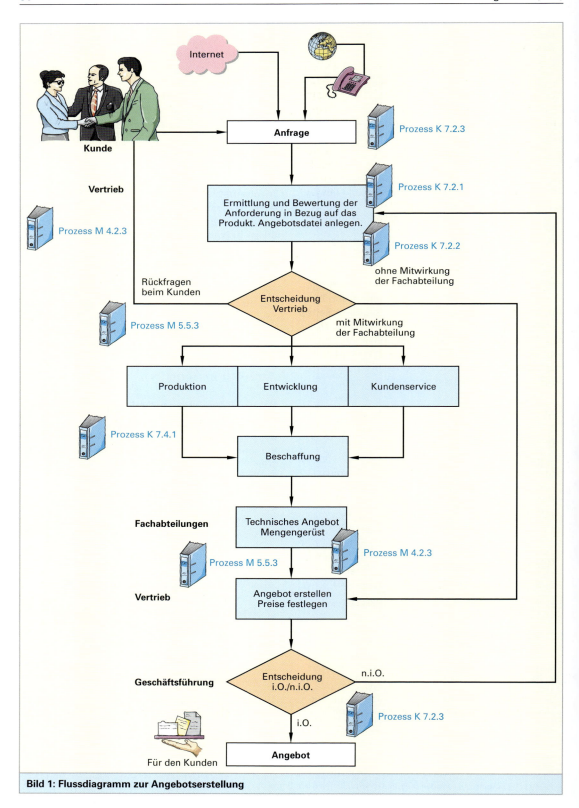

Bild 1: Flussdiagramm zur Angebotserstellung

1.3.5.2 Entwicklung

> Normkapitel 7.3 (**Bild 1**)

Der Kernprozess Entwicklung ist in der neuen Norm noch stärker in einzelne Prozessabschnitte unterteilt als in der alten. Die Eingaben und Ergebnisse der folgerichtig gegliederten Entwicklungsprozesse sind verifizierbar zu dokumentieren und eindeutig voneinander zu trennen. Ziel ist es, von der Produktidee bis zur Lieferung des Produkts jederzeit die Entwicklungstätigkeit transparent, abgestimmt und nachvollziehbar zu gestalten. Der Anstoß für eine Entwicklung kann vom Kunden oder vom internen Kunden (Marketing / Vertrieb) entsprechend einer Marktanalyse kommen.

> **Entwicklungsplanung**
>
> Die Organisation muss die Entwicklung des Produkts planen und lenken. Bei der Entwicklungsplanung muss die Organisation festlegen:
> a) die Entwicklungsphasen,
> b) für jede Entwicklungsphase die angemessene Bewertung, Verifizierung und Validierung,
> c) die Verantwortungen und Befugnisse für die Entwicklung.
> Die Organisation muss die Schnittstellen zwischen den verschiedenen an der Entwicklung beteiligten Gruppen leiten und lenken, um eine wirksame Kommunikation und eine klare Zuordnung der Verantwortung sicherzustellen. Das Ergebnis der Planung muss, soweit angemessen, mit dem Fortschreiten der Entwicklung aktualisiert werden.

Die Entwicklungsplanung ist wie eine Projektplanung zu sehen. Klare Eingaben für das Entwicklungsvorhaben sind erforderlich. Als Beispiel: Verwendungszweck, Funktion, Randbedingungen, zu beachtende Gesetze, Normen, Vorschriften und Richtlinien, Umweltverträglichkeit und das Entsorgungskonzept. Die technischen, kaufmännischen und zeitlichen Grenzwerte müssen in der Entwicklungsplanung festgelegt sein.

> **Entwicklungseingaben**
>
> Eingaben in Bezug auf die Produktanforderung müssen ermittelt und aufgezeichnet werden (siehe 4.2.4 Lenkung von Aufzeichnungen). Diese Eingaben müssen enthalten
> a) Funktions- und Leistungsanforderungen,
> b) zutreffende gesetzliche und behördliche Anforderungen,
> c) wo zutreffend, Informationen, die aus früheren, ähnlichen Entwicklungen abgeleitet wurden, und
> d) andere für die Entwicklung wesentliche Anforderungen.
> Die Eingaben müssen auf Angemessenheit bewertet werden. Anforderungen müssen vollständig und eindeutig sein und dürfen einander nicht widersprechen.

> **7.3 Entwicklung**
> 7.3.1 Entwicklungsplanung
> 7.3.2 Entwicklungseingaben
> 7.3.3 Entwicklungsergebnisse
> 7.3.4 Entwicklungsbewertung
> 7.3.5 Entwicklungsverifizierung
> 7.3.6 Entwicklungsvalidierung
> 7.3.7 Entwicklungsänderungen

Bild 1: Normenbaum ISO 9001:2005 Prozesse 7.3

> • Verwendungszweck
> • Funktion
> • Randbedingungen
> • Gesetze, Normen
> • Vorschriften
> • Richtlinien
> • Umweltverträglichkeit
> • Entsorgungskonzept

Bild 2: Eingaben für den Entwicklungsprozess

In vielen Fällen sind Wettbewerbsprodukte bereits auf dem Markt. Die Entwicklungseingaben müssen sich also schon bei der Festlegung von den realisierten Produktleistungen der Mitbewerber positiv unterscheiden. Die Schwächen und Stärken der Wettbewerbsprodukte sollten bekannt sein.
Die geplanten Stärken des eigenen, neuen Produktes sind die Hauptverkaufsargumente fürs Marketing.
Entwicklungseingaben werden in einen innerbetrieblichen Entwicklungsauftrag umgesetzt (Beispiel 1).

> Bereits in der Planungsphase soll in die Entwicklung möglichst alles Wissen einer Organisation eingebracht werden, um die Risiken für die Funktions- und Produktionssicherheit klein zu halten.

> **Beispiel 1: Verschiedene Arten von Entwicklungsaufträgen**
> Entwicklungsaufträge:
> – Neues Produkt (Hard-, Software, Dienstleistung) entwickeln bis zum Prototyp,
> – neues Produkt vom Prototypen zur Serienreife,
> – modifiziertes Produkt als Weiterentwicklung,
> – modifiziertes Produkt zur Funktionserfüllung bei geänderten Rahmenbedingungen,
> – Sonderprodukt auf Kundenwunsch.

Entwicklungsergebnisse

Die Entwicklungsergebnisse müssen eine Form haben, die für die Verifizierung gegenüber den Entwicklungseingaben geeignet ist und müssen vor der Freigabe genehmigt werden.
Entwicklungsergebnisse müssen:
a) die Entwicklungsvorgaben erfüllen,
b) angemessene Informationen für die Beschaffung, Produktion und Dienstleistungserbringung bereitstellen,
c) Annahmekriterien für das Produkt enthalten oder darauf verweisen,
d) die Merkmale des Produkts festlegen, die für einen sicheren Gebrauch wesentlich sind.

Viele Produkte können zwar in den Grundstrukturen vorgeplant werden, jedoch kann man in manchen Fällen erst durch Versuche das endgültige Ergebnis erkennen und festhalten **(Bild 1)**.
Dadurch ist der Vergleich zwischen Planung und Ergebnis jederzeit möglich. Das Entwicklungsergebnis muss in der endgültigen Form von den eingebundenen Stellen genehmigt werden.

Entwicklungsbewertung

In geeigneten Phasen müssen systematische Entwicklungsbewertungen gemäß geplanten Regelungen (siehe 7.3.1 Entwicklungsplanung) durchgeführt werden, um
a) die Fähigkeit der Entwicklungsergebnisse zur Erfüllung der Anforderungen zu beurteilen und
b) jegliche Probleme zu erkennen und notwendige Maßnahmen vorzuschlagen.
Zu den Teilnehmern an derartigen Entwicklungsbewertungen müssen die Vertreter der Funktionsbereiche gehören, die von der bewerteten Entwicklungsphase betroffen sind.
Aufzeichnungen über die Ergebnisse der Bewertung und notwendige Maßnahmen müssen geführt werden (siehe Lenkung von Aufzeichnungen).

Die Entwicklungsbewertung findet im Allgemeinen im Team statt. Es muss bewertet werden, ob die aufgetretenen Probleme während der Entwicklung erfolgreich gelöst wurden und das Ergebnis tragfähig ist, ob die Kundenanforderungen erfüllt sind und ob eine wirtschaftliche Produktion realisiert werden kann.

Entwicklungsverifizierung

Eine Verifizierung muss gemäß geplanter Regelungen (siehe 7.3.1 Entwicklungsplanung) durchgeführt werden, um sicherzustellen, dass die Entwicklungsergebnisse die Entwicklungsvorgaben erfüllen. Aufzeichnungen über die Ergebnisse der Verifizierung und über notwendige Maßnahmen müssen geführt werden (siehe Lenkung von Aufzeichnungen).

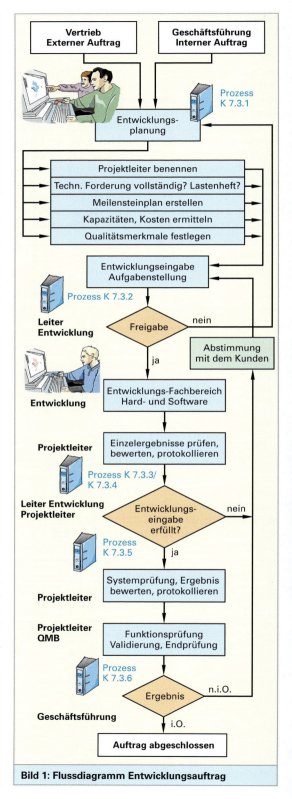

Bild 1: Flussdiagramm Entwicklungsauftrag

Entwicklungsvalidierung

Eine Entwicklungsvalidierung muss gemäß geplanten Regelungen (siehe Entwicklungsplanung) durchgeführt werden, um sicherzustellen, dass das resultierende Produkt in der Lage ist, die Anforderungen für die festgelegte Anwendung oder den beabsichtigten Gebrauch, soweit bekannt, zu erfüllen. Wenn möglich, muss die Validierung **(Tabelle 1)** vor Auslieferung oder Einführung des Produkts abgeschlossen werden.
Aufzeichnungen über die Ergebnisse der Validierung und über notwendige Maßnahmen müssen geführt werden.

Zu unterscheiden sind die Produkte, die auf Kundenwunsch oder zur Erfüllung der Forderungen des Marktes entwickelt wurden.
Entwicklungsänderungen werden in Form von Änderungsaufträgen mit entsprechender Unterschriftenleiste der betroffenen Fachbereiche dokumentiert **(Bild 1)**. In den Aufträgen ist vom Antragsteller die Begründung der Änderung und die Auswirkung zu beschreiben.

Lenkung von Entwicklungsänderungen
Entwicklungsänderungen müssen gekennzeichnet und aufgezeichnet werden. Die Änderungen müssen, soweit angemessen, bewertet, verifiziert und validiert sowie vor ihrer Einführung genehmigt werden. Die Bewertung der Entwicklungsänderungen muss die Beurteilung der Auswirkungen der Änderungen auf Bestandteile und auf bereits gelieferte Produkte einschließen. Aufzeichnungen über die Ergebnisse der Bewertung der Änderung und über notwendige Maßnahmen müssen geführt werden.

Bild 1: Änderungsantrag eines Maschinenbauers

Tabelle 1: Begriffsdefinitionen	
Begriffe	**Definition**
Organisation	ist eine Gruppe von Personen und Einrichtungen mit einem Gefüge von Verantwortung, Befugnissen und Beziehungen, zum Beispiel: Gesellschaften, Körperschaften, Firma, Unternehmen, Institution, gemeinnützige Organisation, Einzelunternehmer, Verband oder Teile und Mischformen solcher Einrichtungen.
Prozess	ist eine Reihe von in Wechselbeziehung oder Wechselwirkung stehenden Tätigkeiten, die Eingaben in Ergebnisse umwandeln.
Produkt	ist das Ergebnis eines oder mehrerer Prozesse. Es gibt vier anerkannte übergeordnete Produktkategorien: Dienstleistungen, Software, Hardware, verfahrenstechnische Produkte.
Projekt	ist ein einmaliger Prozess, der aus einem Satz von abgestimmten und gelenkten Tätigkeiten mit Anfangs- und Endterminen besteht und durchgeführt wird, um ein Ziel zu erreichen, das spezifische Anforderungen erfüllt, wobei Zeit-, Kosten- und Ressourcenbeschränkungen eingeschlossen sind.
Verifizierung	ist die Bestätigung durch Bereitstellung eines objektiven Nachweises, dass festgelegte Anforderungen erfüllt worden sind.
Validierung	ist die Bestätigung durch Bereitstellung eines objektiven Nachweises, dass die Anforderungen für einen spezifischen beabsichtigten Gebrauch oder Anwendung erfüllt worden sind.

1.3.5.4 Beschaffung

> Normkapitel 7.4

Das Kapitel Beschaffung **(Bild 1)** ist wie in der alten Norm in drei Bereiche gegliedert. Die Neuerung besteht in einer geänderten Begriffsanwendung. Die Lieferantenkette besteht jetzt aus folgenden Begriffen:

„Lieferant > Organisation > Kunde" **(Bild 2)**.

In die Forderung des Kunden an das Produkt sind die Rohstoffe, Materialien, Kaufteile und die externe Bearbeitung ebenfalls mit einzubeziehen. Bei der Beurteilung und Entscheidung über die Verwendbarkeit dieser Vorprodukte ist die Erwartung des Kunden, des Vertriebs und der Produktion zu berücksichtigen **(Bild 1, folgende Seite)**.

Je nachdem, ob es sich um ein Serien-, Einzel-, Sonder- oder Handelsprodukt handelt, muss der Umfang der Bestellangaben vor der Bestellung geprüft und freigegeben werden. Die verschiedenen Produktarten benötigen einen unterschiedlichen Verwaltungs- und Bestellaufwand. Die Vorgaben an die zu beschaffenden Produkte legt der Entwicklungs- oder der Dienstleistungsbereich fest.

Die grundliegenden Anforderungen an die Produkte werden bereits mit den Beschaffungsangaben festgelegt. Die Prüfung zur Verifizierung muss in angemessener Form durchgeführt werden und wird vom Ergebnis der zurückliegenden Prüfungen beeinflusst. Das Ergebnis geht in die Lieferantenbewertung ein. Eine enge datentechnische Verbindung zwischen dem Wareneingang und dem Einkauf macht die Erfüllung dieser Aufgabenstellung effizienter.

Beschaffungsangaben
Beschaffungsangaben müssen das zu beschaffende Produkt beschreiben. Soweit angemessen, enthalten diese:
a) Anforderungen zur Genehmigung von Produkten, Verfahren, Prozessen und Ausrüstung,
b) Anforderungen an die Qualifikation des Personals,
c) Anforderungen an das Qualitätsmanagementsystem.
Die Organisation muss die Angemessenheit der festgelegten Beschaffungsanforderungen sicherstellen, bevor sie diese dem Lieferanten mitteilt.

Verifizieren von beschafften Produkten
Die Organisation muss die erforderlichen Prüfungen oder sonstigen Tätigkeiten festlegen und verwirklichen, durch die sichergestellt wird, dass das beschaffte Produkt die festgelegten Beschaffungsanforderungen erfüllt. Wenn die Organisation oder ihr Kunde beabsichtigt, Verifizierungstätigkeiten beim Lieferanten durchzuführen, muss die Organisation die beabsichtigten Verifizierungsmaßnahmen und die Methoden zur Freigabe des Produkts in den Beschaffungsangaben festlegen.

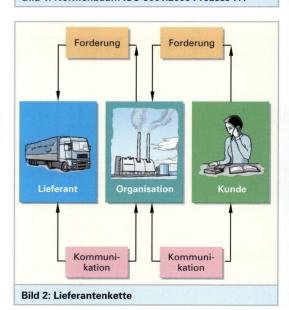

Bild 1: Normenbaum ISO 9001:2008 Prozess 7.4

Bild 2: Lieferantenkette

Beschaffungsprozess
Die Organisation muss sicherstellen, dass die beschafften Produkte die festgelegten Beschaffungsanforderungen erfüllen. Art und Umfang der auf den Lieferanten und das beschaffte Produkt angewandten Überwachung müssen vom Einfluss des beschafften Produkts auf die nachfolgende Produktrealisierung oder auf das Endprodukt abhängen.
Die Organisation muss Lieferanten auf Grund von deren Fähigkeiten beurteilen und auswählen, Produkte entsprechend den Anforderungen der Organisation zu liefern. Es müssen Kriterien für die Auswahl, Beurteilung und Neubeurteilung aufgestellt werden. Aufzeichnungen über Ergebnisse von Beurteilungen und über notwendige Maßnahmen müssen geführt werden (siehe 4.2.4 Lenkung von Aufzeichnungen).

1.3 DIN EN ISO 9000

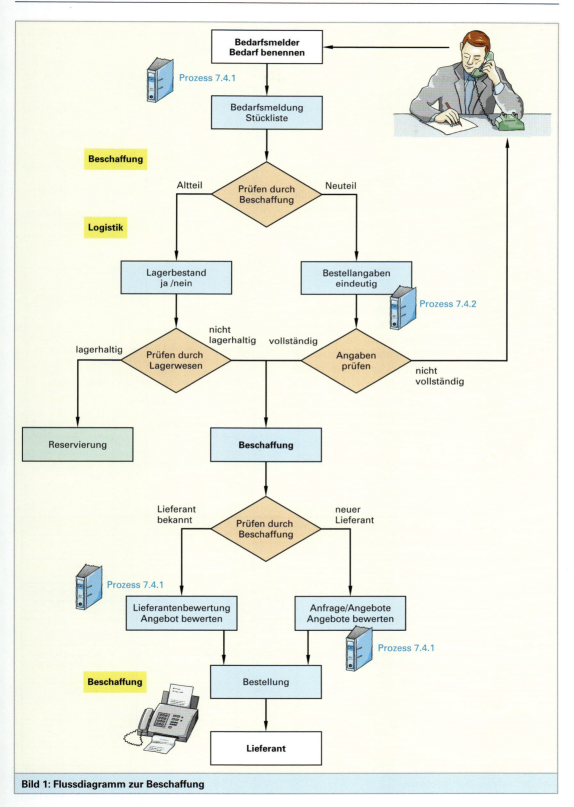

Bild 1: Flussdiagramm zur Beschaffung

1.3.5.5 Produktion und Dienstleistungserbringung

> Normkapitel 7.5

Die Produktion und Dienstleistungserbringung als Lebenszweck einer Organisation wird in der neuen, prozessorientierten Norm entsprechend behandelt und ihre Komponenten sichtbar gemacht **(Bild 1)**.

Des weiteren wird die schriftliche Fixierung von Verfahrensanweisungen für diese Prozesse nicht gefordert. Da aber die innerbetrieblichen Abläufe in den meisten Fällen in den Verfahrensanweisungen festgelegt sind ist es sinnvoll, diese Verbindung unter dem Punkt „mitgeltende Unterlagen" in der Prozessbeschreibung herzustellen.

Viele Unternehmen verfügen über Stücklisten, Arbeitspläne, Zeichnungen, Laufkarten und weitere Auftragspapiere **(Bild 2)**. Diese Unterlagen werden manuell oder DV-technisch zu den Produktionsaufträgen zusammengefasst und sind die Grundlage für die Lenkung der Auftragsvorbereitung, der Fertigung oder Dienstleistung.

Die Reihenfolge von Arbeitsgängen, zu verwendenden Produktionseinrichtungen, Prüfschritten und externen Bearbeitungen werden vorgegeben und die Ausführung vom durchführenden Mitarbeiter quittiert.

> **Lenkung der Produktion und der Dienstleistungserbringung**
>
> Die Organisation muss die Produktion und die Dienstleistungserbringung unter beherrschten Bedingungen planen und durchführen. Beherrschte Bedingungen enthalten, falls zutreffend:
> a) die Verfügbarkeit von Angaben, welche die Merkmale des Produkts beschreiben,
> b) die Verfügbarkeit von Arbeitsanweisungen, soweit notwendig,
> c) den Gebrauch geeigneter Ausrüstung,
> d) die Verfügbarkeit und den Gebrauch von Überwachungs- und Messmitteln,
> e) die Verwirklichung von Überwachungen und Messungen,
> f) die Verwirklichung von Produktfreigabe, Liefertätigkeiten und Tätigkeiten nach der Lieferung.

> 7.5 Produktion und Dienstleistungserbringung
>
> 7.5.1 Lenkung der Produktion und Dienstleistungserbringung
>
> 7.5.2 Validierung der Prozesse zur Produktion und Dienstleistungserbringung
>
> 7.5.3 Kennzeichnung und Rückverfolgbarkeit
>
> 7.5.4 Eigentum des Kunden
>
> 7.5.5 Producterhaltung

Bild 1: Normenbaum ISO 9001:2008 Prozess 7.5

Elektronik GmbH			Laufkarte/Fertigungsplan							
Ausstellungsdatum 27.11.10	Anfangstermin 260		Endtermin 310	Auftragsmenge 250		Los-Nr. 0	Ident-Nr.		Lfd.Auftrags-Nr./Produkt-Nr.: **LP-KRP01-05402-003**	
Benennung **Adaptereinschubkabel für Prüfplatz**						Änderungsdatum	Blatt-Nr. 1/1	Erstelldatum 03.10.09	F-Planer KiA	
AG Nr.	Kosten- stelle	APL Nr.	Arbeitsgang	tr (min)	te (min)	Code	Auftrags- zeit (min)	Stückzahl gut/Nacharbeit	MA- Fertig.	MA- QS	Bemerkung, Dokument, Änderungsstand
10	L100		Auftrag kommissionieren	2,0	25,0		25,0				
20	P210		Kabel konfektionieren auf Länge zuschneiden abisolieren, verzinnen	2,0	0,9		225,0				Zeichnung KRP01-05402-000
30	P210		montieren Adapter an das Kabel nach Schaltplan	5,0	3,2		800,0				Schaltplan KRP01-05401-000
40	K320		Durchgangsprüfung mit Summer	1,0	0,2		50,0				
50	K330		Endkontrolle								

Bild 2: Laufkarte/Fertigungsplan

Die Norm fordert, dass die Produktions- und Dienstleistungsprozesse nachweisbar die geplanten, reproduzierbaren, guten Ergebnisse erbringen. Vor allem bei Prozessen, die nicht durchs Überwachen und Messen am fertigen Produkt kontrolliert werden können.

Um das bewerten zu können, sind Soll-Ist-Vergleiche erforderlich. Bei abweichenden Prozessergebnissen muss die weitere Vorgehensweise geregelt sein, um möglichst noch ein akzeptables Ergebnis durch weitere Prozessschritte (Nacharbeit) zu erreichen **(Bild 1, folgende Seite)**.

Die innerbetriebliche Kennzeichnung der Vor- und Endprodukte ist durch die produktbegleitenden Auftragspapiere und ihren aktuell gekennzeichneten Status zu erkennen. Der erfolgreich ausgeführte Arbeitsgang wird abgezeichnet oder im Betriebsdatenerfassungssystem BDE als fertig abgemeldet. Die Kennzeichnung bzw. die Rückverfolgbarkeit des Endprodukts ist nur notwendig, wenn dies eine festgelegte Forderung des Kunden, des Markts, der eigenen Organisation oder sonstiger gesetzlicher Auflagen ist.

Die Rückverfolgbarkeit kann sich auch auf Rohstoffe, Chargen, Lose und Rezepte beziehen.

Zum Kundeneigentum können nicht nur zu bearbeitende Materialien gehören (Rohteile, Halbzeuge, Gebinde usw.), sondern auch einzubauende Teile und zur Verfügung gestellte Werkzeuge und Prüfmittel. Auch Informationen oder geistiges Eigentum in diversen Formen, wie Zeichnungen, Prozessbeschreibungen oder Software, können vom Kunden zur Verfügung gestellt worden sein und sind entsprechend zu kennzeichnen und zu schützen. Ebenso fallen darunter auftragsbezogene produzierte Endprodukte, die losweise vom Kunden abgerufen werden.

Vom Wareneingang über die Fertigung und Montage bis zum Bestimmungsort, vom Einzelteil bis zum Endprodukt muss mit den Komponenten sachgerecht umgegangen werden, um Verwechselungen, Schwund und Beschädigungen zu vermeiden.

Validierung der Prozesse zur Produktion und zur Dienstleistungserbringung 7.5.2

Die Organisation muss sämtliche Prozesse der Produktion und Dienstleistungserbringung validieren, deren Ergebnis nicht durch nachfolgende Überwachung oder Messung verifiziert werden kann und bei denen sich deshalb Unzulänglichkeiten erst zeigen, nachdem das Produkt in Gebrauch genommen oder die Dienstleistung erbracht worden ist. Die Validierung muss die Fähigkeit dieser Prozesse zur Erreichung der geplanten Ergebnisse darlegen.
Die Organisation muss Regelungen für diese Prozesse festlegen, die, soweit zutreffend, enthalten:
a) festgelegte Kriterien für die Bewertung und Genehmigung der Prozesse,
b) Genehmigung der Ausrüstung und der Qualifikation des Personals,
c) Gebrauch spezifischer Methoden und Verfahren,
d) Anforderungen zu Aufzeichnungen (siehe 4.2.4),
e) erneute Validierung.

Kennzeichnung und Rückverfolgbarkeit 7.5.3

Die Organisation muss, wo angemessen, das Produkt mit geeigneten Mitteln während der gesamten Produktrealisierung kennzeichnen. Die Organisation muss während der gesamten Produktrealisierung den Produktstatus in Bezug auf die Überwachungs- und Messanforderungen kennzeichnen[1]. Wenn Rückverfolgbarkeit gefordert ist muss die Organisation die eindeutige Kennzeichnung des Produkts lenken und Aufzeichnungen aufrechterhalten (siehe 4.2.4).

Eigentum des Kunden 7.5.4

Die Organisation muss sorgfältig mit dem Eigentum[2] des Kunden umgehen, solange es sich im Lenkungsbereich der Organisation befindet oder von ihr gebraucht wird. Die Organisation muss das ihr zum Gebrauch oder zur Einbeziehung in das Produkt überlassene Eigentum des Kunden kennzeichnen, verifizieren und schützen. Fälle von verloren gegangenen, beschädigten oder anderweitig für unbrauchbar befundenem Eigentum des Kunden muss die Organisation an den Kunden berichten und Aufzeichnungen aufrechterhalten (siehe 4.2.4).

Produkterhaltung 7.5.5

Die Organisation muss das Produkt während der internen Verarbeitung und der Auslieferung zum vorgesehenen Bestimmungsort erhalten um die Erfüllung der Anforderungen aufrechtzuerhalten. Wo zutreffend muss die Erhaltung die Kennzeichnung, Handhabung, Verpackung, Lagerung und den Schutz einschließen. Die Erhaltung muss gleichermaßen für die Bestandteile eines Produkts gelten.

---

[1] In einigen Wirtschaftszweigen ist Konfigurationsmanagement ein Mittel für die Aufrechterhaltung der Kennzeichnung und Rückverfolgbarkeit.
[2] Zum Eigentum des Kunden kann auch geistiges Eigentum zählen.

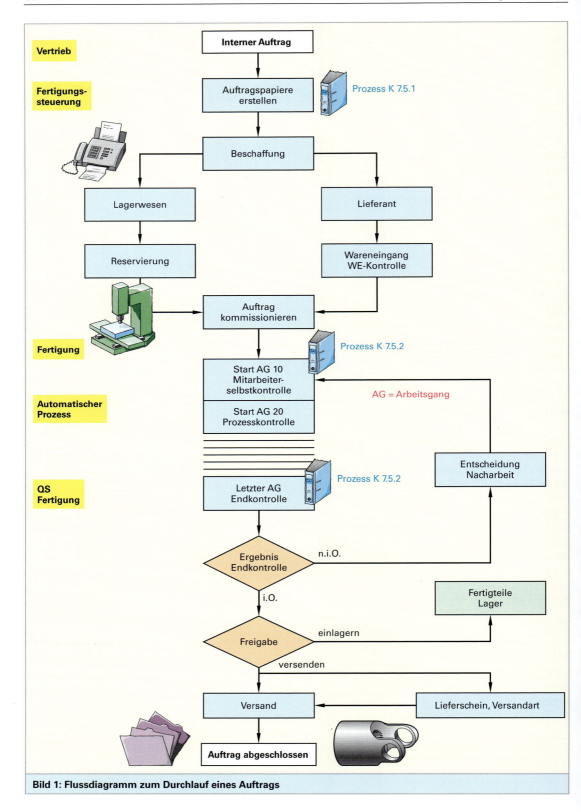

Bild 1: Flussdiagramm zum Durchlauf eines Auftrags

1.3.5.6 Lenkung von Überwachungsmitteln- und Messmitteln

Normkapital 7.6 (**Bild 1**)

Die Organisation muss die zum Nachweis der Konformität des Produkts mit festgelegten Anforderungen vorzunehmenden Überwachungen und Messungen und die erforderlichen Überwachungs- und Messmittel ermitteln.

Die Organisation muss Prozesse einführen, um sicherzustellen, dass Überwachungen und Messungen durchgeführt werden können und in einer Weise durchgeführt werden, die mit den Anforderungen an die Überwachung und Messung vereinbar sind. Soweit zur Sicherstellung gültiger Ergebnisse erforderlich, müssen die Messmittel:

a) in festgelegten Abständen oder vor dem Gebrauch kalibriert oder verifiziert werden anhand von Messnormalen, die auf internationale oder nationale Messnormale zurückgeführt werden können. Wenn es derartige Messnormale nicht gibt, muss die Grundlage für die Kalibrierung oder Verifizierung aufgezeichnet werden (siehe 4.2.4),
b) bei Bedarf justiert oder nachjustiert werden,
c) gekennzeichnet sein, damit der Kalibrierstatus erkennbar ist,
d) gegen Verstellungen gesichert werden, die das Messergebnis ungültig machen würden,
e) vor Beschädigungen und Verschlechterungen während der Handhabung, Instandhaltung und Lagerung geschützt werden.

Außerdem muss die Organisation die Gültigkeit früherer Messergebnisse bewerten und aufzeichnen, wenn festgelegt wird, dass die Messmittel die Anforderungen nicht erfüllen. Die Organisation muss geeignete Maßnahmen bezüglich der Messmittel und aller betroffenen Produkte ergreifen. Aufzeichnungen über die Ergebnisse der Kalibrierung und Verifizierung müssen geführt werden (siehe 4.2.4).

Bei Verwendung von Computersoftware zur Überwachung und Messung festgelegter Anforderungen muss die Eignung dieser Software für die beabsichtigte Anwendung bestätigt werden. Dies muss vor dem Erstgebrauch vorgenommen werden und wenn notwendig auch später bestätigt werden.

Bild 1: Normenbaum ISO 9001:2005 (Prozess 7ff)

Wie in der alten Norm müssen nur die Prüfmittel gekennzeichnet, kalibriert usw. werden, die die Produktqualität direkt beeinflussen.
Es genügt, die Prüfmittel zu kennzeichnen, die zur Konformitätsprüfung des Produkts mit festgelegten Forderungen verwendet werden. Diese Vorgehensweise ist auch für die Mitarbeiter einfacher, da nur das Delta der Prüfmittel gekennzeichnet ist und der Mitarbeiter sofort erkennt, wenn er ein nicht zugelassenes Prüfmittel (ohne Kennzeichnung) benutzt. Bei der Prüfmittelüberwachung wird von vielen Firmen die externe Kalibrierung mit entsprechender beigestellter Dokumentation angewendet (Beispiel 1).

Beispiel 1: Dienstleistungsangebot eines Messmittelkalibrierlabors

Unsere Leistungen:
- Die Anlieferung ihrer Prüfmittel erfolgt nach terminlicher Absprache.
- Auf Wunsch kalibrieren wir nach vorheriger Terminvereinbarung auch innerhalb von ca. einem Werktag oder während Ihres Betriebsurlaubs. Ihre Prüfmittel werden von uns gereinigt, temperiert und nach der Kalibrierung angemessen konserviert.
- Die Kalibrierung erfolgt auf Messgeräten, deren Messunsicherheit sachkundig an die Messaufgabe angepasst ist, in klimatisierten Räumen durch erfahrene Messtechniker.
- Wir kalibrieren in Anlehnung an die VDI/VDE/DGQ 2618 festgelegten Richtlinien. Bei Bedarf finden auch andere DIN-Angaben, bzw. die spezifischen Werksnormen ihre Anwendung.
- Die Prüfergebnisse werden angemessen in unseren Prüfprotokollen dokumentiert und zusätzlich in unserer Prüfmitteldatenbank archiviert.
- Alle Prüfmittel können, nach der Kalibrierung, von uns kostenlos mit einer Prüfplakette gekennzeichnet werden, sodass der nächste Kalibrierfälligkeitstermin auf jedem Prüfmittel klar ersichtlich ist. Wir benutzen auch gerne Ihre Fälligkeitskennzeichnung.
- Nach Ihren Prüfintervallen fordern wir im Fälligkeitsmonat Ihre zur nächsten Prüfung anstehenden Messmittel gerne an.
- Wir beraten Sie in allen Fragen der Prüfmittelbeschaffung und -verwaltung, z.B. bei der Festlegung geeigneter Prüfintervalle, bei der Kennzeichnung oder in benötigten Normen, usw.

1.3.6 Messung, Analyse und Verbesserung

> Normkapitel 8 (**Bild 1**)

Dieses Kapitel beschreibt allgemeine Forderungen an die Überwachungs-, Mess-, Analyse- und Verbesserungsprozesse der Organisation. In der neuen Norm werden alle diese Aktivitäten zusammengefasst. Das hat nicht nur Auswirkungen auf das Qualitätsmanagementsystem, sondern auch auf den Realisierungsprozess und die Produkte bzw. Dienstleistungen selbst. Die geforderten Prozesse der Überwachung, Messung, Analyse und Verbesserung zielen auf eine Darlegung der Konformität der Produkte, auf Sicherstellung der Konformität des Qualitätsmanagenentsystems und die ständige Verbesserung hin.

> Die Organisation muss die Überwachungs-, Mess-, Analyse- und Verbesserungsprozesse planen und verwirklichen, die erforderlich sind, um
> a) die Konformität mit den Produktanforderungen darzulegen,
> b) die Konformität des Qualitätsmanagementsystems sicherzustellen,
> c) die Wirksamkeit des Qualitätsmanagementsystems ständig zu verbessern.
> Dies muss die Festlegung von zu treffenden Methoden einschließlich statistischer Methoden und das Ausmaß ihrer Anwendung enthalten.

1.3.6.1 Allgemeines

In der Norm ist der Aspekt der „ständigen Verbesserung" fast überall neu. Der durch die „ständige Verbesserung" geschlossene Regelkreis wird gestärkt, indem die Ergebnisse der Überwachung, Messung, Analyse und Verbesserung als Input zur Managementbewertung herangezogen werden können.

1.3.6.2 Überwachung und Messung

Überwachung und Messung der Kundenzufriedenheit, der internen Abläufe, der einzelnen Prozesse und der Produktkonformität stellen den geplanten Sollwerten die erreichten Istwerte gegenüber. Die Bewertung der Differenzen ergibt eine sichere Grundlage für die Einleitung von Maßnahmen, die zu Verbesserungen führen (**Bild 2**).

> **Kundenzufriedenheit**
> Die Organisation muss Informationen über die Wahrnehmung der Kunden in der Frage, ob die Organisation die Kundenanforderungen erfüllt hat, als eines der Maße für die Leistung des Qualitätsmanagementsystems überwachen. Die Methoden zur Erlangung und zum Gebrauch dieser Informationen müssen festgelegt werden.

Als Maß für die Leistung des QM-Systems sind die Informationen über die Kundenzufriedenheit zu überwachen (Beispiel 1). Nur ein den Kunden zufriedenstellendes Angebot führt zum Auftrag oder die Präsentation eines Produkts, das Kundeninteresse weckt, führt zum Kunden. Bisher wird manchmal die Kundenzufriedenheit in einigen Unternehmen nach dem Motto abgetan: Wenn sich das Produkt verkauft, dann haben wir alles richtig gemacht! Dies kann jedoch ein Trugschluss sein, vielleicht hätte man ja viel mehr verkaufen können.

> **Beispiel 1: Messen von Kundenzufriedenheit**
> Die Organisation hat zahlreiche gewerbliche Kunden, die individuell identifizierbar sind und die in kurzen Intervallen Produkte beziehen. Sie beobachtet die Umsatzentwicklung mit solchen Kunden, indem der Vertrieb monatliche Berichte in grafischer Aufbereitung an die Geschäftsführung gibt. Die Umsatzentwicklung gilt als Indikator für die Kundenzufriedenheit. Bewertung des Auditors: Die Forderung der Norm ist voll erfüllt.

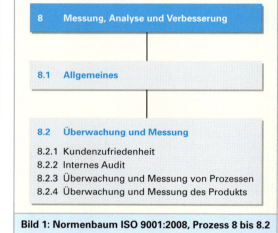

Bild 1: Normenbaum ISO 9001:2008, Prozess 8 bis 8.2

Bild 2: Kundenzufriedenheit

Internes Audit (Bild 1)

Die Organisation muss in geplanten Abständen interne Audits durchführen, um zu ermitteln, ob das Qualitätsmanagementsystem

a) die geplanten Regelungen (siehe 7.1 Planung der Produktrealisierung), die Anforderung der internationalen Norm und die der Organisation festgelegten Anforderungen an das Qualitätsmanagementsystem erfüllt und

b) wirksam verwirklicht und aufrecht erhalten wird.

Ein Auditprogramm muss geplant werden, wobei der Status und die Bedeutung der zu auditierenden Prozesse und Bereiche sowie die Ergebnisse früherer Audits berücksichtigt werden müssen. Die Auditkriterien, der Auditumfang, die Audithäufigkeit und die Auditmethoden müssen festgelegt werden. Die Auswahl der Auditoren und die Durchführung der Audits müssen Objektivität und Unparteilichkeit des Auditprozesses sicherstellen. Auditoren dürfen ihre eigene Tätigkeit nicht auditieren. Ein dokumentiertes Verfahren zur Festlegung der Verantwortungen für und der Anforderungen an die Planung und Durchführung von Audits, an die Erstellung von Aufzeichnungen und an das Berichten von Ergebnissen muss eingerichtet werden. Aufzeichnungen über die Art von Fehlern und die ergriffenen Folgemaßnahmen einschließlich erhaltener Sonderfreigaben müssen aufrechterhalten werden (siehe 4.2.4).

Die für den Bereich verantwortliche Leitung muss sicherstellen, dass jegliche notwendigen Korrekturen und Korrekturmaßnahmen ohne ungerechtfertigte Verzögerung zur Beseitigung erkannter Fehler und ihrer Ursachen ergriffen werden. Folgemaßnahmen müssen die Verifizierung der ergriffenen Maßnahmen und die Berichterstattung über die Verifizierungsergebnisse enthalten (siehe 8.5.2 Korrekturmaßnahmen).

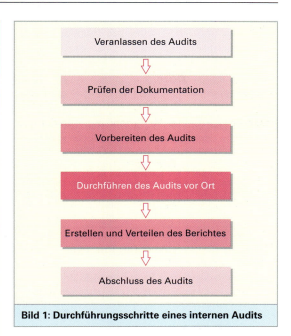

Bild 1: Durchführungsschritte eines internen Audits

Interne Qualitätsaudits dienen zur Überprüfung der Wirksamkeit des QM-Systems und stellen fest, ob das QM-System wirksam eingeführt wurde **(Bild 2)**. Bezüglich den Auditoren berücksichtigt die neue Norm die oft schwierige Situation in sehr kleinen Unternehmen besser, in welchen eine vollständige Unabhängigkeit bei nur eigenen Mitarbeitern nicht möglich ist. So wird lediglich gefordert, dass die Auditoren ihre Arbeit objektiv und unparteilich ausüben und ihre eigene Arbeit nicht auditieren dürfen.

Zur Beseitigung erkannter Fehler und ihrer Ursachen müssen Korrekturmaßnahmen festgelegt werden und ohne ungerechtfertigte Verzögerung realisiert werden **(Bild 3)**.

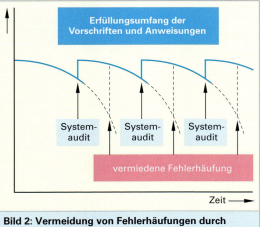

Bild 2: Vermeidung von Fehlerhäufungen durch Systemaudits

Überwachung und Messung von Prozessen

Die Organisation muss geeignete Methoden zur Überwachung und, falls zutreffend, Messung der Prozesse des Qualitätsmanagementsystems anwenden. Diese Methoden müssen darlegen, dass die Prozesse in der Lage sind, die geplanten Ergebnisse zu erreichen. Werden die geplanten Ergebnisse nicht erreicht, müssen, soweit angemessen, Korrekturen und Korrekturmaßnahmen ergriffen werden.

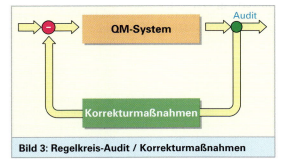

Bild 3: Regelkreis-Audit / Korrekturmaßnahmen

Überwachung und Messung des Produkts (Bild 1)

Die Organisation muss die Merkmale des Produkts überwachen und messen, um die Erfüllung der Produktanforderungen zu verifizieren. Dies muss in geeigneten Phasen des Produktrealisierungsprozesses in Übereinstimmung mit den geplanten Regelungen durchgeführt werden (siehe 7.1). Nachweise für die Konformität mit den Annahmekriterien müssen aufrechterhalten werden. Die Aufzeichnungen müssen die Person oder die zuständigen Personen angeben, die für die Freigabe des Produkts zur Lieferung an den Kunden zuständig ist/sind (siehe 4.2.4). Produktfreigabe und Dienstleistungserbringung an den Kunden dürfen erst nach zufriedenstellender Vollendung der festgelegten Tätigkeiten erfolgen, sofern nicht anderweitig von einer zuständigen Stelle und, falls zutreffend, durch den Kunden genehmigt.

1.3.6.3 Lenkung fehlerhafter Produkte

Lenkung fehlerhafter Produkte (Bild 2)

Die Organisation muss sicherstellen, dass ein Produkt, das die Anforderungen nicht erfüllt, gekennzeichnet und gelenkt wird, um seinen unbeabsichtigten Gebrauch oder seine Auslieferung zu verhindern. Ein dokumentiertes Verfahren muss eingerichtet werden, um Lenkungsmaßnahmen und zugehörige Verantwortlichkeiten und Befugnisse für den Umgang mit fehlerhaften Produkten festzulegen. Wo anwendbar, muss die Organisation in einer oder mehreren der folgenden Weisen mit fehlerhaften Produkten umgehen:
a) Maßnahmen ergreifen, um den festgestellten Fehler zu beseitigen.
b) Genehmigung zum Gebrauch, zur Freigabe oder Annahme nach Sonderfreigaben durch eine zusätzliche Stelle und, falls zutreffend, durch den Kunden,
c) Maßnahmen ergreifen, um den ursprünglich beabsichtigten Gebrauch oder die Anwendung auszuschließen.
d) Maßnahmen ergreifen, die den Auswirkungen und/oder potentiellen Auswirkungen angemessen sind, wenn ein fehlerhaftes Produkt entdeckt wird, nachdem es bereits ausgeliefert und/oder in Gebrauch genommen wurde.
Wenn ein fehlerhaftes Produkt nachgebessert wird, muss es zur Darlegung der Konformität mit den Anforderungen erneut verifiziert werden. Aufzeichnungen über Art von Fehlern und die ergriffenen Folgemaßnahmen, einschließlich erhaltener Sonderfreigaben, müssen aufrechterhalten werden (siehe 4.2.4).

Zusätzlich zu den Endprodukten kommen noch die Vorprodukte hinzu, die ebenfalls einer Prüfung unterzogen werden müssen, wie z. B. Einzelteile, Baugruppen, Materialien, Kaufteile, externe Bearbeitung und sonstige Dienstleistungen. Es müssen alle Produkte den Qualitätszielen des Unternehmens entsprechen und Prüfungen festgelegt werden. Das heißt, das Unternehmen, der Kunde, der Markt, das Produkt, die Herstellungsform, gesetzliche Forderungen oder sonstige Forderungen bestimmen einzig und allein die Prüfungsart und die Aufzeichnungen **(Bild 1)**.

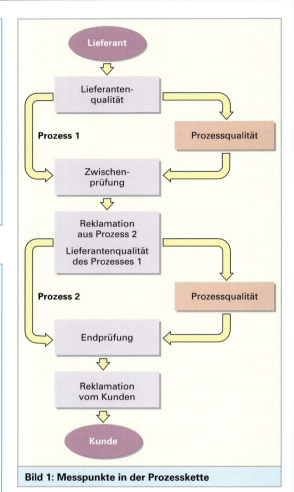

Bild 1: Messpunkte in der Prozesskette

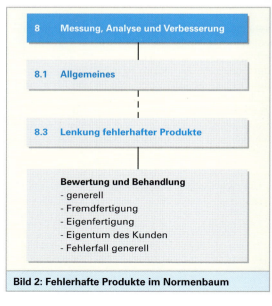

Bild 2: Fehlerhafte Produkte im Normenbaum

1.3 DIN EN ISO 9000

Ziel ist es, beim Erkennen von fehlerhaften Produkten den unbeabsichtigten Gebrauch oder die Auslieferung zu verhindern (Beispiel 1). Ursachen von Fehlern müssen festgestellt werden. Es macht keinen Sinn, Fehler zu verwalten. Fehler sind störend im Ablauf und erhöhen die Kosten.

Weiter gibt die Norm einen Hinweis zum Thema „Korrekturmaßnahmen am Markt", welche nachträgliche Warnungen bis zum Rückruf direkt an die Kunden oder in den Medien mit einschließen können.

Die Norm definiert „Fehler" als Nichterfüllung einer Anforderung. Es ist wichtig zu unterscheiden zwischen „Fehler" und „Mangel". Die Bezeichnung „Mangel" wird als Nichterfüllung einer Anforderung in Bezug auf einen beabsichtigten oder festgelegten Gebrauch definiert. Der Begriff „Mangel" hat eine rechtliche Bedeutung und sollte daher mit Vorsicht verwendet werden.

> **Beispiel 1: Lenkung fehlerhafter Produkte**
> Ein Hersteller kleiner, leichter Hardwareprodukte hat ein Meldeverfahren für fehlerhafte Produkte unter Verwendung eines gelenkten Formulars. Er bewahrt alle als fehlerhaft eingestuften Teile im Sperrlager auf. Solange fehlerhafte Teile noch im Bereich der Fertigung sind, werden sie in dafür vorgesehenen roten Behältern verwahrt. Laut QM-Handbuch ist der Leiter des Qualitätswesens für die Verfügung fehlerhafter Einheiten zuständig (Bewertung 1).
> Bei einem im Audit betrachteten Beispiel wurde ein fehlerhaftes Teil auf dem vorgesehenen Formular gemeldet. Der Zuständige setzte eine Nacharbeit an und notierte seine Entscheidung in dem Formular. Die Nacharbeit wurde auch ausgeführt (Bewertung 1), es gab jedoch keine Unterlagen oder Vermerke über die Erledigung der Nacharbeit und über die Wiederholungsprüfung (Bewertung 3).
> Bewertung 1: Forderung der Norm ist erfüllt.
> Bewertung 3: Die Forderung der Norm ist teilweise erfüllt, der Erfüllungsgrad ist nicht akzeptabel. Es liegt eine Abweichung vor.

1.3.6.4 Datenanalyse

> Die Organisation muss geeignete Daten ermitteln, erfassen und analysieren, um die Eignung und Wirksamkeit des Qualitätsmanagementsystems darzulegen und zu beurteilen, wo ständige Verbesserungen der Wirksamkeit des Qualitätsmanagementsystems vorgenommen werden können. Dies muss Daten einschließen, die durch Überwachung und Messung und aus anderen relevanten Quellen gewonnen wurden.
> Die Datenanalyse muss Angaben liefern über:
> a) Kundenzufriedenheit (siehe 8.2.1),
> b) Erfüllung der Produktanforderungen (siehe 8.2.4),
> c) Prozess- und Produktmerkmale und deren Trends einschließlich der Möglichkeiten für Vorbeugungsmaßnahmen (siehe 8.2.3 und 8.2.4),
> d) Lieferanten.

Wichtige Daten aus den qualitätsbestimmenden Prozessen, die aus den Mess- und Überwachungstätigkeiten stammen, sind die Grundlage für die Analyse **(Bild 1)**. Die Analyse erzeugt den erforderlichen Output der Prozesse in den Bereichen:
- Internes Audit,
- Lenkung fehlerhafter Produkte,
- Korrekturmaßnahmen,
- Vorbeugungsmaßnahmen.

Damit können die Eignung und Wirksamkeit des QM-Systems und die Verbesserungsmöglichkeiten ermittelt werden. Daten über die Kundenzufriedenheit müssen ebenfalls analysiert werden.
Dazu gehört auch die Auswertung von Reklamationen, deren Ursachen und die Einleitung von Maßnahmen zur Vermeidung.

Bild 1: Datenermittlung im Produktentstehungsprozess

1.3.6.5 Verbesserung

> **Ständige Verbesserung 8.5.1 (Bild 1)**
> Die Organisation muss die Wirksamkeit des Qualitätsmanagementsystems durch Einsatz der Qualitätspolitik, Qualitätsziele, Auditergebnisse, Datenanalyse, Korrektur- und Vorbeugungsmaßnahmen sowie Managementbewertung ständig verbessern (Bild 2).

Dieser Prozess sorgt bei kleineren und mittleren Unternehmen für eine Dynamisierung des gesamten Qualitätsmanagements. Eine „Korrektur" betrifft eine einzelne Fehlerbeseitigung. Eine „Korrekturmaßnahme" behandelt die Beseitigung der Ursache eines Fehlers oder Mangels. Eine „Vorbeugungsmaßnahme" versucht möglichen Fehlern vorzubeugen. Verbesserungsvorschläge, interne Audits und Schulungen sind auch Vorbeugungsmaßnahmen.
Zur Umsetzung der ständigen Verbesserung sind zu klären:
- Wer ist verantwortlich?
- Wer setzt um?
- Bis wann ist die Realisierung vorgesehen?

> **Korrekturmaßnahmen**
> Die Organisation muss Korrekturmaßnahmen zur Beseitigung der Ursachen von Fehlern ergreifen, um deren erneutes Auftreten zu verhindern. Korrekturmaßnahmen müssen den Auswirkungen der auftretenden Fehler angemessen sein. Ein dokumentiertes Verfahren muss eingeführt werden, um Anforderungen festzulegen zur
> a) Fehlerbewertung (einschließlich Kundenbeschwerden),
> b) Ermittlung der Ursachen von Fehlern,
> c) Beurteilung des Handlungsbedarfs, um das erneute Auftreten von Fehlern zu verhindern,
> d) Ermittlung und Verwirklichung der erforderlichen Maßnahmen,
> e) Aufzeichnung der Ergebnisse der ergriffenen Maßnahmen (siehe 4.2.4),
> f) Bewertung der ergriffenen Korrekturmaßnahmen.

Die Norm fordert das Ergreifen von Korrekturmaßnahmen zur Beseitigung der Ursachen von aufgetretenen Fehlern.
Es muss verhindert werden, dass solche Fehler erneut auftreten können. Korrekturmaßnahmen müssen angemessen sein und entsprechend eines dokumentierten Verfahrens durchgeführt werden. Die Norm fordert das Ergreifen von Vorbeugungsmaßnahmen zur Beseitigung der Ursachen von möglichen, noch nicht aufgetretenen Fehlern. Die Ergebnisse der ergriffenen Vorbeugungsmaßnahmen müssen aufgezeichnet werden.

> **Vorbeugungsmaßnahmen**
> Die Organisation muss Maßnahmen zur Beseitigung der Ursachen von möglichen Fehlern festlegen, um deren Auftreten zu verhindern. Vorbeugungsmaßnahmen müssen den Auswirkungen der möglichen Probleme angemessen sein.
>
> Ein dokumentiertes Verfahren muss eingeführt werden, um Anforderungen festzulegen zur
> a) Ermittlung potenzieller Fehler und ihrer Ursachen,
> b) Beurteilung des Handlungsbedarfs, um das Auftreten von Fehlern zu verhindern,
> c) Ermittlung und Verwirklichung der erforderlichen Maßnahmen,
> d) Aufzeichnung der Ergebnisse der ergriffenen Maßnahmen (siehe 4.2.4),
> e) Bewertung der ergriffenen Vorbeugungsmaßnahmen.

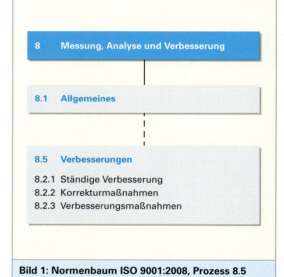

Bild 1: Normenbaum ISO 9001:2008, Prozess 8.5

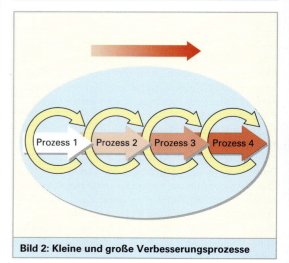

Bild 2: Kleine und große Verbesserungsprozesse

1.4 Die Zertifizierung eines Unternehmens

1.4.1 Vorbemerkung

1.4.1.1 Welche Merkmale zeichnen ein zertifiziertes Unternehmen aus?

Mit der Zertifizierung weist ein Unternehmen nach, dass es seine betrieblichen Abläufe nach einer bestimmten Norm ausgerichtet hat. Die Überprüfung der wichtigsten Prozesse im Betrieb wird von einer externen, neutralen Stelle durchgeführt und mit dem *Zertifikat* bestätigt **(Bild 1)**. Die bekanntesten Zertifizierer sind die Deutsche Gesellschaft für Qualität DGQ, die DEKRA und der Technische Überwachungsverein TÜV.

Bild 1: Das zertifizierte Unternehmen

Als SOLL-Vorgabe ist die Qualitätsmanagement-Norm DIN EN ISO 9001:2005 am verbreitetsten. Die Hauptforderungen dieser Norm müssen erfüllt und nachweisbar dokumentiert sein:

- Die Unternehmensleitung ist verantwortlich für die Umsetzung und Aufrechterhaltung der Normenforderung.
- Das Unternehmen gibt interne Qualitätsziele vor, die allgemein bekannt gemacht wurden und mitgetragen werden.
- Der Kunde und damit die Kundenzufriedenheit ist fest in der Norm verankert.
- Ein festgeschriebenes Unternehmensziel ist die ständige Verbesserung des QM-Systems.
- Die regelmäßige Überprüfung der IST-Abläufe findet durch „Interne Audits[1]" statt.
- Nach Ablauf eines Jahres wird durch einen externen, akkreditierten Auditor[2] ein Wiederholungsaudit durchgeführt.

Ein industrieller Kunde, der selbst zertifiziert ist, hat größtes Interesse daran, ebenfalls zertifizierte Zulieferer zu beauftragen. Die geprüften Unternehmen zeigen für Außenstehende sichtbar **(Bild 2)**, dass sie sich zur Einhaltung qualitätsbewusster und kundenfreundlicher Prozesse verpflichtet haben.

Dieser selbst auferlegte Zwang zum qualitätsbewussten und kundenorientierten Handeln, die Führung des Nachweises darüber und der Wille, die betrieblichen Prozesse ständig zu analysieren, zu verbessern und von einem externen Prüfer bewerten zu lassen, unterscheiden zertifizierte von nicht zertifizierten Unternehmen.

Bild 2: Briefbogen mit QM-Hinweis

1.4.1.2 Welche QM-Norm ist die Richtige?

Die zentrale Qualitätsmanagement-Norm ist die international standardisierte ISO 9001. Sie ist mit dem Hinweis EN als europäische und DIN als deutsche Norm gekennzeichnet. Auf dieser Grundnorm bauen alle anderen Normen auf. Für ein produzierendes Unternehmen, das wenig mit der Automobilindustrie zu tun hat, ist daher die DIN EN ISO 9001 die richtige Norm für die Zertifizierung. Diese Norm ist allgemein gültig für Unternehmen, die entwickeln und produzieren oder nur produzieren oder für den industriellen Markt Dienstleistungen erbringen. Auch Handwerksbetriebe, die Kunden aus der Industrie haben, können diese Norm anwenden **(Bild 1, folgende Seite)**.

---

[1] von lat. audire = hören, der od. das Audit = (unverhofft durchgeführte) Überprüfung

[2] von lat. auditor = Zuhörer, hier Prüfer, franz. auditeur = Richter

Die zur selben Normenfamilie zählende DIN EN ISO 9004 ist der Leitfaden der Leistungsverbesserung gegenüber ISO 9001. Nach dieser Norm wird jedoch nicht zertifiziert. Sie dient dazu, das bestehende QM-System zu verfeinern, um das Unternehmen auf gesteigerte Forderungen weiterführender Normen vorzubereiten. Die europäischen und die amerikanischen Automobilhersteller haben die Grundnorm ISO 9001 (früher ISO 9000:1994) für ihre Anwendungen erweitert.

Der Verband der Automobilindustrie legte seine QM-Forderungen in den VDA-Bänden 1 bis 18 fest. Die Forderungen für ein Unternehmen, das sich zertifizieren will, sind im Band 6 beschrieben. Alle deutschen Automobilhersteller unterstützen diese Norm. Die amerikanischen Hersteller Chrysler, Ford und General Motors verständigten sich Mitte der neunziger Jahre auf ihren Standard QS 9000[1].

Durch die global agierenden Konzerne gewinnt die Zusammenführung der VDA 6 und der QS 9000 immer mehr an Bedeutung. Dazu kommt noch die Weiterentwicklung von ISO 9000:1994 zu ISO 9001. Um hier weltweit eine anwendergerechte, einheitliche Norm vorzubereiten, wurde die Technische Spezifikation ISO/TS 16 949 entwickelt.

Sie basiert auf der ISO 9001:2000 und erweitert die Norm um die automobilspezifischen QM-Forderungen (**Bild 2**).

[1] Die wichtigsten Einzelnormen der Normenreihe sind:
– Quality System Requirements (QM-System-Forderung),
– Advanced Products Quality Planning und Control Plan APQP (Produkt-Qualitätsvorausplanung und Control Plan),
– Production Part Approval Process PPAP (Produktionsteil-Freigabeverfahren),
– Measurement Systems Analysis MSA (Analyse von Messsystemen),
– Statistical Process Control SPC (Statistische Prozesslenkung),
– Potential Failure Mode and Effects Analysis FMEA (Fehler-, Möglichkeits- und Einfluss-Analyse).

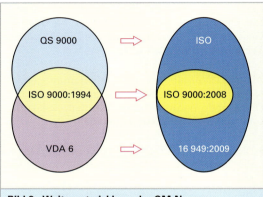

Bild 2: Weiterentwicklung der QM-Normen

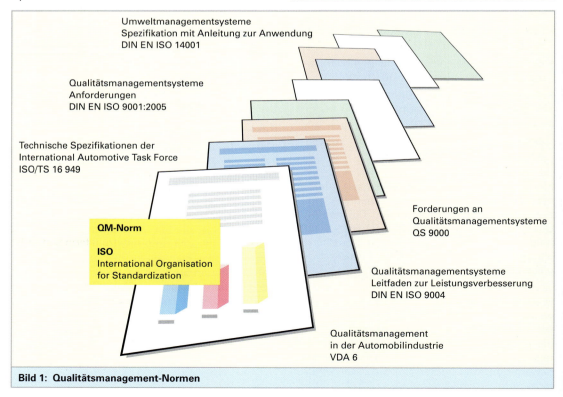

Bild 1: Qualitätsmanagement-Normen

1.4 Die Zertifizierung eines Unternehmens

Umweltmanagement

Die Norm Umweltmanagementsysteme, Spezifikation mit Anleitung zur Anwendung DIN EN ISO 14001 ist eigenständig[1]. Ihre Struktur und ihre Kontrollmechanismen wurden ähnlich der QM-Norm ISO 9000 aufgebaut **(Bild 1)**. Sie hat zum Ziel, Umweltbelastungen durch das Unternehmen zu vermeiden, bzw. zu vermindern.

Diese Internationale Norm ist auf alle Unternehmen anwendbar, die Folgendes anstreben:
a) Implementierung, Aufrechterhaltung und Verbesserung eines Umweltmanagementsystems,
b) Konformität mit der selbsterklärten Umweltpolitik sicherzustellen,
c) Konformität anderen gegenüber nachzuweisen,
d) Zertifizierung ihres Umweltmanagementsystems durch einen externen Auditor,
e) Selbstermittlung und Selbsterklärung der Konformität mit dieser Norm.

Folgende Umweltaspekte sollten beachtet werden:
- Emissionen in die Luft,
- Einleitungen in Gewässer,
- Abfallwirtschaft,
- Bodenkontamination,
- Nutzung von Rohstoffen und natürlichen Ressourcen,
- andere örtliche Umwelt- und Gemeinschaftsbelange.

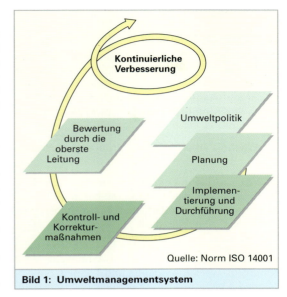

Bild 1: Umweltmanagementsystem

1.4.1.3 Warum ein zertifiziertes QM-System?

Durch ein zertifiziertes Qualitätsmanagementsystem werden entscheidende Veränderungen in den internen und externen Abläufen und Handlungsweisen bewirkt **(Bild 2)**. Klare Ziele und Vorgaben, festgelegt im Qualitätsmanagementhandbuch und den Verfahrensanweisungen, bestimmen die wesentlichen Prozesse im Unternehmen. Die Prozesse sind mit eindeutigen Eingaben und Ergebnissen definiert und auf die Kundenzufriedenheit ausgerichtet.

Durch die *internen Audits*, die *Wiederholungsaudits* und die *Systemaudits* wird gewährleistet, dass die sich schleichend annähernden Ist-Abläufe überprüft und zurechtgerückt oder auf Grund von Veränderungen neu definiert und angepasst werden. Der Satz: „Das machen wir schon immer so!", ist damit aus dem Unternehmen verbannt.

Für die Darstellung des Unternehmens nach außen ist es hilfreich, auf das Zertifikat verweisen

Bild 2: Wirkung nach innen und außen

zu können. Für die Automobilzulieferindustrie ist die Zertifizierung Voraussetzung, um als Lieferant anerkannt zu werden. Hier werden in der Regel noch leistungsfähigere QM-Systeme angestrebt, die über ISO 9004 hinausgehen.

---

[1] Durch die Verordnung (EWG) Nr. 1836/93 des Rates vom 29. Juni 1993 über die freiwillige Beteiligung gewerblicher Unternehmen an einem Gemeinschaftssystem für das Umweltmanagement und die Umweltbetriebsprüfung, wurde ein europaweit gültiges Verfahren mit dem Ziel der kontinuierlichen Verbesserung des betrieblichen Umweltschutzes eingeführt.

1.4.2 QM-Handbuch

1.4.2.1 Vorbereitung zur Dokumentation

Um den ersten wichtigen Meilenstein auf dem Weg zur Zertifizierung zu erreichen, muss das QM-Handbuch erstellt werden. Dazu ist die Analyse der vorhandenen Abläufe und deren Dokumentation durchzuführen und auf Normenkonformität zu prüfen.

Als Ergebnis erhält man drei Gruppen von Prozessen:

a) Prozesse, die mit der Norm übereinstimmen,
b) Prozesse, die teilweise übereinstimmen,
c) Prozesse, die gefordert, aber noch nicht beschrieben und eingeführt sind.

Dieses Ergebnis ist Grundlage für die Entwicklung eines Aktionsplanes. In diesem Aktionsplan wird festgelegt, welche Aufgaben und Termine die einzelnen Bereiche des Unternehmens noch zu erledigen haben, bis die Dokumentation aller Abläufe im QM-Handbuch durchgeführt werden kann (**Bild 1**). Um die nötige Akzeptanz der Vorgehensweise bei den Verantwortlichen zu erhalten ist es ratsam, sie frühest möglich in den Prozess der Vorbereitung einzubeziehen.

1.4.2.2 Dokumentation

Die Form der Dokumentation des Qualitätsmanagementsystems ist wählbar. Die Norm lässt die Textform genauso zu, wie die grafische Darstellung (Flussdiagramm, **Bild 2**).

Ergebnis der Analyse Ausgangssituation		
Prozesse sind normenkonform:		
nicht vorhanden	vorhanden	teilweise vorhanden

Aktionsliste	
Funktionseinheit	Aktion/Aufgabe
Leitung	Benennung des Qualitätsmanagementbeauftragten
Vertrieb	Kennzahl für die Kundenzufriedenheit definieren
Entwicklung	Projektmeilensteinpläne einführen und überwachen
Beschaffung	Kriterien der Rückweisung von Lieferungen festlegen
Produktion	Auftragspapiere ergänzen, mit Unterschriftsleisten für den Ausführenden und QS
Führungskräfte	Weiterbildungsbedarf ermitteln

Bild 1: Aktionsliste erstellen

Beispiel:
Die Dokumentation des QM-Systems erfolgt über eine Verlinkung des Inhaltsverzeichnisses mit einem Informationstext und der grafischen Darstellung der Prozessabläufe mit ihren beteiligten Funktionseinheiten. In der Darstellung sind weitere Links von mitwirkenden Prozessen, die angeklickt werden können. Das ganze Dokumentationssystem befindet sich im betriebseigenen Netzwerk oder ist über das Internet anwählbar. Zugangsrechte sowie Änderungs- und Aktualisierungsbefugnisse sind den Nutzern zugeordnet.

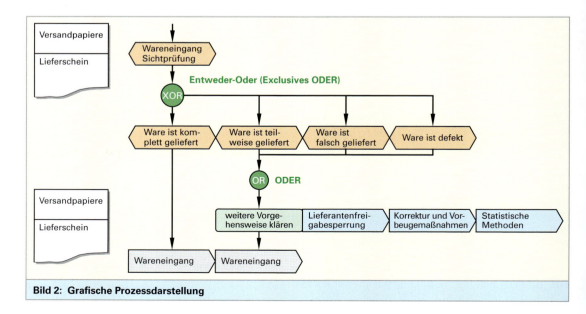

Bild 2: Grafische Prozessdarstellung

1.4 Die Zertifizierung eines Unternehmens

Die inhaltliche Abstimmung der zu dokumentierenden Prozesse erfolgt durch die Verantwortlichen aus dem Bereich Qualitätsmanagement und der betroffenen Funktionseinheit.

Um die Wechselwirkung zum Umfeld deutlich zu machen ist es hilfreich, den „Lieferanten" des Vorprozesses und den „Kunden" des folgenden Prozesses zu benennen oder darzustellen. Ebenso sollte die verantwortliche, die durchführende und die mitwirkende Funktionseinheit festgelegt sein. Querverweise auf mitgeltende Dokumente (z.B. Verfahrensanweisungen) runden die Prozessdokumentation ab.

In die Kopfzeile der Darstellung gehört die Benennung, die Nummer des Prozesses und das Datum der letzten Änderung **(Bild 1)**. Über das Inhaltsverzeichnis kann die gesamte Dokumentation des QM-Handbuchs zusammengefasst und von der Leitung freigegeben werden.

1.4.2.3 Bekanntmachen und Aktualisieren

Eine weitere Verpflichtung der Leitung ist es, Sinn und Zweck sowie Inhalt und Ziel allen Mitarbeitern im Unternehmen bekannt zu machen. In einem Unternehmen, das die Zertifizierung anstrebt, ist es daher notwendig, die Mitarbeiter entsprechend zu schulen. Die Ziele des Qualitätmanagementsystems und die Festlegungen im QM-Handbuch sollten die Mitarbeiter zum festen Bestandteil ihres Handelns machen **(Bild 2)**.

Das QM-Handbuch beschreibt die Zuständigkeiten, Schnittstellen, Abläufe und Ergebnisse des Zusammenwirkens der Funktionseinheiten im Unternehmen, ausgerichtet an festgelegten Zielen. Mit der Entwicklung des Unternehmens entwickelt sich auch die Dokumentation des QM-Handbuchs weiter.

Mindestens einmal im Jahr muss das Handbuch aktualisiert werden. Veränderungen in der Organisation und die neu abgesteckten Jahresziele sind zu ergänzen. Je nach Art der Darstellung des QM-Handbuchs muss sichergestellt sein, dass die Änderungen überall ausgetauscht werden und keine veralteten Dokumente im Unternehmen vorhanden sind.

Bild 2: QM-Schulung

Prozess K 7.5.4	Qualitätsmanagement – Handbuch	Seite: 2 von 2
EN ISO 9001:2005	**Eigentum des Kunden**	Ausgabe: 1.0 Stand: **07. Juni 2010**

5.0 Prozessbeschreibung und Zuständigkeit

Input	Ablauf der Aufgabe	Output	Produktion	Logistik	Verwaltung
Lieferschein Kunde	Rohteile mit Lieferschein vergleichen, Mengen bestätigen	LS + Ware i.O.		D	
LS + Ware i.O.	Rohteile zwischenlagern bis zum Fertigungsbeginn	Rohteile lagern		D	
Rohteile lagern	Rohteile für die Beschichtung freigeben und auf Hängevorrichtung stecken	Beschichtung	D		
Beschichtung	Endkontrolle durchführen, angelieferte und zu liefernde Mengen vergleichen und dokumentieren	Soll / Ist – Vergleich	D		
Soll / Ist – Vergleich	Lieferschein für den Versand schreiben	Ware versandbereit		M	D

D = Durchführung, V = Verantwortung, G = Genehmigung, P = Prüfung, E = Entscheidung, M = Mitwirkung, IE = Info EIN, IA = Info AUS

Bild 1: Beispiel Prozessbeschreibung

1.4.3 Dokumentenprüfung und Voraudit

Umsetzungsphase
Die Phase des vollständigen Umsetzens der gemeinsam für das Unternehmen festgelegten Abläufe, muss mit bereichsübergreifenden QM-Besprechungen begleitet werden. Die eventuell in der Umsetzung auftretenden Probleme können dadurch kurzfristig gelöst werden.

Auch die Abarbeitung der Aufgaben aus der Aktionsliste ist von diesem Gremium zu bewältigen bzw. die Art der Erledigung zurückzumelden. Diese Phase der Umsetzung der Forderungen des QM-Handbuchs darf zeitlich nicht unterschätzt werden. Je nach Größe und Flexibilität eines Unternehmens sind für die Bewältigung dieser Aufgaben Größenordnungen von einem Quartal bis zu einem Jahr nichts Außergewöhnliches **(Bild 1)**. Diese Zeit kann zusätzlich genutzt werden, um das QM-Handbuch von dem externen Zertifizierer prüfen zu lassen. Das Handbuch wird auf Vollständigkeit und Konformität entsprechend der QM-Norm geprüft und ein Prüfbericht erstellt. Die im Prüfbericht vorgeschlagenen Verbesserungen des Handbuchs sollten eingearbeitet werden.

Das zu zertifizierende Unternehmen sucht sich einen akkreditierten Verband oder eine Gesellschaft aus. Mit diesem Unternehmen, das den Auditor stellt, wird ein Dreijahresvertrag abgeschlossen.

Die Dienstleistung umfasst:
- Dokumentenprüfung,
- Voraudit (optional),
- Zertifizierungsaudit,
- jährliches Wiederholungsaudit (3 x).

Nach drei Jahren kann der Vertrag verlängert werden. Voraussetzung dafür ist die erfolgreiche Durchführung eines Systemaudits. Ansonsten verfällt das Zertifikat.

Voraudit
Das Voraudit ist die Generalprobe für das Qualitätsmanagementsystem. Wenn sich das Unternehmen gut vorbereitet fühlt, vielleicht die ersten eigenen Überprüfungen durch interne Audits durchgeführt hat, wird mit dem *externen Auditor* das Voraudit terminiert.

Die Grundlage des Voraudits ist das geprüfte, aktualisierte und in Kraft gesetzte QM-Handbuch **(Bild 2)**. Die Auditdauer hängt von der Mitarbeiterzahl des Unternehmens ab. Rechtzeitig vor dem Voraudit sind alle Betroffenen über den Termin und den Ablauf des Audits zu informieren und einzuladen. Das Auditteam setzt sich aus dem externen Auditor, seinem Ansprechpartner im Unternehmen, dem Qualitätsmanagementbeauftragten (QMB) und dem jeweils verantwortlichen Funktionsleiter des zu auditierenden Bereichs zusammen.

Schwerpunkt des Voraudits ist die Überprüfung der Umsetzung des QM-Handbuchs auf allen Ebenen der Unternehmensstruktur. Bei der immer stattfindenden Begehung vor Ort, bleibt die Frage des Auditors an den Maschinenbediener in der Werkstatt nicht aus: „Wissen Sie, was wir hier machen und warum?"

Ein wesentlicher Bestandteil des Audits sind die gezielten Fragen des Auditors an die zuständigen Mitarbeiter. Die Richtigkeit der Antworten sollte möglichst nachgewiesen werden können. In der Abschlussbesprechung am Audittag gibt der Auditor eine mündliche Zusammenfassung der Ergebnisse und unterscheidet zwischen Anmerkungen, Empfehlungen und Abweichungen.

Diese mündliche Bewertung wird vom Auditor kurzfristig in einem Auditbericht dokumentiert und dem Unternehmen zur Verfügung gestellt. Alle aufgeführten Abweichungen müssen, alle Empfehlungen sollten in dokumentierte Verbesserungsmaßnahmen umgesetzt werden.

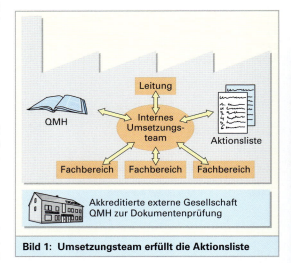

Bild 1: Umsetzungsteam erfüllt die Aktionsliste

Bild 2: Das Ergebnis des Voraudits

1.4.4 Systemaudit und Zertifizierungsaudit

Ob ein Voraudit oder ein Systemaudit im Vorfeld des Zertifizierungsaudits durchgeführt wird, liegt im Ermessen des Unternehmens. Das Voraudit hat den Vorteil, dass sich die handelnden Personen kennenlernen. Der externe Auditor, der das Voraudit leitet, wird in der Regel auch das Zertifizierungsaudit durchführen. Das Systemaudit hat das gleiche Ziel wie das Voraudit, wird aber durch ein internes, kompetentes Team abgewickelt. Auch das interne Team erstellt einen Auditbericht und leitet daraus Verbesserungsmaßnahmen ab.

Die Voraussetzungen für die Terminierung des Zertifizierungsaudits sind:
- das geprüfte, freigegebene und bekannt gemachte Qualitätsmanagementhandbuch mit seinen mitgeltenden Unterlagen,
- der Auditbericht vom Probeaudit (entweder vom Voraudit oder vom Systemaudit),
- der Nachweis der eingeführten Verbesserungen.

Vom Zertifizierungsaudit werden alle Bereiche des Unternehmens berührt, außer den Funktionen Finanzwesen, Buchhaltung und Controlling. Die Umstellung des Betriebes zum zertifizierten Unternehmen erfolgt schrittweise. Der Meilensteinplan gibt die wichtigsten Schritte an **(Bild 1)**.

Zertifizierungsaudits werden nur durch akkreditierte Zertifizierungsstellen durchgeführt. Diese Institutionen, die ihre formale Kompetenz, Neutralität, Unabhängigkeit und Integrität durch eine Akkreditierung nachweisen können sind berechtigt zu zertifizieren. Unter Akkreditierung wird die Prüfung der Prüfer verstanden, die mit ihr die Befugnis erlangen, Zertifizierungsaudits durchzuführen. In Deutschland werden Akkreditierungen durch die Trägergemeinschaft für Akkreditierung GmbH (TGA) unter dem Dach des Deutschen Akkreditierungsrates (DAR) durchgeführt.

1.4.4.1 Planung des Zertifizierungsaudits

Der Anwendungsbereich der Norm und damit der Bereich, der zertifiziert werden soll, ist klar definiert. Eventuelle Ausschließungen werden in der Auditplanung berücksichtigt. Vier bis sechs Wochen vor dem festgelegten Audittermin erstellt der Auditor den Auditplan, aus dem hervorgeht, welche Funktionseinheiten in welcher Reihenfolge und in welchem Zeitrahmen geprüft werden.

Der *Qualitätsmanagementbeauftragte* (QMB) des Unternehmens ergänzt die Planung des Auditors mit den Namen der zuständigen Funktionsverantwortlichen und lädt diese zu dem vorgesehenen Termin und Zeitpunkt mit der Pflicht auf Anwesenheit ein **(Bild 1, folgende Seite)**.

Bild 1: Meilensteine bis zum Zertifizierungsaudit

Auditplan	
Auditplan für Organisationseinheit:	Einkauf
Datum des Audits:	31.07.2010
Beginn:	08:30
Ende:	16:30
Umfang des Audits:	Beschaffung von Rohwaren, Handelswaren, Hilfsstoffen, Betriebsstoffen
Referenzdokumente:	QM-Handbuch Prozessbeschreibungen: - Lieferantenbewertung - Lieferantenreklamation - Lieferantenqualifikation - Disposition
Zuständigkeiten:	
Auditierte:	Leiter Einkauf
Auditoren:	H. Müller, Fr. Schulze
Auditort (Adresse, Raum)	Besprechungsraum E30 mit Leiter Einkauf
Zeitplan	08:30 - 09:00 Einführungsgespräch E30 09:00 - 12:00 Auditführung vor Ort Einkauf 13:00 - 13:30 „ „ Disposition 13:30 - 16:30 Abschlussgespräch
Verteiler	Geschäftsleitung QMB Einkauf Auditoren
erstellt von	QMB H. Schneider
erstellt am	05.06.2010
freigegeben von	GL
freigegeben am	10.06.2010

Bild 1: Formblatt für einen Auditplan

1.4 Die Zertifizierung eines Unternehmens

Die Funktionsverantwortlichen übernehmen wichtige Aufgaben im Rahmen des Audits **(Tabelle 1)**. Zusätzlich hat sich bewährt, die Gesprächsführung gegenüber dem Auditor mit den Beteiligten durchzusprechen. Auf die gestellten Fragen ist sachlich, konstruktiv und wahrheitsgetreu zu antworten. Vermieden werden muss Besserwisserei, das Äußern von Vermutungen und das Erfinden von nicht vorhandenen Vorgängen.

Sollte eine Frage nicht sofort beantwortet werden können, so wird deren Klärung zugesagt und das Ergebnis schnellstmöglich nachgereicht. Werden Schwachstellen erkannt, sollte man nicht versuchen, sie weg zu diskutieren, sondern möglichst gleich über Verbesserungsmöglichkeiten nachdenken. Am Vortag des Audittermins können noch einige Stichproben gemacht werden und Dokumente auf ihre Gültigkeit überprüft werden.

1.4.4.2 Durchführung des Zertifizierungsaudits

Das Einführungsgespräch gibt den Verantwortlichen die Gelegenheit, das Unternehmen mit seinen Zielen, Produkten und Aktivitäten kurz vorzustellen. Auch der Grund der Zertifizierung sollte offen angesprochen werden.

Auf laufende Projekte, neu eingeführte Prozesse und Veränderungen, kann hingewiesen werden. Den Vorauditbericht, die daraus abgeleiteten Korrekturmaßnahmen und die Umsetzung sind zu erläutern. Der Auditor gewinnt durch die Aussagen einen Überblick über das Unternehmen und seine momentane Situation. Der Auditor seinerseits lässt sich die Tagesordnung bestätigen und fasst die Ziele des Audits kurz zusammen.

Dann beginnt die Soll/Ist-Analyse der einzelnen Prozesse entsprechend der Auditplanung im Zertifizierungsteam. Der Auditor kann bei seiner systematischen Fragestellung auf einen vorher festgelegten Fragenkatalog zurückgreifen. Dieser Fragenkatalog wurde von den Forderungen der Norm abgeleitet. Jede Forderung kann in eine oder mehrere Fragen umgewandelt werden und legt damit auch die richtige Antwort fest **(Tabelle 2)**.

In einem Zertifizierungsaudit wird durch ein Auditteam die Wirksamkeit und die Konformität des eingeführten QM-Systems überprüft. Dabei wird der Erfüllungsgrad bewertet.

Tabelle 1: Aufgaben der Funktionsleiter

- Die Information der betroffenen Mitarbeiter über Zeitpunkt, Ziele und Umfang des geplanten Audits,
- die Bereitstellung aller zum Audit benötigten Mittel,
- die Unterstützung des Auditteams,
- die Einleitung von Sofortmaßnahmen,
- die Bearbeitung der Korrekturmaßnahmen,
- die Realisierung der Korrekturmaßnahmen.

Tabelle 2: Beispiel aus dem Fragenkatalog

Normen-abschnitt	Fragen
7.4.3 Verifizierung von beschafften Produkten	1. Verwirklicht und legt die Organisation die erforderlichen Prüfungen oder sonstigen Tätigkeiten fest, durch die sichergestellt wird, dass das beschaffte Produkt die *festgelegten Beschaffungsanforderungen erfüllt*? 2. Legt die Organisation die beabsichtigten Verifizierungsmaßnahmen und die Methoden zur Freigabe des Produkts in den Beschaffungsangaben fest, wenn die Organisation oder ihr Kunde beabsichtigt, Verifizierungstätigkeiten beim Lieferanten durchzuführen?
7.5 Produktion und Dienstleistungserbringung	Plant und führt die Organisation die Produktion und die Dienstleistungserbringung unter beherrschten Bedingungen durch? Beherrschte Bedingungen enthalten, *falls zutreffend:*
7.5.1 Lenkung der Produktion und der Dienstleistungserbringung	1. Ist die Verfügbarkeit von Angaben, welche die Merkmale des Produkts beschreiben, enthalten? 2. Ist die Verfügbarkeit von Arbeitsanweisungen, *soweit notwendig*, enthalten? 3. Ist der Gebrauch *geeigneter Ausrüstung* enthalten? 4. Ist die Verfügbarkeit und der Gebrauch von Überwachungs- und Messmitteln enthalten? 5. Ist die Verwirklichung von Überwachungen und Messungen enthalten? 6. Ist die Verwirklichung von Freigabe- und Liefertätigkeiten und Tätigkeiten nach der Lieferung enthalten?

Die Antworten werden dokumentiert und bewertet. Die Bewertungsstufen gehen von Forderung „ist erfüllt" bis zu „nicht erfüllt", wobei nicht zutreffende Forderungen ebenfalls dokumentiert werden. Im QM-System festgelegte Prozesse sollten vollständig beschrieben und praxiswirksam sein.

Hier kann sich bei der Überprüfung herausstellen, dass die Beschreibung lückenlos und richtig ist, aber in der Praxis nicht so umgesetzt wurde oder umgekehrt. Der Mittelwert aus den zwei ermittelten Erfüllungsgraden geht dann in die Gesamtbewertung ein. Da vor allem bei der Begehung im Betrieb nur stichprobenartig geprüft werden kann, notiert sich der Auditor Einzelheiten der Stichprobe.

Beispiele: Auf Warenbegleitzettel Nr. 12 34 67 hat der Ausführende des vorhergehenden Arbeitsganges 40 die korrekte Ausführung mit seinem Kurzzeichen bestätigt. Oder: Am Messplatz „Welle prüfen" waren alle Messgeräte geeicht und mit einem Kalibrieraufkleber versehen.

Diese Nachweise braucht der Auditor für den späteren Auditbericht, der von der akkreditierten Stelle wiederum geprüft wird.

1.4.4.3 Bewertung

Jede Forderung der Norm mit ihrer überprüften Umsetzung wird mit einem Bewertungsschlüssel gewichtet und sagt aus, wie weit die Forderung erfüllt worden ist.

Die Bewertungsstufen sind:
1. Stufe Die Forderung ist erfüllt.
2. Stufe Die Forderung ist teilweise erfüllt, der Erfüllungsgrad ist akzeptabel.
3. Stufe Die Forderung ist schlecht erfüllt, der Erfüllungsgrad ist nicht akzeptabel. Es liegt eine Abweichung vor.
4. Stufe Die Forderung ist nicht erfüllt, es liegt eine Abweichung vor.
5. Stufe (nz) Die Forderung ist nicht zutreffend. Diese Bewertung kann bei einzelnen Forderungen stehen, die für die betreffende Organisation in der betreffenden Situation nicht anwendbar ist.

> Der Bewertungsschlüssel ist ein Kennzeichnungssystem, mit dem zu jeder Forderung der zu Grunde liegenden Norm ausgedrückt wird, wie weit diese Forderung durch das QM-System der auditierten Organisation erfüllt wird.

Beispiel:

Prozess U 7.6 EN ISO 9001:2008	Qualitätsmanagement – Handbuch **Lenkung von Überwachungs- und Messmitteln**	Seite: 1 von 1 Ausgabe: 1.0 Stand: **30.01.2010**

1.0 Zweck
Die Überwachungs- und Messmittel unterliegen einer geplanten Überprüfung im Hinblick auf ihre zulässige Messunsicherheit.

2.0 Geltungsbereich
Alle Überwachungs- und Messmittel in der Produktion und Logistik.

3.0 Begriffe und Abkürzungen (siehe Abkürzungsliste)

4.0 Lenkung von Überwachungs- und Messmitteln
Die Überwachungs- und Messmittel haben bei der Pulverbeschichtung einen begrenzten Umfang. Schichtdickenkontrolle, Haftungsprüfungen, Oberflächenstruktur- und Farbtonvergleiche sind die wesentlichsten Prüfungsverfahren.
Das Schichtdickenmessgerät wird vor jedem Kontrollauftrag mit dem Dickennormal kalibriert.
Bei der Haftungsprüfung kommt das Gitterschnittverfahren zum Einsatz.
Die Anwendung des Gitterschnittes wird mit dem Kunden abgesprochen.
Die Platzierung, die Häufigkeit der Haftungsprüfung, das verwendete Messer sowie das Abreißklebeband sind Bestandteil der Absprache.
Oberflächenstruktur- und Farbtonvergleiche sind Sichtkontrollen.
Bei diesen Prüfungen werden mit dem Kunden Vergleichsmuster ausgetauscht, die als Prüfnormale und Grenzmuster dienen.

1.4 Die Zertifizierung eines Unternehmens

Beispiele von Bewertungen nach dem Prozess 7.5.1 der Norm: Lenkung der Produktion und der Dienstleistungserbringung. Der Kurztext lautet: Die Organisation muss die Produktion unter beherrschten Bedingungen planen und durchführen.
Beherrschte Bedingungen enthalten die Verfügbarkeit von Arbeitsanweisungen. Die Arbeitsanweisungen im Sinne der Norm können verschiedene Arten von Dokumenten sein, wie zum Beispiel Laufkarten, Warenbegleitkarten, Fertigungsaufträge, Arbeitspläne, Prüfpläne. Sie dienen der Lenkung der Produktion **(Beispiel 1)**.
Häufig verweisen sie auf mitgeltende Unterlagen, zu verwendende Vorrichtungen, Werkzeuge und CNC-Programme.

Beispiel 1: Bewertung eines Prozesses 7.5.1

- Ein Hardwarehersteller definiert das Formular seiner fertigungsbegleitenden Laufkarte in einer entsprechenden Verfahrensanweisung. Unter Verwendung dieses Formulars gibt die Arbeitsvorbereitung die Laufkarte für jeden Fertigungsauftrag aus [Bewertung 1*].
- Die Quittierung von Fertigungs-/Prüfschritten auf der Laufkarte findet nur teilweise statt [Bewertung 3].
  Die Laufkarten enthalten keine Bereiche oder Hinweise, die zur Quittierung auffordern [Bewertung 4].
- Die auf der Laufkarte vorgegebene Reihenfolge der Arbeitsschritte hat sich für verschiedene Produkte als schlecht praktikabel erwiesen. In der Praxis weichen die Mitarbeiter deshalb regelmäßig davon ab. [Bewertung 3]. Die Laufkarten müssen an die faktisch erfolgte Korrektur des Fertigungsablaufs angepasst werden.

Der Leitfaden zur Leistungsverbesserung nach DIN EN ISO 9004 enthält im „Anhang A" ein Selbstbewertungsverfahren. Die hier verankerte Leistungsreifegradtabelle dreht die Bewertungsskala um: Vom Reifegrad 1, kein formaler Ansatz bis zum Reifegrad 5, Bestleistung (**Tabelle 1**).
Ebenfalls in der Norm zur Selbstbewertung sind die entsprechenden allgemeinen Fragen dokumentiert. Zum Beispiel für den Prozess 7.5 Produktion und Dienstleistungserbringung lauten die Fragen:
- Wie stellt die oberste Leitung sicher, dass die Eingaben in den Realisierungsprozess die Erfordernisse der Kunden und anderer interessierter Parteien berücksichtigt?
- Wie werden Realisierungsprozesse von den Eingaben bis zu den Ergebnissen geleitet und gelenkt? Wie werden Tätigkeiten wie z. B. Verifizierung[1] und Validierung[2] in Realisierungsprozessen bedacht?

Die im Audit festgestellten Antworten und Abläufe werden dann mit dem entsprechenden Reifegrad bewertet und geben für die abschließende Betrachtung eine Klassifizierung an.

Beispiel für eine Laufkarte:

Laufkarte					MoBe GmbH
AG Nr.	Arbeitsgang	tr min	te min	T min	Ausgeführt MA Fertigung
10	Entgraten	0,2	0,5		
20	Biegen	5,0	0,1		

* Bewertungsstufen siehe vorhergehende Seite

[1] *Verifizierung:* Bestätigung durch Bereitstellung eines objektiven Nachweises, dass festgelegte Anforderungen erfüllt worden sind.
[2] *Validierung:* Bestätigung durch Bereitstellung eines objektiven Nachweises, dass festgelegte Anforderungen für eine spezifische beabsichtigte Anwendung erfüllt worden sind.

Tabelle 1: Leistungsreifegrade ISO 9004

Reifegrad	Leistungsniveau	Erläuterung
1	Kein formaler Ansatz	Kein systematischer Ansatz erkennbar; keine Ergebnisse, schlechte, oder nicht vorhersagbare Ergebnisse.
2	Reaktiver Ansatz	Problem- oder korrekturorientierter systematischer Ansatz; Mindestdaten zu Verbesserungsergebnissen vorhanden.
3	Stabiler formaler systematischer Ansatz	Systematischer prozessgestützter Ansatz, systematische Verbesserungen im Frühstadium, Daten über die Einhaltung von Qualitätszielen vorhanden, Verbesserungstrends vorhanden.
4	Schwerpunkt auf ständiger Verbesserung	Verbesserungsprozess eingeführt; gute Ergebnisse und nachhaltige Verbesserungstrends.
5	Bestleistung	Fest integrierter Verbesserungsprozess; Nachweis der Bestleistung durch Benchmark-Ergebnisse.

In dieser Bewertung legt der Auditor (oder die Auditoren) dem Auditierten die Gründe für die Abweichung dar, so dass festgestellt wird, ob die Abweichung vom Auditierten nachvollzogen werden kann. Hierbei sollte versucht werden, unterschiedliche Bewertungen von Sachverhalten auszuräumen, um zu einer einvernehmlichen Bewertung zwischen Auditor und Auditierten zu gelangen. Sachverhalte, bei denen diese Übereinstimmung nicht gefunden werden kann, sollten protokolliert werden.

Manche Auditverfahren sind so formalisiert, dass die Bewertung der Auditergebnisse sich als Rechenaufgabe darstellt. Ein herausragendes Beispiel hierfür ist das Auditverfahren des Verbandes der Automobilindustrie VDA, der in Anlehnung an die ISO 9000:2005 das QM-Auditsystem VDA 6.1 eingeführt hat.

Für jede Auditfrage können bis zu 10 Punkte vergeben werden, wobei das Schema in der Darstellung nach **Tabelle 1** anzuwenden ist. Jedes QM-Element wird bewertet, indem die Wertung aller Fragen dieses Prozesses addiert und anschließend durch die erreichbare Punktzahl dividiert wird **(Tabelle 2)**.

Nach mehreren durchgeführten Audits kann es hilfreich sein, eine Trendauswertung durchzuführen. Der erreichte Erfüllungsgrad kann dabei z.B. in einem Balkendiagramm über der Zeit dargestellt werden.

1.4.4.4 Abschlussbesprechung und Bericht

Vor der Abschlussbesprechung erarbeitet das Auditteam gemeinsam die Auditschlussforderungen. Dabei werden alle im Audit bekannt gewordenen Umstände und Sachverhalte berücksichtigt und bei Abweichungen von der Norm in den Schlussforderungen festgehalten.

Im Mittelpunkt steht dabei die zusammenfassende Bewertung der Auditfeststellungen gegenüber dem Auditziel. Bei einem Zertifizierungsaudit mündet sie in der Frage, ob die Zertifizierung erteilt werden kann oder ob die Zahl und Qualität der Abweichungen zu groß gewesen ist. Sollte die Anzahl der Feststellungen (erhebliche Abweichung von der Normenforderung) zu groß sein, wird ein Nachaudit anberaumt. Hier erhält das Unternehmen eine zweite Chance, die Defizite im QM-System zu beseitigen und im zweiten Anlauf die Zertifizierung zu schaffen.

Ist das Ergebnis des Audits positiv, reicht es aus, zusammenfassend darzustellen, in welchem Unternehmensbereich, an welchem Standort oder zu welchen Auditaspekten die Konformität festgestellt wurde. Bei Feststellungen und Abweichungen der Auditnachweise sind diese zu benennen und für das Abschlussgespräch zu dokumentieren.

Tabelle 1: Bewertungsschema der Antworten

Fragengegenstand	Bewertung der Antworten				
Im QM-System vollständig festgelegt?	ja	nein	ja	nein	ja/nein
In der Praxis wirksam nachgewiesen?	ja	ja	überwiegend[1]		nein
Punktanzahl	10	8	6	4	0

[1] Unter überwiegend wird verstanden, dass alle zutreffenden Forderungen in mehr als $3/4$ aller relevanten Anwendungsfälle wirksam nachgewiesen sind und kein spezielles Risiko gegeben ist.

Tabelle 2: Bewertungspunkte

Punkte	Bedeutung
10	Im QM-System vollständig festgelegt und auch wirksam nachgewiesen,
8	im QM-System nicht vollständig festgelegt und wirksam nachgewiesen,
6	im QM-System vollständig festgelegt und überwiegend wirksam nachgewiesen,
4	im QM-System nicht vollständig festgelegt, aber überwiegend wirksam nachgewiesen,
0	nicht wirksam nachgewiesen, unabhängig von der Vollständigkeit der Festlegung im QM-System.

In der Abschlussbesprechung legt der Auditor den Auditierten die Feststellungen und die Auditschlussforderungen dar. Zum Beispiel wurden in einer mechanischen Fertigung neuerdings einfache Montagearbeiten, wie das Aufstecken einer Kunststoffkappe zusätzlich durchgeführt. Der Arbeitsplan dokumentierte aber nur die Arbeitsschritte der Zerspanung. In keinem Dokument wurde die zusätzliche Montage erwähnt. Durch weitere Stichproben konnte dieser Fehler wiederholt festgestellt werden.

1.4 Die Zertifizierung eines Unternehmens

Dieses Ergebnis führte zu einer Feststellung in der Abschlussbesprechung und zu der Schlussforderung, dass zur Lenkung des Fertigungsprozesses alle Arbeitsgänge zu dokumentieren sind **(Bild 1)**.

Es sollte in jedem Fall versucht werden, ein gemeinsames Verständnis der Auditergebnisse zu erreichen. Hierzu können eingehende Diskussionen und der Blick auf die Weiterentwicklung des Unternehmens erforderlich werden.

Lässt sich keine Einigung erzielen, so sind die unterschiedlichen Meinungen zu protokollieren und dem Auditbericht beizufügen. Ein Jahr später, im Rahmen des Wiederholungsaudits, werden die Sachverhalte dann erneut begutachtet und bewertet. Mit der Abschlussbesprechung beginnt der Prozess der Maßnahmenableitung und Umsetzung und damit die Dokumentation des Verbesserungsprozesses.

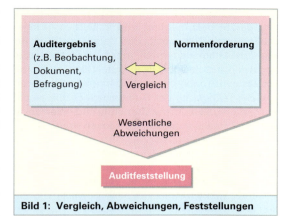

Bild 1: Vergleich, Abweichungen, Feststellungen

Der Auditbericht sollte eine umfassende Dokumentation des Audits darstellen. Folgende Informationen sollten enthalten sein:

- Auditziele,
- Auditumfang,
- Auditauftraggeber,
- Auditteammitglieder,
- Termine und Orte des Audits,
- Auditkriterien,
- Auditfeststellungen,
- Auditschlussfolgerungen,
- Auditplan,
- Vertreter der auditierten Organisation,
- Zusammenfassung des Auditprozesses,
- Bestätigung, dass die Zielsetzung innerhalb des Auditumfangs erreicht wurde,
- nicht abgedeckte Bereiche, die sich innerhalb des Auditumfangs befanden,
- offene Meinungsverschiedenheiten zwischen Auditteam und auditierter Organisation,
- Empfehlungen für Verbesserungen, wenn diese zu den Auditzielsetzungen gehörten,
- vereinbarte Pläne für Folgemaßnahmen,
- Erklärung der Vertraulichkeit,
- Verteilerliste.

1.4.5 Wiederholungsaudit und internes Audit

Das erreichte Zertifikat hat drei Jahre Gültigkeit. Voraussetzung ist dabei, dass jedes Jahr ein Wiederholungsaudit mit einem externen Auditor durchgeführt wird. Das Wiederholungsaudit ist kein Systemaudit. Im Wiederholungsaudit werden Schwerpunkte überprüft. Ausgehend von den eventuell vorhandenen Feststellungen aus dem Zertifizierungsaudit und den Bewertungen der

Bild 2: Zertifizierungsurkunde

durchgeführten internen Audits, werden noch ein oder zwei zusätzliche Bereiche auditiert.
Die Durchführung, die Ergebnisse und die Bewertung der internen Audits sollten umfassend sein. Wird das Wiederholungsaudit erfolgreich abgeschlossen, gilt das Unternehmen als weiterhin zertifiziert und es kann diese Tatsache nach außen darstellen **(Bild 2)**.

Interne Audits sind Managementwerkzeuge, die es ermöglichen, Ist-Abläufe zu analysieren, mit den Soll-Abläufen zu vergleichen und Abweichungen festzustellen. Interne Audits werden von einem Team interner Mitarbeiter des Unternehmens durchgeführt. Zu beachten ist, dass der Auditor bereichsfremd sein muss. Damit ist eine gewisse Objektivität gegeben und das Erreichen des Ziels, Abweichungen zu erkennen, wahrscheinlicher.

Wie bei allen anderen Auditarten, werden die Ergebnisse dokumentiert und in Verbesserungsmaßnahmen umgesetzt. Der Verantwortliche für das Qualitätsmanagement, meist der Qualitätsmanagementbeauftragte QMB, erstellt den Auditplan für das ganze Jahr, benennt die internen Auditoren und die Teilnehmer des Auditteams. Er überwacht auch die regelkonforme Durchführung und Verfolgung der Realisierung der Verbesserungen.

Diese selbst auferlegte Überwachung der internen Prozesse führt dazu, dass sich Veränderungen nicht schleichend und ungewollt vollziehen, sondern erkannt, diskutiert und von allen bewusst verbessert und dokumentiert werden. Durch das bereichsübergreifende Auditteam ist sichergestellt, dass Veränderungen der Prozesse aus dem Blickwinkel der vollständigen Prozesskette betrachtet werden.

Interne Audits werden auch als *First Party Audit* bezeichnet und betreffen die eigene Organisation und das eigene Qualitätsmanagementsystem **(Bild 1)**. *Third Party Audits* werden von externen, unahängigen Organisationen durchgeführt.

1.4.6 Auditarten

1.4.6.1 Qualitätsaudit

Die Fragestellung, wer das Audit durchführt, was auditiert wird und zu welchem Zweck das Audit erfolgt, ermöglicht die Einordnung der verschiedenen Auditarten. So können einerseits interne und externe Audits unterschieden sowie andererseits das Produktaudit, das Prozessaudit und das Systemaudit voneinander abgegrenzt werden **(Bild 2)**.

In einem **externen Audit** wird die Qualitätsfähigkeit eines Unternehmens durch unternehmensfremde Stellen beurteilt. Bei Lieferantenaudits bewertet der Kunde seine aktuellen oder zukünftigen Lieferanten. Auch das Zertifizierungs- und das Wiederholungsaudit zählen zu den externen Audits, bei denen ein akkreditierter externer Auditor beauftragt wird.

Das **Systemaudit** dient der Beurteilung der Wirksamkeit eines Qualitätsmanagementsystems durch Feststellung, ob die erforderlichen Bestandteile des Systems vorhanden sind. Hierzu werden die Kenntnisse der Mitarbeiter und die tatsächliche, praktische Anwendung der Prozesse des QM-Systems beurteilt. Das Systemaudit beurteilt das gesamte Unternehmen.

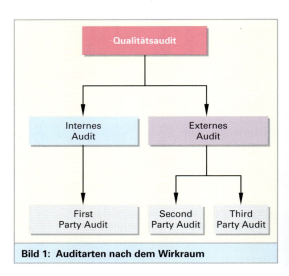

Bild 1: Auditarten nach dem Wirkraum

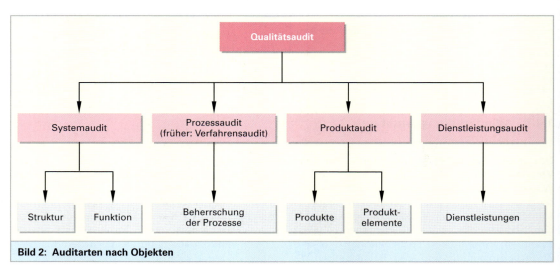

Bild 2: Auditarten nach Objekten

1.4 Die Zertifizierung eines Unternehmens

Ziel des **Prozessaudits** ist es, bestimmte Abläufe, Arbeitsfolgen und Vorgänge auf mögliche Schwachstellen zu untersuchen. Diese Form des Audits ist besonders wirkungsvoll, wenn der Prozess die Grenzen von verschiedenen Verantwortungsbereichen überschreitet, denn es werden nicht nur einzelne Abläufe analysiert, sondern auch eventuelle Reibungsverluste an den Schnittstellen erkannt.

Beim **Produktaudit** wird die Wirksamkeit von den Prozessen beurteilt, deren Produkte innerhalb des QM-Systems erstellt worden sind. In dieser ergebnisorientierten Beurteilung fließt zudem die Einhaltung der Spezifikation durch das Produkt ein.

Das **Dienstleistungsaudit** wird dann angewendet, wenn das Produkt des Unternehmens eine Dienstleistung ist. Es gelten die gleichen Regeln wie beim Produktaudit.

1.4.6.2 Second-Party-Audit und Prozessaudit

Außerhalb der für das Aufrechterhalten der Zertifizierung des Unternehmens erforderlichen Audits gibt es auch eine Verfahrensweise, Unternehmen in dieses System einzubinden, die noch nicht zertifiziert sind. Diese (noch) nicht zertifizierten Unternehmen, meist Zulieferer, können durch die Auditoren des Kunden beurteilt werden (sogenannte Second-Party-Audits, **Bild 1**).

Beurteilt werden nur die Prozesse, die mit dem zu liefernden Produkt in Verbindung stehen. Beim Prozessaudit vor Ort ist zu überprüfen, ob dem Lieferanten für das Produkt, das er zu liefern beabsichtigt, die benötigten Produktions- und Prüfeinrichtungen sowie das geeignete Personal zur Verfügung stehen **(Bild 2)**. Dabei ist es sinnvoll, mit Hilfe von Fragebögen systematisch vorzugehen.

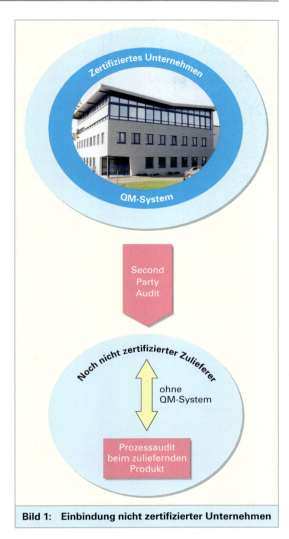

Bild 1: Einbindung nicht zertifizierter Unternehmen

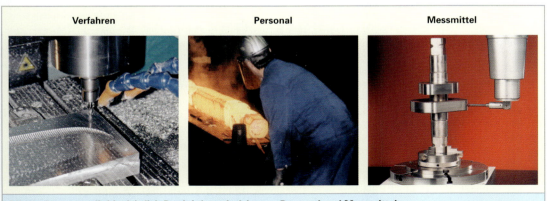

Bild 2: Prozessaudit hinsichtlich Produktionseinrichtung, Personal und Messmittel

Die Fragen sollten auf Größe und Art des Zulieferers abgestimmt sein. Bestandteil des Prozessaudits sollte die Besichtigung der Fertigungseinrichtung, einschließlich der Prozessprüfungen, deren Dokumentation und der verwendeten Messmittel sein. Der Prozess der Materialvorprüfung und die Endkontrolle werden ebenfalls im Rahmen des Prozessaudits überprüft.

Darüber hinaus sollten Qualitätsaufzeichnungen, wie z. B. Messprotokolle, Regelkarten, statistische Auswertungen und Korrekturmaßnahmen, eingesehen werden.

Der Umgang mit den Prüfmitteln ist zu kontrollieren. In einem Abschlussgespräch mit dem Management des Zulieferers werden positive und negative Eindrücke bzw. Schwachstellen offen angesprochen. Aus diesem Gespräch heraus wird ein Aktionsplan mit realistischen Zeitvorgaben für die Abstell- und Verbesserungsmaßnahmen entwickelt. Die Bewertung des Prozessaudits erfolgt in gleicher Weise wie beim Systemaudit.

Aus dem Ergebnis ergibt sich dann die Einstufung in die Kategorien:
- A1-Zulieferer,
- A2-Zulieferer,
- B1-Zulieferer,
- B2-Zulieferer **(Bild 1)**.

Wird ein Zulieferer schlechter eingestuft, ist er nicht lieferfähig und der Einkauf darf keine Anfrage an diesen Lieferanten richten.

Sollten beim gelieferten Produkt Unzulänglichkeiten auftreten, muss der Zulieferer sofort nach der Ursache forschen, diese abstellen, die Maßnahmen dokumentieren und den Kunden darüber informieren. Eine Forderung auf ein weiteres Prozessaudit kann daraus entstehen.

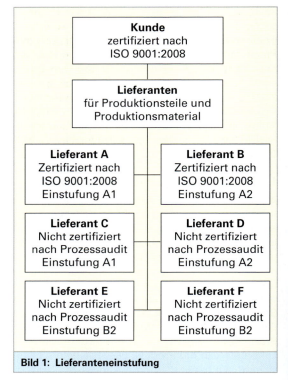

Bild 1: Lieferanteneinstufung

Wiederholung und Vertiefung

1. Warum ist es für ein Unternehmen interessant, sich freiwillig zertifizieren zu lassen?
2. Wer kann die Zertifizierung durchführen und wie wird die erfolgreiche Zertifizierung dokumentiert?
3. Welche Hauptforderungen muss das Unternehmen erfüllen bzw. dokumentieren, um zertifiziert zu werden?
4. Welche ist die wichtigste Qualitätsmanagement-Norm in Deutschland?
5. Die Automobilindustrie hat eigene QM-Normen. Wie unterscheiden sich die Normen zur DIN EN ISO 9001:2005?
6. Können Handwerksbetriebe und Dienstleistungsunternehmen auch zertifiziert werden?
7. Gibt es Bestrebungen, die QM-Normenvielfalt langfristig zu vereinheitlichen?
8. Wo werden die Hauptprozesse eines Unternehmens dokumentiert?
9. Unterliegt die Dokumentation des QM-Systems einem Änderungsdienst?
10. Was wird mit einem Audit erreicht?
11. Wer führt ein Audit durch und wie wird es durchgeführt?
12. Muss ein Audit dokumentiert werden?
13. Wie kann das Ergebnis eines Audits bewertet werden?
14. Gibt es unterschiedliche Auditziele?

1.5 Total Quality Management (TQM)

1.5.1 Einführung

Bei steigenden Kundenforderungen und bei verschärften Wettbewerbsbedingungen und gleichzeitig zunehmender Komplexität der Produkte und Herstellungsprozesse, reicht es heute nicht mehr aus, Qualitätssicherung ausschließlich für das gefertigte Endprodukt zu betreiben. Qualität beginnt vielmehr bereits in der Unternehmensplanung und erstreckt sich über die Produktionsprozesse bis hin zum Service der verkauften Produkte.

Hintergrund dieses präventiven Qualitätsverständnisses ist die Überlegung, dass es letztlich vorteilhafter ist, Qualität von vornherein zu produzieren und Fehler zu vermeiden. Nach diesem Grundgedanken wird bereits seit den 80er-Jahren die Qualitätsphilosophie des *Total Quality Management (TQM)* angewendet und als unternehmensweite Managementaufgabe verstanden.

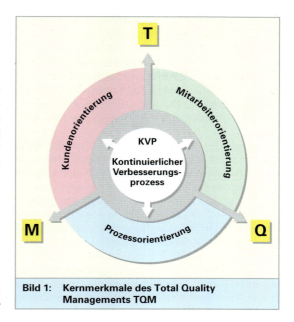

Bild 1: Kernmerkmale des Total Quality Managements TQM

Zu den drei Kernmerkmalen
- Kundenorientierung,
- Mitarbeiterorientierung,
- Prozessorientierung,

kommen in der erweiterten Betrachtung der Qualitätsbegriffe folgende QM-Prinzipien hinzu **(Bild 1)**:
- kontinuierliche Verbesserung,
- präventives Verhalten,
- umfassendes Qualitätsdenken,
- Qualitätsmanagement als Führungsaufgabe.

TQM will vor dem Hintergrund turbulenter Märkte über Querschnittswirkung eine nachhaltige Unternehmenssicherung erreichen. Diese Querschnittsoffensive soll durch sämtliche Bereiche des Unternehmens wirksam werden und alle Kräfte bündeln. Es wird ein totales Streben nach Qualität in allen Tätigkeiten und Bereichen im Unternehmen gefordert. So erlangt TQM eine Neuorientierung, die sowohl Führungskräfte als auch Mitarbeiter betrifft **(Bild 2)**.

TQM ist eine auf der Mitwirkung aller ihrer Mitglieder basierende Managementmethode einer Organisation, die Qualität in den Mittelpunkt stellt und durch Zufriedenstellung der Kunden auf langfristigen Geschäftserfolg sowie auf Nutzen für die Mitglieder der Organisation und für die Gesellschaft zielt.

Bild 2: Umfassender Qualitätsansatz

Qualität als oberstes Unternehmensziel

Das Erfüllen der Qualitätsforderungen durch die Beherrschung und Bewertung aller Unternehmensprozesse senkt die Kosten! Diese Aussage widerspricht der früher verbreiteten Meinung, dass ein konstant hohes Qualitätsniveau die Produktivität bremst. Qualität und Produktivität sind nach früherem Verständnis Gegensätze (**Bild 1**).

Wie ist die Sichtweise im zeitgemäßen Qualitätsmanagement? Durch die geplant erreichte Qualität der Prozesse verringern sich Nacharbeit, Beanstandungen, Reklamationen und vor allem Fehler. Es wird nicht mehr nur die Qualität der Produkte betrachtet, sondern die gesamte Prozesskette eines Unternehmens muss den Qualitätsanforderungen des QM-Systems standhalten. Hervorragende Prozessqualität bedeutet hohe Prozessfähigkeit und gegen Störungen unanfällige, robuste, statistisch beherrschte Prozesse, die auf Bestände und Puffer aller Art weitgehend verzichten können (**Bild 2**).

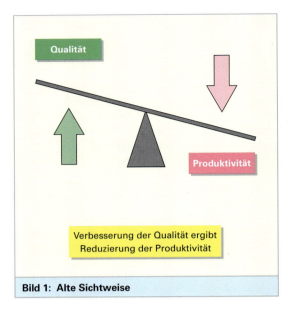

Bild 1: Alte Sichtweise

Das Streben nach Qualität in allen Bereichen wird damit der Schlüssel zur Produktivität (**Bild 3**, *Deming'sche Reaktionskette*). Höhere Prozessqualität bewirkt zum Beispiel innerbetrieblich:
- bessere Maschinenauslastung,
- kürzere Materialdurchlaufzeiten,
- reduzierte Materialbestände,
- weniger Ausschuss und Nacharbeit,
- Verringerung der Verschwendung,
- konstant gute Produktqualität.

Diese Auswirkungen haben zur Folge:
- verbesserte Funktionalität und Zuverlässigkeit,
- reduzierte Gewährleistung und Kulanzkosten,
- verringerte Fehlerbeseitigungskosten,
- steigende Zufriedenheit des Kunden.

[1] *William Edwards Deming* (1900 bis 1993) amerik. Wirtschaftswissenschaftler

Bild 2: Zeitgemäße Sichtweise

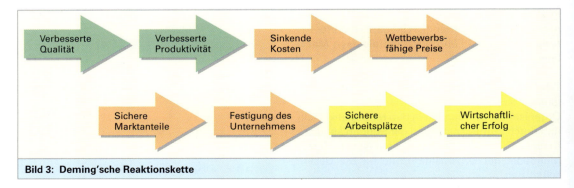

Bild 3: Deming'sche Reaktionskette

1.5 Total Quality Management (TQM)

1.5.2 TQM-Modell für Europa (EFQM)

In Europa hat die *European Foundation for Quality Management* (EFQM), eine Stiftung namhafter europäischer Industrieunternehmen, 1987 ein TQM-Modell für Europa entwickelt, das heute den Namen « EFQM Excellence Model » trägt. Dieses dient, auf Basis von neun Kriterien, der jährlichen Verleihung des *European Quality Award* an europäische Spitzenunternehmen auf dem Gebiet des TQM. Nach diesen Kriterien wird seit 1997 auch der *Ludwig-Erhard-Preis*, für exzellente Unternehmen, vergeben. Er wird getragen von den Spitzenverbänden der deutschen Wirtschaft sowie dem Verein Deutscher Ingenieure (VDI) und der Deutschen Gesellschaft für Qualität (DGQ).

Die Norm ISO 9001:2005 enthält produktbezogene und kundenbezogene Forderungen bzw. ISO 9004 enthält Anleitungen zur Leistungsverbesserung des ganzen Unternehmens bezogen auf alle interessierten Parteien. ISO 9004:2005 ermöglicht eine vereinfachte quantitative Selbstbewertung und leistet den Ansatz für ein Vergleichsverfahren mit anderen Unternehmen oder Unternehmenseinheiten.

Exzellenz-Modelle enthalten Kriterien für eine Bewertung nach Kennzahlen und sind anwendbar auf alle Tätigkeiten in einem Unternehmen **(Bild 1)**. Das Verwirklichen dieses komplexen Modells kann in zwei Stufen erfolgen: Modell und Stufe 1 sind das Anerkennungsprogramm, Modell und Stufe 2 sind die Erfüllung aller Forderungen des EFQM-Modells **(Bild 2)**.

Die Stufe 1, das Anerkennungsprogramm, ist konzipiert um:
- Organisationen an verschiedenen Stationen ihres Weges in Richtung Exzellenz auszuzeichnen,
- die Anwendung des Modells als Diagnosewerkzeug zu ermöglichen,
- eine maßgeschneiderte Anwendung des EFQM-Modells für die verschiedenen Reifegrade einer Organisation zu ermöglichen.

Bild 2: Entwicklungsstufen hin zum Spitzenunternehmen

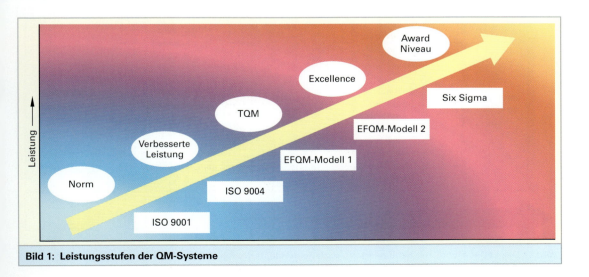

Bild 1: Leistungsstufen der QM-Systeme

Beurteilung nach dem EFQM-Modell

Die Bewertung eines Unternehmens erfolgt nach den neun Hauptkriterien und den 32 Unterkriterien des EFQM-Excellence-Models. Diese gliedern sich in die beiden Gruppen *Befähiger* und *Ergebnisse*. Wie die Ergebnisse erzielt wurden, ist Inhalt der Befähiger-Kriterien und was dabei erreicht wurde, wird mit den Ergebnis-Kriterien ermittelt. Beide Gruppen werden mit jeweils 50 % der erreichten Punkte bewertet **(Bild 1)**.

Beim EFQM-Modell geht es in erster Linie darum, wie gut das Unternehmen seine Schlüsselprozesse auslegt, wie weitgehend und wie gut es sie anwendet, wie gut es diese Prozesse auf ihre Wirksamkeit überprüft und verbessert. Zweitens geht es darum, wie gut „Ergebnisse" sind, die sich aus dem Prozess des „Befähigens" ergeben und zwar nicht nur nach eigener Meinung, sondern auch in den Augen der interessierten Parteien. Diese Beurteilung wird wesentlich höher eingestuft als die eigene Bewertung. Jeder dieser Aspekte wird mit Punkten gemäß einer festgelegten Skale bewertet.

Eine perfekte Leistung nach dem EFQM-Modell sind 1000 Punkte. Die Spitzenreiter und Preisgewinner erreichen etwa 700 Punkte. Leistungen eines typischen, gerade nach ISO 9001 zertifizierte Unternehmens, beträgt lediglich etwa 300 Punkte **(Tabelle 1)**. Um hier eine angestrebte höhere Bewertung zu erreichen, ist es ratsam, über die Leistungsstufen der ISO 9004 und dem Anerkennungsprogramm nach EFMA Stufe 1 das Qualitätsmanagement weiter zu entwickeln **(Bild 2)**.

Das Grundschema des EFQM-Modells basiert auf drei fundamentalen Säulen von TQM. Die gleichzeitige Betrachtung von Menschen, Prozessen und Ergebnissen.

Tabelle 1: Punktebewertung EFQM

Erreicht werden durchschnittlich:

300 Punkte	Unternehmen zertifiziert nach ISO 9001
400 Punkte	Unternehmen zertifiziert nach ISO 9004
700 Punkte	Spitzenunternehmen,
1000 Punkte	Perfekte EFQM-Leistung.

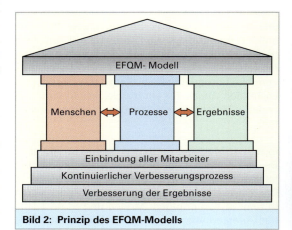

Bild 2: Prinzip des EFQM-Modells

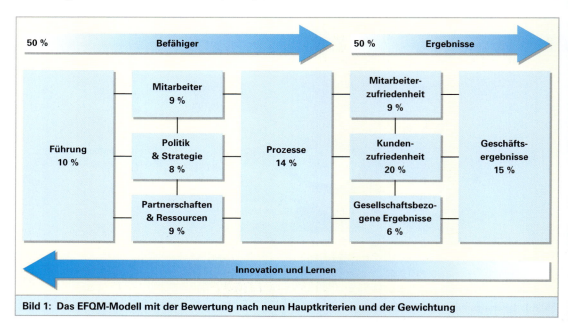

Bild 1: Das EFQM-Modell mit der Bewertung nach neun Hauptkriterien und der Gewichtung

1.5 Total Quality Management (TQM)

1.5.3 TQM-Merkmale

Führungskräfte

Von der Unternehmensführung und der Mitarbeiterführung, das heißt vom Top-Management und vom Management, wird ein Umdenken gefordert (**Bild 1**). Ein verändertes Rollenverständnis in der Führung muss sich durchsetzen, indem drei wesentliche Funktionen übernommen werden.

> **Die erste Führungsfunktion** im TQM ist die Initiativfunktion. Zu dieser gehören Aufgaben wie die Entwicklung einer unternehmensspezifischen Strategie und Politik durch das Top-Management. Gleichzeitig müssen Grundwerte im Unternehmen definiert und kommuniziert werden, die von Mitarbeitern gelebt werden und zur Stärkung der Qualitätskultur im Unternehmen führen.
> Darüber hinaus liegt die Entwicklung des Managementsystems sowie die Realisierung von Qualitätsprogrammen in der Verantwortung der Führung. Eine weitere Aufgabe der Führungskräfte zur Förderung des TQM ist es, die Leistungen und Anstrengungen der Mitarbeiter rechtzeitig zu würdigen und anzuerkennen.
>
> **Die zweite Führungsfunktion** ist die Vorbildfunktion. Diese Funktion entscheidet über die Akzeptanz und Glaubwürdigkeit aller TQM Aktivitäten im Unternehmen. Nur wenn alle Führungskräfte bis hin zum Top-Management die Prinzipien, Werte und Ideen des TQM vorleben, sind die Mitarbeiter davon überzeugt, dass ihre eigenen Anstrengungen den Aufwand wert sind und einen entsprechenden Nutzen für das Unternehmen bringen.
>
> **Die dritte Führungsfunktion** ist die Dienstleistungsfunktion. In dieser kommt zum Ausdruck, dass das Management nicht nur für seine eigenen Handlungen Verantwortung trägt, sondern die Mitarbeiter in die Lage versetzen muss, exzellente Leistungen zu erbringen. Hierzu zählt als grundlegender Punkt finanzielle, materielle und personelle Ressourcen für die TQM-Aktivitäten und Verbesserungsmaßnahmen zur Verfügung zu stellen (**Bild 2**).

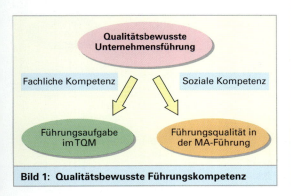

Bild 1: Qualitätsbewusste Führungskompetenz

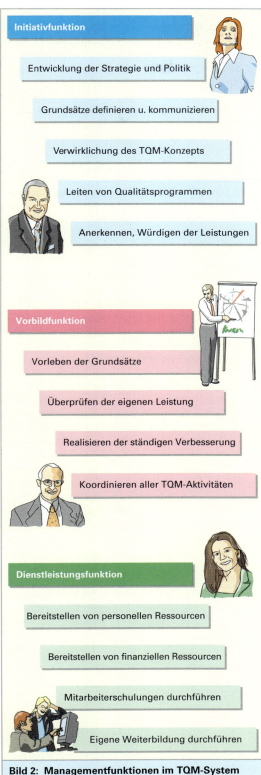

Bild 2: Managementfunktionen im TQM-System

Mitarbeiterorientierung

Motivierte Mitarbeiter sind ein entscheidender Erfolgsfaktor für ein Unternehmen **(Bild 1)**, denn im Vergleich zu dem Zeitraum, der benötig wird, um neue Produkte, Prozesse oder Technologien einzuführen, dauert es sehr viel länger, die Kompetenz der Mitarbeiter eines Unternehmens zu erhöhen. Kompetente Mitarbeiter bilden daher einen Wettbewerbsvorteil, der von anderen Unternehmen nur schwer aufgeholt werden kann.

Ein wesentliches Ziel des TQM ist es daher, die vorhandenen Mitarbeiterressourcen im Unternehmen optimal zu nutzen und weiter zu verbessern.

Prozessorientierung

Prozessorientierung bedeutet, dass nicht die Ergebnisse, sondern die Prozesse im Vordergrund stehen. Die Qualität der Ergebnisse wird als die natürliche Folge der beherrschten Prozessqualität angesehen. Schlechte Ergebnisse, z. B. Fehlteile, geben einen Hinweis darauf, dass die verwendete Fertigungsmethode oder Prozessgestaltung unzureichend ist und verbessert werden muss.

Die ständige Verbesserung verfolgt genau diese Zielsetzung innerhalb der Prozessorientierung und setzt bei der Fehlerursache der Prozesse an. Bei der beharrlichen Umsetzung der Prozessorientierung bleibt eine Veränderung der Organisation nicht aus.

Die Ablauforganisation orientiert sich an den Prozessketten und deren Funktionen, die wiederum aus einer Folge von wiederholt ablaufenden Vorgängen mit messbaren Eingaben, Wertschöpfung und Ausgaben besteht. Sämtliche Mitarbeiter stehen in so genannten internen Kunden-Lieferanten-Verhältnissen **(Bild 2)**.

Der in der Bearbeitungskette Nachfolgende ist der Kunde des vorhergehenden Arbeitsganges, außerdem ist er Lieferant für seinerseits nachfolgende Arbeiten.

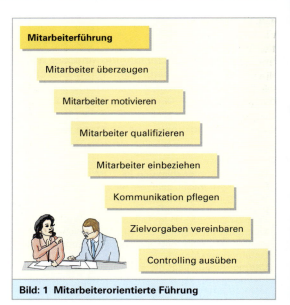

Bild: 1 Mitarbeiterorientierte Führung

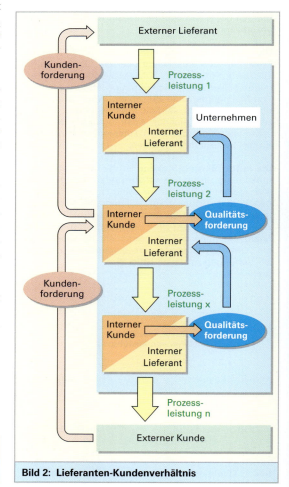

Bild 2: Lieferanten-Kundenverhältnis

Die Prozessorientierung berücksichtigt den natürlichen Verlauf der Wertschöpfungskette im Unternehmen und unterstützt die Kundenorientierung.

1.5 Total Quality Management (TQM)

Kundenorientierung

Ein wichtiges Ziel für die erfolgreiche Kundenorientierung ist es herauszufinden, welche Forderungen und Erwartungen der Kunde an das Produkt, an die Dienstleistung sowie an das Unternehmen hat. Die Ermittlung der Kundenbedürfnisse kann durch verschiedene Methoden der Marktforschung, eigene Umfragen oder Auswertungen erfolgen. Diese Informationen beziehen sich auf die Produkte und bilden die Basis für die Gestaltung der Entwicklungs- und Produktionsprozesse.

Ziel der Aktivitäten zur Stärkung der Kundenorientierung ist es, eine hohe, langfristige Kundenzufriedenheit zu erreichen. Damit ist nicht nur die Zufriedenheit mit dem Produkt gemeint, sondern auch die gesamte umgebende Dienstleistung. Die Bewertung der Kundenzufriedenheit als Basis für Verbesserungsmaßnahmen kann durch wenige Messgrößen erfolgen. Die aussagekräftigste Messgröße ist der Anteil der Kunden, die mehrfach Geschäfte mit einem Unternehmen abschließen. Man kann davon ausgehen, dass Folgegeschäfte nur zustande kommen, wenn der Kunde mit den bisherigen Leistungen des Unternehmens zufrieden war **(Tabelle 1)**.

Eine weitere Möglichkeit ist gezieltes Gegenüberstellen von eigenen Produkten mit denen des Wettbewerbers, um die Vorteile systematisch darzustellen und auszuwerten. Zusätzlich werden weitere interne Messgrößen benötigt, die Hinweise auf die Kundenzufriedenheit geben können. Die Anzahl der Reklamationen gibt ein unvollständiges Bild über die Anzahl der unzufriedenen Kunden. Viele Kundenbeschwerden erreichen das Unternehmen nicht, da sich die Kunden nicht zu Wort melden, sondern lieber das liefernde Unternehmen wechseln. Somit gibt diese Messgröße keine exakte Auskunft über den Grad der Unzufriedenheit der Kunden. Im Konsummarkt haben Untersuchungen gezeigt, dass ein verstimmter oder verärgerter Kunde zehn weitere Personen davon informiert. Ist er mit dem Produkt oder der Dienstleistung zufrieden, erfahren es lediglich drei Personen **(Bild 1)**.

In einem Unternehmen ausgehängte Leitsätze zum kundenorientierten Verhalten zeigt **Tabelle 2**.

> Zufriedene Kunden tätigen mehrere Geschäfte mit einem Unternehmen. Der Kunde kommt wieder, wenn das Produkt, der Preis und die dazugehörige Dienstleistung stimmt.

Tabelle 1: Wirkung der Kundenorientierung

Mit sehr großer Wahrscheinlichkeit	ist es am teuersten neue Kunden zu gewinnen, als alte zu halten.
Mit großer Wahrscheinlichkeit	kommen zufriedene Kunden wieder oder bestellen erneut.
Sehr wahrscheinlich	ist es, dass zufriedene Kunden die besten Werbeträger sind.
Wahrscheinlich	ist es, dass verärgerte Kunden bleiben, wenn ihr Problem kurzfristig gelöst wird.
Mit kleiner Wahrscheinlichkeit	bleiben Kunden, die mit dem Service nicht zufrieden sind.
Mit sehr kleiner Wahrscheinlichkeit	bleiben Kunden, die mit der Produktqualität und/oder dem Preis nicht zufrieden sind.

Tabelle 2: Beispielhafte Leitsätze zur Kundenorientierung

- Der Kunde zahlt dein Gehalt. Er ist also kein Störer, sondern der wichtigste Teil des Geschäfts.
- Nimm die Verantwortung auf dich, wenn etwas schief gelaufen ist. Für den Kunden bist du das Unternehmen.
- Gib zu, wenn du etwas nicht weißt und sag zu, die Informationen nachzureichen.
- Gib dich nicht überheblich, manche Kunden wissen besser Bescheid als du.
- Es hat noch niemand ein Streitgespräch mit einem Kunden gewonnen!

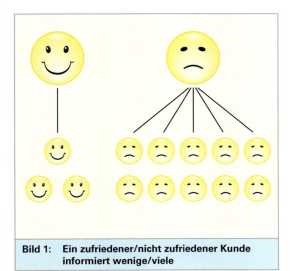

Bild 1: Ein zufriedener/nicht zufriedener Kunde informiert wenige/viele

Six Sigma

Eine weitere Möglichkeit die TQM-Philosophie zu realisieren, ist das umfassende Qualitätsmanagement nach der Six Sigma Methode. Der griechische Buchstabe Sigma σ wird in der statistischen Prozessregelung verwendet und bezeichnet die *Standardabweichung* einer Gauß'schen Normalverteilung **(Bild 1)**.

> Six Sigma ist die sechsfache Standardabweichung und erfasst 99,99966 % aller Werte der Grundgesamtheit.

Die Six Sigma-Methode wurde von der Firma Motorola entwickelt und patentiert. Sie ist im Ursprung ein strukturiertes Vorgehen mit der Anwendung einfacher statistischer Verfahren zur Beurteilung von Prozessleistungen.

Reale Prozesse führen in ihren Ergebnissen zu Streuungen der betrachteten Merkmale, was zur Festlegung von Zielwerten und Toleranzgrenzen geführt hat. In den meisten Fällen lassen sich die Streuungen (Variationen) durch das Modell der Gauß'schen Normalverteilung[1] gut beschreiben und berechnen. Dieses Modell hat die Eigenschaft, dass in einem Intervall von ± 3σ um den Mittelwert 99,73 % aller wahrscheinlichen Ergebnisse liegen.

Je kleiner die Streubreite im Verhältnis zur Breite des Toleranzfeldes ist, also je öfter Sigma in das Toleranzfeld passt, desto geringer ist die Fehlerhäufigkeit bzw. die Fehlerwahrscheinlichkeit. Dieses Streben nach Prozesssicherheit lässt sich am Beispiel eines LKW's, der durch einen Tunnel fährt, anschaulich darstellen.

Im **Bild 2** oben passt der LKW haarscharf durch den Tunnel, jeder kleinste Lenkausschlag (Streuung) führt zu Beschädigungen am Fahrzeug oder anders ausgedrückt zur Berührung der Systemgrenzen. Dieses Bild veranschaulicht die Situation von ± 3σ.

Im Vergleich dazu fordern seit Anfang der 90er Jahre die Automobilhersteller von ihren Lieferanten eine Prozessstreuung von ± 5σ innerhalb der gleichen Toleranzgrenzen, was das **Bild 2 Mitte** darstellt.

Six Sigma geht noch einen Schritt weiter und fordert eine fast gegen Null gehende Fehlerwahrscheinlichkeit mit Prozessergebnissen innerhalb der Systemgrenzen von ± 6σ, wie es **Bild 2 unten** veranschaulicht.

---

[1] *Karl-Friedrich Gauß*, Mathematiker und Astronom (1777 bis 1855)

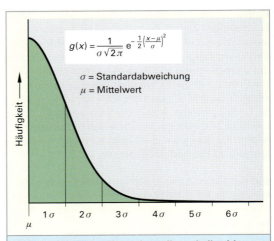

Bild 1: Gauß'sche Normalverteilung, halbseitige Darstellung

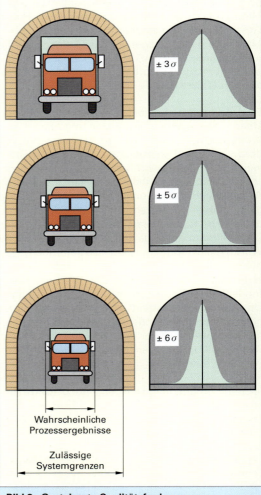

Bild 2: Gesteigerte Qualitätsforderungen

1.5 Total Quality Management (TQM)

Ziel von Six Sigma
In Unternehmen gibt es auf allen Ebenen Prozesse. Sie sind dadurch gekennzeichnet, dass sie Eingangsstörgrößen und Ergebnisse haben. Die Sollgrößen variieren auf Grund von Abweichungen oder Fehlern und werden Variationen genannt **(Bild 1)**.

Ziel von Six Sigma ist es, diese Variationen zu messen und einzuschränken. Dabei wird angestrebt, dass Fehlerquoten von kritischen Qualitätsmerkmalen im Durchschnitt um 50 % pro Jahr gesenkt werden. Zum Beispiel: 50 % weniger Beschwerden, Rücknahmen, Nacharbeiten, Produktionsausfälle, Lieferterminüberschreitungen und zu lange Antwortzeiten.

Die Verbesserungen werden auf der Grundlage der Durchschnittsleistung gemessen. Die Ermittlung des Sigma Niveau eines Prozesses ist jedoch nur der erste Schritt der Bewertung **(Tabelle 1)**. Für die Verbesserung eines Prozesses und damit der Reduzierung der Variationen oder Abweichungen, muss nach den möglichen Ursachen für die Fehler gesucht werden. Die Ursachen müssen analysiert und Maßnahmen zur Beseitigung umgesetzt werden.

Das Six Sigma-Programm umfasst nicht nur die Bewertung von Prozessen, sondern vor allem die eigentlich angestrebte Verbesserung der Prozesse und ihrer Ergebnisse. Auf Grund der in der Regel komplexen Aufgabenstellungen werden innerhalb des Six Sigma-Programms zahlreiche Projekte definiert, die sich gezielt mit den Problemen einzelner Prozesse befassen.

KVP und Breakthrough-Verbesserungen
Auch die Six Sigma-Methode nutzt die Möglichkeiten des kontinuierlichen Verbesserungsprozesses (KVP). Ein strategisches Ziel eines Unternehmens, das sich von den Zielen des TQM Six Sigma leiten lässt besteht darin, die Leistungen ständig zu verbessern, damit die interessierten Parteien immer mehr Nutzen bekommen **(Bild 2)**.

Der KV-Prozess ist ein ständig währender Verbesserungsprozess, der von bestehenden Arbeitsgruppen im Rahmen von vorhandenen Prozessen durchgeführt wird.

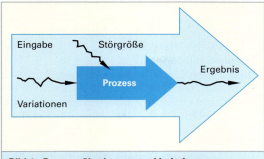

Bild 1: Prozess überlagert von Variationen

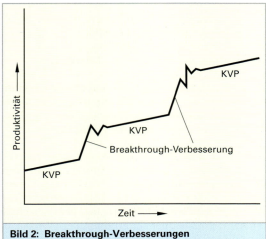

Bild 2: Breakthrough-Verbesserungen

Tabelle 1: Erfasste Menge der Grundgesamtheit

Wert	Menge	Unter der Hüllkurve
$\mu \pm 1\,\sigma$	68,27 %	aller möglichen Werte
$\mu \pm 2\,\sigma$	95,45 %	
$\mu \pm 3\,\sigma$	99,73 %	
$\mu \pm 4\,\sigma$	99,99 %	
$\mu \pm 5\,\sigma$	99,9997 %	

Der theoretische Wert von 100 % kann nicht erreicht werden, da die Hüllkurve die Abszisse erst im Unendlichen schneidet (μ = Mittelwert, σ = Standardabweichung).

Interessierte Parteien (Stakeholder) eines Unternehmens sind:

- Kunden
- Geldgeber
- Mitarbeiter
- Gesellschaft
- Lieferant/Partner

Die Maßnahmen zur ständigen Verbesserung sollten folgende Schritte beinhalten:

- Grund für die Verbesserung.
- Ausgangssituation:
  Vorhandene Effizienz des jeweiligen Prozesses beurteilen. Daten erfassen und analysieren, um festzustellen, welche Problemarten am häufigsten auftreten. Ein Problem auswählen und ein Ziel für die Verbesserung setzen.
- Analyse:
  Die grundlegende Ursache für das Problem feststellen und nachprüfen.
- Bestimmen möglicher Lösungen: Alternativen untersuchen und für eine Lösung entscheiden, welche das Problem am besten mit einer transparenten Entscheidung beseitigt.
- Realisierung der Verbesserung.
- Bewertung des Ergebnisses **(Tabelle 1)**.

Die Arbeitsgruppe muss sich davon überzeugen, dass das Problem und seine grundlegenden Ursachen vermindert wurden, dass die Lösung funktioniert und das Ziel erreicht wird **(Bild 1)**.

Bereichsübergreifende Verbesserungen werden durch passend zusammengesetzte Teams mit einem, von der Leitung des Unternehmens, vorgegebenen Projekts realisiert. Es können Projekte zur Weiterentwicklung der Merkmale und Eigenschaften der Produkte oder zur Erhöhung der Wirksamkeit und Effizienz von Prozessketten sein.

Six Sigma kennt noch eine weitere Verbesserungsart: *die durchschlagende Verbesserung* (Breakthrough-Verbesserung). Diese Verbesserung wird erzielt, wenn Organisationen mit allen Aktivitäten auf pragmatische Weise Ergebnisse anstreben, die von strategischer Bedeutung sind.

Dies bedeutet auch, dass sie den Rahmen der Initiative ausweiten und in neue Bereiche und Funktionen des Unternehmens vordringen, die einen starken Einfluss auf die Unternehmensstrategie haben. Breakthrough Verbesserungsprojekte haben nicht nur Prozessverbesserungen zum Ziel, sondern auch Designverbesserungen, Verbesserungen im Projektmanagement und Verbesserungen bei der Entwicklung **(Bild 2)**.

Tabelle 1: Schritte bei der Realisierung von KVP-Verbesserungen

- Grund der Verbesserung,
- Ausgangssituation,
- Analyse der Ursachen,
  - Bewertung möglicher Lösungen,
  - Transparente Entscheidungsfindung,
  - Vorstellung und Genehmigung,
    - Realisierung der Verbesserung,
    - Bewertung der Ergebnisse.

Bild 1: Erfolg durch KVP

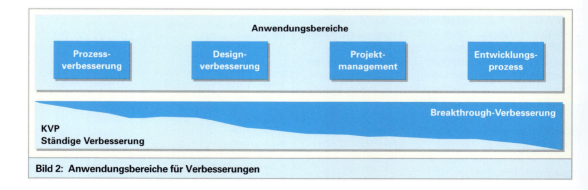

Bild 2: Anwendungsbereiche für Verbesserungen

1.5 Total Quality Management (TQM)

Im Allgemeinen zielen KVP-Projekte auf die variablen Kosten, d. h. auf ausbringungsabhängige Kosten, denn diese Kostenart ist für kurzfristige Verbesserungen sehr gut geeignet. Breakthrough-Verbesserungsprojekte konzentrieren sich auf große Reduzierungen der variablen Kosten, aber genauso auf die Steigerung des Gewinns, die Reduzierung der Fixkosten und auf die Verbesserung der Effizienz des Umlauf- und Anlagevermögens **(Bild 1)**.

Strategische Verbesserungen können erhebliche Beiträge zum Geschäftsergebnis leisten und
- eine Breakthrough-Verbesserungsstrategie entwickeln, die die Leistung eines Unternehmens wesentlich verbessert,
- einen pragmatischen Ansatz liefern, der eine enge Verknüpfung zwischen strategischen Zielen und geplanten Mitteln herstellt,
- ein umfassendes Ausbildungsprogramm auf allen Ebenen der Organisation für bestimmte Rollen und Verantwortlichkeiten umsetzen,
- eine erfolgreiche Mischung von Verbesserungsmethoden und Werkzeugen darstellen,
- die Konzentration auf qualitätskritische Merkmale von Produkten stärken,
- ein tiefgreifendes Verständnis von Variationen und Reduzierung von Variationen ermöglichen,
- eine langfristige Initiative zum Nutzen aller interessierten Parteien (Stakeholder) erzeugen **(Bild 2)**.

Organisation

Ein Schlüsselelement ist die Einbeziehung der Mitarbeiter auf allen Ebenen, indem ausgewählte Mitarbeiter des Unternehmens ausgewählte Rollen zugewiesen bekommen. Als Bezeichnung und Verantwortlichkeiten haben die meisten Six Sigma Unternehmen das Gürtelsystem des Kampfsports übernommen (Gürtel = Belt, **Bild 3**).

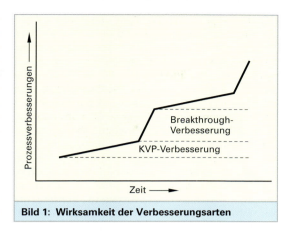

Bild 1: Wirksamkeit der Verbesserungsarten

Bild 2: Strategische Verbesserung der Unternehmensleistung

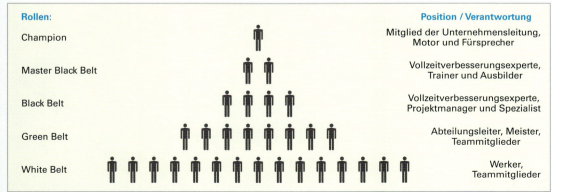

Bild 3: Hierarchiestufen (Vorbild Kampfsport)

Es deckt alle Ebenen ab, vom *Champion* auf der obersten Führungsebene und dem *Master Black Belt* für die Ausbildung über den *Black Belt* als Vollzeit-Verbesserungsexperten, dem *Green Belt* der Ingenieure und Meister bis hin zum *White Belt* der ausführenden Ebene. Champions sind die Motoren, die Verfechter und die bewährten Wissensquellen von Six Sigma. Diese Führungskräfte gehören zu den erfahrensten Managern der Organisation. Der Master Black Belt hat die Qualifikation eines Black Belts und arbeitet in Vollzeit als Referent im Six Sigma Ausbildungsprogramm. Er dient als Breakthrough-Experte, als Coach der Black Belts und der Green Belts und nimmt für die gesamte Organisation die Rolle eines Veränderungsmanagers wahr.

Ein besonderer Anreiz für die Führungskräfte, die Verantwortung für die Umsetzung des Six Sigma Programms zu tragen, ist die Abhängigkeit ihres Gehalts vom Erfolgsgrad des von ihnen begleiteten Projekts.

In der Rollenbeschreibung der Black Belts ist festgelegt, dass ein Black Belt jährlich mindestens vier Verbesserungsprojekte mit einer Kostenersparnis von ca. € 200 000 in Summe durchzuführen hat. Die Anzahl der für jede Rolle abgestellten Mitarbeiter in Six Sigma hängt von der Größe des Unternehmens ab.

Eine allgemeine Richtlinie sieht den Einsatz eines Black Belts pro 100 Mitarbeiter vor, ca. 20 Green Belts für jeden Black Belt und 20 Black Belts für jeden Master Black Belt. Was die Vorgabe der White Belts betrifft, so ist anzustreben, möglichst viele Mitarbeiter einzubeziehen. Für die Umsetzung der geplanten Ziele werden federführend vom Top-Management Realisierungsprojekte initiiert, die von einem Ausbildungsprogramm und der Einbeziehung aller interessierten Parteien (Stakeholder) begleitet werden.

Im Rahmen der Projekte werden Prozesse analysiert, die qualitätskritischen Merkmale festgelegt und so das Messsystem für die Kennzahlenbildung aufgebaut. Der konzeptionelle Rahmen von Six Sigma Projekten stützt sich auf die vier begleitenden Hauptelemente **(Bild 1)**. Im Mittelpunkt befinden sich die Projekte, die getragen von einem Ausbildungsprogramm und dessen gemessenen Ergebnissen den Kern bilden. Initiiert vom Top-Management und unter Einbeziehung aller interessierten Parteien sollen sie für den langfristigen Erfolg des Unternehmens sorgen.

Bild 2: Ausbildung zu Six Sigma

Bild 1: Konzeptioneller Projektrahmen von Six Sigma mit den vier Hauptelementen

1.5 Total Quality Management (TQM)

Ausbildungsprogramm

Eine Six Sigma-Initiative setzt umfassendes Wissen von Managementmethoden voraus. Entsprechend der geplanten Einsatzrolle müssen die Verantwortlichen für ihre wahrzunehmenden Aufgaben geschult werden. Jeweils aus Sicht der großen Programme: Kundenorientierung, Prozessorientierung, Mitarbeiterorientierung und der ständigen Verbesserung müssen die Variationen erkannt, gemessen und Maßnahmen zur Verbesserung eingeleitet werden. Schulungen zur Produktverbesserung, Projektverbesserung und Entwicklungsverbesserung mit den bekannten Methoden sind durchzuführen. Zum Ausbildungsprogramm gehören z. B. die sieben Managementwerkzeuge sowie die Qualitätswerkzeuge, statistische Prozesslenkung, Werkzeuge zur Erfassung der Kundenzufriedenheit, Methoden des Projektmanagements und der Designverbesserung **(Tabelle 1)**.

Je nach Rollenaufgabe werden die Themen zusammengestellt und bis zu mehreren Wochen als Schulungen durchgeführt. Die Kursinhalte sind von Unternehmen zu Unternehmen unterschiedlich, deshalb gibt es auch kein einheitliches Six Sigma-Zertifikat. Six Sigma-Unternehmen sehen die hohen Ausbildungskosten als Investition für ihren langfristigen Erfolg an.
Mikel J. Harry, Vorsitzender der Six Sigma Academy sagte treffend: „Wenn Sie finden, dass Ausbildung zu viel kostet, dann versuchen Sie es einmal mit Ignoranz".

Messsystem

Eine einfache Beurteilung der Gesamtleistung eines Unternehmens ermöglicht das Messsystem nach dem Six Sigma-Konzept. Für die einzelnen Prozesse werden qualitätskritische Merkmale (CTQs Critical To Quality Characteristics) ermittelt, gemessen und zusammengefasst. Die einzige, in der Regel verwendete Messgröße, hat die Messeinheit „Fehler pro Million Möglichkeiten" (FpMM). Alternativ wird auch Sigma als Maßeinheit verwendet, FpMM dominiert jedoch.

Tabelle 1: Die sieben mal sieben Werkzeuge der Six Sigma-Methode

Die sieben Design-Werkzeuge	Robustes Design, Quality Function Deployment (QFD); TRIZ, Konzeptauswahlanalyse nach Pugh, FMEA/VMEA, Fehlerbaumanalyse, Toleranzdesign
Die sieben Statistik-Werkzeuge	Faktorielle Versuche, Fähigkeitsanalyse, Regressionsanalyse, Multivariable Analyse, Statistische Testverfahren (ANOVA/ANOM), Hypothesentests, Gage R&R-Analyse
Die sieben Projekt-Werkzeuge	Netzplan, Projekt- und Teambeschreibung, CTQ-Analyse, Baumdiagramm, Fähigkeitsanalyse, Kosten-Nutzen-Analyse, Regelkarten
Die sieben Schlankheits-Werkzeuge	Standardisierung, Verschwendungsanalyse, Engpassanalyse, Flussdiagramm, Versorgungskettenmatrix, Rüstzeitanalyse, Red-Tag-Analyse
Die sieben Kunden-Werkzeuge	Kano-Modell, Anforderungsstrukturierung, House of Quality, Taguchi-Verlustfunktion, Kundeninterviews, Kundenfragebögen, Conjoint-Analyse
Die sieben Quality Control-Werkzeuge	Prüfformulare (inkl. Messplan), Histogramm, Preto-Diagramm, Ursache-Wirkungs-Diagramm, Graphischer Vergleich, Relationsdiagramm, Regelkarten
Die sieben Management-Werkzeuge	Entscheidungsbaum, Affinitätsdiagramm, Beziehungsdiagramm, Baumdiagramm, Matrixdiagramm, Matrix-Daten-Analyse, Netzplantechnik

Wiederholung und Vertiefung

1. Die Qualitätsphilosophie des TQM hat das präventive Qualitätsmanagement zum Ziel. Was bedeutet das?
2. Welches sind die vier Kernmerkmale des TQM und durch welche Prinzipien werden sie ergänzt?
3. Ist das totale Qualitätsstreben ein Kostenverursacher?
4. Welche Vorteile hat ein gesichert ablaufender Prozess?
5. Wie heißt das europäische TQM-Modell und wer steht dahinter?
6. Gibt es in Deutschland eine vergleichbare Bewertungsmethode ähnlich dem EQA?
7. Hat die ISO 9001 etwas mit der EFQM zu tun?
8. Wieviel Punkte erreicht ein exzellentes Spitzenunternehmen nach der EFQM-Bewertung?
9. Wie heißen die drei Führungsfunktionen der Führungskräfte?
10. Was ist das Ziel der Mitarbeiterorientierung?
11. Was versteht man unter dem innerbetrieblichen Kunden-Lieferantenverhältnis?

CTQs (Critical to Quality Characteristics)

Kundenkritische Merkmale können identifiziert werden, in dem man fragt: „Was ist für den Kunden wichtig und was würde er beanstanden, wenn es fehlerhaft wäre?" Prozesskritische Merkmale kennen die Prozesseigner und sie spiegeln sich in der Nacharbeit, im Ausschuss und als Fehler wider.

Vorgabenkritische Merkmale sind gesetzliche Anforderungen, Richtlinien und Standards. Im Rahmen eines Six Sigma-Arbeitskreises wurden mit Hilfe des Brainstormings qualitätskritische Merkmale erarbeitet. Die vorgeschlagenen Merkmale müssen geprüft werden, um als qualitätskritisch eingestuft zu werden **(Tabelle 1)**.

Abhängig von der Art der Daten ergibt sich die Mindestanzahl der Messungen. Es gibt zwei grundlegend verschiedene Methoden mit denen die FpMM-Leistungswerte ermittelt werden. Bei einer Qualitätsaussage gut/schlecht oder fehlerhaft / fehlerfrei spricht man von diskreten Daten, bei Messwerten, die eine Einheit haben, spricht man von kontinuierlichen Daten (z. B. mm, g . . .).

Die beiden Methoden gehen von der Annahme aus, dass die Daten über eine bestimmte Zeitspanne hinweg ermittelt wurden. Um einen vernünftigen Vertrauensbereich zu erhalten, sind bei diskreten Daten mindestens 300 und bei kontinuierlichen Daten mindestens 30 Messwerte zur Auswertung erforderlich **(Bild 1)**.

Die Ermittlung der Prozessleistung erfolgt mit der Einheit FpMM.

Tabelle 1: Qualitätskritische Merkmale eines Lochers

kundenkritisch	prozesskritisch	vorgabekritisch
Sauberes Lochbild stanzen, verschmutzungsfrei, niedrige Betätigungskraft, handlungsfreundlich, korrosionsfrei, stabil, leicht, Form und Farbe, dichter Stanzgutfangbehälter, leichte Leerung, wartungsfrei.	Wenige und einfache Einzelteile, einhaltbare Toleranzen, entgratfreundlich, leicht zu entfetten, gut haftender Korrosionsschutz, einfach zu montieren.	Keine Emission, Lochabstände und Durchmesser nach Norm, Blattanschlag nach Norm, keine Quetschstellen, recyclingfähig.

Beispiel 1:
Aus Granulat werden Kunststoffteile gepresst. Nicht ausgespritzte Teile sind Ausschuss. Bei 10 Ausschussteilen von 16 000 Teilen gefertigten Teilen pro Monat ist die errechnete Prozessleistung 10/16 000 · 1 000 000 = 625 FpMM.

Die Qualitätsmerkmale sind diskret, da nur zwischen gut und Ausschuss unterschieden wird:

$$\frac{\text{Anzahl Fehler}}{\text{Anzahl Möglichkeiten}} \cdot \text{Faktor 1 Mio} = F\text{pMM}$$

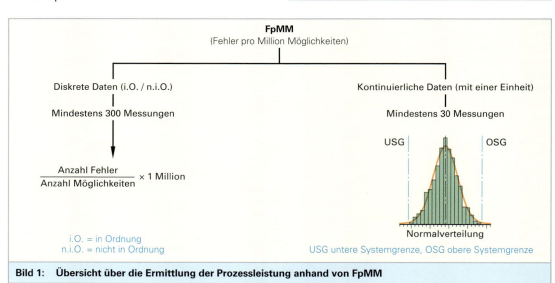

Bild 1: Übersicht über die Ermittlung der Prozessleistung anhand von FpMM

1.5 Total Quality Management (TQM)

Beispiel 2:
In einem Unternehmen wurde die Vermittlungszeit von Telefongesprächen, die beim Kundenservice eingehen, gemessen. Es liegt damit ein kontinuierliches Merkmal vor mit einseitiger oberer Systemgrenze *(OSG)* von 16 s **(Bild 1)**. Der Mittelwert aus 50 Messungen wurde mit 11,6 s und die Standardabweichung s mit 2 s errechnet. Zur Berechnung der Fehlermöglichkeit mit Hilfe der Statistik wird die Normalverteilungsvariable ermittelt.

$$u = \frac{OSG - \mu}{\sigma} \approx \frac{OSG - \overline{x}}{s} = \frac{16\,s - 11,6\,s}{2\,s} = 2,2$$

$G(x) = 0,9861$ (aus Tabelle 1 Seite 103)
Wahrscheinliche Fehler $1 - G(x) = 0,0139$
Die Zahl wird mit der Bezugsgröße von 1 Mio für *F*pMM multipliziert, das ergibt: $0,0139 \cdot 1\,000\,000 = 13\,900$ *F*pMM.

Wenn es sich um ein Merkmal mit oberer und unterer Toleranzgrenze handelt, wird die Prozessleistung aus der Fehlerwahrscheinlichkeit oberhalb und der Fehlerwahrscheinlichkeit unterhalb der Toleranzgrenzen zusammengezählt.
Allgemein: Es gibt neben *F*pMM andere Maße zur Bestimmung der qualitätskritischen Merkmale einer Prozessleistung, z. B.

ppm	parts per million,
C_p	Prozessfähigkeit,
C_{pk}	Prozesssicherheit,
‰	Fehlermenge in Promille,
σ	Sigma = Standardabweichung.

Bei allen ausgewählten qualitätskritischen Merkmalen werden Daten erhoben, die Prozessleistung in *F*pMM ausgedrückt und über einen bestimmten Zeitraum (wöchentlich, monatlich) zusammengefasst.
Das Ergebnis ist eine Kennzahl für eine bestimmte Organisationseinheit, die wiederum mit den Kennzahlen anderer Bereiche zusammengeführt wird, bis am Ende eine Kennzahl für die Gesamtprozessleistung des Unternehmens gebildet wird **(Bild 2)**. Die Gesamtleistung eines Unternehmens im Zeitraum von 10 Monaten zeigt **Bild 3**.

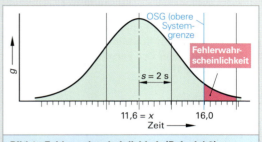

Bild 1: Fehlerwahrscheinlichkeit (Beispiel 2)

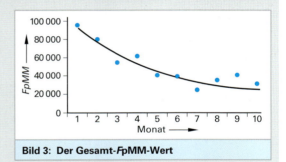

Bild 3: Der Gesamt-*F*pMM-Wert

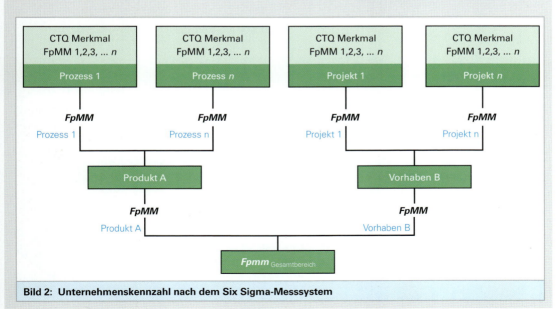

Bild 2: Unternehmenskennzahl nach dem Six Sigma-Messsystem

1.6 Werkzeuge des TQM

Qualitätsfördernde Maßnahmen sind im modernen Unternehmen ständige Begleiter im Lebenszyklus eines Produkts von der Idee bis zur Serienreife und Auslieferung. Jede Phase in diesem Gesamtprozess hat ihren typischen Ablauf und ihre typischen Fehlerquellen. So kann eine, bei der Produktentwicklung falsch eingeschätzte Kundenforderung, eine schwierig zu fertigende Detailkonstruktion oder in der Fertigung eine zu ungenau fertigende Maschine die Minderung der Qualität verursachen. Um die Fehler in all diesen Phasen zu erkennen und auf ein Minimum zu reduzieren, wurden im Laufe der Zeit verschiedene Werkzeuge entwickelt **(Bild 1)**.

1.6.1 7 Tools

Um Vorgänge, Abläufe, Zusammenhänge und Größenvergleiche einfach und leicht erfassbar darzustellen, eignen sich besonders grafische Darstellungen. Um im Arbeitsbereich des Qualitätsmanagments Probleme zu erkennen und zu analysieren, haben sich je nach Problembereich sieben verschiedene grafische Darstellungen als gut geeignet herauskristallisiert. Man spricht von den „7 TOOLS".

Das Flussdiagramm

Das Flussdiagramm wird dort angewendet, wo man Prozessabläufe, die sich aus Einzelschritten zusammensetzen, bildlich darstellen möchte.

Jeder Schritt wird als Kasten dargestellt. Verzweigungen werden als Rauten gezeichnet, in die die Verzweigungsbedingungen hineingeschrieben werden. Die verwendeten Symbole stammen aus der EDV-Programmierung (Programmablaufpläne) und sind in der DIN 66001 genormt. Bemerkungen und Notizen von den Verantwortlichen zu den einzelnen Schritten ergänzen das Diagramm **(Bild 1, folgende Seite)**. Mit dem Flussdiagramm können Abläufe übersichtlich dargestellt und eventuelle Lücken und unlogische Abläufe aufgespürt und verbessert werden. Außerdem gibt es den Mitarbeitern, die sich neu in den Prozess einarbeiten müssen, eine schnelle Übersicht.

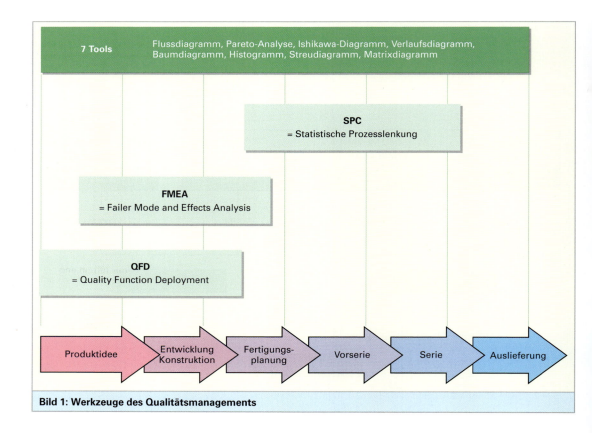

Bild 1: Werkzeuge des Qualitätsmanagements

1.6 Werkzeuge des TQM

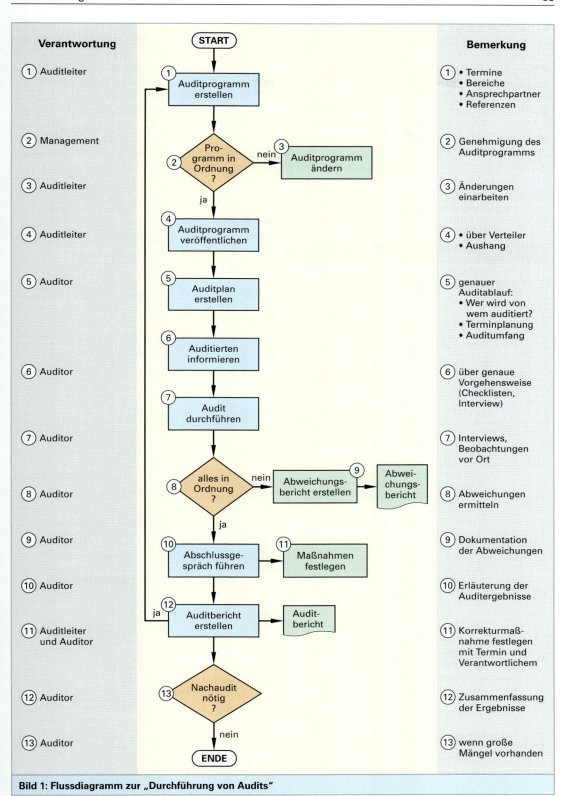

Bild 1: Flussdiagramm zur „Durchführung von Audits"

Die Pareto-Analyse

Bei der Pareto-Analyse[1], auch **ABC-Analyse** genannt, wird mithilfe einer **Balkendiagramm-Darstellung** eine **Entscheidungshilfe** gegeben, welche Probleme in welcher Reihenfolge zu lösen sind. Das Pareto-Prinzip besagt, dass unter vielen Einflussgrößen nur wenige einen *dominanten*[2] Einfluss haben. In den Qualitätsmanagement-Bereich übertragen heißt dies, dass nur wenige Fehler den größten Teil aller Fehlerfolgen verursachen. Meist sind die Fehler, die in der Fertigung oder bei sonstigen Prozessen auftauchen, recht vielfältig. Will man etwas verbessern, so steht man vor der Frage, wo man am besten anfangen soll. Die Pareto-Analyse gibt hier aufbauend auf einer Fehlerstatistik, z.B. mithilfe von Fehlersammelkarten, Antwort. Sie kann dabei unter verschiedenen Zielrichtungen angewendet werden. So können Fehler nach der Häufigkeit, nach den verursachenden Kosten, nach den Kosten für die Beseitigung oder nach sonstigen Kriterien in eine Rangfolge gebracht werden.

Beispiel:
In einer Elektromotorenmontage werden Elektromotoren im 3-Schichtbetrieb montiert. Mit einer Fehlersammelkarte wird eine Fehlerstatistik geführt und jede Woche ausgewertet **(Bild 1)**.

Fehlersammelkarte															MOBE-Antriebsmotoren GmbH		
Gruppe/Arbeitsplatz: **Montagegruppe EM 12**			Tätigkeit: **Elektromotorenmontage**														
Nr.	Fehlerart		Woche: 36												Summe der Fehler pro Woche	Fehlerkosten in € einzeln	Fehlerkosten in € pro Woche
			Montag			Dienstag			Mittwoch			Donnerstag		Freitag			
			F	S	N	F	S	N	F	S	N	F	S	N	F	S	N			
1	Anschlusskabel vertauscht		2		6	1	2	5	2		7			5		3	4	37	25,00	925,00
2	Motor läuft unrund					2	4	6	7	4	5	1			1			2	32	210,00	6.720,00
3	Gehäuse beschädigt			1				2		1			1		2		2	1	10	123,00	1.230,00
4	Lager schlecht eingepresst		3		1	2		1	4		2		1		1	2	2	19	210,00	3.990,00
5	Schrauben			2	1			1		2		3		4			1	14	25,00	350,00
6	Anschlussklemmen		2			4		2	5	1		3			2			1	20	35,00	700,00
	Summe pro Schicht:		7	3	8	9	8	15	19	7	14	5	4	7	8	7	11	132		Gesamtkosten 13.915,00 €

Bild 1: Fehlersammelkarte „Elektromotorenmontage"

Bei der Analyse der Fehlersammelkarte können schon erste Erkenntnisse über die Fehler gewonnen werden. Fehler 1 (Anschlusskabel vertauscht) taucht z.B. sehr häufig in der Nachtschicht auf. Hier wäre es ratsam, die betroffenen Mitarbeiter darauf aufmerksam zu machen und nach der Ursache zu forschen. Fehler 2 (Motor läuft unrund) taucht nur in der Wochenmitte auf. Hier könnte z.B. eine schlechtere Lieferung die Ursache gewesen sein. Fehler 6 (Anschluss-Klemmen schlecht angequetscht) taucht schwerpunktmäßig am Wochenanfang auf. Ein schlechtes Werkzeug kann hier die Ursache gewesen sein, das dann am Dienstag repariert oder ausgetauscht wurde.
Eine Rangfolge der Fehler nach der Häufigkeit und den Fehlerkosten soll nun zu einer Entscheidung führen, an welchen Fehlern zuerst verbessernde Maßnahmen erarbeitet werden sollen **(Bild 2 und Bild 3)**. Man sieht dabei sehr deutlich, dass die Eindämmung von Fehler 2 und 4 die höchste Kosteneinsparung bringen würde.

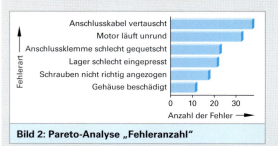

Bild 2: Pareto-Analyse „Fehleranzahl"

Bild 3: Pareto-Analyse „Fehlerkosten"

---

[1] *Vilfredo Pareto*, 1848 bis 1923, franz.-ital. Nationalökonom und Soziologe; [2] lat. dominari = herrschend, dominant = vorherrschend

1.6 Werkzeuge des TQM

Beispiel zur Pareto-Analyse

Vilfredo Pareto (1848 bis 1923) stellte fest, dass sich 80 % des Volksvermögens bei nur ca. 20 % der Bevölkerung konzentriert. Er folgerte daraus, dass sich die Banken vornehmlich um diese 20 % der Menschen kümmern sollten und ein Großteil ihrer Auftragslage wäre gesichert.

Allgemein lässt sich daraus ableiten, dass, um 80 % Ertrag zu erzielen, nur 20 % Aufwand nötig ist. Übertragen auf die Fehlersuche bedeutet das, dass sich ein großer Teil der Probleme auf einen relativ kleinen Teil der Ursachen zurückzuführen lässt.

Die Pareto-Analyse soll helfen, Wichtiges von weniger Wichtigem zu trennen. Aus mehreren Fehlerursachen wird diejenige herausgefiltert, die den größten Einfluss hat. Dabei werden Problemfelder nach Häufigkeit, nach Kosten oder nach anderen Kriterien geordnet.

Es empfiehlt sich folgende Vorgehensweise:
1. Problemdefinition
2. Ermittlung der möglichen Fehlerursachen
3. Datenermittlung
   - für absolute Fehlerhäufigkeit
   - optional: für relative Fehlerhäufigkeit
4. Wahl einer aussagefähigen Messgröße (Kosten, Häufigkeit, ...)
5. Ermittlung der Daten der Messgröße
6. Berechnen der relativen Häufigkeit
7. Berechnen der kumulierten Häufigkeit
8. Erstellen des Pareto-Diagramms
9. Interpretation des Pareto-Diagramms
10. Einleiten von Maßnahmen

Im Folgenden wird diese Vorgehensweise beispielhaft aufgezeigt. Es wird auch auf die Bearbeitung in MS-Excel eingegangen. Als Problem in unserem Beispiel stellen sich zu hohe Nacharbeitskosten bei der Zylinderreihe ASX heraus. Ziel ist es, diese zu reduzieren. Fehlerursachen (**Bild 1**) wurden ermittelt und die Fehlerhäufigkeiten wurden in einer Fehlersammelkarte protokolliert (**Bild 2**).

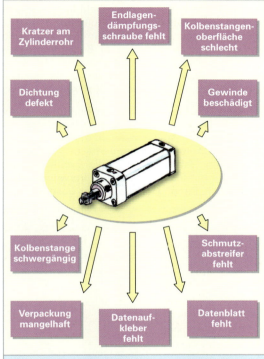

Bild 1: Ermittlung möglicher Fehlerursachen an einem Pneumatikzylinder

	Fehlersammelkarte		KW21				Anzahl Fehler pro Woche
Nr.	Fehlerart	Mo	Di	Mi	Do	Fr	
1	Dichtung defekt	0	1	0	0	1	2
2	Kratzer am Zylinderrohr	0	0	0	0	1	1
3	Endlagendämpfungsschraube fehlt	2	3	1	1	1	8
4	Kolbenstangenoberfläche schlecht	2	2	2	2	3	11
5	Gewinde beschädigt	1	1	2	3	1	8
6	Schmutzabstreifer fehlt	0	0	0	1	1	2
7	Datenblatt fehlt	2	1	1	1	1	6
8	Datenaufkleber fehlt	3	4	2	1	4	14
9	Verpackung mangelhaft	1	3	2	3	4	13
10	Kolbenstange schwergängig	0	1	0	0	1	2
	Fehlersumme	11	16	10	12	18	67

Bild 2: Fehlersammelkarte

Offensichtlich treten die Fehler „Datenaufkleber fehlt" und „Verpackung mangelhaft" am häufigsten auf. Wichtig erscheint es jedoch, nicht nur die Häufigkeit der auftretenden Fehler zu betrachten, sondern auch die Kosten der Nacharbeit (**Tabelle 1**). Dies führt zur Wahl der aussagefähigen Messgröße: Kosten je Fehlerbehebung.

Es ergibt sich das Ziel, die Fehlerquelle mit den höchsten Nacharbeitskosten zu eliminieren. Die jeweiligen Kosten der Fehlerbehebung werden nun mit der Anzahl der Fehler multipliziert. Daraus ergibt sich eine aussagefähige Größe, nämlich die Gesamtkosten je Fehlerart im Betrachtungszeitraum (hier eine Woche). Selbstverständlich müssen die im untersuchten Zeitraum ermittelten Daten repräsentativ und statistisch zuverlässig sein.

Die Gesamtkosten werden absolut und relativ ermittelt. Daraus ergibt sich eine Rangfolge. Im vorliegenden Beispiel entstehen durch den Fehler „schlechte Kolbenstangenoberfläche" die meisten Kosten (**Tabelle 2**). Soll die Ermittlung der Rangfolge mit Excel erfolgen, so verwendet man den Befehl „Rang" (**Tabelle 3**). Der absolute Zellbezug bei der Bezugsmatrix (Spalte Gesamtkosten) ist zu beachten.

In Excel wird zunächst die Tabelle mit den Überschriften, ohne die unterste Summenzeile markiert. Im Menü „Daten" kann dann das Sortierkriterium angewählt werden. Dies ergibt sich aus den Spaltenüberschriften, wenn der Button „Liste enthält Überschrift" angewählt wird. Es wird nach Rang sortiert. Die Verteilung der Gesamtkosten je Fehler wird deutlich, wenn diese in einem Säulendiagramm dargestellt werden (**Bild 1, folgende Seite**). Hier zeigt sich bereits deutlich, dass die Fehler „Kolbenstangenoberfläche schlecht" und „Gewinde beschädigt" die Hauptnacharbeitskosten bilden.

Um die Fehlerarten in der Abszisse des Diagramms in Excel mit anzuzeigen, wird im Register „Reihe" des Diagramm-Assistenten unter „Beschriftung der Rubrikenachse (X)" die Spalte angegeben, in der die Fehlerarten aufgeführt sind.

Die relativen Gesamtkosten werden entsprechend der Rangfolge aufsummiert (kumuliert). Diese können im vorhandenen Säulendiagramm ergänzt werden. Es entsteht das **Pareto-Diagramm** (**Bild 2, folgende Seite**).

Tabelle 1: Kosten je Fehlerbehebung

Fehlerart	Kosten je Fehler in €
Dichtung defekt	10
Kratzer am Zylinderrohr	25
Endlagendämpfungsschraube fehlt	5
Kolbenstangenoberfläche schlecht	70
Gewinde beschädigt	70
Schmutzabstreifer fehlt	50
Datenblatt fehlt	5
Datenaufkleber fehlt	5
Verpackung mangelhaft	3
Kolbenstange schwergängig	2

Tabelle 3: Ermittlung der Rangfolge mit Excel

	F	
	Gesamtkosten in €	Rang
15	20	=RANG(F15;F$15:F$24)
16	25	8
17	40	5
18	770	1
19	560	2
20	100	3
21	30	7
22	70	4
23	39	6
24	4	10

Tabelle 2: Häufigkeit und Kosten je Fehlerart (Beispiel)

Rang	Fehlerart	Absolute Häufigkeit	Relative Häufigkeit	Kosten je Fehler in €	Gesamtkosten in €	Gesamtkosten relativ
9	Dichtung defekt	2	3 %	10	20	1,2 %
8	Kratzer am Zylinderrohr	1	1 %	25	25	1,5 %
5	Endlagendämpfungsschraube fehlt	8	12 %	5	40	2,4 %
1	Kolbenstangenoberfläche schlecht	11	16 %	70	770	46,4 %
2	Gewinde beschädigt	8	12 %	70	560	33,8 %
3	Schmutzabstreifer fehlt	2	3 %	50	100	6,0 %
7	Datenblatt fehlt	6	9 %	5	30	1,8 %
4	Datenaufkleber fehlt	14	21 %	5	70	4,2 %
6	Verpackung mangelhaft	13	19 %	3	39	2,4 %
10	Kolbenstange schwergängig	2	3 %	2	4	0,2 %
	Summe	67	100 %		1658	100,0 %

1.6 Werkzeuge des TQM

Rang	Fehlerart	absolute Häufigkeit	relative Häufigkeit	Kosten je Fehler in €	Gesamt-kosten in €	Gesamt-kosten relativ
1	Kolbenstangenoberfläche schlecht	11	16%	70	770	46,4%
2	Gewinde beschädigt	8	12%	70	560	33,8%
3	Schmutzabstreifer fehlt	2	3%	50	100	6,0%
4	Datenaufkleber fehlt	14	21%	5	70	4,2%
5	Endlagendämpfungsschraube fehlt	8	12%	5	40	2,4%
6	Verpackung mangelhaft	13	19%	3	39	2,4%
7	Datenblatt fehlt	6	9%	5	30	1,8%
8	Kratzer am Zylinderrohr	1	1%	25	25	1,5%
9	Dichtung defekt	2	3%	10	20	1,2%
10	Kolbenstange schwergängig	2	3%	2	4	0,2%
	Summe	67	100%		1658	100,0%

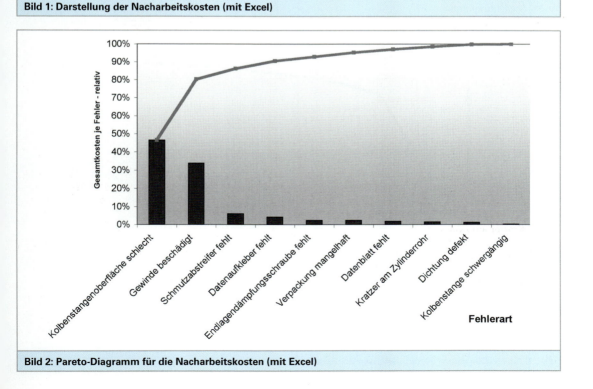

Bild 1: Darstellung der Nacharbeitskosten (mit Excel)

Bild 2: Pareto-Diagramm für die Nacharbeitskosten (mit Excel)

Bei der Interpretation der Ergebnisse zeigt sich, dass 20 % der Fehler ca. 80 % der Nacharbeitskosten verursachen. Positiv gesehen: Es werden 80 % der Nacharbeitskosten reduziert, wenn nur 20 % der Fehler beseitigt werden. Diese Fehler werden als **A-Fehler** bezeichnet. Fehler der Kategorie B (**B-Fehler**) verursachen weitere 15 % Nacharbeitskosten und treten mengenmäßig häufiger auf als A-Fehler. **C-Fehler** treten mengenmäßig am häufigsten auf, verursachen jedoch die geringsten Fehlerkosten.

Im vorliegenden Fall verursachen 50 % der Fehler nur ca. 5 % der Nacharbeitskosten. (**Bild 1 und Tabelle 1**).

Bei der Einleitung von Maßnahmen gilt es vorrangig, die A-Fehler abzustellen. Dadurch ist eine signifikante Kostenreduzierung erreichbar. Kostentechnisch wäre es falsch, sich zunächst auf die vielen C-Fehler zu konzentrieren, da hierbei keine deutliche Kostenreduzierung erfolgt. Sind die A-Fehler bearbeitet, müssen auch die B-Fehler und die C-Fehler beseitigt werden.

> Die Pareto-Analyse unterscheidet Wichtiges von weniger Wichtigem und zeigt ganz klar auf, an welchen Punkten mit der Optimierung begonnen werden muss. Es ist zu bedenken, dass nur der Kostenaspekt berücksichtigt wurde. Fehler, welche die Sicherheit eines Bauteils, oder die Sicherheit von Menschen beeinflussen sind stets vorrangig zu bearbeiten. So kann z. B. eine defekte Dichtung folgenschwere Auswirkungen haben, obwohl deren Austausch keine deutliche Reduzierung der Nacharbeitskosten erbringt.

Tabelle 1: Fehlerart und Bewertung				
Rang	Fehlerart	Gesamtkosten, relativ	Gesamtkosten, relativ u. kumuliert	Bewertung
1	Kolbenstangenoberfläche schlecht	46,4 %	46,4 %	A
2	Gewinde beschädigt	33,8 %	80,2 %	A
3	Schmutzabstreifer fehlt	6,0 %	86,2 %	B
4	Datenaufkleber fehlt	4,2 %	90,5 %	B
5	Endlagendämpfungsschraube fehlt	2,4 %	92,9 %	B
6	Verpackung mangelhaft	2,4 %	95,2 %	C
7	Datenblatt fehlt	1,8 %	97,0 %	C
8	Kratzer am Zylinderrohr	1,5 %	98,6 %	C
9	Dichtung defekt	1,2 %	99,8 %	C
10	Kolbenstange schwergängig	0,2 %	100,0 %	C

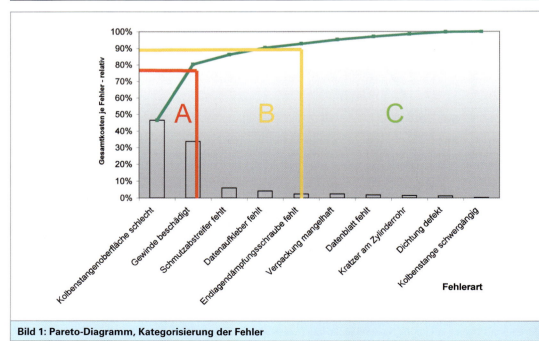

Bild 1: Pareto-Diagramm, Kategorisierung der Fehler

1.6 Werkzeuge des TQM

Das Ishikawa-Diagramm

Das Ishikawa-Diagramm[1] ist auch unter dem Namen **„Ursache-Wirkungs-Diagramm"** oder wegen seines Aussehens als **„Fischgräten-Diagramm"** bekannt **(Bild 1)**. Es werden damit mögliche Einflüsse (= Ursachen) auf ein vorhandenes und zu bearbeitendes Kriterium (= Wirkung) gesammelt und gegliedert nach Überbegriffen dargestellt. Da sich bei einer Fertigung die Einflüsse meist auf die 7M-Störgrößen „Mensch, Management, Maschine, Methode, Material, Messbarkeit und Mitwelt" zurückführen lassen, werden diese häufig auch als Oberbegriffe gewählt und als Hauptäste im Diagramm dargestellt. Nun wird in Nebenästen jeder Oberbegriff mit detaillierten Einflüssen versehen. Das Ishikawa-Diagramm gibt damit einen geordneten **Gesamtüberblick** auf alle **Einflüsse**, die auf ein Kriterium einwirken.

Das Ishikawa-Diagramm wird in der folgenden Vorgehensweise erstellt:

1. Schritt:
Das zu bearbeitende Kriterium (z.B. Streuung eines Merkmalswerts, Auftreten eines bestimmten Fehlers) wird detailliert beschrieben und auf der rechten Seite (Wirkung) eingetragen.

2. Schritt:
Alle möglichen Einflüsse (Ursachen) werden (am besten mit allen am Prozess beteiligten Personen) in einem Brainstorming gesammelt.

3. Schritt:
Die gesammelten Einflüsse werden gegliedert nach Oberbegriffen (z.B. 7M-Störgrößen) als Äste (bzw. „Fischgräten") in das Diagramm nach links an den Hauptast angehängt.

[1] *Kaoru Ishikawa*, jap. Wissenschaftler

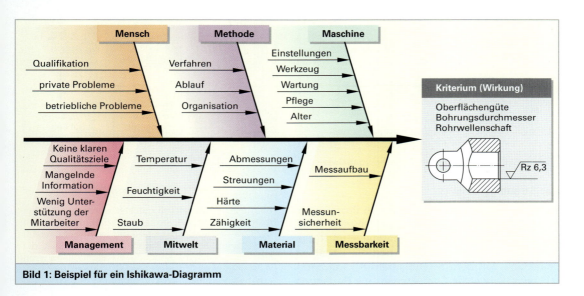

Bild 1: Beispiel für ein Ishikawa-Diagramm

Das Verlaufsdiagramm

Mit dem Verlaufsdiagramm wird der Verlauf von Daten grafisch dargestellt und es eignet sich zum Überwachen eines Systems, um zu sehen, wie sich das Verhalten im Laufe der Zeit ändert **(Bild 2)**. Es lassen sich aufgrund der dargestellten Daten Prognosen für den weiteren Verlauf aufstellen. So kann z.B. bei einem Trendverlauf eines Längenmaßes ungefähr vorausgesagt werden, wann eine Toleranzgrenze mit größter Wahrscheinlichkeit erreicht wird. Es kann daraufhin in den Prozess eingegriffen werden, bevor der Datenverlauf aus der Toleranzgrenze läuft und Ausschuss produziert wird. Eine erweiterte Form des Verlaufsdiagramms sind Regelkarten in der statistischen Prozesslenkung.

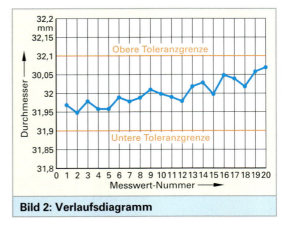

Bild 2: Verlaufsdiagramm

Das Baumdiagramm

Das Baumdiagramm ist bekannt aus der Darstellung von Familienstammbäumen. Es findet in der Fertigungstechnik und im Qualitätsmanagement überall dort Anwendung, wo Aufgaben oder Funktionen, die in einer Abhängigkeit von einander stehen oder nur in einer bestimmten Reihenfolge zu erledigen sind, übersichtlich und leicht überschaubar dargestellt werden sollen. Auch ein Erzeugnis lässt sich über das Baumdiagramm in seine einzelnen Baugruppen und Einzelteile **zerlegen** und grafisch darstellen entsprechend der Reihenfolge bei der Montage (Fertigungsorientierte Erzeugnisgliederung). Bei der **Fehlerbaumanalyse** stellt das Diagramm die Zusammenhänge von unerwünschten Ereignissen und ihren Ursachen dar **(Bild 1)**.

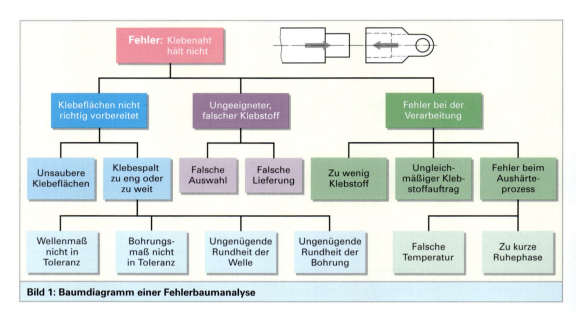

Bild 1: Baumdiagramm einer Fehlerbaumanalyse

Das Streudiagramm

Wirken mehrere Variablen auf einen Prozess ein, so ist es für eine Optimierung des Prozesses wichtig, ob die Variablen untereinander eine Beziehung haben. Dazu vergleicht man die Variablen paarweise. Mit dem Streudiagramm kann beurteilt werden, welche Charakteristik die Beziehung der beiden verglichenen Variablen hat und in welcher Stärke diese auftritt.

Bei der Erstellung eines Streudiagramms müssen zunächst in einer Untersuchung oder in Versuchen eine größere Menge Datenpaare ermittelt werden. Diese werden dann in das Streudiagramm eingetragen, auf dessen Koordinatenachsen die beiden Variablen aufgetragen sind. Konzentrieren sich die Punkte in einer Regelmäßigkeit, so herrscht eine starke Beziehung, die sich meist auch durch eine mathematische Funktion ausdrücken lässt. Ist die Streuung sehr groß, so ist keine Beziehung vorhanden.

Als Endergebnis lassen sich durch Streudiagramme die Einflüsse von verschiedenen Variablen auf ein Prozessergebnis gesetzmäßig erfassen.

Beispiel:
Ein neuer Klebstoff soll getestet werden und dabei festgestellt werden, ob eine Beziehung zwischen der Oberflächenrauigkeit und der Festigkeit besteht. **Bild 2** zeigt, dass eine Beziehung erkennbar ist, die sich aber nicht ganz eindeutig vor allem bei höheren R_z-Werten zeigt. Trotzdem lässt sich dieses Versuchsergebnis für eine Prozessoptimierung des Klebevorgangs verwenden.

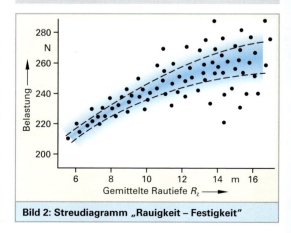

Bild 2: Streudiagramm „Rauigkeit – Festigkeit"

1.6 Werkzeuge des TQM

Das Matrixdiagramm

In einem Matrixdiagramm werden jeweils zwei Themenbereiche gegenübergestellt und die Zusammenhänge und Beziehungen aufgezeigt. Das Matrixdiagramm bietet auch die Möglichkeit, diese Zusammenhänge und Beziehungen zu bewerten und zu klassifizieren. Der **Paarvergleich** ist eine spezielle Form des Matrixdiagramms. Er hilft bei Entscheidungsfindungen, bei denen die Einflussfaktoren auf die Entscheidung vielschichtig und schlecht überschaubar sind.

Dabei werden alle Kriterien, die für die Entscheidungsfindung ausschlaggebend sind, in Zeilen untereinander und in Spalten nebeneinander geschrieben. **Bild 1** zeigt dies am Beispiel eines Paarvergleichs, der bei der Klebstoffauswahl hilft. Nun wird jedes Kriterium in einer Zeile mit den restlichen Kriterien in den Spalten verglichen (z.B. Festigkeit – Verformbarkeit, Festigkeit – Alterungsbeständigkeit, Festigkeit – Grenztemperatur usw.). Ist das Kriterium in der Zeile wichtiger als das Kriterium in der Spalte, wird eine 2 eingetragen, ist es weniger wichtig eine 0. Dabei muss immer eine Entscheidung für eines der beiden Kriterien erfolgen. Wird nun die Quersumme für jedes Zeilenkriterium gebildet, erhält man eine Rangfolge für die Wichtigkeit der Einzelkriterien bei der Entscheidung.

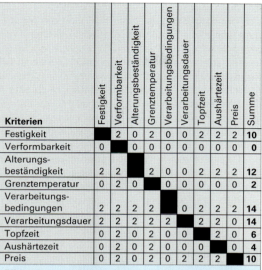

Bild 1: Paarvergleich zur Entscheidungsfindung bei der Klebstoffauswahl

1.6.2 QFD – Quality Function Deployment

QFD wurde um 1960 in Japan entwickelt. In den achtziger Jahren wurde diese Planungsmethode in den USA stark verbreitet und kam über Tochterfirmen Ende der achtziger Jahre auch in die Bundesrepublik. Mit der Methode werden systematisch die **Kundenwünsche** ermittelt und diese in **Produktmerkmale und Prozessmerkmale** umgesetzt.

Die Einsatzbereiche von QFD sind sehr vielseitig. So können damit die Kundenanforderungen in der Baubranche (z.B. bei der Planung eines Kaufhauses oder Bürogebäudes), in der Konsumgüterbranche (z.B. bei der Neuentwicklung eines Haarföns oder Autoradios) oder Investitionsgüterindustrie (z.B. Neuentwicklung von Werkzeugmaschinen oder Montageanlagen) aufgelistet und die erforderlichen Produktmerkmale abgeleitet werden. Die Methode lässt sich auch bei der Planung und Optimierung von Herstellungsprozessen einsetzen.

---

[1] engl. Quality Function Deployment = Qualitätsfunktions-Entwicklung

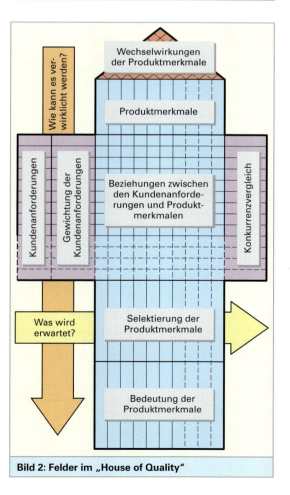

Bild 2: Felder im „House of Quality"

Bei der Durchführung der QFD-Methode versetzt sich ein sorgfältig ausgewähltes Team mit Mitgliedern aus allen beteiligten Betriebsbereichen (Vertrieb, Service, Konstruktion, Versuch, Produktion) in die Lage des Kunden und ermittelt zunächst die **Kundenforderungen**. Diese werden in ein Arbeitsformular, dem so genannten **„House of Quality = Qualitätshaus"**, eingetragen und nach ihrer Bedeutung mit Punkten gewichtet. Nun werden in einer Matrixform die **Produktmerkmale** gegenübergestellt. Ergänzt wird die Matrix noch durch das „Dach" des Qualitätshauses, das die **Beziehungen zwischen den einzelnen Produktmerkmalen** verdeutlicht, durch eine **Bewertung der Konkurrenzprodukte** hinsichtlich der Erfüllung der Kundenanforderungen an der rechten Seite und durch eine Analyse der Bedeutung der einzelnen Produktmerkmale an der unteren Seite, aus der hervorgeht, an welchen Produktmerkmalen vorrangig gearbeitet werden muss. **Bild 2, vorherige Seite** zeigt den grundsätzlichen Aufbau des „House of Quality"-Formulars.

Das Formular beinhaltet somit eine Menge an Informationen, aus denen Schwachpunkte und Verbesserungsmöglichkeiten eines Produkts herausgelesen werden können. Durch den Vergleich mit Konkurrenzprodukten lassen sich auch noch Produktmerkmale zur Verbesserung von Marktchancen ableiten. **Bild 1** zeigt ein Beispiel mit einem teilweise ausgefüllten „House of Quality"-Formular.

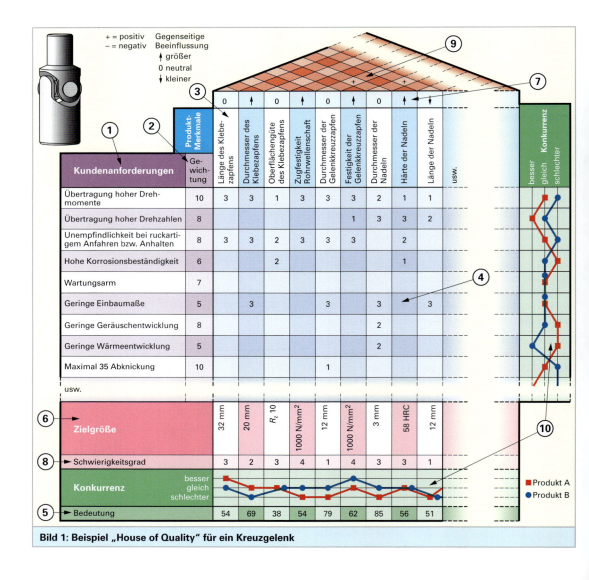

Bild 1: Beispiel „House of Quality" für ein Kreuzgelenk

1.6 Werkzeuge des TQM

Arbeitsschritte bei der Erstellung eines „House of Quality" (Bild 1, vorhergehende Seite):

1. Erfassung der Kundenanforderungen,
2. Gewichtung der Kundenanforderungen (von 1 = unwichtig bis 5 oder 10 = wichtig),
3. Erarbeiten von Produktmerkmalen, bis alle Kundenanforderungen erfüllt sind,
4. Feststellung der Beziehungen zwischen den Kundenanforderungen und den Produktmerkmalen und gleichzeitige Bewertung dieser Beziehungen (3 = starke, 2 = mittlere und 1 = geringe Beziehung),
5. Ermitteln der Bedeutung der Produktmerkmale durch Multiplikation der Kundenanforderungsgewichtung mit der Beziehungsgewichtung und anschließender Addition,
6. Umsetzen der Produktmerkmale in messbare Zielgrößen (soweit möglich),
7. Feststellen der bevorzugten Variationsrichtung der Zielgröße des Produktmerkmals durch Pfeilangaben („je kleiner, desto besser" oder „je größer, desto besser"),
8. Abschätzen eines Schwierigkeitsgrades für die Realisierung eines jeden Produktmerkmals (1 = leicht bis 5 = schwierig),
9. Feststellen von positiven oder negativen Wechselwirkungen zwischen den Produktmerkmalen,
10. Vergleich des geplanten Produkts mit Konkurrenzprodukten
    a) aus der Sicht der Kundenanforderungen,
    b) aus der Sicht der Produktmerkmale.

1.6.3 FMEA – Failure Mode and Effects Analysis

Die Methode der Fehler-Möglichkeits- und Einflussanalyse (FMEA) wurde Mitte der 60er-Jahre im Rahmen von Luft- und Raumfahrtprojekten der NASA in den USA entwickelt.

In der Bundesrepublik Deutschland fand sie in der Produktionstechnik, hier hauptsächlich im Bereich der Automobilindustrie, in der zweiten Hälfte der 80er-Jahre ihre Verbreitung.

Bei der FMEA werden in der Planungsphase mögliche Fehler, die bei einem System (z.B. Motorsäge), einem bestimmten Bauteil oder bei einem Fertigungsprozess auftreten können, aufgelistet. Anschließend wird jeder Fehler auf seine Auftrittswahrscheinlichkeit, auf seine Auswirkungen und auf seine Entdeckungswahrscheinlichkeit hin untersucht und analysiert. Mit einem Punktesystem (siehe folgende Tabellen) werden diese 3 Fehlerkriterien bewertet. Durch Multiplikation der drei vergebenen Punktezahlen erhält man die **Risikoprioritätszahl RPZ**. Diese kann zwischen 1 und 1000 liegen. Je größer diese Zahl ist, desto schwerwiegender ist der Fehler. Bei hohen RPZ-Werten muss unbedingt gehandelt werden. Im FMEA-Formular sind dafür auf der rechten Seite Spalten eingerichtet, in denen die Abhilfemaßnahmen eingetragen werden können.

> Das Ziel einer FMEA ist es, potenzielle Fehler schon während der Planung zu erkennen und zu vermeiden.

Außerdem bietet die FMEA den Vorteil, das Erfahrungswissen über Fehler, ihre Ursachen und Qualitätsauswirkungen systematisch zu sammeln und im Unternehmen für weitere Planungen verfügbar zu machen.

> Eine ständige Anwendung der FMEA führt zu einer ständigen Fehlerreduzierung.

Je nach Anwendungsbereich unterscheidet man 3 FMEA-Arten:

1. System-FMEA:
Sie untersucht ein **komplettes System** (z.B. ein Kraftfahrzeug) oder **einzelne Komponenten**, z.B. die Lenkung eines Gesamtsystems und wird im Entwicklungsbereich nach der Fertigstellung eines Produktkonzeptes angewendet.

2. Konstruktions-FMEA:
Sie untersucht die Konstruktionsmerkmale einzelner **Bauteile** von Systemen nach der Fertigstellung der Konstruktionsunterlagen.

3. Prozess-FMEA:
Sind die Fertigungspläne zur Herstellung der Bauteile, Systemkomponenten oder Gesamtsysteme fertiggestellt, so werden die **Fertigungsprozesse** auf mögliche Fehlerquellen mit der Prozess-FMEA untersucht.

Die FMEA wird von einem Team durchgeführt. Die Ergebnisse werden in einem FMEA-Formblatt eingetragen und ausgewertet **(Seite 95)**.

Ablauf einer FMEA am Beispiel einer Prozess-FMEA

Teil 1:

1. Auflisten der Arbeitsgänge (Spalte 1).
2. Auflisten der möglichen potenziellen Fehler bei jedem Arbeitsgang (Spalte 2).
3. Auflisten der potenziellen Folgen eines jeden Fehlers (Spalte 3).
4. Auflisten der Fehlerursachen (Spalte 4).
5. Auflisten der geplanten Verhütungs- und Prüfungsmaßnahmen zum Zeitpunkt der FMEA-Erstellung (Spalte 5).
6. Abschätzung der Auftretenswahrscheinlichkeit durch eine Bewertungszahl nach Tabelle 1 (Spalte A).
7. Abschätzung der Auswirkung des Fehlers, wenn ihn der Kunde entdeckt durch eine Bewertungszahl nach Tabelle 2 (Spalte B).
8. Abschätzung der Entdeckungswahrscheinlichkeit durch eine Bewertungszahl nach Tabelle 3 (Spalte E).
9. Berechnung der Risikoprioritätszahl (RPZ) durch Multiplikation der jeweiligen Bewertungszahlen für das Auftreten (A), die Bedeutung (B) und die Entdeckung (E) des Fehlers (Spalte RPZ). Mit der Risikoprioritätszahl können die Fehler geordnet werden und es zeigt sich bei welchen Fehlern Maßnahmen zur Fehlervermeidung dringend erforderlich sind.

Teil 2:

In den folgenden Spalten werden vom FMEA-Team Maßnahmen zur Fehlervermeidung erarbeitet sowie die verantwortlichen Abteilungen oder Personen und der Termin für die Durchführung der Maßnahme festgelegt. Anschließend wird wie im Teil 1 die Risikoprioritätszahl erneut berechnet. Durch Vergleich mit der ersten Risikoprioritätszahl lässt sich die Effektivität der Maßnahme zahlenmäßig erfassen.

Tabelle 1: Bewertung der Auftretenswahrscheinlichkeit (Spalte A)

Einstufung	Häufigkeit	Bewertung
unwahrscheinlich, Fehler kann nicht vorkommen	0	1
sehr gering, Fehler kann nur bei sehr seltenen Bedingungen auftreten	1/10000	2 bis 3
gering, Fehler kann in geringem Maße gelegentlich auftreten	1/2000	4 bis 6
mäßig, laut Erfahrung tauchen immer wieder Schwierigkeiten auf	1/100	7 bis 8
hoch, Fehler tritt in größerem Maße auf	1/2	9 bis 10

Tabelle 2: Bewertung der Fehlerauswirkung (Bedeutung – Spalte B)

Einstufung	Bewertung
keine Auswirkung	1
unbedeutend – Kunde wird nur geringfügig belästigt	2 bis 3
mittelschwerer Fehler – Produkt ist noch funktionsfähig, Kunde wird belästigt und ist verärgert	4 bis 6
schwerer Fehler – Verärgerung des Kunden, Reparatur erforderlich	7 bis 8
äußerst schwerer Fehler – z.B. Ausfall des Gesamtsystems, Folgeschäden treten auf	9
sicherheitskritischer Fehler – Unfallgefahren	10

Tabelle 3: Bewertung der Entdeckungswahrscheinlichkeit (Spalte C)

Einstufung	Bewertung
hoch – funktioneller Fehler, der entdeckt wird	1
mäßig – hohe Entdeckungswahrscheinlichkeit, z.B. durch Testversuche	2 bis 5
gering – nicht leicht zu entdeckendes Fehlermerkmal	4 bis 6
sehr gering – kaum zu entdeckendes Fehlermerkmal	9
unwahrscheinlich – verdeckte Fehler, Prüfung nicht möglich	10

1.6 Werkzeuge des TQM

FMEA Failure Mode and Effect-Analysis		Prozess-FMEA			Teilname: Kraftstoffpumpe		Teilenummer: 30 165 327 0003		
	Ansprechpartner: Huber	Abteilung: KP-3	Kunde:		Modelljahr 2006	Typ KP-65	Freigabetermin 01.06.06	Datum: 26.04.10	Blatt 1 von 1
					Erstellt durch: ABM Datum 26.04.10		Überarbeitet durch: Datum:		Genehmigt durch: Datum:
Prozess Ablauf Arbeitsfolge	potenzielle Fehler	Auswirkung, Folgen	Ursachen	derzeitiger Zustand:			empfohlene Abstellmaß- nahme	Verantwort- lichkeit Termin	verbesserter Zustand getroffene Maßnahme
					A B E	RPZ			A B E RPZ
1. Montage der Spule	undicht Spritzwasser dringt ein	Fehlfunktion Kurzschluss	Arbeitsfehler, Dichtung vergessen	Verhü- tungs- u. Prüf- maß- nahmen keine	3 7 10	210	separate Arbeitsfolge und Sicht- prüfung	Müller/KP-3 15.5.10	Arbeitsplan und Prüfplan geändert 10.5.10 3 7 5 105
	falsche Spule	Funktions- störung	falsch angeliefert	Über- prüfung der farb- lichen Kenn- zeich- nung	2 7 7	98	–		
2. Montage von Kolben, Feder- und Gehäuse- boden	Kolben hakt	Funktions- störung	Schmutz, Späne, Grat	Gehäuse spülen, Gangbar- keit prüfen	4 7 4	112	–		
	Gehäuse- boden passt nicht richtig	falsche Lage des Gehäuse- bodens, Funktions- störung	falscher Pressendruck	keine	4 7 7	196	Pressen- druck über- wachen (1 mal pro Tag)	Müller/KP-3 15.5.10	Arbeitsplan u. Wartungs- plan geändert 10.5.10 3 7 5 105

Wiederholung und Vertiefung

1. Welche Ziele verfolgt die TQM-Führungsmethode?
2. Nennen und erläutern Sie die 6 wichtigsten Bausteine des TQM.
3. Bei der Zielsetzung „Kundenorientierung" wird zwischen externen und internen Kunden unterschieden. Erläutern Sie die Unterschiede.
4. Nennen Sie 3 Beispiele, für deren Darstellung sich ein Flussdiagramm eignet.
5. Welche Aussage steckt hinter dem Pareto-Prinzip?
6. Welchen Zweck hat eine Fehlersammelkarte?
7. Erläutern Sie den Aufbau eines Ishikawa-Diagramms.
8. Im Zusammenhang mit dem Ishikawa-Diagramm werden die 7-M-Störgrößen (manchmal auch 5-M-Störgrößen) genannt. Nennen und erläutern Sie diese.
9. Nennen Sie einen Vorgang, für dessen Darstellung ein Verlaufsdiagramm gut geeignet ist.
10. Ein Schüler erzielte bei einer Klassenarbeit ein sehr schlechtes Ergebnis. Im Qualitätsmanagement entspricht dies einem Fehler. Erstellen Sie für diesen Vorgang eine Fehlerbaumanalyse.
11. Welche Aussagen können mit einem Streudiagramm gemacht werden?
12. Erläutern Sie den Aufbau eines Paarvergleichs-Matrixdiagramms.
13. Welche Ziele werden mit der QFD-Planungsmethode verfolgt?
14. Welche Bereiche werden bei dem „House of Quality"-Formular
    a) in der waagerechten Richtung und
    b) in der senkrechten Richtung
    aufgetragen?
15. Welche Ziele werden mit einer FMEA angestrebt?
16. Nennen Sie 3 FMEA-Arten und ihre Anwendungsbereiche.
17. Beschreiben Sie den Aufbau eines FMEA-Formulars.

1.6.4 Statistische Prozesslenkung

1.6.4.1 Einführung

In der Serien- und Massenfertigung erfordern es die wirtschaftlichen Verhältnisse immer mehr, Qualität und Produktivität ständig zu verbessern. Fehlerhafte Teile am Ende des Fertigungsprozesses durch Prüfungen festzustellen und auszusortieren genügt heute nicht mehr und verursacht zudem zu hohe Kosten. Es wurde in den letzten Jahrzehnten immer mehr erforderlich, die **Ergebnisse** bzw. die **Teilergebnisse** eines Fertigungsprozesses **ständig zu überwachen**. Zeigt sich dabei ein Trend zu fehlerhaften Ergebnissen oder treten schon fehlerhafte Teile auf, kann rechtzeitig der Prozess gestoppt und korrigiert werden. Die Produktion von fehlerhaften Teilen kann dadurch minimiert oder gar ganz vermieden werden.

Um den Prüfaufwand und damit auch die Prüfkosten auf ein erforderliches Minimum zu begrenzen, stützt man sich meist auf die **Auswertung von Stichproben**. Dies setzt allerdings voraus, dass die Charakteristik der Prozessergebnisse genau untersucht und bekannt ist.

Durch die Überwachung der Prozesse mit statistischen Methoden werden auch wertvolle Informationen gesammelt, die die Grundlage für ständige **Prozessoptimierungen** bilden. Ausschuss und Nacharbeit werden immer weniger. Ist der Fertigungsprozess genügend bekannt und beherrscht, kann der Prüfaufwand verringert werden. Dies wiederum hat eine Kostensenkung zur Folge.

Die gesammelten Daten bilden auch die Grundlage für eine **Prozessdokumentation**, die häufig von Kunden verlangt wird oder zur Erfüllung gesetzlicher Pflichten nach dem Produkthaftungsgesetz erforderlich ist.

Qualitätsüberwachung und Prozessregelung.
Bei der Qualitätsüberwachung wird nach erfolgter Prüfung das geprüfte Teil mit „gut" oder „schlecht" durch einen Prüfer oder Prüfautomat beurteilt. Dabei kann eine 100%-Prüfung **(Kontinuierliche Qualitätsüberwachung)** oder Stichprobenprüfung angewendet werden **(Statistische Qualitätsüberwachung)**. Wird nach der erfolgten Prüfung eine sofortige Prozesskorrektur bei Unregelmäßigkeiten vorgenommen, so redet man von **kontinuierlicher Prozessregelung** bei der 100%-Prüfung und von **statistischer Prozessregelung** bei der Stichprobenprüfung. **Bild 1** auf der nächsten Seite veranschaulicht diese Arten der Prozesslenkung.

1.6 Werkzeuge des TQM

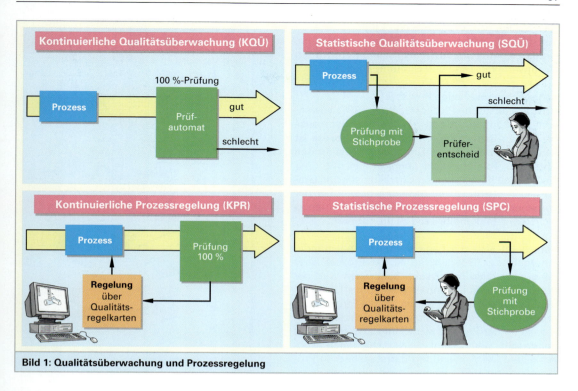

Bild 1: Qualitätsüberwachung und Prozessregelung

Mit regelmäßigen Stichproben und der Auswertung statistischer Kennwerte lässt sich bei der **statistischen Prozessregelung (SPC – Statistical Process Control)** mit wenigen Messwerten ein relativ genaues Bild eines Fertigungsprozesses machen.

Mithilfe einer **Qualitätsregelkarte**, die schon in den 20er-Jahren von *W. A. Shewart*[1] in den USA entwickelt wurde, werden die Kennwerte laufend grafisch dargestellt. Entwicklungen im Prozessverlauf können so recht frühzeitig entdeckt werden. Noch bevor ein Merkmalswert aus der Toleranz läuft, kann in den Prozess eingegriffen und somit Fehler vermieden werden. Ein **Qualitätsregelkreis** ist damit geschlossen. Für die statistische Auswertung stehen heute komfortable Computerprogramme zur Verfügung. Gute Kenntnisse in den Grundlagen der Statistik sind Voraussetzung für die Beurteilung der statistischen Kennwerte.

Zufällige und systematische Einflüsse
Bei der Frage nach den Ursachen für die Streuung der Prüfwerte lassen sich zwei Bereiche unterscheiden. Die **zufälligen Einflüsse** beruhen auf der natürlichen Streuung, die während des Prozesses in ungestörtem Zustand entsteht. Einflussfaktoren können einerseits im Fertigungsprozess selbst liegen (z.B. kleine Temperaturschwankungen oder inhomogene Werkstoffbeschaffenheit) oder auch von der Messung herrühren (z.B. Schätzen von Zwischenwerten auf Skalen oder Fehler durch verschiedene Messstellen am Prüfling).

Den systematischen Einflüssen liegt eine Gesetzmäßigkeit zugrunde und sie verschieben die Lage der Streuung. Eine Ursache kann z.B. der Werkzeugverschleiß sein. Ist diese Gesetzmäßigkeit bekannt, so können mithilfe der statistischen Prozessregelung diese Einflüsse kompensiert werden.

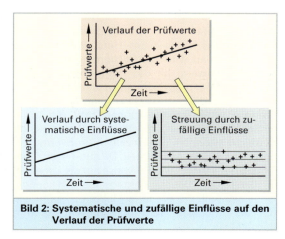

Bild 2: Systematische und zufällige Einflüsse auf den Verlauf der Prüfwerte

---
[1] *Walter Andrew Shewart* (1891 bis 1967) amerik. Wissenschaftler

Da zufällige und systematische Einflüsse überlagert **(Bild 2, vorhergehende Seite)** vorkommen, werden sie mithilfe von statistischen Kennwerten (Kennwerte der Lage und Streuung) getrennt.

Beherrschte und fähige Prozesse
Um die statistische Prozessregelung (SPC) anwenden zu können, muss der Fertigungsprozess bestimmte Bedingungen erfüllen. Ein **Prozess ist dann fähig**, wenn die Streuung einen bestimmten Anteil der Toleranz nicht überschreitet und über längere Zeit hinweg in ihrer Charakteristik und Größe gleich bleibt. Ist die Streuung gegenüber der vorgegebenen Toleranz zu groß, so schafft man es nicht, ohne fehlerhafte Teile zu produzieren.

Verschiebt sich die Lage der Streuung ständig innerhalb der Toleranz, so ist der Prozess zwar fähig, aber **nicht beherrscht**. **Beherrscht** wird der Prozess erst dann, wenn es gelingt, die Lage laufend genügend zu korrigieren. Ist die Streuung zu groß und lässt sich auch die Lage nicht stabilisieren, so ist der Prozess **nicht fähig und auch nicht beherrscht**. **Bild 1** zeigt die verschiedenen Möglichkeiten. Die Anwendung der statistischen Prozessregelung (SPC) ist nur dann sinnvoll, wenn der Prozess fähig und auch beherrscht ist (Fall A). Ist der Prozess nur nicht fähig (Fall B) oder nur nicht beherrscht (Fall C), so kann die statistische Prozessregelung (SPC) angewendet werden, um das Vorkommen von fehlerhaften Teilen zu minimieren. Ist der Prozess weder fähig noch beherrscht (Fall D), so bringt auch die statistische Prozessregelung keinen Nutzen mehr. Die Ergebnisse sind dann vom Zufall abhängig.

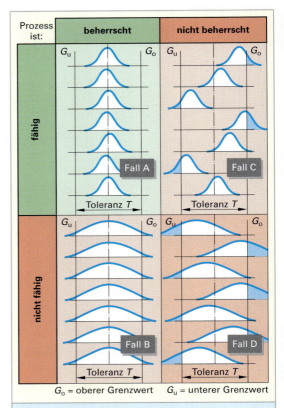

Bild 1: Fähige und beherrschte Prozesse

Klassenanzahl und Klassenweite
Zunächst müssen die Messwerte in Klassen eingeteilt werden. Hierzu muss die **Klassenanzahl** und die **Klassenweite** festgelegt werden. Bei Stichprobenumfängen von $n = 30$ bis 400 berechnet man diese beiden Größen nach den unten stehenden Formeln.

Wertet man von Hand aus (wie im Beispiel gefordert), so rundet man hier auf gut teilbare und übersichtliche Größen auf oder ab. Wird die Auswertung über SPC-Softwareprogramme vorgenommen, so übernehmen diese Programme die genauen Werte.

1.6.4.2 Darstellen und Auswerten von Prüfdaten

Um die Charakteristik von Streuung und Lage eines Prüfmerkmals beim Herstellungsprozess kennenzulernen, wird eine Stichprobe entnommen und die Prüfwerte für das Prüfmerkmal gesammelt. Der Stichprobenumfang sollte dabei nicht kleiner als $n = 50$ sein, da sonst keine verlässlichen Werte ermittelt werden können, bzw. die ermittelten Werte von den tatsächlichen Werten stärker abweichen können. Die einzelnen Prüfwerte werden in der Urliste gesammelt. Da aus diesem Zahlenfeld nur sehr schwer Hinweise auf die Lage und die Größe der Streuung gemacht werden können, ist es sinnvoll, die Werte in Klassen zu sammeln und als Strichliste, Stab- oder Balkendiagramm darzustellen.

$$\text{Klassenanzahl } k \approx \sqrt{n}$$

$$\text{Klassenweite } w \approx \frac{R_n}{k}$$

$$R_n = x_{i\max} - x_{i\min}$$

R_n = Spannweite der Stichprobe vom Umfang n
$x_{i\max}$ = größter Merkmalswert
$x_{i\min}$ = kleinster Merkmalswert

1.6 Werkzeuge des TQM

Beispiel 1:

Im Rahmen einer Maschinenfähigkeitsuntersuchung wird eine Stichprobe vom Umfang $n = 50$ für folgendes Merkmal des Rohrwellenschafts geprüft:

Gabelinnenmaß $26^{+0,1}$ (Bild 1)

Höchstmaß $G_o = 26{,}1$ mm   Mindestmaß $G_u = 26{,}0$ mm
Toleranz $T = 0{,}1$ mm   Toleranzmitte $C = 26{,}05$ mm

Die Prüfwerte sind in der Urliste zusammengestellt (**Tabelle 1**).

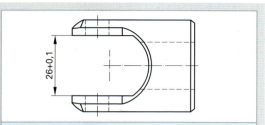

Bild 1: Gabelinnenmaß $26^{+0,1}$

a) Berechnung der Klassenanzahl k und Klassenweite w:

$$k \sim \sqrt{n} = \sqrt{50} \sim 7$$

$$R_n = x_{i\,max} - x_{i\,min} = 26{,}1 \text{ mm} - 26{,}02 \text{ mm}$$

$$R_n = 0{,}08 \text{ mm}$$

$$w \sim \frac{R_n}{k} = \frac{0{,}08 \text{ mm}}{7} \sim 0{,}01 \text{ mm}$$

b) Festlegung der Klassengrenzen

Damit kein Prüfwert genau auf einer Klassengrenze liegen kann, geht man eine Zehnerpotenz tiefer als bei den Messwerten. Diese tiefere Zehnerpotenz erhält die Ziffer 5. Damit kann nie ein Prüfwert genau auf einer Klassengrenze liegen und ist immer eindeutig einer Klasse zuzuordnen. Es ergeben sich folgende Klassen:

1. 26,015 bis 26,025
2. 26,025 bis 26,035
usw.

Will man die Toleranzgrenzen in die Diagramme mit einzeichnen, empfiehlt es sich, die Klassenanzahl so zu erweitern, dass die Toleranzgrenzen in eine Klasse gezeichnet werden können. In unserem Fall würden also die ersten Klassen folgendermaßen gewählt:

1. 25,995 bis 26,005
2. 26,005 bis 26,015
3. 26,015 bis 26,025
usw.

c) Strichliste und Histogramm

Um ein Bild der Lage, Größe und Charakteristik der Streuung zu bekommen, stellt man die Häufigkeiten in den einzelnen Klassen durch eine Strichliste und/oder ein Histogramm (= Säulendiagramm der Häufigkeiten) dar (**Bild 2 und Bild 3**).

Auswertung: Die Prüfwerte liegen zwar alle in der Toleranz, zeigen aber eine deutliche Verschiebung zur oberen Toleranzgrenze G_o. Es sind also auch mit großer Wahrscheinlichkeit Werte außerhalb der Toleranz zu erwarten. Außerdem ist die Streuung gegenüber der Toleranz recht groß – der Prozess wäre also nicht fähig.

Tabelle 1: Urliste der Prüfwerte

Urliste				
Merkmal: Gabelinnenmaß 26 +0,1 mm				
1	26,04	26,06	26,05	26,06	26,05
2	26,07	26,09	26,05	26,04	26,08
3	26,07	26,05	26,07	26,07	26,06
4	26,05	26,02	26,03	26,08	26,06
5	26,08	26,05	26,08	26,10	26,07
6	26,04	26,06	26,06	26,05	26,03
7	26,06	26,08	26,04	26,07	26,09
8	26,06	26,10	26,09	26,06	26,07
9	26,05	26,06	26,06	26,08	26,05
10	26,08	26,07	26,09	26,08	26,09

Stichprobenumfang n:	50
größter Wert x_{max}:	26,10
kleinster Wert x_{min}:	26,02
Spannweite R (Range) = $x_{max} - x_{min}$:	0,08

Klasse Nr.	Klasse von	Klasse bis	Strichliste	Häufigkeit pro Klasse
1	25,995	26,005		0
2	26,005	26,015		0
3	26,015	26,025	I	1
4	26,025	26,035	II	2
5	26,035	26,045	IIII	4
6	26,045	26,055	IIIIIIIII	9
7	26,055	26,065	IIIIIIIIIII	11
8	26,065	26,075	IIIIIIII	8
9	26,075	26,085	IIIIIIII	8
10	26,085	26,095	IIIII	5
11	26,095	26,105	II	2
12	26,105	26,115		0

Bild 2: Strichliste

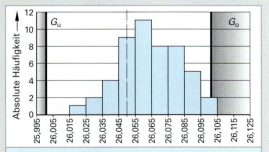

Bild 3: Histogramm der absoluten Häufigkeit

Beispiel 2:

Im Rahmen einer Maschinenfähigkeitsuntersuchung wird eine Stichprobe vom Umfang **n = 50** für folgendes Merkmal des Rohrwellenschafts geprüft:

Koaxialität Ø 20H7 zu Ø 40 (Bild 1).

Höchstmaß G_o = 0,1 mm   Mindestmaß G_u = 0 mm
Toleranz T = 0,1 mm   Toleranzmitte C = 0,05 mm

Die Prüfwerte sind in der Urliste zusammengestellt (Tabelle 1).

a) **Berechnung der Klassenanzahl k und Klassenweite w:**

$k \sim \sqrt{n} = \sqrt{50} \sim 7$

$R_n = x_{imin} - x_{imax} = 0{,}12 \text{ mm} - 0{,}06 \text{ mm}$

R_n = 0,06 mm

$w \sim \dfrac{R_n}{k} = \dfrac{0{,}06 \text{ mm}}{7} \sim 0{,}01 \text{ mm}$

b) **Festlegung der Klassengrenzen**

Geht man wie im ersten Beispiel vor, ergeben sich folgende Klassen:

1. 0,055 bis 0,065
2. 0,075 bis 0,085
usw.

Will man auch hier die Toleranzgrenzen in die Diagramme mit einzeichnen, so ist dies mit der oberen Toleranzgrenze problemlos möglich, da sie ja im Feld der Prüfwerte liegt.
Die untere Toleranzgrenze ist aber bei dem Wert 0. Dieser Wert wird sicherlich kaum erreicht werden, denn dies wäre ja der Idealfall, den kaum eine Produktionseinrichtung schaffen wird. Deshalb empfiehlt es sich, die Klassenanzahl um keine oder nur wenige Klassen nach unten zu erweitern. In unserem Fall sind deshalb die ersten Klassen folgendermaßen gewählt:

1. 0,005 bis 0,015
2. 0,015 bis 0,025
3. 0,025 bis 0,035
usw.

c) **Strichliste und Histogramm (Bild 2 und 3)**

Auswertung:
Im Gegensatz zum ersten Beispiel zeigt sich hier ein ganz anderes Bild der Prüfwerteverteilung. Sie zeigt ein unsymmetrisches Bild. Dies liegt daran, dass immer kleiner werdende Koaxialitätswerte immer schwieriger herstellbar sind. Einen Wert unter 0,6 mm schafft man offensichtlich mit dem gegebenen Herstellungsprozess nicht mehr. Dieser Grund erklärt auch die unsymmetrische Verteilung. Diese Charakteristik ist bei allen **Null-begrenzten Merkmalstoleranzen** zu beobachten. Weiterhin ist erkennbar, dass nach oben die Streuung breiter wird und dass es Probleme mit dem gegebenen Prozess gibt, die Merkmalswerte innerhalb der Toleranz zu halten.

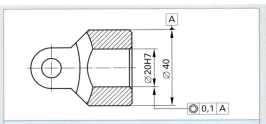

Bild 1: Prüfmerkmal Koaxialität

Tabelle 1: Urliste der Prüfwerte

Urliste				
Merkmal: Koaxialität 0,1 mm				
d = 20H7			zu d = 40	
1	0,08	0,09	0,06	0,08	0,07
2	0,06	0,10	0,07	0,06	0,08
3	0,07	0,06	0,09	0,08	0,07
4	0,09	0,07	0,08	0,07	0,09
5	0,06	0,08	0,07	0,12	0,06
6	0,07	0,09	0,06	0,07	0,08
7	0,09	0,07	0,11	0,08	0,07
8	0,06	0,07	0,08	0,09	0,10
9	0,08	0,11	0,07	0,10	0,06
10	0,10	0,06	0,09	0,07	0,07

Stichprobenumfang n:	50
größter Wert x_{max}:	0,12
kleinster Wert x_{min}:	0,06
Spannweite R (Range) = $x_{max} - x_{min}$:	0,06

Klasse Nr.	Klasse von	Klasse bis	Strichliste	Häufigkeit pro Klasse
1	0,005	0,015		0
2	0,015	0,025		0
3	0,025	0,035		0
4	0,035	0,045		0
5	0,045	0,055		0
6	0,055	0,065	IIIIIIIIII	10
7	0,065	0,075	IIIIIIIIIIIIIII	15
8	0,075	0,085	IIIIIIIIII	10
9	0,085	0,095	IIIIIIII	8
10	0,095	0,105	IIII	4
11	0,105	0,115	II	2
12	0,115	0,125	I	1

Bild 2: Strichliste

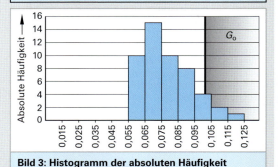

Bild 3: Histogramm der absoluten Häufigkeit

1.6 Werkzeuge des TQM

Beispiel 3:

Die Firma MOBE bezieht Nadelbüchsen von einem Lieferanten. Im Rahmen einer Qualitätsuntersuchung soll über eine Stichprobe von $n = 125$ die Fähigkeit des Herstellungsprozesses für das Merkmal „Härte" bezüglich der Toleranzforderungen nach folgenden Vorgaben untersucht werden:

Oberflächenhärte 700 – 800 HV 5 (Bild 1).

unterer Grenzwert UGW = 700 HV 5
oberer Grenzwert OGW = 800 HV 5
Toleranz T = 100 HV 5   Toleranzmitte C = 750 HV 5

Die Prüfwerte sind in der Urliste zusammengestellt (**Tabelle 1**).

a) **Berechnung der Klassenanzahl k und Klassenweite w:**

$k \approx \sqrt{n} = \sqrt{125} \approx 11$

$R_n = x_{imin} - x_{imax} = 798 \text{ HV5} - 701 \text{ HV5}$

$R_n = 97 \text{ HV5}$

$w = \dfrac{R_n}{k} = \dfrac{97 \text{ HV5}}{11} = 10 \text{ HV5}$

b) **Festlegung der Klassengrenzen (Bild 2 und 3)**
Geht man wie im ersten Beispiel vor und schließt die Toleranzgrenzen mit ein, ergeben sich folgende Klassen:
1. 689,5 – 699,5; 2. 699,5 – 709,5; usw.

c) **Strichliste und Histogramm (Bild 2 und 3)**

Auswertung:
Histogramm und Stichliste zeigen zwei Schwerpunkte in der Verteilung bei 715 und 765 HV 5. Dies lässt vermuten, dass die Nadelbüchsen in zwei Chargen gefertigt und anschließend gemischt oder auf zwei getrennten Anlagen gehärtet wurden. Die Verteilung zeigt also eine Mischverteilung aus zwei symmetrischen Verteilungen. Jede Verteilung einzeln wäre zwar fähig (bei Korrektur zur Mitte auch beherrscht), als Mischverteilung aber unfähig. Weiterhin ist zu erkennen, dass die Verteilung am unteren Ende abrupt aufhört. Hier ist zu vermuten, dass der Zulieferer fehlerhafte Teile vor der Lieferung aussortierte.

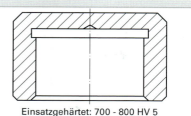

Bild 1: Nadelbüchse mit Merkmal „Härte"

Einsatzgehärtet: 700 - 800 HV 5

Tabelle 1: Urliste der Prüfwerte

Urliste				
Merkmal:	**Härte**		**700 – 800 HV 5**	
Mindestwert: 700 HV 5			**Höchstwert:** 800 HV 5	
1	741	788	706	778	712
2	751	731	711	721	767
3	733	759	763	763	722
4	760	721	720	714	753
5	722	765	710	771	730
1	771	712	764	729	740
2	710	776	715	765	707
3	781	780	762	717	788
4	702	733	714	728	719
5	791	735	713	778	770
1	744	756	760	769	725
2	750	720	710	711	769
3	739	765	769	778	731
4	762	716	715	727	752
5	728	774	768	764	740
1	777	707	768	754	701
2	715	739	764	718	798
3	784	757	763	777	718
4	708	729	712	729	770
5	790	766	701	760	723
1	748	714	744	752	763
2	759	773	731	713	737
3	732	709	728	772	759
4	761	751	761	720	749
5	723	778	712	785	704

Stichprobenumfang n	125
größter Wert x_{max}:	798,00
kleinster Wert x_{min}:	701,00
Spannweite R (Range) = $x_{max} - x_{min}$	97,00

Klasse Nr.	Klasse von	bis	Strichliste	Häufigkeit pro Klasse
1	689,5	699,5		0
2	699,5	709,5	IIIIIIIII	9
3	709,5	719,5	IIIIIIIIIIIIIIIIIIIIII	22
4	719,5	729,5	IIIIIIIIIIIIIIIII	17
5	729,5	739,5	IIIIIIIIIII	11
6	739,5	749,5	IIIIIII	7
7	749,5	759,5	IIIIIIIIIIII	12
8	759,5	769,5	IIIIIIIIIIIIIIIIIIIIIIII	24
9	769,5	779,5	IIIIIIIIIIIIII	14
10	779,5	789,5	IIIIII	6
11	789,5	799,5	III	3
12	799,5	809,5		0

Bild 2: Strichliste

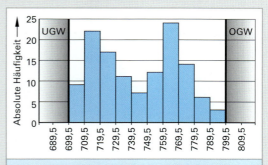

Bild 3: Histogramm der absoluten Häufigkeit

Absolute und Relative Einzelhäufigkeiten und Summenhäufigkeiten

Bei der statistischen Auswertung von Stichproben lassen sich die klassifizierten Prüfwertmengen auf verschiedene Weisen darstellen:

1. Die Einzelhäufigkeiten:
Hier werden die Mengen in den einzelnen Klassen tabellarisch aufgelistet. Im Histogramm werden diese Zahlen grafisch dargestellt. Bei der **absoluten Einzelhäufigkeit** wird die Anzahl der Prüfwerte in jeder Klasse angegeben, bei der **relativen Einzelhäufigkeit** der Anteil dieser Prüfwerte in Prozent vom Stichprobenumfang. Mit diesen Prozentzahlen kann der Anteil mit einer bestimmten Aussagewahrscheinlichkeit auf die gesamte Losgröße übertragen werden.

2. Die Summenhäufigkeiten:
Hier werden die Mengen der Prüfwerte mit steigenden Klassen aufaddiert. Man erhält jeweils die Prüfwertmenge, die **bis zur jeweiligen Klasse** vorhanden ist. Auch hier lassen sich die Mengen mit absoluten Zahlen (absolute Summenhäufigkeit) oder mit prozentualen Anteilen (relative Summenhäufigkeit) tabellarisch angeben oder im Histogramm grafisch darstellen.

In den folgenden Tabellen und Bildern sind alle Häufigkeiten aus den Beispielen 1 und 2 der vorangegangenen Seiten tabellarisch und die relativen Häufigkeiten grafisch als Histogramme dargestellt.

Tabelle 1: Einzel- und Summenhäufigkeit aus Beispiel 1 (Merkmal „Gabelinnenmaß $26^{+0,1}$")

Klasse		Einzelklassenhäufigkeit		Summenhäufigkeit	
von	bis	absolut	relativ	absolut	relativ
25,995	26,005	0	0,0%	0	0,0%
26,005	26,015	0	0,0%	0	0,0%
26,015	26,025	1	2,0%	1	2,0%
26,025	26,035	2	4,0%	3	6,0%
26,035	26,045	4	8,0%	7	14,0%
26,045	26,055	9	18,0%	16	32,0%
26,055	26,065	11	22,0%	27	54,0%
26,065	26,075	8	16,0%	35	70,0%
26,075	26,085	8	16,0%	43	86,0%
26,085	26,095	5	10,0%	48	96,0%
26,095	26,105	2	4,0%	50	100,0%
26,105	26,115	0	0,0%	50	100,0%

Tabelle 2: Einzel- und Summenhäufigkeit aus Beispiel 2 (Merkmal „Koaxialität")

Klasse		Einzelklassenhäufigkeit		Summenhäufigkeit	
von	bis	absolut	relativ	absolut	relativ
0,005	0,015	0	0,0%	0	0,0%
0,015	0,025	0	0,0%	0	0,0%
0,025	0,035	0	0,0%	0	0,0%
0,035	0,045	0	0,0%	0	0,0%
0,045	0,055	0	0,0%	0	0,0%
0,055	0,065	10	20,0%	10	20,0%
0,065	0,075	15	30,0%	25	50,0%
0,075	0,085	10	20,0%	35	70,0%
0,085	0,095	8	16,0%	43	86,0%
0,095	0,105	4	8,0%	47	94,0%
0,105	0,115	2	4,0%	49	98,0%
0,115	0,125	1	2,0%	50	100,0%

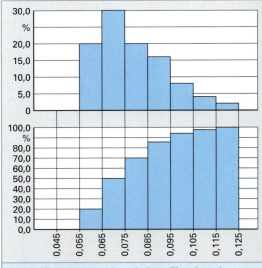

Bild 1: Histogramme der relativen Einzel- und Summenhäufigkeiten aus Beispiel 1

Bild 2: Histogramme der relativen Einzel- und Summenhäufigkeiten aus Beispiel 2

1.6.4.3 Mathematische Modelle zur Beschreibung von Zufallsereignissen

Die Entnahme von Stichproben aus einer Grundgesamtheit beruht auf Zufallsereignissen. Zeigt die Auswertung einer Stichprobe aber eine bestimmte Charakteristik wie z.B. aus Beispiel 1 eine glockenförmige Verteilung oder bei Beispiel 2 eine schiefe Verteilung, so kann bei genügend großer Stichprobe angenommen werden, dass die Grundgesamtheit dieselbe Verteilung zeigt. Ist die Verteilungscharakteristik mit einem mathematischen Verteilungsmodell (z.B. der Normalverteilung nach Gauß) identisch, so kann die Charakteristik mit wenigen Parametern (z.B. Mittelwert und Standardabweichung bei der Normalverteilung) beschrieben werden. Die folgenden Abschnitte führen in die Grundlagen der Wahrscheinlichkeitsrechnung und in diese mathematischen Modelle ein.

Wahrscheinlichkeit

Die Wahrscheinlichkeit gibt als Bruch, Dezimalzahl zwischen 0 und 1 oder Prozentzahl an, bei welchem Anteil aller Fälle ein bestimmtes Ereignis eintritt. Wird z.B. eine Münze geworfen, so kann die Wappenseite oder die Zahl oben liegen. Wird die Münze genügend oft geworfen, wird in der Hälfte der Fälle die Zahl zu sehen sein.

Die Wahrscheinlichkeit, eine Zahl zu werfen, ist deshalb $1/2$, bzw. 0,5, bzw. 50%.
Die Wahrscheinlichkeit wird nach folgender Formel berechnet:

$$P(E) = \frac{\text{Anzahl der für E günstigen Ergebnisse}}{\text{Gesamtzahl aller möglichen Ergebnisse}}$$

E = erwartetes Ergebnis bzw. erwartete Ergebnisse eines Zufallsexperiments
P = Wahrscheinlichkeit des Auftretens des erwarteten Ergebnisses bzw. der Ergebnisse

Beispiel 1: Wie groß ist die Wahrscheinlichkeit, mit einem Würfel eine 6 zu würfeln?
Das Ereignis ist, eine 6 zu würfeln, also ist E=6.
Die 6 kommt nur einmal auf dem Würfel vor, deshalb ist die Anzahl der für E günstigen Ergebnisse 1.
Es können 6 verschiedene Zahlen gewürfelt werden, deshalb ist die Gesamtzahl aller möglichen Ergebnisse 6.
Die Wahrscheinlichkeit lässt sich demnach folgendermaßen berechnen:

$P(E=6) = \frac{1}{6} = 0{,}167 = 16{,}7\%$

Beispiel 2: Wie groß ist die Wahrscheinlichkeit, mit einem Würfel eine 2 oder 3 zu würfeln?

$P(E=2 \text{ oder } 3) = \frac{2}{6} = \frac{1}{3} = 0{,}333 = 33{,}3\%$

Beispiel 3: Wie groß sind die Wahrscheinlichkeiten, mit zwei Würfeln die Zahlen 2, 3, 4, 5, 6, 7, 8, 9, 10, 11, oder 12 zu würfeln.
Hier ist es nicht mehr so einfach, die Anzahl der für E günstigen Ergebnisse und die Gesamtzahl aller Möglichkeiten zu erfassen. Das folgende **Bild 1** gibt darüber Aufschluss:

Würfel 2 \ Würfel 1	1	2	3	4	5	6
1	2	3	4	5	6	7
2	3	4	5	6	7	8
3	4	5	6	7	8	9
4	5	6	7	8	9	10
5	6	7	8	9	10	11
6	7	8	9	10	11	12

Bild 1: Mögliche Würfelkombinationen bei zwei Würfeln

Im Bild kann man erkennen, dass es insgesamt 36 Kombinationen der beiden Würfel gibt. Zur Zahl 2 führt nur eine Kombination, zur Zahl 3 zwei Kombinationen, zur Zahl 4 drei Kombinationen usw. Es ergeben sich folgende Lösungen:

$P(E=2) = \frac{1}{36} = 0{,}028 \qquad P(E=8) = \frac{5}{36} = 0{,}139$

$P(E=3) = \frac{2}{36} = 0{,}056 \qquad P(E=9) = \frac{4}{36} = 0{,}111$

$P(E=4) = \frac{3}{36} = 0{,}083 \qquad P(E=10) = \frac{3}{36} = 0{,}083$

$P(E=5) = \frac{4}{36} = 0{,}111 \qquad P(E=11) = \frac{2}{36} = 0{,}056$

$P(E=6) = \frac{5}{36} = 0{,}139 \qquad P(E=12) = \frac{1}{36} = 0{,}028$

$P(E=7) = \frac{6}{36} = 0{,}167$

Wahrscheinlichkeitsfunktion und Verteilungsfunktion

Wahrscheinlichkeitsfunktion. Bei der Wahrscheinlichkeitsfunktion werden die Einzelwahrscheinlichkeiten in Abhängigkeit von den Ereignissen als Funktion dargestellt.

> Die Wahrscheinlichkeitsfunktion wird mit
> $$g(x)$$
> bezeichnet, wobei x für die Ergebnisse der Zufallsereignisse steht.

Verteilungsfunktion. Bei der Verteilungsfunktion werden die Einzelwahrscheinlichkeiten addiert und die Summenwahrscheinlichkeiten als Funktion dargestellt.

> Die Verteilungsfunktion wird mit
> $$G(x)$$
> bezeichnet, wobei x ebenfalls für die Ergebnisse der Zufallsereignisse steht.

Für die Wahrscheinlichkeitsfunktion des Würfelexperiments aus Beispiel 3 ergibt sich ein dreieckiger Verlauf aus zwei linearen Funktionen. Für die Verteilungsfunktion ergibt sich ein s-förmiger Verlauf.

Das Nagelbrett von Galton

Die Streuung der Prüfwerte bei einem Fertigungsprozess entsteht durch mehrere nacheinander stattfindende Zufallsereignisse.
Dieser Vorgang kann anschaulich mit dem Nagelbrett von Galton[1] dargestellt werden **(Bild 3)**. Auf einem Brett befinden sich mehrere Nagelreihen, die versetzt angeordnet sind. Über einen Trichter fallen Kugeln nacheinander auf den ersten Nagel in der obersten Reihe und werden dort mit der Wahrscheinlichkeit 50% (0,5) nach links oder rechts verteilt. In der nächsten Reihe wird die Kugel wieder mit der Wahrscheinlichkeit 50% nach links oder rechts verteilt. Jede Kugel durchläuft also einen zufälligen Kurs durch die Reihen und kommt schließlich in den Auffangkanälen am unteren Brettende an.
Von Interesse ist nun die Verteilungscharakteristik, die sich durch diese Zufallsereignisse ergibt.
Dazu müssen die Einzelwahrscheinlichkeiten von Nagelreihe zu Nagelreihe kombiniert werden.

Für Beispiel 3 ergeben sich die Funktionen nach **Bild 1 und Bild 2, folgende Seite.**

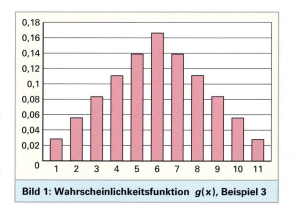

Bild 1: Wahrscheinlichkeitsfunktion $g(x)$, Beispiel 3

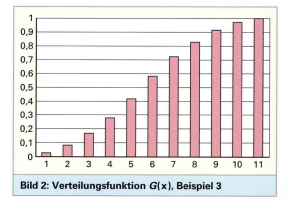

Bild 2: Verteilungsfunktion $G(x)$, Beispiel 3

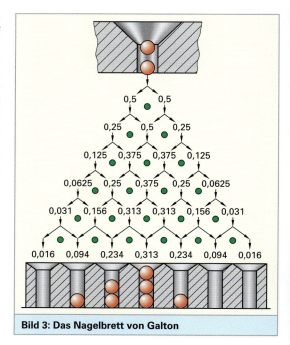

Bild 3: Das Nagelbrett von Galton

---

[1] *Francis Galton* (1822 bis 1911), engl. Naturforscher

Zeichnet man die Wahrscheinlichkeiten als Wahrscheinlichkeitsfunktion g(x) auf, so erhält man einen glockenförmigen Verlauf (**Bild 1**). Die Verteilungsfunktion G(x) zeigt einen s-förmigen Verlauf (**Bild 2**).
Bild 3 zeigt ein erweitertes Galton'sches Nagelbrett, bei dem sich auch der Einlauftrichter verschieben lässt. Damit lässt sich die Lage der Verteilung verschieben. Dieser Vorgang wird in einem Fertigungsprozess durch einen systematischen Einfluss wie z.B. eine Werkzeugabnutzung verursacht.
Im unteren Auffangbereich können auch verschobene Verteilungen zu Mischverteilungen zusammengesetzt werden. Es entsteht eine ähnliche Verteilung wie in Beispiel 3 im vorangegangenen Kapitel 5.4.2.

Die Normalverteilung

Zeigt die Verteilung von Prüfwerten einer Stichprobe die gleiche Charakteristik (symmetrische Glockenkurve) wie in Bild 1, so lässt sich diese auch mit dem Modell der *Gauß'schen Normalverteilung*[1] mathematisch beschreiben.
Geht man von unendlich vielen Einzelwerten und von immer schmaler werdenden Balken (= kleiner werdende Klassenbreiten) aus, so entsteht die für die Normalverteilung typische **Glockenkurve**, eine symmetrische und stetige Verteilung. Wurde im Histogramm an der senkrechten Achse (Ordinate) die absolute Häufigkeit (absolute Wertanteile) oder die relative Häufigkeit (prozentuale Wertanteile) aufgetragen, so wird daraus jetzt die Wahrscheinlichkeitsdichte g(x) mit der folgenden Definition.

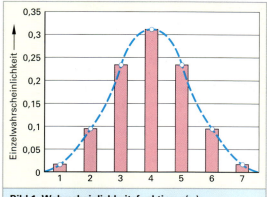

Bild 1: Wahrscheinlichkeitsfunktion g(x)

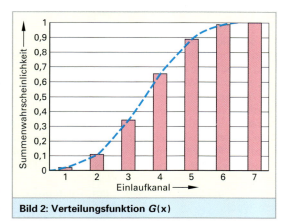

Bild 2: Verteilungsfunktion G(x)

$$g(x) = \frac{\text{Wahrscheinlichkeit, dass ein Messwert eine Klasse belegt}}{\text{Breite der Klasse}}$$

Durch die zwei Parameter **Mittelwert μ** und **Standardabweichung σ** (Sigma) wird die Normalverteilung eindeutig beschrieben.

Die Wahrscheinlichkeitsdichtefunktion ist:

$$g(x) = \frac{1}{\sigma \cdot \sqrt{2 \cdot \pi}} \cdot e^{-\frac{1}{2}\left(\frac{x-\mu}{\sigma}\right)^2}$$

Der Mittelwert μ liegt beim **Kurvenmaximum** und bestimmt die Lage der Verteilung auf der x-Achse. Die Standardabweichung σ kennzeichnet die **Streuung** (das Abweichverhalten vom Mittelwert) der Merkmalswerte. Der Wert der Standardabweichung **Sigma** entspricht dem Abstand der Wendepunkte der Kurve vom Mittelwert.

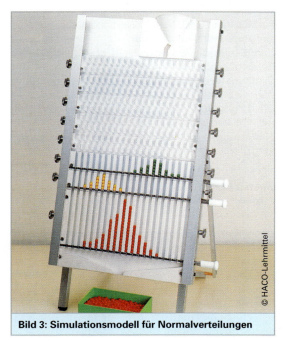

Bild 3: Simulationsmodell für Normalverteilungen

---

[1] *Gauß, Karl-Friedrich*, Mathematiker und Astronom (1777 bis 1855)

Mathematisch berührt die Glockenkurve die x-Achse im Unendlichen. Die Fläche unterhalb der gesamten Glockenkurve entspricht der Grundgesamtheit. In der Praxis betrachtet man aber nur den Bereich von $\mu \pm 3 \cdot \sigma$, in dem 99,73% aller Werte oder den Bereich von $\mu \pm 4 \cdot \sigma$, in dem 99,99% aller Werte liegen **(Bild 1)**.

Summiert man die Werte der Wahrscheinlichkeitsdichte mit zunehmendem x auf, so erhält man die **Verteilungsfunktion G (x)**. An ihrer senkrechten Achse können die prozentualen Anteile der Merkmalswerte von $x = -\infty$ bis zu einem bestimmten Wert x_n abgelesen werden (dieser entspricht der Fläche unter der Glockenkurve und damit dem Integral in diesem Bereich). Die Kurve zeigt einen typischen S-Verlauf, deren Wendepunkt bei dem Wert $x = \mu$ und damit bei 50% der Merkmalswerte liegt.

Die standardisierte Normalverteilung
Wird das mathematische Modell der Normalverteilung bei einer statistischen Auswertung angewendet, so ist der Wert der Wahrscheinlichkeitsdichte $g(x)$ auf der y-Achse nicht von Interesse. Zu bestimmen sind immer Anteile, die unter einem vorgegebenen x-Wert, über einem vorgegebenen x-Wert oder zwischen zwei vorgegebenen x-Werten liegen. Wird eine Prüfwertemenge untersucht, so will man wissen, wie viel Prozent unter der unteren Toleranzgrenze oder über der oberen Toleranzgrenze oder wie viel Prozent zwischen den Toleranzgrenzen liegen.

Es wird also der Wert des Integrals, d.h. **die Fläche unter der Glockenkurve** für einen bestimmten Bereich gesucht. Diesen Wert stellt die y-Achse der Verteilungsfunktion dar.

Damit man diese Werte nicht über komplizierte Berechnungen bestimmen muss, wurde in der Mathematik eine Tabelle entwickelt, aus der diese Werte ablesbar sind.

Die Unabhängigkeit von bestimmten Streubereichen verschiedener Prüfwerte wird durch die Einführung einer standardisierten Normalverteilungsvariablen u erreicht.

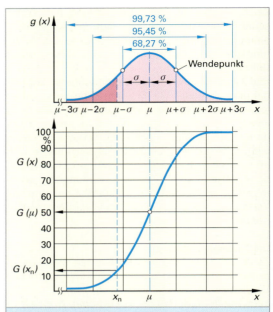

Bild 1: Wahrscheinlichkeitsdichtefunktion und Verteilungsfunktion der Normalverteilung

$$x = \mu \quad \rightarrow \quad u = \frac{\mu - \mu}{\sigma} = 0$$

$$x = \mu + \sigma \quad \rightarrow \quad u = \frac{\mu + \sigma - \mu}{\sigma} = 1$$

$$x = \mu + 2\sigma \quad \rightarrow \quad u = \frac{\mu + 2\sigma - \mu}{\sigma} = 2$$

$$x = \mu + 3\sigma \quad \rightarrow \quad u = \frac{\mu + 3\sigma - \mu}{\sigma} = 3$$

$$x = \mu - \sigma \quad \rightarrow \quad u = \frac{\mu - \sigma - \mu}{\sigma} = -1$$

$$x = \mu - 2\sigma \quad \rightarrow \quad u = \frac{\mu - 2\sigma - \mu}{\sigma} = -2$$

$$x = \mu - 3\sigma \quad \rightarrow \quad u = \frac{\mu - 3\sigma - \mu}{\sigma} = -3$$

Die Normalverteilungsvariable:

$$u = \frac{x - \mu}{\sigma}$$

Der Mittelwert μ und die Standardabweichung σ sind abhängig von der jeweiligen Aufgabe. Nimmt ein x-Wert genau den Werten von μ, $\mu + \sigma$, $\mu + 2\sigma$, $\mu + 3\sigma$, $\mu - 2\sigma$ oder $\mu - 3\sigma$ an, so lassen sich die entsprechenden Werte für die standardisierte Normalverteilungsvariable u wie nebenstehend berechnen und man erhält die standardisierte Normalverteilung, die im **Bild 2** dargestellt ist.

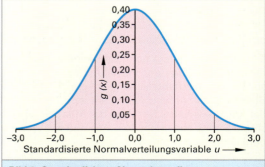

Bild 2: Standardisierte Normalverteilung

1.6 Werkzeuge des TQM

Die nebenstehende **Tabelle 1** zeigt die Werte der Verteilungsfunktion $G(u)$ in Abhängigkeit von der standardisierten Normalverteilungsvariablen u. Umfangreiche Tabellen mit kleineren u-Schritten findet man in mathematischen Tabellenbüchern. Die Tabelle kann auch mit einem Tabellenkalkulationsprogramm selbst erstellt werden.
Die Arbeit mit dieser Tabelle soll an einigen Beispielen erläutert werden:

Beispiel 1: Wieviel % der Werte liegen im Bereich von -2σ und $+2\sigma$ einer Normalverteilung?

Da dieser Bereich dem Bereich $-2u$ bis $+2u$ entspricht, können die beiden Werte $G(u)$ aus der Tabelle entnommen und durch Subtraktion das Ergebnis bestimmt werden:

$G(u = +2) = 97{,}72\%$ $G(u = -2) = 2{,}28\%$

Ergebnis: $97{,}72\% - 2{,}28\%$ = **95,44%**

Beispiel 2: Wieviel % der Werte liegen im Bereich von $-1{,}6\,\sigma$ und $+0{,}8\,\sigma$ einer Normalverteilung?

$G(u = +0{,}8) = 78{,}81\%$ $G(u = -1{,}6) = 5{,}48\%$

Ergebnis: $78{,}81\% - 5{,}48\%$ = **73,33%**

Tabelle 1: Werte $G(u)$ der Standardisierten Normalverteilung

u	G(x)	G(x) in %	u	G(x)	G(x) in %
-3,0	0,0013	0,13 %	0,2	0,5793	57,93 %
-2,8	0,0026	0,26 %	0,4	0,6554	65,54 %
-2,6	0,0047	0,47 %	0,6	0,7257	72,57 %
-2,4	0,0082	0,82 %	0,8	0,7881	78,81 %
-2,2	0,0139	1,39 %	1,0	0,8413	84,13 %
-2,0	0,0228	2,28 %	1,2	0,8849	88,49 %
-1,8	0,0359	3,59 %	1,4	0,9192	91,92 %
-1,6	0,0548	5,48 %	1,6	0,9452	94,52 %
-1,4	0,0808	8,08 %	1,8	0,9641	96,41 %
-1,2	0,1151	11,51 %	2,0	0,9772	97,72 %
-1,0	0,1587	15,87 %	2,2	0,9861	98,61 %
-0,8	0,2119	21,19 %	2,4	0,9918	99,18 %
-0,6	0,2743	27,43 %	2,6	0,9953	99,53 %
-0,4	0,3446	34,46 %	2,8	0,9974	99,74 %
-0,2	0,4207	42,07 %	3,0	0,9987	99,87 %
0	0,5000	50,00 %			

Kurzbezeichnungen bei der Grundgesamtheit und der Stichprobe

Zur Beurteilung eines Fertigungsprozesses kann nur selten auf die Gesamtheit aller Merkmalswerte für eine Auswertung aufgebaut werden. Es können nur Stichproben genommen werden. Meist muss auch ein Prozess schon beim Anlauf beurteilt werden. Mit den aus der **Stichprobe** gewonnenen **Kennwerten** der Verteilung werden dann die **Parameter** der **Grundgesamtheit** geschätzt. Damit Stichprobenkennwerte klar von den Parametern der Grundgesamtheit unterschieden werden können, werden unterschiedliche Kurzbezeichnungen verwendet **(Tabelle 2)**.

Tabelle 2: Kurzbezeichnungen bei Grundgesamtheit und Stichprobe

	Grundgesamtheit Parameter:	Stichprobe Kennwerte:
Werteumfang	N	n
Mittelwert	μ	$\bar{x}$
Standardabweichung:	σ	σ

Rechnerische Ermittlung von $\bar{x}$ und s

Der arithmetische Mittelwert $\bar{x}$ (sprich x quer) und die Standardabweichung s einer Stichprobe vom Umfang n werden nach den nebenstehenden Formeln ermittelt.
Beide Werte können bei den meisten Taschenrechnern mit einer Taste abgerufen werden.
Mit der Standardabweichung wird der mittlere Abstand der Einzelwerte x_i vom Mittelwert $\bar{x}$ berechnet. Quadrat und Wurzel sind deshalb notwendig, damit die Abstände alle positiv werden. Positive und negative Abstände würden sich sonst gegenseitig aufheben.

$$\bar{x} = \frac{\Sigma x_i}{n} = \frac{x_1 + x_2 + \ldots x_n}{n}$$

$$s = \sqrt{\frac{\Sigma (x_i - \bar{x})^2}{n-1}}$$

$x_1 = x_1, x_2 \ldots x_n$ (einzelne Merkmalswerte)

Häufig findet man auf Taschenrechnern zwei s-Werte: s_{n-1} *und* s_n (manchmal auch mit s_{n-1} und σ_n bezeichnet). Der Unterschied liegt im Nenner der Formel für s (bzw. σ). Im einen Fall wird durch $n-1$ und im anderen Fall durch n dividiert. Bei Stichproben wird mit s_{n-1} gerechnet.

Beispiel: Für die normalverteilten Prüfwerte des Merkmals „Gabelinnenmaß" mit dem Maß $26^{+\,0,1}$ soll für die Stichprobe vom Umfang $n = 50$ (Prüfwerte siehe Urliste von Beispiel 1 im vorangegangenen Kapitel) der Mittelwert und die Standardabweichung bestimmt werden.

Es ergeben sich folgende Werte für den Mittelwert und die Standardabweichung:

$$\overline{x} = 26{,}064 \text{ mm}$$
$$s = 0{,}0185 \text{ mm}$$

Mit diesen beiden Werten lässt sich schon das zugehörige mathematische Modell der Gauß'schen Normalverteilung aufzeichnen (**Bild 1**). Da die Fläche unter der Glockenkurve die Menge der Merkmalswerte darstellt, kann man nach dem Einzeichnen der Toleranzgrenzen (G_u und G_o) erkennen, dass oberhalb der oberen Toleranzgrenzen ein erheblicher fehlerhafter Anteil liegt, obwohl in der Urliste kein Wert außerhalb der Toleranzgrenzen liegt. Mit der Verteilungsfunktion $G(x)$ kann dieser zeichnerisch ungefähr ermittelt werden.

Geht man also davon aus, dass der Fertigungsprozess normalverteilt ist, so ist langfristig dieser Fehleranteil zu erwarten.

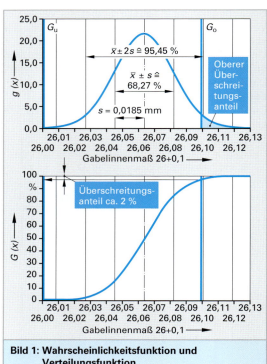

Bild 1: Wahrscheinlichkeitsfunktion und Verteilungsfunktion

Wahrscheinlichkeitsnetz

Das Wahrscheinlichkeitsnetz stellt im Grunde die Verteilungsfunktion der Normalverteilung dar. Der Maßstab der senkrechten Achse (Ordinate) wurde so verändert, dass aus dem s-förmigen Verlauf eine Gerade wird. Dieser Maßstab beginnt bei 0,05 % mit großen Abständen, die bis 50 % immer kleiner werden. Ab 50 % werden sie in umgekehrter Weise wieder größer bis zu dem maximalen Wert 99,95 % (**Bild 2**).

Auf einer parallelen Achse ist die **standardisierte Normalverteilungsvariable u** abgetragen. Mit deren Hilfe lassen sich bei einer Stichprobenauswertung sofort der Mittelwert und die Werte für die Standardabweichung ablesen.

Auf der waagerechten Achse (Abszisse) wird der zu betrachtende **Bereich der Merkmalswerte** ausgetragen. Mit dem Wahrscheinlichkeitsnetz kann man schnell und einfach Stichproben auf **Normalverteilung untersuchen** und **auswerten**.

Nach Ermittlung der relativen (prozentualen) Summenhäufigkeiten lassen sich diese als Punkte in das Wahrscheinlichkeitsnetz einzeichnen. Liegen die Punkte annähernd auf einer Geraden, so kann man davon ausgehen, dass der Prozess normalverteilt ist. Anhand der Geraden kann man weiterhin den Mittelwert ablesen und mithilfe des u-Maßstabes die Standardabweichung ermitteln.

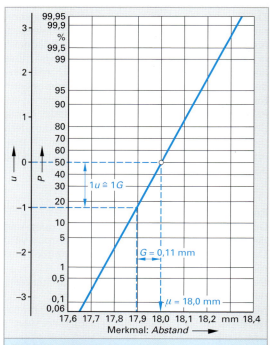

Bild 2: Wahrscheinlichkeitsnetz für das Merkmalsbeispiel „Abstand in mm" mit einem Mittelwert von 18,0 mm

1.6 Werkzeuge des TQM

Aufgabe:

Die Härte von Gelenkbolzen soll mindestens 60 HRC und höchstens 62 HRC betragen.

Mit einer Stichprobe vom Umfang $n = 50$ soll im Rahmen einer Prozessfähigkeitsuntersuchung

a) Mittelwert und Standardabweichung rechnerisch bestimmt werden,

b) mit Hilfe des Wahrscheinlichkeitsnetzes beurteilt werden, ob eine Normalverteilung vorliegt und weiterhin soll mit Hilfe des Wahrscheinlichkeitsnetzes Mittelwert, Standardabweichung und die Überschreitungsanteile bestimmt werden.

Die ermittelten Messwerte sind in nebenstehender Urliste zusammengestellt (**Tabelle 1**).

Tabelle 1: Urliste

Messwerte in Rockwell-Härte (HRC)				
10	20	30	40	50
61,1	61,5	60,7	60,1	60,3
61,4	61,1	61,9	61,7	60,8
61,6	61,5	60,9	61,4	60,7
60,5	62,0	61,8	61,2	61,2
60,9	61,2	61,4	62,0	61,7
61,7	61,2	61,2	62,4	61,4
61,5	61,8	61,2	61,0	60,7
61,1	61,0	61,3	61,9	60,6
60,3	60,0	61,3	62,2	61,7
61,8	61,4	60,8	60,3	61,7

Lösung:

a) Rechnerische Ermittlung von $\bar{x}$ und s

Der arithmetische Mittelwert $\bar{x}$ und die Standardabweichung s der Stichprobe werden nach den nebenstehenden Formeln ermittelt.

$$\bar{x} = \frac{\Sigma \bar{x}_i}{n} = \frac{\bar{x}_1 + \bar{x}_1 + \ldots \bar{x}_n}{n}$$

$$s = \sqrt{\frac{\Sigma(\bar{x}_i - \bar{x})^2}{n-1}}$$

$x_i = x_1, x_2 \ldots x_n$ (einzelne Merkmalssyteme)

Setzt man die Werte aus dem Beispiel ein, so errechnet man folgende Werte:

$\bar{x} = 61{,}24$ HRC

$s = 0{,}58$ HRC

Mit diesen beiden Werten lässt sich schon das zugehörige mathematische Modell der Gauß'schen Normalverteilung aufzeichnen (**Bild 1**). Da die Fläche unter der Glockenkurve die Menge der Merkmalswerte darstellt, kann man nach dem Einzeichnen der Toleranzgrenzen (OGW und UGW) erkennen, dass die Anteile, die diese Grenzen überschreiten, relativ groß sind.

Obwohl sich in der Urliste kein Wert befindet, der unter dem unteren Grenzwert von 60 HRC liegt, zeigt uns das mathematische Modell auch hier einen erheblichen Überschreitungsanteil.

b) Auswertung im Wahrscheinlichkeitsnetz

Bevor man mit der Auswertung im Wahrscheinlichkeitsnetz beginnen kann, sind noch einige Vorarbeiten erforderlich.

Klassenanzahl und Klassenweite

Zunächst müssen die Messwerte in Klassen eingeteilt werden. Hierzu muss die **Klassenanzahl** und die **Klassenweite** festgelegt werden. Bei Stichprobenumfängen von $n = 30$ bis 400 berechnet man diese beiden Größen nach den nebenstehenden Formeln.

Wertet man von Hand aus (wie im Beispiel gefordert), so rundet man hier auf gut teilbare und übersichtliche Größen auf oder ab. Wird die Auswertung über SPC-Softwareprogramme vorgenommen, so übernehmen diese Programme die genauen Werte.

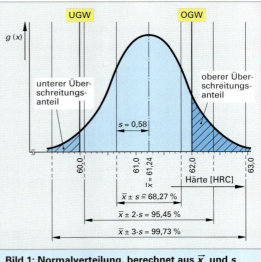

Bild 1: Normalverteilung, berechnet aus $\bar{x}$ und s

Klassenanzahl $k \approx \sqrt{n}$

Klassenweite $w \approx \frac{R_n}{k}$

$R_n = x_{i\,max} - x_{i\,min}$

R_n = Spannweite der Stichprobe vom Umfang n

$x_{i\,max}$ = größter Merkmalswert

$x_{i\,min}$ = kleinster Merkmalswert

Tabelle 1 zeigt die für das Beispiel gewählten Klassen und die zugehörige Strichliste.

Häufigkeit und Summenhäufigkeit

Als Vorarbeit für die Auswertung im Wahrscheinlichkeitsnetz ist die relative Summenhäufigkeit in den einzelnen Klassen zu ermitteln.

Hierzu ermittelt man zuerst die **absolute Häufigkeit**, bei der in jeder Klasse die Anzahl der Messwerte ermittelt wird. Bezieht man jede Anzahl auf den Stichprobenumfang n und drückt diesen in Prozentanteilen aus, so erhält man die **relative Häufigkeit**.

Summiert man die Werte von Klasse zu Klasse auf, so ergibt sich die **absolute**, bzw. die **relative Summenhäufigkeit**. In Tabelle 1 sind die Ergebnisse in den letzten vier Spalten aufgetragen.

Histogramm der Häufigkeit und Summenhäufigkeit

Mit Tabelle 1 lassen sich nun auch sehr schnell Histogramme für die Häufigkeiten und Summenhäufigkeiten aufzeichnen (**Bild 1**).

Übertragung in das Wahrscheinlichkeitsnetz

Nachdem der Maßstab und die Klassen auf die waagerechte Achse (Abszisse) übertragen wurden, werden die relativen Summenhäufigkeiten an den Werten der oberen Klassenenden senkrecht aufgetragen (**Bild 1, folgende Seite**).

Ergeben die Punkte annähernd eine Gerade, so kann man davon ausgehen, dass die Streuung des Fertigungsprozesses normalverteilt ist, d. h. der Fertigungsprozess lässt sich bei der weiteren Fertigung durch Stichproben mit der Ermittlung und dem Vergleich der Stichprobenkennwerte Mittelwert und Standardabweichung sehr leicht beobachten und analysieren.

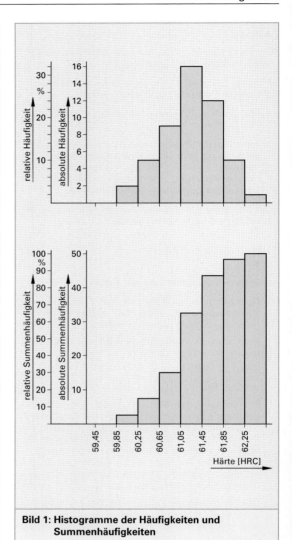

Bild 1: Histogramme der Häufigkeiten und Summenhäufigkeiten

Tabelle 1: Strichliste und Häufigkeiten							
Klasse			Strichliste	Häufigkeit		Summenhäufigkeit	
Nummer	von ... bis [HCR]			absolut (Anzahl)	relativ (in %)	absolut (Anzahl)	relativ (in %)
1	59,45 – 59,85			0	0	0	0
2	59,85 – 60,25		‖	2	4	2	4
3	60,25 – 60,65		⩘	5	10	7	14
4	60,65 – 61,05		⩘ ‖‖‖‖	9	18	16	32
5	61,05 – 61,45		⩘ ⩘ ⩘ ‖	16	32	32	64
6	61,45 – 61,85		⩘ ⩘ ‖‖	12	24	44	88
7	61,85 – 62,25		⩘	5	10	49	98
8	62,25 – 62,65		‖	1	2	50	100

1.6 Werkzeuge des TQM

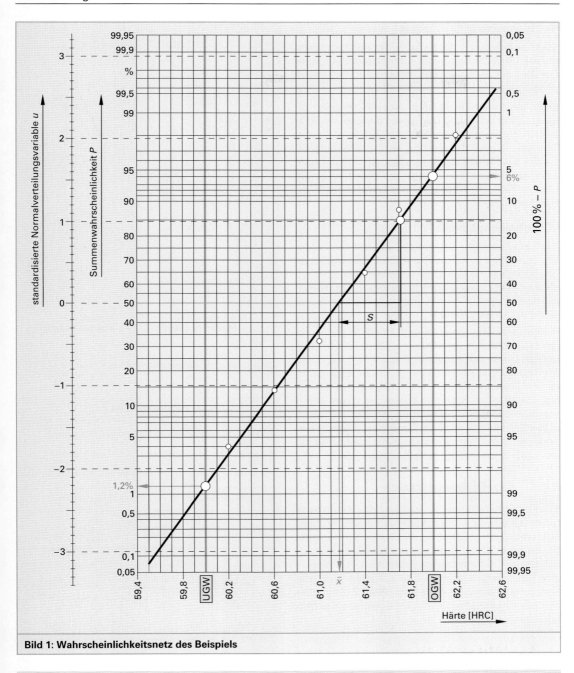

Bild 1: Wahrscheinlichkeitsnetz des Beispiels

Nach dem Einzeichnen der Summenhäufigkeiten des Beispiels ist zu erkennen, dass die Werte im Wahrscheinlichkeitsnetz annähernd auf einer Geraden liegen. Es kann also von einer Normalverteilung ausgegangen werden.

Bei dem Wert 50 % findet man am Schnittpunkt mit der Geraden den Mittelwert auf der Merkmalswert-Achse. Zeichnet man zwischen den Werten 0 und 1 der standardisierten Normalverteilungsvariablen ein Steigungsdreieck ein, so erhält man auf dem waagerechten Abstand die Standardabweichung.

In diesem Beispiel ergeben sich folgende Werte:

$\bar{x} = 61{,}15$ HRC $s = 0{,}54$ HRC

Die kleinen Differenzen zur rechnerischen Lösung ergeben sich aus der Zeichenungenauigkeit und dem geschätzten Einzeichnen der Geraden zwischen die leicht streuenden Konstruktionspunkte.

Nichtnormalverteilte Prozesse

Stellt sich heraus, dass die Summenhäufigkeitspunkte im Wahrscheinlichkeitsnetz nicht auf einer Geraden liegen, so können anhand der Punktelage auch andere Verteilungen erkannt werden.

Eine Mischverteilung aus zwei Normalverteilungen liegt vor, wenn die Punkte der unteren Hälfte und die Punkte der oberen Hälfte je auf einer Geraden liegen, dazwischen aber ein Versatz ist. Liegen die Punkte auf einem Bogen, so liegt eine unsymmetrische Verteilung vor. **Bild 1** zeigt die beiden Fälle im Wahrscheinlichkeitsnetz und ihr Funktionsschaubild $g(x)$.

Überschreitungsanteile

Bei einer Prozessbeurteilung ist es auch noch wichtig, den Anteil zu kennen, der die Toleranzgrenzen überschreitet. Diese Überschreitungsanteile (u) können nach dem Einzeichnen der Toleranzgrenzen UGW und OGW im Wahrscheinlichkeitsnetz direkt abgelesen werden.

In dem gezeigten Beispiel ergibt sich für den unteren Überschreitungsanteil u_{un} = 1,2 % und für den oberen Überschreitungsanteil u_{ob} = 6 %. 7,2 % der Merkmalswerte sind also bei dieser Verteilung und diesen Toleranzgrenzen als fehlerhaft zu erwarten. Damit ohne Rechenaufwand der obere Überschreitungsanteil direkt abgelesen werden kann, befindet sich am rechten Rand des Wahrscheinlichkeitsnetzes der Summenwahrscheinlichkeitsmaßstab in umgekehrter Reihenfolge (100 % – P).

5.4.4 Qualitätsregelkarten

Mit Qualitätsregelkarten werden die **Kennwerte** für die Verteilung der Merkmalswerte laufend überwacht. In regelmäßigen Abständen werden Stichproben dem Prozess entnommen, ausgewertet und die Kennwerte dokumentiert. Im Wareneingang lassen sich mit diesen Karten auch die Lieferqualitäten überwachen. **Bild 2** zeigt den Aufbau einer solchen Karte am Beispiel einer Mittelwertkarte.

Um frühzeitig auf Änderungen des Prozesses zu reagieren, setzt man den Prozesskennwerten Grenzen. Erreichen die Kennwerte die **Warngrenzen**, so weisen die Überschreitungsanteile zwar noch ein erträgliches Maß auf, es besteht aber die Gefahr, dass der Prozess noch weiter abdriftet. Meist wird in solch einem Fall der Prozess noch schärfer, d. h. in kürzeren Abständen beobachtet. Wird eine **Eingriffsgrenze** erreicht, so muss der Prozess angehalten, Ursachen erforscht und Maschineneinstellungen korrigiert oder Werkzeuge gewechselt werden.

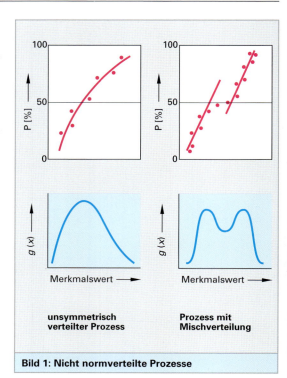

Bild 1: Nicht normverteilte Prozesse

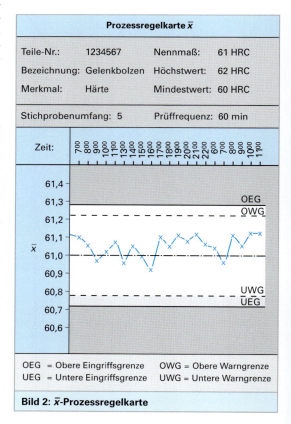

OEG = Obere Eingriffsgrenze OWG = Obere Warngrenze
UEG = Untere Eingriffsgrenze UWG = Untere Warngrenze

Bild 2: $\bar{x}$-Prozessregelkarte

1.6 Werkzeuge des TQM

Welche Maßnahmen in diesen Fällen im Einzelnen ergriffen werden müssen, wird im **Prüfplan** dokumentiert.

Arten von Qualitätsregelkarten
Man unterscheidet bei kontinuierlichen Merkmalen (= Messwerten) 2 Arten von Regelkarten:

1. Prozessregelkarten (Shewartkarten[1])
Diese Karten gehen nicht von vorgegebenen Grenzwerten aus. Eingriffs- und Warngrenzen (OEG, OWG und UWG, UEG) werden über Schätzwerte der Verteilungsparameter (Mittelwert und Standardabweichung) einer Grundgesamtheit bestimmt. **Bild 1** zeigt diesen Vorgang am Beispiel einer Urwertkarte.

Ist der Fertigungsprozess eine Wiederholung von einem schon einmal oder mehrmals durchgeführten Prozess, so werden die Grenzwerte aus dessen Verteilungsparametern gebildet.

Wird ein Fertigungsprozess zum ersten Mal angefahren, so schätzt man die Verteilungsparameter der Grundgesamtheit über einen Vorlauf (z.B. 25 Stichproben mit Stichprobenumfang $n = 5$). Da bei fortschreitendem Verlauf des Prozesses ständig weitere Messwerte gewonnen werden, können diese in erneute Grenzwertberechnungen mit einbezogen werden.

2. Annahmeregelkarten
Hier werden die Eingriffs- und Warngrenzen über die Toleranzgrenzwerte berechnet. Als Grundlage für die Berechnung der Eingriffs- und Warngrenzen dient eine Verteilung, deren Streuung zwischen den Toleranzgrenzen $\pm 4\,\sigma$ (manchmal auch $\pm 5\,\sigma$) beträgt.

In **Bild 2** wird dieser Vorgang am Beispiel einer Urwertregelkarte verdeutlicht.

Prozess- und Annahmeregelkarten gibt es für die Einzelmesswerte (Urwerte) und für die Kennwerte von Lage und Streuung einer Stichprobe **(Tabelle 1)**. Um die Lage und die Streuung eines Prozesses gleichzeitig zu überwachen, werden vorzugsweise $\bar{x}$-Karten und R-Karten[2] oder $\bar{x}$- und s-Karten kombiniert. Führt man Regelkarten von Hand, wird die $\bar{x}$- und R-Karte bevorzugt, da die Spannweite R wesentlich einfacher von Hand zu ermitteln ist als die Standardabweichung s.

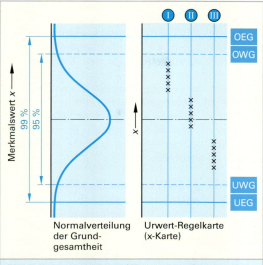

Bild 1: Prozessregelkarte (Shewartkarte) – von der Grundgesamtheit zur Regelkarte am Beispiel einer Urwertkarte

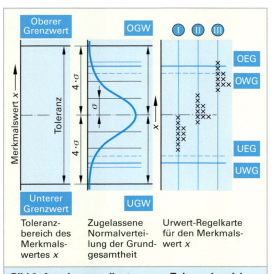

Bild 2: Annahmeregelkarte – vom Toleranzbereich zur Regelkarte am Beispiel einer Urwertkarte

Tabelle 1: Regelkarten	
Urwerte (x-Karte)	
Kennwerte der Lage	Kennwerte der Streuung
Median ($\tilde{x}$-Karte)	Spannweite (R-Karte)
arithmet. Mittelwert ($\bar{x}$-Karte)	Standardabweichung (s-Karte)

---
[1] *Walter Andrew Shewart* (1891 bis 1967), amerik. Wissenschaftler
[2] R von engl. range = Reichweite

Zufallsstreubereiche einer Normalverteilung

Eingriffs- und Warngrenzen werden nach den 99 %- und 95 %-Zufallsstreubereichen der Normalverteidigung der Grundgesamtheit ermittelt. Der Zufallsstreubereich gibt den Merkmalswertebereich an, in dem 99 % bzw. 95 % der Merkmalswerte der Grundgesamtheit liegen. Die zugehörigen Merkmalsgrenzwerte können mit dem Wahrscheinlichkeitsnetz oder einer $G(u)$-Tabelle ermittelt werden. **Bild 1** zeigt die Ermittlung des 95 %-Zufallsstreubereichs mithilfe des Wahrscheinlichkeitsnetzes.

Bestimmung von Warn- und Eingriffsgrenzen bei einer Mittelwert-Prozessregelkarte

Sind die Parameter Mittelwert μ und Standardabweichung s einer Grundgesamtheit bekannt (aus einem vorausgegangenen Prozess oder einem Vorlauf), so können die Warn- und Eingriffsgrenzen für eine Mittelwert-Regelkarte bestimmt werden.

Beispiel:
Durch einen Vorlauf bei der Herstellung von elektrischen Widerständen wurden folgende Parameter ermittelt:

$\mu = 100\ \Omega$, $\sigma = 2\ \Omega$. In **Bild 1a, folgende Seite**, ist zunächst dieser Vorlauf durch ein Histogramm dargestellt und **Bild 1b, folgende Seite**, zeigt das zugehörige mathematische Modell der Normalverteilung.

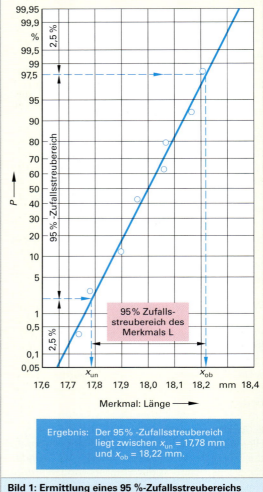

Bild 1: Ermittlung eines 95 %-Zufallsstreubereichs mit dem Wahrscheinlichkeitsnetz

Wiederholung und Vertiefung

1. Erläutern Sie den Aufbau eines Wahrscheinlichkeitsnetzes.
2. Welcher Wert lässt sich bei $P = 50\ \%$ im Wahrscheinlichkeitsnetz ablesen?
3. Welche Form muss die Funktion $G(x)$ im Wahrscheinlichkeitsnetz haben, wenn eine Normalverteilung vorliegt?
4. Wie wird der arithmetische Mittelwert berechnet?
5. Wie wird die Standardabweichung berechnet?
6. Wie wird die Klassenanzahl und Klassenweite für ein Histogramm bestimmt?
7. Beschreiben Sie den Aufbau einer Qualitätsregelkarte.
8. Welche Ziele verfolgt man beim Führen von Qualitätsregelkarten?
9. Unterscheiden Sie „Prozessregelkarten" und „Annahmeregelkarten".
10. Für welche Kenngrößen gibt es Regelkarten?
11. Lage und Streuung eines Merkmalswertes sollen von Hand dokumentiert und ausgewertet werden. Welche Regelkartenkombination schlagen Sie vor?
12. Auf welche Weise kann in einem Wahrscheinlichkeitsnetz der 95 %-Zufallsstreubereich der Merkmalswerte in einem Wahrscheinlichkeitsnetz bestimmt werden?
13. Wie lässt sich aus der Standardabweichung der Merkmalswerte die Standardabweichung der Mittelwerte bestimmen?

1.6 Werkzeuge des TQM

Aufgabe:
Der folgende Fertigungsprozess soll mit regelmäßigen Stichproben vom Umfang $n = 10$ überwacht werden. Für eine $\bar{x}$-Regelkarte sollen die Warngrenzen und Eingriffsgrenzen bestimmt werden.

Die **Bilder 1c und 1d** zeigen drei Histogramme und ihre zugehörigen Schaubilder der Normalverteilung von Stichproben, die alle von dem Histogramm des Vorlaufs stammen können.

Stichprobe I liegt ganz links im Streubereich des Vorlaufs, II in der Mitte und III ganz rechts im Streubereich. Die Wahrscheinlichkeit, dass die beiden extremen Stichproben I und III vorkommen, ist sehr gering. Bleibt der Prozess konstant, werden mit größter Wahrscheinlichkeit ähnliche Stichproben wie die Stichprobe II mit gleicher oder größerer Streuung zu erwarten sein. Aus dieser Erkenntnis kann man folgern, dass die Mittelwerte der einzelnen Stichproben wiederum in einer Normalverteilung streuen.

Lösung:
Die Standardabweichung der Verteilung der Mittelwerte lässt sich nach folgender Formel bestimmen:

$$\sigma_x = \frac{\hat{\sigma}}{\sqrt{n}} = \frac{2\,\Omega}{\sqrt{10}} = 0{,}632\,\Omega$$

Bild 1e zeigt die Normalverteilung der Mittelwerte $\bar{x}$. Die Regelkartengrenzen bestimmt man über die in Europa üblichen 99%- bzw. 95%-Zufallsstreubereiche (**Bild 1e und Bild 1f**).

Berechnung der Grenzwerte:

$$OEG = \hat{\mu} + u_{0{,}995} \cdot \frac{\hat{\sigma}}{\sqrt{n}}$$

$$= 100\,\Omega + 2{,}5758 \cdot \frac{2\,\Omega}{\sqrt{10}} = \mathbf{101{,}63\,\Omega}$$

$$UEG = \hat{\mu} - u_{0{,}995} \cdot \frac{\hat{\sigma}}{\sqrt{n}}$$

$$= 100\,\Omega - 2{,}5758 \cdot \frac{2\,\Omega}{\sqrt{n}} = \mathbf{98{,}371\,\Omega}$$

$$OWG = \hat{\mu} + u_{0{,}975} \cdot \frac{\hat{\sigma}}{\sqrt{n}}$$

$$= 100\,\Omega + 1{,}96 \cdot \frac{2\,\Omega}{\sqrt{10}} = \mathbf{101{,}24\,\Omega}$$

$$UWG = \hat{\mu} - u_{0{,}975} \cdot \frac{\hat{\sigma}}{\sqrt{n}}$$

$$= 100\,\Omega - 1{,}96 \cdot \frac{2\,\Omega}{\sqrt{n}} = \mathbf{98{,}76\,\Omega}$$

Die Werte der standardisierten Normalverteilungsvariablen u (hier: 2,5758 und 1,96) werden einer $G(u)$-Tabelle entnommen.

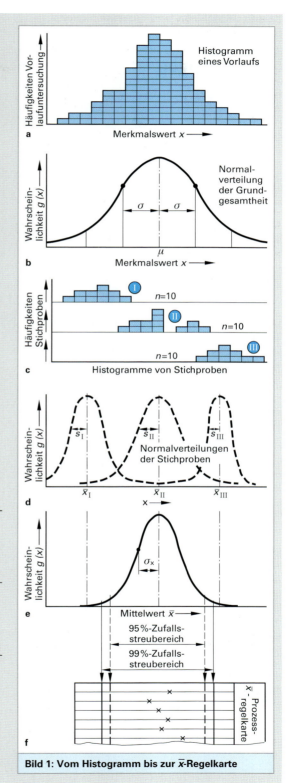

Bild 1: Vom Histogramm bis zur $\bar{x}$-Regelkarte

1.6.4.6 Maschinen- und Prozessfähigkeit

Unter **Maschinenfähigkeit** versteht man die Fähigkeit einer Maschine, die Werte eines Merkmals mit genügender Wahrscheinlichkeit innerhalb der vorgegebenen Merkmalsgrenzwerte zu fertigen. Hierzu wird im Rahmen einer Maschinenfähigkeitsuntersuchung eine fortlaufende Stichprobe vom Umfang $n = 50$ entnommen. Alle Einflussgrößen, z.B. Prüfmittel, Bedienungspersonal, Rohmaterial, Maschineneinstellung auf den Fertigungsprozess bleiben während der Fertigung der Stichprobe konstant. Der geschätzte Mittelwert und die geschätzte Standardabweichung[1] dieser Stichprobe charakterisieren die Fertigungsgenauigkeit der Maschine **(Bild 1)**.

Aus den Kennwerten der Stichprobe werden die beiden Kennzahlen c_m und c_{mk} nach folgenden Formeln gebildet:

$$c_m = \frac{T}{6 \cdot \hat{\sigma}} \qquad c_{mk} = \frac{|\Delta_{krit}|}{3 \cdot \hat{\sigma}}$$

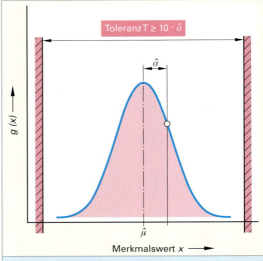

Bild 1: Normalverteilung einer Maschinenfähigkeitsuntersuchung

Die Maschine gilt als fähig, wenn die Toleranz mindestens den 10fachen Wert von $\hat{\sigma}$ beträgt (Bild 1). Die Maschinenfähigkeitskennzahl c_m nimmt dann einen Wert gleich oder größer 1,66 an.

In der Automobilproduktion geht man häufig dazu über, einen Wert für $\hat{\sigma} \leq \frac{1}{12}$ der Toleranz zu fordern. Eine Maschine ist demzufolge fähig, wenn ein c_m-Wert von 2 oder größer vorliegt.

Da der c_m-Wert nichts über die Lage der Verteilung innerhalb der Toleranz aussagt, bildet man mit dem kleinsten Abstand vom Mittelwert zur Toleranzgrenze nach oben stehender Formel den c_{mk}-Wert. Bildet diese Kennzahl ebenfalls einen Wert gleich oder größer 1,66, so ist auch nach dieser Zahl die Maschine fähig **(Bild 2)**.

Bei der **Prozessfähigkeit** wird auf ähnliche Weise ein Fertigungsprozess mit seinen sämtlichen Einflussgrößen (Personal, Maschine, Rohmaterial, Umwelteinflüsse, Prüfmethode usw.) untersucht. Grundlage der Bestimmung der Verteilungsparameter bilden dabei mindestens 25 Stichproben mit einem Umfang von mindestens $n = 5$, die in regelmäßigen Abständen dem Prozess entnommen werden. Aus den geschätzten Parametern Standardabweichung und Mittelwert werden dann die Prozessfähigkeitskennzahlen c_p und c_{pk} auf die gleiche Weise wie die c_{mk} gebildet und ausgewertet:

$$c_p = \frac{T}{6 \cdot \hat{\sigma}} \qquad c_{pk} = \frac{|\Delta_{krit}|}{3 \cdot \hat{\sigma}}$$

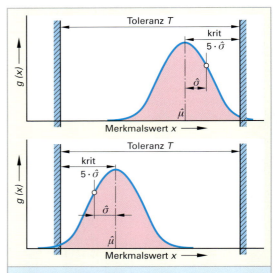

Bild 2: Normalverteilung mit außermittiger Lage im Toleranzfeld

Wiederholung und Vertiefung

1. Auf welche Weise bestimmt man die Maschinenfähigkeitskennzahlen c_m und c_{mk}?
2. Worin besteht der Unterschied zwischen einer Maschinenfähigkeit und einer Prozessfähigkeit?
4. Eine Maschinenfähigkeitsuntersuchung ergibt folgende Maschinenfähigkeitskennzahlen: $c_m = 1{,}45$ und $c_{mk} = 1{,}12$. Erläutern Sie, welche Information diesen beiden Werten entnommen werden kann.

---
[1] $\hat{\sigma}$ geschätzte Standardabweichung aus der Standardabweichung s der Fähigkeitsstichprobe; $\hat{\mu}$ geschätzter Mittelwert

1.7 Vertiefung zur statistischen Prozessüberwachung

1.7.1 Allgemeines zu Fähigkeitsuntersuchungen

Eine Hundertprozentkontrolle von Werkstücken am Ende der Fertigung ist aus Kostengründen rückläufig. Wenn es möglich ist, die Streuung der Produktionsergebnisse innerhalb der Spezifikationsgrenzen zu reduzieren, das heißt, die Prozesse stabil zu machen, so kann auf eine fertigungsnahe Stichprobenprüfung übergegangen werden.

> Das Ziel von Fähigkeitsuntersuchungen ist es, nachzuweisen, dass mit einer gewissen statistischen Sicherheit fast alle Teile innerhalb den geforderten Grenzen liegen.

Bei der Herstellung von Schiebern in der Massenfertigung (**Bild 1**) soll z. B. das Maß 30 mm ± 0,01 mm genauer untersucht werden. Bevor das Teil in Serienfertigung hergestellt werden kann, muss gewährleistet sein, dass sich das verwendete Prüfmittel in einwandfreiem Zustand befindet (Prüfmittelüberwachung) und fähig ist, das entsprechende Maß mit ausreichender Genauigkeit zu messen (Prüfmittelfähigkeit). Sind diese Kriterien erfüllt, so sind Kurzzeitfähigkeitsuntersuchungen und Langzeitfähigkeitsuntersuchungen durchzuführen (Maschinenfähigkeit und Prozessfähigkeit).

Erst bei positiven Ergebnissen dieser Untersuchungen darf eine statistische Prozessüberwachung (SPC) mittels Regelkarten durchgeführt werden (**Bild 2**).

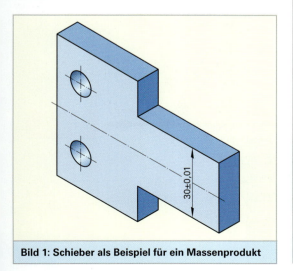

Bild 1: Schieber als Beispiel für ein Massenprodukt

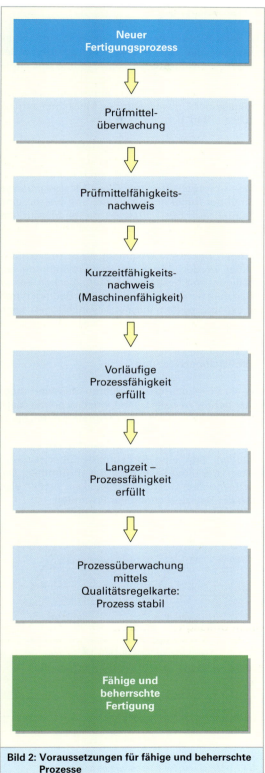

Bild 2: Voraussetzungen für fähige und beherrschte Prozesse

Messabweichungen

Die Basis eines sicheren Prozesses ist ein fähiges Prüfmittel, das den Messwert mit ausreichender Sicherheit ermitteln kann. Falsche und unsichere Messergebnisse sind auf ungeeignete Messeinrichtungen, auf falsche Messmethode, sowie auf Einflüsse der Umwelt und des Menschen zurückzuführen (**Bild 1**).

Wird bei einer einmaligen Messung ein Messwert x_i ermittelt, so ist dieser fehlerbehaftet. Zufällige Messabweichungen können durch Mehrfachmessungen reduziert werden. Diese Messergebnisse sind in der Regel normalverteilt und weisen eine Streuung auf. Der Mittelwert dieser Messungen repräsentiert den Messwert ohne Einfluss zufälliger Fehler. Sind auch systematische Messabweichungen bekannt, so können diese mit berücksichtigt werden. Durch die Berücksichtigung der zufälligen und bekannten systematischen Fehler erhält man den berichtigten Wert x_r. Bedingt durch unbekannte systematische Abweichungen kann der wahre Wert x_w jedoch niemals exakt bestimmt werden (**Bild 2**).

Prüfmittelüberwachung

Um die Abweichung vom wahren Messwert möglichst gering zu halten, sind entsprechende Maßnahmen durchzuführen. Bei allen Prüfmittel, die in einem Betrieb verwendet werden, muss sichergestellt sein, dass sie sich in einwandfreiem Zustand befinden. Nur eine fortlaufende Überwachung sichert die Zuverlässigkeit der Prüfmittel. Die festzulegenden Überwachungszyklen richten sich nach der Beanspruchung der Prüfmittel.

Durch *Kennzeichnung* beziehungsweise durch EDV-Systeme werden die Überwachungsintervalle transparent gemacht. Standardprüfanweisungen und Checklisten für gängige Prüfmittel finden sich in Richtlinien wie z. B. VDI/VDE/DGQ 2618. Aufgaben der Prüfmittelüberwachung sind neben Säuberung, Instandsetzung und Reparatur auch Kalibrierung, Justage und ggf. Eichung.

Bei der *Kalibrierung* wird das Prüfmittel mit einem Normal verglichen und die Abweichung der Anzeige eines Messmittels zu dem als wahr angenommenen Wert des *Normals* wird ermittelt. Durch Justieren kann die Anzeige des Messmittels berichtigt werden. Gibt es gesetzliche Vorgaben für die Prüfung von Messgeräten, so sind diese zu eichen. Eine *Eichung* ist eine gesetzlich vorgeschriebene und auf nationale Standards rückführbare Kalibrierung. Diese erfolgt durch zuständige Eichbehörden.

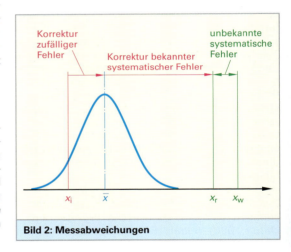

Bild 2: Messabweichungen

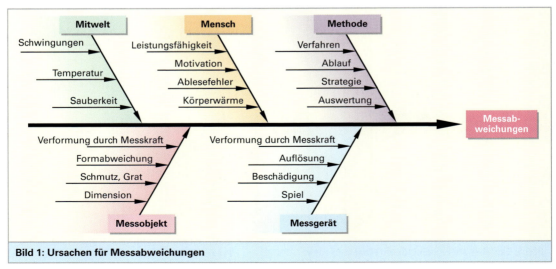

Bild 1: Ursachen für Messabweichungen

1.7 Vertiefung zur statistischen Prozessüberwachung

Aufgabenspezifische Prüfmittelüberwachung: Prüfmittelfähigkeit

Messgeräte, die nach den gültigen Richtlinien in Ordnung sind, müssen nicht unbedingt fähig sein, ein bestimmtes Qualitätsmerkmal an einem Produkt ausreichend genau zu messen. Bei der Ermittlung der Prüfmittelfähigkeit (**Bild 1**) wird festgestellt, ob ein Prüfmittel fähig ist, bestimmte Qualitätsmerkmale am Produkt ausreichend genau zu prüfen.

Im vorliegenden Beispiel soll nachgewiesen werden, ob ein Messmittel fähig ist, das Maß 30 mm ± 0,01 mm mit hinreichender Sicherheit zu messen.

Die Ermittlung der Prüfmittelfähigkeit wird durch verschiedene Verfahren durchgeführt. Die Verfahren eins bis vier sind für die *quantitative Prüfung* vorgesehen, das Verfahren fünf untersucht die *qualitative Prüfung*, also zum Beispiel das Prüfen mit Lehren.

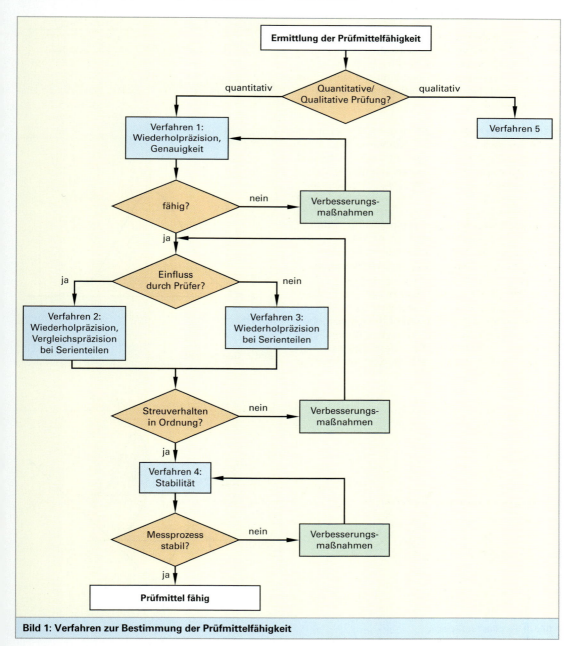

Bild 1: Verfahren zur Bestimmung der Prüfmittelfähigkeit

Folgende Eigenschaften werden untersucht:

1. Die Wiederholpräzision (repeatability) gibt an, wie präzise eine Messung wiederholt werden kann, das heißt, wie groß die Streuung bei Wiederholmessungen identischer Merkmale ist (**Bild 1**). Ein Prüfling (Kalibriernormal, dessen Maß hinreichend bekannt ist) wird von einem Bediener unter stabilen Rahmenbedingungen mehrmals gemessen. Die daraus resultierende Standardabweichung ist ein Maß für die Wiederholpräzision.

2. Die Genauigkeit (accuracy) beschreibt die Lage des Mittelwertes verschiedener Messungen bezüglich des wahren Wertes x_w eines Messobjekts (**Bild 2**). Ausgangspunkt sind die Daten, die bei der Ermittlung der Wiederholpräzision gewonnen wurden.

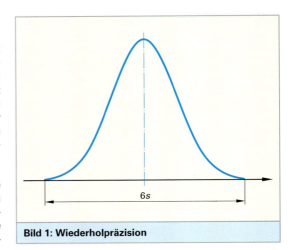

Bild 1: Wiederholpräzision

3. Die Vergleichspräzision (reproducability) untersucht das gerätebedingte Streuverhalten, wenn die Rahmenbedingungen geändert werden (**Bild 3**) Geänderte Rahmenbedingungen bedeuteten entweder verschiedene Prüfer, Messen an verschiedenen Orten oder Messen mit unterschiedlichen Messeinrichtung des selben Typs. Am gleichen Messobjekt werden Wiederholmessungen durchgeführt. Der Unterschied der Mittelwerte der Messreihen bei verschiedenen Rahmenbedingungen ist ein Maß für die Vergleichspräzision.

4. Die Stabilität (stability) beschreibt den Einfluss von Messungen zu verschiedenen Zeitpunkten auf das Prüfmittel (**Bild 4**). Ein Prüfer führt Messreihen zu unterschiedlichen Zeitpunkten mit dem gleichen Messmittel durch. Die Differenzen zwischen den Mittelwerten der Messreihen ist ein Maß für die Stabilität.

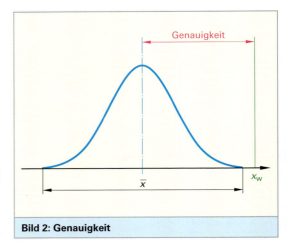

Bild 2: Genauigkeit

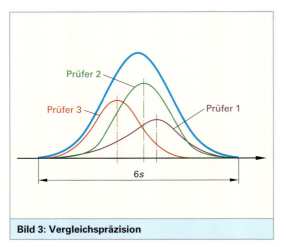

Bild 3: Vergleichspräzision

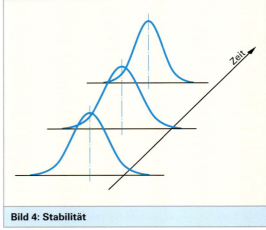

Bild 4: Stabilität

1.7 Vertiefung zur statistischen Prozessüberwachung

Meist werden zwei Untersuchungsmethoden eingesetzt:
Im *Verfahren 1* wird die Wiederholpräzision und Genauigkeit bestimmt und im *Verfahren 2* wird die Auswirkung verschiedener Rahmenbedingungen (Vergleichspräzision) betrachtet (**Bild 1**).

Ausgangspunkte von Prüfmittelfähigkeitsuntersuchungen sind:

- eine vorgegebene Toleranz eines zu prüfenden Werkstücks,
- eine Messeinrichtung mit einer Auflösung von kleiner gleich 5% der Werkstücktoleranz und
- ein kalibriertes Normal, dessen Kalibrierwert x_r in der Toleranzmitte des Werkstücks liegt.

Bei Verfahren 1 wird das kalibrierte Normal unter Wiederholbedingungen an definierten Punkten, in der Regel 50-mal (Forderung ≥ 25-mal) von einer Person gemessen. Zur Bestimmung der Wiederholpräzision (Streuung) wird c_g (gage capability) und zur Bestimmung der Streuung und Genauigkeit wird c_{gk} (critical gage capability) ermittelt.

Die Ermittlung der Fähigkeitskoeffizienten c_g und c_{gk} ist in **Bild 2** veranschaulicht. Dabei liegt folgende Berechnung zugrunde:

$$c_g = \frac{0{,}2 \cdot T}{6 \cdot s}$$

Forderung: $c_g \geq 1{,}33$

$$c_{gku} = \frac{\overline{x} - (x_r - 0{,}1 \cdot T)}{3 \cdot s}$$

$$c_{gko} = \frac{(x_r + 0{,}1 \cdot T) - \overline{x}}{3 \cdot s}$$

$$c_{gk} = \text{Min}(c_{gku}; c_{gko})$$

Forderung: $c_{gk} \geq 1{,}33$

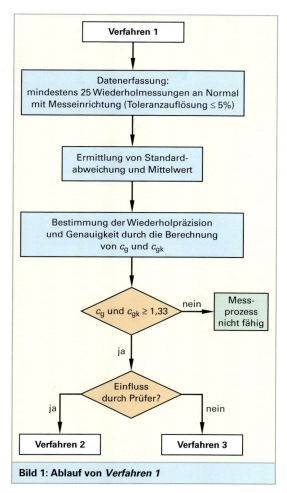

Bild 1: Ablauf von *Verfahren 1*

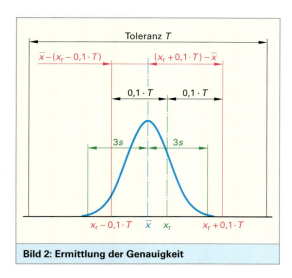

Bild 2: Ermittlung der Genauigkeit

1.7.2 Prüfmittelfähigkeit

Beispiel:

Die Prüfmittelfähigkeit einer Bügelmessschraube (Skalenwert Skw = 0,001 mm) bezüglich der Messung des Maßes 30 ± 0,01 soll nach Verfahren 1 überprüft werden. Das Prüfobjekt ist ein Normal mit dem Maß x_r = 30,000 mm.

Lösung:
Toleranz T = 0,02 mm
Toleranzauflösung A:

$$A = \frac{Skw}{T} \cdot 100\% = \frac{0{,}001 \text{ mm}}{0{,}02 \text{ mm}} \cdot 100\% = 5\%$$

Aus 50 Messungen eines Bedieners ergeben sich die Werte in **Tabelle 1**. Daraus lassen sich Mittelwert und Standardabweichung berechnen:

$\bar{x}$ = 29,99994 mm
s = 0,00047 mm

Bestimmung der Wiederholpräzision:

$$c_g = \frac{0{,}2 \cdot T}{6 \cdot s} = \frac{0{,}2 \cdot 0{,}02 \text{ mm}}{6 \cdot 0{,}00047 \text{ mm}} = 1{,}42$$

$c_g \geq 1{,}33$

Bestimmung der Genauigkeit:

$$c_{gku} = \frac{\bar{x} - (x_r - 0{,}1 \cdot T)}{3 \cdot s}$$

$$c_{gku} = \frac{29{,}99994 \text{ mm} - (30{,}000 \text{ mm} - 0{,}1 \cdot 0{,}02 \text{ mm})}{3 \cdot 0{,}00047 \text{ mm}}$$

$= 1{,}38$

$$c_{gko} = \frac{(x_r + 0{,}1 \cdot T) - \bar{x}}{3 \cdot s}$$

$$c_{gko} = \frac{(30{,}000 \text{ mm} + 0{,}1 \cdot 0{,}02 \text{ mm}) - 29{,}99994 \text{ mm}}{3 \cdot 0{,}00047 \text{ mm}}$$

$= 1{,}46$

$c_{gk} = \text{Min}(c_{gko}; c_{kgu}) = 1{,}38$

$c_{gk} \geq 1{,}33$

Da sowohl c_g als auch $c_{gk} \geq 1{,}33$ sind, ist die Bügelmessschraube bezüglich Verfahren 1 fähig.

Tabelle 1: Messwerte

i	x_i	i	x_i	i	x_i	i	x_i	i	x_i
1	30,000	11	30,000	21	30,000	31	30,000	41	30,000
2	30,000	12	30,000	22	30,000	32	30,000	42	30,000
3	30,001	13	30,000	23	30,000	33	30,000	43	30,000
4	30,000	14	30,000	24	30,001	34	30,000	44	30,000
5	30,000	15	30,000	25	29,999	35	30,000	45	29,999
6	30,000	16	30,000	26	30,000	36	29,999	46	30,000
7	30,000	17	30,000	27	30,000	37	29,999	47	29,999
8	30,000	18	30,000	28	30,000	38	30,001	48	30,001
9	30,000	19	30,000	29	30,000	39	30,000	49	30,000
10	30,000	20	30,000	30	30,000	40	29,999	50	29,999

1.7 Vertiefung zur statistischen Prozessüberwachung

Ist das Prüfmittel nach Verfahren 1 fähig, so wird bei Verfahren 2 (**Bild 1**) bzw. bei Verfahren 3 die Messeinrichtung am Einsatzort untersucht. Die Beurteilung erfolgt über die Average-Range-Methode (ARM: Mittelwert-Spannweiten-Methode) oder über die Analysis of Variance (ANOVA-Methode). Im Folgenden wird der Einfachheit halber die ARM-Methode betrachtet.

Verfahren 2 (*R&R Studie*)
Geprüft werden 10 Serienteile aus der Fertigung, die möglichst die gesamte Fertigungsstreubreite abdecken. Mindestens zwei verschiedener Prüfer messen diese unabhängig voneinander jeweils mindestens zwei mal. In der Auswertung wird die Wiederholpräzision (Equipment Variation EV bzw. Repeatability) und der Einfluss der Prüfer, die Vergleichspräzision (Appraiser Variation AP bzw. reproducibility) ermittelt.

Für jeden Prüfer werden zunächst die Streuung aus den Ergebnissen pro Messobjekt errechnet. Daraus wird die mittlere Spannweite je Prüfer bestimmt. Der Mittelwert aller mittleren Spannweiten ergibt schließlich $\bar{\bar{R}}$.

Die Wiederholpräzision errechnet sich aus dem Produkt von $\bar{\bar{R}}$ und dem Faktor K_1, der vom Vertrauensniveau und dem Anzahl der gemessenen Reihen abhängig ist. Faktor K_1 kann aus Tabellen entnommen werden. Um eine Vergleichsgröße zu erhalten, bezieht man die Wiederholpräzision auf eine Referenzgröße (Toleranz).

Aus dem Produkt der Spannweite der Mittelwerte (Differenz von größtem zu kleinstem Prüfermittelwert) und einem Faktor K_2 (Abhängig vom Vertrauensniveau und Anzahl der Prüfer) ergibt sich die Vergleichspräzision. Bezogen auf die Toleranz erhält man auch hier eine Vergleichsgröße.

Die Gesamtstreuung berücksichtigt die Wiederholpräzision und die Vergleichspräzision (Repeatability & Reproducibility bzw. *R&R*). Ein neues Messmittel ist fähig, wenn *%R&R* unter 20% liegt. Zwischen 20% und 30% ist das Messmitel bedingt fähig.

Bild 1: Ablauf von *Verfahren 2*

Prüfmittel		Werkstück		Merkmal	
Bezeichnung:	BMS	Bezeichnung:	Schieber	Bezeichnung:	Breite
Nummer:	18	Nummer:	2	Nummer:	30 ± 0,01 mm

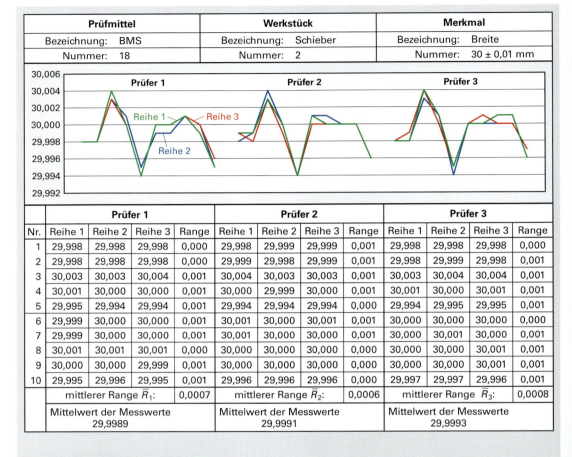

	Prüfer 1				Prüfer 2				Prüfer 3			
Nr.	Reihe 1	Reihe 2	Reihe 3	Range	Reihe 1	Reihe 2	Reihe 3	Range	Reihe 1	Reihe 2	Reihe 3	Range
1	29,998	29,998	29,998	0,000	29,998	29,999	29,999	0,001	29,998	29,998	29,998	0,000
2	29,998	29,998	29,998	0,000	29,999	29,998	29,999	0,001	29,998	29,999	29,998	0,001
3	30,003	30,003	30,004	0,001	30,004	30,003	30,003	0,001	30,003	30,004	30,004	0,001
4	30,001	30,000	30,000	0,001	30,000	29,999	30,000	0,001	30,001	30,000	30,001	0,001
5	29,995	29,994	29,994	0,001	29,994	29,994	29,994	0,000	29,994	29,995	29,995	0,001
6	29,999	30,000	30,000	0,001	30,001	30,000	30,001	0,001	30,000	30,000	30,000	0,000
7	29,999	30,000	30,000	0,001	30,001	30,000	30,000	0,001	30,000	30,001	30,000	0,001
8	30,001	30,001	30,001	0,000	30,000	30,000	30,000	0,000	30,000	30,000	30,001	0,001
9	30,000	30,000	29,999	0,001	30,000	30,000	30,000	0,000	30,000	30,000	30,001	0,001
10	29,995	29,996	29,995	0,001	29,996	29,996	29,996	0,000	29,997	29,997	29,996	0,001
	mittlerer Range $\overline{R}_1$:			0,0007	mittlerer Range $\overline{R}_2$:			0,0006	mittlerer Range $\overline{R}_3$:			0,0008
	Mittelwert der Messwerte 29,9989				Mittelwert der Messwerte 29,9991				Mittelwert der Messwerte 29,9993			

Wiederholpräzision WP:

Mittelwert der mittleren Range

$$\overline{\overline{R}} = \frac{\overline{R}_1 + \overline{R}_2 + \overline{R}_3}{3} = \frac{0,0007 \text{ mm} + 0,0006 \text{ mm} + 0,0008 \text{ mm}}{3}$$

$= 0,0007$ mm

$WP = K_1 \cdot \overline{\overline{R}} = 3,54 \cdot 0,0007$ mm $= 0,00248$ mm

$\%WP = \dfrac{WP \cdot 100\ \%}{T} = \dfrac{0,00248 \text{ mm} \cdot 100\ \%}{0,02 \text{ mm}} = 12,4\ \%$

Vergleichspräzision VP:

Range der Mittelwerte

$R\overline{x} = 29,9993$ mm $- 29,9989$ mm $= 0,0004$ mm

$VP = R\overline{x} \cdot K_2 = 0,0004$ mm $\cdot 3,14 = 0,00126$ mm

$\%VP = \dfrac{VP \cdot 100\ \%}{T} = \dfrac{0,00126 \text{ mm} \cdot 100\ \%}{0,02 \text{ mm}} = 6,3\ \%$

Faktor	Prüfer	Reihen	Vertrauensniveau	
			99 %	99,73 %
K_1		2	4,56	5,32
		3	3,05	3,54
K_2		2	3,65	4,28
		3	2,7	3,14

Gesamtststreuung S_m:

$S_m = \sqrt{WP^2 + VP^2} = \sqrt{0,00248^2 + 0,00126^2}$ mm

$= 0,00278$ mm

$\%S_m = \dfrac{S_m \cdot 100\ \%}{T} = \dfrac{0,00278 \text{ mm} \cdot 100\ \%}{0,02 \text{ mm}} = \underline{13,9\ \%}$

Ergebnis:

10 %	20 %	30 %
fähig	begrenzt fähig	nicht fähig

1.7 Vertiefung zur statistischen Prozessüberwachung

Verfahren 3, (Bild 1) ersetzt *Verfahren 2*, wenn beim Messen der Prüfer keinen Einfluss ausüben kann (z. B.: automatisches Messen). Das Verfahren darf nur nach erfolgreichem Nachweis aus *Verfahren 1* durchgeführt werden. In zwei Messreihen sind 25 Produktionsteile unter Wiederholbedingungen zu messen, die aus dem Fertigungsprozess entstammen und möglichst die gesamte Streubreite der Fertigung abdecken. Für jedes Messobjekt wird die Spannweite ermittelt. Aus allen Spannweiten wird dann die mittlere Spannweite errechnet. Multipliziert man diese mit dem Faktor K_1, so erhält man die Wiederholpräzision (vgl. *Verfahren 2*). Da bei *Verfahren 3* der Prüfereinfluss entfällt ist die Wiederholpräzision gleichzeitig die Messsystemstreuung.

Verfahren 4
Im *Verfahren 4* (**Bild 1, folgende Seite**) wird das zeitliche Verhalten eines Messmittels (Stabilität) beschrieben. Prüfgegenstand ist das Normal von *Verfahren 1*. Es werden dabei über einen längeren Zeitraum (z. B.: über eine Schicht) in bestimmten Intervallen jeweils 2 bis 5 Wiederholmessungen getätigt und in eine Qualitätsregelkarte eingetragen. Liegen die Werte innerhalb der Eingriffsgrenzen, so gilt das Messgerät als stabil.

Für die Berechnung der Eingriffsgrenzen wird der Wert des *Normals* (x_r) herangezogen:

Untere Eingriffsgrenze

$$UEG = x_r - 0{,}075 \cdot T$$

Obere Eingriffsgrenze

$$OEG = x_r + 0{,}075 \cdot T$$

Nr	Messung 1	Messung 2	Range
1	29,998	29,997	0,001
2	29,998	29,998	0,000
3	29,998	29,998	0,000
4	30,003	30,002	0,001
5	30,004	30,005	0,001
6	30,000	30,000	0,000
7	29,995	29,994	0,001
8	29,994	29,995	0,001
9	30,000	30,000	0,000
10	29,999	30,000	0,001
11	30,000	30,001	0,001
12	30,001	30,001	0,000
13	30,000	30,000	0,000
14	29,995	29,993	0,002
15	29,996	29,995	0,001
16	29,998	29,999	0,001
17	29,999	29,999	0,000
18	29,998	29,999	0,001
19	30,004	30,003	0,001
20	30,003	30,002	0,001
21	29,999	30,000	0,001
22	29,994	29,994	0,000
23	29,994	29,995	0,001
24	30,000	30,001	0,001
25	30,001	30,000	0,001
		mittlerer Range:	0,00072

Wiederholpräzision *EV*

Faktor	Reihen	Vertrauensniveau	
		99 %	99,73 %
K_1	2	4,56	5,32
	3	3,05	3,54

$$EV = K_1 \cdot \overline{\overline{R}} = 5{,}32 \cdot 0{,}00072 \text{ mm} = 0{,}0038 \text{ mm}$$

$$\%EV = \frac{EV \cdot 100\,\%}{T} = \frac{0{,}0038 \text{ mm} \cdot 100\,\%}{0{,}02 \text{ mm}} = 19\,\%$$

Messsystemstreuung *R&R*

$\%R\&R = \%EV = 19\,\%$

Bild 1: Beispiel zu *Verfahren 3*

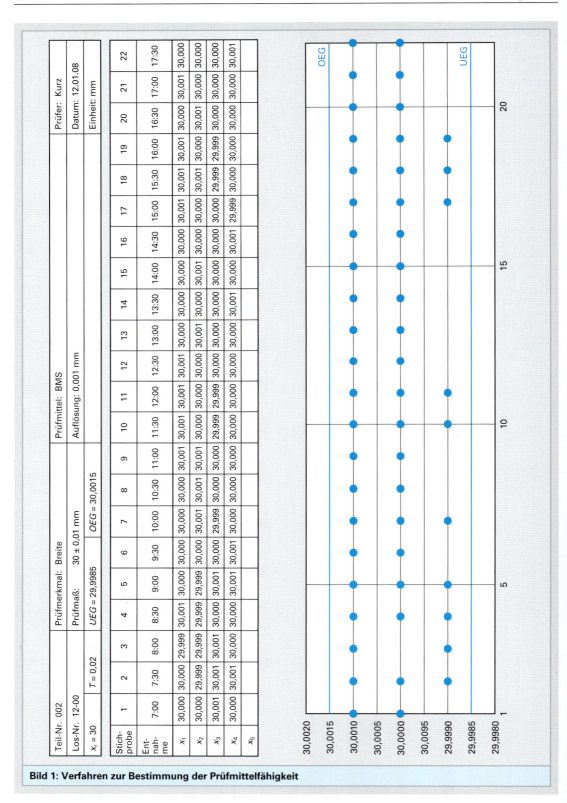

Bild 1: Verfahren zur Bestimmung der Prüfmittelfähigkeit

1.7 Vertiefung zur statistischen Prozessüberwachung

Verfahren 5

Das Prüfen des Durchmessers 10H7 am Schieber kann aus wirtschaftlichen Gründen mit einer Lehre erfolgen. Da es sich hier um eine qualitative Prüfung handelt (Gut/ Schlecht) können die *Verfahren 1 bis 4* hier zur Beurteilung des Prüfmittels nicht eingesetzt werden. Bei *Verfahren 5* werden 20 Werkstücke aus der Produktion von 2 Prüfern beurteilt **(Bild 1)**.

Das Prüfmerkmal dieser Teile sollte knapp an der Toleranzgrenze liegen. Zwei Prüfer prüfen unabhängig voneinander in je zwei Durchgängen die Werkstücke.

Das Prüfmittel gilt als fähig, wenn das Werkstück von jedem Prüfer in jedem Durchgang gleich bewertet wurde.

Ist ein Prüfsystem nicht fähig, so sollte untersucht werden, ob eine Optimierung möglich ist bzw. ob Umgebungseinflüsse das Messergebnis verfälschen. Im weiteren Schritt sollte ein genaueres Messsystem verwendet werden. Schließlich sollte auch ein kritisches Überdenken der geforderten Toleranz stattfinden (Toleranzehrlichkeit).

Teil-Nr. 002		Prüfmerkmal: Bohrung		Prüfmittel: Lehre Nr. 074		
Los-Nr. 12-00		Prüfmaß: 10 H7		Auflösung:		
Prüfergebnis:	+	Gut	Bewertung	✓	Übereinstimmung	
	−	Schlecht		n.i.O	keine Übereinstimmung	
Prüfer:		Huber		Steger		
Prüfdurchgang:	1	2	1	2	Bewertung	
Werkstücknr.						
1	+	+	+	+	✓	
2	+	+	+	+	✓	
3	−	−	−	−	✓	
4	+	+	+	+	✓	
5	+	+	+	+	✓	
6	−	−	−	−	✓	
7	+	+	+	+	✓	
8	+	+	+	+	✓	
9	+	+	+	+	✓	
10	+	+	+	+	✓	
11	+	+	−	+	n.i.O	
12	−	−	−	−	✓	
13	+	+	+	+	✓	
14	+	+	+	+	✓	
15	+	+	+	+	✓	
16	+	+	+	+	✓	
17	+	+	+	+	✓	
18	−	−	+	−	n.i.O	
19	+	+	+	+	✓	
20	+	+	+	+	✓	

1.7.3 Maschinenfähigkeit

Bei der Neueinführung eines Fertigungsprozesses werden verschiedene Phasen durchlaufen **(Bild 2, Seite 113)**. Nachdem sichergestellt ist, dass das Prüfmittel fähig ist, schließt sich die Ermittlung der *Kurzzeitfähigkeit* an. Diese wird im allgemeinen auch als *Maschinenfähigkeit* bezeichnet. Der Begriff resultiert aus dem Fall der Maschinenabnahme.

Die Kurzzeitfähigkeitsuntersuchung gibt Aufschluss über die Qualitätsfähigkeit einer Maschine oder Anlage, ob eine bestimmte Fertigungsaufgabe erfüllt werden kann. Die Qualitätsfähigkeit wird u. a. bestimmt durch die Positioniergenauigkeit und durch die Steifigkeit, durch den Verschleißzustand der Maschine **(Bild 1)**.

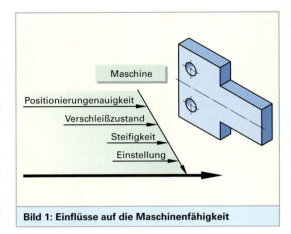

Bild 1: Einflüsse auf die Maschinenfähigkeit

Im vorliegenden Beispiel soll ermittelt werden, ob die Maschine fähig ist, das geforderte Maß 30 mm ± 0.01 mm am Schieber mit ausreichender Sicherheit zu fertigen.

Bei der Ermittlung der Maschinenfähigkeit ist folgendenmaßen vorzugehen:

Vorbereitung
- Die zu fertigenden Teile müssen aus der gleichen Liefercharge stammen
- Ein kalibriertes, fähiges Messmittel liegt vor
- Die Maschine wird ca. 1 Stunde vor der Fähigkeitsuntersuchung in Betrieb genommen. Es wird kontrolliert und sichergestellt, dass die Temperatur an der Maschine einen Beharrungswert angenommen hat.
- Die Maschine wird von einem erfahrenen Bediener mit neuen, vermessenen Werkzeugen versehen.
- Einige Werkstücke werden im Vorlauf gefertigt, die Maße kontrolliert und die Maschine wird auf Toleranzmitte eingestellt.

Durchführung
- Unter Idealbedingungen werden Werkstücke (i.d.R. 50) direkt nacheinander hergestellt und körperlich durchnummeriert.
- Das zu untersuchende Maß wird mit einem geeigneten Messmittel ermittelt. Die Werte werden dokumentiert. Bei Ausreißern wird die Messung wiederholt.

Auswertung
- Die Werte werden klassifiziert, es wird untersucht, ob eine Normalverteilung zugrunde liegt.
- Mittelwert und Standardabweichung werden berechnet.
- Die Fähigkeitskoeffizienten c_m (capability machine) und c_{mk} (critical capability machine) werden ermittelt.
- Die Ergebnisse werden interpretiert.

Die Ermittlung der Maschinenfähigkeit kann man z. B. mit Excel durchführen **(Tabelle 1)**.

Tabelle 1: Arbeitsschritte zur Ermittlung der Maschinenfähigkeit

Arbeitsschritt	Variable	Bearbeitung in Excel
Erfassung der Messwerte mit Excel	werte	
Toleranzgrenzen	OGW UGW	
Toleranz berechnen	T	=OGW – UGW
Anzahl der Messwerte	n	=ANZAHL(werte)
Minimal und Maximalwert	min max	=MIN(werte) =MAX(werte)
Werte außerhalb der Toleranz rot hervorheben		Format --> Bedingte Formatierung
Mittelwert	xq	=Mittelwert(werte)
Standardabweichung	st	=Stabw(werte)
Spannweite R	R	=max-min
Anzahl der Klassen	k	=Wurzel(n)
Klassenweite	w	=R/k
Häufigkeiten		
Summenhäufigkeit		Häufigkeit(werte; Klassengrenze oben)
absolute Häufigkeit		{= Häufigkeit(werte; Klassengrenze oben)}
relative Häufigkeiten		
Graphiken erstellen		
Maschinenfähigkeitswerte		
Vorgabewerte	cmsoll cmksoll	
c_m berechnen	cm	=T/6/s
Abstand Mittelwert - OGW	Zob	=OGW-xq
Abstand Mittelwert - UGW	Zun	=xq-UTG
Kritischer Abstand	Zkrit	=Min(Zob;Zun)
c_{mk} berechnen	cmk	=Zkrit/3/st
Abfragen, ob c_m i.O.		WENN(cm>=cmsoll; "cm in Ordnung"; "cm nicht in Ordnung")
Abfragen ob c_{mk} i.O.		WENN(cmk>=cmksoll; "cmk in Ordnung"; "cmk nicht in Ordnung")
Abfragen ob Maschine fähig		WENN(UND(cm>=1,66; cmk>=1,66); "Maschine ist fähig"; "Maschine ist nicht fähig")

1.7.3 Aufgabe zur Maschinenfähigkeit

Aufgabe:

Ausgehend von einer Urliste (**Tabelle 1**) sollen die vorhandenen Daten ausgewertet und grafisch dargestellt werden. Die Berechnungen und Auswertungen zur Maschinenfähigkeit sollen mit Excel erfolgen (**Tabelle 2**).

Lösung:
Nachdem die Messwerte in Excel eingelesen sind, werden diese analysiert. Es bietet sich an, für die einzelnen Parameter Variablennamen zu vergeben: Die eingelesenen Messwerte erhalten zum Beispiel den Namen „werte". Nachdem die Matrix der Messwerte markiert ist, schreibt man den Variablenname in das Namenfeld (**Bild 1**). Die Variable wird mit der Eingabetaste übernommen.

Analog wird mit den anderen Parametern in den einzelnen Zellen verfahren. Die Variablen können unter „Einfügen" – „Namen" – „Definieren" bearbeitet werden. Wie bereits im Beispiel auf Seite 95 dargestellt, werden die Klassenzahl und Klassenbreite berechnet. Dies bildet die Grundlage für die Berechnung der Häufigkeiten in den jeweiligen Klassen (**Bild 1**).

Es bietet sich an, die berechneten Werte zu runden („=RUNDEN(Zahl;Anzahl_Stellen)") Die Bestimmung der relativen Häufigkeit n_j erfolgt mit der Matrixformel „Häufigkeit" (**Bild 2**).

Zunächst wird die Ergebnismatrix markiert (im Beispiel D37:D43). Die Funktion „Häufigkeit" (Funktion einfügen) verlangt die Datenquelle (im Beispiel: „werte") sowie die Matrix der oberen Klassengrenze (C37:C43). Die Matrixformel wird abgeschlossen mit der Tastenkombination STRG+UMSCHALT+EINGABE.

Das Ergebnis sind die absoluten Häufigkeiten in den einzelnen Klassen.

Tabelle 1: Messwerte für die Bauteilbreite (Maße in mm)

30,002	30,003	30,002	30,006	30,003
30,000	30,001	30,002	29,996	29,999
30,001	30,003	30,003	29,998	30,002
30,002	30,000	30,000	30,001	30,001
29,999	30,001	30,003	30,000	30,001
30,003	30,003	30,001	30,002	30,001
30,003	30,001	30,001	30,003	30,001
30,005	30,000	29,999	29,999	30,005
30,003	30,000	30,000	30,001	30,001
29,998	30,002	30,007	30,001	30,000

Tabelle 2: Messwertanalyse (Maße in mm)

Nennwert		30
OGW		30,010
UGW		29,990
Toleranz T		0,02
Anzahl der Messwerte n		50
Min		29,996
Max		30,007
Mittelwert $\bar{x}$	$\bar{x} = \dfrac{\Sigma \cdot x}{n}$	30,001
Standardabweichung s	$s = \sqrt{\dfrac{\Sigma (x_1 - \bar{x})^2}{n-1}}$	0,002
Spannweite (Range) R	$R = \max - \min$	0,011
Werte für die grafische Aufbereitung		
Anzahl der Klassen k	$k = \sqrt{n}$	7
Klassenbreite w	$w = \dfrac{R}{k}$	0,002

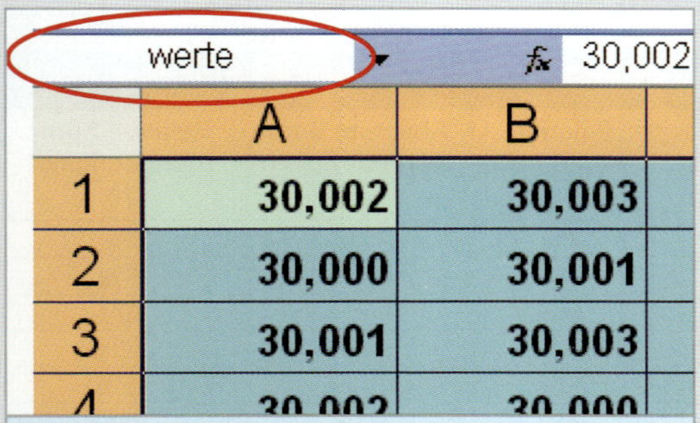

Bild 1: Namensfeld zur Eingabe von Variablen

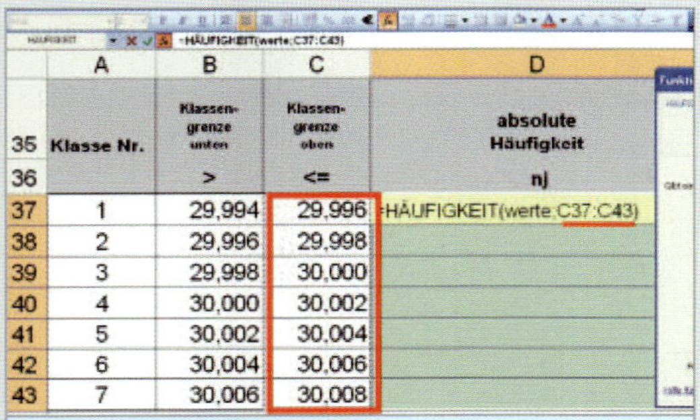

Bild 2: Matrixformel „Häufigkeit"

Zur Berechnung der absolute Summenhäufigkeit G_j ist die Anwendung der Matrixformel ungeeignet. Indem man die jeweilige Ergebniszelle markiert, wird die Anzahl der Werte, die kleiner oder gleich der angewählten Klassengrenze sind mit dem Befehl „= Häufigkeit (Daten;Klasse)" bestimmt. Setzt man im Beispiel für Daten die Variabe „werte" und für Klasse die Klassengrenze „29,996", so erhält man die Zahl „1". Das heißt ein Wert ist kleiner oder gleich 29,996. Durch Kopieren der Formel nach unten werden die restlichen Summenhäufigkeiten errechnet. Manchmal ist es zweckvoll, auch die relativen Häufigkeiten anzugeben **(Tabelle 1)**.

Zur Beurteilung der Verteilung wird die absolute und relative Häufigkeit in einem Diagramm dargestellt. Das Säulendiagramm **(Bild 1)** und die S-Kurve der Summenhäufigkeit **(Bild 2)** deuten auf eine *Normalverteilung* hin.

Da also eine Normalverteilung zu Grunde gelegt werden kann, können die Fähigkeitskennwerte nach den vorgegebenen Formeln berechnet werden **(Tabelle 2)**. Aus der Stichprobe werden Mittelwert $\bar{x}$ und s berechnet. Diese werden als Schätzwerte für die Grundgesamtheit $\hat{\mu}$ und $\hat{\sigma}$ verwendet.

Übliche Untergrenzen für c_m sind 1,33 bei geringen Anforderungen, 1,66 bei üblichen, bzw. 2 bei hohen Anforderungen an die Fähigkeit der Maschine, sowie bei Trend. Vergleicht man die 3 Kurven in Bild 1 auf Seite 127, so erkennt man, dass mit steigendem c_m-Wert die Streuung kleiner wird. Im vorliegenden Beispiel wird deutlich, dass die Standardabweichung 10 mal (10 · 0,002 mm = 0,02 mm) innerhalb der Toleranzgrenzen Platz findet. Die Streuung ist also bei einer Forderung von $cm \geq 1,66$ gerade ausreichend.

Betrachtet man die Lage des Mittelwertes bezüglich der Toleranzgrenzen, so zeigt sich eine leichte Verschiebung nach rechts.

Die Forderung von $c_{mk} \geq 1,66$ beinhaltet, dass der Mittelwert zur Toleranzgrenze einen Abstand von 5 s hat **(Bild 2, Seite 131)**. Der Abstand des Mittelwertes zur unteren Toleranzgrenze ist mit 0,011 mm = 5,5 · s unkritisch. Der kritische Abstand besteht zur oberen Toleranzgrenze **(Bild 3)**. Dieser ist mit 4,5 s (= 0,09 mm) zu klein, die Fähigkeit der Maschine ist somit nicht gegeben.

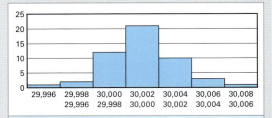

Bild 1: Absolute Häufigkeit

Bild 2: Relative Summenhäufigkeit

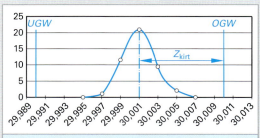

Bild 3: Lage der Normalverteilung

Tabelle 2: Ermittlung der Fähigkeitskennwerten		
Fähigkeitsbedingungen		
$c_m \geq 1,66$	$c_{mk} \geq 1,66$	
Formel	Variable	Wert
$c_m = \dfrac{T}{6 \cdot \hat{\sigma}}$	c_m	1,67
$Z_{ob} = OGW - \hat{\mu}$	Z_{ob}	0,0110
$Z_{un} = \hat{\mu} - UGW$	Z_{un}	0,0090
$Z_{krit} = M$ in $(Z_{ob}; Z_{un})$	Z_{krit}	0,01
$c_{mk} = \dfrac{Z_{krit}}{3 \cdot \hat{\sigma}}$	c_{mk}	1,50
Maschine ist nicht fähig		

Tabelle 1: Klasseneinteilung der Messwerte						
Klassen Nr.	Klassengrenze unten >	Klassengrenze oben ≤	Absolute Häufigkeit n_j	Relative Häufigkeit n_j	Absolute Summenhäufigkeit G_j	Relative Summenhäufigkeit H_j
1		29,996	1	2%	1	2%
2	29,996	29,998	2	4%	3	6%
3	29,998	30,000	12	24%	15	30%
4	30,000	30,002	21	42%	36	72%
5	30,002	30,004	10	20%	46	92%
6	30,004	30,006	3	6%	49	98%
7	30,006	30,008	1	2%	50	100%

1.7 Vertiefung zur statistischen Prozessüberwachung

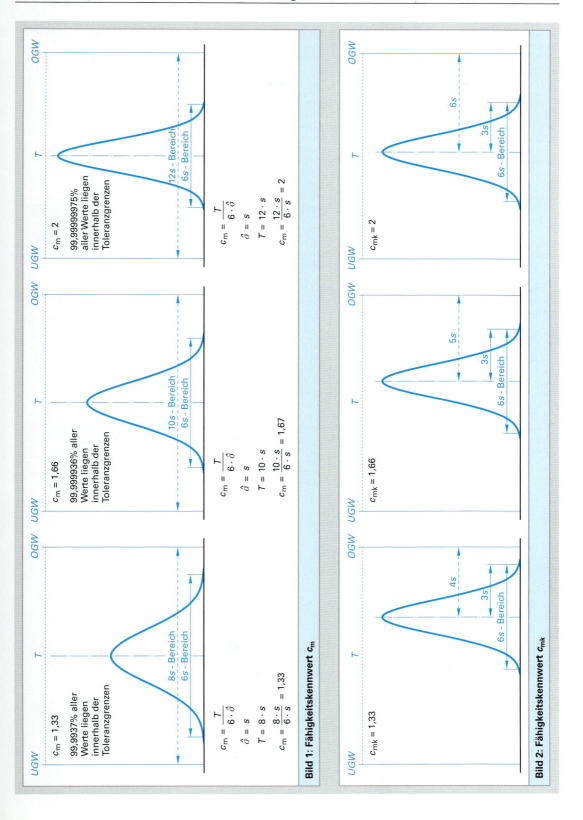

Bild 1: Fähigkeitskennwert c_m

Bild 2: Fähigkeitskennwert c_{mk}

Der Wert c_{mk} hängt nicht nur von der Lage des Mittelwertes zu den Toleranzgrenzen ab, sondern auch von der Streuung. So kann c_{mk} nie größer sein als der Fähigkeitskoeffizient c_m.

Bei der Auswertung der Fähigkeitsuntersuchung zeigt es sich, dass die Streuung bzw. Wiederholbarkeit (c_m) der Werte gerade noch ausreichend ist, die Lage bzw. die Genauigkeit (c_{mk}) ist jedoch unzureichend. Bedingt durch die relative große Streuung führt bereits eine geringe Lageabweichung bezüglich des Mittenwertes zum Nichterreichen der Genauigkeitsforderung. Da die Maschine nicht fähig ist, das Maß 30 mm ± 0,01mm mit ausreichender Sicherheit zu fertigen, müssen Maßnahmen ergriffen werden, um die Maschinenfähigkeit zu garantieren.

Verschleiß oder zu große maschineninterne Toleranzen der Maschine können Ursachen für das Nichterreichen der Maschinenfähigkeit sein. Das Nachstellen der Maschine auf den Mittenwert der Toleranz könnte eine weitere Möglichkeit sein, den Fähigkeitsnachweis zu erbringen.

Führen die eingeleiteten Maßnahmen nicht zum Erfolg muss eine andere Maschine eingesetzt werden, die in der Lage ist, die Teile mit akzeptabler Streuung und Genauigkeit herzustellen. In manchen Fallen ist auch ein kritisches Hinterfragen einer zu engen Toleranz nötig. Prinzipiell kann jede Maschine eine Wiederholbarkeit von 6-Sigma ($c_m = 2$) erreichen, wenn die Toleranz entsprechend vergrößert wird. Dies könnte im vorliegenden Fall bereits bei einer Toleranz von 0,024 mm erreicht werden:

$$c_m = \frac{T}{6 \cdot \hat{\sigma}}$$

$$T = c_m \cdot 6 \cdot \hat{\sigma}$$

$$\hat{\sigma} = s = 0,002 \text{ mm}$$

$$c_m = 2$$

$$T = 2 \cdot 6 \cdot 0,002 \text{ mm} = 0,024 \text{ mm}$$

Eine diesbezügliche Überprüfung der Genauigkeit ergibt:

$$c_{mk} = \frac{Z_{krit}}{3 \cdot \hat{\sigma}}$$

$$Z_{krit} = Z_{ob} = OGW - \hat{\mu} = 30,012 \text{ mm} - 30,001 \text{ mm}$$

$$= 0,011 \text{ mm}$$

$$\hat{\sigma} = s = 0,002 \text{ mm}$$

$$c_{mk} = \frac{0,011 \text{ mm}}{3 \cdot 0,002 \text{ mm}} = 1,8$$

In der weiteren Betrachtung wird davon ausgegangen, dass die Maschinenfähigkeit mit der ursprünglich geforderten Toleranz von 0,02 mm von einer genauer produzierenden Maschine erbracht wird.

1.7 Vertiefung zur statistischen Prozessüberwachung

Nach erfolgreicher Bestimmung der Kurzzeitfähigkeit wird die vorläufige Prozessfähigkeit **(Bild 1 und Bild 2)** untersucht. Ziel dieser Untersuchung ist die Bestimmung der Streuung und Genauigkeit unter Realbedingungen vor der Serienanlauf. Nicht nur der Einfluss der Maschine, sondern auch alle anderen Einflüsse der Serienfertigung, wie z. B. Personalwechsel, Materialwechsel sollen hier zum Tragen kommen.

In einem Zeitraum von mehr als 6 Stunden werden in regelmäßigen Abständen mindestens 20 Stichproben von je 3 Teilen (meist 25 Stichproben mit 5 Teilen) entnommen.

Je größer die Stichprobenanzahl und je größer der Stichprobenumfang ist, desto besser ist die Güte der Aussage. Die Ergebnisse werden in eine Regelkarte eingetragen. Eventuelle Störungen und Besonderheiten während der Herstellung der Teile werden protokolliert. Von jeder Stichprobe werden Mittelwert und Standardabweichung bestimmt. Am Ende der Untersuchung ergibt sich aus dem Durchschnitt der Mittelwerte der sogenannte Prozessmittelwert $\bar{\bar{x}}$ (gesprochen x-doppelquer) und aus dem Mittelwert der Standardabweichungen ergibt sich s. **(Bild 1, folgende Seite)**.

Prozessanalyse vor Serienanlauf		Prozessanalyse nach Serienanlauf
Kurzzeitfähigkeits-untersuchungen	**Vorläufige Prozessfähigkeits-untersuchung**	**Langzeit - Prozessfähigkeits-untersuchung**
Einflussfaktoren: Maschine, Fertigungseinrichtung	**Einflussfaktoren:** Maschine, Material, Methode, Umwelt	**Einflussfaktoren:** Maschine, Material, Methode, Umwelt über einen langen Zeitraum
Beurteilung neuer Einrichtungen beim Hersteller neuer Einrichtungen nach Installation, im Prozess vor der Serienfreigabe		Beurteilung der laufenden Serienproduktion: ständiges Verbesserungspotenzial

Bild 1: Einflussfaktoren auf die Fähigkeitsuntersuchungen

Prozessanalyse vor Serienanlauf		Prozessanalyse nach Serienanlauf
Kurzzeitfähigkeits-untersuchungen	**Vorläufige Prozessfähigkeits-untersuchung**	**Langzeit - Prozessfähigkeits-untersuchung**
Stichprobengröße: 50 Teile bzw. prozessgerechter Umfang. Kurzer Betrachtungszeitraum C_m, C_{mk}	**Stichprobengröße:** 100 Teile bzw. prozessgerechter Umfang, mindestens 20 Einzelstichproben mit 5 aufeinanderfolgenden Teilen erforderlich. Betrachtungszeitraum > 8 Stunden P_p, P_{pk}	Angemessen langer Zeitraum (üblicherweise 20 Tage) unter normalen Serienbedingungen, in dem sichergestellt wird, dass alle Einflussfaktoren wirksam werden können. C_p, C_{pk}

Bild 2: Bedingungen für die Fähigkeitsuntersuchungen

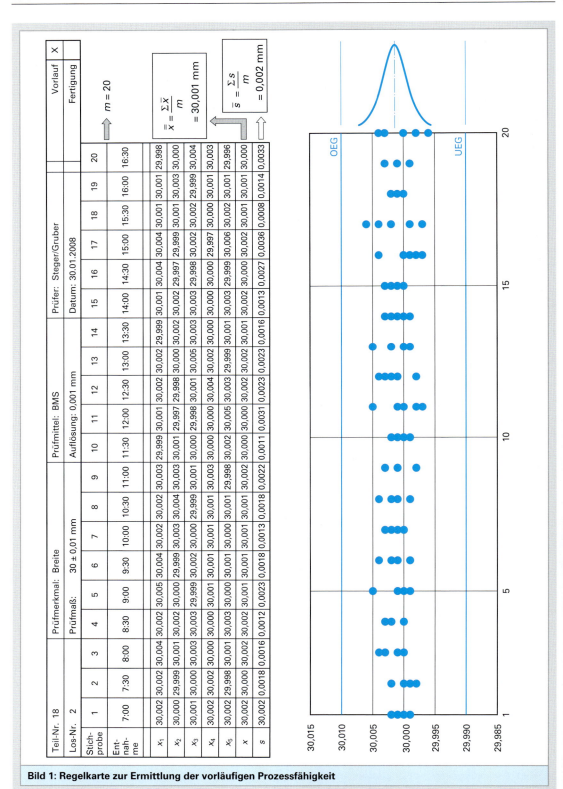

Bild 1: Regelkarte zur Ermittlung der vorläufigen Prozessfähigkeit

1.7 Vertiefung zur statistischen Prozessüberwachung

Im dargestellten Beispiel werden die Berechnungen und Darstellungen mit Excel durchgeführt.

Die Werte der Stichprobe werden in einem „Punkt (XY)"- Diagramm dargestellt **(Bild 1)**. Hier bietet es sich an, die Variante „Punkte ohne Linie" auszuwählen. Nachdem die erste Stichprobenreihe (x1) im Diagramm dargestellt ist, wird mit der linken Maustaste ein beliebiger Datenpunkt x1 im Diagramm angewählt. In der dann erscheinenden Maske wird „Datenreihe" gewählt. Sichtbar wird die Maske in Bild 1.

Über das Register „Reihe" und den Button Datenreihe „Hinzufügen" werden weitere Daten (x2 bis x5, sowie OGW und UGW) im Diagramm dargestellt. Es müssen lediglich Name und die Quelle der jeweiligen X- und Y-Werte angegeben werden. Im vorliegenden Fall entsprechen die Messwerte x1 bis x5 den Y-Werten im Diagramm, die laufende Stichprobennummer entspricht den X-Werten im Diagramm. Zur Darstellung der Grenzwerte OGW und UGW muss auf eine extra Datenquelle zurückgegriffen werden, die vorher anzulegen ist **(Tabelle 1)**.

Es entstehen für OGW und UGW jeweils zwei Punkte. Durch Anwahl eines Punktes mit der rechten Maustaste und Auswahl von „Diagrammtyp" kann der Diagrammuntertyp „Punkte mit Linien" gewählt werden.

Das Ergebnis sind die Linien der Toleranzgrenzen. Nachdem die Prozesswerte visualisiert sind, werden diese ausgewertet. Da die Stichprobenanzahl mit $n = 5$ relativ gering ist, wird die vorliegende Standardabweichung s bzw. $\bar{s}$ nicht der Standardabweichung σ der Grundgesamtheit (bei 100%-Prüfung) entsprechen.

Diese wird aufgrund der Stichprobenstandardabweichung und dem Faktor „an" geschätzt **(Tabelle 2)**. Es ergibt sich der Schätzwert $\hat{\sigma}$ (Sigmadach). Es wird deutlich, dass mit steigender Stichprobenanzahl n der Wert „an" steigt und sich somit an $\bar{s}$ nähert. Größere Stichprobe bedeutet größere Sicherheit. Bei einer kleinen Stichprobe ergibt sich durch einen kleineren Wert „an" eine Vergrößerung von Sigmadach (Sicherheitsfaktor):

$$\hat{\sigma} = \frac{\bar{s}}{a_n}$$

Tabelle 1: Hilfstabellen für die Toleranzgrenzen

x	0	20
OGW	30,0100	30,0100
UGW	29,9900	29,9900

Tabelle 2: Faktor zur Abschätzung der Standardabweichung

n	a_n	n	a_n
2	0,798	7	0,959
3	0,886	8	0,965
4	0,921	9	0,969
5	0,940	10	0,973
6	0,952		

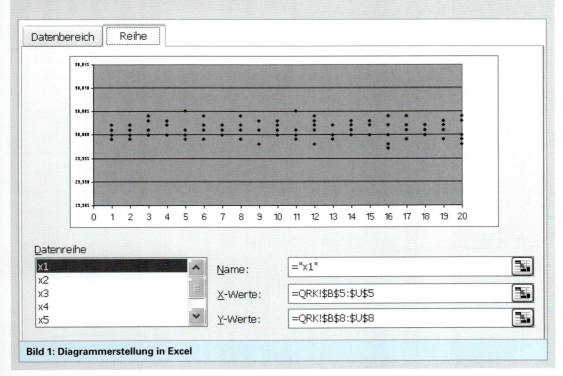

Bild 1: Diagrammerstellung in Excel

Die Berechnung der Prozessparameter P_p (preliminary process capability) und P_{pk} (critical preliminary process capabifity) erfolgt analog zur der Bestimmung der Maschinenfähigkeilsfaktoren c_m und c_{mk} **(Tabelle 1 und Tabelle 2)**.

Da bei der Ermittlung der Prozessfähigkeit im Gegensatz zur Maschinenfähigkeitsuntersuchung verschiedene Störgrößen auftreten können (Fertigung unter Serienbedingungen) sind die Grenzwerte für die Erfüllung der Prozessfähigkeit geringer. Im allgemeinen gilt ein Prozess als fähig und beherrscht, wenn:

$P_p \geq 1,33$

$P_{pk} \geq 1,33$

Im vorliegenden Fall bestätigen die Werte das Erfüllen der Wiederholbarkeit und Genauigkeit **(Bild 1)**. Dadurch kann in der Serienfertigung die Langzeitprozessfähigkeitsuntersuchung starten. Hier wird über einen Zeitraum von mindestens 20 Tagen der Prozess beurteilt. Die Berechnung der Langzeitprozessfähigkeit erfolgt analog zur vorläufigen Prozessfähigkeit. Für die Parameter c_p (process capability) und c_{pk} (critical process capability) gilt:

$c_p \geq 1,33$

$c_{pk} \geq 1,33$

Nach erfolgreichem Abschluss der Prozessfähigkeitsuntersuchungen kann im Rahmen der statistischen Sicherheit mit einem beherrschten und fähigen Prozess gerechnet werden. Oft wird parallel zur Qualitätsregelkarte die Prozessfähigkeit berechnet.

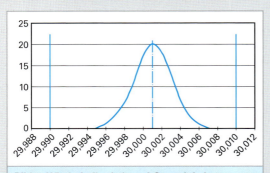

Bild 1: Wiederholbarkeit und Genauigkeit

Tabelle 1: Berechnungen mit Excel		
Parametereingabe		
Nennmaß	N	30,00
Toleranz	T	0,020
oberer Grenzwert	OGW	30,010
unterer Grenzwert	UGW	29,990
Stichprobenanzahl	m	20
Stichprobenumfang	n	5
Statistische Auswertung		
Formel	Variable	Ergebnis
$\bar{\bar{x}} = \dfrac{\Sigma \bar{x}}{m}$	xdoppelquer	30,0011
$\bar{s} = \dfrac{\Sigma s}{m}$	squer	0,00196
$\hat{\sigma} = \dfrac{\bar{s}}{a_n}$	sigma	0,00208

Tabelle 2: Prozessauswertung mit Excel		
Prozessauswertung		
Sollwerte	P_{psoll}	1,33
	P_{pksoll}	1,33
$P_p = \dfrac{T}{6 \cdot \hat{\sigma}}$	P_p	1,602
$Z_{ob} = OGW - \bar{\bar{x}}$	Z_{ob}	0,009
$Z_{un} = \bar{\bar{x}} - UGW$	Z_{un}	0,011
$Z_{krit} = M \text{ in } (Z_{ob}; Z_{un})$	Z_{krit}	0,009
$P_{pk} = \dfrac{Z_{krit}}{3 \cdot \hat{\sigma}}$	P_{pk}	1,429
P_p in Ordnung		
P_{pk} in Ordnung		
Prozess ist fähig und beherrscht		

1.7.4 Erstellen und Führen einer Qualitätsregelkarte

Nachdem die Forderungen der Langzeit-Prozessfähigkeit erfüllt sind, wird der Fertigungsprozess mittels einer Qualitätsregelkarte überwacht. In regelmäßigen Zeitabständen werden Stichproben entnommen und geprüft. Einzelwerte beziehungsweise Mittelwerte und Streuungskennwerte werden dokumentiert und interpretiert. Befinden sich diese Werte innerhalb der Warngrenzen und der Eingriffsgrenzen, kann von einem *stabilen Prozess* ausgegangen werden.

Im vorliegenden Fall soll die Fertigung der Schieber mittels einer Prozessregelkarte beobachtet werden. Zur Beurteilung der Lage der Messwerte wird eine *Mittelwertkarte* verwendet. Zur Beurteilung der Streuung der Werte findet eine *Standardabweichungskarte* Anwendung. Am Beispiel einer *Shewart-Karte* werden die einzelnen Schritte zur Erstellung der Karte aufgezeigt.

Schätzwerte auf die Grundgesamtheit

Nachdem ein Vorlauf von mindestens 25 Stichproben ($m \geq 25$) mit einer Stichprobengröße von jeweils mindestens 5 Teilen ($n \geq 5$) erfolgt ist, werden Mittelwert und Standardabweichung von jeder Stichprobe bestimmt. Der Schätzwertt $\hat{\mu}$ für den „wahren" Mittelwert μ der Grundgesamtheit berechnet sich aus dem Mittelwert der Mittelwerte $\bar{\bar{x}}$.

$$\hat{\mu} \approx \bar{\bar{x}} = \frac{\Sigma \bar{x}}{m} = 30{,}0001 \text{ mm}$$

Aus der mittleren Standardabweichung s ergibt sich der Schätzwert für die „wahre" Standardabweichung der Grundgesamtheit mit dem Faktor $a_n = 0{,}940$ **(Tabelle 2, Seite 131)**.

$$\bar{s} = \frac{\Sigma s}{m} = 0{,}0023 \text{ mm}$$

$$\hat{\sigma} \approx \frac{\bar{s}}{a_n} = \frac{0{,}0023 \text{ mm}}{0{,}940} = 0{,}0024 \text{ mm}$$

Berechnung der Warn- und Eingriffsgrenzen für die Mittelwertkarte.

Als Basis für die Ermittlung der Grenzen dienen die Werte aus dem Vorlauf. Die Eingriffsgrenzen *OEG* und *UEG* werden üblicherweise so gelegt, dass 99 % der Teile des Vorlaufes innerhalb dieser Grenzen sind[1] **(Bild 1)**. Demzufolge liegen jeweils 0,5 % auf beiden Seiten der Gauß'schen Normalverteilung außerhalb der Eingriffsgrenzen.

Die Eingriffsgrenzen berechnet man nach folgenden Formeln:

$$OEG = \hat{\mu} + u_{0{,}995} \cdot \frac{\hat{\sigma}}{\sqrt{n}}$$

$$UEG = \hat{\mu} - u_{0{,}995} \cdot \frac{\hat{\sigma}}{\sqrt{n}}$$

Die Normalverteilungsvariable $u_{0{,}995}$ kann mit Excel berechnet werden **(Bild 2)**.

[1] 99 %-Zufallsstreubereich

Der Befehl STANDNORMINV gibt zur gewünschten Wahrscheinlichkeit (hier 99,5 % = 0,995) den entsprechenden Wert der Normalverteilungsvariablen. Setzt man die entsprechenden Zahlenwerte ein, ergeben sich die Eingriffsgrenzen:

$$OEG = \hat{\mu} + u_{0{,}995} \cdot \frac{\hat{\sigma}}{\sqrt{n}}$$

$$= 30{,}0001 \text{ mm} + 2{,}576 \cdot \frac{0{,}0024 \text{ mm}}{\sqrt{5}}$$

$$= 30{,}0029 \text{ mm}$$

$$UEG = \hat{\mu} - u_{0{,}995} \cdot \frac{\hat{\sigma}}{\sqrt{n}}$$

$$= 30{,}0001 \text{ mm} - 2{,}576 \cdot \frac{0{,}0024 \text{ mm}}{\sqrt{5}}$$

$$= 29{,}9973 \text{ mm}$$

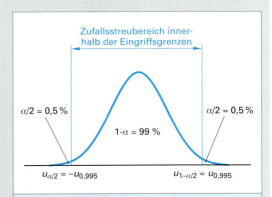

Bild 1: Festlegung der Eingriffsgrenzen

Bild 2: Ermittlung der Normalverteilungsvariablen mit Excel

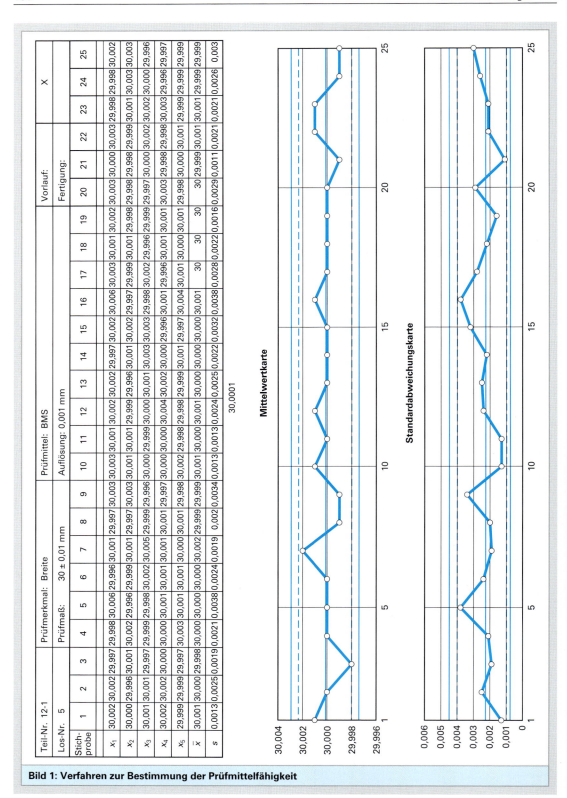

Bild 1: Verfahren zur Bestimmung der Prüfmittelfähigkeit

1.7 Vertiefung zur statistischen Prozessüberwachung

Analog zur Berechnung der Eingriffsgrenzen erfolgt die Festlegung der Warngrenzen *OWG* und *UWG*. Diese werden üblicherweise so gelegt, dass 95 % der Teile des Vorlaufes innerhalb dieser Grenzen sind[1] (**Bild 1**). Das heißt, jeweils 2,5 % auf beiden Seiten der Gauß'schen Normalverteilung liegen außerhalb der Warngrenzen.

Die Warngrenzen berechnet man nach folgenden Formeln:

$$OWG = \hat{\mu} + u_{0{,}975} \cdot \frac{\hat{\sigma}}{\sqrt{n}}$$

$$UWG = \hat{\mu} - u_{0{,}975} \cdot \frac{\hat{\sigma}}{\sqrt{n}}$$

Daraus ergeben sich mit $u_{0{,}975} = 1{,}96$ folgende Warngrenzen:

$$OWG = \hat{\mu} + u_{0{,}975} \cdot \frac{\hat{\sigma}}{\sqrt{n}}$$
$$= 30{,}0001 \text{ mm} + 1{,}96 \cdot \frac{0{,}0024 \text{ mm}}{\sqrt{5}}$$
$$= 30{,}0022 \text{ mm}$$

$$UWG = \hat{\mu} - u_{0{,}975} \cdot \frac{\hat{\sigma}}{\sqrt{n}}$$
$$= 30{,}0001 \text{ mm} - 1{,}96 \cdot \frac{0{,}0024 \text{ mm}}{\sqrt{5}}$$
$$= 29{,}9980 \text{ mm}$$

Die Warn- und Eingriffsgrenzen können auch nach DGQ-Tabellen ermittelt werden. Hierzu werden die Werte AE (für die Eingriffsgrenzen) und AW (für die Warngrenzen) verwendet (**Tabelle 1**).

Berechnung der Eingriffsgrenzen nach DGQ-Tabelle:

$$OEG = \hat{\mu} + A_E \cdot \hat{\sigma}$$
$$= 30{,}0001 \text{ mm} + 1{,}152 \cdot 0{,}0024 \text{ mm}$$
$$= 30{,}0029 \text{ mm}$$

$$UEG = \hat{\mu} - A_E \cdot \hat{\sigma}$$
$$= 30{,}0001 \text{ mm} - 1{,}152 \cdot 0{,}0024 \text{ mm}$$
$$= 29{,}9973 \text{ mm}$$

Berechnung der Warngrenzen nach DGQ-Tabelle:

$$OWG = \hat{\mu} + A_W \cdot \hat{\sigma}$$
$$= 30{,}0001 \text{ mm} + 0{,}877 \cdot 0{,}0024 \text{ mm}$$
$$= 30{,}0022 \text{ mm}$$

$$UWG = \hat{\mu} - A_W \cdot \hat{\sigma}$$
$$= 30{,}0001 \text{ mm} - 0{,}877 \cdot 0{,}0024 \text{ mm}$$
$$= 29{,}9980 \text{ mm}$$

[1] 95 %-Zufallsstreubereich

Tabelle 1: Faktoren zur Berechnung der Grenzen bei Mittelwertkarten

Stichprobengröße	Eingriffsgrenzen $1-\alpha = 99\%$	Warngrenzen $1-\alpha = 95\%$
n	A_E	A_W
2	1.821	1.386
3	1.487	1.132
4	1.288	0.980
5	1.152	0.877
6	1.052	0.800
7	0.974	0.741
8	0.911	0.693
9	0.859	0.653
10	0.815	0.620
11	0.777	0.591
12	0.744	0.566
13	0.714	0.544
14	0.688	0.524
15	0.665	0.506
16	0.644	0.490
17	0.625	0.475
18	0.607	0.462
19	0.591	0.450
20	0.576	0.438
21	0.562	0.428
22	0.549	0.418
23	0.537	0.409
24	0.526	0.400
25	0.515	0.392

Bild 1: Festlegung der Warngrenzen

Bild 2: Formeln zum Zeichnen der Mittelwertkarte

Bei der Berechnung der Grenzen der Mittelwertkarte mit Excel bietet sich der Befehl NORMINV an. In **Bild 1** ist die Berechnung der Oberen Eingriffsgrenze *OEG* dargestellt.

Eine Qualitätsregelkarte muss neben den Werten der Lage (Mittelwerte) auch die Streuung der Stichproben dokumentieren. Bei einem akzeptablen Mittelwert kann es möglich sein, dass Teile beidseitig außerhalb der Toleranz liegen. Die Fehler werden erst durch die Anzeige einer großen Streuung in der Standardabweichungskarte (s-Karte) sichtbar. In **Tabelle 1** wird ersichtlich, dass der Mittelwert genau das geforderte Mittenmaß erfüllt. Erst die Betrachtung der Streuung weist auf eine unakzeptable Stichprobe hin.

Auch für die Standardabweichungskarte werden Grenzen definiert, bei deren Ober- bzw. Unterschreitung Maßnahmen erfolgen müssen.

Grenzen der Standardabweichungskarte

Da die Werte der Standardabweichung Null begrenzt sind, das heißt, nicht kleiner als Null werden können, kann hierbei nicht von einer Normalverteilung ausgegangen werden. Die Werte der Standardabweichung sind in der Regel χ^2 (Chiquadrat) verteilt. Auch hier sind für die Eingriffsgrenzen der 99 % - Zufallsstreubereich **(Bild 2)** und für die Warngrenzen der 95 % Zufallsstreubereich **(Bild 3)** üblich. Kleine Werte der Standardabweichung bedeuten eine geringe Streuung. Dies deutet im allgemeinen auf einen beherrschten Prozess hin. Ist die Standardabweichung allerdings Null oder sehr klein, so kann dies auf einen Fehler am Messgerät, bzw. auf ein falsches Messgerät hindeuten. Auch kann hier der Hinweis auf Manipulation vorliegen. Diese Gründe sprechen auch für das Überwachen der unteren Grenzen bei Standardabweichungskarten.

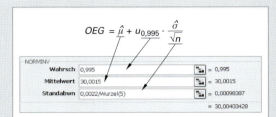

Bild 1: Berechnung der Oberen Eingriffsgrenze mit dem Befehl NORMINV in Excel

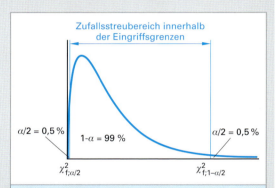

Bild 2: Zufallsstreubereich innerhalb der Eingriffsgrenzen

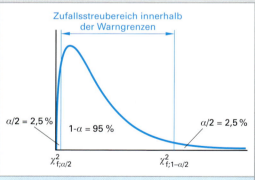

Bild 3: Zufallsstreubereich innerhalb der Warngrenzen

Tabelle 1: Stichprobe 55 von Maß 30±0,01			
x_1	30,500	x_4	29,900
x_2	30,100	x_5	29,500
x_3	30,000	–	
$\bar{x}$ = 30,000		s = 0,36055	

1.7 Vertiefung zur statistischen Prozessüberwachung

Die Grenzen der Standardabweichungskarte lassen sich folgendermaßen berechnen:

$$OEG = \sqrt{\frac{\chi^2_{f;1-\alpha/2}}{f}} \cdot \hat{\sigma} = \sqrt{\frac{\chi^2_{f;0,995}}{f}} \cdot \hat{\sigma}$$

mit $f = n - 1$

$$= \sqrt{\frac{14{,}8602}{4}} \cdot 0{,}0024 \text{ mm} = 0{,}0046 \text{ mm}$$

$$UEG = \sqrt{\frac{\chi^2_{f;\alpha/2}}{f}} \cdot \hat{\sigma} = \sqrt{\frac{\chi^2_{f;0,005}}{f}} \cdot \hat{\sigma}$$

$$= \sqrt{\frac{0{,}2070}{4}} \cdot 0{,}0024 \text{ mm} = 0{,}0005 \text{ mm}$$

$$OWG = \sqrt{\frac{\chi^2_{f;1-\alpha/2}}{f}} \cdot \hat{\sigma} = \sqrt{\frac{\chi^2_{f;0,975}}{f}} \cdot \hat{\sigma}$$

$$= \sqrt{\frac{11{,}1433}{4}} \cdot 0{,}0024 \text{ mm} = 0{,}0040 \text{ mm}$$

$$UWG = \sqrt{\frac{\chi^2_{f;\alpha/2}}{f}} \cdot \hat{\sigma} = \sqrt{\frac{\chi^2_{f;0,025}}{f}} \cdot \hat{\sigma}$$

$$= \sqrt{\frac{0{,}4844}{4}} \cdot 0{,}0024 \text{ mm} = 0{,}0008 \text{ mm}$$

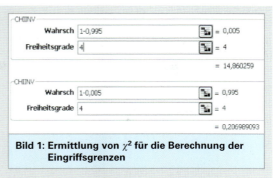

Bild 1: Ermittlung von χ^2 für die Berechnung der Eingriffsgrenzen

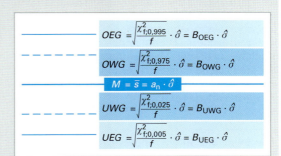

Bild 2: Ermittlung von χ^2 für die Berechnung der Warngrenzen

Die Warn- und Eingriffsgrenzen können auch nach DGQ-Tabellen ermittelt werden. Dabei werden die Werte laut **Tabelle 1** verwendet.

Berechnung der Grenzen nach DGQ-Tabelle:

$$OEG = B_{OEG} \cdot \hat{\sigma}$$
$$= 1{,}927 \cdot 0{,}0024 \text{ mm} = 0{,}0046 \text{ mm}$$

$$UEG = B_{UEG} \cdot \hat{\sigma}$$
$$= 0{,}227 \cdot 0{,}0024 \text{ mm} = 0{,}0005 \text{ mm}$$

$$OWG = B_{OWG} \cdot \hat{\sigma}$$
$$= 1{,}669 \cdot 0{,}0024 \text{ mm} = 0{,}0040 \text{ mm}$$

$$UWG = B_{OWG} \cdot \hat{\sigma}$$
$$= 0{,}348 \cdot 0{,}0024 \text{ mm} = 0{,}0008 \text{ mm}$$

$$OEG = \sqrt{\frac{\chi^2_{f;0,995}}{f}} \cdot \hat{\sigma} = B_{OEG} \cdot \hat{\sigma}$$

$$OWG = \sqrt{\frac{\chi^2_{f;0,975}}{f}} \cdot \hat{\sigma} = B_{OWG} \cdot \hat{\sigma}$$

$$M = \bar{s} = a_n \cdot \hat{\sigma}$$

$$UWG = \sqrt{\frac{\chi^2_{f;0,025}}{f}} \cdot \hat{\sigma} = B_{UWG} \cdot \hat{\sigma}$$

$$UEG = \sqrt{\frac{\chi^2_{f;0,005}}{f}} \cdot \hat{\sigma} = B_{UEG} \cdot \hat{\sigma}$$

Bild 3: Formeln zum Erstellen der Standardabweichungskarte

Tabelle 1: Faktoren zur Berechnung der Grenzen bei Standardabweichungskarten

Stichprobengröße	Eingriffsgrenzen: $1-\alpha = 99\%$		Eingriffsgrenzen: $1-\alpha = 95\%$		Stichprobengröße	Eingriffsgrenzen: $1-\alpha = 99\%$		Eingriffsgrenzen: $1-\alpha = 95\%$	
	OEG	UEG	OWG	UWG		OEG	UEG	OWG	UWG
n	B_{OEG}	B_{UEG}	B_{OWG}	B_{UWG}	n	B_{OEG}	B_{UEG}	B_{OWG}	B_{UWG}
2	2.807	0.006	2.241	0.031	14	1.515	0.524	1.379	0.621
3	2.302	0.071	1.921	0.159	15	1.496	0.540	1.366	0.634
4	2.069	0.155	1.765	0.268	16	1.479	0.554	1.354	0.646
5	1.927	0.227	1.669	0.348	17	1.463	0.567	1.343	0.657
6	1.830	0.287	1.602	0.408	18	1.450	0.579	1.333	0.667
7	1.758	0.336	1.552	0.454	19	1.437	0.590	1.323	0.676
8	1.702	0.376	1.512	0.491	20	1.425	0.600	1.315	0.685
9	1.657	0.410	1.480	0.522	21	1.414	0.610	1.307	0.692
10	1.619	0.439	1.454	0.548	22	1.404	0.619	1.300	0.700
11	1.587	0.464	1.431	0.570	23	1.395	0.627	1.293	0.707
12	1.560	0.486	1.412	0.589	24	1.386	0.635	1.287	0.713
13	1.536	0.506	1.395	0.606	25	1.378	0.642	1.281	0.719

Sind die Grenzen aus dem Vorlauf ermittelt, so kann die Regelkarte geführt werden. In zuvor festgelegten Zeitabständen werden Stichproben entnommen, Mittelwerte und Standardabweichungen ermittelt und der Verlauf dieser Werte beurteilt.

Befinden sich alle Werte innerhalb der Warngrenzen, so läuft der Prozess stabil. Wird eine Warngrenze über- bzw. unterschritten, so muss der Prozess genau beobachtet werden und die Zyklen der Stichprobenentnahme werden verkürzt.

Werden die Eingriffsgrenzen über- bzw. unterschritten, muss der Prozess gestoppt werden. Werkstücke, die seit der letzten Stichprobe produziert wurden, müssen nach fehlerhaften Teilen untersucht werden. Erst wenn entsprechende Maßnahmen zur Stabilisierung des Prozesses eingeleitet sind, darf weiterproduziert werden.

Neben diesen grundsätzlichen Kriterien gibt es weitere Verläufe, die Aussagen über den Prozess machen und gegebenenfalls besondere Maßnahmen erfordern.

Durch die Fertigungsüberwachung gelingt es, Mängel während der Produktion festzustellen und zu beseitigen, Qualität wird immer mehr zum strategischen Unternehmensziel, um den Erfolg langfristig zu sichern. Durch systematischen Einsatz qualitätssichernder Maßnahmen, zu denen auch die statistische Prozessregelung gehört, gelingt es, die erreichte Qualität nicht nur beizubehalten sondern auch zu verbessern.

Bild 1: Trend

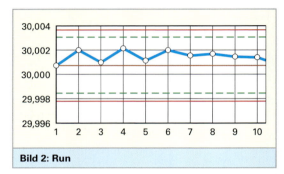

Bild 2: Run

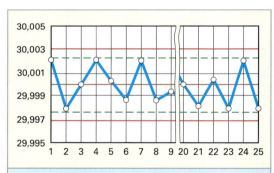

Bild 3: Middle Third – weniger als 40 % der Werte innerhalb des mittleren Drittels

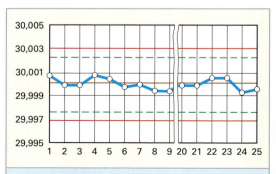

Bild 4: Middle Third – weniger als 90 % der Werte innerhalb des mittleren Drittels

---

Ein **Trend (Bild 1)** liegt vor, wenn 7 Werte hintereinander steigen oder fallen. Ursachen können Temperaturveränderungen oder Verschleiß sein. Bei einem **Run (Bild 2)** liegen sieben aufeinanderfolgende Messwerte ununterbrochen einseitig im Bezug zur Mittellinie. Hierbei sind Verschleiß, Wechsel des Messgerätes, des Bedieners oder Materials mögliche Ursachen. Der Prozess muss hierbei genau beobachtet werden.

Bei der s-Karte weist ein Run mit steigender Tendenz auf Verschleiß hin, eine fallende Tendenz kann auf eine Beschönigung des Messergebnisses hinweisen.

Der **Middle-Third (Bild 3 und Bild 4)** liegt vor, wenn mehr als 90 % oder weniger als 40 % von 25 nacheinanderfolgenden Werten im mittleren Drittel der Eingriffsgrenzen liegen. Im ersten Fall kann dies auf eine Störung beim Messen oder auf eine falsche Berechnung der Grenzen hinweisen, liegen weniger als 40 % der Werte innerhalb des mittleren Drittels, liegt eine zu breite Verteilung vor. Die Teile könnten beispielsweise von verschiedenen Fertigungslinien stammen.

1.8 KAIZEN

1.8.1 Begriff und Prinzip

KAIZEN kommt aus Japan und setzt sich aus zwei japanischen Einzelwörtern zusammen: „KAI" bedeutet „Veränderung" und „ZEN" kann mit „Das Gute, zur Verbesserung" übersetzt werden. In Deutschland ist das Prinzip unter dem Begriff „Kontinuierliche Verbesserung" bekannt und in Amerika spricht man von „Continuous Improvement". KAIZEN hat das Ziel, alle Prozesse im Betrieb kontinuierlich in kleinen Schritten zu verbessern. Dabei wird davon ausgegangen, dass überall im Betrieb von den Mitarbeitern Fehler gemacht werden. Ziel ist es, nicht wie bisher den Schuldigen zu suchen, sondern den Fehler als Chance zur Verbesserung zu sehen. Dazu muss zu den Mitarbeitern ein Vertrauensverhältnis aufgebaut werden. Sie werden bei der Fehleranalyse beteiligt und entwickeln Ideen für die Verbesserung. KAIZEN ist damit ein langfristiges, *mitarbeiterorientiertes* und *prozessorientiertes* Konzept.

Dabei ist es als Erstes wichtig, die richtigen Konzepte festzulegen. Im nächsten Schritt werden Systeme eingeführt, die die Basis für die Einführung von KAIZEN bilden. Innerhalb dieser Systeme werden geeignete Werkzeuge angewendet (**Bild 1**).

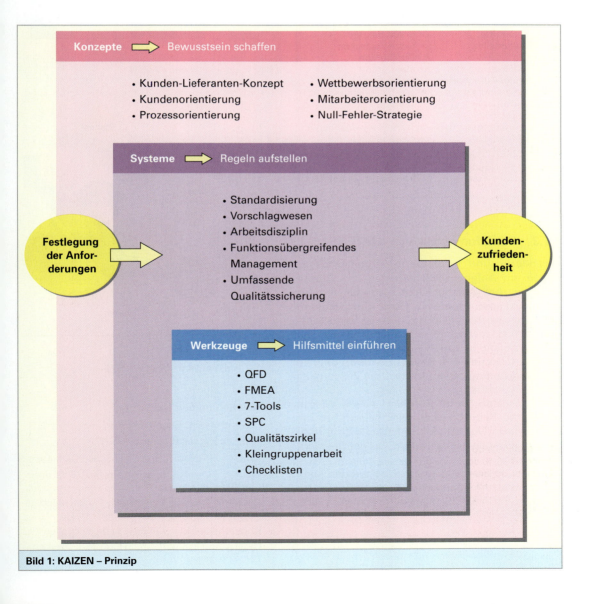

Bild 1: KAIZEN – Prinzip

1.8.2 Innovation und KAIZEN

Bei Innovationen werden im Betrieb große Schritte gemacht, die häufig mit großen Änderungen und Investitionen verbunden sind. KAIZEN setzt nach diesen Innovationen an. Selten läuft alles auf Anhieb bestens. Deshalb gilt es, den neuen Standard zunächst zu festigen und anschließend in kleinen Schritten mit geringen Mitteln den Prozess ständig zu verbessern **(Bild 1)**.

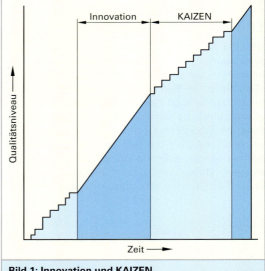

Bild 1: Innovation und KAIZEN

KAIZEN	Innovation
Optimierung von Prozessschritten in einfacher Weise durch:	Technologiesprung zur umfassenden Veränderung in einem Bereich durch:
• kleine Schritte • konventionelles Wissen • bessere Nutzung bestehender Ressourcen • prozessorientiertes Denken • Gruppenarbeit • Mitarbeiterorientierung • hohe Mitarbeiterverbundenheit	• große Schritte • technologischen Durchbruch • meist große Investitionen • ergebnisorientiertes Denken • individuelle Arbeit • Technologieorientierung • niedrige Mitarbeiterverbundenheit
Beispiel: Erstellung einer Checkliste für Bestellvorgänge	Beispiel: Anschaffung eines Industrieroboters

1.7.3 Funktionsweise von KAIZEN

Veränderte und verbesserte Arbeitsprozesse zeigen am Anfang Unsicherheiten und Abweichungen. Am Anfang muss also der Prozess stabilisiert und erhalten werden. Dazu müssen Standards geschaffen und in Form von Verfahrens- oder Arbeitsanweisungen festgehalten werden. Dies geschieht bei KAIZEN über den **STCA-Kreis**[1] (**S**tandardisierung-**T**un-**C**hecken-**A**ktion) **(Bild 2)**.
Standardisierung bedeutet dabei, die Zielvorgabe niederzuschreiben.
Beim nächsten Schritt **Tun** wird dieses Wissen umgesetzt. Beim **Checken** wird geprüft, ob die Ziele erreicht wurden und im letzten Schritt **Aktion** wird so lange nachgebessert, bis der Standard erreicht ist.
Ist der neue Standard erreicht, so werden neue Verbesserungen geplant und in ähnlicher Weise mit dem **PTCA-KREIS** (**P**lanen-**T**un-**C**hecken-**A**ktion) zur Verwirklichung gebracht (Bild 2).

Bild 2: Funktionsweise von KAIZEN

Wiederholung und Vertiefung

1. Erklären Sie den Begriff KAIZEN.
2. Welches Ziel steckt hinter KAIZEN?
3. Erklären Sie den STCA-Kreis und den PTCA-Kreis.
4. Welche Konzepte liegen dem KAIZEN-Prinzip zugrunde?
5. Welche Werkzeuge eignen sich für die ständige Verbesserung in kleinen Schritten?
6. Unterscheiden Sie „KAIZEN" und „Innovation".
7. Welche Arbeitsorganisationsform liegt dem KAIZEN-Prinzip zugrunde?

---

[1] auch *Deming*-Kreis genannt, nach *William Edwards Deming* (1900 bis 1999) amerik. Wirtschaftswissenschaftler

2 Instandhaltung

2.1 Begriffe

> **Instandhaltung:** Maßnahmen zur Bewahrung und Wiederherstellung des Sollzustands sowie zur Festlegung und Beurteilung des Istzustandes von technischen Mitteln eines Systems.

Für die Instandhaltung gibt es Richtlinien und Empfehlungen. Die Erfahrung zeigt, dass der Betreiber von Anlagen nur soviel investieren will, wie unbedingt notwendig ist. Um sich klar verständigen zu können, wurden in der Norm DIN 31051 „Instandhaltung – Begriffe und Maßnahmen" einige Begriffe definiert, die im Sprachgebrauch oft nicht sauber unterschieden werden. Es wird aufgezeigt, dass Instandhaltung nicht nur eine manuelle Tätigkeit ist, sondern vorausschauend eine hohe Funktionsfähigkeit eines Systems gewährleisten soll. In DIN 31051 wird Instandhaltung wie folgt definiert:

Die Maßnahmen beinhalten die *Wartung*, die *Inspektion* und die *Instandsetzung*. Sie schließen ein die Abstimmung der Instandhaltungsziele mit den Unternehmenszielen und die Festlegung entsprechender Instandhaltungsstrategien **(Bild 1)**.

Je nach Firmenstruktur wird die Instandhaltung nach den Herstellerangaben umgesetzt. Ein wichtiges Kriterium sind die sicherheitstechnischen Anforderungen (z. B. nach UVV bzw. nach TÜV). In **Tabelle 1** wird die Instandsetzung am Beispiel einer hydraulischen Anlage aufgezeigt.

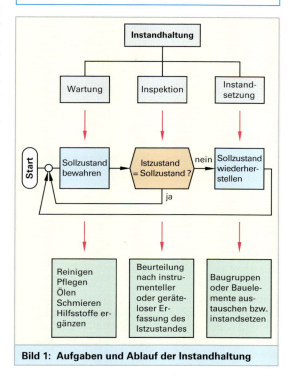

Bild 1: Aufgaben und Ablauf der Instandhaltung

Tabelle 1: Instandhaltung hydraulischer Anlagen			
Betrieb	**Großbetriebe, z. B.:** • Autoindustrie • Kraftwerke • Großchemie	**Mittelständige Betriebe, z. B.:** • Maschinenbau • Möbelindustrie	**Kleinbetriebe, z. B.:** • Baubetriebe • Fuhrunternehmer • Lagerwirtschaft
Organisationsformen der Instandhaltung in diesen Betrieben	• Ein Ingenieur oder eine Abteilung ist speziell für die Instandhaltung verantwortlich. • Es bestehen eigene Vorschriften des Unternehmens für die Instandhaltung.	• Instandhaltung beschränkt sich meist auf die Empfehlungen des Herstellers, der Anlage oder des Elements. • In der Regel wird durch die Geschäftsleitung eine Kontrolle organisiert.	Eine planmäßige Instandhaltung ist in der Regel nicht organisiert. Bei auftretenden Störungen werden entsprechende Maßnahmen eingeleitet.
Instandhaltung durch das eigene Unternehmen	Das Unternehmen führt in der Regel Arbeiten selbst aus, außer im • Garantiezeitraum und bei • Generalreparaturen. Das Personal wird planmäßig geschult.	• Gewisse grundsätzliche Arbeiten, wie z. B. Filter- und Ölwechsel, werden in der Regel planmäßig durchgeführt. • Störungen werden möglichst selbst behoben.	• Empfehlungen des Herstellers werden nur bedingt beachtet, meist erst bei Störungen. • Das allgemeine technische Personal führt die Arbeiten aus.
Instandhaltung durch Personal des System- oder Anlagenherstellers	meist nur im Garantiezeitraum	• im Garantiezeitraum • wenn eine Instandsetzung selbst nicht möglich war	• im Garantiezeitraum • wenn eine Instandsetzung selbst nicht möglich war

Ziele der Instandhaltung

Die Instandhaltung hat, wie jedes Arbeitssystem ein wirtschaftliches und ein humanes Ziel **(Tabelle 1)**. Das wirtschaftliche Ziel besteht in der Sicherstellung der Produktionsfähigkeit bzw. Verfügbarkeit der technischen Anlage.

Von Seiten des Managements sind folgende sieben Sachverhalte zur Instandhaltung zu klären:
1. Ziele setzen.
2. Aufgaben exakt abgrenzen (Gesetze und Verordnungen einhalten).
3. Instandhaltung in die Unternehmensstruktur einbinden.
4. Den gerechtfertigten Aufwand festlegen.
5. Selbsterledigung oder Fremdvergabe?
6. Rationelle Organisation der Instandhaltung.
7. Welche und wieviele Mitarbeiter werden benötigt?

Das Erreichen dieser Ziele ist die Vorraussetzung für das wirtschaftliche Arbeiten, die Erhaltung der Produktqualität und das fristgemäße Liefern der Produkte.

Instandhaltungsstrategien

Mit den steigenden Anforderungen an die Instandhaltung wurden zentrale Instandhaltungswerkstätten mit Spezialisten eingerichtet. Dies bedurfte aber für den jeweiligen Einsatz einen hohen Organisation- und Abstimmungsaufwand. Neben dieser zentralen Organisationsstruktur entstanden dezentrale Strukturen, welche die Instandhaltung direkt den Abteilungen unterstellte. Häufig wird auch die Instandhaltung direkt in den Fertigungsprozess integriert **(Bild 1)**. Das Fertigungsteam übernimmt die notwendige Instandhaltung ihrer Anlagen.

Die Frage, zu welchem Zeitpunkt eine Instandhaltung erfolgen soll, wird sehr unterschiedlich beantwortet **(Tabelle 2)**. Während man früher meist vorbeugende Wartungsarbeiten durchführte, ist dies heute eher selten. Die Instandhaltung erst im Störfall (Feuerwehrmethode, Fahren mit vollem Risiko bis zum Bruch) durchzuführen, kann nicht kalkulierbare Kosten nach sich ziehen. In Tabelle 2 wird eine Gegenüberstellung gezeigt.

Eine besondere Bedeutung hat die vorbeugende Instandhaltung. Sie dient vor allem dazu, Schäden zu vermeiden. Durch die periodische Inspektion ist die Beseitigung der direkten Ursache von Schwachstellen möglich. Fehler die nicht technischer Natur können jedoch nur mit Hilfe des Null-Fehler-Managements aufgespürt werden.

Tabelle 1: Ziele der Instandhaltung

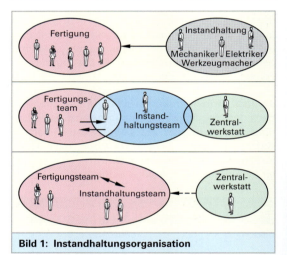

Bild 1: Instandhaltungsorganisation

Tabelle 2: Instandhaltungs-Strategien

Strategie	Vorteile	Nachteile
Vorbeugende Instandhaltung (periodisch, vorbeugend)	– Hohe Zuverlässigkeit – Verschleißhemmung – Ersatzteilhaltung nur zu bestimmten Zeiten – Planbarkeit der Maßnahme	– Nicht optimale Nutzung d. Bauelement-Lebensdauer – Instandhaltungskosten hoch – Planungsaufwand hoch
Zustandsabhängige Instandhaltung (vorbeugend)	– Hohe u. termingerechte Verfügbarkeit – Nutzung d. Bauelement-Lebensdauer – Planbarkeit der Maßnahme – Zusätzliches Inspektionsmaterial – Erhöhter Planungsaufwand	– Zusätzliches Inspektionsmaterial – Erhöhter Planungsaufwand – Teure Messdatenerfassung
Ausfallbedingte Instandhaltung	– Volle Nutzung d. Bauelement-Lebensdauer – Geringe Planung – Geringer Personalbedarf	– Volles Ausfallrisiko – u. U. hohe Schadenskosten u. Schadensfolgekosten – Keine Planbarkeit

2.1 Begriffe

Instandhaltungsmanagement
Instandhaltung dient im Wesentlichen dazu die *Funktionen* der Anlage zu erhalten Es geht also nicht um die Erhaltung der Anlage, sondern nur darum, deren *Funktion* zu erhalten.

Beispiel 1:
Eine Pumpe hat eine Nominalkapazität von 400 l/min (**Bild 1**). Sie pumpt Wasser in einen Tank aus welchem max. 300 l/min entnommen wird. In diesem Fall ist die Primärfunktion der Pumpe Wasser in den Tank zu füllen mit minimal 300 l/min.
Das Instandhaltungsprogramm muss sicherstellen, dass die Leistung nicht unter diesen Wert sinkt. Es ist also nicht notwendig, dass die Pumpe 400 l/min liefert.

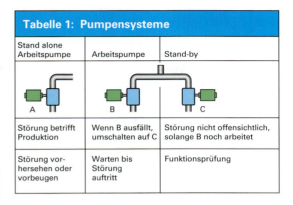

Tabelle 1: Pumpensysteme

Stand alone Arbeitspumpe	Arbeitspumpe	Stand-by
A	B	C
Störung betrifft Produktion	Wenn B ausfällt, umschalten auf C	Störung nicht offensichtlich, solange B noch arbeitet
Störung vorhersehen oder vorbeugen	Warten bis Störung auftritt	Funktionsprüfung

Eine exakte Analyse würde wahrscheinlich tausende mögliche Störarten ergeben. Alle Störungen kosten Zeit und Geld. Es sind aber die Folgen, die den zu treibenden Aufwand am meisten beinflussen. Wenn die Folgen gering sind, kann man auf vorbeugende Maßnahmen verzichten.

Beispiel 2
Wenn das Auswechseln der Wälzlager (in Beispiel 1) 4 Stunden dauert, kann man vor dem Tausch den Tank füllen, dann bleiben 4 Stunden Zeit zum Tauschen. Als zustandsbedingte Massnahme genügt das regelmäßige Überwachen des Schwingverhaltens mit einem Messgerät.
Unterschiedliche Störungsfolgen erfordern unterschiedliche Instandhaltungsstrategien.

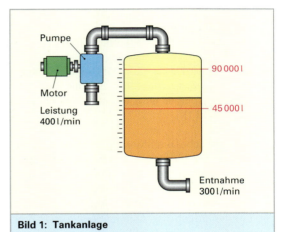

Bild 1: Tankanlage

Beispiel 3 (Tabelle 1)
Wenn Pumpe A ausfällt, so tritt eine Störung des Betriebs auf, also sind vorbeugende Maßnahme erforderlich. Wenn Pumpe B ausfällt, dann kann sofort auf C umgeschaltet werden. Hier kann gefahren werden bis eine Störung auftritt. Es ist allerdings notwendig, regelmäßig die Pumpe C auf Funktion zu prüfen.

Technische Geräte sind heute viel komplexer als früher. Dies führte zu veränderten Mustern von Anlagestörungen. Die Kurven in **Bild 2** zeigen eine zustandsbedingte Wahrscheinlichkeit einer Störung, aufgetragen über der Betriebszeit für eine breite Auswahl mechanischer und elektrischer Teile.

Besonders interessant sind die %-Zahlen.
A Dies ist die „Badewannenkurve": am Anfang viele Ausfälle und am Schluss viele Ausfälle. Dieses Verhalten tritt aber nur in 4 % der Fälle auf.
B Klassische Denkweise mit zunehmendem Alter nehmen die Störungen zu.
C Nahezu konstantes aber ansteigendes Störverhalten.
D Am Anfang eine hohe Zuverlässigkeit, dann eine konstante Ausfallrate
E konstante Zuverlässigkeit
F Die Ausfallrate sinkt mit zunehmendem Alter (68 % der Fälle)

Bild 2: Ausfallverhaltensverläufe

2.2 Wartung

Unter Wartung versteht man die Maßnahmen zur Bewahrung des Sollzustandes während der gesamten Nutzungszeit eines Systems. Richtig durchgeführte Wartung ist die Voraussetzung für einen störungsfreien Betrieb bei gleichem Produktionsergebnis.

Die Wartung einer technischen Anlage besteht aus:
- dem Erstellen eines Wartungsplans, der auf die speziellen Belange des Betriebs und der Anlage abgestimmt sein muss,
- der Vorbereitung der Maßnahmen,
- der Durchführung und
- der Rückmeldung mit Dokumentation.

Die Wartung wird regelmäßig oder je nach Zustand der Einrichtung durchgeführt. Bei der Erstellung des Wartungsplanes sind verschiedene Kriterien zu prüfen (**Bild 1**).

Die systematische Durchführung der Wartung erfordert bei größeren Anlagen drei Ebenen (**Bild 2**). In der *Planungsebene* wird der eigentliche Wartungsplan erstellt. Hier werden betriebswirtschaftliche Überlegungen mit einbezogen. Außerdem werden die Empfehlungen der Anlagenhersteller berücksichtigt. Diese Generalplanung übergibt die Daten in die *Steuerungsebene*. Sie werden als Arbeitsanweisungen meist in Tabellenform erstellt. Hieraus erhält dann der Werker bzw. das Wartungsteam die Wartungsaufträge. Nach den erfolgten Arbeiten in der *Durchführungsebene* muss die Durchführung protokolliert werden. Dies ist besonders bei sicherheitsrelevanten Arbeiten notwendig.

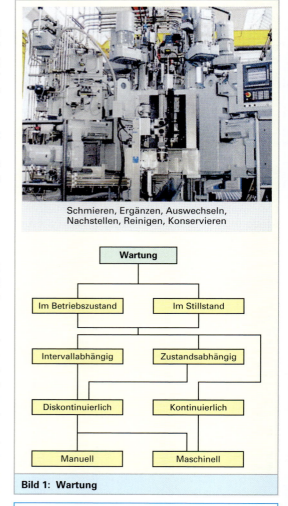

Schmieren, Ergänzen, Auswechseln, Nachstellen, Reinigen, Konservieren

Bild 1: Wartung

Wartung ist immer vorbeugend und verlängert die Nutzungsdauer der Systeme.

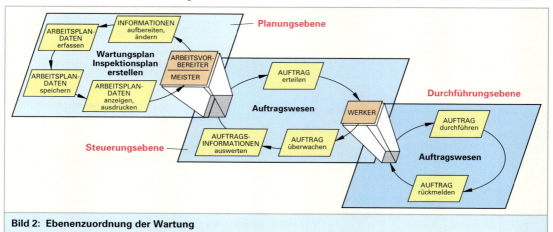

Bild 2: Ebenenzuordnung der Wartung

2.2 Wartung

Für eine konsequente Wartung ist es notwendig, dass auf exakte Arbeitsanweisungen zurückgegriffen werden kann. Es spielen hier Zeitsysteme und damit folgende Fragen eine große Rolle:

- Bis wann kann mit der vollen Funktionsfähigkeit eines Elements bzw. einer Anlage gerechnet werden?
- Welche planmäßige Stillsetzung des Systems ist notwendig?
- Mit welcher zeitlichen Sicherheit können die Wartungsarbeiten durchgeführt werden?
- Welche Ausweichmöglichkeiten bei unvorhergesehenen Ereignissen bestehen?

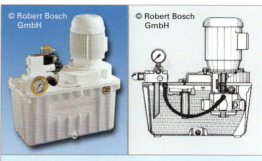

Bild 1: Hydraulische Anlage

Beispiel 1:
Wartung einer hydraulischen Anlage (Bild 1)

Die regelmäßige Wartung ist Voraussetzung für einen störungsfreien Betrieb ohne Ausfallzeiten und mit langer Lebensdauer. Die Intervalle der Wartungsarbeiten hängen vom betrieblichen Einsatz ab.

Einsatzklasse A (gelegentliche Nutzung):	alle 2 Jahre
Einsatzklasse B (regelmäßige Nutzung):	jährlich
Einsatzklasse C (Dauerbetrieb):	max. 5000 Betriebsstunden

Die Wartungsliste eines Hydraulikaggregats **(Tabelle 1)** ist ein Beispiel für eine vereinfachte Darstellung. Es muss noch ein Abnahmeprotokoll festgelegt werden.

Tabelle 1: Wartungsliste

Nr.	Arbeiten	Ergebnis
1.0	Istzustand	
1.1	äußerer Zustand	gut
1.2	Geräusche	96 dB(A)
1.3	Drücke	130 bar
1.4	Füllstände	i.O.
2.0	Arbeiten	
2.1	alle Baugruppen reinigen	erledigt
2.2	Öl prüfen/erneuern	
2.3	Ölfilterzustand prüfen/erneuern	erledigt
2.4	Luftfilterzustand prüfen/erneuern	geprüft
3.0	Wiederinbetriebnahme	
3.1	Leckölstrom	gering
3.2	Druck mit Prüfmanometer	130 bar

Maschn.-Nr.: 4711/03	Datum: 1.7.2008	Werker: Maier Unterschrift: Maier

Beispiel 2:
Wartung einer pneumatischen Versorgungsstation

Bei der Erzeugung von Druckluft fällt Kondenswasser an **(Bild 2)**. Dieses wird in mehreren Stufen entfernt. Nachdem *Verdichter* folgt ein *Kondensatabscheider*. Beim *Druckluftkessel* muss regelmäßig das Kondenswasser abgelassen werden. Das *Rohrleitungsnetz* wird mit Gefälle verlegt. An der tiefsten Stelle befindet sich ebenfalls ein Entwässerungsventil. Bevor die Luft zum Verbraucher gelangt, wird diese durch eine Wartungseinheit geführt. Diese besteht aus einem Druckluftfilter. Dieser muss regelmäßig gereinigt werden. Es kann der Druck reguliert werden. Am Ende wird die Luft mit Öl angereichert, um die nachfolgenden Geräte zu schmieren. Hier muss der Ölstand kontrolliert werden und das passende Öl nachgefüllt werden.

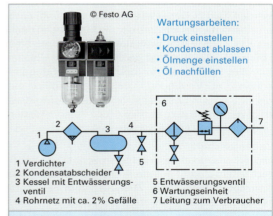

Wartungsarbeiten:
- Druck einstellen
- Kondensat ablassen
- Ölmenge einstellen
- Öl nachfüllen

1 Verdichter
2 Kondensatabscheider
3 Kessel mit Entwässerungsventil
4 Rohrnetz mit ca. 2% Gefälle
5 Entwässerungsventil
6 Wartungseinheit
7 Leitung zum Verbraucher

Bild 2: Wartung an pneumatischen Anlagen

Beispiel 3:
Für das Warten des Proportionalventils **(Bild 3)** ist eine entsprechende Versuchseinrichtung notwendig. Es müssen Spannungen und Ströme gemessen und die Grenzwerte eingestellt werden.

Bild 3: Wartung eines Proportionalventils

Beispiel 4: Wartung an Werkzeugmaschinen
Die Führungen, die Kühlschmierstoffsanlagen und die Hydraulikanlagen bedürfen einer regelmäßigen Wartung. Für diese Wartungsarbeiten werden in den Betriebsanleitungen Pläne angegeben. Zur leichten Verständlichkeit werden einheitliche Symbole verwendet (**Tabelle 1**). Intervallzeiten werden mit Uhrensymbolen in Stunden angegeben. Die Positionsnummern sind in den Funktionszeichnungen angegeben, so dass eine eindeutige Zuordnung möglich ist. Zu den Tätigkeitsbeschreibungen gibt es ebenfalls festgelegte Symbole.

Ferndiagnose und Fernwartung

Immer häufiger werden Maschinen und Anlagen an Orten betrieben, die weit von der Erstellung entfernt sind. Im Fehlerfall müssen schnelle Serviceleistungen sichergestellt werden. Es gibt verschiedene Möglichkeiten CNC-Steuerungen und SPS-Steuerungen mit Ferndiagnose und Fernwartung zu betreiben. Die Steuerungen können über ein Industriemodem mit dem öffentlichen Telefonnetz verbunden werden.

Oft wird noch eine Funkstrecke dazwischen geschaltet (**Bild 1**). Das TeleService-Gerät eignet sich zusätzlich zum Versenden von SMS (Short-Message-Service). Es können somit jeweils Klartextmeldungen mit bis zu 160 ASCII-Zeichen versandt werden. Mit der zugehörenden Projektierungssoftware können Rufnummern und Verbindungsparameter verwaltet werden (**Bild 2**). Der Teleservice kann die SMS auch an einen Provider senden, der die Meldungen dann als Fax oder E-Mail weiterleitet. SPS-Programme können beobachtet und geändert werden. Es stehen alle Funktionen der normalen Programmiersoftware zur Verfügung, so als sei man direkt mit der SPS vor Ort über Kabel verbunden. Teleservice trägt wesentlich dazu bei Reise- und Personalkosten und vor allem Zeit bei Serviceeinsätzen zu sparen.

Zugangsschutz

Sicherheitsvorkehrungen bieten Schutz vor unberechtigtem Zugriff auf die Produktionsanlage. Das Konzept ist mehrstufig. Zusätzlich zum Passwortschutz der ersten Stufe steht die „Call-Back"-Funktion zur Verfügung. Ist diese Funktion aktiviert, ruft die Anlage eine festgelegte Nummer zurück und stellt erst mit dieser Nummer die Verbindung her.

Weitere Möglichkeiten ergeben sich bei einer Fernkopplung, wenn also eine dauernde Fernverbindung vorhanden ist:
- Vom PC aus werden Daten, z. B. Parameter für Rezepturen an eine entfernte Anlage übertragen.
- Die Anlage sendet Statusmeldungen, Prozessdaten an einen entfernten PC.
- Fernkoppelung zwischen zwei Anlagen: Diese tauschen ihre Prozessdaten aus und können so aufeinander abgestimmt arbeiten.

Tabelle 1: Wartung und Schmierung (Beispiel)

Zeit (Std.)	Pos.	Eingriffstelle	Tätigkeit s. Kap. 5 btw. 9	Symbol
50	①	Kühlschmierstoffbehälter	Füllstand kontrollieren, nachfüllen (möglichst voll halten).	
250	①	Kühlschmierstoffbehälter	Bei Bedarf: Entleeren, reinigen, neu füllen (250 l).	
	②	Hydraulikaggregat	Füllstand kontrollieren, nachfüllen	
	③	Schmieraggregat Öl-Luftschmierung	Füllstand kontrollieren, nachfüllen (ca. 2,7 l)	
500	⑤	Zentralschmieraggregat	Füllstand kontrollieren, nachfüllen (1,8 l)	
2000	⑥	Kühlaggregat (Option)	Entleeren, reinigen, neu füllen (ca. 15 l)	
4000	②	Hydraulikaggregat	Entleeren, reinigen, neu füllen (ca. 2,5 l). Sieb reinigen	

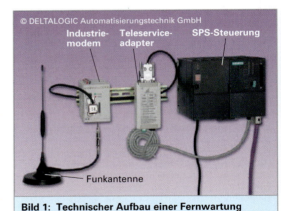

Bild 1: Technischer Aufbau einer Fernwartung

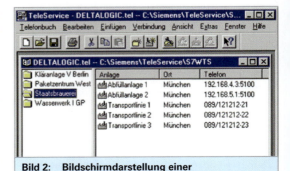

Bild 2: Bildschirmdarstellung einer Projektierungssoftware (Beispiel)

2.2 Wartung

Eine wichtige Verbindungsbaugruppe ist das *Industriemodem*. Es ist an der Steuerungsseite und an den PC angebracht (**Bild 1**). Diese Modems haben einen großen Eingangsspannungsbereich von DC 10 V bis DC 80 V sowie einen seriellen Anschluss. Alle Geräte werden über einen erweiterten AT-Befehlssatz gesteuert. Der integrierte *Wachtdog* überwacht die Funktion des Modems laufend und sorgt bei Bedarf für einen Neustart des Geräts. Bei einer Störung in der Anlage melden die Geräte selbsttätig einen Alarm an eine definierte Leitstelle und setzt eine Alarmmeldung als SMS oder E-Mail ab. Dazu verbindet man einfach einen Digitalausgang der Steuerung mit dem Alarmeingang des Modems. Mit der Projektierungssoftware (**Bild 2**) werden die Belegungen mit den Texten versehen. Industriemodems sind für verschiedene Verbindungsarten ausgelegt, so z. B. für ein analoges Telefonnetz oder für ISDN oder für Ethernet bzw. für Funk (RF433).

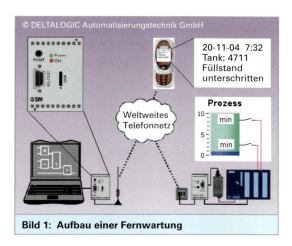

Bild 1: Aufbau einer Fernwartung

Übung:
Zwei PC werden mit Ethernet verbunden und mit IP-Adressen versehen. Mit der Programmiersoftware LabVIEW werden Zufallszahlen generiert. Wenn die Zahl größer als 0.5 ist, soll eine Lampe leuchten. Es wird dann eine HTML-Datei generiert und die Software als Web-Server frei geschaltet. An einem anderen PC wird mit dem Browser die HTML-Datei des ersten PC aufgerufen. Nun erscheint die Bedieneroberfläche des Programms und man kann die gesamte Kontrolle des Programms auf dem ersten PC übernehmen, genau so als sei man vor dem ersten PC.

Bild 2: Projektierungssoftware

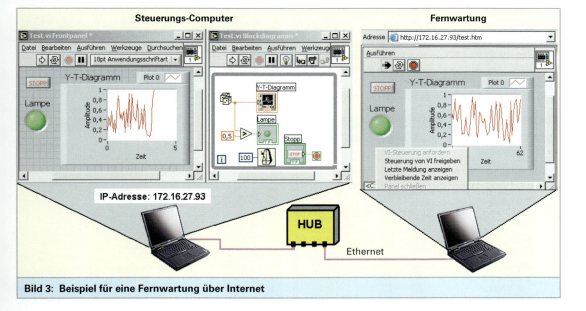

Bild 3: Beispiel für eine Fernwartung über Internet

2.3 Inspektion

Unter Inspektion versteht man die Maßnahmen zur Feststellung des Istzustandes von technischen Mitteln eines Systems.

Diese Maßnahmen beinhalten:
- Erstellen eines Plans zur Feststellung des Istzustandes (Ort, Termin, Methoden, Geräte und Maßnahmen)
- Vorbereitung der Durchführung,
- Durchführung,
- Auswertung der Ergebnisse zur Beurteilung des Istzustandes,
- Ableitung der notwendigen Konsequenzen aufgrund der Beurteilung.

Zur Erstellung derartiger Pläne gibt es Richtlinien, mit deren Hilfe leichter eine Systematik möglich ist **(Bild 1)**. Neben den Erfahrungen im eigenen Betrieb werden hierzu vor allem die Empfehlungen der jeweiligen Maschinenhersteller mit einbezogen. Für die praktische Umsetzung und zur Dokumentation werden Karteikarten geführt oder es wird eine entsprechende Software eingesetzt **(Bild 2)**. Dies ermöglicht das Erstellen von Statistiken über den Lebenszyklus der Maschinen. Neben den großen Inspektionen sind vor allem tägliche Kurzinspektionen durch den Werker wichtig. Diese sind zu Beginn und während der Maschinentätigkeit als dauernder Prozess notwendig. Sie beschränken sich im Wesentlichen auf „Sehen", „Hören" und „Fühlen" **(Tabelle 1)**.

Inspektion verursacht Kosten. Diese resultieren aus der Inspektion direkt sowie indirekt aus den Kosten der Produktionsverluste. Es gilt diese zu minimieren. Die Instandhaltung sollte nicht starr nach einem Zeitraster sein, sondern dynamisch je nach Alter der Anlage sowie deren Belastung. Die Inspektionen sollten sich nach dem Zustand der Anlage richten (zustandsorientierte Inspektion).

Die Kurven in **Bild 3** zeigen, dass eine zeitorientierte Inspektion bzw. Instandhaltung nur zufällig den wirtschaftlich optimalen Zeitpunkt treffen kann.

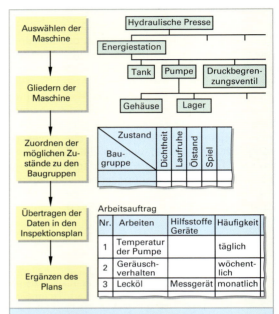

Bild 1: Erstellung eines Inspektionsplans

Bild 2: Software zur Inspektionsverwaltung

Bild 3: Kosten für Inspektionen

Tabelle 1: Einfache Inspektionsmöglichkeiten

Art	Fehlerart
Hören	Laufgeräusche von Motoren, bei Lagern, bei Spindeln, Abwälzgeräusche bei Zahnrädern, Kavitation bei Hydraulikanlagen, außergewöhnliche Schwingungsgeräusche.
Sehen	Flüssigkeitsstände, Anzeigen aller Art (z. B. Druck, Temperatur), Risse an Bauteilen, Riemen, Verschmutzungen, defekte elektrische Installationen, Leckverluste unter den Maschinen, Riefen in Führungen.
Fühlen	Schwingungen an Maschinenteilen, z. B. bei Lagerschaden, Temperaturen, Kavitation in hydraulischen Systemen.

2.3 Inspektion

Zustandsorientierte Inspektion von Maschinen
Beispiele:
Lagerschäden führen häufig zu Maschinenstillstand und unerwartetem Produktionsausfall. Mögliche Schäden können jedoch schon im Frühstadium diagnostiziert werden. Durch regelmäßige Inspektion kann die Veränderung verfolgt werden. Notwendige Wartungsarbeiten kann man somit langfristig einplanen. Für die Überwachung von Wälzlagern gibt es mehrkanalige Schwingungsanalysegeräte zur zuverlässigen Schadensdiagnose **(Bild 1)**. Mit Sensoren werden die Schwingungen der Maschine aufgenommen und ausgewertet. Das integrierte Diagnosesystem erkennt typische Muster von Maschinenschäden im Schwingungssignal z. B. Schäden eines Wälzlagers, z. B. Pittings (Gefügeveränderung mit Abblätterung der Oberfläche) auf den Laufbahnen. Sie erzeugen beim Überrollen eine periodische Folge von Einzelstößen. Diese ergeben kleine Resonanzen bei den umgebenden Maschinengehäusen.
Je nach Schadensort (Außenring, Innenring, Wälzkörper) ergeben sich unterschiedliche Impulsfolgefrequenzen und ermöglichen eine genaue Diagnose anhand einer Schwingungsanalyse **(Bild 2)**. Hier werden die aufgenommenen Schwingungen bzw. Körperschallgeräusche in ihre Frequenzbestandteile zerlegt und grafisch dargestellt.

Bild 1: Schadensdiagnose

Fehler-Möglichkeiten- und Einfluss-Analyse (FMEA)
Die Maschinenstörungsliste kann als Grundlage für eine systematische Analyse dienen. Ziel der FMEA ist es, auf Grund einer Bewertung aus der Summe der Fehler diejenigen herauszufiltern, welche besonders häufig auftreten bzw. die besonders schwerwiegend sind. Die Fehler werden jeweils mit einer Kennzahl von 1 bis 10 bewertet (10 = sehr häufig bzw. sehr schwerwiegend). Die Multiplikation der Fehler ergibt eine Risikoprioritätszahl (RPZ). Fehler mit der höchsten Zahl sollten vorrangig behandelt werden **(Tabelle 1)**.

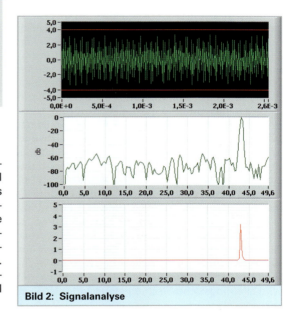

Bild 2: Signalanalyse

Tabelle 1: Maschinenstörungsliste (Beispiel)							
Masch. Nr.	Datum Uhrzeit	Störung	Ursache	Fehler-Index	behoben durch	Maßnahme	
17	10.07.06 11.05	Werkstück verschiebt sich	Spanndruck fehlt		Kaiser	Hydraulikschlauch gewechselt	
⬇	⬇	⬇	⬇	⬇	⬇	⬇	
FMEA										
Lfd. Nr.	Fehler	Folge	Ursache	Vermeidung	Entdeckung	Häufigkeit	Bedeutung	Entdeckung	RPZ	Maßnahmen
1	Spanndruck fällt ab	unsichere Werkstückspannung	Qualität der Schlauchleitung mangelhaft	bessere Kennzeichnung	Werker	2	8	9	144	bessere Qualität verwenden
2										

2.4 Instandsetzung

Die Aufgabe der Instandsetzung ist es, Maßnahmen zur Wiederherstellung des Sollzustandes von technischen Mitteln eines Systems einzuleiten und durchzuführen.

Die Ursache der Verschlechterung von Systemen können sein:

- Verschleiß,
- Korrosion,
- Materialermüdung,
- Überlastung der Bauteile.

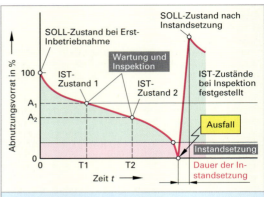

Bild 1: Abnutzungsdiagramm

Es hat sich hier der Begriff des *Abnutzungsvorrats* eingebürgert. Das Abnutzungsdiagramm (**Bild 1**) zeigt einen möglichen Zustand eines Bauteils oder einer Baugruppe im Laufe der Betriebszeit. Die neue Maschine hat einen Abnutzungsvorrat von 100 %. Zu den Zeitpunkten T1 und T2 werden durch Inspektionen die Ist-Zustände festgestellt. Bleibt die Maschine weiterhin im Einsatz, dann wird der gesamte Abnutzungsvorrat verbraucht und es kommt zum Ausfall der Maschine. Durch Reparatur wird der Sollzustand wieder erreicht und der Prozess kann von Neuem beginnen. Ist das Ersatzteil technisch besser, so kann jetzt der Abnutzungsvorrat über 100 % liegen. Aus Kostengründen wird schon vor dem Ausfall eine vorbeugende Instandsetzung durchgeführt (**Bild 2**). Der optimale Zeitpunkt einer Instandsetzungsmaßnahme ist immer dann, wenn sich ein Schaden bemerkbar zu machen beginnt. So wird die *Lebenszeit* der Bauteile optimal genutzt. Bei hohen Sicherheitsanforderungen (z.B. Kernkraftwerke oder Flugzeuge) wird allerdings schon früher getauscht.

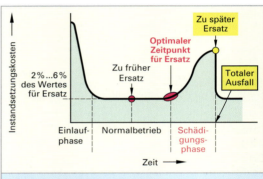

Bild 2: Instandsetzungskosten

In der Instandsetzung wird zwischen geplanter Instandsetzung und einer Instandsetzung *nach einer Störung* unterschieden. In **Bild 3** ist der systematische Ablauf einer Instandsetzung als Regelkreis dargestellt. Grundvoraussetzung hierfür ist die genaue Kenntnis des technischen Systems. Nur dann kann eine gezielte Instandsetzung durchgeführt werden.

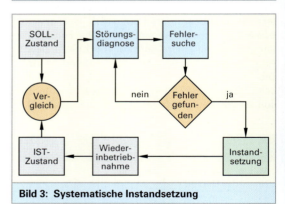

Bild 3: Systematische Instandsetzung

Ist ein Fehler gefunden, so sollte der Fehler dokumentiert werden und die mögliche Ursache gefunden werden. Die Dokumentation (Maschinenstörungsliste) gibt Aufschluss über die Stabilität der Maschine. Längerfristig ist es wertvoll über die Fehler eine FMEA (Fehler-Möglichkeiten-Einfluss-Analyse) durchzuführen (**Tabelle 1**). Ziel der FMEA ist es, aufgrund einer Bewertung aus der Summe der Fehler diejenigen herauszufinden, welche besonders häufig oder schwerwiegend sind.

Tabelle 1: Fehlerdokumentation

Maschinenstörungsliste: Maschine Nr. 4711/03

Nr.	Datum	Störung	Ursache	behoben durch	Maßnahme
1					
2					

FMEA

Nr.	Fehler	Folge	Ursache	Vermeidung	Häufigkeit	Bedeutung	Maßnahme
1							
2							

2.5 Inbetriebnahme

Das Ziel der Inbetriebnahme ist:
- die Funktionsfähigkeit des Systems herzustellen,
- das System so abzugleichen, dass die geforderten Kennwerte und Toleranzen erreicht werden,
- den Anwender mit dem System und der Dokumentation vertraut zu machen,
- den Anwender in die Wartung einzuweisen.

Beispiel 1:
Inbetriebnahme eines Proportionalventils
In einer Steuerkette (**Bild 1**). Es sind folgende Schritte durchzuführen:
1. Kontrolle der hydraulischen und elektrischen Verbindungen,
2. Vornehmen der Grundeinstellungen am Verstärker (Rampe, Ein-Aus)
3. Zuschalten der Versorgungsspannung,
4. Zuschalten der Hydraulik
5. Einstellen von kleinen Sollwerten
6. Zuschalten des Freigabesignals
7. Einstellen der max. Sollwerte
8. Abgleich der Kennlinien (Testgerät)
9. Abgleich der Rampen
10. Feststellen und Dokumentation der Leistungsdaten, Parameter, Einstelllisten
11. Übergabe der Anlage

Beispiel 2:
Inbetriebnahme einer PROFIBUS-DP-Anlage (Bild 2)
Der PROFIBUS-DP hat sich in der industriellen Praxis als ein zuverlässiges robustes Netzwerk erwiesen. Die hohe Zuverlässigkeit wird jedoch nur erreicht, wenn die einschlägigen Installationsrichtlinien beim Aufbau des Buses eingehalten und wichtige Parameter bei Inbetriebnahme nachgemessen werden. Die Erfahrung zeigt, dass ca. 70 % aller Fehler auf unsachgemäße Installation und Inbetriebnahme zurückzuführen sind.

Verkabelung
Es soll ein PROFIBUS-Kabel vom Typ A verwendet werden. Die max. Ausdehnung des Netzes ist von der verwendeten Bitrate abhängig (**Bild 3**).

Bitrate (kbits/s)	max. Länge eines Segmentes
187,5	1000 m
1500	200 m
3000, 6000, 12000	100 m

Wenn das Netz aus mehr als 32 Teilnehmern besteht, so sind zusätzliche Repeater (Signalverstärker) erforderlich. Beim Netzaufbau sind Stichleitungen zu vermeiden, weil diese zu Reflexionen auf dem Kabel führen. Man muss in diesem Fall einen Repeater setzen.

Abschlüsse
Jedes PROFIBUS-Segment muss am Anfang und am Ende mit einem Abschluss versehen werden. Dieser besteht aus einer Widerstandskombination, welche in den PROFIBUS-Steckern aktiviert werden muss. Bei Wartungsarbeiten sind oft nicht alle Teilnehmer in Betrieb. Für jeden nicht in Betrieb befindlichen Teilnehmer muss man einen externen Netzanschluss vorsehen.

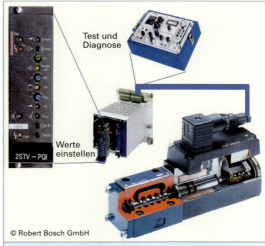

Bild 1: Inbetriebnahme eines Proportionalventils

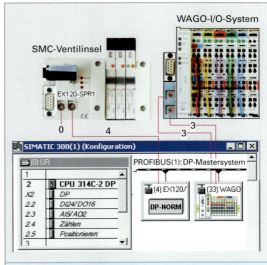

Bild 2: PROFIBUS-Inbetriebnahme

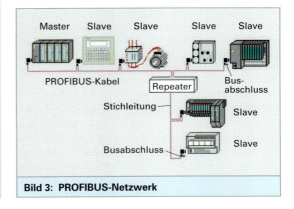

Bild 3: PROFIBUS-Netzwerk

Adressierung

Bei der Inbetriebnahme müssen die PROFIBUS-Teilnehmer adressiert werden (**Bild 3**, vorhergehende Seite). Die Adressen müssen mit denen der Software auf der Master-SPS übereinstimmen. Doppelte Adressierung bringt eine Fehlermeldung. Die neu eingestellten Adressen werden erst nach einem erneuten Aus- und Einschalten übernommen. Die Unkenntnis davon hat schon bei vielen Inbetriebnahmen zu unnötigen Verzögerungen geführt. Manche Bus-Tester haben eine *Lifelistenfunktion*. Mit dieser kann man sehr schnell die aktuellen Adressen lesen.

Schirmung und Erdung

Besonders bei den hohen Bitraten und dem Einsatz im industriellen Umfeld kommt es auf die richtige Ausführung der Schirmung und Erdung an (**Bild 1**).
Regel 1: Schirm an beiden Seiten des Kabels auflegen.
Regel 2: Jeden Anschlusspunkt mit einer gut leitenden Verbindung an Schutzerde anschließen.

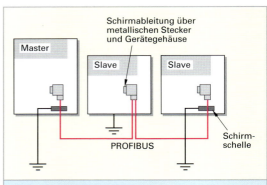

Bild 1: Erdung und Schirmung

Installation prüfen und dokumentieren

Zum Abschluss empfiehlt es sich, die Verkabelung mit einem Prüf- und Diagnosegerät zu überprüfen. In dialoggeführten Messzyklen wird die Installation systematisch geprüft. Die Messung erfolgt dynamisch, das heißt, es werden ständig Prüfsignale auf den Bus gesendet und es wird die Güte des Echosignals beurteilt. Dabei werden fehlende Abschlusswiderstände, zu geringe Signalpegel und unzulässig hohe Reflexionen erkannt. Das Messprotokoll gibt genaue Auskunft über die Fehlerart und den Fehlerort.
Zum Erreichen einer hohen Anlagenverfügbarkeit empfiehlt es sich turnusgemäß Kontrollmessungen im PROFIBUS-Netz durchzuführen und die Protokolle zu vergleichen. Bei Veränderungen können schon im Vorfeld Schwachstellen ermittel werden.

Inbetriebnahme mit virtuellen Anlagen

Kürzere Inbetriebnahmezeiten, geringere Kosten sind wichtige Ziele. Moderne *Engineeringkonzepte* wie „Simulation Based Engineering" bringen diese Forderungen in Einklang. Dabei können Fertigungszellen oder Prozesse virtuell und dreidimensional am Computer entworfen, simuliert und optimiert werden. Die Ablaufsteuerung einer SPS ist z. B. dabei bereits integriert (**Bild 2**). Die Software-Entwicklung kann gleichzeitig und unabhängig mit der mechanischen Fertigung ausgeführt werden.

Dies funktioniert auf der Basis einer integrierten digitalen Entwicklungsumgebung. Es erfolgt eine automatische Generierung des SPS-Programms. Über eine virtuelle Steuerung (PLCSIM) kann die gesamte virtuelle Anlage angesteuert werden. Bei Fertigstellung der Anlage kann diese somit in kürzester Zeit in Betrieb genommen werden.

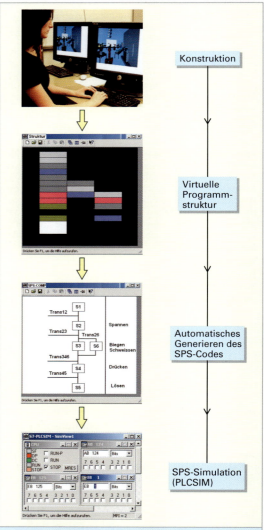

Bild 2: Programmentwicklung und Test einer virtuellen Anlage

Beispiel einer Anlagensimulation

Auf dem PC wird eine virtuelle Anlage gestartet (z. B. ProMod-Pro, Fa. DELTALOGIC). Die virtuellen Anlagen können z. B. mit der *Engineeringplattform* SIMIT erstellt werden. Alle Komponenten können dabei mit Parametern versehen werden, welche in ihrem Verhalten oft den realen Bauteilen entsprechen. Die virtuellen Anlagen verhalten sich ähnlich wie reale Anlagen. Auf demselben PC wird das SPS-Programm entwickelt. Danach wird auf dem PC eine virtuelle SPS (z. B. PLCSIM) gestartet und das Programm übertragen. Diese virtuelle SPS kommuniziert nun mit der virtuellen Anlage. Das Gesamtsystem verhält sich somit wie eine reale Anlage **(Bild 1)**.

Programmfehler können beseitigt werden. Regelkreisparameter können voreingestellt werden. Es werden Zykluszeiten von 20 ms und weniger erreicht. Alternativ könnte das SPS-Programm auch auf eine reale SPS, übertragen werden. Dann kommuniziert die virtuelle Anlage mit der SPS, z. B. über die MPI-Schnittstelle oder über den PROFIBUS.

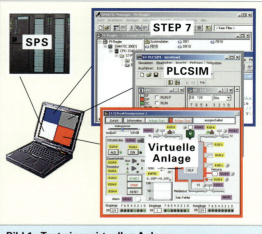

Bild 1: Test einer virtuellen Anlage

Wiederholung und Vertiefung

1. Warum ist es wichtig die Inbetriebnahme und die verwendeten Einstellparameter zu dokumentieren?
2. Warum haben Konzepte wie z. B. „Simulation Based Engineering" eine zunehmende Bedeutung?
3. Warum sind bei der Inbetriebnahme von Steuerungssystemen protokollierende Testgeräte wichtig?

2.6 Fehlersuche

Universalrezepte für das Suchen und Finden der Ursachen von Störungen und das Erkennen von Fehlern gibt es nicht. Es müssen grundsätzlich folgende Fähigkeiten des Fehlersuchenden vorhanden sein:

- Er muss den technischen Aufbau und die gesamte Funktion der Anlage kennen,
- Er muss Schaltpläne lesen und nachvollziehen können,
- Er muss Schlussfolgerungen ziehen können.

Hilfreich ist ein *Maschinenbuch*, in dem bisherige Fehler dokumentiert sind und eventuell Hinweise auf weitere Fehler oder Schwachstellen eingetragen sind. Für die systematische Fehlersuche kann nach dem Diagramm **Bild 2** vorgegangen werden. Ist der Fehler gefunden, so ist zu entscheiden wie weiter verfahren wird **(Bild 3)**. Liegt eine Schwachstelle vor, so ist zu prüfen, wie diese beseitigt werden kann. Ebenfalls ist zu prüfen, inwieweit eine Reparatur möglich ist oder Baugruppen komplett getauscht werden müssen.

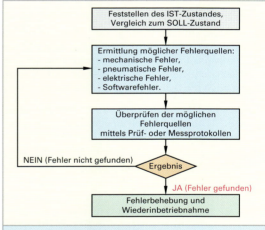

Bild 2: Systematische Fehlersuche

Bild 3: Schadensbeurteilung

2.7 Reparatur

In vielen Fällen sind in Baugruppen nur einige Teile defekt. Die Baugruppe kann dann repariert werden. Die Entscheidung für eine Reparatur oder für einen Austausch wird durch viele Faktoren bestimmt **(Bild 1)**:

Kosten. Die Kosten für Reparatur oder Neugerät müssen verglichen werden. Oft entstehen bei der Reparatur Kosten, die nicht direkt erfasst werden können. Es ist zu prüfen ob das Neugerät schon technisch verbessert wurde.

Zeit. Wenn das ausgefallene Gerät einen Anlagenstillstand zur Folge hat, dann ist die schnellere Lösung die günstigere.

Technischer Zustand. Hat die gesamte Baugruppe bereits ihre konzipierte Lebensdauer erreicht, so wird nicht mehr repariert, sondern die gesamte Baugruppe getauscht.

Fachwissen und Erfahrung. Der Mitarbeiter, die Mitarbeiterin, sollte die notwendige Fachkompetenz aufweisen, damit die Reparatur schnell und technisch richtig durchgeführt werden kann. Hierzu gehört auch die Sauberkeit an der Reparaturstelle.

Technische Voraussetzungen. Für die Demontage und Montage müssen die notwendigen Spezialwerkzeuge vorhanden sein. Eventuell ist auch ein Prüfstand notwendig. Wenn die technischen Voraussetzungen nicht vorliegen, ist von einer Reparatur abzuraten.

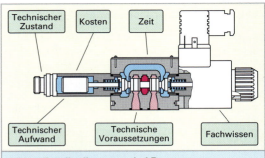

Bild 1: Randbedingungen bei Reparaturen

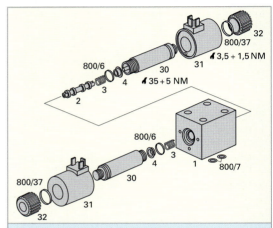

Bild 2: Zeichnung mit Ersatzteilnummern

Beispiel: Reparatur eines 4/3-Wegeventils
Der Hersteller liefert hierzu eine Explosionszeichnung aller Teile **(Bild 2)**. Ergänzend hierzu gibt es eine Ersatzteilliste mit den Bestellnummern **(Tabelle 1)**. Es ist üblich, dass Normteile wie z. B. O-Ringe direkt als Zubehör am Markt gekauft werden. Teile ohne Ersatzteilnummern können nicht einzeln bezogen werden. Liegt hier ein Fehler vor, dann muss das gesamte Ventil ersetzt werden. Bei den Dichtungen werden oft nur ganze Sätze geliefert und keine Einzeldichtungen **(Tabelle 2)**. Ergänzend zu den Ersatzteillisten sind oft Reparaturanleitungen erhältlich, in denen z. B. Montagehinweise und Anzugsdrehmomente angegeben sind. Diesen Anleitungen ist unbedingt Folge zu leisten.

Tabelle 1: Ersatzteilliste

Erzeugnis: 0 810 091 203 Wegeventil

Position	Bestellnr.	Stück	Benennung	Bemerkung
1		1	Ventilgehäuse	
2		1	Steuerschieber	
3	1 814 617 075	2	Druckfeder	
4		2	Federteller	
30		2	Druckrohr	
31	1 837 001 227	2	Magnetspule	
32	1 833 343 009	2	Überwurfmutter	
800	1 817 010 310	1	Dichtungssatz	
80016		2	O-Ring	16,56 x 1,78
800/7		4	O-Ring	9,25 x 1,78
800/37		2	O-Ring	22 x 2

Tabelle 2: Zuordnung der Einzelteile

Pos.	Benennung	Fertigungsteil	Normteil	Spezialteil	Teilenummer mit Lieferung	ohne Lieferung nicht möglich
1	Ventilgehäuse	x			x	x
2	Steuerschieber	x				
3	Druckfeder			x	x	
4	Federteller	x				
30	Druckrohr	x				
31	Magnetspule			x	x	
32	Überwurfmutter			x	x	
800	Dichtungssatz		x		x	
800/6	O-Ring 16,56 x 1,78		x		*) Lieferung	
800/7	O-Ring 9,25 x 1,78		x		*) Lieferung	
800/37	O-Ring 22 x 2		x		*) Fachhandel	

Wiederholung und Vertiefung

1. Beschreiben Sie das systematische Vorgehen bei einem Wartungsauftrag!
2. Warum ist es wichtig, dass an einer Anlage ein Maschinenbuch geführt wird?
3. Nennen Sie Probleme, welche bei einer Reparatur auftreten können.

2.8 Condition-Monitoring (Zustandsbedingte Instandhaltung)

Das Konzept des **Condition-Monitoring** basiert auf einer regelmäßigen Erfassung des Maschinenzustandes durch Messung aussagefähiger Größen. Dies wird auch als Zustandsüberwachung bezeichnet. Das Laufzeitende von Bauteilen wird durch eine ausgeklügelte Sensorik so rechtzeitig erfasst, dass Maschinenstillsetzungen im Voraus geplant werden können. Hierzu sind zuverlässige, sichere und leistungsfähige Messsysteme und Sensoren Voraussetzung. Dieses Konzept bietet ein großes Potenzial an Kosteneinsparungen, weil die Lebensdauer kritischer Maschinenteile voll ausgenutzt werden kann. Die Herausforderung der Zustandsüberwachung sind zu sehen in:

Bild 1: Überwachung des Luftverbrauchs

- der Suche nach geeigneten Messstellen und Sensoren,
- dem Finden aussagefähiger Parameter,
- der gezielten Anwendung von Signalanalyse,
- sowie dem Verarbeiten der enormen Datenflut.

Das Condition-Monitoring verfolgt zwei Ziele:

1. Sicherheit der Anlage und der Prozesse
Hierzu müssen mithilfe von Sensoren permanent die Maschinendaten erfasst werden. In der Regel handelt es sich um intelligente, d.h. erkennende Sensoren. Diese sind so eingestellt, dass bei Überschreiten von Grenzwerten z.B. eine Notabschaltung erfolgt.

Bild 2: Drucküberwachung einer Pumpe

Beispiel 1: Luftverbrauchdiagnose (Bild 1)
Es wird der aktuelle Luftverbrauch einer Anlage überwacht. Hierzu wird ein Durchflusssensor in die Zuleitung eingebaut. Dieser misst sowohl den aktuellen Verbrauch als auch die gesamte bisher verbrauchte Luftmenge.

Beispiel 2: Pumpendiagnose (Bild 2)
Eine Pumpe wird mit einem Sensor überwacht. Die Fördercharakteristik der Pumpe wird über Teach-In gelernt, so z.B. der Lufteintrag (ausgasende Flüssigkeiten) im Saugbereich. Eine deutliche Veränderung wird erkannt und an den übergeordneten Steuerungsrechner gemeldet bzw. die Anlage wird abgeschaltet.

2. Maschineneffizenz und Lebensdauerverlängerung.
Mit Sensoren wird der Neuzustand von Anlagen bzw. es werden die Kenngrößen eines Prozesses ermittelt und dokumentiert. In festen Zeitabständen wird die Anlage wieder ausgemessen und die Daten mit dem Neuzustand bzw. dem letzten Ausmessen verglichen. Die Veränderung wird bewertet. Es kann dadurch eine Aussage über den Zustand der Anlage und die Restlaufzeit gemacht werden.

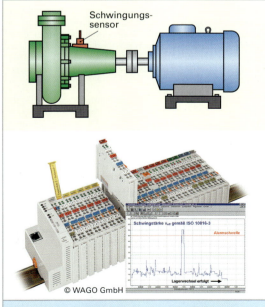

Bild 3: Schwingungsüberwachung im Feldbusknoten

Beispiel 1: Schwingungsüberwachung an einer Pumpe (Bild 3, vorherige Seite)

Die Messinstrumente liefern im einfachsten Fall einen Zahlenwert, welcher mit einem Tabellenwert verglichen wird und signalisieren dann „gut" – „geht noch" oder „schlecht".

Ein Bewertungsstandard für Maschinenschwingungen ist z. B. in ISO 10816-3 festgelegt. Als Bewertung für den Maschinenzustand wird der Effektivwert verwendet.

Das Schwingungsverhalten eines Bauteils wird z. B. von dem Sensor mithilfe einer Piezomembran erfasst und direkt in einer WAGO-Busklemme ausgewertet. Im ersten Schritt sind zwei Verfahren vorgesehen: Zum Einen die Messung der effektiven Schwingstärke (VRMS[1]) als Maß der Laufruhe. Dies ist eine integrale, breitbandige Messung der Maschinenschwingung. Diese Methode beobachtet beliebige Änderungen in der Schwingstärke einer Maschine, unabhängig von der Ursache.

Die Auswertung ist durch die ISO 10816-3 definiert. Die andere Methode nennt sich Schockimpuls-Messung (SPM) und wertet die schockimpulsförmige Anregung der Maschinenstruktur aus. Mit dieser Methode können auch sehr kleine Amplituden gemessen werden. Sie eignet sich daher besonders, um schon sehr früh Lagerschäden zu erkennen. Dies hat sich in sehr vielen Fällen als „Quasi-Standard" etabliert.

Beispiel 2: Testanlage zur Messung in einem Pneumatiksystem (Beispiel FESTO FluidLab P)

Über die Druckverhältnisse und den Druckluftverbrauch wird der Zustand einer Zylindereinheit überwacht. Hierzu werden die Drucksensoren P1, P2, P3 und ein Durchflusssensor in die Anlage eingebaut (**Bild 1**). Mithilfe eines Ablaufprogramms wird die Anlage im Neuzustand und nach einer definierten Laufzeit im aktuellen Zustand aufgenommen und jeweils in einem Diagramm dargestellt (**Bild 2**). Der Durchflusssensor (**Bild 3**) ermittelt die durchströmende Luftmenge und bezieht diese auf den Normdruck.

Damit die Auswirkung von Undichtheiten am Kolben simuliert werden kann, wird in der Testanlage die Drossel 1V5 eingebaut. Mit den Drosseln 1V4 und 1V6 können Undichtheiten in den Leitungen simuliert werden.

Im Beispiel wird im 1. Versuch der Neuzustand aufgenommen und im 2. Versuch ein simulierter undichter Kolben. Ziffern 1 bid 4 im Bild 3 zeigen den Ventilablauf.

Ziffer 5, 6 und 7 zeigen den Verlauf beim Neuzustand und die Ziffern 8, 9 und 10 zeigen den Verlauf bei einem undichten Kolben. Man kann deutlich erkennen, dass während des Schrittes 2 (Kolben in Mittelstellung) der Druck p_2 abnimmt und der Druck p_3 zunimmt.

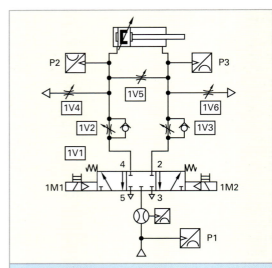

Bild 1: Pneumatikplan einer Testschaltung

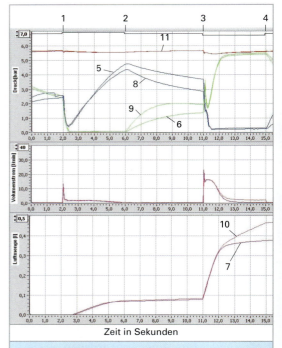

Bild 2: Zustand einer Pneumatikanlage

Bild 3: Durchflusssensor für Druckluft

---

[1] VRMS von volt root mean square = echter Spannungsmittelwert

2.8 Condition-Monitoring

Beispiel 3: Überwachung eines Wasserspeichers
Ein Wasserspeicher wird über eine Pumpe befüllt. In regelmäßigen Zeitabständen erfolgt die Entnahme mit einem Ablassventil. Die Pumpenleistung wird mit einem Durchflusssensor gemessen. Die Bestimmung des Füllstandes erfolgt mit einem Ultraschallsensor. Während des Prozesses werden die Daten aufgezeichnet.
Prozessablauf: Die Pumpe füllt den Behälter mit 2,5 Liter, nach 20 Sekunden wird die Flüssigkeit wieder abgelassen.

Daten des Neuzustandes der Anlage:
Kurve A (grün), Förderleitung der Pumpe = 4 l/min
Kurve A (rot), zeigt Füllstand Füllzeit 40 Sekunden
Ablassventil geschlossen = keine Änderung, Anlage dicht.

Daten nach einer vorgewählten Betriebszeit:
Kurve B (hellgrün), Förderleitung der Pumpe = 3,5 l/min
Kurve B (violett) zeigt Füllstand Füllzeit = 55 Sekunden
Ablassventil geschlossen = Anlage nicht dicht.

Ergebnis:
Die Pumpenleistung ist gefallen, die Anlage ist nicht mehr dicht.

Bild 1: Datenaufzeichnung an einer Füllstation

Kostenanalyse
Der Kostendruck zwingt zur genauen Feststellung der gesamten Kosten des Betriebes (**Bild 2**). Die Analyse zeigt, dass für Wartung und Instandhaltung ein beträchtlicher Aufwand notwendig ist. Durch eine strategisch orientierte Diagnose und durch Condition-Monitoring können diese Kosten beträchtlich gesenkt werden. Maschinenstillstandzeiten, Qualitätsmängel, Lieferunfähigkeit bis hin zum Imageverlust kommen als Nachteil hinzu.

Gesamtkosten
Die Anschaffungskosten (**Bild 3**) steigen zunächst durch die Investition eines Condition-Monitoringsystems und der Servicepakete zur strategischen Optimierung von Diagnose, Wartung und Instandhaltung. Neuere Untersuchungen zeigen, dass ca. 35 % aller Schäden im Vorfeld erkannt werden können. Die erweiterten Diagnosesysteme helfen auch bei den restlichen 65 % den Schaden schneller einzugrenzen und Ursachen exakter festzulegen. Mit zunehmender Laufzeit einer Anlage wirkt sich dies als Einsparpotenzial immer mehr aus. Auf die Laufzeit gesehen hat sich der vermehrte Aufwand für Condition-Monitoring nach kurzer Zeit amotisiert.

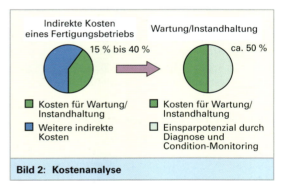

Bild 2: Kostenanalyse

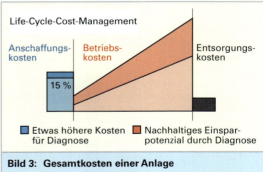

Bild 3: Gesamtkosten einer Anlage

Die Forderungen des Marktes und die technischen Weiterentwicklungen bedingen sich gegenseitig (**Bild 4**). Weil die Fertigungsanlagen immer komplexer werden, verlagern die Betreiber vermehrt die Wartung auf die Maschinenhersteller oder mit Wartungsverträgen auch an Dritte. Dies bedingt wartungsarme, intelligente Systeme, welche möglichst exakt Fehler und Wartungsbedarf melden.

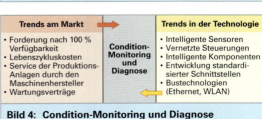

Bild 4: Condition-Monitoring und Diagnose

EPS-Systeme (Electronic Production Services)

Komplexe Fertigungsanlagen werden oft von mehreren Maschinen- und Steuerungsherstellern erstellt. Somit muss im Servicefall mit allen kommuniziert werden. Ein integratives Instandhaltungs- und Servicekonzept wird in **Bild 1** dargestellt. Hier sind drei Unternehmen beteiligt: Das produzierende Unternehmen, der Serviceprovider und der Maschinenhersteller. Das produzierende Unternehmen ist über das Internet mit einem unabhängigen Serviceanbieter (Provider) vernetzt. Dieser ist wiederum mit den einzelnen Maschinenherstellern vernetzt. So ist das Unternehmen mit allen Anlagenlieferanten verbunden. Auf diese Weise können Störungsmeldungen über den Service-Provider direkt zum Maschinenhersteller durchgeleitet werden. Andererseits kann der Maschinenhersteller die Parameter der Produktionsanlagen lesen und wenn notwendig verändern, oder z. B. neue Software-Updates in die Maschinen laden.

Wenn durch Condition-Monitoring genügend Daten vorliegen, können im Teleservice bis zu 70 % der Fälle durch Ferndiagnose gelöst werden. Eine weitere zukunftsträchtige Stufe ist der Einsatz von EPS-Systemen (e-Service). So können Serviceeinsätze direkt vor Ort weiter reduziert werden.

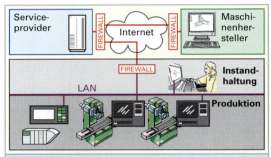

Bild 1: Plattform für firmenübergreifende Zusammenarbeit

Folgende Vorraussetzungen für die Funktion eines EPS-Systems müssen verhanden sein:
- alle Hersteller müssen ihre Serviceleistungen, Diagnosesysteme, Schaltpläne, Ersatzteillisten internetfähig aufarbeiten,
- Serviceleistungen müssen klar beschrieben und mit Preis und Leistung versehen sein,
- die Kooperation zwischen allen Partnern muss klar geregelt sein.

Durch diese Strategie lassen sich die Kosten für den Service beträchtlich senken (**Bild 2**). Eine große Einsparung für den Anlagenbetreiber bringt bereits ein gut ausgebauter Teleservice.

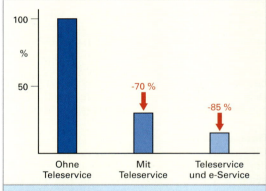

Bild 2: Kosten für Service

Beispiel 1: Condition Monitoring am Triebwerk (EMC[1])

Das Flugzeug sendet während des Fluges in regelmäßigen Abständen die Triebwerksdaten (ca. 30 Daten, z. B. Drehzahl, Stellung der Schaufeln, Drücke, Temperaturen, Geschwindigkeit) an die Rechenzentrale in Frankfurt. Immer wenn der Pilot Unregelmäßigkeiten registriert, kann er per Knopfdruck ebenfalls einen Datensatz zur Überprüfung nach Frankfurt schicken. Außerdem haben die Experten die Möglichkeit von Frankfurt aus von jedem Flugzeug einen Datensatz anzufordern (**Bild 3**).

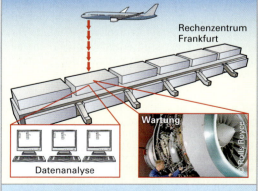

Bild 3: Condition-Monitoring bei einem Flugzeug

---
[1] EMC = Engine Condition Monitoring

3 Arbeitsschutz

3.1 Der Mensch ist das Maß

Arbeit muss menschengerecht gestaltet werden, d. h. der Mensch mit seinen Fähigkeiten und Bedürfnissen soll das Maß für die Arbeitsgestaltung sein, nämlich so, dass Arbeit

- ausführbar ist,
- erträglich ist,
- zumutbar ist und
- zur Zufriedenheit führt.

Ein zufriedener Mitarbeiter wird immer auch ein motivierter Mitarbeiter sein und im Unterschied zum nicht motivierten Mitarbeiter in seinem Aufgabenbereich weit mehr leisten. Die Gestaltung der Arbeit betrifft die Arbeitsplätze in Form der Ergonomie und in der Art der Arbeitshandlungen sowie in der Art der Arbeitsorganisation.

Ergonomie

Unter Ergonomie versteht man die Bestanpassung der Arbeitsmittel und Arbeitsumgebung an den Menschen. Am Menschen wird daher schon seit langem Maß genommen, um seine Umgebung an ihn anzupassen **(Bild 1)**. Die Wissenschaft der „Menschenmesskunde" heißt Anthropometrie[2].

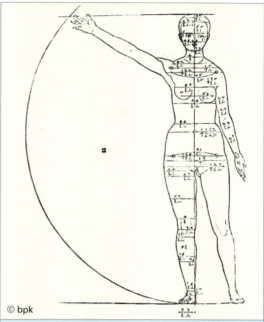

Bild 1:   Der Mensch ist das Maß, Skizze von Albrecht Dürer[1]

> Der Mensch ist das Maß für die Gestaltung der Arbeitsplätze.

Die Konstruktion von Maschinen, Geräten und Arbeitsumgebungen soll also so sein, dass sie dem Menschen gerecht wird und nicht, dass der Mensch sich der Maschine anpassen muss. Wichtige Kriterien für einen ergonomisch gestalteten Arbeitsplatz sind,

- dass der Mensch nicht überfordert oder unterfordert wird,
- dass die Betriebsmittel unfallfrei und ohne Gefährdung genutzt werden können,
- dass die Arbeit bei natürlicher Körperhaltung ausgeführt werden kann **(Bild 2)** und
- dass die Arbeitsumgebung hinsichtlich Belüftung, Lärm, Hitze, Kälte, Beleuchtung, Strahlung, Stäube und Vibrationen dem Menschen nicht abträglich ist.

Werden diese Kriterien beachtet, so ist dies sowohl für die Beschäftigten, als auch für die Arbeitgeber, sowie für die staatliche Gemeinschaft von Vorteil, da dadurch die Gesundheit und die Leistungsfähigkeit gefördert wird.

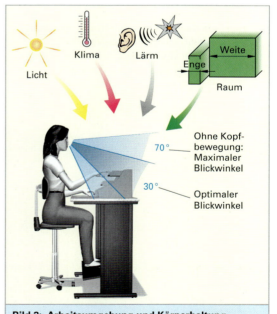

Bild 2:   Arbeitsumgebung und Körperhaltung

---

[1] Der griech. Philosoph *Protagoras* (490 bis 411 v. Chr.) prägte den berühmten Spruch: „Der Mensch ist das Maß aller Dinge, der Seienden und der Nichtseienden, dass sie nicht sind". Die Künstler der Renaissance wie *Leonardo da Vinci* (1452 bis 1519) oder *Albrecht Dürer* (1471 bis 1528) befassten sich intensiv mit der Gestalt und den Maßen des Menschen.

[2] griech. anthropos = Mensch und metron = Maß

3.1.1 Mitarbeiterbeteiligung

Der Produktionsfaktor „Mensch" verbessert das betriebswirtschaftliche Ergebnis, wenn die Mitarbeiter eines Unternehmens sich mit ihrer Arbeit identifizieren und im Diskurs mit Kollegen das Leitbild des Unternehmens zu erfüllen versuchen. Durch die Beteiligung der Mitarbeiter am Gestaltungsprozess ihrer Arbeit gelingt es, dies herbeizuführen (**Bild 1**).

Damit es gelingt, die Mitarbeiter für die Gestaltung betrieblicher Veränderungsprozesse zu motivieren und zu gewinnen, sind Beteiligungsqualifizierungen notwendig, durch

- Präsentation der Chancen, die in einem kontinuierlichen Veränderungsprozess stecken,
- Förderung der Sozialkompetenz mit einem Training für Diskussion, Konfliktbewältigung, Teamfähigkeit und dem Erkennen von Sensibilitäten und Befindlichkeiten,
- Schulung in der Sachkompetenz mit dem Ziel, die Mitarbeiter in ihren Arbeitsgebieten laufend weiterzubilden.

Die Beteiligung bezieht sich auf:
- Gestaltung der Arbeitsaufgaben mit entsprechendem Handlungsspielraum. Es muss nicht alles von „oben" geregelt sein,
- Gestaltung des Arbeitsplatzes,
- Gestaltung der Arbeitszeiten,
- Gestaltung der Zusammenarbeit, z. B. in Form von Gruppenarbeit oder Einzelarbeit,
- Gestaltung der Hierarchieebenen: Wer erhält die Entscheidungskompetenz und wie kann Kontrolle durch Verantwortung ersetzt werden?
- Gestaltung der betrieblichen Kommunikation: Transparenz zu betrieblichen Daten und zu den Produktdatenmodellen,
- Gestaltung der Produkte und Produktionsprozesse im Rahmen eines organisierten Vorschlagswesens,
- Gestaltung der Zukunftsfähigkeit eines Unternehmens durch Beteiligung an der strategischen Unternehmensausrichtung.

3.1.2 Unternehmenskultur

Nachhaltigen Erfolg wird ein Unternehmen nur haben, wenn eine Unternehmenskultur besteht, welche alle Abhängigkeiten in einem partnerschaftlichen Verhältnis regelt.

Es bedarf hierzu einer Führungskultur, welche bewusst den Menschen als das Maß aller Dinge versteht. Hierzu gehört:
- Formuliertes Leitbild des Unternehmens mit den Zielen und den Visionen,
- Transparenz der Entscheidungen und Entscheidungsgründe,
- Flache Hierarchien und Informationsfluss auch von „unten" nach „oben". Manager müssen lernen, die Sprache der Mitarbeiter zu verstehen,
- Pflege eines guten Betriebsklimas, durchaus mit der Absicht einer langen Gesundheitserhaltung der Mitarbeiter.

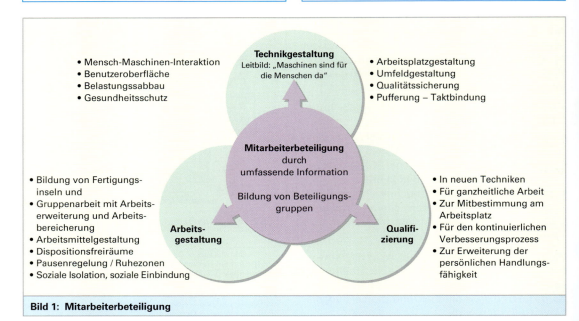

Bild 1: Mitarbeiterbeteiligung

3.2 Arbeitsschutzmanagement

3.2.1 Allgemeines

Arbeitsschutzmanagement ist ähnlich strukturiert bzw. zu strukturieren wie andere Managementsysteme auch:
1. Arbeitsschutzpolitik mit Leitbild und Zielen,
2. Organisation,
3. Planung und Umsetzung,
4. Messung und Bewertung,
5. Ständige Verbesserung (**Bild 1**).

Für die innerbetriebliche Arbeitsschutzpolitik steht als Hauptprinzip die *Prävention*[1], also möglichen Gefährdungen vorzubeugen.

Die einzelnen Ziele sind dabei:
- Die Verhütung von Unfällen,
- Die Vermeidung und Minimierung von Gefährdungen und Risiken, welche die Sicherheit und Gesundheit betreffen,
- Die Menschengerechte Arbeitsgestaltung,
- Die Einhaltung der Arbeitsschutzvorschriften,
- Die Einbeziehung der Beschäftigten in das Arbeitsschutzmanagement-System.

Organisatorisch sind die erforderlichen Ressourcen sicherzustellen, d. h. Personalressourcen, Räumlichkeiten und Finanzmittel. Es sind also die Arbeitsschutzmaßnahmen zu definieren und in die regulären Arbeitsaufgaben der Beteiligten einzuplanen. Räumlichkeiten sind für Arbeitskreissitzungen und Aktionsprogramme bereit zu stellen und finanzielle Mittel sind für Schutzausstattungen, Fortbildung und Informationsbeschaffung hinreichend verfügbar zu halten.

In regelmäßigen Abständen ist die Wirksamkeit und Aktualität der Arbeitsschutzmaßnahmen zu überprüfen: Sind diese noch gültig, sind neue Maßnahmen erforderlich, z. B. sind neue Verfahrens- und Arbeitsanweisungen zu erstellen.

Pläne für Erste Hilfe, medizinische Unterstützung, Brandbekämpfung und Evakuierung aller Personen auf dem Betriebsgelände sind zu erstellen und in zeitlich regelmäßiger Folge bekannt zu machen, gegebenenfalls zu üben. Eine arbeitsmedizinische Vorsorge und Gesundheitsförderung ist sicherzustellen.

> Vor jeder Neuerung bei Arbeitsverfahren, Materialien und Maschinen ist eine Gefährdungsanalyse zu erstellen und zu dokumentieren.

Arbeitsschutzpolitik
– Oberste Unternehmensleitung –

Schriftliche Festlegung der Arbeitsschutzpolitik
- Verbindliche Ziele
- Alle Mitarbeider werden informiert
- Externe Stellen werden, falls relevant, einbezogen
- Schutz und Verbesserung der Gesundheit durch Unfallverhütung
- Einhaltung der Arbeitsschutzvorschriften
- Kontinuierliche Verbesserung

– Mitarbeiterbeteiligung –

Arbeitsschutzziele
- Festlegung messbarer Ziele
- Auditierung

Bereitstellung von Ressourcen
- Schaffung von Strukturen und Verfahren für den Arbeitsschutz und Gesundheitsschutz
- Präventions- und Aktionsprogramme umsetzen
- Defintion von Zuständigkeiten und Benennung von Personen
- Ausschüsse und Arbeitskreise definieren und einsetzen

– Bestellung eines Arbeitsschutzbeauftragten mit Berichtspflicht –

Mitwirkung, Rechte und Pflichten der Mitarbeiter
- Zeitressourcen für die Mitarbeiter zur Förderung von Arbeits- und Gesundheitsschutz einplanen
- Mitarbeiter können Vorschläge für den Arbeits- und Gesundheitsschutz machen und können Aufzeichnungen diesbezüglich einsehen

Qualifikation und Schulung
- Angemessene Teilnahme der Mitarbeiter an Schulungsprogrammen
- Bewertung der Schulung und Qualifizierung der Lerneffekte
- Erstunterweisung und in regelmäßigen Zeitabständen Wiederholungsunterweisung in Gefährdungsbereiche

Dokumentation
- Dokumentation von
  - Arbeitsschutzpolitik
  - Leistung und Erfüllung der Zielvereinbarungen
- Dokumentation charakteristischer Gefährdungen und Risiken
- Zweckmäßige Lenkung der Dokumente

Kommunikation und Zusammenarbeit
- Festlegung von Verfahren zur internen Kommunikation
  - mit Führungskräften
  - mit Ausschüssen
  - mit Arbeitskreisen
- Festlegung von Verfahren mit externen Stellen
  - mit Behörden
  - mit Gesundheitsdiensten
  - mit Versicherungen
  - mit Öffentlichkeit

Planung und Umsetzung
- Erstmalige Prüfung
- Rechtsvorschriften
- Arbeitsabläufe
- Arbeitsmedizinische Vorsorge
- Gefährdungsbeurteilung
- Gefährdungsvermeidung
- Regelungen bei Störungen und Notfällen
- Änderungsmanagement

Messung und Bewertung
- Leistungsüberwachung
- Untersuchung der Ursachen
- Interne Audits
- Bewertung durch die oberste Unternehmensleitung

Verbesserungsmaßnahmen
- Vorbeugungs- und Korrekturmaßnahmen
- Kontinuierliche Verbesserung

Bild 1: Arbeitsschutzmanagementsystem

---

[1] aus lat. praevenire = vorbeugen, verhüten, zuvorkommen

3.2.2 Das Arbeitsschutzgesetz

Gesetz über die Durchführung von Maßnahmen des Arbeitsschutzes zur Verbesserung der Sicherheit und des Gesundheitsschutzes der Beschäftigten bei der Arbeit (Arbeitsschutzgesetz – ArbSchG)

Auszug[1]

§ 1 Zielsetzung und Anwendungsbereich
(1) Dieses Gesetz dient dazu, Sicherheit und Gesundheitsschutz der Beschäftigten bei der Arbeit durch Maßnahmen des Arbeitsschutzes zu sichern und zu verbessern. Es gilt in allen Tätigkeitsbereichen.

§ 3 Grundpflichten des Arbeitgebers
(1) Der Arbeitgeber ist verpflichtet, die erforderlichen Maßnahmen des Arbeitsschutzes unter Berücksichtigung der Umstände zu treffen, die Sicherheit und Gesundheit der Beschäftigten bei der Arbeit beeinflussen. Er hat die Maßnahmen auf ihre Wirksamkeit zu überprüfen und erforderlichenfalls sich ändernden Gegebenheiten anzupassen. Dabei hat er eine Verbesserung von Sicherheit und Gesundheitsschutz der Beschäftigten anzustreben.
(2) Zur Planung und Durchführung der Maßnahmen nach Absatz 1 hat der Arbeitgeber unter Berücksichtigung der Art der Tätigkeiten und der Zahl der Beschäftigten
  1. für eine geeignete Organisation zu sorgen und die erforderlichen Mittel bereitzustellen sowie
  2. Vorkehrungen zu treffen, dass die Maßnahmen erforderlichenfalls bei allen Tätigkeiten und eingebunden in die betrieblichen Führungsstrukturen beachtet werden und die Beschäftigten ihren Mitwirkungspflichten nachkommen können.
(3) Kosten für Maßnahmen nach diesem Gesetz darf der Arbeitgeber nicht den Beschäftigten auferlegen.

§ 4 Allgemeine Grundsätze
Der Arbeitgeber hat bei Maßnahmen des Arbeitsschutzes von folgenden allgemeinen Grundsätzen auszugehen:
  1. Die Arbeit ist so zu gestalten, dass eine Gefährdung für Leben und Gesundheit möglichst vermieden und die verbleibende Gefährdung möglichst gering gehalten wird;
  2. Gefahren sind an ihrer Quelle zu bekämpfen;
  3. bei den Maßnahmen sind der Stand von Technik, Arbeitsmedizin und Hygiene sowie sonstige gesicherte arbeitswissenschaftliche Erkenntnisse zu berücksichtigen;
  4. Maßnahmen sind mit dem Ziel zu planen, Technik, Arbeitsorganisation, sonstige Arbeitsbedingungen, soziale Beziehungen und Einfluss der Umwelt auf den Arbeitsplatz sachgerecht zu verknüpfen;
  5. individuelle Schutzmaßnahmen sind nachrangig zu anderen Maßnahmen;
  6. spezielle Gefahren für besonders schutzbedürftige Beschäftigtengruppen sind zu berücksichtigen;
  7. den Beschäftigten sind geeignete Anweisungen zu erteilen;
  8. mittelbar oder unmittelbar geschlechtsspezifisch wirkende Regelungen sind nur zulässig, wenn dies aus biologischen Gründen zwingend geboten ist.

§ 5 Beurteilung der Arbeitsbedingungen
(1) Der Arbeitgeber hat durch eine Beurteilung der für die Beschäftigten mit ihrer Arbeit verbundenen Gefährdung zu ermitteln, welche Maßnahmen des Arbeitsschutzes erforderlich sind.
(2) Der Arbeitgeber hat die Beurteilung je nach Art der Tätigkeiten vorzunehmen. Bei gleichartigen Arbeitsbedingungen ist die Beurteilung eines Arbeitsplatzes oder einer Tätigkeit ausreichend.
(3) Eine Gefährdung kann sich insbesondere ergeben durch
  1. die Gestaltung und die Einrichtung der Arbeitsstätte und des Arbeitsplatzes,
  2. physikalische, chemische und biologische Einwirkungen,
  3. die Gestaltung, die Auswahl und den Einsatz von Arbeitsmitteln, insbesondere von Arbeitsstoffen, Maschinen, Geräten und Anlagen sowie den Umgang damit,
  4. die Gestaltung von Arbeits- und Fertigungsverfahren, Arbeitsabläufen und Arbeitszeit und deren Zusammenwirken,
  5. unzureichende Qualifikation und Unterweisung der Beschäftigten.

§ 6 Dokumentation
(1) Der Arbeitgeber muss über die je nach Art der Tätigkeiten und der Zahl der Beschäftigten erforderlichen Unterlagen verfügen, aus denen das Ergebnis der Gefährdungsbeurteilung, die von ihm festgelegten Maßnahmen des Arbeitsschutzes und das Ergebnis ihrer Überprüfung ersichtlich sind. Bei gleichartiger Gefährdungssituation ist es ausreichend, wenn die Unterlagen zusammengefasste Angaben enthalten.
(2) Unfälle in seinem Betrieb, bei denen ein Beschäftigter getötet oder so verletzt wird, dass er stirbt oder für mehr als drei Tage völlig oder teilweise arbeits- oder dienstunfähig wird, hat der Arbeitgeber zu erfassen.

§ 7 Übertragung von Aufgaben
Bei der Übertragung von Aufgaben auf Beschäftigte hat der Arbeitgeber je nach Art der Tätigkeiten zu berücksichtigen, ob die Beschäftigten befähigt sind, die für die Sicherheit und den Gesundheitsschutz bei der Aufgabenerfüllung zu beachtenden Bestimmungen und Maßnahmen einzuhalten.

---
[1] Nicht abgedruckt sind die besondere Vorgaben für Beamte, Bundeswehr, Beschäftigungsgesellschaften und die Formalien gegenüber anderen Gesetzen.

§ 8 Zusammenarbeit mehrerer Arbeitgeber
(1) Werden Beschäftigte mehrerer Arbeitgeber an einem Arbeitsplatz tätig, sind die Arbeitgeber verpflichtet, bei der Durchführung der Sicherheits- und Gesundheitsschutzbestimmungen zusammenzuarbeiten. Soweit dies für die Sicherheit und den Gesundheitsschutz der Beschäftigten bei der Arbeit erforderlich ist, haben die Arbeitgeber je nach Art der Tätigkeiten insbesondere sich gegenseitig und ihre Beschäftigten über die mit den Arbeiten verbundenen Gefahren zur Sicherheit und Gesundheit der Beschäftigten zu unterrichten und Maßnahmen zur Verhütung dieser Gefahren abzustimmen.
(2) Der Arbeitgeber muss sich je nach Art der Tätigkeit vergewissern, dass die Beschäftigten anderer Arbeitgeber, die in seinem Betrieb tätig werden, hinsichtlich der Gefahren für ihre Sicherheit und Gesundheit während ihrer Tätigkeit in seinem Betrieb angemessene Anweisungen erhalten haben.

§ 9 Besondere Gefahren
(1) Der Arbeitgeber hat Maßnahmen zu treffen, damit nur Beschäftigte Zugang zu besonders gefährlichen Arbeitsbereichen haben, die zuvor geeignete Anweisungen erhalten haben.
(2) Der Arbeitgeber hat Vorkehrungen zu treffen, dass alle Beschäftigten, die einer unmittelbaren erheblichen Gefahr ausgesetzt sind oder sein können, möglichst frühzeitig über diese Gefahr und die getroffenen oder zu treffenden Schutzmaßnahmen unterrichtet sind. Bei unmittelbarer erheblicher Gefahr für die eigene Sicherheit oder die Sicherheit anderer Personen müssen die Beschäftigten die geeigneten Maßnahmen zur Gefahrenabwehr und Schadensbegrenzung selbst treffen können, wenn der zuständige Vorgesetzte nicht erreichbar ist; dabei sind die Kenntnisse der Beschäftigten und die vorhandenen technischen Mittel zu berücksichtigen. Den Beschäftigten dürfen aus ihrem Handeln keine Nachteile entstehen, es sei denn, sie haben vorsätzlich oder grob fahrlässig ungeeignete Maßnahmen getroffen.
(3) Der Arbeitgeber hat Maßnahmen zu treffen, die es den Beschäftigten bei unmittelbarer erheblicher Gefahr ermöglichen, sich durch sofortiges Verlassen der Arbeitsplätze in Sicherheit zu bringen. Den Beschäftigten dürfen hierdurch keine Nachteile entstehen. Hält die unmittelbare erhebliche Gefahr an, darf der Arbeitgeber die Beschäftigten nur in besonders begründeten Ausnahmefällen auffordern, ihre Tätigkeit wieder aufzunehmen.

§ 10 Erste Hilfe und sonstige Notfallmaßnahmen
(1) Der Arbeitgeber hat entsprechend der Art der Arbeitsstätte und der Tätigkeiten sowie der Zahl der Beschäftigten die Maßnahmen zu treffen, die zur Ersten Hilfe, Brandbekämpfung und Evakuierung der Beschäftigten erforderlich sind. Dabei hat er der Anwesenheit anderer Personen Rechnung zu tragen. Er hat auch dafür zu sorgen, dass im Notfall die erforderlichen Verbindungen zu außerbetrieblichen Stellen, insbesondere in den Bereichen der Ersten Hilfe, der medizinischen Notversorgung, der Bergung und der Brandbekämpfung eingerichtet sind.
(2) Der Arbeitgeber hat diejenigen Beschäftigten zu benennen, die Aufgaben der Ersten Hilfe, Brandbekämpfung und Evakuierung der Beschäftigten übernehmen. Vor der Benennung hat der Arbeitgeber den Betriebs- oder Personalrat zu hören.

§ 11 Arbeitsmedizinische Vorsorge
Der Arbeitgeber hat den Beschäftigten auf ihren Wunsch unbeschadet der Pflichten aus anderen Rechtsvorschriften zu ermöglichen, sich je nach den Gefahren für ihre Sicherheit und Gesundheit bei der Arbeit regelmäßig arbeitsmedizinisch untersuchen zu lassen, es sei denn, auf Grund der Beurteilung der Arbeitsbedingungen und der getroffenen Schutzmaßnahmen ist nicht mit einem Gesundheitsschaden zu rechnen.

§ 12 Unterweisung
Der Arbeitgeber hat die Beschäftigten über Sicherheit und Gesundheitsschutz bei der Arbeit während ihrer Arbeitszeit ausreichend und angemessen zu unterweisen. Die Unterweisung umfasst Anweisungen und Erläuterungen, die eigens auf den Arbeitsplatz oder den Aufgabenbereich der Beschäftigten ausgerichtet sind. Die Unterweisung muss bei der Einstellung, bei Veränderungen im Aufgabenbereich, der Einführung neuer Arbeitsmittel oder einer neuen Technologie vor Aufnahme der Tätigkeit der Beschäftigten erfolgen. Die Unterweisung muss an die Gefährdungsentwicklung angepasst sein und erforderlichenfalls regelmäßig wiederholt werden.

§ 17 Rechte der Beschäftigten
(1) Die Beschäftigten sind berechtigt, dem Arbeitgeber Vorschläge zu allen Fragen der Sicherheit und des Gesundheitsschutzes bei der Arbeit zu machen.
(2) Sind Beschäftigte auf Grund konkreter Anhaltspunkte der Auffassung, dass die vom Arbeitgeber getroffenen Maßnahmen und bereitgestellten Mittel nicht ausreichen, um die Sicherheit und den Gesundheitsschutz bei der Arbeit zu gewährleisten, und hilft der Arbeitgeber darauf gerichteten Beschwerden von Beschäftigten nicht ab, können sich diese an die zuständige Behörde wenden. Hierdurch dürfen den Beschäftigten keine Nachteile entstehen.

3.3 Gefährdungsanalysen und Abhilfen

Die Gefährdungen können allgemein unterteilt werden in
1. Mechanische Gefährdungen,
2. Elektrische Gefährdungen,
3. Gefahrstoffe,
4. Brand- und Explosionsgefährdung,
5. Gefahren durch Kälte und Hitze, Klima,
6. Beleuchtung,
7. Lärm und Vibration,
8. Strahlung,
9. Handhabung, Steuerung,
10. Physisch schwere Arbeit,
11. Psychische Belastung, Stress **(Bild 1)**.

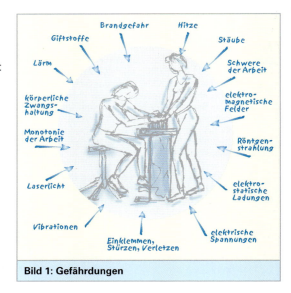

Bild 1: Gefährdungen

3.3.1 Mechanische Gefährdungen

3.3.1.1 Bewegte Maschinenteile und Werkstücke

Mechanische Gefährdungen gibt es häufig durch ungeschützt bewegte Teile an Maschinen oder bewegte Werkstücke, z. B. durch Stoßstellen, Schneid- und Stichstellen, Quetschstellen, Scherstellen, Schlag- und Fangstellen, Einzugsstellen **(Bild 2)**.

Die Schutzeinrichtungen sind:
- Umzäunungen, Abdeckungen, Verkleidungen,
- Bewusst hergestellte Zugangshindernisse, Fingerabweiser,
- Zweihandschalter, Näherungssensoren, Schaltmatten.

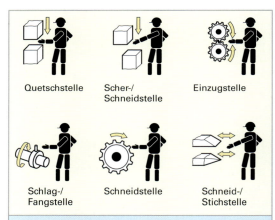

Bild 2: Gefahrstellen durch ungeschützt bewegte Maschinenteile

Es sind Maßnahmen vorzusehen, dass diese Schutzeinrichtungen nicht zu umgehen sind und sicher funktionieren, z.B. elektrisch überwachte Schutztüren. Dabei ist zu beachten, dass auch bei Energieausfall, Drahtbruch, Bruch einer Hydraulikleitung keine Gefahren entstehen, z.B. durch Lösen und Wegschleudern von Werkstücken. So wird man hydraulisch betätigte Bremsen so einrichten, dass sich diese durch den Hydraulikdruck gegen eine Federkraft lösen **(Bild 3)**. Bei Hydraulikausfall erfolgt über die Federn ein sicheres Bremsen.

Bei erforderlichem Aufenthalt im Gefahrenbereich, z. B. bei der Teach-in-Programmierung von Robotern sind nur reduzierte Robotergeschwindigkeiten und Kräfte zuzulassen. Not-Aus-Schalter müssen in schnell erreichbarer Nähe sein, z. B. auf dem Handsteuergerät.

Bild 3: Große Hydraulik-Feder-Bremse (geöffnet)

3.3 Gefährdungsanalysen und Abhilfen

Zu achten ist auf mögliche Gefahren in besonderen Betriebszuständen, z. B.
- beim Anfahren oder Abschalten einer Anlage,
- im Probebetrieb,
- beim Einrichten und Programmieren,
- bei der Wartung, Fehlersuche und Inspektion.

Diese, vom Normalbetrieb abweichenden, besonderen Betriebszustände muss man stets bedenken.

Bild 1: Schließhaken an einem Kofferraumdeckel

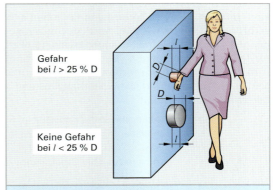

Bild 2: Fangstellen an Maschinen

Auf Grund der Vielfältigkeit von Maschinen gibt es nur für wenige Bauteile präzise Vorgaben. Beispiele sind:

Kraftbetätigte Teile.
Bei Türen und Klappen sollte die Schließkraft weniger als 150 N sein. Abtrennungen an bewegten Maschinenteilen sind in der Regel nicht erforderlich, wenn die Maximalkraft dieser Teile weniger als 150 N beträgt und der Kontaktdruck kleiner als 50 N/cm² ist. Die Rückstellgeschwindigkeit kraftbetriebener und trennender Schutzeinrichtungen soll kleiner als 5 cm/s sein (DIN EN 12203).

Geschwindigkeiten bewegter Teile.
Für Maschinen in Fertigungssystemen, z. B. bei Förderanlagen beschränkt man zum gefahrlosen Betrieb die Bewegungsgeschwindigkeit auf maximal 25 cm/s, sofern keine Quetschgefahr und Schergefahr besteht, sonst ist eine Reduktion auf 3,3 cm/s notwendig.

Oberflächengestalt.
Auch hier ist mangels exakter Vorgaben an das Verantwortungsbewusstsein und das Vorausschauen des Betreibers zu appellieren. Ecken, Spitzen, Kanten und Schneiden sind an bewegten Maschinenteilen im Zugänglichkeitsbereich von Menschen zu vermeiden. Fangstellen für Kleidungsstücke gibt es, wenn z. B. Wellenenden, um mehr als 25 % ihres Durchmessers, hervorstehen (**Bild 1**).

Für die Handhabung von Teilen mit gefährlichen Oberflächen sind Schutzhandschuhe oder Werkzeuge z. B. mit langem Stiel bereitzustellen. Ein Beispiel hierfür sind Spänehaken.

Engstellen und Quetschstellen.
Engstellen und Quetschstellen gibt es nach DIN EN 349, DIN EN 811 bei bewegten Maschinenteile in Bezug auf den menschlichen Körper. So unterscheidet man
- Köper-Enge,
- Bein-Enge,
- Fuß-Enge, Zehen-Enge,
- Arm-Enge,
- Hand-Enge, Finger-Enge (**Bild 2**).

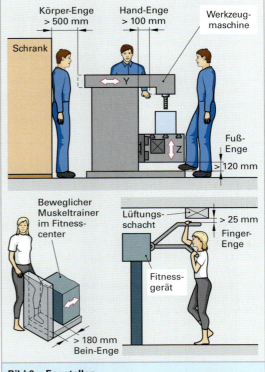

Bild 3: Engstellen

Sicherheitsabstände

Für Gefahrenstellen, die nicht abgedeckt sind, üblicherweise auch nicht erreichbar sind, gelten Zugangsbehinderungen in Verbindung mit Sicherheitsabständen (**Bild 1 und Tabelle 1**).

Hier ist zu beachten, dass für Öffnungen in Schutzabtrennungen bei Geräten, die auch für Kinder sind oder von Kindern benutzt werden könnten, besondere Abmessungen gelten.

Anlagen und Maschinen mit gefährlichen Bewegungen, z. B. Industrieroboter, welche in nicht hermetisch abgetrennten Bereichen aufgestellt sind, müssen bei Annäherung von Personen sich selbsttätig stillsetzen. Dabei wird davon ausgegangen, dass die Annäherungsgeschwindigkeit für Teilkörperbewegungen (Hände, Arme, Beine) 2 m/s und für Ganzkörperbewegungen 1,6 m/s sein kann. Der erforderliche Sicherheitsabstand s berechnet sich wie folgt:

$$s = k \times t_A + c$$

- s Mindestsicherheitsabstand in m
- k Annäherungsgeschwindigkeit in m/s
- t_A Ansprechzeit der Schutzeinrichtung in s
- c zusätzlicher Sicherheitsabstand in m

Sicherheits-Checkliste:
- Gibt es bewegte Maschinenteile mit der Gefahr des Stoßens, Quetschens, Schneidens, Stechens, Aufwickelns, Einziehens, Fangens?
- Gibt es Gefahren in besonderen Betriebszuständen, z. B. beim Einrichten, Programmieren, Warten.
- Sind Sicherheitsabstände in Engstellen vorhanden, auch bei besonderen Betriebszuständen, z. B. beim Säubern der Maschine.
- Sind Gefahrstellen gut wahrnehmbar, z. B. durch Beleuchtung.

Neben den mechanischen Abtrennungen, wie z. B. Schutzzäunen, kann der Zugang zu Gefahrenquellen auch mit elektronischen Sicherheitsvorrichtungen abgesichert werden. Solche sind z. B.:
- Lichtschrankenflächen,
- Lichtschrankenschirme,
- Raumabtastsysteme,
- Ein- und Mehrstrahl- Sicherheitssysteme,
- Sicherheitsmatten.

Für **Sicherheitslichtschrankenflächen/-schirme** sind zur Funktionserfüllung die Anforderungen nach ISO 61496 zu erfüllen und darüber hinaus müssen diese Systeme gekennzeichnet sein durch:
1. die maximale Ansprechzeit,
2. den maximalen Beobachtungswinkel,
3. die minimale Objektempfindlichkeit,
4. die geschützte Höhe.

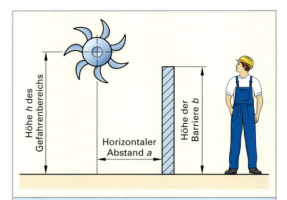

Bild 1: Abstände und Barrierehöhe

Tabelle 1: Sicherheitsabstände und Barrierehöhe bei geringem Risiko[1]

Höhe[2] des Gefahrbereiches h	Höhe des festen Hindernisses oder der schützenden Konstruktion b			
	1000	1400	1800	2200
	Horizontaler Abstand zum Gefahrbereich a			
2400	100	100	100	100
2200	600	500	400	250
2000	1100	700	500	-
1800	1100	900	600	-
1600	1300	900	500	-
1400	1300	900	100	-
1200	1400	900	-	-
1000	1400	900	-	-
800	1300	600	-	-
600	1200	-	-	-
400	1200	-	-	-
200	1100	-	-	-
0	1100	-	-	-

[1] Geringes Risiko: z. B. Reibstellen, Stoßstellen; Hohes Risiko: Einzugsstellen
[2] Alle Angaben in Millimeter

Für **Raumabtastsysteme** gelten ähnliche Anforderungen, darüber hinaus müssen noch Angaben über das Erkennungsvermögen hinsichtlich der Reflexität eines Objekts in Bezug auf die Objektentfernung gemacht werden.

Für **Ein- und Mehrstrahlsicherheitssysteme** gelten entsprechende Anforderungen wie für Raumabtastsysteme.

Sicherheitsmattensysteme müssen nach ISO 13 856 geschaffen sein. Der Mattenbereich muss erkennbar markiert sein. Die minimale Objektempfindlichkeit muss so ausgelegt sein, dass an jeder Stelle der Matte ein Gewicht von 30 kg auf einer Kreisfläche von 80 mm Durchmesser erkannt wird.

3.3 Gefährdungsanalysen und Abhilfen

3.3.1.2 Sicherheit durch ergonomische Gestaltung

Die wichtigste Regel zur ergonomischen Gestaltung ist die Beobachtung der Arbeits- und Handlungsweisen der Betroffen und die Kommunikation mit den Betroffenen.

> Es geht nicht an, dass der Anlagenbetreiber sich nur vorstellt „wie wird man wohl ein Werkzeug oder einen Arbeitsplatz" nutzen, sondern er muss die Arbeitshandlungen und die Bewegungen der Nutzer scharfsinnig beobachten, diese aufzeichnen und mit den tatsächlichen Nutzern sprechen. Also z. B. beim Einsatz eines neuen Schweißgeräts ist mit den Schweißern zu sprechen. Diese sind dann auch nach Ermüdungen und Befindlichkeiten zu befragen und Lösungsvorschläge sind mit den unmittelbar Betroffenen zu diskutieren.

Bild 1: Tragegurt zur Entlastung beim Halten

Vorgehensweise bei neuen Anlagen

Die Vorgehensweise ist wie bei anderen Aufgabenstellungen auch:
1. Festlegung und Erläuterung der Aufgabe (Aufgabenanalyse mit Gliederung in einzelne Teilaufgaben, bzw. Tätigkeiten unter Beteiligung von Nutzern).
2. Festlegung der ergonomischen Daten, z. B. Bewegungsraum, Körperkräfte, Körperhaltung.
3. Auswahl eines Bewertungsschemas unter Beachtung einer etwaig notwendigen Weitequalifizierung zukünftiger Nutzer.
4. Bewertung der erstellten Konzeption unter Einbeziehung der Nutzer an Hand von Modellen (Maßstab 1:1).
5. Optimierung und erneute Bewertung nach Punkt 4, in mehren Schleifen.
6. Realisierung der Konzeption, Einweisung der Nutzer und erneute Bewertung.

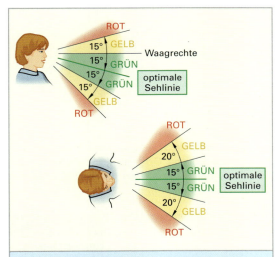

Bild 2: Vertikaler und horizontaler Sichtbereich

Gestaltungskriterien

Die wichtigsten Faktoren sind:
- Körpermaße, Körperhaltungen, Körperbewegungen,
- Kraftaufwand bei statischer Belastung, z. B. für Halten (**Bild 1**), Heben und Stellen,
- Kraftaufwand, dynamisch, z. B. mit hoher Frequenz in identischen Bewegungsabfolgen,
- Kraftaufwand in Zwangshaltungen oder mit ungünstigen Armstellungen,
- günstige und ungünstige Blickrichtungen (**Bild 2**).

> Die Beurteilung einer Konzeption unter ergonomischen Gesichtspunkten erfolgt nach einem 3-Zonen-Bewertungssystem:
> 1. GRÜN (Akzeptabel). Das Risiko einer Krankheit oder Verletzung ist sehr gering. Weitergehende Maßnahmen sind nicht erforderlich.
> 2. GELB (bedingt akzeptabel). Es gibt ein nicht zu vernachlässigendes Risiko einer, durch die Konstruktion verursachten Krankheit oder Verletzung. Hier muss die Konstruktion geändert werden und eine erneute Bewertung durchlaufen.
> 3. ROT (nicht akzeptabel). Das Risiko für gesundheitliche Schäden ist offensichtlich. Die Konstruktion darf nicht zur Anwendung kommen.

3.3.1.3 Sicherheit bei Griffen, Stellteilen und Bediengeräten

Eine wichtige Aufgabe bei der Gestaltung von Maschinen, insbesondere von handgeführten Werkzeugen und von sonstigen Arbeitsmitteln betrifft die Gestaltung der Griffe.

Sie leitet sich ab aus
- der Greifaufgabe (**Bild 1**),
- der erforderlichen Greifkraft,
- der Greifhöhe,
- der Betätigungshäufigkeit,
- der Betätigungsart: Einhandbetätigung oder Zweihandbetätigung.

Am Beispiel des Griffs einer Schneiderschere sieht man die geeignete Griffgestaltung für die angepasste Handhabung beim Stoffschneiden in Tischhöhe (**Bild 2**). Bei einer Schere für das Haarschneiden (**Bild 3**) hingegen ist die Handhabungssituation eine andere: die Schere der Frisöre wird höher gehalten, mit relativ wenig Kraft betätigt dafür aber in sehr schneller Folge und in häufig wechselnder räumlicher Orientierung. Entsprechend der anderen Handhabung sind diese Scherengriffe auch anders gestaltet.

Griffe

Man unterscheidet nach der Greifaufgabe: Den Kontaktgriff, den Zufassungsgriff und den Umfassungsgriff (**Tabelle 1**) und dementsprechend gibt es unterschiedliche Griffformen (**Tabelle 2**). Dabei unterscheidet man noch die Anzahl der beim Greifen beteiligten Finger.

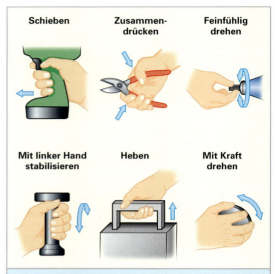

Bild 1: Greifaufgaben mit zugehöriger Griffgestaltung

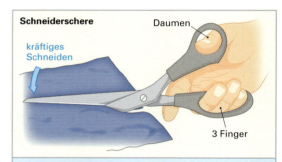

Bild 2: Schneiderschere

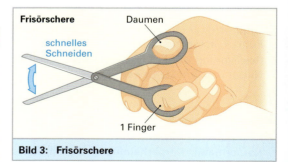

Bild 3: Frisörschere

Tabelle 2: Griffformen (Beispiele)

Art	Handbetätigung		Fingerbetätigung	
Kontaktgriff	Pilztaster	Tastfläche (Schalter)	Stellrädchen	Ring
Zufassungsgriff	Koffergriff	Fenstergriff	Rändelschraube	Drehschalter
Umfassungsgriff	Schwertgriff	Drehgriff	Multifunktionsschalter am Auto: Licht/Wischer	

Tabelle 1: Greifarten

Kontaktgriff	Zufassungsgriff	Umfassungsgriff
1 Finger	2 Finger	2 Finger
Daumen	3 Finger	3 Finger
Flache Hand	Hand	Hand

3.3 Gefährdungsanalysen und Abhilfen

Stellteile

Bei den Stellteilen gibt es die Hauptgruppen: Taster, Schalter, Druck- und Zugschalter, Drehschalter, Rädchen, Handräder. Für alle diese Betätigungselemente sind stets Überlegungen anzustellen, wie sie gegen zufälliges Betätigen geschützt werden können (**Tabelle 1**).

Bedienfelder und mobile Bediengeräte.

Bedienfelder, z. B. *alphanumerische Tastaturen*, wie beim PC, finden sich an vielen Maschinen und Geräten. Hiermit hat man eine universelle Eingabemöglichkeit. Der Nachteil ist jedoch, dass zur Eingabe eine größere Anzahl von Tastenbetätigungen notwendig sind. Eine schnelle und sichere Eingabe erhält man mit *Funktionstasten*.

Dementsprechend haben die Eingabefelder an NC-Maschinen Funktionstasten für die meist genutzten Funktionen (**Bild 1**). Diese Tasten sind dem Werkstattbetrieb angepasst, nämlich entsprechend groß und robust ausgeführt. Sie werden auch als „Softkeys" entlang der Displaykanten angeordnet und können so je nach Aufgabenbearbeitung unterschiedlichen Funktionen zugeordnet sein.

Für die mobilen Bediengeräte sind relativ großformatige Geräte mit Daumentasten (**Bild 2**) günstiger als die aus dem TV-Bereich bekannten Fernbedienungen die nur mit „spitzem Finger" unter Blickkontrolle genutzt werden können.

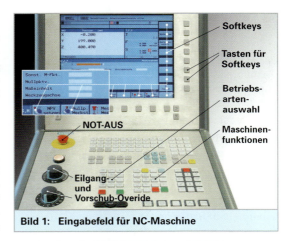

Bild 1: Eingabefeld für NC-Maschine

Bild 2: Programmier-Hand-Gerät (PHG)

Tabelle 1: Stellelemente

Kontinuierliche Verstellung		Schalter		Schutz gegen zufälliges Betätigen	
z.B. 150°	Potentiometerdrehknopf Zeigefinger-Daumen-Betätigung	EIN ⇄ AUS	Kippschalter Daumen: EIN Mittelfinger: AUS		Einbau in Vertiefung
z.B. 350°	Potentiometerdrehrad Mittelfinger-Betätigung	AUS / EIN	Push-Pull-Schalter Finger oder Hand: AUS 3 Finger: EIN		Drahtgerüstabschirmung
z.B. 3600°	Mehrumdrehungsknopf, z.B. 10-Gang Potentiometer Zeigefinger-Mittelfinger-Daumen-Betätigung	EIN / AUS (betätigt)	EIN-AUS-Taster mechanisch verriegelt Mittelfinger: EIN Mittelfinger: AUS		Drahtbügelabschirmung
z.B. 100 mm	Ziehgriff Ziehen: 4-Finger-Betätigung Schieben: Handballen-Betätigung	L / R	3-Stellungsdrehschalter 3 Finger		Abschirmung mit Schutzblech
z.B. 20 mm	Ziehring Zeigefinger-Betätigung		18-Stellungsschalter 3 Finger mit Umgreifen		Besonders geschützt, tiefe Anordnung

3.3.1.4 Sicherheitsgerechtes Gestalten und Betreiben von Anlagen

Bereits mit dem Entwurf aber vor allem mit der Gestaltung eines Arbeitsplatzes wird neben der Funktion auch die Sicherheit in Bezug auf Gefährdungen festgelegt.

> **Bürgerliches Gesetzbuch[1] (BGB)**
> **§ 618 [Pflicht zu Schutzmaßnahmen]**
>
> (1) Der Dienstberechtigte hat Räume, Vorrichtungen oder Gerätschaften, die er zur Verrichtung der Dienste zu beschaffen hat, so einzurichten und zu unterhalten und Dienstleistungen, die unter seiner Anordnung oder seiner Leitung vorzunehmen sind, so zu regeln, dass der Verpflichtete gegen Gefahr für Leben und Gesundheit soweit geschützt ist, als die Natur der Dienstleistung es gestattet.

Für den Anlagenbetreiber sind generell alle Gefährdungen zu beachten (siehe Seite 168). Besonderes Augenmerk gilt den mechanischen Gefährdungen, insbesondere gilt dies für Maschinen (**Bild 1**). Die EU-Maschinenrichtlinie (siehe Abschnitt 4) schreibt zwingend „gefahrlose Maschinen" vor.

Notwendige Nachbesserungen zum Erreichen einer gefahrlosen Anlage, wenn diese schon fertig konzipiert oder gar hergestellt ist, sind sehr aufwändig, sehr zeitraubend und machen eine vermeintliche Genialität meist total zunichte.

Die mechanischen Gefährdungen gliedern sich in:
- Gefahren durch Bauteilversagen und mangelnde Stabilität,
- ungeschützt bewegte Maschinenteile,
- Teile mit gefährlicher Oberfläche,
- Transport und bewegte Teile,
- Sturz- und Absturzgefährdungen (**Bild 2**).

> Das sicherheitsgerechte Gestalten der Arbeitsplätze ist von Anfang an zu beachten.

Mögliche Gefahren:
- Einklemmen
- Hängenbleiben
- Quetschen
- Stechen
- Stoßen
- Verletzen
- Verbrennen
- Stürzen

Bild 1: Gefährdungen

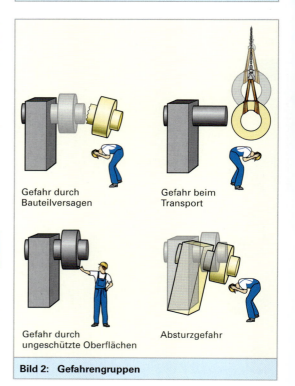

Gefahr durch Bauteilversagen   Gefahr beim Transport

Gefahr durch ungeschützte Oberflächen   Absturzgefahr

Bild 2: Gefahrengruppen

---

[1] Das **Bürgerliche Gesetzbuch** (BGB) regelt die wichtigsten Rechtsbeziehungen zwischen Privatpersonen. Mit seinen Nebengesetzen bildet es das allgemeine Privatrecht. Es wurde am 1. Januar 1900 für das gesamte damalige deutsche Reichsgebiet erlassen und gilt in der Bundesrepublik Deutschland als Bundesrecht nach Art. 123 Abs. 1 und Art. 125 Grundgesetz (GG). 2002 wurde das BGB in neuer deutscher Rechtschreibung und mit amtlichen Paragraphenüberschriften neu bekannt gemacht.

3.3.1.5 Gefährdung durch Bauteilversagen und mangelnde Stabilität

Jeder Anlagenbetreiber muss hinsichtlich eines Versagens von Bauteilen sicher sein. Es ist die erste und wichtigste Aufgabe, Bauteile so zu wählen, dass sie den Betriebsbelastungen durch Drücke, Kräfte, Momente und Schwingungsanregungen standhalten (**Bild 1**). Dementsprechend ist für alle Maschinenelemente und für die Gesamtkonstruktion ein Festigkeitsnachweis erforderlich. Für Normteile, wie z. B. Schrauben gibt es häufig gesicherte Festigkeitsangaben, so dass diese bei der Auswahl meist ohne weitere Nachrechnung berücksichtigt werden können. Hier sind die in der Norm oder in den Herstellerangaben geltenden Kriterien anzuwenden.

In vielen Fällen sind für den Festigkeitsnachweis aber eigenständige Berechnungen anzustellen. Sie beruhen meist auf allgemeinen physikalischen Gesetzen oder sind in Normwerken als Richtlinien erfasst. Für viele Konstruktionen liegen aber keine allgemein gültigen Bestimmungen und Erfahrungen vor. In diesen Fällen werden Belastungsanalysen an Hand von Simulationsrechnungen, z. B. mit Finite-Element-Methoden (FEM) vorgenommen, um zumindest kritische Bauteile hinsichtlich ihrer Festigkeit zu überprüfen.

Oftmals begibt man sich als Anlagenbetreiber aber in ein Neuland und man kann das Bauteilverhalten nur experimentell in Erfahrung bringen (**Bild 2**). Hierfür sind dann Versuchsstände einzurichten und Tests hinsichtlich

- des Tragverhaltens,
- des Verformungsverhaltens,
- des Bruchverhaltens und
- des Schwingungsverhaltens

vorzunehmen und zwar entweder an den Originalkonstruktionen, d. h. nach Herstellung des konstruierten Bauteils oder an bauteilähnlichen Proben.

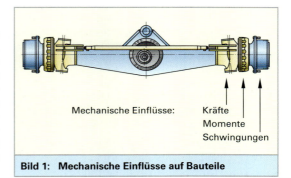

Bild 1: Mechanische Einflüsse auf Bauteile

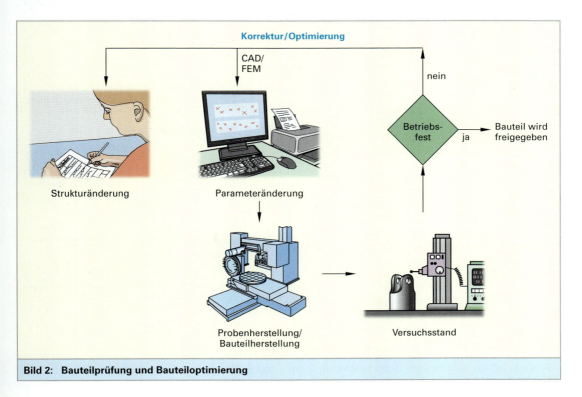

Bild 2: Bauteilprüfung und Bauteiloptimierung

Dabei sind neben den üblichen Betriebsbelastungen auch Testungen vorzunehmen unter dem Einfluss von
- Korrosion,
- Verschleiß,
- Ermüdung,
- Kriechen,
- Überlastung und
- Alterung.

Hinsichtlich der **Bauteilermüdung** ist neben den Werkstoffeigenschaften auch die Art der Belastung, ob einachsig, mehrachsig und mit Schwingungen überlagert, von Wichtigkeit. So ist die Zug-Druck-Wechselfestigkeit eines Werkstoffs wohl eng verknüpft mit der Zugfestigkeit R_m des Werkstoffs, aber zusätzlich stark abhängig von der Bauteiloberfläche (**Bild 1**).

Weiter sind hinsichtlich der Bauteilermüdung Eigenschaften des Herstellungsprozesses von großer Bedeutung, wie z. B. Poren, Lunker, Grate, Oberflächennarben, Riefen, Randentkohlungen.

Ermüdungsrisse in einem Bauteil verursachen häufig schwere Folgeschäden. Um solche Ermüdungsrisse zu erkennen, werden Dauerschwingversuche durchgeführt. Dabei unterscheidet man
- die Druckschwellbeanspruchung,
- die Wechselbeanspruchung und
- die Zugschwellbeanspruchung (**Bild 2**).

Dauerfestigkeit

Der wichtigste Versuch ist die Bestimmung der Dauerfestigkeit an Hand der *Wöhlerlinie*[1]. Man unterwirft die Probe einer schwingenden Belastung bis die Probe bricht. Man ermittelt also den Zusammenhang zwischen Belastung und Bruchschwingspielzahl. Im Diagramm nach *Wöhler* stellt man diesen Zusammenhang in doppelt logarithmischem Maßstab dar (**Bild 3**).

Der typische Verlauf dieser sogenannten Wöhlerlinie ist im Bereich der *statischen Festigkeit* (z. B. bis 10^2 Schwingspiele) fast waagrecht verlaufend, dann folgt eine gleichmäßig abfallende Linie im Bereich der *Zeitfestigkeit* (z. B. von 10^2 bis $2 \cdot 10^6$ Schwingspielen) und wieder eine waagrechte Linie im Bereich der *Dauerfestigkeit* (z. B. > $2 \cdot 10^6$ Schwingspiele).

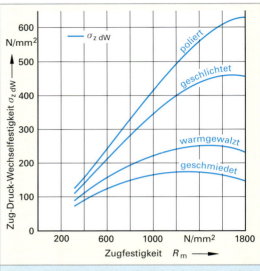

Bild 1: Zug-Druck-Wechselfestigkeit in Abhängigkeit des Oberflächenzustandes

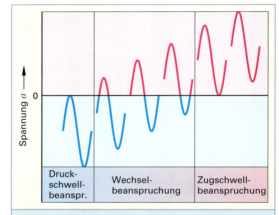

Bild 2: Spannungen beim Schwingversuch

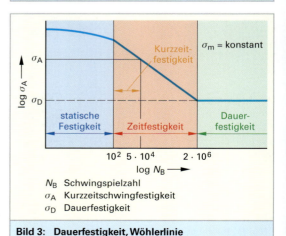

N_B Schwingspielzahl
σ_A Kurzzeitschwingfestigkeit
σ_D Dauerfestigkeit

Bild 3: Dauerfestigkeit, Wöhlerlinie

---

[1] Zu Ehren von *August Wöhler* (1819 bis 1914) der um 1870 erstmalig systematische Untersuchungen zum Zusammenhang zwischen Belastung und Bruchschwingspielzahl an Eisenbahnachsen durchführte, wird der Schwingversuch häufig Wöhlerversuch und die entsprechende Auswertung Wöhler-Linie genannt.

Zeitstandsversagen

Sind Bauteile hohen Temperaturen unterworfen oder ergeben sich auf Grund von Verschleiß und Reibung hohe Bauteiltemperaturen, so stellt sich keine begrenzte Bauteildehnung bzw. Bauteilverformung ein. Das Bauteil beginnt zu kriechen. Man spricht von *Kriechdehnung* (**Bild 1**). Das Festigkeitsverhalten ist also zeitabhängig. Diese Zeitabhängigkeit wird im Zeitstandsversuch ermittelt.

Kunststoffe beginnen bereits bei etwa 50 °C zu kriechen, Leichtmetallwerkstoffe ab 100 °C, Stähle ab 400 °C und Hochtemperaturlegierungen ab 600 °C.

Bei dem Bauteilverhalten unterscheidet man den Bereich der Kriechdehnung mit reversiblen Werkstoffveränderungen und den Bereich irreversibler Bauteilschädigung. Die irreversible Bauteilschädigung geht einer mit Werkstoffveränderungen, z. B. durch Porenbildung (**Bild 2**). An den Korngrenzen kommt es dabei zu Diffusionsvorgängen und Mikroschäden. Bei sich fortsetzender Belastung ergeben sich Mikrorisse, Risse bis hin zum Bauteilversagen (**Bild 3**). Für gesicherte Aussagen sind Langzeitversuche (> 1000 h) mit Entlastungsphasen und mit Abkühlphasen vorzunehmen.

Bild 1: Verlauf der Dehnung im Zeitstandversuch

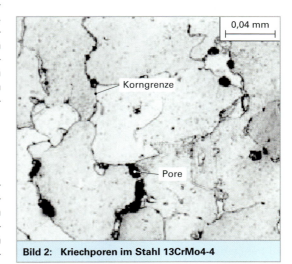

Bild 2: Kriechporen im Stahl 13CrMo4-4

Erkennen von Bauteilversagen

Das Erkennen der Schwachstellen einer Konstruktion stellt ein großes Problem dar. Zunächst versucht man die Betriebssicherheit nachzuweisen und zwar mit Bauteilproben in abgestufter Qualität: z. B. poliert, geschlichtet, gekerbt. Sodann verwendet man bauteilähnliche Proben um Aussagen mit höherer Sicherheit zu gewinnen.

Um wirklich sicher zu sein sind Versuche unter möglichst wirklichen Betriebsbelastungen an den Bauteilen, den Baugruppen bis hin zur Gesamtkonstruktion vorzunehmen.

Die Kosten hierfür vervielfachen sich dabei und zwar nicht nur, weil teuer hergestellte Versuchsmuster benötigt werden, sondern weil auch sehr aufwändige Versuchseinrichtungen, z. B. Motorenprüfstände mit der Möglichkeit typische Fahr- und Belastungsprofile zu erzeugen, erforderlich sind.

Versuche zum Bauteilversagen sind langwierig und teuer.

Bild 3: Zeitstandsversagen einer Druckleitung

3.3.1.6 Gefährdung beim Transportieren und durch bewegte Teile

Innerbetrieblicher Teiletransport mit Hubwagen, Kranfahrzeugen, Fahrerlosen Transportsystemen, Servicerobotem u. a. sind häufig mit Gefahren verbunden:
- Die Verkehrswege und die Rettungswege müssen ausreichend bemessen und gekennzeichnet sein **(Bild 1)**.
- Lasten müssen sicher handhabbar sein, z. B. durch Lastösen, Haltegriffe.
- Trittflächen müssen hinreichend groß und eine rutschhemmmende Oberfläche haben.
- Personen dürfen sich unter schwebenden Lasten nicht aufhalten (Hinweisschilder!)
- Teile dürfen sich nicht unvermittelt lösen, wegrutschen, umkippen, wegrollen, wegfliegen, bersten.

Es ist darauf zu achten, dass Körper standsicher stehen **(Bild 2)**. Die Standsicherheit wird kritisch, wenn sich der Körperschwerpunkt nahe der Kippkante befindet. Beim Stapeln von Teilen soll das Schlankheitsverhältnis nicht mehr als 4 bis 6 betragen, d. h. größte Höhe zur Schmalseite < 4 bis 6. Ist die Standsicherheit nicht gegeben, müssen zusätzliche Befestigungen, Abspannungen oder Verankerungen als Kippsicherung vorgesehen werden.

Die Maßnahmen zum Schutz gegen herabfallende Teile können Fangnetze, Halte- und Spanneinrichtungen und Schutzdächer sein. Maßnahmen zum Schutz vor sich lösenden und wegfliegenden Teilen können Drehzahlbegrenzungen und Geschwindigkeitsbegrenzungen sein. Es sind Vorkehrungen zu treffen dass durch ungewollte Unwuchten und Drücke Bauteile bersten.

Für Transportgeräte gelten besondere Vorschriften u. a.
- die 9. und 12. Verordnung des Gerätesicherheitsgesetzes (GSGV),
- eine Reihe berufsgenossenschaftlicher Vorschriften (BGV),
- Normen: DIN EN 1757 (Sicherheit von Maschinen – Flurförderzeuge), DIN 15026 (Hebezeuge), DIN 15019 (Krane).

Transportgeräte müssen gesichert sein gegen Überlastung, gegen Kippen und Abrutschen. Einstiege und Ausstiege müssen sicher begehbar sein, z. B. mit ausreichend tiefen und breiten sowie rutschhemmenden Trittflächen (Bild 2). Haltegriffe müssen griffgünstig angebracht sein und hinreichend stabil sein.

Bild 1: Schilder für Rettungswege

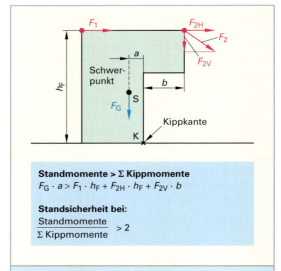

Standmomente > Σ Kippmomente
$F_G \cdot a > F_1 \cdot h_F + F_{2H} \cdot h_F + F_{2V} \cdot b$

Standsicherheit bei:
$$\frac{\text{Standmomente}}{\Sigma \text{ Kippmomente}} > 2$$

Bild 2: Standsicherheit

Bild 3: Hinweisschild zur Lastaufnahme

Lasten und Ladungen müssen sicher verankert sein. Für die Lastaufnahme sind Lasthaken bzw. Lastösen vorzusehen und Hinweisschilder zur Benutzung vorzusehen (**Bild 3**).

3.3 Gefährdungsanalysen und Abhilfen

3.3.1.7 Beispiele zur Sicherheit an Maschinen

Beispiel: Sicherheit bei Robotern

Der Roboterarbeitsplatz ist wegen der schnellen Armbewegungen grundsätzlich ein Gefahrenbereich und muss vom allgemeinen innerbetrieblichen Verkehrsbereich und von menschlichen Arbeitsbereichen durch Schutzmaßnahmen gesichert werden. Die sicherste Abtrennung ermöglicht eine **Umzäunung** mit starkem Metallgitter **(Bild 1)**, sodass auch bei schneller Roboterbewegung Werkstücke, die bei Störungen im Robotergreifer weggeschleudert werden könnten, keine Gefahr darstellen.

Häufig muss der Roboterarbeitsplatz manuell mit Werkstücken versorgt werden. Dies geschieht vorteilhaft über einen **Drehtisch (Bild 1)**.

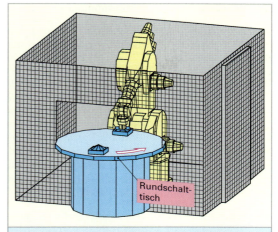

Bild 1: Abtrennung des Gefahrenbereichs, Werkstückübergabe mit Drehtisch

Vorsichtsmaßnahmen:
- Vor Beginn und während der gefahrbringenden Roboterbewegung muss die Schutzeinrichtung zwangsläufig wirksam sein.
- Beim Entfernen oder bei Störung der Schutzeinrichtung muss der Roboter zwangsweise stillgesetzt werden.

Beim Programmieren im üblichen Teach-in-Modus muss meist der Arbeitsraum des Roboters und damit der Gefahrenbereich betreten werden. Die Schutzeinrichtungen, wie z. B. die Türverriegelung oder die Schaltmatten, sind in ihrer Funktion aufgehoben. In diesem Fall darf der Programmierer nur solche Standorte einnehmen, in denen er vom Roboter, auch bei dessen Fehlverhalten, nicht eingeklemmt werden kann, d. h., ein Rückwärtsausweichen muss möglich sein **(Bild 2)**.

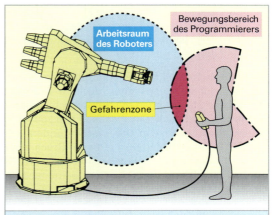

Bild 2: Standortwahl beim Programmieren

Das mitgeführte Programmierhandgerät muss einen

- **NOT-Halt-Schalter (Bild 3)** haben und sollte einen
- **Zustimmungsschalter** besitzen.

Bild 3: NOT-HALT-Schalter am Programmierhandgerät

Wiederholung und Vertiefung

1. Was versteht man unter Ergonomie?
2. In welchen Bereichen ist eine Mitarbeiterbeteiligung anzustreben?
3. Wie ist das Leitbild für die Technikgestaltung?
4. Welche Ziele verfolgt man mit dem Arbeitsschutzmanagement?
5. Zählen Sie die 11 Gefährdungsarten auf.
6. Nennen Sie Beispiele für Gefährdungen durch bewegte Maschinenteile.

Beispiel: Sicherheit bei Umformanlagen

Das Arbeiten an Pressen und der Umgang mit schweren oder heißen Bauteilen ist immer mit Gefahren verbunden.

Beim händischen Einlegen oder Herausnehmen von Werkstücken an Pressen und Hämmern besteht eine erhöhte Gefahr, da eine offene Quetschstelle durch das Obergesenk und das Untergesenk mit schneller Schließbewegung vorliegt. Zum einen besteht die Gefahr, das Werkstück bei einer Fehllage nochmals instinktiv zu korrigieren, oder, dass bei regulärer Entnahme ein ungewollter Stößelniedergang vorkommt.

Handschutz wird dadurch erreicht, dass eine Zweihandschaltung eine freie Handbewegung des Bedieners ausschließt oder berührungslos über Lichtvorhänge **(Bild 1)** ein Zugreifen erkannt und ein Pressenstopp unmittelbar ausgelöst wird. Erst wenn der Bediener seine beiden Hände gleichzeitig auf die beiden Auslösetasten der Zweihandschaltung legt, ist innerhalb von 0,5 Sekunden ein Stößelniedergang erlaubt.

Die technischen Sicherheitsmaßnahmen hierzu machen sichere Kupplungen, sichere Bremsen und sichere Steuerungen mit Stößelnachlaufüberwachung erforderlich. Dies bedeutet u. a., dass ein ungewolltes Lösen von Steckverbindungen, ein Hängenbleiben eines Ventils oder der Bruch einer Feder die Sicherheit nicht einschränken darf. Es werden die sicherheitsrelevanten Elemente z. B. redundant (weitschweifig) ausgeführt.

Bewegliche mechanische Absicherungen, wie z. B. Umkleidungen und Zugangstüren, müssen mit sicheren Schaltern **(Bild 2)** in den Schutzkreis einbezogen werden und dürfen nicht (einfach) umgehbar sein, z. B. durch Abkleben eines Schalterstößels.

Neben dem Arbeitsschutz sind auch die Maschinen zu schützen, z. B. vor Überlast durch Begrenzungen der Größtkräfte. So werden z. B. bei mechanischen Pressen Sollbruchstellen und nachgebende Kraftübertragungselemente vorgesehen, damit in einem Überlastfall Folgeschäden nicht allzu groß werden. Bei Hydraulikpressen sind schnellschaltende Druckbegrenzungsventile in den maßgeblichen Hydraulikkreisläufen eingebaut und schalten bei Druckspitzen die Kolben frei.

Speziell für den sicheren Betrieb von Maschinen sind von der Elektroindustrie elektromechanische und elektronische Sicherheitsschaltungen mit Zertifikat entwickelt worden und gehören zum heutigen Sicherheitsstandard **(Tabelle 1)**.

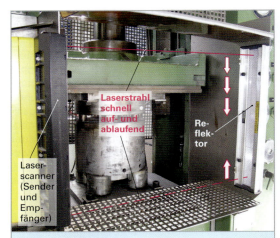

Bild 1: Lichtvorhang

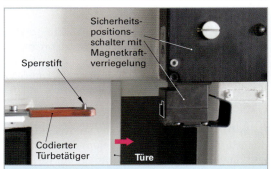

Bild 2: Türabsicherung

Tabelle 1: Sicherheitskategorien nach EN 954-1	
Kategorie	Systemverhalten
B	Das Auftreten eines Fehlers kann zum Verlust der Sicherheitsfunktion führen.
1	Das Auftreten eines Fehlers kann zum Verlust der Sicherheitsfunktion führen, aber die Wahrscheinlichkeit dafür ist geringer als bei Kategorie B.
2	Das Auftreten eines Fehlers kann zum Verlust der Sicherheitsfunktion zwischen den Prüfungsabständen führen. Der Verlust der Sicherheitsfunktion wird durch die Prüfung erkannt.
3	Wenn der einzelne Fehler auftritt, bleibt die Sicherheitsfunktion erhalten. Einige, aber nicht alle Fehler werden erkannt. Eine Anhäufung unerkannter Fehler kann zum Verlust der Sicherheitsfunktion führen.
4	Wenn Fehler auftreten, bleibt die Sicherheitsfunktion immer erhalten. Die Fehler werden rechtzeitig erkannt, um einen Verlust der Sicherheitsfunktion zu verhindern. Kategorie 4 ist z. B. bei Pressen erforderlich, wenn ein Bestücken oder Entnehmen der Bauteile von Hand erfolgt.

3.3 Gefährdungsanalysen und Abhilfen

3.3.2 Elektrische Gefährdungen

Gefährdungsarten

Durch elektrischen Strom entstehen Gefährdungen, wenn dieser den menschlichen Körper durchströmt (**Bild 1**), z.B. durch Berühren spannungsführender Teile (**Bild 2**) oder durch unzulässige Annäherung an Hochspannung durch eine Strombrücke über einen Lichtbogen. Elektrische Lichtbogen können im Umfeld des Menschen zu Verbrennungen durch erhitzte Gase führen. Es kann zum Zerbersten von Gegenständen kommen und zur Ionisierung und Ozonbildung der Luft. Es kann durch Verblitzen der Augen das Sehvermögen Schaden nehmen.

Schutzmaßnahmen

Die Schutzmaßnahmen beginnen i. A. bei Spannungen über 50 V (DIN VDE 0100 - 410). Für Kinderspielzeuge sind auch Spannungen unter 50 V zu beachten.

Elektrische Betriebsmittel zwischen AC 50 V und AC 1000 V und zwischen DC 75 V und 1500 V müssen nach den Sicherheitsgrundsätzen des Gerätesicherheitsgesetzes, 1. Verordnung beschaffen sein. Den Schutz gegen direktes Berühren erzielt man durch:
- Isolierung der spannungsführenden Teile, z. B. Schutzisolierung (**Bild 3**).
- Abdeckung und Umhüllung. Dabei ist zu beachten, dass mindestens IP 2X eingehalten wird (Schutz gegen Fremdkörper mit > 12 mm Durchmesser).
- Hindernisse. Diese müssen, z. B. im Versuchsfeld so aufgestellt sein, dass ein zufälliges Berühren ausgeschlossen ist.
- Schutzkleinspannung.

Zusätzlich sind in Nassbereichen, Laboratorien und Betriebsstätten FI- Schutzeinrichtungen notwendig (**Bild 4**, Fehlerstromschalter bzw. RCD = Residual Current Device). Diese schalten bei Vorliegen von Fehlerströmen > 30 mA, z. B. bei Berührung spannungsführender Teile, den Stromkreis ab.

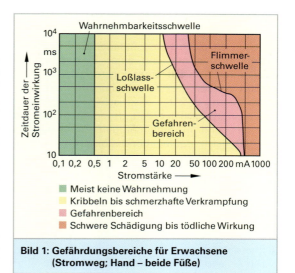

Bild 1: Gefährdungsbereiche für Erwachsene (Stromweg; Hand – beide Füße)

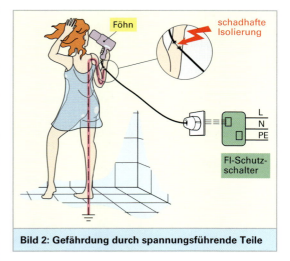

Bild 2: Gefährdung durch spannungsführende Teile

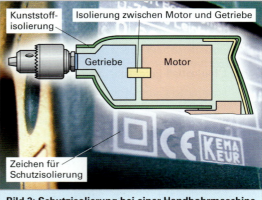

Bild 3: Schutzisolierung bei einer Handbohrmaschine

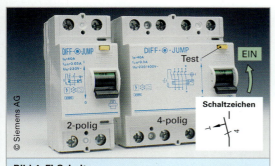

Bild 4: FI-Schalter

Pflichten des Arbeitgebers

Arbeiten an elektrischen Anlagen und Betriebsmitteln dürfen nur von einer Elektrofachkraft oder unter Aufsicht einer Elektrofachkraft ausgeführt werden. Der Arbeitgeber hat dafür Sorge zu tragen, dass die elektrischen Anlagen und Betriebsmittel sich in ordnungsgemäßem Zustand befinden und in regelmäßigen Zeitabständen (i.A. jährlich[1]) dahingehend überprüft werden. Fehlerstromschutzschalter sind darüber hinaus halbjährlich auf Funktion durch Betätigen der Prüftaste durch den Nutzer zu prüfen.

Arbeitsschutzmaßnahmen im Rahmen der Fachaufsicht

1. **Freischalten.**
   Die Anlage oder das Betriebsmittel wird über den Hauptschalter **(Bild 1)** oder durch Herausnehmen der Sicherungen von elektrischen Spannungen sicher freigeschaltet. Die Trennung der Strompfade muss sichtbar sein.

2. **Gegen Wiedereinschalten sichern.**
   Das Sichern erfolgt bei Hauptschaltern durch Einhängen eines Vorhängeschlosses (Bild 1) und Mitnahme der Schlüssel, bei Sicherungen durch Mitnahme der Sicherungen und Abdeckung oder Verkleben der Sicherungsstelle. Zusätzlich soll ein Schild „Nicht schalten" auf die Elektroarbeiten hinweisen.

3. **Spannungsfreiheit feststellen.**
   Dies erfolgt direkt an der Arbeitsstelle mit einem Spannungsmesser/Spannungsprüfer.

4. **Erden und Kurzschließen.**
   Dies ist erforderlich bei Freileitungen oder bei Arbeiten an Anlagen mit Spannungen > 1000 V AC / > 1500 V DC.

5. **Benachbarte unter Spannung stehende Teile abdecken oder abschranken.**
   Dies gilt für spannungsführende Teile, die über andere Stromkreise noch in Betrieb sind.

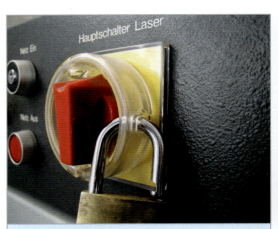

Bild 1: Hauptschalter

---

[1] Für ortsveränderliche Betriebsmittel, insbesondere im Baustellenbereich gelten weitere Vorschriften der Berufsgenossenschaften

[2] Auszug aus BGI (Berufsgenossenschafts-Information)

Verhalten bei Arbeitsunfällen und Störungen[2]

Die Routine birgt auch ihre Gefahren, doch meistens bekommt man sie in den Griff. Schwieriger ist das beim richtigen Verhalten bei Arbeitsunfällen und Störungen. Dann zeigt es sich, wie gut Ihr Betrieb organisiert ist und wie erfolgreich Ihre Mitarbeiter unterwiesen worden sind.

- Werden die Mitarbeiter regelmäßig, mindestens einmal jährlich, über ihr richtiges Verhalten bei Arbeitsunfällen und Störungen im Arbeitsablauf unterwiesen, um im Bedarfsfall den einwandfreien Ablauf der Rettungskette sicherzustellen?
- Ist sichergestellt, dass jeder Mitarbeiter weiß, wo und wie ein Notruf abgesetzt wird?
- Sind ausgebildete Ersthelfer in ausreichender Anzahl in jeder Schicht vorhanden, auch zu Urlaubszeiten und an Wochenenden oder Feiertagen?
- Ist sichergestellt, dass Aushänge über die erste Hilfe mit den Angaben über Notruf, Ersthelfer, Erste-Hilfe-Material, Durchgangsärzte und zugelassene Krankenhäuser auf dem aktuellen Stand sind?
- Ist der Betriebsarzt in die Notfallorganisation bzw. die Organisation der Rettungskette mit eingebunden worden?
- Ist sichergestellt, dass die Mitarbeiter jeden Unfall ihren Vorgesetzten melden und ein Eintrag in das Verbandbuch erfolgt?
- Ist sichergestellt, dass jeder Ihrer Mitarbeiter weiß, dass bei schweren Unfällen Gewerbeaufsicht und Berufsgenossenschaft telefonisch informiert werden und bis zum Eintreffen von Polizei, Gewerbeaufsicht oder Berufsgenossenschaft die Unfallstelle abgesichert und nicht verändert wird?
- Wissen Ihre Mitarbeiter, dass Sie in der Regel Störungen an Maschinen oder Anlagen nicht selbst beheben sollen, sondern ihre Vorgesetzten bzw. die Instandhaltung zu informieren sind?
- Werden Störungen und Beinaheunfälle von Ihren Mitarbeitern gemeldet, um so wertvolle Informationen zur Verbesserung Ihres betrieblichen Arbeitsschutzes zu erhalten?

3.3 Gefährdungsanalysen und Abhilfen

Grundsätzlich sind alle stromführenden Teile so abzuschirmen, dass ein direktes Berühren ausgeschlossen ist. Eine Ausnahme ist, wenn eine Schutzkleinspannung bis *maximal 25 V AC* oder *60 V DC* vorliegt.

In *explosionsgefährdeten* Räumen sind alle stromführenden Teile vor direktem Berühren zu schützen. Bereits kleine Ströme von etwa 10 Milliampere (10 mA) können bei ungünstigem Stromfluss, z. B. Stromfluss durch den Herzmuskel tödlich sein. Der Stromfluss bei Berührung spannungsführender Teile hängt vom Widerstand des Körpers und von der Berührstelle mit dem Körper ab. Der Körperwiderstand des Menschen ist stark schwankend, ebenso der Übergangswiderstand. Er hängt davon ab, ob man z. B. feuchte Hände hat und schwitzt. Besonders gefährlich ist die Handhabung elektrischer Geräte in Nassräumen **(Bild 1)**. Lebensgefährlich mit häufig tödlichem Ausgang ist die *verbotene* Benutzung von elektrischen Geräten in der Badewanne **(Bild 2)**.

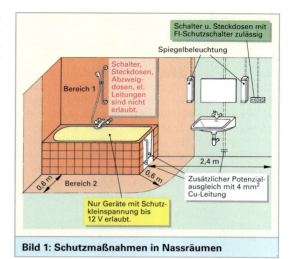

Bild 1: Schutzmaßnahmen in Nassräumen

> Die Benutzung von elektrischen Geräten in der Badewanne ist lebensgefährlich und verboten.

Für elektrische Geräte gibt es eine **internationale Schutzartkennzeichnung** (IP von International Protektion = internationale Schutzart, **(Bild 3)**. Eine häufige Schutzart ist *IP 65* (staubdicht verschlossen (6) und gegen Strahlwasser geschützt (5)).

Bild 2: Lebensgefährliche Situation

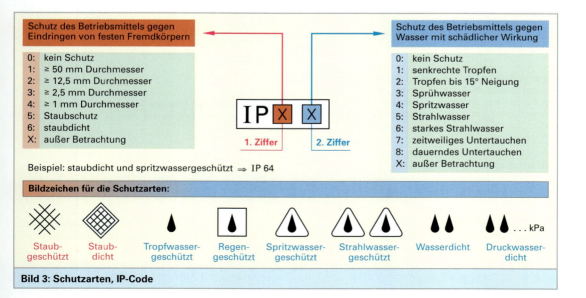

Bild 3: Schutzarten, IP-Code

Elektrostatische Aufladungen und Entladungen

Beim Begehen isolierender Bodenbeläge und wenn man Kleidung aus synthetischen Fasern (Nylon, Perlon, Elastan, Polyacryl u.ä.) trägt kommt es zu *Ladungstrennungen* und damit zu *elektrostatischen Aufladungen* (**Bild 1**). Auch bei Maschinen mit Stofftrennungen, z. B. wenn Transportbänder über Rollen gleiten, können sich isoliert aufgestellte Teile oder Teile aus Isoliermaterial elektrostatisch aufladen. Die Spannungen betragen häufig mehrere 10 000 V. Dabei gibt es dann *Entladungen*, oft mit sichtbarem und hörbarem Funkenüberschlag.

Unmittelbar gefährlich sind diese Entladungen für den Menschen meist nicht, da die Entladeenergien relativ klein sind. Gefährlich ist dies allerdings mittelbar und zwar, wenn die *Entladung in explosiver Atmosphäre* stattfindet, z. B. in einem stauberfüllten Raum (Staubexplosion) oder in einem Raum mit Benzindämpfen.

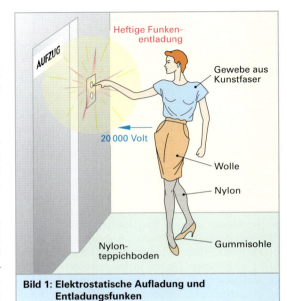

Bild 1: Elektrostatische Aufladung und Entladungsfunken

> Elektrostatische Entladungen können in explosionsgefährdenden Räumen zu Explosionen führen.

Bei Arbeiten an *elektronischen Baugruppen*, z. B. bei Reparaturarbeiten, beim Tausch von Speichermodulen ist Vorsicht am Platz. Hier kann durch die elektrostatische Aufladung der beschäftigten Person an den elektronischen Bauteilen Schaden entstehen. Elektronikarbeitsplätze sind daher mit besonderen Schutzmaßnahmen auszustatten (**Bild 2**).

Besonders gefährdet sind elektronische Bauteile mit unipolaren Halbleitern (FET-Halbleiter). Hier reichen zur Zerstörung bereits Spannungen von 100 V.

> Vor Arbeitsbeginn an elektronischen Baugruppen sollte man sich durch Anfassen eines Erders oder Schutzleiters entladen, insbesondere wenn Kleidung oder Wäsche aus Kunstfasern getragen wird.

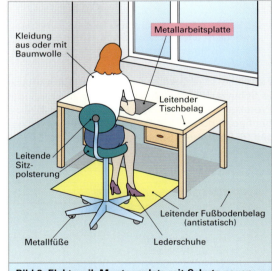

Bild 2: Elektronik-Montageplatz mit Schutz gegen elektrostatische Aufladung

Wiederholung und Vertiefung

1. Welche Gefährdungsbereiche unterscheidet man beim elektrischen Strom?
2. Welchen Einfluss hat die Einwirkungsdauer eines elektrischen Stromes durch den Körper?
3. Wie kann man sich schützen vor einer elektrischen Durchströmung des Körpers?
4. Welche besonderen Schutzmaßnahmen gelten in Nassräumen und Laboratorien?
5. Durch welche konstruktive Maßnahme können Geräte schutzisoliert werden?
6. Skizzieren Sie das Schutzzeichen für die Schutzisolierung.
7. Nennen Sie die Pflichten des Arbeitgebers bzw. des Vorgesetzten im Rahmen der Fachaufsicht bei Arbeiten an elektrischen Anlagen.
8. Welches sind die Arbeitsschutzmaßnahmen bei Arbeiten an elektrischen Anlagen?

3.3 Gefährdungsanalysen und Abhilfen

Elektromagnetische Verträglichkeit (EMV)

Elektrische Einrichtungen sind elektromagnetisch verträglich, wenn diese ihre Umgebung elektromagnetisch in nicht unzulässiger Weise beeinflussen und wenn sie durch zulässige elektromagnetische Umgebungseinflüsse störungsfrei arbeiten.

Alle elektrischen Geräte nehmen aufgrund fließender Ströme und vorhandener Spannungen Einfluss auf ihre Umgebung. Ströme bewirken magnetische Felder und Spannungen verursachen elektrische Felder. Wechseln magnetische Felder mit elektrischen Feldern durch Energieaustausch, entstehen sich ausbreitende elektromagnetische Wellen.

Funkentladungen bewirken auch elektromagnetische Wellen und können darüber hinaus mechanische, thermische und chemische Reaktionen herbeiführen. Schließlich können elektrische Ströme über Leitungsnetze Störungen verursachen.

EMV erreicht man durch Vermeiden von Störquellen und durch Schutz vor Störungen.

Vermeidung von Störungen. Besonders starke Störquellen sind:
- alle elektrischen Geräte mit Funkenbildung, z. B. Schalter, Schütze, Motoren mit Kollektoren,
- natürliche und künstliche Blitze sowie elektrostatische Entladungen,
- Sendeanlagen, Radaranlagen,
- Mikrowellenerzeuger,
- Hochspannungsleitungen,
- elektronisch getaktete Steller **(Bild 1)**.

Durch Funkentstörmaßnahmen vermeidet man die Funkenbildung. Dies geschieht z. B. mit Dioden, RC-Gliedern und VDR-Widerständen (siehe Seite 26). Elektrostatische Aufladungen und damit auch Entladungen vermeidet man durch Verwendung leitender Materialien und deren bewusste Erdung. Die Ausbreitung von magnetischen Feldern vermindert man durch Abschirmung mit magnetisch gut leitenden Metallen, z. B. Eisen, Stahl, MUMETALL. Kabel verlegt man in Stahlrohre oder ummantelt sie mit Stahldrahtgeflecht. Schaltanlagen bringt man in Stahlschränken unter. Leitungen werden verdrillt. Damit erhält man gegensinnig wirkende Felder die sich (fast) auslöschen.

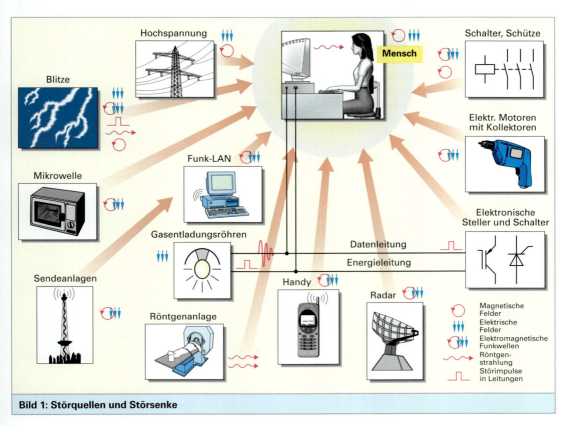

Bild 1: Störquellen und Störsenke

Störungen durch Umrichter/Steller. Das schnelle Schalten moderner Leistungshalbleiter führt zu sehr hohen Spannungssteilheiten und damit zu Störsignalen über *parasitäre*, d. h. ungewollte Kapazitäten. Diese kapazitiven Stromableitungen erfolgen z. B. von den Schalttransistoren zu den Masseflächen oder von den Motorwicklungen zu den Motorgehäusen **(Bild 1)**. Es können elektromagnetische Felder bis 1 GHz entstehen. Zur Sicherstellung der EMV verlegt man alle Stromleitungen mit Schirm entlang von Masseflächen oder Masseleitungen um Abstrahlungen von elektromagnetischen Wellen klein zu halten. Man legt die Schirme beidseitig an Masse und zwar mit einer großflächigen Kontaktierung und führt den Schirm bis unmittelbar zum Umrichteranschluss.

Schutz vor Störungen. Elektrostatische Felder schirmt man mit Metallgehäusen ab (Faradayscher Käfig). Elektromagnetische Wellen kann man ebenfalls mit Metallgehäusen abschirmen und auch mit Bleiglas, z. B. bei Mikrowellengeräten und bei Röntgengeräten.

Magnetische Wechselfelder führen über induktive Kopplungen zu Störspannungen. Diese induktiven Kopplungen vermeidet bzw. vermindert man indem man die Leitungen verdrillt. Damit wirken die induzierten Spannungen gegensinnig und heben sich weitgehend auf. Ferner erhält man einen guten Schutz durch Abschirmung mit gut leitendem Schirmgeflecht oder einer gut leitenden Metallisierung. Die magnetischen Wechselfelder erzeugen im Schirm Wirbelströme, die den einwirkenden Feldern entgegengesetzt sind. Gegen magnetische Gleichfelder schützt man Geräte mit MUMETALL oder Stahlgehäusen.

Kapazitive Einstreuungen vermeidet man, indem man Leitungen nicht parallel zu störenden Leitungen verlegt oder durch metallische Schirmung, auch Faradayschem Käfig, mit geerdetem Schirm. Vor elektromagnetischen Wellen schützt man Geräte durch gut leitende Schirme bzw. Gehäuseoberflächen. Einstreuungen über das Energienetz vermeidet man durch Netzfilter. Schutz vor Überspannungen, z. B. von Blitzen, erreicht man mit Überspannungsableitern. Dies sind Gasableiter, Suppressordioden und Varistoren.

Galvanische Einstreuungen vermeidet man bei Signalleitungen meist durch Zwischenschalten von Optokopplern. Optokoppler sind kleine elektronische Bauelemente, welche über eine Fotodiode das elektrische Signal in Licht und dieses Licht über einen Fotoempfänger wieder in ein elektrisches Signal umwandeln.

Wirkung auf den Menschen. Da der Mensch kein Sinnesorgan für elektromagnetische Felder hat, kann er diese meist nicht wahrnehmen. (Bei hohen elektrischen Feldern sträuben sich manchmal die Haare.)

Elektromagnetische Felder haben aber sicher eine Wirkung auf lebendes, nämlich elektrisch leitendes Gewebe und auf die Nervenleitungen und somit auf den Menschen **(Bild 2)**.

Solange der Mensch nur gelegentlich und geringen elektromagnetischen Feldern ausgesetzt ist, so, wie sie von Niederspannungsanlagen (< 1000 V) ausgehen können, sind gesundheitlich negative Wirkungen nicht zu befürchten. Anders ist die Situation in der Nähe von Sendeanlagen und von Radaranlagen. Besonders gefährlich sind sehr hochfrequente elektromagnetische Wellen, wie z. B. Mikrowellen oder Röntgenstrahlung. Der Mikrowellenherd kann daher nur bei geschlossener Türe betrieben werden.

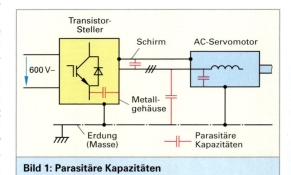

Bild 1: Parasitäre Kapazitäten

Bild 2: Elektromagnetische Felder durchdringen den menschlichen Körper

3.3.3 Gefahrstoffe

Gefahrstoffe sind
- Stoffe, die gefährlich sind
- Stoffe, deren Zubereitung oder Bearbeitung gefährlich ist.

Die Merkmale **(Tabelle 1, folgende Seite)** der Gefahrstoffe sind:
- explosionsgefährlich,
- brandfördernd,
- entzündlich,
- giftig,
- gesundheitsschädlich,
- ätzend,
- reizend,
- krebserzeugend,
- fortpflanzungsgefährdend,
- erbgutverändernd,
- umweltgefährlich.

Die gefährlichen Stoffe sind mit einer verbindlichen Einstufung für die EU in der Richtlinie 67/548/EWG aufgelistet. Für die Kennzeichnung auf Verpackungen sind Vorgaben, wie z. B. *Chemische Bezeichnung, Gefahrensymbol, Hinweise auf besondere Gefahren, Firmenanschrift und EG-Kennzeichnung < Kennzeichnungsnummer >* **(Bild 1)**.

Gefahrenhinweise (R-Sätze) geben Auskunft über die gefährlichen Eigenschaften des Stoffes und den kritischen, Aufnahmeweg, z. B. *durch Einatmen*. **Sicherheitsratschläge (S-Sätze)** machen auf empfehlenswerte Sicherheitsvorkehrungen aufmerksam und geben Empfehlungen zum Umgang und zur Schadensbegrenzung **(Bild 2)**.

Technische Regeln für Gefahrstoffe (TRGS). Für die praktische Umsetzung der Gefahrstoffverordnung gibt es die TRGS. Sie ist in 9 Bereiche gegliedert **(Tabelle 1)**, z. B. für Schutzmaßnahmen bei Tätigkeiten mit Gefahrstoffen TRGS 500-599. In TRGS 555 ist festgelegt wie eine vom Arbeitgeber zu erstellende Betriebsanweisung zu gliedern ist und wie an Hand der Betriebsanweisung in regelmäßigen Abständen ein betriebliche Unterweisung der Mitarbeiter zu erfolgen hat.

Tabelle 1: Merkmale für Gefahrstoffe	
TRGS-Nr.	Inhalt
TRGS 001 - 099	Allgemeines, Aufbau und Beachtung
TRGS 100 - 199	Begriffsbestimmungen
TRGS 200 - 299	Inverkehrbringen von Stoffen, Zubereitungen und Erzeugnissen
TRGS 300 - 399	Arbeitsmedizinische Vorsorge
TRGS 400 - 499	Gefährdungsbeurteilung
TRGS 500 - 599	Schutzmaßnahmen bei Tätigkeiten mit Gefahrstoffen
TRGS 600 - 699	Ersatzstoffe und Ersatzverfahren
TRGS 700 - 899	Brand- und Explosionsschutz
TRGS 900 - 999	Grenzwerte, Einstufungen, Begründungen und weitere Beschlüsse des AGS

Bild 2: R-Sätze und S-Sätze

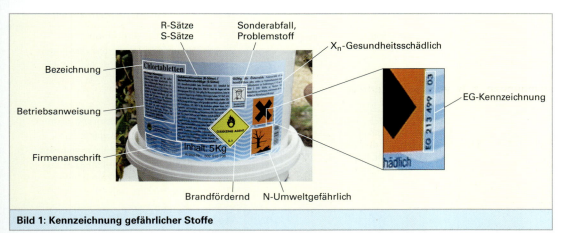

Bild 1: Kennzeichnung gefährlicher Stoffe

Tabelle 1: Merkmale für Gefahrstoffe			
	Merkmal	**Hinweise (Auswahl)**	
E Explosionsgefährlich	**explosionsgefährlich**, wenn sie in festem, flüssigem, pastenförmigem oder gelatinösem Zustand auch ohne Beteiligung von Luftsauerstoff exotherm und unter schneller Entwicklung von Gasen reagieren können und unter festgelegten Prüfbedingungen detonieren, schnell deflagrieren oder beim Erhitzen unter teilweisem Einschluss explodieren,	R2	Durch Schlag, Reibung, Feuer oder andere Zündquellen explosionsgefährlich
O Brandfördernd	**brandfördernd**, wenn sie in der Regel selbst nicht brennbar sind, aber bei Berührung mit brennbaren Stoffen oder Zubereitungen, überwiegend durch Sauerstoffabgabe, die Brandgefahr und die Heftigkeit eines Brandes beträchtlich erhöhen,	R7 R8 R9	Kann Brand verursachen Feuergefahr bei Berührung mit brennbaren Stoffen Explosionsgefahr bei Mischung mit brennbaren Stoffen
F+ Hochentzündlich F Leichtentzündlich	**hochentzündlich**, wenn sie a) in flüssigem Zustand einen extrem niedrigen Flammpunkt und einen niedrigen Siedepunkt haben, b) als Gase bei gewöhnlicher Temperatur und Normaldruck in Mischung mit Luft einen Explosionsbereich haben,	R12 R11 R15 R17 S1	Hochentzündlich Leichtentzündlich Reagiert mit Wasser unter Bildung hochentzündlicher Gase Selbstentzündlich an der Luft Behälter trocken halten
T+ sehr giftig T giftig	**sehr giftig**, wenn sie in sehr geringer Menge bei Einatmen, Verschlucken oder Aufnahme über die Haut zum Tode führen oder akute oder chronische Gesundheitsschaden verursachen können,	R26 R27 R28 R60 R61	Sehr giftig beim Einatmen Sehr giftig bei Berührung mit der Haut Sehr giftig beim Verschlucken Kann die Fortpflanzungsfähigkeit beeinträchtigen Kann das Kind im Mutterleib schädigen
X_n Gesundheitsschädlich X_i Reizend	**gesundheitsgefährlich**, wenn sie bei Einatmen, Verschlucken oder Aufnahme über die Haut zum Tode führen oder akute oder chronische Gesundheitsschaden verursachen können,	R20 R21 R36 R37 R38 R41	Gesundheitsschädlich beim Einatmen Gesundheitsschädlich bei Berührung mit der Haut Reizt die Augen Reizt die Atmungsorgane Reizt die Haut Gefahr ernster Augenschäden
C Ätzend	**ätzend**, wenn sie lebende Gewebe bei Berührung zerstören können,	R34 R35	Verursacht Verätzungen Verursacht schwere Verätzungen
N Umweltgefährlich	**umweltgefährlich**, wenn sie selbst oder ihre Umwandlungsprodukte geeignet sind, die Beschaffenheit des Naturhaushalts, von Wasser, Boden oder Luft, Klima, Tieren, Pflanzen oder Mikroorganismen derart zu verändern, dass dadurch sofort oder später Gefahren für die Umwelt herbeigeführt werden können.	R50 R51 R52 R53 R54 R55 R56	Sehr giftig für Wasserorganismen Giftig für Wasserorganismen Schädlich für Wasserorganismen Kann in Gewässern längerfristig schädliche Wirkungen haben Giftig für Pflanzen Giftig für Tiere Giftig für Bodenorganismen

3.3.4 Brand- und Explosionsgefährdungen

Die Gefährdung entsteht durch die Hitze der Flammen, bei Explosionen zusätzlich durch die zerstörende Wirkung der Druckwelle. Meist ist auch eine starke Rauchentwicklung mit Bränden verbunden. Das Einatmen von Rauchen ist immer gesundheitsschädlich. Entstehen giftige Gase, wie z. B. Kohlenmonoxid, so kann durch Einatmen in wenigen Minuten der Tod eintreten.

Zu einem Brand kommt es, wenn ein brennbarer Stoff vorhanden ist, ein Oxidationsmittel, z. B. Luftsauerstoff und eine Zündquelle (**Bild 1**). Explosionen gibt es, wenn der brennbare Stoff mit dem Oxidationsmittel explosionsfähig vermischt ist und eine Zündung erfolgt (**Bild 2**).

Die zu löschenden Stoffe werden in vier Brandklassen eingeteilt:
A feste, glutbildende Stoffe,
B flüssige Stoffe,
C gasförmige Stoffe,
D brennbare Metalle (Bild 1).

Als Zündquellen kommen meist in Frage:
- offene Flammen,
- heiße Oberflächen,
- Funken (mech./el. erzeugt, Schweißfunken)
- elektrostatische Entladungen,
- Blitzschlag,
- Selbstentzündung.

Explosionen kann es geben, wenn brennbare Flüssigkeiten, z. B. Benzin in Form von Dämpfen oder Nebeln vorhanden sind.

Die Gefahren durch Staubexplosionen werden häufig unterschätzt, da die Stäube, z. B. Mehlstaub erst durch ihre Aufwirbelung und Mischung mit Luft ein Explosionsgemisch ergeben. Explosionsfähige Stäube entstehen häufig bei Bearbeitungsprozessen, z. B. in Form von Leichtmetallstäuben (siehe folgende Seite), Holzstäuben, Papierstäuben.

Darüber hinaus gibt es stets eine Explosionsgefahr beim Umgang mit Explosivstoffen. Hier gelten besondere Vorschriften.

Eine Kennzeichnungspflicht ist erforderlich für:
- die Fluchtwege,
- die feuergefährdeten Bereiche und
- die Stellen mit Feuerlöscheinrichtungen.

Bild 1: Entstehung eines Brandes

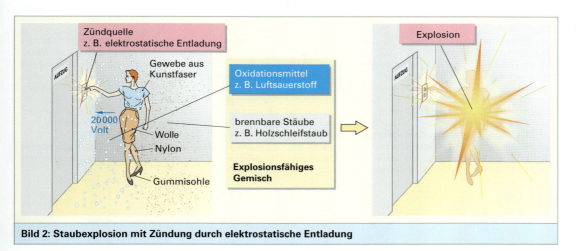

Bild 2: Staubexplosion mit Zündung durch elektrostatische Entladung

Magnesium

Magnesium bzw. Magnesiumlegierungen werden zunehmend als Leichtbauwerkstoff bei gleichzeitig hoher Festigkeit im Fahrzeugbau, im Flugzeugbau und bei tragbaren Computern als Gehäuse verwendet **(Bild 1)**. Magnesium ist etwa um ein Drittel leichter als Aluminium. Magnesium in kompakter Form, z. B. als Bauteil ist nicht entzündlich und nicht brennbar.

Magnesium mit hohem Oberflächenanteil, in Form von Spänen oder Stäuben ist hingegen leicht entzündlich. Magnesium brennt mit Luftsauerstoff bei hohen Temperaturen (ca. 3000 °C). Kommt dann z. B. noch Wasser hinzu, dann wird das Wasser in Wasserstoff und Sauerstoff, also in Knallgas, aufgespalten. Dies führt zu weiteren exothermen Reaktionen. Wasser verschlimmert also die Brandsituation erheblich. Flüssiges Magnesium, z. B. als Schmelze bei der Verarbeitung im Druckgießprozess darf nicht mit Luftsauerstoff in Verbindung kommen. Es brennt an der Oberfläche. Während also fertige Magnesiumbauteile völlig ungefährlich sind gibt es bei der Herstellung im Gießprozess und bei der Gussnachbearbeitung erhebliche Gefährdungspotenziale und dementsprechend streng einzuhaltende Bestimmungen.

Bild 1: Magnesium-Druckgussteil

Schmelzen und Gießen. Die Druckgießmaschinen, Schmelzöfen und Warmhalteöfen müssen speziell für Magnesium geeignet sein. Stellen auf welche flüssiges Magnesium oder Magnesiumkrätze gelangen oder in Berührung kommen kann, müssen trocken gehalten werden, vor dem Einsatz gesäubert und auf ca. 150 °C vorgewärmt sein. Auffangbehälter, die im Falle eines Tegeldurchbruchs flüssiges Magnesium aufnehmen, müssen ebenfalls trocken sein. Werkzeuge welche in Verbindung mit Magnesiumschmelzen verwendet werden, müssen aus niedrig legiertem Stahl sein und dürfen weder verrostet oder verzundert sein, da Magnesium mit Eisenoxid heftig reagiert (metallothermische Reaktion). Die Oberflächen von Magnesiumschmelzen sind zu schützen, z. B. mit Abdecksalzen oder mit Schutzgas.

Spanen mit geometrisch bestimmten Schneiden. Bei der spanenden Bearbeitung ist die Entzündlichkeit der Späne das Problem. Bei der Fertigung von wenigen Einzelteilen mit geringem Späneanfall ist die Trockenbearbeitung zu empfehlen und eine häufige Spänebeseitigung von Hand üblich. Die Späne müssen in Behältern gesammelt und regelmäßig aus dem Arbeitsbereich weggeschafft werden. Die Behälter müssen geschlossen gehalten werden. Die Trockenbearbeitung ist nur zulässig, wenn Kühlschmierstoffe, z. B. aus vorhergehenden anderen Bearbeitungen vollständig entfernt worden sind. Bei der Serienbearbeitung ist die Späneabsaugung, Nassabscheidung der Späne und Brikettierung notwendig. Durch das Verpressen zu Briketts reduziert sich die wirksame Späneoberfläche drastisch und es besteht keine Brandgefahr mehr.

Spanen mit geometrisch unbestimmten Schneiden. Beim Schleifen und Polieren von Magnesiumwerkstücken müssen die entstehenden Stäube unmittebar beseitigt werden und zwar im Nassverfahren oder im Trockenverfahren mit sofortigem Benetzen. Die Schlämme müssen in geschlossenen Behältern gesammelt und sorgfältig entsorgt werden. Die Absauganlagen sind stets sauber zu halten d. h. häufig und regelmäßig zu reinigen, mindestens einmal nach jeder Schicht.

Strahlen. Das Strahlen darf nur in den dafür vorgesehenen und ausgestatteten Kabinen erfolgen. Die Abluft aus der Kabine muss abgesaugt und über Nassabscheider gereinigt werden. Freistrahlen, also manuelles Strahlen bei dem sich der Werker mit dem Strahlgut in einer Kabine oder im Freien aufhält, ist nicht zulässig. Als Strahlmittel dürfen Stahlgranulat und Gusseisengranulat nicht verwendet werden. Übliche Strahlmittel sind Aluminium-Drahtkorn und Schlacke.

Weitere Pflichten:
Der Unternehmer hat eine Meldepflicht bei Bränden und Explosionen. Bei Abgabe von Bauteilen an Weiterverarbeiter besteht die Pflicht, diesen auf die Gefahren aufmerksam zu machen. Innerbetrieblich besteht die Pflicht, eine magnesiumspezifische Betriebsanweisung zu erstellen, bekannt zu machen und die betroffenen Mitarbeiter in regelmäßigen Abständen zu unterweisen. Die Unterweisungen sind zu dokumentieren. Eine ausreichende Zahl an Mitarbeitern ist mit den Methoden der Brandbekämpfung vertraut zu machen. Gegen Magnesiumbrände müssen geeignete Feuerlöschmittel und Feuerlöscheinrichtungen bereitgehalten werden. Keinesfalls darf mit Wasser gelöscht werden.

Geeignete Feuerlöschmittel sind: Löschpulver der Brandklasse D, trockene Magnesiumabdecksalze, trockener Sand.

3.3.5 Heiße und kalte Stoffe

Heiße Stoffe

Mit heißen Stoffen in fester, flüssiger und gasförmiger Form kommt man in der Produktions- und Fertigungstechnik in vielfältiger Weise in Kontakt, z. B. beim
- Gießen,
- Schmieden,
- Schweißen,
- Härten (**Bild 1**).

Für das Arbeiten in solchen Warmarbeitsbereichen gibt es besondere Arbeitsschutzmaßnahmen, insbesondere ist hier auf die persönliche Schutzausrüstung (PSA) zu achten, wie z. B. Handschuhe Gesichtsschutz, Arbeitsmantel und Gamaschen, um gesundheitliche Schäden durch Verbrennungen zu vermeiden. Die Temperaturen, die durch heiße Oberflächen zu Verbrennungen führen sind abhängig von der Kontaktdauer und der Wärmeleitfähigkeit des Werkstoffes. Sie erscheinen relativ niedrig (**Tabelle 1**). So können normale Betriebstemperaturen moderner Elektroantriebe, z. B. von Robotern schon so hoch sein (> 100 °C), dass Verbrennungsgefahr besteht (**Bild 2**). Je länger die Einwirkungszeit der heißen Stoffe auf die Haut sind und je höher die Oberflächentemperatur der Haut dabei wird, desto gravierender sind die Hautschädigungen (**Bild 3**).

Arbeitsschutzmaßnahmen für kalte und heiße Medien

Neben der Verwendung der persönlichen Schutzausrüstung sind alle Maßnahmen zu treffen, welche die heißen oder kalten Stoffe hinsichtlich der Menge, der Ausdehnung und der Temperaturen reduzieren, insbesondere sind
- heiße oder kalte Medien möglichst in geschlossenen Systemen zu führen,
- Wärmeisolierungen, z. B. an Öfen und Rohrleitungen, anzubringen,
- trennende Schutzeinrichtungen aufzustellen,
- Stellteile, z. B. Hebel an Ofenklappen oder Gefrierschränken, konstruktiv so zu gestalten, dass keine oder nur geringe Wärmebrücken/Kältebrücken entstehen. Sie sollten ferner aus Werkstoffen bestehen, die schlecht wärmeleitend sind.

Mögliche Kontaktflächen sollten so strukturiert sein, z. B. durch Noppen, dass nur geringe Berührflächen entstehen. Darüber hinaus sind Warnhinweise (Bild 2) anzubringen und Verhaltensregeln festzulegen.

Bild 1: Arbeitsschutz beim Gießen

Tabelle 1: Verbrennungsschwellen

Werkstoff	Kontaktdauer		
	1 min	10 min	>8h
	Temperatur °C		
Metalle	51	48	43
Keramik, Glas, Stein	56	48	43
Kunststoff, Holz	60	48	43

Bild 2: Warnhinweis an einem Roboter auf hohe Oberflächentemperatur

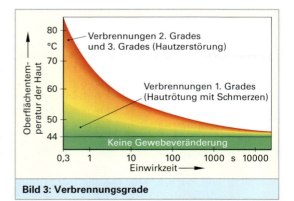

Bild 3: Verbrennungsgrade

3.3.6 Klima am Arbeitspatz

Man unterscheidet zwischen Arbeiten in einem
- Kältebereich, z. B. in Kühlhäusern
- Normal- oder Behaglichkeitsbereich und
- Wärme- und Hitzebereich, z. B. in Schmieden und Gießereien.

Die Klimawirkung erfährt man vor allem durch
- die Lufttemperatur, ergänzt um die Wärmestrahlung,
- die Luftfeuchtigkeit und
- die Luftgeschwindigkeit.

Hinzu kommt die energiebezogene, also physische Arbeitsbelastung und die Bekleidung **(Tabelle 1)**. In Kältebereichen schützt man sich durch warme Kleidung. In Wärme- und Hitzebereichen ist prinzipiell leichte Kleidung wünschenswert, aus Schutzmaßnahmen vor Verbrennungen sind hier jedoch oft besonders isolierende Bekleidungen notwendig. Erschwerend kommt hinzu, wenn durch Muskelarbeit der physische Energieumsatz hoch ist.

Mit negativen Einwirkungen auf die Leistungsfähigkeit ist bei üblichen Sitzarbeitsplätzen zu rechnen, wenn die Umgebungstemperaturen oberhalb von 26 °C liegen.

Behaglichkeit ist gegeben, wenn der Körper im Wärmegleichgewicht ist, das heißt, dass man nicht zum Schwitzen oder Frieren kommt. Die Wohlfühltemperatur ist allerdings individuell und jahreszeitlich etwas unterschiedlich: Im Sommer ist sie um ca. 3 °C höher als im Winter.

Arbeitsschutzmaßnahmen

Normalarbeitsplätze. Die Maßnahmen betreffen in erster Linie die Gebäudegestaltung: Keine direkte Sonneneinstrahlung, richtige Lüftung ohne hohe Luftgeschwindigkeiten, Klimatisierung (über Kühlung der Wände und nicht durch kalte Luft!)

Wärmearbeitsplätze. Reduzierung der Arbeitsschwere, z. B. durch Einsatz von Manipulatoren und Flurfahrzeugen mit klimatisierter Fahrerkabine **(Bild 1)**, Einsatz von Robotern. Anbringung von Wärmestrahlenschutz: z. B. Anlagenkapselung, Hitzeschutzschirme, Kettenvorhänge.

Kältearbeitsplätze. Einsatz von Manipulatoren und Flurfahrzeugen mit beheizter Fahrerkabine. Aufstellen von Wärmeplatten für die Hände, Einrichten von Aufwärmräumen.

Bild 1: Schmiedemanipulator mit klimatisierter Kabine

Tabelle 1: Isolationswirkung verschiedener Bekleidungen (Clothing-Einheiten), nach DIN 33403-3	
Bekleidung	clo
Unbekleidet	0
Shorts	0,1
Tropenkleidung - offenes, kurzes Oberhemd, kurze Hose, leichte Socken, Sandalen	0,3 bis 0,4
Leichte Sommerkleidung - offenes, kurzes Oberhemd, lange leichte Hose, leichte Socken, Schuhe	0,5
Leichte Arbeitskleidung - kurze Unterhose, offenes Arbeitshemd oder leichte Jacke, Arbeitshose, Wollsocken, Schuhe	0,6
Overall (Baumwolle) - Oberhemd, kurze Unterwäsche, Socken, Schuhe	0,8
Regenschutzkleidung, 2-teiliger Anzug (Polyurethan) - Oberhemd, kurze Unterwäsche, Socken, Schuhe	0,9
Feste Arbeitskleidung - lange Unterwäsche, einteiliger Arbeitsanzug, Socken, feste Schuhe	1,0
Leichter Straßenanzug - kurze Unterwäsche, geschlossenes Oberhemd, leichte Jacke, lange Hose, Socken, Schuhe	1,0
Schmelzeranzug (flammenhemmende Ausrüstung) - Oberhemd, kurze Unterwäsche, Socken, Schuhe	1,0
Freizeitkleidung - kurze Unterwäsche, Oberhemd, Pullover, feste Jacke u. Hose, Socken, Schuhe	1,2
Schmelzanzug und Hitzeschutzmantel - Oberhemd, kurze Unterwäsche, Socken, Schuhe	1,4
Fester Straßenanzug - lange Unterwäsche, geschlossenes langes Oberhemd, feste Jacke und Hose, Pullover, Wollmantel, Wollsocken, feste Schuhe	1,5
Kleidung für nasskaltes Wetter - lange Unterwäsche, geschlossenes langes Oberhemd, feste Jacke und Hose, Pullover, Wollmantel, Wollsocken, feste Schuhe	1,5 bis 2,0

3.3.7 Lärm

Lärm ist störender Schall. Da Lärm stört, verursacht er Stress mit allen negativen Aspekten und ab einer gewissen Stärke ist Lärm, auch gesundheitsgefährdend und gehörschädigend **(Tabelle 1)**.

3.3.7.1 Physikalische Grundlagen

Schall ist die gerichtete mechanische Schwingung **(Bild 1)** von Atomen oder Molekülen. Die Atome bzw. Moleküle bewegen sich schwingend um ihre Ruhelage und regen Nachbaratome bzw. Moleküle zu entsprechendem Schwingen an. Dadurch breitet sich die Schwingungsfront aus. Man bezeichnet dies als Schallwelle.

Mit dem menschlichen Gehör nimmt man Schallschwingungen als Luftdruckschwingungen wahr und zwar im Frequenzbereich von etwa 16 Hz bis 20 kHz. So bezeichnet man Schall mit Schwingfrequenzen unterhalb von 16 Hz als Infraschall, Schall mit Schwingfrequenzen von 20 kHz bis 1 GHz als Ultraschall und Schall mit Frequenzen oberhalb von 1 GHz als Hyperschall. Schall breitet sich in Gasen, z. B. Luft, als Luftschall aus, in Flüssigkeiten, z. B. Wasser als Wasserschall und in festen Körpern als Körperschall aus.

Die Ausbreitungsgeschwindigkeit des Schalls ist insbesondere von der Dichte des Schallträgermediums abhängig. Bei Luft ist diese Dichte abhängig vom Luftdruck, der Lufttemperatur und der Luftfeuchte. Z. B. beträgt die Luftschallgeschwindigkeit bei 1013 hPa, 15 °C und 40 % Feuchte 340 m/s **(Tabelle 1)**.

Schallgeschwindigkeit c ist die Fortpflanzungsgeschwindigkeit der Schallwellen. Einheit: m/s. Die Schallgeschwindigkeit hängt von den elastischen Eigenschaften des Stoffes und seiner Temperatur ab, in dem sich der Schall ausbreitet.

$$\lambda = \frac{c}{f}$$

- c Ausbreitungsgeshwindigkeit
- f Frequenz
- λ Wellenlänge

Schallintensität ist die Schall-Leistung, die durch eine Fläche von 1 m² senkrecht zur Ausbreitungsrichtung der Schallwellen hindurchtritt. Einheit: W/m².

$$L_J = 10 \lg \frac{J}{J_0}$$

- L_J Schallintensitätspegel in dB*
- L_J Schallintensität
- Bezugsschallintensität
- J_0 1 pW/m₂

Tabelle 1: Schalldruckpegel

Art des Schalls	Schalldruckpegel in dB(A)	
Hörschwelle	0	
Blätterrauschen	20	Sicherer Bereich
Flüstern, Lärmpegel in ruhigen Wohnungen	30	
Normale Unterhaltung	40	
Zimmerlautstärke	50	55
Bürolärm	60	Belästigungsbereich
Mittlerer Verkehrslärm	70	
Lauter Fabriklärm	80	85
Großes Sinfonieorchester	100	Schädigungsbereich
Presslufthammer	125	130
Niethammer	135	Schmerzbereich
Düsentriebwerk	140	

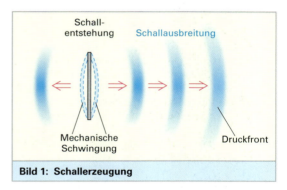

Bild 1: Schallerzeugung

Schalldruck L_p (Tabelle 1) ist der Logarithmus aus dem Verhältnis des Schalldrucks p zum Bezugsschalldruck p_0 (20 µPa), multipliziert mit 20 und angegeben in dB (Dezibel):

$$L_P = 20 \lg \frac{p}{p_0}$$

- L_P Schalldruckpegel in dB
- p Schalldruck
- p_0 Bezugsschalldruck
- $p_0 = 20$ µPa

Schallleistung P ist die von einer Schallquelle abgegebene akustische Leistung. Sie wird aus dem Schalldruckpegel und der Messfläche ermittelt. Der Schallleistungspegel L_W gibt logarithmiert das Verhältnis der Schallleistung P zu P_0 an:

$$L_W = 10 \lg \frac{P}{P_0}$$

- L_W Schallleistungspegel in dB
- P Schallleistung
- P_0 Bezugsschallleistung,
- $P_0 = 10^{-12}$ W

Ton: Sinusförmige Schallschwingung mit einer bestimmten Frequenz **(Bild 1)**.

Klang: Schallschwingungen, die aus einer Grundschwingung und aus Oberschwingungen bestehen. Die Oberschwingungen stehen in einem ganzzahligen Verhältnis zur Grundschwingung.

Geräusch, Rauschen: Ein Schall der aus vielen bzw. unendlich vielen Tonfrequenzen besteht. „Weißes Rauschen" enthält in einem weiten Frequenzbereich alle Tonfrequenzen mit konstanter Amplitude.

Knall, Hammerschlag: Ein besonders kurzer Impuls mit sehr schnellem Anstieg und Abfall des Schalldruckpegels.

Frequenzbewertung

Besonders hohe Töne, vor allem aber tiefe Töne werden vom menschlichen Ohr bei gleichem Schalldruckpegel weniger stark empfunden als Töne im Bereich von 2 kHz. So geht man her und bewertet den tatsächlichen Schalldruck mit einer frequenzabhängigen Bewertungskurve, z. B. der Bewertungskurve A **(Bild 2)**. Bei einem nach der Bewertungskurve A angegebenen Schalldruckpegel oder Schall-Leistungspegel fügt man dem Zahlenwert die Angabe dB(A) hinzu. Weitere, weniger oft verwendete Bewertungsfilter sind die Filter B, Q und D. Die Schalldruckpegelmessgeräte berücksichtigen meist in der Anzeige schon die Bewertung nach dem Filter A und weisen den Schalldruckpegel in dB(A) aus.

Zeitbewertung

Bei nicht konstanter Schallemission (Schallerzeugung) wird der Schalldruckpegel gemittelt. Die Mittelungszeiten müssen jedoch der Art des Schalldruckverlaufs angepasst werden. Mittelt man z. B. einen Hammerschlagimpuls über mehrere Sekunden, so ergibt sich ein relativ kleiner Schalldruckpegel, obgleich der Schallimpuls als sehr heftig empfunden wird.

Schallpegelmesser zeigen daher den Schalldruckpegel in drei Kategorien wählbar an:

- Anzeige dB(AS), Langsam/Slow mit einer Mittelungszeit von 1 s.
- Anzeige dB(AF), Schnell/Fast mit einer Mittelungszeit von 125 ms.
- Anzeige dB(AI), Impuls/Impulse mit einer Mittelungszeit 33 ms für den Anstieg und 1,5 s für das Ausschwingen.

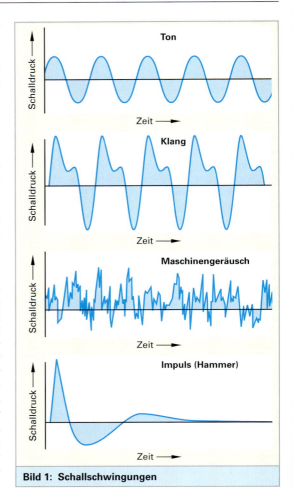

Bild 1: Schallschwingungen

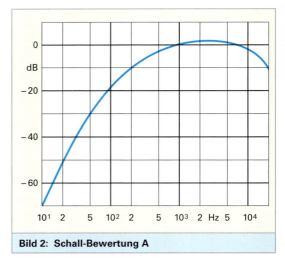

Bild 2: Schall-Bewertung A

Schallpegel und Schallleistungspegel werden frequenzbewertet und meist in db(A) angegeben.

3.3 Gefährdungsanalysen und Abhilfen

Beurteilungspegel
Der Beurteilungspegel L_r ist ein gemittelter Schalldruckpegel und daher ein Maß für die durchschnittliche Geräuschemission während der Beurteilungszeit. Als Beurteilungszeit wird häufig die Dauer einer Arbeitsschicht, also 8 Stunden gewählt.

> **Grenzwerte**
> a) Arbeitsstätten-Verordnung (ArbStättV) § 15, Schutz gegen Lärm.
>
> In Arbeitsräumen ist der Schallpegel so niedrig zu halten, wie es nach der Art des Betriebes möglich ist. Der Beurteilungspegel am Arbeitsplatz in Arbeitsräumen darf auch unter Berücksichtigung der von außen wirkenden Geräusche höchstens betragen:
>
> - bei überwiegend geistigen Tätigkeiten 55 dB(A),
> - bei einfachen oder überwiegend mechanisierten Bürotätigkeiten und vergleichbaren Tätigkeiten 70 dB(A,)
> - bei allen sonstigen Tätigkeiten 85 dB(A); soweit dieser Beurteilungspegel nach der betrieblich möglichen Lärmminderung zumutbarerweise nicht einzuhalten ist, darf er bis zu 5 dB(A) überschritten werden.
>
> In Pausen-, Bereitschafts-, Liege- und Sanitätsräumen darf der Beurteilungspegel L_r höchstens 55 dB(A) betragen. Bei der Festlegung des Beurteilungspegels sind nur die Geräusche der Betriebseinrichtungen in den Räumen und die von außen auf die Räume einwirkenden Geräusche zu berücksichtigen.
>
> b) Unfallverhütungsvorschrift Lärm (UVV-Lärm)
> Lärmbereiche im Sinne dieser Unfallverhütungsvorschrift sind Bereiche, in denen Lärm auftritt, bei dem ein Beurteilungspegel von 90 dB(A) erreicht oder überschritten wird.

Normen und Richtlinien
Die wichtigsten Normen und Richtlinien zur Schallmessung, zu Schallemissionen und zur Schallminderung sind in **Tabelle 1** zusammengestellt.

Körperschall
Körperschall sind mechanische Schwingungen, die sich in Festkörpern ausbreiten. Körperschall wird durch den „Schnellepegel" (Schwinggeschwindigkeitspegel) oder den Beschleunigungspegel angegeben

L_v	Schnellepegel in dB
v	Schwinggeschwindigkeitsamplitude
v_0	Bezugsgeschwindigkeit 10^{-9} m/s
L_a	Beschleunigungspegel in dB
a	Schwingbeschleunigungsamplitude
a_0	Bezugsbeschleunigung 10^{-6} m/s^2

Körperschall wird an Trennflächen zwischen verschiedenen Werkstoffen (z. B. Gummizwischenlage) in der Ausbreitung behindert. Bei der Körperschalldämpfung wird die Schallenergie in Wärme umgewandelt. Ein Maß für die Dämpfung ist der Verlustfaktor d.

Bild 1: Die Wirkung des Lärms

Tabelle 1: Normen und Richtlinien

Norm	Benennung
DIN 45630	Grundlagen der Schallmessung
DIN 45633	Präzisionsschallpegelmesser
DIN 45641	Einheitliche Ermittlung des Beurteilungspegels für Geräuschemissionen
DIN 45635	Geräuschmessung an Maschinen
DIN 45649	Nachprüfbare Geräuschemissionsangaben für Maschinen
VDI 3742	Emission technischer Schallquellen; spanende Werkzeugmaschinen: Blatt 1: Drehmaschinen, 1981 Blatt 2: Fräsmaschinen. 1981 Blatt 3: Wälzfräsmaschinen, 1983 Blatt 4: Kaltkreissägemaschinen, 1983 Blatt 5: Schleifmaschinen, 1983 Blatt 6: Bohrmaschinen, 1983
VDI 2711	Schallschutz durch Kapselung, 1978
VDI 3720	Lärmarm konstruieren: Blatt 1: Allgemeine Grundlagen, 1980 Blatt 2: Beispielsammlung, 1982 Blatt 3: Systematisches Vorgehen (Entwurf), 1978 Blatt 4: Rotierende Bauteile und deren Lagerung, 1984 Blatt 5: Hydraulikkomponenten und -systeme Blatt 6: Mechanische Eingangsimpedanz von Bauteilen, insbesondere Normprofilen (Entwurf), 1984 Blatt 7: Beurteilung von Wechselkräften bei der Schallentstehung (Entwurf), 1989 Blatt 9.1: Leistungsgetriebe: Minderung der Körperschallanregung im Zahneingriff, 1990
VDI 2567	Schallschutz durch Schalldämpfer, 1971
VDI 2570	Lärmminderung in Betrieben. Allgemeine Grundlagen, 1980
VDI 3760	Berechnung und Messung der Schallausbreitung in Arbeitsräumen/ Betriebsräumen 1992

3.3.7.2 Lärmemission und Lärmimmission

Lärmemission ist Schall, der z. B. von Maschinen abgegeben wird. Dieser Schall ist eine Maschineneigenschaft und unabhängig von der Umgebung. Man kennzeichnet die Schallemission durch:

- den Schallleistungspegel L_W und durch
- den Emissions-Schalldruckpegel L_p am Arbeitsplatz der Maschine **(Bild 1)**.

Lärmimmission beschreibt die Schalleinwirkung am Arbeitsplatz und wird durch den Beurteilungs-Schalldruckpegel angegeben. Es ist also ein gemittelter Schalldruckpegel in dB(A). Die Schallimmission ist um so geringer, je geringer die Schallemissionen der Schallverursacher sind. Sie hängt aber auch in sehr starkem Maß von der Schallabsorption und der Schallreflexion der Maschinenfläche ab **(Bild 2)**. Schallabsorbierende Flächen sind weich und grob strukturiert, während harte, glatte Flächen, z. B. Glasflächen Schall besonders gut reflektieren. Auch der Abstand zum Schallerzeuger ist wesentlich für die Schallimmission am Arbeitsplatz.

> In Arbeitsräumen ist der Schallpegel so niedrig zu halten, wie es nach der Art des Betriebes möglich ist! („Arbeitsstättenverordnung § 15").

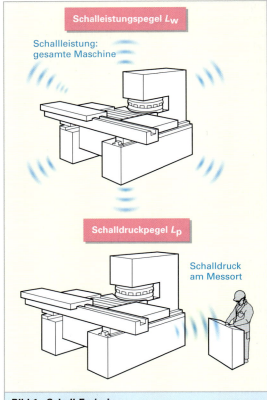

Bild 1: Schall-Emission

3.3.7.3 Maßnahmen gegen Lärm

Einkauf
Bei jedem Kauf einer Maschine oder eines Geräts sind die gesetzlich vorgeschriebenen Lärmangaben zu beachten und zu vergleichen. Ein um 6 dB(A) geringeres Geräusch bedeutet bereits eine Lärmverminderung auf etwa die Hälfte.

Lärmminderung
Die Maßnahmen der Lärmminderung sind:

- Lärmentstehung vermeiden oder vermindern,
- Lärmausbreitung hemmen,
- Lärmabstrahlung klein halten.

Lärmentstehung kann man mindern, z. B. durch Gummibeläge auf Laufrädern, durch Verwenden von Zahnriemen statt Ketten oder Zahnrädern.

Die Lärmausbreitung kann man durch Dämmung verhindern, z. B. durch Dämmschichten, Sperrmassen und Querschnittssprüngen, oder indem

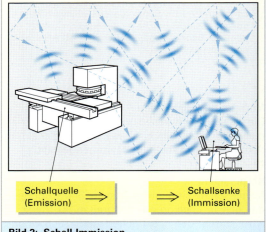

Bild 2: Schall-Immission

schlecht schallleitende Werkstoffe verwendet werden. Das sind solche mit wechselnder Dichte und mit Inhomogenitäten.
Die Lärmabstrahlung mindert man, indem man schallschwingende Bauteile klein hält oder großformatige Bauteile verrippt.

3.3 Gefährdungsanalysen und Abhilfen

Kapselung von Maschinen

Gelingt eine gute Lärmminderung nicht, so kommen Teilkapselungen oder Vollkapselungen in Frage, d. h. die Maschine oder Anlage wird mit einer Lärmschutzkapsel oder Lärmschutzkabine umgeben. Die Kapselung sollte körperschallisoliert sein. Eine Kapselwand von innen nach außen besteht z. B. aus Lochblech, Polyäthylenfolie, Steinwolle, Enddrönschicht, 2 mm Stahlblech **(Bild 1)**.

Lärmarme Produktionsprozesse

Die Verringerung der Schallemission geht häufig einher mit einer Verbesserung der Fertigungsprozesse, so ist z. B. eine Zerspanung mit lautem Rattern auch oft gleichzeitig ein ungünstiger Spanungsprozess hinsichtlich Bearbeitungsqualität und Werkzeugstandzeit. Lärmquellen sind häufig auch dünnwandige Bauteile während ihrer Bearbeitung. Hier können dämpfende Spannmittel (oder auch nur ein aufgelegtes Sandsäckchen) Abhilfe bringen.

Lärmarme Produktionsmaschinen

Es gibt Maschinen, die systembedingt laut sind, z. B. Kreissägen (Sägeblätter schwingen und klingen), oder Nibbelmaschinen (jeder Stanzvorgang geht mit einem Schlaggeräusch einher). Alternative Produktionstechniken sind z. B. Sägen mit Bandsägemaschinen und Schneiden mit Laser.

3.3.7.4 Lärm und Gesundheit

Lärm verursacht Stress und bei übermäßiger Schallbelastung Hörschäden. Die zulässige arbeitstägliche Schallbelastung beträgt 85 dB(A). Höheren Schallbelastungen darf man nur wenige Stunden oder gar Minuten ausgesetzt sein **(Bild 3)**. Bei zu hoher Schallbelastung entstehen mit der Zeit Hörschäden. Man wird schwerhörig. **Bild 4** zeigt die Veränderung der Hörfähigkeit bzw. den Hörverlust am Beispiel eines Werkers, welcher über einen Zeitraum von 30 Jahren an einem Arbeitsplatz mit häufiger Schallbelastung von bis zu 95 dB(A) gearbeitet hat.

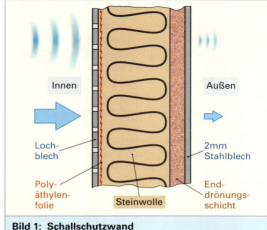

Bild 1: Schallschutzwand

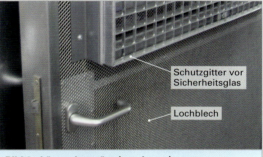

Bild 2: Lärmschutztüre (von Innen)

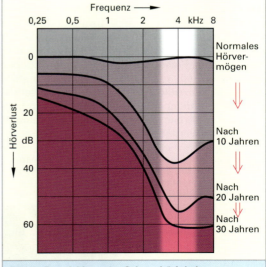

Bild 4: Entwicklung der Schwerhörigkeit

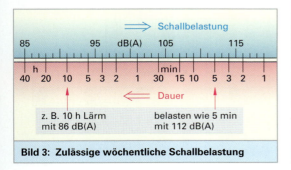

Bild 3: Zulässige wöchentliche Schallbelastung

Jede mögliche Lärmminderung fördert die Gesundheit und muss angestrebt werden, auch wenn die zulässigen Werte eingehalten sind!

3.3.8 Vibration und Stöße

Mechanische Schwingungen und Stöße stellen Gefährdungen dar. Man unterscheidet die Einwirkung auf das Hand-Arm-System, z. B. durch rotierend oder schlagend arbeitende Handwerkzeuge und die Einwirkung auf den ganzen Körper.

Häufige Ursachen sind Arbeiten mit elektrischen oder pneumatischen Bohrhämmern, Meiseln, Schlagbohrmaschinen und Schraubern (**Bild 1 und Bild 2**). Bei Montagearbeiten mit Schraubern entsteht häufig beim Festdrehen ein schlagartiger Kraftimpuls, welcher über das Hand-Arm-System aufgefangen werden muss.

Ganzkörperschwingungen und Ganzkörperstößen sind Werker ausgesetzt in der Umgebung von z. B. Pressen, Hämmern, Rütteltischen und Schwingförderern. Auch Fahrer von mobilen Arbeitsmitteln, wie z. B. von Baggern, sind Schwingungen und Stößen ausgesetzt.

Vibrationen und Schläge können bei langjähriger Tätigkeit zu degenerativer Veränderung der Knochen und Gelenke führen. Besonders betroffen ist das Handgelenk, Ellenbogengelenk und Schultergelenk, verbunden mit Schmerzen und Bewegungseinschränkungen. Warnzeichen sind Durchblutungsstörungen in Verbindung mit Kribbeln und Taubheit in den Fingern.

Arbeitsschutzmaßnahmen

Bei Handwerkzeugen sind bei der Konstruktion schwingungsarme Prinzipien anzuwenden. Die Maschinen sollten ausgewuchtet sein, nicht überdimensioniert sein und zum Handgriff hin schwingungsgedämpft sein. Maschinen mit typisch schnelllaufenden Arbeitszyklen, wie z. B. mechanische Pressen sollten stets ein eigenes Fundament haben und mit Fundamentdämpfern aufgestellt sein (**Bild 3**). Ist die Schwingungsemission nicht hinreichend gering zu halten, so können auch die Arbeitsplätze schwingungsgedämpft eingerichtet werden (**Bild 4**).

> Handwerkzeuge sollten schwingungsarm konstruiert sein. Pressen erhalten eine schwingungsdämpfende Fundamentierung.

Bild 1: Arbeitsschutz beim Bohrhammer

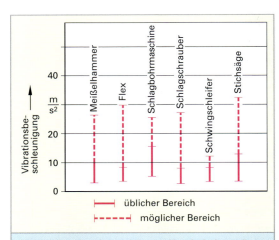

Bild 2: Vibrationsintensität von Handarbeitsgeräten

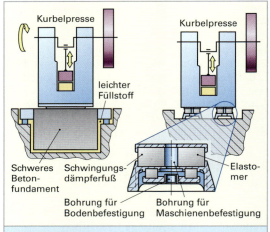

Bild 3: Verminderung der Erschütterungen bei mechanischen Pressen

Bild 4: Schwingungsgedämpfter Sitzarbeitsplatz

3.3.9 Strahlung

Bei der Strahlungsbelastung unterscheidet man die **Nichtionisierende Strahlung** mit den Untergruppen
- Optische Strahlung,
- Laserstrahlung,
- Elektromagnetische Felder[1]

und die

Ionisierende Strahlung mit den Untergruppen
- Röntgenstrahlung,
- Gammastrahlung,
- Teilchenstrahlung.

Das Charakteristikum der Strahlungen (ohne Teilchenstrahlung) ist die physikalische Größe *Frequenz f* bzw. die *Wellenlänge λ* (Lambda).

Die Wirkung auf den Menschen hängt außer von der Frequenz auch von der Strahlenintensität ab. In **Tabelle 1** sind beispielhaft einige Strahlungsquellen mit zugehöriger Frequenz dargestellt.

3.3.9.1 Nichtionisierende Strahlung

Bei der nichtionisierenden Strahlung ist die Energie nicht hoch genug um auf Grund der Bestrahlung Elektronen aus Atomkernen herauszulösen.

Die optischen Strahlung reicht von der Infrarotstrahlung, die der Mensch als Wärme wahrnimmt über das sichtbare Licht bis zur UV-Strahlung.

Dabei hat die **UV-Strahlung** eine besonders starke biologische Wirkung. Man nützt sie z. B. zum Abtöten von Bakterien. Die Wirkung auf die menschliche Haut ist erheblich, besonders bei Langzeiteinwirkung: Alterung, Gefahr von Hautkrebs.

Für das Auge sind sowohl überhöhte Lichtstärken als auch UV-Strahlung die man nicht wahrnimmt gefährlich. Im industriellen Umfeld verwendet man UV-Strahlung, z. B. bei der Rissprüfung mit fluoreszierendem Prüfmittel **(Bild 1)** und zum Aushärten von Kunststoffen.

Schädigende Einwirkungen im Bereich des Lichts sind für die Augen gegeben, wenn man ohne Schutzbrille in hellgleißende Lichter schaut, z. B. in Schweißlichtbogen **(Bild 2)**, in helle Ofenglut, hellgleißenden flüssigen Stahl oder wenn auf Dauer die Arbeitsbeleuchtung nicht blendfrei ist.

Tabelle 1: Wellenlängen und Nutzung der elektromagnetischen Strahlung

λ	f	Art	Beispiele
10^7 m	30 Hz	Nieder-frequenz	Wechselstrom
10^6 m	300 Hz		
10^5 m	3 kHz		
10^4 m	30 kHz	Hochfrequenz und Höchstfrequenz	Rundfunk Radio
10^3 m	300 kHz		
10^2 m	3 MHz		
10 m	30 MHz		
1 m	300 MHz		Fernsehen, Mobilfunk TV Handy
10^{-1} m	3 GHz		Mikrowelle Radar
10^{-2} m	30 GHz		
10^{-3} m	300 GHz	Infrarotstrahlung	Wärmequellen
10^{-4} m	3T Hz		
10^{-5} m	30 THz	Licht	Lampen
10^{-6} m	300 THz	UV-Strahlung	Sonnenbank
10^{-7} m	$3 \cdot 10^{15}$ Hz	Röntgenstrahlung (X-Ray)	Röntgen-Computertomographie (CT)
10^{-8} m	$30 \cdot 10^{15}$ Hz		
10^{-9} m	$300 \cdot 10^{15}$ Hz		
10^{-10} m	$3 \cdot 10^{18}$ Hz	Radioaktive Strahlung	Kernkraftwerk
10^{-11} m	$30 \cdot 10^{18}$ Hz		

Bild 1: Rissprüfen mit UV-Strahlung

Bild 2: Schweißlichtbogen und Schutzeinrichtungen

---
[1] siehe auch 168ff

Gefahren bei Laseranlagen

Die Laserstrahlung ist extrem energiereich und damit natürlich auch intensiv genug, Lebewesen bzw. lebende Zellen zu zerstören oder zu verändern. Damit besteht grundsätzlich ein hohes Gefahrenpotential für den Menschen, wenn er direkt von der Laserstrahlung getroffen wird und auch, wenn er indirekt, z. B. streuender und reflektierender Laserstrahlung ausgesetzt wird.

Besonders gefährdet ist das Auge durch „Verbrennungen" der Netzhaut und dem daraus resultierenden Verlust an Sehvermögen. Neben dem Auge kann auch die Haut, ähnlich dem Sonnenbrand, geschädigt werden. Laserstrahlung im Infrarotbereich, wie sie z. B. von CO_2-Lasern ausgeht, ist besonders tückisch, da man diese Strahlung nicht sieht.

Schutzmaßnahmen. Mit Hilfe von Laserschutzfiltern in Brillen **(Bild 1)** und Sichtfenstern kann man die Laserstrahlung auf ungefährliche Werte abschwächen, allerdings auch nur für eine begrenzte Zeit, z. B. 10 Sekunden bei direkter Einstrahlung.

Bei Produktionsanlagen sind strahlungsundurchlässige Abschirmungen vorzunehmen und für die Prozessbeobachtung (mit indirekter Strahlung) Sichtfenster mit Schutzfilter einzubauen. So besteht nicht die Gefahr, wie bei den Schutzfiltern, dass versehentlich Brillen mit dem falschen Filter getragen werden. Die Schutzbrillen sind gekennzeichnet u. a. mit Schutzstufe, Wellenlänge und Laserbetriebsart.

Laser, die der Öffentlichkeit zugänglich sind, z. B. in Diskotheken, unterliegen grundsätzlich einer behördlichen Anmeldepflicht.

Bei betrieblicher Nutzung von Lasern der Klassen 3R, 3B oder 4 ist ein Laserschutzbeauftragter mit Sachkundenachweis vom Unternehmen zu bestellen und mit den Aufgaben zu betrauen:

- Überwachung der Lasereinrichtungen,
- Unterstützung des Unternehmers hinsichtlich erforderlicher Schutzmaßnahmen,
- Zusammenarbeit mit Fachkräften der Arbeitssicherheit.

Vom Betreiber der Lasereinrichtungen ist sicherzustellen, dass
- Betreiberanweisungen mit Gefahrenhinweisen vorliegen,
- alle mit den Lasereinrichtungen Beschäftigten vor Aufnahme ihrer Tätigkeit hinsichtlich der Gefahren unterwiesen werden und diese Unterweisung jährlich wiederholt wird und
- Schutzausrüstungen, z. B. Laserschutzbrillen, falls erforderlich wie z. B. für Justagearbeiten vorhanden sind.

Ergänzend hierzu sind wie bei den Maschinen und Anlagen auch mögliche indirekte Gefahren durch Laserstrahlung auszuschließen, wie z. B. durch das Entstehen giftiger Dämpfe, durch Stäube, durch Hitze, durch Nebel, durch Explosionen u. a.

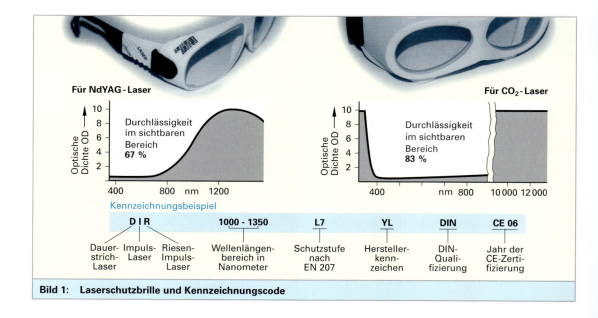

Bild 1: Laserschutzbrille und Kennzeichnungscode

3.3 Gefährdungsanalysen und Abhilfen

Klassifizierung der Lasergeräte. Zur Erkennung des Gefährdungspotentials eines Lasergeräts sind in EN 60825-1 insgesamt vier Gefährdungsklassen definiert **(Tabelle 1)**.

Gegenüber dem Unfallversicherer und der zuständigen Behörde sind Laseranlagen der Klassen 3R, 3B und 4 anzumelden.

Bei der Herstellung einer Laseranlage wird im Rahmen der Konformitätserklärung mit den Normen die Klassifizierung nach diesen Gefährdungsklassen vorgenommen. Ferner ist mit baulichen Vorkehrungen Sorge zu tragen, dass das Lasergerät gefahrlos betrieben werden kann.

Hierzu zählen neben dem Einbau von Sichtfenstern mit Schutzfiltern u. a.
- Schutzgehäuse, Schutzkabinen,
- sichere Strahlführung,
- Sicherheitsverriegelungen,
- NOT-Halt-Einrichtungen,
- Kennzeichnung nach Klasse sowie Hinweisschild über Strahlleistung und Wellenlänge.

Bild 1: Beispiel für Gefahrenhinweis

Tabelle 1: Laser-Gefahrenklassen	
Klasse 1	Laser der **Klasse 1** sind ungefährlich, je nach Zeitbasis für 100 oder 30 000 Sekunden. Dies gilt auch für Lasereinrichtungen, die Laser höherer Klassen enthalten, deren Strahlung aber so abgeschirmt oder abgeschwächt wird, dass bei bestimmungsgemäßer Verwendung die austretende Laserstrahlung ungefährlich ist. **Klasse 1 M:** Die Lasereinrichtungen senden Laserstrahlung von Wellenlängen im Bereich 302,5 bis 4000 nm aus und sind ohne optische Instrumente augensicher. Ein divergenter Strahl kann, mit Lupen betrachtet, unsicher sein, auch ein Strahl großen Durchmessers kann, mit Fernrohren betrachtet, unsicher sein.
Klasse 2	Zur **Klasse 2** gehören Laser im sichtbaren Wellenlängenbereich von 400 bis 700 nm. Diese Laserstrahlung ist für das Auge bei zufälligem, kurzzeitigem Hineinschauen (kürzer 0,25 Sekunden) ungefährlich. Lasereinrichtungen der Klasse 2 dürfen deshalb ohne weitere Schutzmaßnahmen eingesetzt werden, wenn sichergestellt ist, dass weder ein absichtliches Hineinschauen über eine längere Zeit als 0,25 Sekunden, noch wiederholtes Hineinschauen in die direkte bzw. direkt reflektierende Laserstrahlung erforderlich ist. **Klasse 2M:** Bei Lasereinrichtungen der Klasse 2M wird Laserstrahlung im sichtbaren Wellenlängenbereich von 400 bis 700 nm ausgesendet. Je nachdem, ob es sich um einen divergenten oder aufgeweiteten Strahl handelt, kann der Blick (länger als 0,25 Sekunden) mit Lupen oder Fernrohren in diesen Laserstrahl unsicher sein.
Klasse 3	**Neue Klasse 3R:** Sie gilt für Laserstrahlung mit Wellenlängen zwischen 302,5 und 10^6 nm und ist durch Überschreitung der MZB-Werte[1] gekennzeichnet. Die Leistung ist aber auf den fünffachen GZS-Wert[2] der Klasse 1 beschränkt, die Gefährdung liegt damit unter denen der Klasse 3B. **Klasse 3B:** Ab Lasereinrichtungen der Klasse 3B ist die direkte Laserstrahlung für das Auge auf jeden Fall gefährlich. Bei Lasereinrichtungen der Klasse 3B im oberen Bereich, kann auch eine Gefährdung der Haut bestehen **(Bild 1)**.
Klasse 4	Lasereinrichtungen der **Klasse 4** sind Hochleistungslaser, deren Ausgangsleistungen bzw. Ausgangsenergien die Grenzwerte der zugänglichen Strahlung (GZS) für Klasse 3B übertreffen. Die Laserstrahlung von Lasereinrichtungen der Klasse 4 kann so intensiv sein, dass bei jeglicher Art von Exposition der Augen oder der Haut mit Schädigungen zu rechnen ist. Außerdem muss bei der Anwendung von Lasereinrichtungen der Klasse 4 immer geprüft werden, ob ausreichende Maßnahmen gegen Brand- und Explosionsgefahren getroffen worden sind.

[1] MZB: maximal zulässige Bestrahlung
[2] GZS: Grenzwert zugänglicher Strahlung

3.3.9.2 Ionisierende Strahlung

Röntgenstrahlung

Im Rahmen der Werkstückprüfung werden zunehmend Röntgenprüfungen gemacht, mit dem Vorteil, dass man beim „Durchleuchten" auch innere Bauteilfehler, wie z. B. Risse und Lunker entdecken kann. Darüber hinaus liefert die Röntgen-Computer-Tomographie **(Bild 1)** 3D-Bilder sowohl von inneren als auch von äußeren Bauteilgeometrien und Schnittbilder jeder Art. Bei diesen Anlagen ist man bei korrekter Nutzung durch Bleiwände vor Strahlenschäden geschützt. Der Prüfbetrieb ist nur bei geschlossener Türe **(Bild 2)** mit schützender Bleiauskleidung möglich.

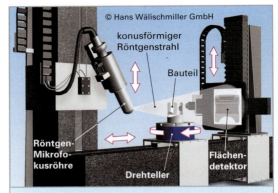

Bild 1: Röntgen-Computer-Tomographie (CT) zur Bauteilprüfung

Für das sichere Betreiben ist nach der Röntgenverordnung (RöV) ein Strahlenschutzbeauftragter im Betrieb zu benennen.

> Die Strahlenschutzbeauftragten haben die Beschäftigten und deren Vertretung über alle wichtigen Angelegenheiten des Strahlenschutzes zu informieren. Ferner haben sie dafür zu sorgen, dass die Strahlenschutzgrundsätze, die Strahlenschutzvorschriften und behördliche Auflagen eingehalten werden sowie Maßnahmen gegen Gefahr unverzüglich getroffen werden. Sie betreuen alle Genehmigungsverfahren in diesem Fachgebiet.
>
> Strahlenschutzbeauftragte unterstehen direkt dem Strahlenschutzverantwortlichen (benanntes Vorstandsmitglied) und sind für die Umsetzung der Sicherheitsmaßnahmen im Strahlenschutz verantwortlich. Sie sind gegenüber jedem Mitarbeiter und jeder Führungskraft in diesen Angelegenheiten weisungsberechtigt.

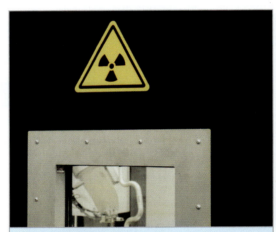

Bild 2: Türe mit Warnschild „Vorsicht Röntgenstrahlung" und mit Sichtfenster

Teilchenstrahlung

Teilchenstrahlung ist radioaktive Strahlung und wird untergliedert in α-Strahlung, β-Strahlung, γ-Strahlung und die Neutronenstrahlung. Im Bereich der industriellen Fertigung wird auf die Nutzung dieser Strahlung weitgehend verzichtet. Zur Entkeimung werden bei biologischen Stoffen, auch bei Nahrungsmitteln, Strahler eingesetzt.

Radioaktive Werkstoffe. Ein radioaktiv strahlender Werkstoff ist Thorium. Man benützt beim WIG-Schweißen (Wolfram-Inert-Gasschweißen) Wolframelektroden mit bis zu 4% Thoriumoxid **(Bild 1)**. Der Thoriumzusatz verbessert die Zündeigenschaften. Gefahren bestehen durch Einatmen der Stäube, welche beim Anschleifen der Thoriumelektroden entstehen und vor allem durch Einatmen der Räuche, die es beim Schweißen zwangsläufig gibt. Die radioaktive Strahlenbelastung misst man in der Einheit Sievert [Sv]. Maßgeblich ist die aufsummierte Jahresdosis. Sie sollte 6 mSv nicht überschreiten.

Beispiel:
Beim Schweißen beträgt die Belastung pro Stunde 8,4 µSv und pro Elektrodenanschliff 0,58 µSv. Ermitteln Sie die Jahresdosis für einen Schweißer mit 1300 Schweißstunden, wenn er dabei auch 2000 Mal die Elektrode anschleifen muss.

Lösung:
$G = 1300 \cdot 8{,}4 \; \mu Sv + 2000 \cdot 0{,}58 \; \mu Sv$
$ = 12080 \; \mu Sv =$ **12,08 mSv**

Diese Jahresdosis übersteigt deutlich den zulässigen Wert. Die Arbeiten müssen anders gestaltet werden, z. B. so, dass der Schweißer auch mit anderen Verfahren schweißen kann.

3.4 Das Licht am Arbeitsplatz

Licht ist eine elektromagnetische Strahlung im Wellenbereich zwischen 380 nm (Ultraviolett) und 780 nm (Infrarot) und wird hinsichtlich des Farbsehens im menschlichen Auge durch drei unterschiedliche Sehzellen (Zapfen) mit unterschiedlicher Spektralempfindlichkeit wahrgenommen **(Bild 1)**. Für grünes Licht dominiert z. B. die Wahrnehmung durch die Sehzellenart M (mittlere Zapfenlänge). Die Helligkeit wird über weitere Sehzellen, den Stäbchen erfasst. Videokameras können z. T. auch oberhalb und unterhalb der Wellenlängen des sichtbaren Lichts noch „sehen" und uns ein Bild vermitteln.

Licht ermöglicht uns das Sehvermögen in einem weiten Bereich der Lichtstärke. Geht man von einer punktförmigen Lichtquelle aus, so verströmt das Licht, gemessen in Lumen, in alle Richtungen in den Raum. Die Menge der Lichtquanten pro Fläche nimmt mit zunehmendem Abstand von der Lichtquelle ab. Der die Querschnittsfläche erreichte Lumenstrom wird als Beleuchtungsstärke in Lux angegeben. Das menschliche Auge vermag noch zu sehen bei Beleuchtungsstärken von 0,2 Lux (Mondnacht) bis hin zu Beleuchtungsstärken von 100 000 Lux (heller Sonnentag).

Licht ist nicht nur wichtig für das Sehen sondern beeinflusst auch das Wohlgefühl des Menschen, den Verdauungsprozess, den Hormonhaushalt und die Aufmerksamkeit. Die Kriterien für die Beleuchtungsqualitat sind in DIN EN 12464-1 aufgeführt und sie betreffen:
- Ausreichende Beleuchtungsstärke für die jeweiligen Tätigkeiten **(Tabelle 1)**,
- Harmonische Leuchtdichtenverteilung,
- Begrenzung von Direktblendungen und von Reflexblendungen,
- Richtige Lichtrichtung und Lichtfarbe,
- Berücksichtigung des Tageslichts,
- Vermeiden von Flimmern.

Die Beleuchtungsstärke hat unmittelbaren Einfluss auf die Arbeitsleistung **(Bild 2)**. Allgemein nimmt bei schlechter, d. h. zu kleiner Beleuchtungsstärke, die Fehlerhäufigkeit und die Augenermüdung zu. Es sind aber auch obere Grenzen zu beachten. Die Leuchtdichte sollte den Notwendigkeiten an den Arbeitsplätzen entsprechen und dann in Abstufungen zur Allgemeinbeleuchtung übergehen.

Für die lichttechnische Ausstattung eines Arbeitsplatzes ist aber nicht nur die Beleuchtungsstärke maßgeblich, sondern auch dass Blendungen vermieden werden und dass Farben und Kontraste der Sehobjekte optimal wiedergegeben werden.

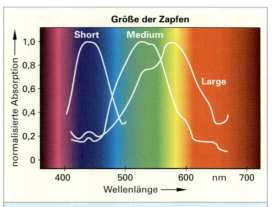

Bild 1: Empfindlichkeitsbereiche der Augenzapfen S, M, L

Tabelle 1: Beleuchtungsstärken

lx[1]	Arbeit/Arbeitsplatz	typische Berufe
250	Arbeiten mit leichten Sehaufgaben, einfache Montagearbeiten	Bäcker Fleischer Buchbinder
500	Laboratorien Montagearbeiten, Bildschirmarbeitsplätze	Chemielaborant Modellschreiner Metallwerker
750	Kontrollarbeiten mit Farbprüfung, Feinmontage	Monteur
1000	Zeichenräume, feinmechanische Arbeiten	Zeichner Konstrukteur
1500	Montage feinster elektronischer Bauteile, sehr feine Arbeiten der Feinmechanik und Optik,	Elektroniker Optiker Mechatroniker
2000	feinste Arbeiten	Uhrmacher Graphiker

[1] Lux. Maßeinheit lx (lat. lux = Licht) = Lichtstrom in lm/Fläche in m²

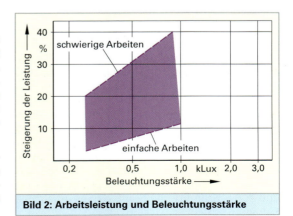

Bild 2: Arbeitsleistung und Beleuchtungsstärke

Direktblendungen vermeidet man durch Abschirmungen der Lichtquellen, so dass sich diese bei üblichen Blickrichtungen nicht im Sichtfeld des Menschen zeigen (**Bild 1**). Neben der Direktblendung gibt es auch Blendungen durch Reflexionen an spiegelnden Oberflächen. Das gilt besonders auch für Bildschirmarbeitsplätze.

Die Anzahl und die Art der Leuchtkörper bestimmt die Schattigkeit. Flächige Leuchtkörper und Leuchtröhren erzeugen diffuses Licht, insbesondere wenn dieses noch diffus durch helle raue Oberflächen gestreut wird. Man hat geringe Schattenwirkungen. Es ist die übliche Arbeitsplatzbeleuchtung.

Punktförmige Strahler mit Parabolspiegelreflektoren lenken das Licht gebündelt auf Objekte bei gleichzeitig starker Schattenbildung (Schlagschatten, **Bild 2**). Man kann dabei z. B. Risse und Riefen leichter erkennen als in diffusem Licht.

Die Lichtfarbe, d. h. die spektrale Zusammensetzung des Lichts ist entscheidend für die richtige Farbwahrnehmung, da die Körperfarben sich durch die spektrale Lichtabsorption ergeben. So erscheinen rote Objekte rot, wenn alle anderen Lichtfarben außer Rot absorbiert werden. Ist aber rotes Licht gar nicht im Spektrum enthalten, erscheinen rote Objekte schwarz. Für natürliches Licht mit weitgehend richtiger Farbwiedergabe gibt es Lampen, z. B. die 3-Band-Leuchtstofflampe, die dem Spektrum des natürlichen Sonnenlichts nahe kommen (**Bild 3**).

Licht-Managementsysteme sind computergesteuerte und sensorgeführte Lichtanlagen die den unterschiedlichen Anforderungen, z. B. bei Tagungen, Vorträgen, Abendveranstaltungen, hinsichtlich Beleuchtungsstärke, Lichtfarbe und den Orten der Sehaufgaben programmgesteuert und auch einstellbar gerecht werden. Dies geschieht unter Beachtung des aktuellen Tageslichts. Bewegungsmelder und Lichtsensoren geben Meldungen an das Licht-Managementsystem. Dabei wird erheblich Energie eingespart, da zeit- und aufgabengerecht beleuchtet wird. Auch notwendige Wartungsarbeiten werden durch das Lichtmanagementsystem veranlasst. Der Wartung der Lichtanlagen muss besonderes Augenmerk zukommen: Die Leuchtdichten der Beleuchtungskörper nimmt im Laufe der Lebensdauer ab und durch Schmutz und Staub gibt es erhebliche Einbußen.

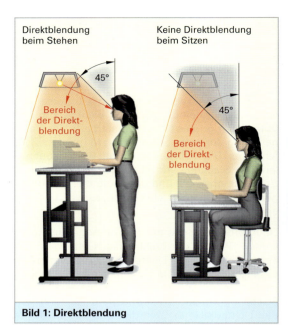

Bild 1: Direktblendung

Bild 2: Objekt bei diffusem Licht und bei gerichtetem Licht

Bild 3: Lichtspektren

3.5 Wahrnehmen von Signalen und Prozessmerkmalen

Gestaltung von Stellteilen

Stellteile, wie z. B. Handräder und Hebel sollten hinsichtlich Größe und Griffigkeit der Arbeitsaufgabe angepasst sein. Während zur Zeit der Industrialisierung diese Stellteile zur Einleitung physischer Kraft notwendig waren, z. B. um den Vorschub an Werkzeugmaschinen zu tätigen, sind heute die Stellbewegungen allermeist servounterstützt. Der Kraftaufwand ist unerheblich. Im Gegenteil: Die Handradbetätigung oder Schalterbetätigung sollte mindestens soviel Kraft erforderlich machen, dass nicht unabsichtlich eine Steuerbewegung ausgelöst wird. So werden Drehsteller häufig durch Rasten vor zufälligem Verstellen gesichert.

Unbeabsichtigtes Betätigen von Stellteilen ist z. B. zu verhindern durch:
- Hinreichenden Stellwiderstand,
- Eine Sperre, die erst zu lösen ist,
- Versenkter Einbau oder Einbau an Stellen geringer Berührwahrscheinlichkeit,
- Abdeckung oder Verschließen des Stellteils.

Die Stellbewegungen müssen sinnfällig zu den Maschinenreaktionen sein **(Tabelle 1)**. Zur Steuerung komplexer zusammengesetzter Bewegungen, wie sie z. B. bei Robotern vorkommen, verwendet man vorteilhaft 3D-Steuerknüppel **(Bild 1)** und 6D-Steuerknöpfe. Eine Vorwärtsbewegung des **3D-Steuerknüppels** bewirkt auch eine Vorwärtsbewegung des Roboters. Entsprechendes gilt für die anderen Raumrichtungen. Für die 3-achsige Orientierungssteuerungen der Roboterhand (Drehen, Schwenken, Neigen) wird der Modus des Steuerknüppels umgeschalten. So können sequentiell alle 6 Roboterfreiheitsgrade bedient werden.

Bei Verwendung eines **6D-Steuerknopfes (Bild 2)** bewirken räumlich ausgeübte Kräfte eine hierzu entsprechende räumliche Bewegung. Bei Ausübung eines Drehmoments wird, entsprechend der räumlichen Lage dieses Drehmoments, eine dazu passende Dreh-Schwenk-Neigebewegung der Roboterhand ausgeführt. Das Arbeiten mit dem 6D-Steuerknopf muss geübt werden. Es ermöglicht dann aber ein bequemes schnelles Handsteuern. Nachteilig ist, dass die Sinnfälligkeit bei den mobil eingesetzten Steuergeräten nur in einem Standort gültig ist und für andere Standorte angepasst werden muss.

Tabelle 1: Betätigungssinn und Anordnung von Stellteilen[1]

Funktion	Bewegungsrichtung
ein	aufwärts, nach rechts, vorwärts, im Uhrzeigersinn, ziehen (Zug- und Druckschalter)
aus	abwärts, nach links, rückwärts, gegen den Uhrzeigersinn, drücken
rechts	im Uhrzeigersinn, nach rechts
links	gegen den Uhrzeigersinn, nach links
heben	aufwärts, rückwärts
senken	abwärts, vorwärts
einziehen	aufwärts, rückwärts. ziehen
ausfahren	abwärts, vorwärts, drücken
verstärken	vorwärts, aufwärts, nach rechts, im Uhrzeigersinn
vermindern	rückwärts, abwärts, nach links, gegen den Uhrzeigersinn
Ausnahme:	
Ventil öffnen	gegen den Uhrzeigersinn
Ventil schließen	im Uhrzeigersinn

[1] nach *H. Schmidtke*, Ergonomie, Carl Hanser-Verlag, München, Wien 1993

Bild 1: 3D-Steuerknüppel zur Robotersteuerung mit Umschaltung (6 Funktionen)

Bild 2: 6D-Steuerknopf zur Robotersteuerung

Eine Selbstanpassung an den Standort des Benutzers ermöglicht ein **Infrarot-6D-Steuergerät**.

> Über mindestens 2 ortsfeste Infrarotkameras wird die räumliche Position und Orientierung des 6D-Steuergeräts mithilfe der 6 reflektierenden Kugeln identifiziert (**Bild 1**).
>
> Der Nutzer kann dann, z. B. durch geradliniges Bewegen des Steuergeräts auch geradlinige Objektbewegungen veranlassen. Also bei einer Bewegung vorwärts schräg nach oben, bewegt sich das Objekt nach oben, vom Nutzer weggehend. Bei Dreh-, Schwenk- und Neigebewegungen erfolgt entsprechend ein Drehen, Schwenken und Neigen. Solche 6D-Steuergeräte werden z. B. zur Objektsteuerung in virtuellen Umgebungen (Virtuel Environments, VE) eingesetzt.

Elektronische Handräder mit Kraftrückkopplung geben dem Benutzer ein Gefühl für die Schwere der Stellbewegung. Dies ist bei handgesteuerten Bearbeitungsaufgaben hilfreich. Da über die elektronisch gesteuerten Stellantriebe der Nutzer kein „Schweregefühl" für den Arbeitsprozess mehr hat wird dieses „Schweregefühl" durch eine Bremskraft am Handrad vermittelt. Man spricht von einem *reaktiven* Handrad (**Bild 2**). Entsprechend zu den Prozesskräften, z.B. der Motorenstromstärke wird das Handrad mehr oder weniger stark schwergängig gemacht. Damit erhält der Nutzer ein verbessertes Gefühl für den Arbeitsprozess.

Akustische Signale. Bei Gefahr hilft ein Schallsignal, z. B. durch eine Hupe oder ein Horn (**Tabelle 1**). Es sollte als Notsignal (DIN EN 981) mehr als 75 dB (A) Schalldruckpegel haben.

Optische Signale. Optische Anzeigen müssen gut lesbar sein, d. h. abhängig vom Leseabstand müssen Schriften hinreichend groß sein, z. B. bei 1 m Leseabstand etwa 5 mm, bei 10 m Leseabstand etwa 50 mm und bei 100 m Leseabstand etwa 0,5 m.

Vibrationssignale. Vibrationssignale werden über die Haut wahrgenommen in dem der Signalgeber nahe am Körper getragen wird. Die Signale werden auch bei starkem Umgebungslärm aufgenommen und sind für andere Personen nicht oder kaum wahrnehmbar. Erzeugt werden die Vibrationen z. B. mit einem batteriebetriebenen Mikromotor mit Uwucht. Allseits bekannt und häufig genutzt ist der *Vibrationsalarm* bei Mobiltelefonen.

> Gefahren signalisiert man mit Leuchtsignalen:
> - Warnsignal: gelb oder rot (**Bild 3**),
> - Notsignal: rot (DIN EN 842), zur Unterscheidung zum roten Warnsignal gegebenenfalls mit erhöhter Intensität, mit Blinken und mit Kopplung an das akustische Signal.

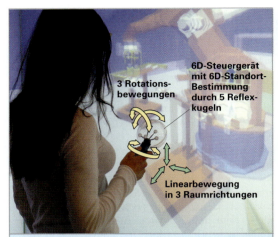

Bild 1: 6D-Steuergerät

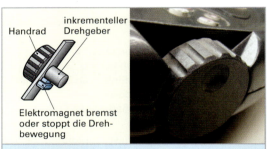

Bild 2: Reaktives Handrad

Bild 3: Warnsignal mit rotierendem Spiegel

Tabelle 1: Schaltzeichen für Signalgeräte			
⏢	Horn, Hupe	⏢	Wecker
⊗	Signallampentafel, z. B. für 4 Meldestellen	⏢	Gong
		⏢	Summer
▦	Ruf- und Abstelltafel	⏢	Sirene

3.6 Arbeit und Arbeitsbelastung

Bei der Arbeitsbelastung unterscheidet man zwischen der physischen (körperlichen) Belastung und der psychischen (seelischen) Belastung.

3.6.1 Schwere der Arbeit

Die physische Belastung beansprucht vor allem die Muskeln und das Knochengerüst. Mit Arbeitshilfen vermeidet man die Überbeanspruchung. Dabei ist zu beachten, dass man diese Arbeitshilfen auch in Anspruch nimmt. Das Heben von Lasten muss z. B. gesundheitsschonend erfolgen **(Bild 1)**.

Ein und dieselbe Arbeitsaufgabe kann individuell eine sehr unterschiedliche Beanspruchung bewirken, z. B. abhängig von
- der Statur,
- der Übung und
- dem Geschlecht der Personen **(Bild 2)**.

Besondere Belastungen durch körperliche Arbeit sind gekennzeichnet durch:
- Haltungsarbeit, z. B. Sitzen ohne Rückenlehne, LKW-Fahren,
- statische Haltearbeit, z. B. freihändiges Schleifen, Montieren,
- schwere dynamische Arbeit, z. B. Schmieden, Bewegen schwerer Teile,
- einseitige Arbeit, z. B. kurzzyklisches Schrauben.

Die Leistungsgrenze des Menschen ist individuell unterschiedlich und liegt bei etwa 20 000 kJ/Tag. Diese Gesamtleistung setzt sich zusammen aus
- dem Energie-Grundumsatz,
- dem Energie-Freizeitumsatz und
- dem Energie-Umsatz bei der Arbeit **(Bild 3)**.

Der Energie-Umsatz, welcher der Arbeit zugeschrieben wird, liegt bei leichter Arbeit bei etwa 4000 kJ/Tag, bei schwerer Arbeit bei etwa 8000 kJ/Tag und bei schwerster Arbeit etwa 12000 kJ/Tag.

Für physisch schwere Arbeiten gibt es in der industrialisierten Welt zumeist Hilfsmittel und Geräte, z. B. Roboter, die den puren Krafteinsatz mindern. Gleichwohl gibt es noch vielfältige Arbeitsaufgaben mit schwersten Belastungen, insbesondere auch durch körperliche Zwangshaltungen, die z. B. beim Innenbeschichten von Kesseln, dem Gussputzen von Unikaten, (z. B. großen Maschinengestellen), dem Lackieren von großen Stahlbauteilen vorkommen können.

Die Arbeitsorganisation soll stets so sein, dass auf besonders starke physische Belastung ein Arbeitsintervall folgt, das körperlich erholend wirkt, z. B. eine Arbeitsaufgabe, welche die Aufmerksamkeit des Mitarbeiters/der Mitarbeiterin in Anspruch nimmt.

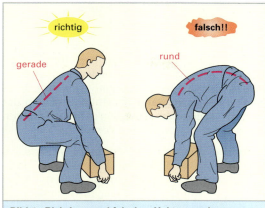

Bild 1: Richtiges und falsches Heben von Lasten

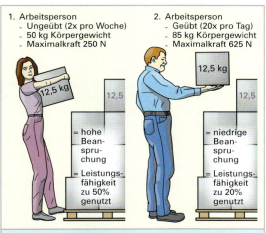

Bild 2: Die Wirkung der Belastungen

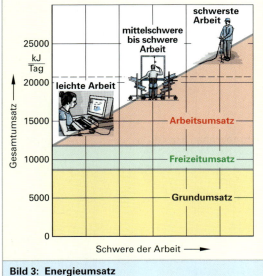

Bild 3: Energieumsatz

3.6.2 Beanspruchungen und Überlastungen

Gelenke. Gelenke und zwar vor allem die Hüftgelenke, Kniegelenke und Fußgelenke **(Bild 1)** werden beim langen Stehen besonders beansprucht. Die Gelenke sind auf „Bewegung" angelegt. Mangelnde Bewegung kann zur Unterernährung der Gelenkknorpel durch die Gelenkflüssigkeit führen und dadurch zu vorzeitigem Verschleiß.

Wirbelsäule. Die normale Form der Wirbelsäule ist S-förmig **(Bild 2)**. In dieser Form können Vibrationen und Stöße, auch beim Gehen, am besten abgefedert werden. Beim langen Stehen ermüdet die Muskulatur und das Körpergewicht wirkt verstärkt auf die Wirbelsäule. Dies führt oft zu schmerzhaften Fehlhaltungen (seitliche Verkrümmung der Wirbelsäule) und auch zu einer Verstärkung der Wirbelsäulen-S-Form.

Bandscheiben. Die Bandscheiben sind elastische Knorpel zwischen den Wirbeln der Wirbelsäule. Sie werden, wie andere Knorpel auch, bei Bewegung durch die Knorpelflüssigkeit mit Nährstoffen versorgt. Bei falsch gekrümmter Wirbelsäule werden die Bandscheiben einseitig überlastet, was häufig zu einem Bandscheibenvorfall führt **(Bild 3)**. Die Unterernährung der Bandscheibe führt auch zu einem „Vertrocknen", d. h. einem Dünnerwerden und vorzeitigem Verschleiß. Folgen sind Entzündungen und Verquetschungen der Nerven mit sehr schmerzhaften Muskelverspannungen.

Füße. Die Füße sind, wie die Knie und die Wirbelsäule, besonders empfindliche Teile unseres Knochengerüsts, wenn sie einer längeren unnatürlichen Belastung ausgesetzt werden.

Das Körpergewicht lastet normalerweise zu 2/5 auf dem Vorderfuß und zu 3/5 auf dem Rückfuß. Bei dauernder Überbeanspruchung erschlafft die Fußmuskulatur und es kommt zu einem Plattfuß mit der Folge einer Veränderung der gesamten Körperhaltung und unterschiedlichen weiteren gesundheitsschädigenden Folgen. Auch das Tragen zu enger Schuhe im Zehenbereich, aufgrund modischer Einflüsse, wie auch Schuhe mit hohen Absätzen, verändern die Belastungsverhältnisse und führen zu Beschwerden.

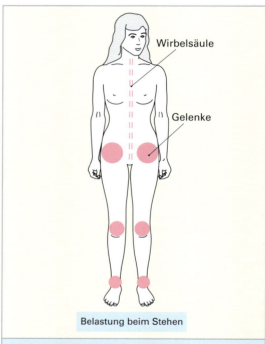

Bild 1: Belastung beim Stehen

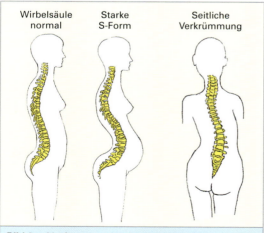

Bild 2: Verformung der Wirbelsäule durch vieles Stehen

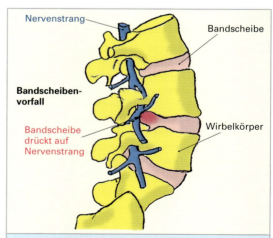

Bild 3: Bandscheibenvorfall, Bandscheibe drückt auf Nervenstrang

3.6.3 Ergonomie

Unter Ergonomie[1] versteht man die Bestanpassung der Arbeitsumgebung und der Arbeitsmittel an den Menschen. Der Mensch ist das Maß[2] (**Bild 1**).

Nicht der Mensch soll sich an die Art und Gestalt der Produkte anpassen müssen, sondern die Produkte sollten menschengerecht konstruiert sein, also ergonomisch gestaltet sein.

> Die ergonomische Gestaltung von Arbeitsmitteln dient dem Abbau von Belastungen und verbessert das Arbeitsergebnis.

Anthropometrie[3]. Zur ergonomischen Gestaltung der Arbeitsmittel, der Arbeitsumgebung und der Gebrauchsgegenstände ist die Kenntnis der Körpermaße und der Körperkräfte in unterschiedlichen Posen erforderlich und in einer Reihe von Normen u. a. in DIN 33402 festgelegt. Dabei sind die Maße in ihrer Häufigkeit statistisch verteilt: Zwischen groß und klein (**Bild 2**). Die angegeben Maße sind Normmaße und entsprechen etwa deutschen erwachsenen Personen. Für die Konstruktion von Maschinen und Gebrauchsgütern, z. B. für Kinder und Jugendliche, gibt es altersabhängig Maßtabellen, ebenso für Personen aus anderen Ländern, wie z. B. für Asiaten.

Anthropometrische Maßtabellen sind auch integriert in den CAD-Systemen zur Ergonomie, z. B. in dem System RAMSIS. Es ist ein Simulationssystem mit branchenspezifischen Modulen, z. B. für die Fertigungstechnik, für die Fahrzeugindustrie oder die Bekleidungstechnik. Die Grundsätze zur Ermittlung antropometrischer Maßtabellen sind in DIN EN ISO 15537 festgelegt.

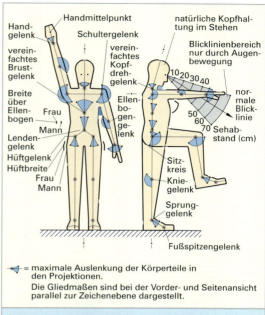

Bild 1: Arbeitsplatz-Zeichenschablone

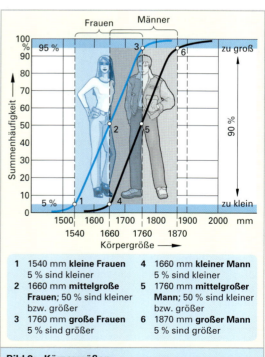

1	1540 mm **kleine Frauen** 5 % sind kleiner	4	1660 mm **kleiner Mann** 5 % sind kleiner
2	1660 mm **mittelgroße Frauen**; 50 % sind kleiner bzw. größer	5	1760 mm **mittelgroßer Mann**; 50 % sind kleiner bzw. größer
3	1760 mm **große Frauen** 5 % sind größer	6	1870 mm **großer Mann** 5 % sind größer

Bild 2: Körpergrößen

---

[1] von griech. ergon = Arbeit, Werk; Davon abgeleitet sind Ergonomie = Wissenschaft von den Leistungsmöglichkeiten des arbeitenden Menschen sowie der besten Anpassung der Arbeitsumgebung an den Menschen. Ergographie = Aufzeichnung der Muskelarbeitsleistung mithilfe eines Ergometers. Ergonomie im Sinne der Norm DIN EN 614 bedeutet (Zitat): „Multidisziplinäres wissenschaftliches Gebiet sowie dessen Anwendung unter Berücksichtigung fachübergreifender Kenntnisse der menschlichen Fähigkeiten, Grenzen und Bedürfnisse im Zusammenwirken von Mensch-Technologie-Umwelt bei der Gestaltung von Arbeitssystemen".

[2] Der griech. Philosoph *Protagoras* (490 bis 411 v. Chr.) prägte den berühmten Spruch: „*Der Mensch ist das Maß aller Dinge, der Seienden, dass sie sind und der Nichtseienden, dass sie nicht sind.*" Die Kunstschaffenden der Renaissance wie *Leonardo da Vinci* (1452 bis 1519) oder *Albrecht Dürer* (1471 bis 1528) befassten sich intensiv mit der Gestalt und den Maßen des Menschen.

[3] griech. anthropeios = menschlich, irdisch, Anthropometrie = Wissenschaft von den Maßverhältnissen am menschlichen Körper und deren Bestimmung

Körpermaße

Bei den Maßen des Menschen unterscheidet man zwischen
- den Körperbaumaßen und
- den Körperbewegungsmaßen.

Bei den **Körperbaumaßen** ermittelt man vielerlei Abmessungen: Gesamtgröße. Hüfthöhe, Schulterhöhe, Brustumfang, Brusttiefe. Diese Maße werden dann in Perzentile (Prozentklassen) eingeteilt:
- dem 5. Perzentil,
- dem 50. Perzentil und
- dem 95. Perzentil (Bild 2, vorhergehende Seite).

Das 50. Perzentil entspricht dem Mittelwert der statistisch verteilten Maße, das 95. Perzentil berücksichtigt 95 % (nur 5 % sind größer) und das 5. Perzentil besagt: nur 5% sind kleiner (**Bild 1**).

Bild 1:   5. Perzentil und 95. Perzentil

> **Anwendungsbeispiel:** Bei der Konstruktion eines Schaltschrankes mit der Innenhöhe von 1870 mm könnten noch 95 % der Monteure stehend montieren (Bild 2, vorhergehende Seite). Würde man den Schrank nach der Durchnittsgröße (50. Perzentil) der Männer mit 1660 mm Innenhöhe dimensionieren, so müsste sich die Hälfte aller Monteure bei der Arbeit bücken.

Die Körpermaße gewinnt man z. B. durch ein automatisiertes 3D-Scannen (**Bild 2**). Hieraus wird dann der „virtuelle Computermensch" gebildet (Avatar[1]), welcher voll animierbar (belebbar) ist und den man dann, z. B. in die CAD-Simulationen hineinsetzen kann (**Bild 3**). Er nimmt dort Platz und bedient das System, völlig virtuell.

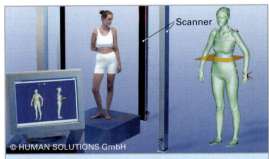

Bild 2:   Vermessen der Menschen mit 3D-Scanner

Die **Körperbewegungsmaße** sind *Funktionsmaße* und bestimmen in der ergonomischen Gestaltung

- die Sicherheitsmaße,
- die Bewegungswinkel, z. B. bei sitzender und stehender Arbeitsposition,
- den Bewegungsraum: Körperfreiraum, Greifweite,
- den Wirkraum,
- den Sichtbereich und
- die Körperkräfte in unterschiedlichen Richtungen und bei unterschiedlichen Körperhaltungen.

Bild 3:   Ergonomische Untersuchung für ein Fahrzeug

Bild 4:   Optimale Positionierung des Werkstücks

---

[1] Avatar, aus sanskrit avatara: das Herabsteigen, die Herabkunft, die Inkarnation (Bezeichnung für die Verkörperung eines Gottes auf Erden), hier: Verkörperung eines menschlichen Individuums in der Computerwelt.

3.6 Arbeit und Arbeitsbelastung

Körperhaltung

Die Gestaltung von Maschinen, Arbeitsmitteln und Gebrauchsgegenständen sollte so sein, dass unnatürliche Körperhaltungen, wie z. B. Verdrehen, weites Strecken und Bücken vermieden werden.

Ein gelegentlicher Wechsel der Körperhaltung ist dagegen erwünscht. Die Montagestation in **Bild 4, vorhergehende Seite** ermöglicht eine arbeitsgerechte Montage durch motorische Höhenverstellung, Neigung und Drehung des Werkstücks in eine optimale Arbeitslage.

Bild 1: Sitz-Steh-Arbeitsplatz

Sitzen und Stehen

Sitzende Arbeitspositionen sind den stehenden vorzuziehen. Gleichwohl sollte aber bei der Gestaltung von Arbeitsplätzen darauf geachtet werden, dass sowohl Sitzposen als auch Stehposen möglich sind, so dass der Nutzer nach Belieben wechseln kann (**Bild 1**). Reine Steharbeitsplätze belasten den Körper sehr einseitig und führen zu besonderen Belastungen der Wirbelsäule.

Bild 2: Dynamisches Sitzen

Durch das **dynamische Sitzen (Bild 2)**, mit einem Wechsel der Sitzhaltung, wird eine Verringerung der Belastung der Rückenmuskulatur und des Stützapparats erreicht. Damit steigt die Arbeitsleistung der Mitarbeiter und Mitarbeiterinnen. Sie können verbessert konzentriert und motiviert ohne Verspannungen durcharbeiten. Zudem werden langfristig auch die Krankmeldungen, z. B. wegen Migräne oder durch Rücken- oder Nackenverspannungen deutlich zurückgehen.

Sitzhöhen und Arbeitstischhöhen sind den unterschiedlichen Körpergrößen für Frauen und Männer unterschiedlich zu wählen, sollten aber individuell angepasst werden können (**Tabelle 1, Bild 3**).

Bild 3: Sitzarbeitsplatz

Arbeit sollte so gestaltet werden, dass ein Wechsel zwischen Sitzen, Stehen und Gehen erfolgt (**Bild 4**).

Tabelle 1: Abmessungen am Arbeitsplatz		
Höhen der Arbeitsfläche		Höhe des Stuhls
Nur sitzende Tätigkeit	Nur stehende Tätigkeit	Sitzhöhe: 420 bis 500 mm
Mann: ca. 72 cm	Mann: ca. 105 cm	Sitztiefe: 380 bis 440 mm
Frau: ca. 69 mm	Frau: ca. 95 cm	Sitzbreite: 400 bis 480 mm

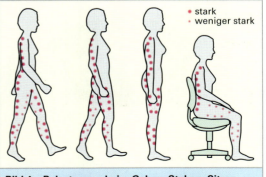

Bild 4: Belastungen beim Gehen, Stehen, Sitzen

Greifräume und Reichweiten. Die Abmessung des Wirk- oder Greifraumes ist durch die Länge und Beweglichkeit der Arme gegeben; aber nicht alle Zonen im Raum lassen einen harmonischen Bewegungsfluss zu. Günstige oder weniger günstige Gelenkstellungen schränken den Bewegungsraum ein **(Bild 1)**.

Bei der Gestaltung des Arbeitsplatzes sollen alle Stellteile, Werkzeuge und Werkstücke innerhalb des maximalen Greifraumes angeordnet sein. Ist dies nicht möglich, sollten die selten benötigten Teile oder Stellteile so angeordnet sein, dass sie durch eine einfache Rumpfbewegung erreichbar sind. Bei stehender Arbeitsweise wird der Wirkraum deutlich erweitert **(Bild 2)**. Großvolumige Bauteile werden vorteilhaft mit numerisch gesteuerten Hub- und Schwenkachsen in die richtige Position gebracht **(Bild 3)**.

Greifräume, somit die **Reichweiten** von Händen, Armen und Beinen, müssen sicherheitstechnisch überprüft werden. Die Vorschriften über **Sicherheitsabstände** sind nach **DIN EN 294** sehr streng und ausführlichst geregelt.

Die Abstände der Schutzeinrichtung (Gitter, Zaun) von der zu schützenden Konstruktion, z. B. Pressen, drehende Wellen, sind in Form von Tabellen vorgegeben. Dabei sind je nach Risikoabschätzung kleine oder kleinere Abstände anzuwenden.

Es ist die Eintrittswahrscheinlichkeit und die voraussichtliche Schwere einer Verletzung zu berücksichtigen. Ein geringes Risiko besteht z. B. bei einer Gefährdung durch Reibung oder Abrieb, ein hohes Risiko z. B. bei einer Gefährdung durch Aufwickeln.

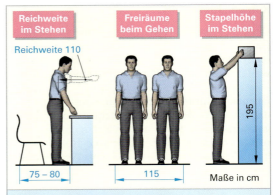

Bild 2: Bewegungsräume des Menschen

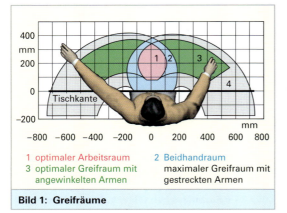

1 optimaler Arbeitsraum
2 Beidhandraum
3 optimaler Greifraum mit angewinkelten Armen
   maximaler Greifraum mit gestreckten Armen

Bild 1: Greifräume

© Siemens-Dematic

Bild 3: Arbeitsgerechte Positionierung der Werkstücke

3.6.4 Psychische und mentale Belastung

Die psychischen Belastungen werden nach emotionalen (gefühlsmäßigen) und mentalen (verstandesmäßigen) Belastungen eingeteilt. So sind Arbeitsvorgänge mit hoher Verantwortung, mit Zeitdruck und Ärger emotional, d. h. das Gemüt betreffend, stark belastend.

> Wenn
> - Arbeitsbelastung,
> - Hektik,
> - Zeit- und Termindruck,
> - physische Anspannung,
> - hohe Verantwortung,
>
> nicht mehr bewältigbar erscheint, ist man „gestresst" (**Bild 1**).

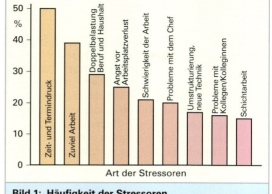

Bild 1: Häufigkeit der Stressoren

Mentale Belastung bedeutet, dass eine geistige Arbeitsleistung, z. B. Vorgänge richtig erfassen und beurteilen, besonders gefordert wird. Überforderungen wirken sich als „Stress" aus und können zu vielfältigen Krankheiten bis hin zum Herzinfarkt führen. Andererseits führt mittlerer Stress ohne Überforderungen zu Spitzenleistungen und zu Wohlbefinden.

Stress wird über das vegetative Nervensystem durch die Hormone Andrenalin[2] und Noradrenalin[3] ausgelöst. Ursache ist eine emotionale (gefühlsmäßige) Erregung oder eine besondere psychische Belastung. Die Hormone verursachen eine nervöse Unruhe, einen erhöhten Blutdruck und eine erhöhte Pulsfrequenz. Das Herz schlägt schneller und die Atmung wird heftiger (**Bild 2**). Die Muskeln sind angespannt.

Bild 2: Pulsschlag im Tagesverlauf

Der Mensch ist in erhöhter Leistungsbereitschaft und besonders leistungsfähig, solange keine Überforderung vorliegt. Überforderungen durch dauernden oder zu häufig vorkommenden Stress oder durch zu starke psychosoziale Belastungen (z. B. Streit) führen zu Erschöpfung und zu vielfältigen Erkrankungen (**Bild 3**).

> Zur Stressbewältigung muss man
> - Probleme mit Gelassenheit angehen,
> - Mut aufbringen, um veränderbare Dinge und Situationen zu verändern,
> - Wichtiges von weniger Wichtigem unterscheiden können.

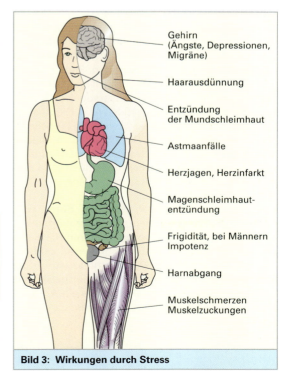

Bild 3: Wirkungen durch Stress

---

[1] engl. stress = Druck, Belastung, Anspannung
[2] Hormon, das im Nebennierenmark gebildet wird, lat. renes = Nieren. Adrenalin steigert Pulsfrequenz und Blutdruck.
[3] Hormon, das im Nebennierenmark und im Nervengewebe gebildet wird. Es wirkt gefäßverengend und krampflösend.

3.6.5 Belastungen durch die Arbeitsorganisation

Besonders belastend ist die Schichtarbeit. Schichtarbeiter/innen müssen nämlich gegen den Verlauf ihrer physiologischen[1] Leistungsbereitschaft arbeiten **(Bild 1)**. Die besonders herauszuhebenden Störungen für die Mitarbeiter/innen sind, dass der Tagschlaf nach der Nachtarbeit meist durch Lärm gestört wird. Es kommt zu Schlafzeitmangel. Dies bewirkt wiederum z. B. eine verminderte Konzentrationsfähigkeit, Minderleistungen und erhöhte Unfallgefahr.

Aber auch die Körperfunktionen des Menschen haben einen periodischen Verlauf mit einer Periodendauer von etwa einem Tag, der durch den Hell-Dunkel-Wechsel von Tag und Nacht gesteuert wird.

Des Weiteren werden die sozialen Kontakte, je nach Schichtplan mehr oder weniger stark eingeschränkt. Die auftretenden Erkrankungen, wie Appetitstörungen, Kreislaufbeschwerden und andere Störungen, treten verstärkt bei älteren Mitarbeitern/innen auf.

In vielen Berufen, vor allem im Dienstleistungsbereich, z. B. in Krankenhäusern, ist die Schichtarbeit unumgänglich. Aber auch im produzierenden Gewerbe wird zur Verlängerung der Maschinenlaufzeiten in zwei Schichten oder in drei Schichten gearbeitet. Es gibt aber auch Arbeiten, die systembedingt „rund um die Uhr" verrichtet werden müssen. So können z. B. Hochöfen, Zementwerke und Kraftwerke nicht „über Nacht" abgeschaltet werden und es muss Bedienpersonal und Wartungspersonal immer vorhanden sein. Die Auswirkungen der Schichtarbeit sind vielfältig **(Tabelle 1)**. Soweit wie möglich sollte Schichtarbeit vermieden werden bzw. auf wenige Beschäftigungen reduziert werden. Durch Automatisierung können viele Produktionsvorgänge ohne Aufsicht erfolgen.

Unternehmen mit global verteilten Büros können in Verbindung mit der heutigen Kommunikationstechnik die Arbeit so organisieren, dass der Erddrehung folgend die Büros „besetzt" sind. So beginnt, wenn bei uns Arbeitsschluss ist, in San Francisco in USA, der Tag und wird fortgesetzt als 3. Tag in Tokio in Japan. Damit wird ein Arbeiten rund um die Uhr fast immer zu Tageszeiten möglich **(Bild 2)**.

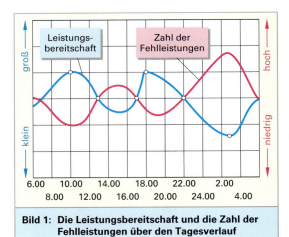

Bild 1: Die Leistungsbereitschaft und die Zahl der Fehlleistungen über den Tagesverlauf

Tabelle 1: Auswirkungen der Schichtarbeit

gesundheitlich	psychosozial
• Schlafstörungen	• kein regelmäßiger Sport
• Appetitstörungen	• Abbruch von Freundschaften
• Magenbeschwerden	
• Kreislaufbeschwerden	• Partnerprobleme
• geringere Leistungsfähigkeit	• Kulturveranstaltungen werden nicht besucht
• Konzentrationsschwierigkeit	

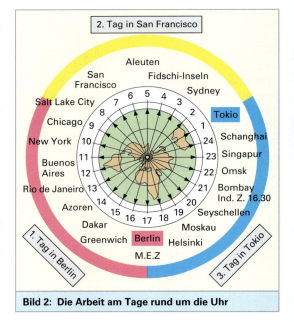

Bild 2: Die Arbeit am Tage rund um die Uhr

---
[1] von griech physis = natürliche Beschaffenheit, Physiologie

3.7 Sicherheitszeichen

Übung: Erklären Sie die Bedeutung der abgebildeten Verbotszeichen, Warnzeichen und Gebotszeichen.

Lösung: siehe folgende Seite

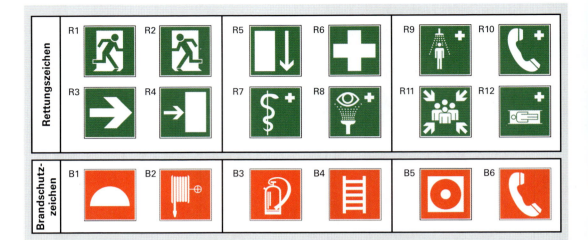

Lösung:

Verbotszeichen:
V1 Verbot allgemein; V2 Rauchen verboten; V3 Feuer, offenes Licht und Rauchen verboten; V4 Für Fußgänger verboten; V5 Mit Wasser löschen verboten; V6 Kein Trinkwasser; V7 Zutritt für Unbefugte verboten; V8 Für Flurfahrzeuge verboten; V9 Berühren verboten; V10 Nicht berühren, Gehäuse unter Spannung; V11 Nicht Schalten; V12 Verbot für Personen mit Herzschrittmacher, V13 Nichts abstellen oder lagern; V14. Personenbeförderung verboten; V15 Mitführen von Tieren verboten; V16 Betreten der Fläche verboten; V17 Verbot für Personen mit Metallimplantaten; V18 Mit Wasser spritzen verboten.

Warnzeichen:
W1 Warnung vor Gefahr, W2 Warnung vor feuergefährlichen Stoffen; W3 Warnung vor explosionsgefährlichen Stoffen; W4 Warnung vor Giften; W5 Warnung vor ätzenden Stoffen; W6 Warnung vor radioaktiver und ionisierender Strahlung; W7 Warnung vor schwebender Last; W8 Warnung vor Flurförderfahrzeugen; W9 Warnung vor elektrischer Spannung; W10 Warnung vor optischer Strahlung; W11 Warnung vor Laserstrahl; W12 Warnung vor brandfördernden Stoffen; W13 Warnung vor elektromagnetischem Feld; W14 Warnung vor magnetischem Feld; W15 Warnung vor Stolpergefahr; W16 Warnung vor Absturzgefahr; W17 Warnung vor Biogefährdung; W18 Warnung vor Kälte; W19 Warnung vor gesundheitsschädlichen Stoffen; W20 Warnung vor Gasflaschen: W21 Warnung vor Gefahren mit elektrischen Batterien; W 22 Warnung vor explosionsfähiger Atmosphäre; W 23 Warnung vor Quetschgefahr; W24 Warnung vor Kippgefahr beim Walzen; W25 Warnung vor automatischem Anlauf, W26 Warnung vor heißer Oberfläche; W27 Warnung vor Handverletzung; W28 Warnung vor Rutschgefahr, W29 Warnung vor Gefahren durch ein Gleis; W30 Warnung vor Einzugsgefahr.

Gebotszeichen:
G1 Allgemeines Gebotszeichen; G2 Augenschutz benutzen; G3 Schutzhelm benutzen; G4 Gehörschutz benutzen; G5 Atemschutz benutzen; G6 Fußschutz benutzen; G7 Handschutz benutzen; G8 Schutzkleidung anlegen; G9 Gesichtsschutz verwenden; G10 Auffanggurt anlegen; G11 Für Fußgänger; G12 Sicherheitsgurt anlegen; G13 Übergang benutzen; G14 Vor Öffnen Netzstecker ziehen; G15 vor Arbeiten freischalten; G16 Rettungsweste anlegen; G17 Schneidwerk ölen: W18 Hupsignal geben.

Rettungszeichen:
R1 Notausgang Fluchtrichtung rechts; R2 Notausgang Fluchtrichtung links; R3 Richtungspfeil nach rechts; R4 Notausgang Fluchtrichtung rechts; R5 Notausgang; R6 Erste Hilfe; R7 Arzt; R8 Augenspüleinrichtung; R9 Notdusche; R 10 Notruftelefon; R 11 Sammelplatz; R12 Krankentrage.

Brandschutzzeichen:
B1 Mittel und Geräte zur Brandbekämpfung; B2 Löschschlauch; B3 Feuerlöscher; B4 Leiter; B5 Brandmelder (manuell); B6 Brandmeldetelefon.

3.8 Persönliche Schutzausrüstungen am Arbeitsplatz (PSA)

Zu den persönlichen Schutzausrüstungen gehören, so es die Arbeiten erforderlich machen:
- Arbeitsschutzhelme,
- Schutzbrillen, Schutzschirme, Schutzmasken,
- Gehörschützer,
- Atemschutz,
- Schutzhandschuhe,
- Schutzanzüge, Flammenschutzkleidung,
- Sicherheitsschuhe.

Arbeitsschutzhelme (Bild 1) sind aus Duroplasten und alterungsbeständig, z. B. aus Polyester oder aus Thermoplasten, z. B. Polyethylen, mit einer begrenzten Haltbarkeit (ca. 5 Jahre). Arbeitshelme müssen immer getragen werden, wenn Kopfverletzungen durch Anstoßen an Gegenstände oder durch frei bewegte Objekte auftreten können, z. B. in Schmieden.

Schutzbrillen (Bild 2) und Schutzschirme dienen dem Augenschutz bzw. Gesichtsschutz und schützen vor mechanischen, optischen und chemischen Gefahren, z. B. beim Schleifen, Schweißen, Brennschneiden und bei Reinigungsarbeiten. Für das Schweißen sind die Gläser den Arbeiten entsprechend getönt. Für Schweißarbeiten gibt es auch Schutzmasken mit elektrooptischen Schutzfiltern, die automatisch, in sehr kurzer Zeit (< 0,3 ms), bei Lichteinwirkung abdunkeln.

Bei den **Schutzbrillen** unterscheidet man zwischen den Gestellbrillen und den Korbbrillen. Die Gestellbrillen haben einen Seitenschutz und meist auch einen Augenbrauenschutz.

Die Korbbrillen sind Schutzbrillen mit einem korbartig ausgebildeten Tragekörper aus weichelastischem Werkstoff, so dass sie den Augenraum direkt abschließen. Sie schützen auch vor gefährlichen Flüssigkeitsspritzern.

Die **Schutzschirme** schützen neben den Augen auch das Gesicht und teilweise den Hals.
Die Sichtscheiben der Schutzbrillen und der Schutzschirme bestehen aus Polycarbonat, Acetat oder Verbundglas. Sie sind bruchsicher, schwer entflammbar und meist unempfindlich gegen glühende Teilchen.
Für Schweißarbeiten sind die Sichtgläser getönt. Für Arbeiten mit Laser gibt es spezielle, der Laserart angepasste, Sichtschutzgläser.

Bild 1: Arbeitsschutzhelm

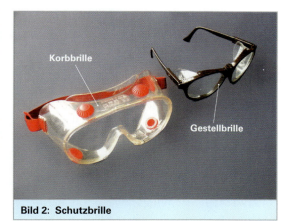

Bild 2: Schutzbrille

Gehörschützer und Gehörschutzkapseln sind so auszuwählen, dass der Schallpegel am geschützten Ohr 80 dB(A) nicht übersteigt. Für die Lärmminderung unterscheidet man Dämpfungswerte für tiefe Frequenzen (L-Wert, z. B. 22 dB), für mittlere Frequenzen (M-Wert, z. B. 22 dB) und für hohe Frequenzen (H-Wert, z. B. 27 dB).

Atemschutzmasken haben Partikelfilter, Gasfilter, Kombinationsfilter. Im Bereich der Fertigungstechnik benötigt man vor allem Partikelfilter (P). Einwegstaubmasken mit Filtervlies und integriertem Ausatemventil schützen gegen flüssige und feste Feinstäube. Gegen giftige Gase sind spezielle Atemschutzgeräte erforderlich.

Schutzhandschuhe gibt es gegen mechanische Risiken, chemische Risiken, statische Elektrizität, Kälte, Hitze, elektrische Spannung und bakteriologische Kontamination. Entsprechend zu diesen Schutzarten sind die Materialien zusammengesetzt, z. B. Leder, Latex und Thermoplaste.

Sicherheitsschuhe (Tabelle 1) dienen vor allem dem mechanischen Schutz der Füße und haben Zehenschutzkappen für hohe Belastungen sowie profilierte Sohlen für Trittsicherheit.

Schutzkleidung. Insbesondere für Schweißarbeiten **(Bild 1)** und für Arbeiten in Gießereien und Schmieden ist schwerentflammbare Arbeitskleidung erforderlich und zusätzlich sind schwer entflammbare Hitzeschutzmäntel anzulegen, wenn mit flüssigen oder mit glühenden Metallen gearbeitet wird.

Als Schutzmaterial kommen Kevlar (Kunststofffaser der Fa. DuPont) und Schurwolle in Frage. Klebefasern wie auch Schurwolle sind schwer entflammbar. Nachteil aller Hitzeschutzkleidungen sind gegenüber üblicher Arbeitskleidung das höhere Gewicht und der geringere Feuchtigkeitsabtransport (sie sind nicht luftig, man schwitzt darin leicht).

Neben der Hitzeschutzwirkung ist auch eine mechanische Schutzwirkung gefordert und so sind zur Erfüllung beider Eigenschaften gewisse Mindestdicken erforderlich. Bei Schurwolle ist die erforderliche Dicke etwa dreimal so groß, wie bei Kevlar. Schutzkleidung aus den in allen Schutzwirkungen günstigen Asbestfasern wird zur Vermeidung von Krebserkrankungen nicht mehr verwendet.

Unterwäsche. Bei mittelschwerer bis schwerer körperlicher Arbeit ist Wäsche aus Mischgewebe,

Tabelle 1: Anforderungen an Schuhe

Sicherheitsschuhe (S). Sicherheitsschuhe sind Schuhe nach DIN EN 345-1/EN ISO 20345, mit Zehenschutzkappen für hohe Belastungen, deren Schutzwirkung mit einer Prüfenergie von 200 J geprüft wurde.

Schutzschuhe (P). Schutzschuhe sind Schuhe nach DIN EN 346-1/EN ISO 20346, mit einer Zehenschutzkappe für mittlere Belastungen deren Schutzwirkung mit einer Prüfenergie von 100 J geprüft wurde.

Berufsschuhe. Berufsschuhe sind Schuhe nach DIN EN 347-1/EN ISO 20347, die keine Zehenschutzkappen haben müssen, mit einem oder mehreren schützenden Bestandteilen (Kurzbezeichnung: 0)

Allgemeine Eigenschaften

Zehenschutz: Schutz gegen Druckkräfte (statischer Schutz) und Schutz gegen Stoßkräfte (dynamischer Schutz) erreicht man mit Schutzkappen aus Stahl, Aluminium oder Kunststoff.

Schuhoberteil: Es ist gekennzeichnet durch Dicke, Reißkraft, Biegeverhalten, Wasserdurchlässigkeit, Wasserdampfzahl, seitlicher Halt.

Laufsohle: Sie muss ölbeständig sein, mit der Brandsohle fest verbunden sein und rutschhemmend profiliert sein.

Fersendämpfung: Zur Aufnahme von Stoßenergie (= Schonung des Fußes bei Stößen, bei Vibrationen, beim Gehen) haben viele Sicherheitsschuhe im Fersenbereich integrierte Dämpfungselemente.

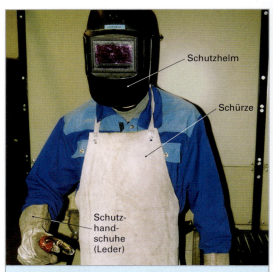

Bild 1: Schutzkleidung zum Schweißen

mit z. B. 20 % Angora, 45 % Schurwolle und 35 % Polyamid, am günstigsten und zwar hinsichtlich Transpiration und Schweißaufnahmefähigkeit. In Schmelzbetrieben und bei anderen Arbeiten mit Funkenflug sollte keine Kleidung aus Baumwolle getragen werden, es sei denn, diese ist flammenhemmend behandelt, z. B. Proban.

3.9 Der PC-Arbeitsplatz

Die Kommunikation zwischen dem Benutzer eines Computers und dem Computer selbst wird auch als *Mensch-Maschinen-Kommunikation* bezeichnet.

Der PC-Arbeitsplatz ist der wichtigste Teil der *Mensch-Maschinen-Kommunikation*. Er muss nach ergonomischen Gesichtspunkten gestaltet sein, d.h., er muss dem Benutzer gerecht werden und zwar so, dass einerseits der Computer effizient benutzt werden kann und andererseits die Arbeitsbelastungen den Benutzer nicht überfordern. Man unterscheidet zwischen der *Software-Ergonomie*, zu welcher die Benutzeroberfläche gehört, und der *Hardware-Ergonomie*.

Zur **Hardware-Ergonomie** gehört die körperliche Gestaltung der Arbeitsmittel, z. B. die Tastatur und der Bildschirm, aber auch die Anordnung dieser Arbeitsmittel am Arbeitsplatz und der Arbeitsplatz selbst im Arbeitsraum **(Bild 1)**.

Die Bildschirme sollen quer zum Fenster ausgerichtet sein, damit sich die Augen des Benutzers auf die Bildschirmhelligkeit einstellen können und nicht von dem hellen Fensterhintergrund gestört werden. Die Fenster müssen mit Lamellenvorhängen oder Jalousien versehen sein, damit der Lichteinfall der Tageshelligkeit entsprechend gesteuert werden kann und damit direkte Sonneneinstrahlung ausgeschlossen wird. So sind bei Raumplanungen Computerarbeitsplätze vorzugsweise auf Nordseiten vorzusehen.

Die Deckenbeleuchtung muss mit Blendlamellen versehen und so angeordnet sein, dass Spiegelungen im Bildschirm ausgeschlossen sind. Die Bildschirmarbeitsplatz-Leuchten, auch BAP-Leuchten genannt, ermöglichen durch spiegelnde und parabolisch geformte Lamellen sowie parabolisch geformte Reflektoren die richtige Arbeitsraumbeleuchtung **(Bild 2)**.

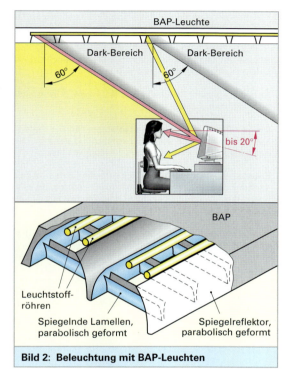

Bild 2: Beleuchtung mit BAP-Leuchten

Bild 1: Beispiel für einen PC-Arbeitsplatz

Der PC-Arbeitsplatz

Arbeitsflächen. Mindestbreite etwa 1600 mm, Mindesttiefe 800 mm, besser 900 mm/1000 mm. Sehentfernung zum Bildschirm 450 bis 800 mm.

Bewegungsraum. Freie Bewegungsfläche mind. 1,5 m², mind. 1 m Freiraum hinter dem Arbeitstisch.

Verkehrsraum. Freier Zugang zu Fenstern, Heizkörperthermostat, Außenjalousie-Schalter u. dergl., Verkehrswegebreite mind. 800 mm, bei mehr als 5 Nutzern mind. 1000 mm.

Stauraum. Stauräume für Arbeitsmittel und Lagermöglichkeiten müssen verfügbar sein.

Anordnung zum Fenster. Fensterflächen dürfen sich nicht auf dem Bildschirm spiegeln.

Anordnung zu anderen Arbeitsplätzen. Die Beschäftigten sollten selbst entscheiden können, ob sie mit oder ohne Blickkontakt zum Nachbarn sitzen wollen.

Ergonomie. Die PC- und CAD-Arbeitsplätze müssen nach ergonomischen Gesichtspunkten hergestellt sein und z. B. unterschiedliche Sitzhaltungen (dynamisches Sitzen) und Arbeiten im Stehen ermöglichen.

Durch die Verstellung der Arbeitstische und Stühle sollte es möglich sein, dass
- die Füße mit der ganzen Fußfläche auf dem Boden aufgesetzt werden;
- die Ober- und Unterschenkel einen Winkel von 90° bilden können;
- die Ober- und Unterarme einen Winkel von 90° bilden können;
- die oberste Bildschirmzeile nicht über der Augenhöhe liegt;
- die **Beinraumhöhe** mind. 650 mm, die Beinraumbreite mind. 580 mm ist und die Beinraumtiefe mind. 600 mm beträgt;
- der **Arbeitsstuhl** ein Büroarbeitsstuhl ist (5 Abstützpunkte bzw. 5 Rollen, höhenverstellbar, gepolstert, mit Armauflage und gekrümmter Rückenlehne);
- der **Tisch** möglichst höhenverstellbar ist, sonst 720 mm hoch.

Tastatur. Die Tastatur muss getrennt vom Bildschirm sein.

Bildschirm. Er muss neigbar (5° nach vorne, 20° nach hinten) sein.

Beleuchtung. Die Beleuchtungsstärke sollte 500 Lux betragen und bei Leitständen und Warten ggf. absenkbar sein. Die Beleuchtung darf nicht blenden, spiegeln oder reflektierend sein. Eine Allgemeinbeleuchtung ist erforderlich, d. h., eine ausschließliche Einzelplatzbeleuchtung darf nicht sein.

Tageslicht. Der Tageslichteinfall muss regulierbar sein, z. B. durch Lammellenstores, Außenjalousien.

Blendung. Leuchten und helle Flächen dürfen durch Wände, Decken, Fußböden oder Möbel nicht direkt oder durch Reflexion blenden.

Bildschirmarbeit. Sie ist so zu organisieren, dass sie nicht eine ausschließliche Tätigkeit ist, sondern sich mit anderen Arbeiten abwechselt.

Akustik. Für Bildschirmarbeiten sollte der Geräuschpegel unter 40 dB (A) liegen, höchstens jedoch bei 55 dB(A).

Geräuschemission und Geräuschminderung. Es sollen nur die leisesten Geräte beschafft werden. Kopierer, Drucker und nicht ständig benötigte Bürogeräte (z. B. Aktenvernichter) sollten in Nebenräumen aufgestellt werden.

Klima. Mindestluftraum pro Beschäftigten: 15 m³, Temperatur 21 °C bis 22 °C (höchstens 26 °C), Luftfeuchtigkeit 40 % bis 65 %, Luftgeschwindigkeit kleiner 0,15 m/s am Arbeitsplatz.

Bildschirmdialog, Softwareergonomie. Der Bildschirmdialog muss sein:
- **aufgabenangemessen,** d. h., er darf den Nutzer nicht unnötig mit nicht wichtigen Fragen belasten,
- **selbstbeschreibungsfähig,** d. h., er muss dem Nutzer Klarheit bei jedem Dialogschritt geben,
- **steuerbar,** d. h., der Nutzer muss auf den Ablauf Einfluss nehmen können und damit unnötige Schritte umgehen können,
- **erwartungskonform,** d. h., folgerichtig und übliche Dialogerfahrungen unterstützen,
- **fehlerrobust,** d. h., auch bei fehlerhaften Eingaben mit wenig Aufwand korrigierbar,
- **individualisierbar,** d. h., anpassbar an den Nutzer, z. B. mit Abkürzungen für den Experten und mit Zusätzen für den Anfänger,
- **lernförderlich,** d. h., den Nutzer im Hinzulernen unterstützen.

Wiederholung und Vertiefung

1. Welches sind die wichtigsten persönlichen Arbeitsschutzausrüstungen?
2. Was gehört zur Schutzausrüstung bei einem Gießer?
3. Weshalb ist Baumwollunterwäsche für Werker in Schmelzbetrieben und Schmiedebetrieben ungeeignet?
4. Wie ist ein PC-Arbeitsplatz zu gestalten?
5. Welche besonderen Anforderungen stellt man an die Beleuchtung bei einem PC-Arbeitsplatz?
6. Welche Anforderungen muss ein Bildschirmdialog erfüllen?

4 EU-Maschinenrichtlinie

Die Maschinenrichtlinie (**Bild 1**) der Europäischen Union (2006/42/EG, vom 17. Mai 2006) gilt für alle ihre Mitgliedsstaaten und wurde in Deutschland als Verordnung zum Gerätesicherheitsgesetz erlassen. Sie gilt für alle Maschinen und Maschinenanlagen. Zu den Maschinen zählen auch Sicherheitsbauteile und auswechselbare Ausrüstungen.

Unter einer Maschine versteht man die Gesamtheit von miteinander verbundenen Teilen oder Vorrichtungen, von denen mindestens eines beweglich ist.

Die Maschinenrichtlinie umfasst 29 Artikel und hat zwölf Anhänge (**Tabelle 1**). Die Vorgaben der Maschinenrichtlinie sind vom Maschinenhersteller, dem Maschinenbetreiber und dem Maschinenbenutzer zwingend einzuhalten. Im **Anhang I** der Maschinenrichtlinie sind die grundlegenden Sicherheits- und Gesundheitsanforderungen formuliert.

> Es gilt:
> 1. Das Risiko für Gefährdungen zu beseitigen oder zu minimieren.
> 2. Schutzmaßnahmen gegen nicht zu beseitigende Gefahren zu ergreifen.
> 3. Den Benutzer der Maschine über Restgefahren zu unterrichten.

Man muss also möglichst eine gefahrlose Maschine bauen und wenn das nicht geht, den Benutzer vor der Gefahr schützen, z. B. durch Kapselung und wenn das nicht alle Gefahren ausschließt, ihn davon in Kenntnis setzen (**Bild 2**).

Bild 1: Amtsblatt der Europäischen Union

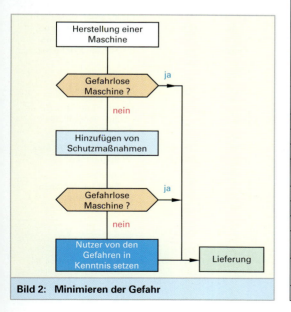

Bild 2: Minimieren der Gefahr

Tabelle 1: Aufbau der Maschinenrichtlinie	
Richtlinie 2006/42/EG, vom 17. Mai 2006	
Artikel 1	Anwendungsbereich
Artikel 2	Begriffsbestimmungen
Artikel 3	Spezielle Richtlinien
Artikel 4	Marktaufsicht
Artikel 5	Inverkehrbringen und Inbetriebnahme
Artikel 6	Freier Warenverkehr
Artikel 7	Konformitätsvermutung und harmonisierte Normen (Ist eine Maschine nach einer Norm EN .... hergestellt, so wird unterstellt, dass sie die Sicherheits- und Gesundheitsanforderungen der Maschinenrichtlinie erfüllt.)
Artikel 8	Spezifische Maßnahmen
Artikel 9	Maschinen mit besonderem Gefahrenpotenzial
Artikel 10	Anfechtung einer harmonisierten Norm
Artikel 11	Schutzklauseln
Artikel 12	Konformitätsbewertungsverfahren
Artikel 13	Unvollständige Maschinen
Artikel 14	Stellen für die Konformitätsverfahren
Artikel 15	Installation und Verwendung der Maschinen
Artikel 16	CE-Kennzeichnung
Artikel 17 bis 29	Administrative Vorgaben
ANHANG I	**Grundlegende Sicherheits- und Gesundheitsanforderungen für Konstruktion und Bau von Maschinen** (*Umfangreiche Beschreibung, siehe folgende Seiten*)
ANHANG II	Erklärung zur EG-Konformität und zur unvollständigen Maschine
ANHANG III	CE-Kennzeichnung
ANHANG IV	Liste der erfassten Maschinen
ANHANG V	Liste der erfassten Sicherheitsbauteile
ANHANG VI	Montageanleitung für unvollständige Maschinen
ANHANG VII	Technische Unterlagen
ANHANG VIII	Interne Fertigungskontrolle
ANHANG IX	EG-Baumusterprüfung
ANHANG X	Konformität bei umfassender Qualitätssicherung
ANHANG XI	Mindestkriterien für Prüfungsstellen zur Konformität
ANHANG XII	Querverweisliste zur alten EU-Richtlinie

4.1 ANHANG I[1]: Grundlegende Sicherheits- und Gesundheitsanforderungen für Konstruktion und Bau von Maschinen

ALLGEMEINE GRUNDSÄTZE

Der Hersteller einer Maschine oder sein Bevollmächtigter hat dafür zu sorgen, dass eine Risikobeurteilung vorgenommen wird, um die für die Maschine geltenden Sicherheits- und Gesundheitsschutzanforderungen zu ermitteln. Die Maschine muss dann unter Berücksichtigung der Ergebnisse der Risikobeurteilung konstruiert und gebaut werden.
Bei den vorgenannten iterativen Verfahren der Risikobeurteilung und Risikominderung hat der Hersteller
- die Grenzen der Maschine zu bestimmen, was ihre bestimmungsgemäße Verwendung und jede vernünftigerweise vorhersehbare Fehlanwendung einschließt;
- die Gefährdungen, die von der Maschine ausgehen können, und die damit verbundenen Gefährdungssituationen zu ermitteln;
- die Risiken abzuschätzen unter Berücksichtigung der Schwere möglicher Verletzungen oder Gesundheitsschäden und der Wahrscheinlichkeit ihres Eintretens;
- die Risiken zu bewerten, um zu ermitteln, ob eine Risikominderung gemäß dem Ziel dieser Richtlinie erforderlich ist;
- die Gefährdungen auszuschalten oder durch Anwendung von Schutzmaßnahmen die mit diesen Gefährdungen verbundenen Risiken in der in Nummer 1.1.2 Buchstabe b festgelegten Rangfolge zu mindern.

1 GRUNDLEGENDE SICHERHEITS- UND GESUNDHEITSSCHUTZANFORDERUNGEN

1.1 ALLGEMEINES

1.1.1 Begriffsbestimmungen

Im Sinne dieses Anhangs bezeichnet der Ausdruck
a) „**Gefährdung**" eine potenzielle Quelle von Verletzungen oder Gesundheitsschäden;
b) „**Gefahrenbereich**" den Bereich in einer Maschine und/oder in ihrem Umkreis, in dem die Sicherheit oder die Gesundheit einer Person gefährdet ist;
c) „**gefährdete Person**" eine Person, die sich ganz oder teilweise in einem Gefahrenbereich befindet;
d) „**Bedienungspersonal**" die Person bzw. die Personen, die für Installation, Betrieb, Einrichten, Wartung, Reinigung, Reparatur oder Transport von Maschinen zuständig sind;
e) „**Risiko**" die Kombination aus der Wahrscheinlichkeit und der Schwere einer Verletzung oder eines Gesundheitsschadens, die in einer Gefährdungssituation eintreten können;
f) „**trennende Schutzeinrichtung**" ein Maschinenteil, das Schutz mittels einer physischen Barriere bietet;
g) „**nichttrennende Schutzeinrichtung**" eine Einrichtung ohne trennende Funktion, die allein oder in Verbindung mit einer trennenden Schutzeinrichtung das Risiko vermindert;

h) „**bestimmungsgemäße Verwendung**" die Verwendung einer Maschine entsprechend den Angaben in der Betriebsanleitung;
i) „**vernünftigerweise vorhersehbare Fehlanwendung**" die Verwendung einer Maschine in einer laut Betriebsanleitung nicht beabsichtigten Weise, die sich jedoch aus leicht absehbarem menschlichem Verhalten ergeben kann.

Bild 1: Risikobeurteilung

---
[1] Nachfolgend ist der ANHANG I mit den wichtigsten Abschnitten weitgehend im Originaltext wiedergegeben. Sämtliche Bilder und Grafiken sind zur besseren Verständlichkeit und Anschauung jedoch hinzugefügt, also nicht Bestandteil der EU-Richtlinie. Sie werden deshalb im Text nicht zitiert. Für die rechtsverbindliche Anwendung wird auf die vollständige Richtlinie, veröffentlicht im Amtsblatt der Europäischen Union, verwiesen.

1.1.2 Grundsätze für die Integration der Sicherheit

a) Die Maschine ist so zu konstruieren und zu bauen, dass sie ihrer Funktion gerecht wird und unter den vorgesehenen Bedingungen – aber auch unter Berücksichtigung einer vernünftigerweise vorhersehbaren Fehlanwendung der Maschine – Betrieb, Einrichten und Wartung erfolgen kann, ohne dass Personen einer Gefährdung ausgesetzt sind. Die getroffenen Maßnahmen müssen darauf abzielen, Risiken während der voraussichtlichen Lebensdauer der Maschine zu beseitigen, einschließlich der Zeit, in der die Maschine transportiert, montiert, demontiert, außer Betrieb gesetzt und entsorgt wird.

b) Bei der Wahl der angemessensten Lösungen muss der Hersteller oder sein Bevollmächtigter folgende Grundsätze anwenden, und zwar in der angegebenen Reihenfolge:
- Beseitigung oder Minimierung der Risiken so weit wie möglich (Integration der Sicherheit in Konstruktion und Bau der Maschine);
- Ergreifen der notwendigen Schutzmaßnahmen gegen Risiken, die sich nicht beseitigen lassen;
- Unterrichtung der Benutzer über die Restrisiken aufgrund der nicht vollständigen Wirksamkeit der getroffenen Schutzmaßnahmen; Hinweis auf eine eventuell erforderliche spezielle Ausbildung oder Einarbeitung und persönliche Schutzausrüstung.

c) Bei der Konstruktion und beim Bau der Maschine sowie bei der Ausarbeitung der Betriebsanleitung muss der Hersteller nicht nur die bestimmungsgemäße Verwendung der Maschine, sondern auch jede vernünftigerweise vorhersehbare Fehlanwendung der Maschine in Betracht ziehen.
Die Maschine ist so zu konstruieren und zu bauen, dass eine nicht bestimmungsgemäße Verwendung verhindert wird, falls diese ein Risiko mit sich bringt. Gegebenenfalls ist in der Betriebsanleitung auf Fehlanwendungen der Maschine hinzuweisen, die erfahrungsgemäß vorkommen können.

d) Bei der Konstruktion und beim Bau der Maschine muss den Belastungen Rechnung getragen werden, denen das Bedienungspersonal durch die notwendige oder voraussichtliche Benutzung von persönlichen Schutzausrüstungen ausgesetzt ist.

e) Die Maschine muss mit allen Spezialausrüstungen und Zubehörteilen geliefert werden, die eine wesentliche Voraussetzung dafür sind, dass die Maschine sicher eingerichtet, gewartet und betrieben werden kann.

1.1.3 Materialien und Produkte

Die für den Bau der Maschine eingesetzten Materialien oder die bei ihrem Betrieb verwendeten oder entstehenden Produkte dürfen nicht zur Gefährdung der Sicherheit und der Gesundheit von Personen führen. Insbesondere bei der Verwendung von Fluiden muss die Maschine so konstruiert und gebaut sein, dass sie ohne Gefährdung aufgrund von Einfüllung, Verwendung, Rückgewinnung und Beseitigung benutzt werden kann.

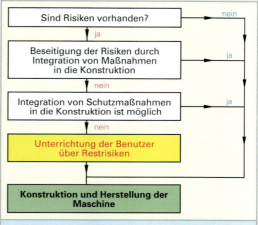

Bild 1: Konstruktionsgrundsätze

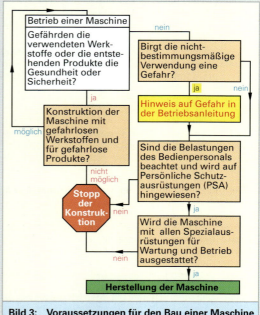

Bild 2: Lösungsvarianten

Bild 3: Voraussetzungen für den Bau einer Maschine

1.1.4 Beleuchtung

Die Maschine ist mit einer den Arbeitsgängen entsprechenden Beleuchtung zu liefern, falls das Fehlen einer solchen Beleuchtung trotz normaler Umgebungsbeleuchtung ein Risiko verursachen kann. Die Maschine muss so konstruiert und gebaut sein, dass die Beleuchtung keinen störenden Schattenbereich, keine Blendung und keine gefährlichen Stroboskopeffekte bei beweglichen Teilen verursacht. Falls bestimmte innen liegende Bereiche häufiges Prüfen, Einrichten oder Warten erfordern, sind sie mit geeigneter Beleuchtung zu versehen.

1.1.5 Konstruktion der Maschine im Hinblick auf die Handhabung

Die Maschine oder jedes ihrer Bestandteile müssen
- sicher gehandhabt und transportiert werden können;
- so verpackt oder konstruiert sein, dass sie sicher und ohne Beschädigung gelagert werden können.
- Beim Transport der Maschine und/oder ihrer Bestandteile müssen ungewollte Lageveränderungen und Gefährdungen durch mangelnde Standsicherheit ausgeschlossen sein, wenn die Handhabung entsprechend der Betriebsanleitung erfolgt.

Bild 1: Lastöse an einem Gussteil

Wenn sich die Maschine oder ihre verschiedenen Bestandteile aufgrund ihres Gewichtes, ihrer Abmessungen oder ihrer Form nicht von Hand bewegen lassen, muss die Maschine oder jeder ihrer Bestandteile
- entweder mit Befestigungseinrichtungen ausgestattet sein, so dass sie von einer Lastaufnahmeeinrichtung aufgenommen werden können,
- oder mit einer solchen Befestigungseinrichtung ausgestattet werden können
- oder so geformt sein, dass die üblichen Lastaufnahmemittel leicht angelegt werden können.

Maschinen oder ihre Bestandteile, die von Hand transportiert werden, müssen
- entweder leicht transportierbar sein
- oder mit Greifvorrichtungen ausgestattet sein, die einen sicheren Transport ermöglichen.

Für die Handhabung von Werkzeugen und/oder Maschinenteilen, die auch bei geringem Gewicht eine Gefährdung darstellen können, sind besondere Vorkehrungen zu treffen.

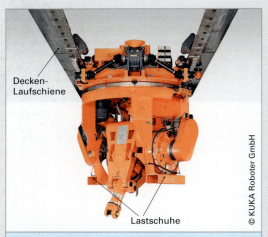

Bild 2: Aufnahmeschuhe für Hubstapler zur Montage eines hängenden Roboters

1.1.6 Ergonomie

Bei bestimmungsgemäßer Verwendung müssen Belästigung, Ermüdung sowie körperliche und psychische Fehlbeanspruchung des Bedienungspersonals auf das mögliche Mindestmaß reduziert sein unter Berücksichtigung ergonomischer Prinzipien wie:
- Möglichkeit der Anpassung an die Unterschiede in den Körpermaßen, der Körperkraft und der Ausdauer des Bedienungspersonals;
- ausreichender Bewegungsfreiraum für die Körperteile des Bedienungspersonals;
- Vermeidung eines von der Maschine vorgegebenen Arbeitsrhythmus;
- Vermeidung von Überwachungstätigkeiten, die dauernde Aufmerksamkeit erfordern;
- Anpassung der Schnittstelle Mensch-Maschine an die voraussehbaren Eigenschaften des Bedienungspersonals.

1.1.7 Bedienungsplätze

Der Bedienungsplatz muss so gestaltet und ausgeführt sein, dass Risiken aufgrund von Abgasen und/oder Sauerstoffmangel vermieden werden. Ist die Maschine zum Einsatz in einer gefährlichen Umgebung vorgesehen, von der Risiken für Sicherheit und Gesundheit des Bedieners ausgehen, oder verursacht die Maschine selbst eine gefährliche Umgebung, so sind geeignete Einrichtungen vorzusehen, damit gute Arbeitsbedingungen für den Bediener gewährleistet sind und er gegen vorhersehbare Gefährdungen geschützt ist. Gegebenenfalls muss der Bedienungsplatz mit einer geeigneten Kabine ausgestattet sein, die so konstruiert, gebaut und/oder ausgerüstet ist, dass die vorstehenden Anforderungen erfüllt sind. Der Ausstieg muss ein schnelles Verlassen der Kabine gestatten. Außerdem ist gegebenenfalls ein Notausstieg vorzusehen, der in eine andere Richtung weist als der Hauptausstieg.

1.1.8 Sitze

Soweit es angezeigt ist und es die Arbeitsbedingungen gestatten, müssen Arbeitsplätze, die einen festen Bestandteil der Maschine bilden, für die Anbringung von Sitzen ausgelegt sein. Soll der Bediener seine Tätigkeit sitzend ausführen und ist der Bedienerplatz fester Bestandteil der Maschine, so muss die Maschine mit einem Sitz ausgestattet sein. Der Sitz für den Bediener muss diesem sicheren Halt bieten. Ferner müssen der Sitz und sein Abstand zu den Stellteilen auf den Bediener abgestimmt werden können. Ist die Maschine Schwingungen ausgesetzt, muss der Sitz so konstruiert und gebaut sein, dass die auf den Bediener übertragenen Schwingungen auf das mit vertretbarem Aufwand erreichbare niedrigste Niveau reduziert werden. Die Sitzverankerung muss allen Belastungen standhalten, denen sie ausgesetzt sein kann. Befindet sich unter den Füßen des Bedieners kein Boden, sind rutschhemmende Fußstützen vorzusehen.

Bei einem Schwingsitz ist es wichtig, dass die Sitzfederung zum Fahrzeug passt. Falsch ausgewählte Federungssysteme können zu stärkeren Schwingungen führen als ohne Federung.

Sitzfederung mit Dämpfer

Bild 1: Schwingsitz

1.2 STEUERUNGEN UND BEFEHLSEINRICHTUNGEN

1.2.1 Sicherheit und Zuverlässigkeit von Steuerungen

Steuerungen sind so zu konzipieren und zu bauen, dass es nicht zu Gefährdungssituationen kommt. Insbesondere müssen sie so ausgelegt und beschaffen sein, dass

- sie den zu erwartenden Betriebsbeanspruchungen und Fremdeinflüssen standhalten;
- ein Defekt der Hardware oder der Software der Steuerung nicht zu Gefährdungssituationen führt;
- Fehler in der Logik des Steuerkreises nicht zu Gefährdungssituationen führen; vernünftigerweise vorhersehbare Bedienungsfehler nicht zu Gefährdungssituationen führen.

Insbesondere ist Folgendes zu beachten:
- Die Maschine darf nicht unbeabsichtigt in Gang gesetzt werden können;
- die Parameter der Maschine dürfen sich nicht unkontrolliert ändern können, wenn eine derartige unkontrollierte Änderung zu Gefährdungssituationen führen kann;
- das Stillsetzen der Maschine darf nicht verhindert werden können, wenn der Befehl zum Stillsetzen bereits erteilt wurde;
- ein bewegliches Maschinenteil oder ein von der Maschine gehaltenes Werkstück darf nicht herabfallen oder herausgeschleudert werden können;
- automatisches oder manuelles Stillsetzen von beweglichen Teilen jeglicher Art darf nicht verhindert werden;
- nichttrennende Schutzeinrichtungen müssen uneingeschränkt funktionsfähig bleiben oder aber einen Befehl zum Stillsetzen auslösen;
- die sicherheitsrelevanten Teile der Steuerung müssen kohärent auf eine Gesamtheit von Maschinen und/oder unvollständigen Maschinen einwirken.

Bei kabelloser Steuerung muss ein automatisches Stillsetzen ausgelöst werden, wenn keine einwandfreien Steuersignale empfangen werden; hierunter fällt auch ein Abbruch der Verbindung.

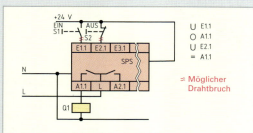

Bei einem Drahtbruch in der Zuleitung des AUS-Tasters S2 erhält der SPS-Eingang E2.1 keine Spannung und die UND-Verknüpfung ist nicht erfüllt. Das Schütz Q1 wird ausgeschaltet.
Bei einem Drahtbruch in der Zuleitung des EIN-Tasters erhält der Eingang E1.1 auch bei Betätigung von S1 kein Signal und es erfolgt kein Einschalten.

Bild 2: Drahtbruchsicherheit bei einer SPS (Beispiel)

Bild 3: Sicheres Greifen beim automatisierten Zersägen eines AKW-Reaktors

1.2.2 Stellteile

Stellteile müssen

- deutlich sichtbar und erkennbar sein; wenn geeignet, sind Piktogramme zu verwenden;
- so angebracht sein, dass sie sicher, unbedenklich, schnell und eindeutig betätigt werden können;
- so gestaltet sein, dass das Betätigen des Stellteils mit der jeweiligen Steuerwirkung kohärent ist;
- außerhalb der Gefahrenbereiche angeordnet sein, erforderlichenfalls mit Ausnahme bestimmter Stellteile wie NOT-HALT-Befehlsgeräte und Handprogrammiergeräte;
- so angeordnet sein, dass ihr Betätigen keine zusätzlichen Risiken hervorruft; so gestaltet oder geschützt sein, dass die beabsichtigte Wirkung, falls sie mit einer Gefährdung verbunden sein kann, nur durch eine absichtliche Betätigung erzielt werden kann;
- so gefertigt sein, dass sie vorhersehbaren Beanspruchungen standhalten; dies gilt insbesondere für Stellteile von NOT-HALT-Befehlsgeräten, die hoch beansprucht werden können.

Ist ein Stellteil für mehrere verschiedene Wirkungen ausgelegt und gebaut, d. h., ist seine Wirkung nicht eindeutig, so muss die jeweilige Steuerwirkung unmissverständlich angezeigt und erforderlichenfalls bestätigt werden. Stellteile müssen so gestaltet sein, dass unter Berücksichtigung ergonomischer Prinzipien ihre Anordnung, ihre Bewegungsrichtung und ihr Betätigungswiderstand mit der Steuerwirkung kompatibel sind.

Die Maschine muss mit den für sicheren Betrieb notwendigen Anzeigeeinrichtungen und Hinweisen ausgestattet sein. Das Bedienungspersonal muss diese vom Bedienungsstand aus einsehen können. Von jedem Bedienungsplatz aus muss sich das Bedienungspersonal vergewissern können, dass niemand sich in den Gefahrenbereichen aufhält, oder die Steuerung muss so ausgelegt und gebaut sein, dass das Ingangsetzen verhindert wird, solange sich jemand im Gefahrenbereich aufhält. Ist das nicht möglich, muss die Steuerung so ausgelegt und gebaut sein, dass dem Ingangsetzen ein akustisches und/oder optisches Warnsignal vorgeschaltet ist. Einer gefährdeten Person muss genügend Zeit bleiben, um den Gefahrenbereich zu verlassen oder das Ingangsetzen der Maschine zu verhindern.

Falls erforderlich, ist dafür zu sorgen, dass die Maschine nur von Bedienungsständen aus bedient werden kann, die sich in einer oder mehreren vorher festgelegten Zonen oder an einem oder mehreren vorher festgelegten Standorten befinden.

Sind mehrere Bedienungsplätze vorhanden, so muss die Steuerung so ausgelegt sein, dass die Steuerung jeweils nur von einem Bedienungsplatz aus möglich ist; hiervon ausgenommen sind Befehlseinrichtungen zum Stillsetzen und Nothalt.

Verfügt eine Maschine über mehrere Bedienungsstände, so muss jeder Bedienungsstand mit allen erforderlichen Befehlseinrichtungen ausgestattet sein, wobei auszuschließen ist, dass sich das Bedienungspersonal gegenseitig behindert oder in eine Gefährdungssituation bringt.

1.2.3 Ingangsetzen

Das Ingangsetzen einer Maschine darf nur durch absichtliches Betätigen einer hierfür vorgesehenen Befehlseinrichtung möglich sein. Dies gilt auch

- für das Wiederingangsetzen nach einem Stillstand, ungeachtet der Ursache für diesen Stillstand;
- für eine wesentliche Änderung des Betriebszustands.

Gleichwohl kann das Wiederingangsetzen oder die Änderung des Betriebszustands durch absichtliches Betätigen einer anderen Einrichtung als der hierfür vorgesehenen Befehlseinrichtung möglich sein, sofern dadurch keine Gefährdungssituation entsteht. Bei Maschinen, die im Automatikbetrieb arbeiten, darf das Ingangsetzen oder Wiederingangsetzen nach einer Abschaltung und die Änderung ihres Betriebszustands ohne Bedienereingriff möglich sein, sofern dies nicht zu einer Gefährdungssituation führt.

Verfügt eine Maschine über mehrere Befehlseinrichtungen für das Ingangsetzen und führt dies dazu, dass sich das Bedienungspersonal gegenseitig gefährden kann, so sind zusätzliche Einrichtungen einzubauen, um derartige Risiken auszuschließen. Wenn es aus Sicherheitsgründen erforderlich ist, dass das Ingangsetzen und/oder das Stillsetzen in einer bestimmten Reihenfolge erfolgt, müssen Einrichtungen vorhanden sein, die die Einhaltung der richtigen Abfolge bei diesen Bedienungsvorgängen sicherstellen.

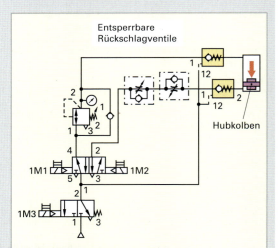

Beispiel: Sicheres Halten einer Last im Notfall und Wiederingangsetzen

1. Bei Stromausfall: 1M3 schaltet ab, dadurch erfolgt kein weiteres Anheben der Last. Der Hubkolben ist durch die entsperrbaren Rückschlagventile gesichert.
2. Druckluftausfall: Die entsperrbaren Rückschlagventile verhindern eine Kolbenbewegung.

   Zum Wiederingangsetzen müssen die Rückschlagventile manuell entsperrt werden.

Bild 1: Wiederingangsetzten (Beispiel)

1.2.4 Stillsetzen

1.2.4.1 Normales Stillsetzen

Maschinen müssen mit einer Befehlseinrichtung zum sicheren Stillsetzen der gesamten Maschine ausgestattet sein. Jeder Arbeitsplatz muss mit einer Befehlseinrichtung ausgestattet sein, mit dem sich entsprechend der Gefährdungslage bestimmte oder alle Funktionen der Maschine stillsetzen lassen, um die Maschine in einen sicheren Zustand zu versetzen.

Der Befehl zum Stillsetzen der Maschine muss Vorrang vor den Befehlen zum Ingangsetzen haben. Sobald die Maschine stillgesetzt ist oder ihre gefährlichen Funktionen stillgesetzt sind, muss die Energieversorgung des betreffenden Antriebs unterbrochen werden.

1.2.4.2 Betriebsbedingtes Stillsetzen

Ist ein Stillsetzen, bei dem die Energieversorgung des Antriebs unterbrochen wird, betriebsbedingt nicht möglich, so muss der Betriebszustand der Stillsetzung überwacht und aufrechterhalten werden.

1.2.4.3 Stillsetzen im Notfall

Jede Maschine muss mit einem oder mehreren NOT-HALT-Befehlsgeräten ausgerüstet sein, durch die eine unmittelbar drohende oder eintretende Gefahr vermieden werden kann. Hiervon ausgenommen sind

- Maschinen, bei denen durch das NOT-HALT-Befehlsgerät das Risiko nicht gemindert werden kann, da das NOT-HALT-Befehlsgerät entweder die Zeit des Stillsetzens nicht verkürzt oder es nicht ermöglicht, besondere, wegen des Risikos erforderliche Maßnahmen zu ergreifen;
- handgehaltene und/oder handgeführte Maschinen.

Das NOT-HALT-Befehlsgerät muss

- deutlich erkennbare, gut sichtbare und schnell zugängliche Stellteile haben;
- den gefährlichen Vorgang möglichst schnell zum Stillstand bringen, ohne dass dadurch zusätzliche Risiken entstehen;
- erforderlichenfalls bestimmte Sicherungsbewegungen auslösen oder ihre Auslösung zulassen.

Wenn das NOT-HALT-Befehlsgerät nach Auslösung eines Haltbefehls nicht mehr betätigt wird, muss dieser Befehl durch die Blockierung des NOT-HALT-Befehlsgeräts bis zu ihrer Freigabe aufrechterhalten bleiben; es darf nicht möglich sein, das Gerät zu blockieren, ohne dass dieses einen Haltbefehl auslöst; das Gerät darf nur durch eine geeignete Betätigung freigegeben werden können; durch die Freigabe darf die Maschine nicht wieder in Gang gesetzt, sondern nur das Wiederingangsetzen ermöglicht werden.

Die NOT-HALT-Funktion muss unabhängig von der Betriebsart jederzeit verfügbar und betriebsbereit sein. NOT-HALT-Befehlsgeräte müssen andere Schutzmaßnahmen ergänzen, aber dürfen nicht an deren Stelle treten.

1.2.4.4 Gesamtheit von Maschinen

Sind Maschinen oder Maschinenteile dazu bestimmt zusammenzuwirken, so müssen sie so konstruiert und gebaut sein, dass die Einrichtungen zum Stillsetzen, einschließlich der NOT-HALT-Befehlsgeräte, nicht nur die Maschine selbst stillsetzen können, sondern auch alle damit verbundenen Einrichtungen, wenn von deren weiterem Betrieb eine Gefahr ausgehen kann.

Der NOT-HALT-Taster unterbricht den Stromkreis des Freigabeschaltkreises einer Maschine.

Bild 1: Robustes NOT-HALT-Befehlsgerät

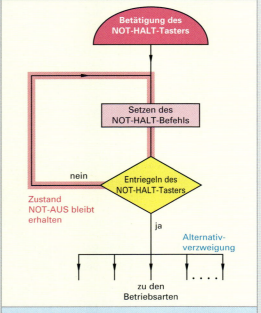

Bild 2: Wiederingangsetzen durch Entriegeln

1.2.5 Wahl der Steuerungs- oder Betriebsarten

Die gewählte Steuerungs- oder Betriebsart muss allen anderen Steuerungs- und Betriebsfunktionen außer dem NOT-HALT übergeordnet sein. Ist die Maschine so konstruiert und gebaut, dass mehrere Steuerungs- oder Betriebsarten mit unterschiedlichen Schutzmaßnahmen und/oder Arbeitsverfahren möglich sind, so muss sie mit einem in jeder Stellung abschließbaren Steuerungs- und Betriebsartenwahlschalter ausgestattet sein. Jede Stellung des Wahlschalters muss deutlich erkennbar sein und darf nur einer Steuerungs- oder Betriebsart entsprechen.

Der Wahlschalter kann durch andere Wahleinrichtungen ersetzt werden, durch die die Nutzung bestimmter Funktionen der Maschine auf bestimmte Personenkreise beschränkt werden kann.

Ist für bestimmte Arbeiten ein Betrieb der Maschine bei geöffneter oder abgenommener trennender Schutzeinrichtung und/oder ausgeschalteter nichttrennender Schutzeinrichtung erforderlich, so sind der entsprechenden Stellung des Steuerungs- und Betriebsartenwahlschalters gleichzeitig folgende Steuerungsvorgaben zuzuordnen:

- Alle anderen Steuerungs- oder Betriebsarten sind nicht möglich;
- der Betrieb gefährlicher Funktionen ist nur möglich, solange die entsprechenden Befehlseinrichtungen betätigt werden;
- der Betrieb gefährlicher Funktionen ist nur unter geringeren Risikobedingungen möglich, und Gefährdungen, die sich aus Befehlsverkettungen ergeben, werden ausgeschaltet;
- der Betrieb gefährlicher Funktionen durch absichtliche oder unabsichtliche Einwirkung auf die Sensoren der Maschine ist nicht möglich.

Können diese vier Voraussetzungen nicht gleichzeitig erfüllt werden, so muss der Steuerungs- oder Betriebsartenwahlschalter andere Schutzmaßnahmen auslösen, die so angelegt und beschaffen sind, dass ein sicherer Arbeitsbereich gewährleistet ist. Vom Betätigungsplatz des Wahlschalters aus müssen sich die jeweils betriebenen Maschinenteile steuern lassen.

1.2.6 Störung der Energieversorgung

Ein Ausfall der Energieversorgung der Maschine, eine Wiederherstellung der Energieversorgung nach einem Ausfall oder eine Änderung der Energieversorgung darf nicht zu gefährlichen Situationen führen (siehe auch Bild 1 Seite 226); insbesondere ist Folgendes zu beachten:

- Die Maschine darf nicht unbeabsichtigt in Gang gesetzt werden können;
- die Parameter der Maschine dürfen sich nicht unkontrolliert ändern können, wenn eine derartige unkontrollierte Änderung zu Gefährdungssituationen führen kann;
- das Stillsetzen der Maschine darf nicht verhindert werden können, wenn der Befehl zum Stillsetzen bereits erteilt wurde;
- ein bewegliches Maschinenteil oder ein von der Maschine gehaltenes Werkstück darf nicht herabfallen oder herausgeschleudert werden können;
- automatisches oder manuelles Stillsetzen von beweglichen Teilen jeglicher Art darf nicht verhindert werden; nichttrennende Schutzeinrichtungen müssen uneingeschränkt funktionsfähig bleiben oder aber einen Befehl zum Stillsetzen auslösen.

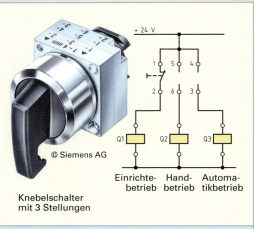

Knebelschalter mit 3 Stellungen

Einrichtebetrieb — Handbetrieb — Automatikbetrieb

Bild 2: Betriebsartenwahlschalter

Die Auswahl der Betriebsart erfolgt durch Stecken eines Transponder-Schlüssels (RFID) und Betätigen der Betriebsartentaste.

Der Tranponder-Schlüssel ist individuell codierbar und ermöglicht die Vergabe individueller Zugangsberechtigungen.

Bild 1: Betriebsartenwahlschalter mit Prüfung der Zugangsberechtigung

1.3 SCHUTZMASSNAHMEN GEGEN MECHANISCHE GEFÄHRDUNGEN

1.3.1 Risiko des Verlusts der Standsicherheit

Die Maschine, ihre Bestandteile und ihre Ausrüstungsteile müssen ausreichend standsicher sein, um ein Umstürzen oder Herabfallen oder eine unkontrollierte Lageveränderung beim Transport, der Montage und der Demontage sowie jeder anderer Betätigung an der Maschine zu vermeiden. Kann aufgrund der Form oder der vorgesehenen Installation der Maschine keine ausreichende Standsicherheit gewährleistet werden, müssen geeignete Befestigungsmittel vorgesehen und in der Betriebsanleitung angegeben werden.

Bild 1: Gefahr des Herausschleuderns bei Demontage

1.3.2 Bruchrisiko beim Betrieb

Die verschiedenen Teile der Maschine und ihre Verbindungen untereinander müssen den bei der Verwendung der Maschine auftretenden Belastungen standhalten.

Die verwendeten Materialien müssen – entsprechend der vom Hersteller vorgesehenen Arbeitsumgebung der Maschine – eine geeignete Festigkeit und Beständigkeit insbesondere in Bezug auf Ermüdung, Alterung, Korrosion und Verschleiß aufweisen.

In der Betriebsanleitung ist anzugeben, welche Inspektionen und Wartungsarbeiten in welchen Abständen aus Sicherheitsgründen durchzuführen sind. Erforderlichenfalls ist anzugeben, welche Teile dem Verschleiß unterliegen und nach welchen Kriterien sie auszutauschen sind. Wenn trotz der ergriffenen Maßnahmen das Risiko des Berstens oder des Bruchs von Teilen weiter besteht, müssen die betreffenden Teile so montiert, angeordnet und/oder gesichert sein, dass Bruchstücke zurückgehalten werden und keine Gefährdungssituationen entstehen.

Starre oder elastische Leitungen, die Fluide insbesondere unter hohem Druck führen, müssen den vorgesehenen inneren und äußeren Belastungen standhalten; sie müssen sicher befestigt und/oder geschützt sein, so dass ein Bruch kein Risiko darstellt. Bei automatischer Zuführung des Werkstücks zum Werkzeug müssen folgende Bedingungen erfüllt sein, um Risiken für Personen zu vermeiden:

- Bei Berührung zwischen Werkzeug und Werkstück muss das Werkzeug seine normalen Arbeitsbedingungen erreicht haben.
- Wird das Werkzeug (absichtlich oder unabsichtlich) in Bewegung gesetzt und/oder angehalten, so müssen Zuführbewegung und Werkzeugbewegung aufeinander abgestimmt sein.

1.3.3 Risiken durch herabfallende oder herausgeschleuderte Gegenstände

Es sind Vorkehrungen zu treffen, um das Herabfallen oder das Herausschleudern von Gegenständen zu vermeiden, von denen ein Risiko ausgehen kann.

1.3.4 Risiken durch Oberflächen, Kanten und Ecken

Zugängliche Maschinenteile dürfen, soweit ihre Funktion es zulässt, keine scharfen Ecken und Kanten und keine rauen Oberflächen aufweisen, die zu Verletzungen führen können.

1.3.5 Risiken durch mehrfach kombinierte Maschinen

Kann die Maschine mehrere unterschiedliche Arbeitsgänge ausführen, wobei zwischen den einzelnen Arbeitsgängen das Werkstück von Hand entnommen wird (mehrfach kombinierte Maschine), so muss sie so konstruiert und gebaut sein, dass jedes Teilsystem auch einzeln betrieben werden kann, ohne dass die übrigen Teilsysteme für gefährdete Personen ein Risiko darstellen. Dazu muss jedes Teilsystem, sofern es nicht gesichert ist, einzeln in Gang gesetzt und stillgesetzt werden können.

1.3.6 Risiken durch Änderung der Verwendungsbedingungen

Können mit der Maschine Arbeiten in verschiedenen Verwendungsbedingungen ausgeführt werden, so muss sie so konstruiert und gebaut sein, dass diese Verwendungsbedingungen gefahrlos und zuverlässig gewählt und eingestellt werden können.

1.3.7 Risiken durch bewegliche Teile

Die beweglichen Teile der Maschine müssen so konstruiert und gebaut sein, dass Unfallrisiken durch Berührung dieser Teile verhindert sind; falls Risiken dennoch bestehen, müssen die beweglichen Teile mit trennenden oder nichttrennenden Schutzeinrichtungen ausgestattet sein.

Es müssen alle erforderlichen Vorkehrungen getroffen werden, um ein ungewolltes Blockieren der beweglichen Arbeitselemente zu verhindern. Kann es trotz dieser Vorkehrungen zu einer Blockierung kommen, so müssen gegebenenfalls die erforderlichen speziellen Schutzeinrichtungen und das erforderliche Spezialwerkzeug mitgeliefert werden, damit sich die Blockierung gefahrlos lösen lässt.

Auf die speziellen Schutzeinrichtungen und deren Verwendung ist in der Betriebsanleitung und nach Möglichkeit auf der Maschine selbst hinzuweisen.

1.3.8 Wahl der Schutzeinrichtungen gegen Risiken durch bewegliche Teile

Die für den Schutz gegen Risiken durch bewegliche Teile verwendeten Schutzeinrichtungen sind entsprechend der jeweiligen Risikoart zu wählen. Die Wahl ist unter Beachtung der nachstehenden Leitlinien zu treffen.

1.3.8.1 Bewegliche Teile der Kraftübertragung

Zum Schutz von Personen gegen Gefährdungen durch bewegliche Teile der Kraftübertragung sind zu verwenden:

- feststehende trennende Schutzeinrichtungen gemäß Nummer 1.4.2.1 oder
- bewegliche trennende Schutzeinrichtungen mit Verriegelung gemäß Nummer 1.4.2.2. Die letztgenannte Lösung ist zu wählen, wenn häufige Eingriffe vorgesehen sind.

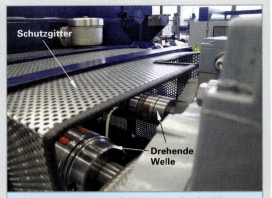

Bild 1: Schutz gegen Gefährdung durch sich drehende Wellen

1.3.8.2 Bewegliche Teile, die am Arbeitsprozess beteiligt sind

Zum Schutz von Personen gegen Gefährdungen durch bewegliche Teile, die am Arbeitsprozess beteiligt sind, sind zu verwenden:

- feststehende trennende Schutzeinrichtungen gemäß Nummer 1.4.2.1 oder
- bewegliche trennende Schutzeinrichtungen mit Verriegelung gemäß Nummer 1.4.2.2 oder
- nichttrennende Schutzeinrichtungen gemäß Nummer 1.4.3 oder
- eine Kombination dieser Lösungen.

Können jedoch bestimmte direkt am Arbeitsprozess beteiligte bewegliche Teile während ihres Betriebes aufgrund von Arbeiten, die das Eingreifen des Bedienungspersonals erfordern, nicht vollständig unzugänglich gemacht werden, so müssen diese Teile versehen sein mit

- feststehenden trennenden Schutzeinrichtungen oder beweglichen trennenden Schutzeinrichtungen mit Verriegelung, die die für den Arbeitsgang nicht benutzten Teile unzugänglich machen, und
- verstellbaren trennenden Schutzeinrichtungen gemäß Nummer 1.4.2.3, die den Zugang zu den beweglichen Teilen auf die Abschnitte beschränken, zu denen ein Zugang erforderlich ist.

Bild 2: Umzäunung zum Schutz vor bewegten Werkzeugen

1.3.9 Risiko unkontrollierter Bewegungen

Es muss verhindert werden, dass sich aus gleich welcher Ursache ein stillgesetztes Maschinenteil ohne Betätigung der Stellteile aus seiner Ruhestellung bewegt, oder diese Bewegung darf keine Gefährdung darstellen.

Bild 3: Verstellbar trennende Schutzeinrichtung an einem Winkelschleifer

1.4 ANFORDERUNGEN AN SCHUTZEINRICHTUNGEN

1.4.1 Allgemeine Anforderungen

Trennende und nichttrennende Schutzeinrichtungen

- müssen stabil gebaut sein,
- müssen sicher in Position gehalten werden,
- dürfen keine zusätzlichen Gefährdungen verursachen,
- dürfen nicht auf einfache Weise umgangen oder unwirksam gemacht werden können,
- müssen ausreichend Abstand zum Gefahrenbereich haben,
- dürfen die Beobachtung des Arbeitsvorgangs nicht mehr als unvermeidbar einschränken und
- müssen die für das Einsetzen und/oder den Wechsel der Werkzeuge und zu Wartungszwecken erforderlichen Eingriffe möglichst ohne Abnahme der Außerbetriebnahme der Schutzeinrichtungen zulassen, wobei der Zugang ausschließlich auf den für die Arbeit notwendigen Bereich beschränkt sein muss. Ferner müssen trennende Schutzeinrichtungen nach Möglichkeit vor einem Herausschleudern oder Herabfallen von Werkstoffen und Gegenständen sowie vor den von der Maschine verursachten Emissionen (**Bild 1**) schützen.

1.4.2 Besondere Anforderungen an trennende Schutzeinrichtungen

1.4.2.1 Feststehende trennende Schutzeinrichtungen

Die Befestigungen feststehender trennender Schutzeinrichtungen dürfen sich nur mit Werkzeugen lösen oder abnehmen lassen. Die Befestigungsmittel müssen nach dem Abnehmen der Schutzeinrichtungen mit den Schutzeinrichtungen oder mit der Maschine verbunden bleiben. Soweit möglich dürfen trennende Schutzeinrichtungen nach Lösen der Befestigungsmittel nicht in der Schutzstellung verbleiben.

1.4.2.2 Bewegliche trennende Schutzeinrichtungen mit Verriegelung

Bewegliche trennende Schutzeinrichtungen mit Verriegelung müssen

- soweit möglich, mit der Maschine verbunden bleiben, wenn sie geöffnet sind,
- so konstruiert und gebaut sein, dass sie nur durch eine absichtliche Handlung eingestellt werden können.

Bewegliche trennende Schutzeinrichtungen mit Verriegelung müssen mit einer Verriegelungseinrichtung verbunden sein,

- die das Ingangsetzen der gefährlichen Maschinenfunktionen verhindert, bis die Schutzeinrichtung geschlossen ist, und
- die einen Befehl zum Stillsetzen auslöst, wenn die Schutzeinrichtungen nicht mehr geschlossen sind.

Besteht die Möglichkeit, dass das Bedienungspersonal den Gefahrenbereich erreicht, bevor die durch die gefährlichen Maschinenfunktionen verursachten Risiken nicht mehr bestehen, so müssen bewegliche trennen-

de Schutzeinrichtungen zusätzlich zu der Verriegelungseinrichtung mit einer Zuhaltung ausgerüstet sein,

- die das Ingangsetzen der gefährlichen Maschinenfunktionen verhindert, bis die Schutzeinrichtung geschlossen und verriegelt ist, und
- die die Schutzeinrichtung in geschlossener und verriegelter Stellung hält, bis das Risiko von Verletzungen aufgrund gefährlicher Funktionen der Maschine nicht mehr besteht.

Bewegliche trennende Schutzeinrichtungen mit Verriegelung müssen so konstruiert sein, dass bei Fehlen oder Störung eines ihrer Bestandteile das Ingangsetzen gefährlicher Maschinenfunktionen verhindert wird oder diese stillgesetzt werden.

1.4.2.3 Zugangsbeschränkende verstellbare Schutzeinrichtungen

Verstellbare Schutzeinrichtungen, die den Zugang auf die für die Arbeit unbedingt notwendigen beweglichen Teile beschränken, müssen

- je nach Art der Arbeit manuell oder automatisch verstellbar sein und
- leicht und ohne Werkzeug verstellt werden können.

1.4.3 Besondere Anforderungen an nichttrennende Schutzeinrichtungen

Nichttrennende Schutzeinrichtungen müssen so konstruiert und in die Steuerung der Maschine integriert sein, dass

- die beweglichen Teile nicht in Gang gesetzt werden können, solange sie vom Bedienungspersonal erreicht werden können,
- Personen die beweglichen Teile nicht erreichen können, solange diese Teile in Bewegung sind, und
- bei Fehlen oder Störung eines ihrer Bestandteile das Ingangsetzen der beweglichen Teile verhindert wird oder die beweglichen Teile stillgesetzt werden.

Ihre Einstellung darf nur durch eine absichtliche Handlung möglich sein.

Bild 1: Trennende bewegliche Schutzeinrichtung, Schutz vor Strahlung

1.5 RISIKEN DURCH SONSTIGE GEFÄHRDUNGEN

1.5.1 Elektrische Energieversorgung

Eine mit elektrischer Energie versorgte Maschine muss so konstruiert, gebaut und ausgerüstet sein, dass alle von Elektrizität ausgehenden Gefährdungen vermieden werden oder vermieden werden können.
Die Schutzziele der Richtlinie 73/23/EWG gelten für Maschinen. In Bezug auf die Gefährdungen, die von elektrischem Strom ausgehen, werden die Verpflichtungen betreffend die Konformitätsbewertung und das Inverkehrbringen und/oder die Inbetriebnahme von Maschinen jedoch ausschließlich durch die vorliegende Richtlinie geregelt.

1.5.2 Statische Elektrizität

Die Maschine muss so konstruiert und gebaut sein, dass eine möglicherweise gefährliche elektrostatische Aufladung vermieden oder begrenzt wird, und/oder mit Einrichtungen zum Ableiten solcher Ladungen ausgestattet sein.

1.5.3 Nichtelektrische Energieversorgung

Eine mit einer nichtelektrischen Energiequelle betriebene Maschine muss so konstruiert, gebaut und ausgerüstet sein, dass alle von dieser Energiequelle ausgehenden potenziellen Risiken vermieden werden.

1.5.4 Montagefehler

Fehler bei der Montage oder erneuten Montage bestimmter Teile, die ein Risiko verursachen könnten, müssen durch die Konstruktion und Bauart dieser Teile unmöglich gemacht oder andernfalls durch Hinweise auf den Teilen selbst und/oder auf ihrem Gehäuse verhindert werden. Die gleichen Hinweise müssen auf beweglichen Teilen und/oder auf ihrem Gehäuse angebracht sein, wenn die Kenntnis von der Bewegungsrichtung für die Vermeidung eines Risikos notwendig ist. Erforderlichenfalls sind in der Betriebsanleitung zusätzliche Angaben zu diesen Risiken zu machen.

Kann ein fehlerhafter Anschluss ein Risiko verursachen, so muss dies durch die Bauart der Anschlussteile unmöglich gemacht oder andernfalls durch Hinweise auf zu verbindenden Teilen und gegebenenfalls auf den Verbindungsmitteln unmöglich gemacht werden.

1.5.5 Extreme Temperaturen

Jedes Risiko einer Verletzung durch Berührung von heißen oder sehr kalten Maschinenteilen oder Materialien oder durch Aufenthalt in ihrer Nähe muss durch geeignete Vorkehrungen ausgeschlossen werden. Es sind die notwendigen Vorkehrungen zur Vermeidung von Spritzern von heißen oder sehr kalten Materialien oder zum Schutz vor derartigen Spritzern zu treffen.

1.5.6 Brand

Die Maschine muss so konstruiert und gebaut sein, dass jedes Brand- und Überhitzungsrisiko vermieden wird, das von der Maschine selbst oder von Gasen, Flüssigkeiten, Stäuben, Dämpfen und anderen von der Maschine freigesetzten oder verwendeten Stoffen ausgeht.

1.5.7 Explosion

Die Maschine muss so konstruiert und gebaut sein, dass jedes Explosionsrisiko vermieden wird, das von der Maschine selbst oder von Gasen, Flüssigkeiten, Stäuben, Dämpfen und anderen von der Maschine freigesetzten oder verwendeten Stoffen ausgeht. Hinsichtlich des Explosionsrisikos, das sich aus dem Einsatz der Maschine in einer explosionsgefährdeten Umgebung ergibt, muss die Maschine den hierfür geltenden speziellen Gemeinschaftsrichtlinien entsprechen.

1.5.8. Lärm

Die Maschine muss so konstruiert und gebaut sein, dass Risiken durch Luftschallemission insbesondere an der Quelle so weit gemindert werden, wie es nach dem Stand des technischen Fortschritts und mit den zur Lärmminderung verfügbaren Mitteln möglich ist. Der Schallemissionspegel kann durch Bezugnahme auf Vergleichsemissionsdaten für ähnliche Maschinen bewertet werden.

1.5.9 Vibrationen

Die Maschine muss so konstruiert und gebaut sein, dass Risiken durch Maschinenvibrationen insbesondere an der Quelle so weit gemindert werden, wie es nach dem Stand des technischen Fortschritts und mit den zur Verringerung von Vibrationen verfügbaren Mitteln möglich ist. Der Vibrationspegel kann durch Bezugnahme auf Vergleichsemissionsdaten für ähnliche Maschinen bewertet werden.

1.5.10 Strahlung

Unerwünschte Strahlungsemissionen der Maschine müssen ausgeschlossen oder so weit verringert werden, dass sie keine schädlichen Auswirkungen für den Menschen haben. Alle funktionsbedingten Emissionen von ionisierender Strahlung sind auf das niedrigste Niveau zu begrenzen, das für das ordnungsgemäße Funktionieren der Maschine während des Einrichtens, des Betriebs und der Reinigung erforderlich ist. Besteht ein Risiko, so sind die notwendigen Schutzmaßnahmen zu ergreifen. Alle funktionsbedingten Emissionen von nicht ionisierender Strahlung während der Einstellung, des Betriebsoder der Reinigung müssen so weit begrenzt werden, dass sie keine schädlichen Auswirkungen für den Menschen haben.

1.5.11 Strahlung von außen

Die Maschine muss so konstruiert und gebaut sein, dass ihre Funktion durch Strahlung von außen nicht beeinträchtigt wird.

1.5.12 Laserstrahlung

Bei Verwendung von Lasereinrichtungen ist Folgendes zu beachten:

- Lasereinrichtungen an Maschinen müssen so konstruiert und gebaut sein, dass sie keine unbeabsichtigte Strahlung abgeben können.
- Lasereinrichtungen an Maschinen müssen so abgeschirmt sein, dass weder durch die Nutzstrahlung noch durch reflektierte oder gestreute Strahlung noch durch Sekundärstrahlung Gesundheitsschäden verursacht werden.
- Optische Einrichtungen zur Beobachtung oder Einstellung von Lasereinrichtungen an Maschinen müssen so beschaffen sein, dass durch die Laserstrahlung kein Gesundheitsrisiko verursacht wird.

1.5.13 Emission gefährlicher Werkstoffe und Substanzen

Die Maschine muss so konstruiert und gebaut sein, dass das Risiko des Einatmens, des Verschluckens, des Kontaktes mit Haut, Augen und Schleimhäuten sowie des Eindringens von gefährlichen Werkstoffen und von der Maschine erzeugten Substanzen durch die Haut vermieden werden kann. Kann eine Gefährdung nicht beseitigt werden, so muss die Maschine so ausgerüstet sein, dass gefährliche Werkstoffe und Substanzen aufgefangen, abgeführt, durch Sprühwasser ausgefällt, gefiltert oder durch ein anderes ebenso wirksames Verfahren behandelt werden können. Ist die Maschine im Normalbetrieb nicht vollkommen geschlossen, so sind die Einrichtungen zum Auffangen und/oder Abführen so anzuordnen, dass sie die größtmögliche Wirkung entfalten.

1.5.14 Risiko, in einer Maschine eingeschlossen zu werden

Die Maschine muss so konstruiert, gebaut oder ausgerüstet sein, dass eine Person nicht in ihr eingeschlossen wird oder, falls das nicht möglich ist, dass eine eingeschlossene Person Hilfe herbeirufen kann.

1.5.15 Ausrutsch-, Stolper- und Sturzrisiko

Die Teile der Maschine, auf denen Personen sich eventuell bewegen oder aufhalten müssen, müssen so konstruiert und gebaut sein, dass ein Ausrutschen, Stolpern oder ein Sturz auf oder von diesen Teilen vermieden wird.

Diese Teile müssen erforderlichenfalls mit Haltevorrichtungen ausgestattet sein, die benutzerbezogen angebracht sind und dem Benutzer einen sicheren Halt ermöglichen.

1.5.16 Blitzschlag

Maschinen, die während ihrer Verwendung vor der Auswirkung von Blitzschlag geschützt werden müssen, sind mit einem Erdungssystem zur Ableitung der betreffenden elektrischen Ladung auszustatten.

Bild 1: Beobachtungsfenster mit Schutzglas gegen Laserstrahlung (Detail: Angabe der Wellenlängenbereiche in nm und der Schutzwerte)

Bild 2: Hinweisschild auf Laserstrahlung an einem Scanner

Bild 3: Geländer an einer Laseranlage zum Schutz gegen Sturz

1.6 INSTANDHALTUNG

1.6.1 Wartung der Maschine

Die Einrichtungs- und Wartungsstellen müssen außerhalb der Gefahrenbereiche liegen. Die Einrichtungs-, Instandhaltungs-, Reparatur-, Reinigungs- und Wartungsarbeiten müssen bei stillgesetzter Maschine durchgeführt werden können. Kann mindestens eine der vorgenannten Bedingungen aus technischen Gründen nicht erfüllt werden, so sind die erforderlichen Maßnahmen zu ergreifen, damit diese Arbeiten sicher ausgeführt werden können (siehe Nummer 1.2.5).

Bei automatischen Maschinen und gegebenenfalls bei anderen Maschinen ist eine Schnittstelle zum Anschluss einer Fehlerdiagnoseeinrichtung vorzusehen. Teile von automatischen Maschinen, die häufig ausgewechselt werden müssen, sind für einfache und gefahrlose Montage und Demontage auszulegen. Der Zugang zu diesen Teilen ist so zu gestalten, dass diese Arbeiten mit den notwendigen technischen Hilfsmitteln nach einem festgelegten Verfahren durchgeführt werden können.

1.6.2 Zugang zu den Bedienungsständen und den Eingriffspunkten für die Instandhaltung

Die Maschine muss so konstruiert und gebaut sein, dass alle Stellen, die für den Betrieb, das Einrichten und die Instandhaltung der Maschine zugänglich sein müssen, gefahrlos erreicht werden können.

1.6.3 Trennung von den Energiequellen

Die Maschine muss mit Einrichtungen ausgestattet sein, mit denen sie von jeder einzelnen Energiequelle getrennt werden kann. Diese Einrichtungen sind klar zu kennzeichnen. Sie müssen abschließbar sein, falls eine Wiedereinschaltung eine Gefahr für Personen verursachen kann. Die Trenneinrichtung muss auch abschließbar sein, wenn das Bedienungspersonal die permanente Unterbrechung der Energiezufuhr nicht von jeder Zugangsstelle aus überwachen kann.

Bei elektrisch betriebenen Maschinen, die über eine Steckverbindung angeschlossen sind, genügt die Trennung der Steckverbindung, sofern das Bedienungspersonal die permanente Trennung der Steckverbindung von jeder Zugangsstelle aus überwachen kann. Die Restenergie oder die gespeicherte Energie, die nach der Unterbrechung der Energiezufuhr noch vorhanden sein kann, muss ohne Risiko für Personen abgeleitet werden können.

Abweichend von den vorstehenden Anforderungen ist es zulässig, dass bestimmte Kreise nicht von ihrer Energiequelle getrennt werden, z. B. um Teile in ihrer Position zu halten, um Daten zu sichern oder um die Beleuchtung innen liegender Teile zu ermöglichen. In diesem Fall müssen besondere Vorkehrungen getroffen werden, um die Sicherheit des Bedienungspersonals zu gewährleisten.

1.6.4 Eingriffe des Bedienungspersonals

Die Maschine muss so konstruiert, gebaut und ausgerüstet sein, dass sich möglichst wenig Anlässe für ein Eingreifen des Bedienungspersonals ergeben. Kann ein Eingriff des Bedienungspersonals nicht vermieden werden, so muss es leicht und sicher auszuführen sein.

1.6.5 Reinigung innen liegender Maschinenteile

Die Maschine muss so konstruiert und gebaut sein, dass die Reinigung innen liegender Maschinenteile, die gefährliche Stoffe oder Zubereitungen enthalten haben, möglich ist, ohne dass ein Einsteigen in die Maschine erforderlich ist; ebenso müssen diese Stoffe und Zubereitungen, falls erforderlich, von außen abgelassen werden können. Lässt sich das Einsteigen in die Maschine nicht vermeiden, so muss die Maschine so konstruiert und gebaut sein, dass eine gefahrlose Reinigung möglich ist.

Sicherheit bei Wartungsarbeiten an einer Windkraftanlage durch:
- Hinreichenden Platz,
- Sicherheitsgurte und Sicherungsseile,
- Schutzhelme mit LED-Lampen,
- Handschuhe,
- Sicherheitsweste in Signalfarbe,
- Schutzkleidung.

Bild 1: Servicearbeiten an einer 2,3-MW-Windkraftturbine

1.7 INFORMATIONEN

1.7.1 Informationen und Warnhinweise an der Maschine

Informationen und Warnhinweise an der Maschine sollten vorzugsweise in Form leicht verständlicher Symbole oder Piktogramme gegeben werden. Alle schriftlichen oder verbalen Informationen und Warnhinweise müssen in der bzw. den Amtssprachen der Gemeinschaft abgefasst sein, die gemäß dem Vertrag von dem Mitgliedstaat, in dem die Maschinen in den Verkehr gebracht und/oder in Betrieb genommen wird, bestimmt werden kann bzw. können, und auf Verlangen können sie zusätzlich auch in jeder anderen vom Bedienungspersonal verstandenen Amtssprache bzw. Amtssprachen der Gemeinschaft abgefasst sein.

1.7.1.1 Informationen und Informationseinrichtungen

Die für die Bedienung einer Maschine erforderlichen Informationen müssen eindeutig und leicht verständlich sein. Dabei ist darauf zu achten, dass das Bedienungspersonal nicht mit Informationen überlastet wird.

Optische Anzeigeeinrichtungen oder andere interaktive Mittel für die Kommunikation zwischen dem Bedienungspersonal und der Maschine müssen leicht zu verstehen sein und leicht zu benutzen sein.

1.7.1.2 Warneinrichtungen

Wenn Sicherheit und Gesundheit der gefährdeten Personen durch Funktionsstörungen einer Maschine, deren Betrieb nicht überwacht wird, beeinträchtigt werden können, muss die Maschine mit einer entsprechenden akustischen oder optischen Warnvorrichtung versehen sein.

Ist die Maschine mit Warneinrichtungen ausgestattet, so müssen deren Signale eindeutig zu verstehen und leicht wahrnehmbar sein. Das Bedienungspersonal muss über Möglichkeiten verfügen, um die ständige Funktionsbereitschaft dieser Warneinrichtungen zu überprüfen.

Die Vorschriften der speziellen Gemeinschaftsrichtlinien über Sicherheitsfarben und -zeichen sind anzuwenden.

1.7.2 Warnung vor Restrisiken

Bestehen trotz der Maßnahmen zur Integration der Sicherheit bei der Konstruktion, trotz der Sicherheitsvorkehrungen und trotz der ergänzenden Schutzmaßnahmen weiterhin Risiken, so sind die erforderlichen Warnhinweise, einschließlich Warneinrichtungen, vorzusehen.

1.7.3 Kennzeichnung der Maschinen

Auf jeder Maschine müssen mindestens folgende Angaben erkennbar, deutlich lesbar und dauerhaft angebracht sein:

- Firmenname und vollständige Anschrift des Herstellers und gegebenenfalls seines Bevollmächtigten,
- Bezeichnung der Maschine, CE-Kennzeichnung (siehe Anhang III),
- Baureihen- oder Typbezeichnung,
- gegebenenfalls Seriennummer,
- Baujahr, d. h. das Jahr, in dem der Herstellungsprozess abgeschlossen wurde.

Es ist untersagt, bei der Anbringung der CE-Kennzeichnung das Baujahr der Maschine vor- oder nachzudatieren. Ist die Maschine für den Einsatz in explosionsgefährdeter Umgebung konstruiert und gebaut, muss sie einen entsprechenden Hinweis tragen.

Je nach Beschaffenheit müssen auf der Maschine ebenfalls alle für die Sicherheit bei der Verwendung wesentlichen Hinweise angebracht sein. Diese Hinweise unterliegen den Anforderungen der Nummer 1.7.1.

Muss ein Maschinenteil während der Benutzung mit Hebezeugen gehandhabt werden, so ist sein Gewicht leserlich, dauerhaft und eindeutig anzugeben.

Bild 1: Piktogramm auf Gefahrensymbol

Bild 2: Kennzeichnung einer Maschine (Beispiel)

1.7.4 Betriebsanleitung

Jeder Maschine muss eine Betriebsanleitung in der oder den Amtssprachen der Gemeinschaft des Mitgliedstaats beiliegen, in dem die Maschine in Verkehr gebracht und/oder in Betrieb genommen wird.

Die der Maschine beiliegende Betriebsanleitung muss eine „Originalbetriebsanleitung" oder eine „Übersetzung der Originalbetriebsanleitung" sein; im letzteren Fall ist der Übersetzung die Originalbetriebsanleitung beizufügen.

Abweichend von den vorstehenden Bestimmungen kann die Wartungsanleitung, die zur Verwendung durch vom Hersteller oder von seinem Bevollmächtigten beauftragtes Fachpersonal bestimmt ist, in nur einer Sprache der Gemeinschaft abgefasst werden, die von diesem Fachpersonal verstanden wird. Die Betriebsanleitung ist nach den im Folgenden genannten Grundsätzen abzufassen.

1.7.4.1 Allgemeine Grundsätze für die Abfassung der Betriebsanleitung

a) Die Betriebsanleitung muss in einer oder mehreren Amtssprachen der Gemeinschaft abgefasst sein. Die Sprachfassungen, für die der Hersteller oder sein Bevollmächtigter die Verantwortung übernimmt, müssen mit dem Vermerk „Originalbetriebsanleitung" versehen sein.

b) Ist keine Originalbetriebsanleitung in der bzw. den Amtssprachen des Verwendungslandes vorhanden, hat der Hersteller oder derjenige, der die Maschine in das betreffende Sprachgebiet einführt, für eine Übersetzung in diese Sprache(n) zu sorgen. Diese Übersetzung ist mit dem Vermerk „Übersetzung der Originalbetriebsanleitung" zu kennzeichnen.

c) Der Inhalt der Betriebsanleitung muss nicht nur die bestimmungsgemäße Verwendung der betreffenden Maschine berücksichtigen, sondern auch jede vernünftigerweise vorhersehbare Fehlanwendung der Maschine.

d) Bei der Abfassung und Gestaltung der Betriebsanleitung für Maschinen, die zur Verwendung durch Verbraucher bestimmt sind, muss dem allgemeinen Wissensstand und der Verständnisfähigkeit Rechnung getragen werden, die vernünftigerweise von solchen Benutzern erwartet werden können.

1.7.4.2 Inhalt der Betriebsanleitung

Jede Betriebsanleitung muss erforderlichenfalls folgende Mindestangaben enthalten:

a) **Firmenname** und vollständige **Anschrift** des Herstellers und seines Bevollmächtigten;

b) **Bezeichnung der Maschine** entsprechend der Angabe auf der Maschine selbst, ausgenommen die Seriennummer (siehe Nummer 1.7.3);

c) die **EG-Konformitätserklärung** oder ein Dokument, das die EG-Konformitätserklärung inhaltlich wiedergibt und Einzelangaben der Maschine enthält, das aber nicht zwangsläufig auch die Seriennummer und die Unterschrift enthalten muss;

d) eine **allgemeine Beschreibung** der Maschine;

e) die für **Verwendung, Wartung und Instandsetzung** der Maschine und zur Überprüfung ihres ordnungsgemäßen Funktionierens erforderlichen **Zeichnungen, Schaltpläne**, Beschreibungen und Erläuterungen;

f) eine **Beschreibung des Arbeitsplatzes** bzw. der Arbeitsplätze, die voraussichtlich vom Bedienungspersonal eingenommen werden;

g) eine Beschreibung der **bestimmungsgemäßen Verwendung** der Maschine;

h) **Warnhinweise in Bezug auf Fehlanwendungen** der Maschine, zu denen es erfahrungsgemäß kommen kann;

i) **Anleitungen zur Montage, zum Aufbau** und zum **Anschluss** der Maschine, einschließlich der Zeichnungen, Schaltpläne und der Befestigungen, sowie Angabe des Maschinengestells oder der Anlage, auf das bzw. in die die Maschine montiert werden soll;

j) **Installations- und Montagevorschriften zur Verminderung von Lärm und Vibrationen**;

k) **Hinweise zur Inbetriebnahme** und zum **Betrieb** der Maschine sowie erforderlichenfalls Hinweise zur **Ausbildung** bzw. Einarbeitung des Bedienungspersonals;

l) Angaben zu **Restrisiken**, die trotz der Maßnahmen zur Integration der Sicherheit bei der Konstruktion, trotz der Sicherheitsvorkehrungen und trotz der ergänzenden Schutzmaßnahmen noch verbleiben;

m) **Anleitung** für die vom Benutzer zu treffenden **Schutzmaßnahmen**, gegebenenfalls einschließlich der bereitzustellenden **persönlichen Schutzausrüstung**;

n) die wesentlichen **Merkmale der Werkzeuge**, die an der Maschine angebracht werden können;

o) Bedingungen, unter denen die Maschine die Anforderungen an die **Standsicherheit** beim Betrieb, beim Transport, bei der Montage, bei der Demontage, wenn sie außer Betrieb ist, bei Prüfungen sowie bei vorhersehbaren Störungen erfüllt;

p) **Sicherheitshinweise zum Transport, zur Handhabung** und zur Lagerung, mit **Angabe des Gewichts** der Maschine und ihrer verschiedenen Bauteile, falls sie regelmäßig getrennt transportiert werden müssen;

q) **bei Unfällen oder Störungen erforderliches Vorgehen**; falls es zu einer Blockierung kommen kann, ist in der Betriebsanleitung anzugeben, wie zum gefahrlosen Lösen der Blockierung vorzugehen ist;

r) **Beschreibung** der vom Benutzer durchzuführenden **Einrichtungs- und Wartungsarbeiten** sowie der zu treffenden vorbeugenden Wartungsmaßnahmen;

s) **Anweisungen zum sicheren Einrichten und Warten** einschließlich der dabei zu treffenden Schutzmaßnahmen;

t) **Spezifikationen der zu verwendenden Ersatzteile**, wenn diese sich auf die Sicherheit und Gesundheit des Bedienungspersonals auswirken;

u) folgende Angaben zur **Luftschallemission der Maschine**:

- der **A-bewertete Emissionsschalldruckpegel** an den Arbeitsplätzen, sofern er **70 dB(A) übersteigt**;
- ist dieser Pegel kleiner oder gleich 70 dB(A), so ist dies anzugeben;
- der **Höchstwert** des momentanen C-bewerteten **Emissionsschalldruckpegels** an den Arbeitsplätzen, sofern er 63 Pa (130 dB bezogen auf 20 µPa) übersteigt;
- der **A-bewertete Schallleistungspegel** der Maschine, wenn der A-bewertete Emissionsschalldruckpegel an den Arbeitsplätzen **80 dB(A) übersteigt**.

Diese Werte müssen entweder an der betreffenden Maschine tatsächlich gemessen oder durch Messung an einer technisch vergleichbaren, für die geplante Fertigung repräsentativen Maschine ermittelt worden sein. Bei Maschinen mit sehr großen Abmessungen können statt des A-bewerteten Schallleistungspegels die A-bewerteten Emissionsschalldruckpegel an bestimmten Stellen im Maschinenumfeld angegeben werden.

Kommen keine harmonisierten Normen zur Anwendung, ist zur Ermittlung der Geräuschemission nach der dafür am besten geeigneten Messmethode zu verfahren.

Bei jeder Angabe von Schallemissionswerten ist die für diese Werte bestehende Unsicherheit anzugeben. Die Betriebsbedingungen der Maschine während der Messung und die Messmethode sind zu beschreiben.

Wenn der Arbeitsplatz bzw. die Arbeitsplätze nicht festgelegt sind oder sich nicht festlegen lassen, müssen die Messungen des A-bewerteten Schalldruckpegels in einem Abstand von 1 m von der Maschinenoberfläche und 1,60 m über dem Boden oder der Zugangsplattform vorgenommen werden. Der höchste Emissionsschalldruckpegel und der zugehörige Messpunkt sind anzugebenq.

Enthalten spezielle Gemeinschaftsrichtlinien andere Bestimmungen zur Messung des Schalldruck- oder Schallleistungspegels, so gelten die Bestimmungen dieser speziellen Richtlinien und nicht die entsprechenden Bestimmungen der vorliegenden Richtlinie.

v) Kann die Maschine nichtionisierende Strahlung abgeben, die Personen, insbesondere Träger aktiver oder nicht aktiver implantierbarer medizinischer Geräte, schädigen kann, so sind **Angaben über die Strahlung** zu machen, der das Bedienungspersonal und gefährdete Personen ausgesetzt sind.

1.7.4.3 Verkaufsprospekte

Verkaufsprospekte, in denen die Maschine beschrieben wird, dürfen in Bezug auf die Sicherheits- und Gesundheitsschutzaspekte nicht der Betriebsanleitung widersprechen. Verkaufsprospekte, in denen die Leistungsmerkmale der Maschine beschrieben werden, müssen die gleichen Angaben zu Emissionen enthalten wie die Betriebsanleitung.

2 ZUSÄTZLICHE GRUNDLEGENDE SICHERHEITS- UND GESUNDHEITSSCHUTZANFORDERUNGEN AN BESTIMMTE MASCHINENGATTUNGEN

Nahrungsmittelmaschinen, Maschinen für kosmetische oder pharmazeutische Erzeugnisse, handgehaltene und/oder handgeführte Maschinen, tragbare Befestigungsgeräte und andere Schussgeräte sowie Maschinen zur Bearbeitung von Holz und von Werkstoffen mit ähnlichen physikalischen Eigenschaften müssen alle in diesem Kapitel genannten grundlegenden Sicherheits- und Gesundheitsschutzanforderungen erfüllen (siehe Allgemeine Grundsätze, Nummer 4).

2.1 NAHRUNGSMITTELMASCHINEN UND MASCHINEN FÜR KOSMETISCHE ODER PHARMAZEUTISCHE ERZEUGNISSE

2.1.1 Allgemeines

Maschinen, die für die Verwendung mit Lebensmitteln oder mit kosmetischen oder pharmazeutischen Erzeugnissen bestimmt sind, müssen so konstruiert und gebaut sein, dass das Risiko einer Infektion, Krankheit oder Ansteckung ausgeschlossen ist. Folgende Anforderungen sind zu beachten:

a) Die Materialien, die mit Lebensmitteln, kosmetischen oder pharmazeutischen Erzeugnissen in Berührung kommen oder kommen können, müssen den einschlägigen Richtlinien entsprechen. Die Maschine muss so konstruiert und gebaut sein, dass diese Materialien vor **jeder Benutzung gereinigt werden können**; ist dies nicht möglich, sind Einwegteile zu verwenden.

b) Alle mit Lebensmitteln, kosmetischen oder pharmazeutischen Erzeugnissen in Berührung kommenden Flächen mit Ausnahme der Flächen von Einwegteilen müssen

- glatt sein und dürfen keine Erhöhungen und Vertiefungen aufweisen, an denen organische Stoffe zurückbleiben können; das Gleiche gilt für Verbindungsstellen zwischen Flächen,
- so gestaltet und gefertigt sein, dass Vorsprünge, Kanten und Aussparungen an Bauteilen auf ein Minimum reduziert werden,
- leicht zu reinigen und zu desinfizieren sein, erforderlichenfalls nach Abnehmen leicht demontierbarer Teile; die Innenflächen müssen Ausrundungen mit ausreichendem Radius aufweisen, damit sie vollständig gereinigt werden können.

c) Von Lebensmitteln, kosmetischen und pharmazeutischen Erzeugnissen sowie von Reinigungs-, Desinfektions- und Spülmitteln stammende Flüssigkeiten, Gase und Aerosole müssen vollständig aus der Maschine abgeleitet werden können (möglichst in Reinigungsstellung).

d) **Die Maschine muss so konstruiert und gebaut sein, dass in Bereiche, die nicht zur Reinigung zugänglich sind, keine Substanzen oder Lebewesen, insbesondere Insekten, eindringen können und dass sich darin keine organischen Bestandteile festsetzen können.**

e) **Die Maschine muss so konstruiert und gebaut sein, dass gesundheitsgefährliche Betriebsstoffe, einschließlich Schmiermittel, nicht mit den Lebensmitteln, kosmetischen oder pharmazeutischen Erzeugnissen in Berührung kommen können. Sie muss gegebenenfalls so konstruiert und gebaut sein, dass die fortdauernde Erfüllung dieser Anforderung überprüft werden kann.**

2.1.2 Betriebsanleitung

In der Betriebsanleitung für Nahrungsmittelmaschinen und für Maschinen zur Verwendung mit kosmetischen oder pharmazeutischen Erzeugnissen müssen die empfohlenen Reinigungs-, Desinfektions- und Spülmittel und -verfahren angegeben werden, und zwar nicht nur für die leicht zugänglichen Bereiche, sondern auch für Bereiche, zu denen ein Zugang unmöglich oder nicht ratsam ist.

Bild 1: Verpackungslinie in der Pharma-Herstellung

Bild 2: Inhalettentrocknung in der Pharma-Herstellung

2.2 HANDGEHALTENE UND/ODER HANDGEFÜHRTE TRAGBARE MASCHINEN

2.2.1 Allgemeines

Handgehaltene und/oder handgeführte tragbare Maschinen müssen

- je nach Art der Maschine eine ausreichend große Auflagefläche und eine ausreichende Zahl von angemessen dimensionierten Griffen und Halterungen besitzen, die so gestaltet sein müssen, dass die Stabilität der Maschine bei bestimmungsgemäßer Verwendung gewährleistet ist,
- falls die Griffe nicht ohne Gefahr losgelassen werden können, mit Stellteilen zum Ingangsetzen und Stillsetzen ausgestattet sein, die so angeordnet sind, dass sie ohne Loslassen der Griffe betätigt werden können; dies gilt jedoch nicht, wenn diese Anforderung technisch nicht erfüllbar ist oder wenn ein unabhängiges Stellteil vorhanden ist,
- so beschaffen sein, dass keine Risiken durch ungewolltes Anlaufen und/oder ungewolltes Weiterlaufen nach Loslassen der Griffe bestehen. Ist es technisch nicht möglich, diese Anforderung zu erfüllen, so müssen gleichwertige Vorkehrungen getroffen werden, es ermöglichen, dass erforderlichenfalls der Gefahrenbereich und das Bearbeiten des Materials durch das Werkzeug optisch kontrolliert werden können.

Die Griffe tragbarer Maschinen müssen so konstruiert und ausgeführt sein, dass sich die Maschinen mühelos in Gang setzen und stillsetzen lassen.

2.2.1.1 Betriebsanleitung

Die Betriebsanleitung von handgehaltenen oder handgeführten tragbaren Maschinen muss folgende Angaben über die von ihnen ausgehenden Vibrationen enthalten:

- den Schwingungsgesamtwert, dem die oberen Körpergliedmaßen ausgesetzt sind, falls der ermittelte Wert 2,5 m/s^2 übersteigt. Liegt dieser Wert nicht über 2,5 m/s^2, so ist dies anzugeben,
- die Messunsicherheiten (**Bild 1**).

Diese Werte müssen entweder an der betreffenden Maschine tatsächlich gemessen oder durch Messung an einer technisch vergleichbaren, für die geplante Fertigung repräsentativen Maschine ermittelt worden sein. Kommen keine harmonisierten Normen zur Anwendung, ist zur Ermittlung der Vibrationsdaten nach der dafür am besten geeigneten Messmethode zu verfahren. Die Betriebsbedingungen der Maschine während der Messung und die Messmethode sind zu beschreiben oder es ist die zugrunde liegende harmonisierte Norm genau anzugeben.

2.2.2 Tragbare Befestigungsgeräte und andere Schussgeräte

2.2.2.1 Allgemeines

Tragbare Befestigungsgeräte und andere Schussgeräte müssen so konstruiert und gebaut sein, dass

- die Energie über ein Zwischenglied, das im Gerät verbleibt, an das einzuschlagende Teil abgegeben wird,
- eine Sicherungsvorrichtung eine Schlagauslösung nur zulässt, wenn die Maschine korrekt auf dem Werkstück positioniert ist und mit ausreichender Kraft angedrückt wird,
- eine unbeabsichtigte Schlagauslösung verhindert wird; wenn notwendig muss zur Schlagauslösung die Einhaltung einer vorgegebenen Abfolge von Handgriffen an der Sicherungsvorrichtung und am Stellteil erforderlich sein,
- eine unbeabsichtigte Schlagauslösung bei der Handhabung oder bei Stoßeinwirkung verhindert wird,
- ein leichtes und sicheres Laden und Entladen möglich ist.

Erforderlichenfalls muss es möglich sein, das Gerät mit einem Splitterschutz auszustatten, und die geeigneten Schutzeinrichtungen müssen vom Hersteller der Maschine bereitgestellt werden.

2.2.2.2 Betriebsanleitung

In der Betriebsanleitung sind Angaben zu folgenden Punkten zu machen:

- Zubehörteile und auswechselbare Ausrüstungen, die für die Maschine geeignet sind,
- passende Befestigungsteile oder andere Einschlagteile, die mit dem Gerät verwendet werden können,

gegebenenfalls passende Magazine.

Geräusch-/Vibrationsinformation

Messwerte ermittelt entsprechend EN 60745.

Der A-bewertete Geräuschpegel des Gerätes beträgt typischerweise:
Schalldruckpegel 83 dB(A).
Schallleistungspegel 94 dB(A).
Unsicherheit K = 3 dB.
Gehörschutz tragen!

Schwingungsgesamtwerte (Vektorsumme dreier Richtungen) ermittelt entsprechend EN 60745:
Schwingungsemissionswert a_h = 5 m/s^2.
Unsicherheit K > 1,5 m/s^2.

Bild 1: Beispiel für eine CE-konforme Angabe von Geräusch-/Vibrationsinformationen

3 ZUSÄTZLICHE GRUNDLEGENDE SICHERHEITS- UND GESUNDHEITSSCHUTZANFORDERUNGEN ZUR AUSSCHALTUNG DER GEFÄHRDUNGEN, DIE VON DER BEWEGLICHKEIT VON MASCHINEN AUSGEHEN

Maschinen, von denen aufgrund ihrer Beweglichkeit Gefährdungen ausgehen, müssen alle in diesem Kapitel genannten grundlegenden Sicherheits- und Gesundheitsschutzanforderungen erfüllen (siehe Allgemeine Grundsätze, Nummer 4).

3.1 ALLGEMEINES

3.1.1 Begriffsbestimmungen

a) Eine „Maschine, von der aufgrund ihrer Beweglichkeit Gefährdungen ausgehen", ist:
- eine Maschine, die bei der Arbeit entweder beweglich sein muss oder kontinuierlich oder halbkontinuierlich zu aufeinander folgenden festen Arbeitsstellen verfahren werden muss, oder
- eine Maschine, die während der Arbeit nicht verfahren wird, die aber mit Einrichtungen ausgestattet werden kann, mit denen sie sich leichter an eine andere Stelle bewegen lässt.

b) Ein „Fahrer" ist eine Bedienungsperson, die mit dem Verfahren einer Maschine betraut ist. Der Fahrer kann auf der Maschine aufsitzen, sie zu Fuß begleiten oder fernsteuern.

3.2 BEDIENERPLÄTZE

3.2.1 Fahrerplatz

Die Sicht vom Fahrerplatz aus muss so gut sein, dass der Fahrer die Maschine und ihre Werkzeuge unter den vorhersehbaren Einsatzbedingungen ohne jede Gefahr für sich und andere gefährdete Personen handhaben kann. Den Gefährdungen durch unzureichende Direktsicht muss erforderlichenfalls durch geeignete Einrichtungen begegnet werden.

Eine Maschine mit aufsitzendem Fahrer muss so konstruiert und gebaut sein, dass am Fahrerplatz für den Fahrer kein Risiko durch unbeabsichtigten Kontakt mit Rädern und Ketten besteht. Sofern dies das Risiko nicht erhöht und es die Abmessungen zulassen, ist der Fahrerplatz für den aufsitzenden Fahrer so zu konstruieren und auszuführen, dass er mit einer Kabine ausgestattet werden kann. In der Kabine muss eine Stelle zur Aufbewahrung der notwendigen Anweisungen für den Fahrer vorgesehen sein.

3.2.2 Sitze

Besteht das Risiko, dass das Bedienungspersonal oder andere auf der Maschine beförderte Personen beim Überrollen oder Umkippen der Maschine – insbesondere bei Maschinen, die mit dem in den Nummern 3.4.3 oder 3.4.4 genannten Schutzaufbau ausgerüstet sind – zwischen Teilen der Maschine und dem Boden eingequetscht werden können, so müssen die Sitze so konstruiert oder mit einer Rückhaltevorrichtung ausgestattet sein, dass die Personen auf ihrem Sitz gehalten werden, ohne dass die notwendigen Bedienungsbewegungen behindert oder von der Sitzaufhängung hervorgerufene Bewegungen eingeschränkt werden. Rückhaltevorrichtungen dürfen nicht eingebaut werden, wenn sich dadurch das Risiko erhöht.

3.2.3 Plätze für andere Personen

Können im Rahmen der bestimmungsgemäßen Verwendung gelegentlich oder regelmäßig außer dem Fahrer andere Personen zum Mitfahren oder zur Arbeit auf der Maschine transportiert werden, so sind geeignete Plätze vorzusehen, die eine Beförderung oder ein Arbeiten ohne Risiko gestatten. Nummer 3.2.1 Absätze 2 und 3 gilt auch für die Plätze für andere Personen als den Fahrer:
- eingequetscht oder überfahren zu werden,
- durch umlaufende Werkzeuge verletzt zu werden.

Die Verfahrgeschwindigkeit der Maschine darf nicht größer sein als die Schrittgeschwindigkeit des Fahrers. Bei Maschinen, an denen ein umlaufendes Werkzeug angebracht werden kann, muss sichergestellt sein, dass bei eingelegtem Rückwärtsgang das Werkzeug nicht angetrieben werden kann, es sei denn, die Fahrbewegung der Maschine wird durch die Bewegung des Werkzeugs bewirkt. Im letzteren Fall muss die Geschwindigkeit im Rückwärtsgang so gering sein, dass der Fahrer nicht gefährdet wird.

3.2.4 Störung des Steuerkreises

Bei Ausfall einer eventuell vorhandenen Lenkhilfe muss sich die Maschine während des Anhaltens weiterlenken lassen.

© Still GmbH

Bild 1: Schubstabler

3.3 STEUERUNG

Erforderlichenfalls sind Maßnahmen zu treffen, die eine unerlaubte Benutzung der Steuerung verhindern. Bei Fernsteuerung muss an jedem Bedienungsgerät klar ersichtlich sein, welche Maschine von diesem Gerät aus bedient werden soll. Die Fernsteuerung muss so konstruiert und ausgeführt sein, dass

- sie ausschließlich die betreffende Maschine steuert,
- sie ausschließlich die betreffenden Funktionen steuert.

Eine ferngesteuerte Maschine muss so konstruiert und gebaut sein, dass sie nur auf Steuerbefehle von dem für sie vorgesehenen Bedienungsgerät reagiert.

3.3.1 Stellteile

Der Fahrer muss vom Fahrerplatz aus alle für den Betrieb der Maschine erforderlichen Stellteile betätigen können; ausgenommen sind Funktionen, die nur über an anderer Stelle befindliche Stellteile sicher ausgeführt werden können. Zu diesen Funktionen gehören insbesondere diejenigen, für die anderes Bedienungspersonal als der Fahrer zuständig ist oder für die der Fahrer seinen Fahrerplatz verlassen muss, um sie sicher steuern zu können.

Gegebenenfalls vorhandene Pedale müssen so gestaltet, ausgeführt und angeordnet sein, dass sie vom Fahrer mit möglichst geringem Fehlbedienungsrisiko sicher betätigt werden können; sie müssen eine rutschhemmende Oberfläche haben und leicht zu reinigen sein.

Kann die Betätigung von Stellteilen Gefährdungen, insbesondere gefährliche Bewegungen verursachen, so müssen diese Stellteile – ausgenommen solche mit mehreren vorgegebenen Stellungen – in die Neutralstellung zurückkehren, sobald die Bedienungsperson sie loslässt. Bei Maschinen auf Rädern muss die Lenkung so konstruiert und ausgeführt sein, dass plötzliche Ausschläge des Lenkrades oder des Lenkhebels infolge von Stößen auf die gelenkten Räder gedämpft werden. Stellteile zum Sperren des Differenzials müssen so ausgelegt und angeordnet sein, dass sie die Entsperrung des Differenzials gestatten, während die Maschine in Bewegung ist. Nummer 1.2.2 Absatz 6 betreffend akustische und/oder optische Warnsignale gilt nur für Rückwärtsfahrt.

3.3.2 Ingangsetzen/Verfahren

Eine selbstfahrende Maschine mit aufsitzendem Fahrer darf Fahrbewegungen nur ausführen können, wenn sich der Fahrer am Bedienungsstand befindet. Ist eine Maschine zum Arbeiten mit Vorrichtungen ausgerüstet, die über ihr normales Lichtraumprofil hinausragen (z. B. Stabilisatoren, Ausleger usw.), so muss der Fahrer vor dem Verfahren der Maschine leicht überprüfen können, ob die Stellung dieser Vorrichtungen ein sicheres Verfahren erlaubt. Dasselbe gilt für alle anderen Teile, die sich in einer bestimmten Stellung, erforderlichenfalls verriegelt, befinden müssen, damit die Maschine sicher verfahren werden kann.

Das Verfahren der Maschine ist von der sicheren Positionierung der oben genannten Teile abhängig zu machen, wenn das nicht zu anderen Risiken führt. Eine unbeabsichtigte Fahrbewegung der Maschine darf nicht möglich sein, während der Motor in Gang gesetzt wird.

3.3.3 Stillsetzen/Bremsen

Unbeschadet der Straßenverkehrsvorschriften müssen selbstfahrende Maschinen und zugehörige Anhänger die Anforderungen für das Abbremsen, Anhalten und Feststellen erfüllen, damit bei jeder vorgesehenen Betriebsart, Belastung, Fahrgeschwindigkeit, Bodenbeschaffenheit und Geländeneigung die erforderliche Sicherheit gewährleistet ist.

Eine selbstfahrende Maschine muss vom Fahrer mittels einer entsprechenden Haupteinrichtung abgebremst und angehalten werden können. Außerdem muss das Abbremsen und Anhalten über eine Noteinrichtung mit einem völlig unabhängigen und leicht zugänglichen Stellteil möglich sein, wenn dies erforderlich ist, um bei einem Versagen der Haupteinrichtung oder bei einem Ausfall der zur Betätigung der Haupteinrichtung benötigten Energie die Sicherheit zu gewährleisten. Sofern es die Sicherheit erfordert, muss die Maschine mit Hilfe einer Feststelleinrichtung arretierbar sein. Als Feststelleinrichtung kann eine der im Absatz 2 bezeichneten Einrichtungen dienen, sofern sie rein mechanisch wirkt.

Eine ferngesteuerte Maschine muss mit Einrichtungen ausgestattet sein, die unter folgenden Umständen den Anhaltevorgang automatisch und unverzüglich einleiten und einem potenziell gefährlichen Betrieb vorbeugen:

- wenn der Fahrer die Kontrolle über sie verloren hat,
- wenn sie ein Haltesignal empfängt,
- wenn ein Fehler an einem sicherheitsrelevanten Teil des Systems festgestellt wird,
- wenn innerhalb einer vorgegebenen Zeitspanne kein Überwachungssignal registriert wurde. Nummer 1.2.4 findet hier keine Anwendung.

Bild 1: Hydraulik-Bedienmodul mit Fahrrichtungsumschaltung

3.4 SCHUTZMASSNAHMEN GEGEN MECHANISCHE GEFÄHRDUNGEN

3.4.1 Unkontrollierte Bewegungen

Die Maschine muss so konstruiert, gebaut und gegebenenfalls auf ihrem beweglichen Gestell montiert sein, dass unkontrollierte Verlagerungen ihres Schwerpunkts beim Verfahren ihre Standsicherheit nicht beeinträchtigen und zu keiner übermäßigen Beanspruchung ihrer Struktur führen.

3.4.2 Bewegliche Übertragungselemente

Abweichend von Nummer 1.3.8.1 brauchen bei Motoren die beweglichen Schutzeinrichtungen, die den Zugang zu den beweglichen Teilen im Motorraum verhindern, nicht verriegelbar zu sein, wenn sie sich nur mit einem Werkzeug oder Schlüssel oder durch Betätigen eines Stellteils am Fahrerplatz öffnen lassen, sofern sich dieser in einer völlig geschlossenen, gegen unbefugten Zugang verschließbaren Kabine befindet.

3.4.3 Überrollen und Umkippen

Besteht bei einer selbstfahrenden Maschine mit aufsitzendem Fahrer und mitfahrendem anderem Bedienungspersonal oder anderen mitfahrenden Personen ein Überroll- oder Kipprisiko, so muss die Maschine mit einem entsprechenden Schutzaufbau versehen sein, es sei denn, dies erhöht das Risiko. Dieser Aufbau muss so beschaffen sein, dass aufsitzende bzw. mitfahrende Personen bei Überrollen oder Umkippen durch einen angemessenen Verformungsgrenzbereich gesichert sind. Um festzustellen, ob der Aufbau die in Absatz 2 genannte Anforderung erfüllt, muss der Hersteller für jeden Aufbautyp die entsprechenden Prüfungen durchführen oder durchführen lassen.

3.5.1 Batterien

Das Batteriefach muss so konstruiert und ausgeführt sein, dass ein Verspritzen von Elektrolyt auf das Bedienungspersonal – selbst bei Überrollen oder Umkippen – verhindert und eine Ansammlung von Dämpfen an den Bedienungsplätzen vermieden wird. Die Maschine muss so konstruiert und gebaut sein, dass die Batterie mit Hilfe einer dafür vorgesehenen und leicht zugänglichen Vorrichtung abgeklemmt werden kann.

3.5.2 Brand

Je nachdem, mit welchen Gefährdungen der Hersteller rechnet, muss die Maschine, soweit es ihre Abmessungen zulassen,
- die Anbringung leicht zugänglicher Feuerlöscher ermöglichen
- oder mit einem integrierten Feuerlöschsystem ausgerüstet sein.

3.5.3 Emission von gefährlichen Stoffen

Nummer 1.5.13 Absätze 2 und 3 gilt nicht, wenn die Hauptfunktion der Maschine das Versprühen von Stoffen ist. Das Bedienungspersonal muss jedoch vor dem Risiko einer Exposition gegenüber Emissionen dieser Stoffe geschützt sein. Nummer 1.5.13 Absätze 2 und 3 gilt nicht, wenn die Hauptfunktion der Maschine das Versprühen von Stoffen ist. Das Bedienungspersonal muss jedoch vor dem Risiko einer Exposition gegenüber Emissionen dieser Stoffe geschützt sein.

3.6 INFORMATIONEN UND ANGABEN

3.6.1 Zeichen, Signaleinrichtungen und Warnhinweise

Wenn es für die Sicherheit und zum Schutz der Gesundheit von Personen erforderlich ist, muss jede Maschine mit Zeichen und/oder Hinweisschildern für ihre Benutzung, Einstellung und Wartung versehen sein. Diese sind so zu wählen, zu gestalten und auszuführen, dass sie deutlich zu erkennen und dauerhaft sind. Unbeschadet der Straßenverkehrsvorschriften müssen Maschinen mit aufsitzendem Fahrer mit folgenden Einrichtungen ausgestattet sein:

- mit einer akustischen Warneinrichtung, mit der Personen gewarnt werden können,

- mit einer auf die vorgesehenen Einsatzbedingungen abgestimmten Lichtsignaleinrichtung; diese Anforderung gilt nicht für Maschinen, die ausschließlich für den Einsatz unter Tage bestimmt sind und nicht mit elektrischer Energie arbeiten,

- erforderlichenfalls mit einem für den Betrieb der Signaleinrichtungen geeigneten Anschluss zwischen Anhänger und Maschine.

Ferngesteuerte Maschinen, bei denen unter normalen Einsatzbedingungen ein Stoß- oder Quetschrisiko besteht, müssen mit geeigneten Einrichtungen ausgerüstet sein, die ihre Bewegungen anzeigen, oder mit Einrichtungen zum Schutz von Personen vor derartigen Risiken. Das gilt auch für Maschinen, die bei ihrem Einsatz wiederholt auf ein und derselben Linie vor- und zurückbewegt werden und bei denen der Fahrer den Bereich hinter der Maschine nicht direkt einsehen kann.

Ein ungewolltes Abschalten der Warn- und Signaleinrichtungen muss von der Konstruktion her ausgeschlossen sein. Wenn es für die Sicherheit erforderlich ist, sind diese Einrichtungen mit Funktionskontrollvorrichtungen zu versehen, die dem Bedienungspersonal etwaige Störungen anzeigen.

Maschinen, bei denen die eigenen Bewegungen und die ihrer Werkzeuge eine besondere Gefährdung darstellen, müssen eine Aufschrift tragen, die es untersagt, sich der Maschine während des Betriebs zu nähern. Sie muss aus einem ausreichenden Abstand lesbar sein, bei dem die Sicherheit der Personen gewährleistet ist, die sich in Maschinennähe aufhalten müssen.

3.6.2 Kennzeichnung

Auf jeder Maschine müssen folgende Angaben deutlich lesbar und dauerhaft angebracht sein:

- die Nennleistung ausgedrückt in Kilowatt (kW),

- die Masse in Kilogramm (kg) beim gängigsten Betriebszustand sowie gegebenenfalls

- die größte zulässige Zugkraft an der Anhängevorrichtung in Newton (N), die größte zulässige vertikale Stützlast auf der Anhängevorrichtung in Newton (N).

4 ZUSÄTZLICHE GRUNDLEGENDE SICHERHEITS- UND GESUNDHEITSSCHUTZANFORDERUNGEN ZUR AUSSCHALTUNG DER DURCH HEBEVORGÄNGE BEDINGTEN GEFÄHRDUNGEN

Maschinen, von denen durch Hebevorgänge bedingte Gefährdungen ausgehen, müssen alle einschlägigen in diesem Kapitel genannten grundlegenden Sicherheits- und Gesundheitsschutzanforderungen erfüllen (siehe Allgemeine Grundsätze, Nummer 4).

4.1 ALLGEMEINES

4.1.1 Begriffsbestimmungen

a) „Hebevorgang": Vorgang der Beförderung von Einzellasten in Form von Gütern und/oder Personen unter Höhenverlagerung.

b) „Geführte Last": Last, die während ihrer gesamten Bewegung an starren Führungselementen oder an beweglichen Führungselementen, deren Lage im Raum durch Festpunkte bestimmt wird, geführt wird.

c) „Betriebskoeffizient": arithmetisches Verhältnis zwischen der vom Hersteller oder seinem Bevollmächtigten garantierten Last, die das Bauteil höchstens halten kann, und der auf dem Bauteil angegebenen maximalen Tragfähigkeit.

d) „Prüfungskoeffizient": arithmetisches Verhältnis zwischen der für die statische oder dynamische Prüfung der Maschine zum Heben von Lasten oder des Lastaufnahmemittels verwendeten Last und der auf der Maschine zum Heben von Lasten oder dem Lastaufnahmemittel angegebenen maximalen Tragfähigkeit.

e) „Statische Prüfung": Prüfung, bei der die Maschine zum Heben von Lasten oder das Lastaufnahmemittel zunächst überprüft und dann mit einer Kraft gleich dem Produkt aus der maximalen Tragfähigkeit und dem vorgesehenen statischen Prüfungskoeffizienten belastet wird und nach Entfernen der Last erneut überprüft wird, um sicherzustellen, dass keine Schäden aufgetreten sind.

f) „Dynamische Prüfung": Prüfung, bei der die Maschine zum Heben von Lasten in allen möglichen Betriebszuständen mit einer Last gleich dem Produkt aus der maximalen Tragfähigkeit und dem vorgesehenen dynamischen Prüfungskoeffizienten und unter Berücksichtigung ihres dynamischen Verhaltens betrieben wird, um ihr ordnungsgemäßes Funktionieren zu überprüfen.

g) „Lastträger": Teil der Maschine, auf oder in dem Personen und/oder Güter zur Aufwärts- oder Abwärtsbeförderung untergebracht sind.

4.1.2 Schutzmaßnahmen gegen mechanische Gefährdungen

4.1.2.1 Risiken durch mangelnde Standsicherheit

Die Maschine muss so konstruiert und gebaut sein, dass die in Nummer 1.3.1 vorgeschriebene Standsicherheit sowohl im Betrieb als auch außer Betrieb und in allen Phasen des Transports, der Montage und der Demontage sowie bei absehbarem Ausfall von Bauteilen und auch bei den gemäß der Betriebsanleitung durchgeführten Prüfungen gewahrt bleibt. Zu diesem Zweck muss der Hersteller oder sein Bevollmächtigter die entsprechenden Überprüfungsmethoden anwenden.

4.1.2.2 An Führungen oder auf Laufbahnen fahrende Maschinen

Die Maschine muss mit Einrichtungen ausgestattet sein, die auf Führungen und Laufbahnen so einwirken, dass ein Entgleisen verhindert wird. Besteht trotz dieser Einrichtungen das Risiko eines Entgleisens oder des Versagens von Führungseinrichtungen oder Laufwerksteilen, so muss durch geeignete Vorkehrungen verhindert werden, dass Ausrüstungen, Bauteile oder die Last herabfallen oder dass die Maschine umkippt.

4.1.2.3 Festigkeit

Die Maschine, das Lastaufnahmemittel und ihre Bauteile müssen den Belastungen, denen sie im Betrieb und gegebenenfalls auch außer Betrieb ausgesetzt sind, unter den vorgesehenen Montage- und Betriebsbedingungen und in allen entsprechenden Betriebszuständen, gegebenenfalls unter bestimmten Witterungseinflüssen und menschlicher Krafteinwirkung, standhalten können. Diese Anforderung muss auch bei Transport, Montage und Demontage erfüllt sein.

Die Maschine und das Lastaufnahmemittel sind so zu konstruieren und zu bauen, dass bei bestimmungsgemäßer Verwendung ein Versagen infolge Ermüdung und Verschleiß verhindert ist. Die in der Maschine verwendeten Werkstoffe sind unter Berücksichtigung der vorgesehenen Einsatzumgebung zu wählen, insbesondere im Hinblick auf Korrosion, Abrieb, Stoßbeanspruchung, Extremtemperaturen, Ermüdung, Kaltbrüchigkeit und Alterung. Die Maschine und das Lastaufnahmemittel sind so konstruiert und gebaut sein, dass sie den Überlastungen bei statischen Prüfungen ohne bleibende Verformung und ohne offenkundige Schäden standhalten. Der Festigkeitsberechnung sind die Koeffizienten für die statische Prüfung zugrunde zu legen; diese werden so gewählt, dass sie ein angemessenes Sicherheitsniveau gewährleisten. Diese haben in der Regel folgende Werte:

a) durch menschliche Kraft angetriebene Maschinen und Lastaufnahmemittel: 1,5;

b) andere Maschinen: 1,25.

Die Maschine muss so konstruiert und gebaut sein, dass sie den dynamischen Prüfungen mit der maximalen Tragfähigkeit, multipliziert mit dem Koeffizienten für die dynamische Prüfung, einwandfrei standhält. Der Koeffizient für die dynamische Prüfung wird so gewählt, dass er ein angemessenes Sicherheitsniveau gewährleistet; er hat in der Regel den Wert 1,1. Die Prüfungen werden in der Regel bei den vorgesehenen Nenngeschwindigkeiten durchgeführt. Lässt die Steuerung der Maschine mehrere Bewegungen gleichzeitig zu, so ist die Prüfung unter den ungünstigsten Bedingungen durchzuführen, und zwar indem in der Regel die Bewegungen miteinander kombiniert werden.

4.1.2.4 Rollen, Trommeln, Scheiben, Seile und Ketten

Der Durchmesser von Rollen, Trommeln und Scheiben muss auf die Abmessungen der Seile oder Ketten abgestimmt sein, für die sie vorgesehen sind. Rollen und Trommeln müssen so konstruiert, gebaut und angebracht sein, dass die Seile oder Ketten, für die sie bestimmt sind, ohne seitliche Abweichungen vom vorgesehenen Verlauf aufgerollt werden können. Seile, die unmittelbar zum Heben oder Tragen von Lasten verwendet werden, dürfen lediglich an ihren Enden verspleißt sein. An Einrichtungen, die für laufendes Einrichten entsprechend den jeweiligen Betriebserfordernissen konzipiert sind, sind Verspleißungen jedoch auch an anderen Stellen zulässig.

Der Betriebskoeffizient von Seilen und Seilenden insgesamt muss so gewählt werden, dass er ein angemessenes Sicherheitsniveau gewährleistet; er hat in der Regel den Wert 5. Der Betriebskoeffizient von Hebeketten muss so gewählt werden, dass er ein angemessenes Sicherheitsniveau gewährleistet; er hat in der Regel den Wert 4. Um festzustellen, ob der erforderliche Betriebskoeffizient erreicht ist, muss der Hersteller oder sein Bevollmächtigter für jeden Ketten- und Seiltyp, der unmittelbar zum Heben von Lasten verwendet wird, und für jede Seilendverbindung die entsprechenden Prüfungen durchführen oder durchführen lassen.

4.1.2.5 Lastaufnahmemittel und ihre Bauteile

Lastaufnahmemittel und ihre Bauteile sind unter Berücksichtigung der Ermüdungs- und Alterungserscheinungen zu dimensionieren, die bei einer der vorgesehenen Lebensdauer entsprechenden Anzahl von Betriebszyklen und unter den für den vorgesehenen Einsatz festgelegten Betriebsbedingungen zu erwarten sind. Ferner gilt Folgendes:

a) Der **Betriebskoeffizient** von Drahtseilen und ihren Endverbindungen insgesamt muss so gewählt werden, dass er ein angemessenes Sicherheitsniveau gewährleistet; er hat in der Regel den **Wert 5**. Die Seile dürfen außer an ihren Enden keine Spleiße oder Schlingen aufweisen.

b) Werden Ketten aus verschweißten Gliedern verwendet, so müssen diese Kettenglieder kurz sein. Der Betriebskoeffizient von Ketten muss so gewählt werden, dass er ein angemessenes Sicherheitsniveau gewährleistet; er hat in der Regel den **Wert 4**.

c) Der Betriebskoeffizient von Textilfaserseilen oder -gurten ist abhängig von Werkstoff, Fertigungsverfahren, Abmessungen und Verwendungszweck. Er muss so gewählt werden, dass er ein angemessenes Sicherheitsniveau gewährleistet; er hat in der Regel den Wert 7, sofern die verwendeten Werkstoffe von nachweislich sehr guter Qualität sind und das Fertigungsverfahren den vorgesehenen Einsatzbedingungen entspricht. Andernfalls ist der Betriebskoeffizient in der Regel höher zu wählen, wenn ein vergleichbares Sicherheitsniveau gewährleistet sein soll. Textilfaserseile oder -gurte dürfen außer an den Enden bzw. bei Endlosschlingen an den Ringschlussteilen keine Knoten, Spleiße oder Verbindungsstellen aufweisen.

d) Der Betriebskoeffizient sämtlicher Metallteile eines Anschlagmittels oder der mit einem Anschlagmittel verwendeten Metallteile wird so gewählt, dass er ein angemessenes Sicherheitsniveau gewährleistet; er hat in der Regel den **Wert 4**.

e) Die maximale Tragfähigkeit eines mehrsträngigen Anschlagmittels wird aus der maximalen Tragfähigkeit des schwächsten Strangs, der Anzahl der Stränge und einem von der Anschlagart abhängigen Minderungsfaktor errechnet.

f) **Um festzustellen, ob ein ausreichender Betriebskoeffizient erreicht ist, muss der Hersteller oder sein Bevollmächtigter für jeden Typ der unter den Buchstaben a, b, c und d genannten Bauteiltypen die entsprechenden Prüfungen durchführen oder durchführen lassen.**

4.1.2.6 Bewegungsbegrenzung

Bewegungsbegrenzungseinrichtungen müssen so wirken, dass sie die Maschine, an der sie angebracht sind, in sicherer Lage halten.

a) Die Maschine muss so konstruiert und gebaut oder mit solchen Einrichtungen ausgestattet sein, dass die Bewegungen ihrer Bauteile innerhalb der vorgesehenen Grenzen gehalten werden. Gegebenenfalls muss es durch ein Warnsignal angekündigt werden, wenn diese Einrichtungen zur Wirkung kommen.

b) Wenn mehrere fest installierte oder schienengeführte Maschinen gleichzeitig Bewegungen ausführen können und das Risiko besteht, dass es dabei zu Zusammenstößen kommt, müssen sie so konstruiert und gebaut sein, dass sie mit Einrichtungen zur Ausschaltung dieses Risikos ausgerüstet werden können.

c) Die Maschine muss so konstruiert und gebaut sein, dass sich die Lasten nicht in gefährlicher Weise verschieben oder unkontrolliert herabfallen können, und zwar selbst dann, wenn die Energieversorgung ganz oder teilweise ausfällt oder der Bediener ein Stellteil nicht mehr betätigt.

d) Außer bei Maschinen, für deren Einsatz dies erforderlich ist, darf es unter normalen Betriebsbedingungen nicht möglich sein, eine Last allein unter Benutzung einer Reibungsbremse abzusenken.

e) Halteeinrichtungen müssen so konstruiert und gebaut sein, dass ein unkontrolliertes Herabfallen der Lasten ausgeschlossen ist.

4.1.2.7 Bewegungen von Lasten während der Benutzung

Der Bedienungsstand von Maschinen muss so angeordnet sein, dass der Bewegungsverlauf der in Bewegung befindlichen Teile optimal überwacht werden kann, um mögliche Zusammenstöße mit Personen, Vorrichtungen oder anderen Maschinen zu verhindern, die gleichzeitig Bewegungen vollziehen und eine Gefährdung darstellen können.

Maschinen mit geführter Last müssen so konstruiert und gebaut sein, dass die Verletzung von Personen durch Bewegungen der Last, des Lastträgers oder etwaiger Gegengewichte verhindert wird.

4.1.2.8 Maschinen, die feste Ladestellen anfahren

4.1.2.8.1 Bewegungen des Lastträgers

Die Bewegung des Lastträgers von Maschinen, die feste Ladestellen anfahren, muss hin zu den Ladestellen und an den Ladestellen starr geführt sein. Auch Scherensysteme gelten als starre Führung.

4.1.2.8.2 Zugang zum Lastträger

Können Personen den Lastträger betreten, so muss die Maschine so konstruiert und gebaut sein, dass sich der Lastträger während des Zugangs, insbesondere beim Be- und Entladen, nicht bewegt.

Die Maschine muss so konstruiert und gebaut sein, dass ein Höhenunterschied zwischen dem Lastträger und der angefahrenen Ladestelle kein Sturzrisiko verursacht.

4.1.2.8.3 Risiken durch Kontakt mit dem bewegten Lastträger

Wenn es zur Erfüllung der in Nummer 4.1.2.7 Absatz 2 ausgeführten Anforderung erforderlich ist, muss der durchfahrene Bereich während des Normalbetriebs unzugänglich sein. Besteht bei Inspektion oder Wartung ein Risiko, dass Personen, die sich unter oder über dem Lastträger befinden, zwischen dem Lastträger und fest angebrachten Teilen eingequetscht werden, so muss für ausreichend Freiraum gesorgt werden, indem entweder Schutznischen vorgesehen werden oder indem mechanische Vorrichtungen die Bewegung des Lastträgers blockieren.

4.1.2.8.4 Risiken durch vom Lastträger herabstürzende Lasten

Besteht ein Risiko, dass Lasten vom Lastträger herabstürzen, so muss die Maschine so konstruiert und gebaut sein, dass diesem Risiko vorgebeugt wird.

4.1.2.8.5 Ladestellen

Dem Risiko, dass Personen an den Ladestellen mit dem bewegten Lastträger oder anderen in Bewegung

- befindlichen Teilen in Kontakt kommen, muss vorgebeugt werden. Besteht ein Risiko, dass Personen in den durchfahrenen Bereich stürzen können, wenn der Lastträger sich nicht an der Ladestelle befindet, so müssen trennende Schutzeinrichtungen angebracht werden, um diesem Risiko vorzubeugen. Solche Schutzeinrichtungen dürfen sich nicht in Richtung des Bewegungsbereichs öffnen. Sie müssen mit einer Verriegelungseinrichtung verbunden sein, die durch die Position des Lastträgers gesteuert wird und Folgendes verhindert: gefährliche Bewegungen des Lastträgers, bis die trennenden Schutzeinrichtungen geschlossen und verriegelt sind,

- ein mit Gefahren verbundenes Öffnen einer trennenden Schutzeinrichtung, bis der Lastträger an der betreffenden Ladestelle zum Stillstand gekommen ist.

4.1.3 Zwecktauglichkeit

Wenn Maschinen zum Heben von Lasten oder Lastaufnahmemittel in Verkehr gebracht oder erstmals in Betrieb genommen werden, muss der Hersteller oder sein Bevollmächtigter durch das Ergreifen geeigneter Maßnahmen oder durch bereits getroffene Maßnahmen dafür sorgen, dass die betriebsbereiten Maschinen oder Lastaufnahmemittel ihre vorgesehenen Funktionen sicher erfüllen können, und zwar unabhängig davon, ob sie hand- oder kraftbetrieben sind.

Die in Nummer 4.1.2.3 genannten statischen und dynamischen Prüfungen müssen an allen Maschinen zum Heben von Lasten durchgeführt werden, die für die Inbetriebnahme bereit sind.

Kann die Montage der Maschine nicht beim Hersteller oder seinem Bevollmächtigten erfolgen, so müssen am Ort der Verwendung geeignete Maßnahmen getroffen werden. Ansonsten können die Maßnahmen entweder beim Hersteller oder am Ort der Verwendung getroffen werden.

4.2 ANFORDERUNGEN AN MASCHINEN, DIE NICHT DURCH MENSCHLICHE KRAFT ANGETRIEBEN WERDEN

4.2.1 Bewegungssteuerung

Zur Steuerung der Bewegungen der Maschine oder ihrer Ausrüstungen müssen Stellteile mit selbsttätiger Rückstellung verwendet werden. Für Teilbewegungen oder vollständige Bewegungen, bei denen keine Gefahr eines An- oder Aufpralls der Last oder der Maschine besteht, können statt der Stellteile jedoch Steuereinrichtungen verwendet werden, die ein automatisches Stillsetzen an verschiedenen vorwählbaren Positionen zulassen, ohne dass das Bedienungspersonal das entsprechende Stellteil ununterbrochen betätigen muss.

4.2.2 Belastungsbegrenzung

Maschinen mit einer maximalen Tragfähigkeit größer oder gleich 1 000 kg oder einem Kippmoment größer oder gleich 40 000 Nm müssen mit Einrichtungen ausgestattet sein, die den Fahrer warnen und eine Gefahr

- bringende Bewegung verhindern, und zwar bei Überlastung, entweder durch Überschreiten der maximalen Tragfähigkeiten oder durch Überschreiten der maximalen Lastmomente, oder

- Überschreiten der Kippmomente.

4.2.3 Seilgeführte Einrichtungen

Tragseile, Zugseile, sowie kombinierte Trag- und Zugseile müssen durch Gegengewichte oder eine die ständige Regelung der Seilspannung ermöglichende Vorrichtung gespannt werden.

4.3 INFORMATIONEN UND KENNZEICHNUNG

4.3.1 Ketten, Seile und Gurte

Jeder Strang einer Kette, eines Seils oder eines Gurtes, der nicht Teil einer Baugruppe ist, muss eine Kennzeichnung oder, falls dies nicht möglich ist, ein Schild oder einen nicht entfernbaren Ring mit dem Namen und der Anschrift des Herstellers oder seines Bevollmächtigten und der Kennung der entsprechenden Erklärung tragen. Diese Erklärung muss mindestens folgende Angaben enthalten:

a) den Namen und die Anschrift des Herstellers und gegebenenfalls seines Bevollmächtigten;

b) die Beschreibung der Kette, des Seils oder des Gurtes mit folgenden Angaben:
- Nennabmessungen,
- Aufbau,
- Werkstoff und
- eventuelle metallurgische Sonderbehandlung;

c) Angabe der verwendeten Prüfmethode;

d) maximale Tragfähigkeit der Kette, des Seils oder des Gurtes. Es kann auch eine Spanne von Werten in Abhängigkeit vom vorgesehenen Einsatz angegeben werden.

4.3.2 Lastaufnahmemittel

Auf Lastaufnahmemitteln muss Folgendes angegeben sein:
- die Angabe des Werkstoffs, sofern dies für eine sichere Verwendung erforderlich ist,
- die maximale Tragfähigkeit.

Lassen sich die erforderlichen Angaben nicht auf dem Lastaufnahmemittel selbst anbringen, so sind sie auf einem Schild oder auf einem anderen gleichwertigen, fest mit dem Lastaufnahmemittel verbundenen Gegenstand anzubringen.

Die Angaben müssen gut leserlich sein und an einer Stelle angebracht sein, an der sie nicht durch Verschleiß unkenntlich werden können und auch nicht die Festigkeit des Lastaufnahmemittels beeinträchtigen können.

4.3.3 Maschinen zum Heben von Lasten

Auf der Maschine muss durch eine Kennzeichnung an gut sichtbarer Stelle die maximale Tragfähigkeit angegeben werden. Diese Angabe muss gut leserlich und dauerhaft in nicht verschlüsselter Form angebracht sein.

Wenn die maximale Tragfähigkeit vom jeweiligen Betriebszustand der Maschine abhängig ist, muss jeder Bedienungsplatz mit einem Tragfähigkeitsschild versehen sein, auf dem die zulässigen Tragfähigkeiten für die einzelnen Betriebszustände – vorzugsweise in Form von Diagrammen oder von Tragfähigkeitstabellen – angegeben sind.

Maschinen, die nur zum Heben von Lasten bestimmt sind und mit einem Lastträger ausgerüstet sind, der auch von Personen betreten werden kann, müssen einen deutlichen und dauerhaft angebrachten Hinweis auf das Verbot der Personenbeförderung tragen. Dieser Hinweis muss an allen Stellen sichtbar sein, an denen ein Zugang möglich ist.

4.4 BETRIEBSANLEITUNG

4.4.1 Lastaufnahmemittel

Jedem Lastaufnahmemittel und jeder nur als Ganzes erhältlichen Gesamtheit von Lastaufnahmemitteln muss eine Betriebsanleitung beiliegen, die mindestens folgende Angaben enthält:

a) bestimmungsgemäße Verwendung;

b) Einsatzbeschränkungen (insbesondere bei Lastaufnahmemitteln wie Magnet- und Sauggreifern, die die Anforderungen der Nummer 4.1.2.6 Buchstabe e nicht vollständig erfüllen);

c) Montage-, Verwendungs- und Wartungshinweise;

d) für die statische Prüfung verwendeter Koeffizient.

4.4.2 Maschinen zum Heben von Lasten

Jeder Maschine zum Heben von Lasten muss eine Betriebsanleitung beiliegen, die folgende Angaben enthält:

a) technische Kenndaten der Maschine, insbesondere Folgendes:
- maximale Tragfähigkeit und gegebenenfalls eine Wiedergabe des in Nummer 4.3.3 Absatz 2 genannten Tragfähigkeitsschilds oder der dort genannten Tragfähigkeitstabelle,
- Belastung an den Auflagern oder Verankerungen und gegebenenfalls Kenndaten der Laufbahnen,
- gegebenenfalls Angaben über Ballastmassen und die Mittel zu ihrer Anbringung;

b) Inhalt des Wartungsheftes, falls ein solches nicht mitgeliefert wird;

c) Benutzungshinweise, insbesondere Ratschläge, wie das Bedienungspersonal mangelnde Direktsicht auf die Last ausgleichen kann;

d) gegebenenfalls einen Prüfbericht, in dem die vom Hersteller oder seinem Bevollmächtigten oder für diese durchgeführten statischen und dynamischen Prüfungen im Einzelnen beschrieben sind;

e) notwendige Angaben für die Durchführung der in Nummer 4.1.3 genannten Maßnahmen vor der erstmaligen Inbetriebnahme von Maschinen, die nicht beim Hersteller einsatzfertig montiert werden.

5 ZUSÄTZLICHE GRUNDLEGENDE SICHERHEITS- UND GESUNDHEITSSCHUTZANFORDERUNGEN AN MASCHINEN, DIE ZUM EINSATZ UNTER TAGE BESTIMMT SIND

Maschinen, die zum Einsatz unter Tage bestimmt sind, müssen alle in diesem Kapitel genannten grundlegenden Sicherheits- und Gesundheitsschutzanforderungen erfüllen (siehe Allgemeine Grundsätze, Nummer 4).

5.1 RISIKEN DURCH MANGELNDE STANDSICHERHEIT

Ein Schreitausbau muss so konstruiert und gebaut sein, dass beim Schreitvorgang eine entsprechende Ausrichtung möglich ist und ein Umkippen vor und während der Druckbeaufschlagung sowie nach der Druckminderung unmöglich ist. Der Ausbau muss Verankerungen für die Kopfplatten der hydraulischen Einzelstempel besitzen.

5.2 BEWEGUNGSFREIHEIT

Ein Schreitausbau muss so konstruiert sein, dass sich Personen ungehindert bewegen können.

5.3 STELLTEILE

Stellteile zum Beschleunigen und Bremsen schienengeführter Maschinen müssen mit der Hand betätigt werden. Zustimmungsschalter können dagegen mit dem Fuß betätigt werden. Die Stellteile eines Schreitausbaus müssen so konstruiert und angeordnet sein, dass das Bedienungspersonal beim Schreitvorgang durch ein feststehendes Ausbauelement geschützt ist. Die Stellteile müssen gegen unbeabsichtigtes Betätigen gesichert sein.

5.4 ANHALTEN DER FAHRBEWEGUNG

Für den Einsatz unter Tage bestimmte selbstfahrende schienengeführte Maschinen müssen mit einem Zustimmungsschalter ausgestattet sein, der so auf den Steuerkreis für die Fahrbewegung der Maschine einwirkt, dass die Fahrbewegung angehalten wird, wenn der Fahrer die Fahrbewegung nicht mehr steuern kann.

5.5 BRAND

Die Anforderung der Nummer 3.5.2 zweiter Gedankenstrich gilt zwingend für Maschinen mit leicht entflammbaren Teilen. Das Bremssystem der für den Einsatz unter Tage bestimmten Maschinen muss so konstruiert und gebaut sein, dass es keine Funken erzeugen oder Brände verursachen kann.

Für Maschinen mit Verbrennungsmotoren, die für den Einsatz unter Tage bestimmt sind, sind nur Motoren zulässig, die mit einem Kraftstoff mit niedrigem Dampfdruck arbeiten und bei denen sich keine elektrischen Funken bilden können.

5.6 EMISSION VON ABGASEN

Emissionen von Abgasen aus Verbrennungsmotoren dürfen nicht nach oben abgeleitet werden.

6 ZUSÄTZLICHE GRUNDLEGENDE SICHERHEITS- UND GESUNDHEITSSCHUTZANFORDERUNGEN AN MASCHINEN, VON DENEN DURCH DAS HEBEN VON PERSONEN BEDINGTE GEFÄHRDUNGEN AUSGEHEN

Maschinen, von denen durch das Heben von Personen bedingte Gefährdungen ausgehen, müssen alle in diesem Kapitel genannten relevanten grundlegenden Sicherheits- und Gesundheitsschutzanforderungen erfüllen (siehe Allgemeine Grundsätze, Nummer 4).

6.1 ALLGEMEINES

6.1.1 Festigkeit

Der Lastträger, einschließlich aller Klappen und Luken, muss so konstruiert und gebaut sein, dass er entsprechend der zulässigen Höchstzahl beförderter Personen und entsprechend der maximalen Tragfähigkeit den erforderlichen Platz und die erforderliche Festigkeit aufweist. Die in den Nummern 4.1.2.4 und 4.1.2.5 festgelegten Betriebskoeffizienten reichen für Maschinen zum Heben von Personen nicht aus; sie müssen in der Regel verdoppelt werden. Für das Heben von Personen oder von Personen und Gütern bestimmte Maschinen müssen über ein Aufhängungs- oder Tragsystem für den Lastträger verfügen, das so konstruiert und gebaut ist, dass ein ausreichendes allgemeines Sicherheitsniveau gewährleistet ist und dem Risiko des Abstürzens des Lastträgers vorgebeugt wird (**Bild 1**). Werden Seile oder Ketten zur Aufhängung des Lastträgers verwendet, so sind in der Regel mindestens zwei voneinander unabhängige Seile oder Ketten mit jeweils eigenen Befestigungspunkten erforderlich.

Bild 1: Inspektionsgondel bei Windkraftanlagen (Beispiel)

6.1.2 Belastungsbegrenzung bei nicht durch menschliche Kraft angetriebenen Maschinen

Es gelten die Anforderungen der Nummer 4.2.2 unabhängig von der maximalen Tragfähigkeit und dem Kippmoment, es sei denn, der Hersteller kann den Nachweis erbringen, dass kein Überlastungs- oder Kipprisiko besteht.

6.2 STELLTEILE

Sofern in den Sicherheitsanforderungen keine anderen Lösungen vorgeschrieben werden, muss der Lastträger in der Regel so konstruiert und gebaut sein, dass die Personen im Lastträger über Stellteile zur Steuerung der Aufwärts- und Abwärtsbewegung sowie gegebenenfalls anderer Bewegungen des Lastträgers verfügen. Im Betrieb müssen diese Stellteile Vorrang vor anderen Stellteilen für dieselbe Bewegung haben, NOT-HALT-Geräte ausgenommen. Die Stellteile für die genannten Bewegungen müssen eine kontinuierliche Betätigung erfordern (selbsttätige Rückstellung), es sei denn, dass der Lastträger selbst vollständig umschlossen ist.

6.3 RISIKEN FÜR IN ODER AUF DEM LASTTRÄGER BEFINDLICHE PERSONEN

6.3.1 Risiken durch Bewegungen des Lastträgers

Maschinen zum Heben von Personen müssen so konstruiert, gebaut oder ausgestattet sein, dass Personen durch die Beschleunigung oder Verzögerung des Lastträgers keinem Risiko ausgesetzt werden.

6.3.2 Risiko des Sturzes aus dem Lastträger

Der Lastträger darf sich auch bei Bewegung der Maschine oder des Lastträgers nicht so weit neigen, dass für die beförderten Personen Absturzgefahr besteht. Ist der Lastträger als Arbeitsplatz ausgelegt, so muss für seine Stabilität gesorgt werden, und gefährliche Bewegungen müssen verhindert werden. Falls die in Nummer 1.5.15 vorgesehenen Maßnahmen nicht ausreichen, muss der Lastträger mit einer ausreichenden Zahl von geeigneten Befestigungspunkten für die zulässige Zahl beförderter Personen ausgestattet sein. Die Befestigungspunkte müssen stark genug sein, um die Verwendung von persönlichen Absturzsicherungen zu ermöglichen. Ist eine Bodenklappe, eine Dachluke oder eine seitliche Tür vorhanden, so muss diese so konstruiert und gebaut sein, dass sie gegen unbeabsichtigtes Öffnen gesichert ist und sich nur in eine Richtung öffnet, die jedes Risiko eines Absturzes verhindert, wenn sie sich unerwartet öffnet.

6.3.3 Risiken durch auf den Lastträger herabfallende Gegenstände

Besteht ein Risiko, dass Gegenstände auf den Lastträger herabfallen und Personen gefährden können, so muss der Lastträger mit einem Schutzdach ausgerüstet sein.

6.4 MASCHINEN, DIE FESTE HALTESTELLEN ANFAHREN

6.4.1 Risiken für in oder auf dem Lastträger befindliche Personen

Der Lastträger muss so konstruiert und gebaut sein, dass Risiken durch ein Anstoßen von Personen und/oder Gegenständen in oder auf dem Lastträger an feste oder bewegliche Teile verhindert werden. Wenn es zur Erfüllung dieser Anforderung erforderlich ist, muss der Lastträger selbst vollständig umschlossen sein und über Türen mit einer Verriegelungseinrichtung verfügen, die gefährliche Bewegungen des Lastträgers nur dann zulässt, wenn die Türen geschlossen sind. Wenn das Risiko eines Absturzes aus dem oder vom Lastträger besteht, müssen die Türen geschlossen bleiben, wenn der Lastträger zwischen den Haltestellen anhält. Die Maschine muss so konstruiert, gebaut und erforderlichenfalls mit entsprechenden Vorrichtungen ausgestattet sein, dass unkontrollierte Aufwärts- oder Abwärtsbewegungen des Lastträgers ausgeschlossen sind. Diese Vorrichtungen müssen in der Lage sein, den Lastträger zum Stillstand zu bringen, wenn er sich mit seiner maximalen Traglast und mit der absehbaren Höchstgeschwindigkeit bewegt.

Der Anhaltevorgang darf ungeachtet der Belastungsbedingungen keine für die beförderten Personen gesundheitsschädliche Verzögerung verursachen.

6.4.2 Befehlseinrichtungen an den Haltestellen

Die Befehlseinrichtungen an den Haltestellen – ausgenommen die für die Verwendung in Notfällen bestimmten Befehlseinrichtungen – dürfen keine Bewegung des Lastträgers einleiten, wenn – die Stellteile im Lastträger zu diesem Zeitpunkt gerade betätigt werden, – sich der Lastträger nicht an einer Haltestelle befindet.

6.4.3 Zugang zum Lastträger

Die trennenden Schutzeinrichtungen an den Haltestellen und auf dem Lastträger müssen so konstruiert und gebaut sein, dass unter Berücksichtigung der absehbaren Bandbreite der zu befördernden Güter und Personen ein sicherer Übergang vom und zum Lastträger gewährleistet ist.

6.5 KENNZEICHNUNG

Auf dem Lastträger müssen die für die Gewährleistung der Sicherheit erforderlichen Angaben angebracht sein; hierzu gehört unter anderem

- die zulässige Zahl beförderter Personen,
- die maximale Tragfähigkeit.

4.2 Europäische Sicherheitsnormen

Übersicht

Die Europäischen Sicherheitsnormen sind gegliedert nach:

- A-Normen (Grundnormen)
- B-Normen (Gruppennormen)
- C-Normen (Produktnormen)

A-Normen enthalten grundsätzliche Begriffe und Festlegungen. Hierzu gehören: DIN EN 292 Sicherheit von Maschinen – Grundbegriffe und allgemeine Gestaltungsgrundsätze und DIN EN 1050 Sicherheit von Maschinen, Leitsätze zur Risikobeurteilung.

B-Normen leiten sich aus den A-Normen für die verschiedenen Aufgabenbereiche ab. Zu den B-Normen gehört z. B. DIN EN 60204-1 Elektrische Ausrüstung von Maschinen.

Die **C-Normen** enthalten Aussagen über Sicherheitsaspekte, z. B. zu Werkzeugmaschinen und Robotern. Die C-Normen sind vielfach noch in Arbeit. Hersteller, Lieferanten und Nutzer von Maschinen müssen daher häufig anhand der A-Normen und der B-Normen die geforderte Maschinensicherheit garantieren. Etwa 650 C-Normen sind für Maschinen vorhanden oder vorgesehen.

Risikoanalyse

Maschinen bergen aufgrund ihres Aufbaus und ihrer Aufgaben Risiken **(Bild 1)**. Die EU-Maschinenrichtlinie verlangt daher eine Risikobeurteilung. Die A-Normen sind Hilfen für die Risikobewertung. Dabei beschreibt DIN EN 292 die zu betrachtenden Risiken und die Gestaltungsgrundsätze zur Risikominderung. DIN EN 1050 beschreibt die Vorgehensweise zur Risikobeurteilung und zur Risikominderung zum Erreichen der Sicherheit. Diese Vorgehensweise ist ein iterativer Prozess mit gegebenenfalls mehreren Schleifen der Wiederholung des Verfahrens **(Bild 2)**.

Die Risikoanalyse umfasst:

1. Bestimmung der Grenzen der Maschine,
2. Identifizierung der Gefährdungen,
3. Verfahren der Risikoeinschätzung.

Risikobewertung

Bei der Risikobewertung muss geklärt werden, ob eine Risikominderung (EN 1050, Absatz 8) notwendig ist, z. B. durch Schutzmaßnahmen.

Zur Risikobewertung ist das Ausmaß eines möglichen Schadens und die Wahrscheinlichkeit des Schadenseintritts zu betrachten.

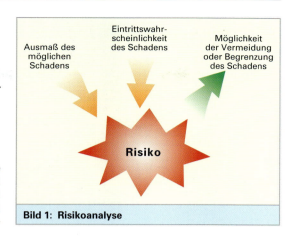

Bild 1: Risikoanalyse

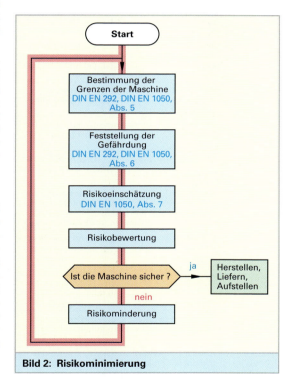

Bild 2: Risikominimierung

Der Hersteller einer Maschine ist verpflichtet, eine Gefahrenanalyse vorzunehmen, um alle mit der Maschine verbundenen Gefahren zu ermitteln. Er muss dann die Maschine unter Berücksichtigung dieser Analys entwerfen und herstellen.

---

[1] lat. Iteratio = Wiederholung, schrittweise Annäherung an die ideale Lösung

Tabelle 1: Wichtige Normen

Norm	Benennung	Norm	Benennung
DIN EN 12100-1	Sicherheit von Maschinen – Grundbegriffe, allgemeine Gestaltungsleitsätze – Teil 1: Grundsätzliche Terminologie, Methodologie	DIN EN 1093-1 bis 11	Sicherheit von Maschinen – Bewertung der Emission von luftgetragenen Gefahrstoffen
DIN EN 12100-2	Sicherheit von Maschinen – Grundbegriffe, allgemeine Gestaltungsleitsätze – Teil 2: Technische Leitsätze	DIN EN 1265	Sicherheit von Maschinen – Geräuschmessverfahren für Gießereimaschinen und -anlagen
DIN EN 349	Sicherheit von Maschinen – Mindestabstände zur Vermeidung des Quetschens von Körperteilen	DIN EN 1746	Sicherheit von Maschinen – Anleitung für die Abfassung der Abschnitte über Geräusche in Sicherheitsnormen
DIN 547-1 bis 3	Sicherheit von Maschinen – Körpermaße des Menschen	DIN EN 1760-1 bis 3	Sicherheit von Maschinen – Druckempfindliche Schutzeinrichtungen
DIN EN 574	Sicherheit von Maschinen – Zweihandschaltungen – Funktionelle Aspekte – Gestaltungsleitsätze	DIN EN 1837	Sicherheit von Maschinen – Maschinenintegrierte Beleuchtung
DIN EN 614-1 bis 2	Sicherheit von Maschinen – Ergonomische Gestaltungsgrundsätze	DIN EN 12198-1 bis 3	Sicherheit von Maschinen – Bewertung und Verminderung des Risikos der von Maschinen emittierten Strahlung
DIN EN 626-1 bis 2	Sicherheit von Maschinen – Reduzierung des Gesundheitsrisikos durch Gefahrstoffe, die von Maschinen ausgehen	DIN EN 12786	Sicherheit von Maschinen – Anleitung für die Abfassung der Abschnitte über Schwingungen in Sicherheitsnormen
DIN EN 710	Sicherheit von Maschinen – Sicherheitsanforderungen an Gießereimaschinen und -anlagen der Form- und Kernherstellung und dazugehörige Einrichtungen	DIN EN 12921-4	Maschinen zur Oberflächenreinigung und -vorbehandlung von industriellen Produkten mittels Flüssigkeiten oder Dampfphasen
DIN EN 842	Sicherheit von Maschinen – Optische Gefahrensignale – Allgemeine Anforderungen, Gestaltung und Prüfung	DIN EN 13478	Sicherheit von Maschinen – Brandschutz
DIN EN 869	Sicherheit von Maschinen – Sicherheitsanforderungen an Metall-Druckgießanlagen	DIN EN 13675	Sicherheit von Maschinen – Sicherheitsanforderungen an Rohrform- und -walzwerke und ihre Adjustageanlagen
DIN EN 894-1 bis 4	Sicherheit von Maschinen – Ergonomische Anforderungen an die Gestaltung von Anzeigen und Stellteilen	DIN EN 13861	Sicherheit von Maschinen – Leitfaden für die Anwendung von Ergonomie-Normen bei der Gestaltung von Maschinen
DIN EN 953	Sicherheit von Maschinen – Trennende Schutzeinrichtungen – Allgemeine Anforderungen an Gestaltung und Bau von feststehenden und beweglichen trennenden Schutzeinrichtungen	DIN EN 14656	Sicherheit von Maschinen – Sicherheitsanforderungen an Strangpressen für Stahl und NE-Metalle
DIN EN 981	Sicherheit von Maschinen – System akustischer und optischer Gefahrensignale und Informationssignale	DIN EN 14673	Sicherheit von Maschinen – Sicherheitsanforderungen an hydraulisch angetriebene Warm-Freiformschmiedepressen zum Schmieden von Stahl und NE-Metallen
DIN EN 982	Sicherheit von Maschinen – Sicherheitstechnische Anforderungen an fluidtechnische Anlagen und deren Bauteile – Hydraulik	DIN EN 14677	Sicherheit von Maschinen – Sekundärmetallurgie – Maschinen und Anlagen zur Behandlung von Flüssigstahl
DIN EN 983	Sicherheit von Maschinen – Sicherheitstechnische Anforderungen an fluidtechnische Anlagen und deren Bauteile – Pneumatik	DIN EN 14681	Sicherheit von Maschinen – Sicherheitsanforderungen für Anlagen und Einrichtungen zur Erzeugung von Stahl mittels Elektrolichtbogenofen
DIN EN 1005-1 bis 5	Sicherheit von Maschinen – Menschliche körperliche Leistung	DIN EN 14753	Sicherheit von Maschinen – Sicherheitsanforderungen für Maschinen und Einrichtungen zum Stranggießen von Stahl
DIN EN 1010-1 bis 5	Sicherheit von Maschinen – Sicherheitsanforderungen an Konstruktion und Bau von Druck- und Papierverarbeitungsmaschinen	DIN EN 15061	Sicherheit von Maschinen – Sicherheitsanforderungen an Bandbehandlungsanlagen und Einrichtungen
DIN EN 1034-1 bis 22	Sicherheit von Maschinen – Sicherheitstechnische Anforderungen an Konstruktion und Bau von Maschinen der Papierherstellung und Ausrüstung	DIN EN 15093	Sicherheit von Maschinen – Sicherheitsanforderungen an Warmflachwalzwerke
DIN EN 1037	Sicherheit von Maschinen – Vermeidung von unerwartetem Anlauf	DIN EN 15094	Sicherheit von Maschinen – Sicherheitsanforderungen an Kaltflachwalzwerke
DIN EN 1088	Sicherheit von Maschinen – Verriegelungseinrichtungen in Verbindung mit trennenden Schutzeinrichtungen – Leitsätze für Gestaltung und Auswahl	DIN EN 15949	Sicherheit von Maschinen – Sicherheitsanforderungen an Stab-, Formstahl- und Drahtwalzwerke

5 Umweltmanagement (UM)

5.1 Umweltschutz im Unternehmen

In den letzten Jahrzehnten ist bei vielen Menschen in Europa und entsprechend bei den Unternehmen die Einsicht für die Notwendigkeit eines verstärkten Umweltschutzes deutlich gestiegen.

> Kein Unternehmer, Manager oder leitender Angestellter wird den Satz bestreiten „Wir haben unsere Umwelt nicht von unseren Vätern geerbt, sondern nur von unseren Enkeln geliehen", denn niemand bestreitet die Verpflichtung unserer Generation, unseren Kindern und Kindeskindern eine lebenswerte Umwelt zu hinterlassen.

Für das umweltschutzorientierte Unternehmen und seine Mitarbeiter bedeutet das, ihren Verantwortungsbereich unter dem Gesichtspunkt des Umweltschutzes zu analysieren, die Problemzonen zu erkennen, die Ausgangssituation zu dokumentieren und auf eine Verbesserung hinzuwirken.

Dabei sind nicht nur die Prozesse in der Produktion zu sehen, sondern die vollständige Prozesskette des Unternehmens. Überall lassen sich Umweltbelastungen erkennen und reduzieren, ob bei eingesetzten Methoden, Rohstoffen, Materialien, Produkten oder bei der Produktentsorgung. Die Vorgaben dazu sind in verschiedenen Umweltschutzpflichten festgelegt, die die Bereiche Boden, Wasser, Luft und Abfall betreffen.

> Es gilt das Prinzip:
> Umweltbelastungen vermeiden oder reduzieren.

Das 1960 eingeleitete allgemeine Bewusstsein zum Umweltschutz drückte sich in der Entwicklung einer Umweltgesetzgebung durch die Politik aus. Heute sind Bestimmungen auf allen Ebenen der Gesetzgebung zu finden. Vom Verfassungsrecht über das Bundesgesetz, den Bundesverordnungen, den Landesgesetzen und den kommunalen Satzungen sind die Bestimmungen in der **Tabelle 1** zusammengefasst.

Auch aus Kundensicht werden neben den Forderungen an Gebrauchstauglichkeit und Zuverlässigkeit immer höhere Ansprüche an die Umweltverträglichkeit der hergestellten Produkte gestellt. Zusammen mit den bestehenden Qualitätsforderungen an eine umfassende Unternehmensqualität stellt deshalb die Erfüllung des Umweltschutzes oder der Umweltverträglichkeit einen gleichwertigen Anspruch dar.

Tabelle 1: Gesetze und Verordnungen

Verfassungsgesetze, Bundesgesetze
- Grundgesetz GG
- Bundes-Immissionsschutzgesetz BImSchG
- Abfallgesetz AbfG
- Wasserhaushaltsgesetz WHG

Landesgesetze, Satzungen
- Landes-Immissionsschutzgesetz LandesImSchG
- Landesabfallgesetz LabfG
- Landeswassergesetz LandesWG
- Kreissatzungen
- Gemeindesatzungen
- Zweckverbandssatzungen

Verordnungen
- Bundes-Immissionsschutzverordnung BImSchV
- Altölverordnung AltölV
- Verpackungsverordnung VerpackV
- Abfallrestüberwachungsverordnung AbfallRestübV
- Betriebsbeauftragtenverordnung BetrBeauftrV
- Abfallverbraucherverordnung AbfallVerbrV

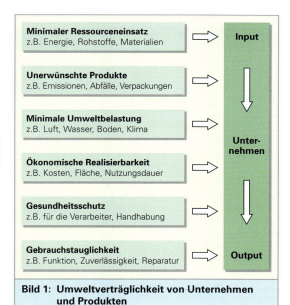

Bild 1: Umweltverträglichkeit von Unternehmen und Produkten

Die produktbezogene Umweltverträglichkeitsforderung kann als Teil der Qualitätsforderungen betrachtet werden, da innerhalb der Gebrauchstauglichkeit eines Produktes eine ganze Anzahl von umweltrelevanten Spezifikationen enthalten ist. Im **Bild 1** sind die Hauptkomponenten der Verträglichkeitsforderungen dargestellt und einige Beispiele genannt.

5.2 Umweltorientierte Unternehmensführung

Umweltschutz im Unternehmen wird oftmals in erster Linie als Schwerpunktaufgabe der Produktion angesehen, aber spätestens seit der Verabschiedung von Umweltmanagementsystemen, wie z. B. der EMAS-Verordnung oder der ISO-Norm EN ISO 14 001, hat hier eine Weiterentwicklung stattgefunden. Heute stehen Managementbereiche im Mittelpunkt, die durch europäische Rechtsverordnungen bzw. internationale Normen und Abkommen geregelt werden. Im Vordergrund stehen nun Managementaufgaben wie Planen, Entscheiden, Umsetzen, Überwachen und Verbessern.

Es geht darum, eigene Umweltziele und Umweltprogramme zu definieren, um Umweltauflagen einzuhalten und sie geplant zu übertreffen. Umweltmanagementsysteme UMS geben dazu den effektivsten Rahmen ab, zumal die organisatorischen Abläufe aus dem Qualitätsmanagement bekannt sind.

Die Anforderungen an die Umweltpolitik können durch eine Reihe von Umweltnormen beeinflusst sein **(Tabelle 1)**.

Bild 1: Wirkungsstruktur bei der UMS-Einführung

Tabelle 1: Normenreihe ISO 14 000	
ISO 14 001: Umweltmanagementsysteme – Spezifikation mit Anleitung zur Anwendung	**ISO 14 040:** Umweltmanagement – Ökobilanz – Prinzipien und allgemeine Anforderungen
ISO 14 004: Umweltmanagementsysteme – Allgemeiner Leitfaden über Grundsätze, Systeme und Hilfsinstrumente	**ISO 14 041:** Umweltmanagement – Ökobilanz – Festlegung des Ziels und des Untersuchungsrahmens sowie Sachbilanz
ISO 14 010: Leitfäden für Umweltaudits – Allgemeine Grundsätze	**ISO 14 042:** Umweltmanagement – Ökobilanz – Wirkungsabschätzung
ISO 14 011: Leitfäden für Umweltaudits – Auditverfahren – Audit von Umweltmanagementsystemen	**ISO 14 043:** Umweltmanagement – Ökobilanz – Auswertung
ISO 14 012: Leitfäden für Umweltaudits – Qualifikationskriterien für Umweltauditoren	**ISO/TR 14 047:** Umweltmanagement – Ökobilanz – Auswertung
ISO 14 015: Umweltmanagement – Umweltbewertung von Standorten und Organisationen	**ISO/TS 14 048:** Umweltmanagement – Ökobilanz – Datendokumentationsformat für die Sachbilanz
ISO 14 020: Umweltkennzeichnungen und -deklarationen – Allgemeine Grundsätze	**ISO/TR 14 049:** Umweltmanagement – Ökobilanz – Anwendungsbeispiele zu ISO 14 041 zur Festlegung des Untersuchungsrahmens sowie zur Sachbilanz
ISO 14 021: Umweltkennzeichnungen und -deklarationen – Selbstdeklarierte Umweltaussagen (Umweltkennzeichnungen Typ II)	**ISO 14 050:** Umweltmanagement – Begriffe
ISO 14 024: Umweltkennzeichnungen und -deklarationen – Umweltbezogene Kennzeichnung vom Typ I – Grundlagen und Verfahren	**ISO/TR 14 061:** Informationen zur Unterstützung der Forstwirtschaft in der Anwendung der ISO 14 001 und ISO 14 004 Umweltmanagementsystem-Normen
ISO/TR 14 025: Umweltkennzeichnungen und -deklarationen – Umweltdeklarationen Typ III	**ISO/TR 14 062:** Umweltmanagement – Leitlinien zur Integration von Umweltaspekten in die Produktentwicklung
ISO 14 031: Umweltmanagement – Umweltleistungsbewertung – Leitlinien	**ISO/WD 14 063:** Umweltmanagement – Umweltkommunikation – Leitfaden und Beispiele
ISO/TR 14 032: Umweltmanagement – Beispiele für Umweltleistungsbewertung	**ISO/WD 14 064:** Umweltmanagement – Messung, Berichterstattung und Verifizierung von Treibhausgasemissionen

5.2 Umweltorientierte Unternehmensführung

Die Verordnung EMAS[1] ist die freiwillige Beteiligung gewerblicher Unternehmen am Gemeinschaftssystem der Europäischen Union zur Einführung von Umweltmanagementsystemen.

> Umweltschutz ist eine Managementaufgabe!

Diese Verordnung wurde 1993 als ein europaweit gültiges Verfahren mit dem Ziel der kontinuierlichen Verbesserung des betrieblichen Umweltschutzes eingeführt. Die europäische Norm EN ISO 14 001 dient weltweit dem gleichen Ziel und unterscheidet sich inhaltlich nur geringfügig.

5.3 Umweltmanagementsystem nach DIN EN 14 001

Diese Norm legt die Forderungen an ein Umweltmanagementsystem fest. Sie soll auf Unternehmen jeder Art und Größe sowie auf unterschiedliche geografische, kulturelle und soziale Bedingungen anwendbar sein.

Die Grundidee dieses Ansatzes bindet folgende Hauptpunkte ein: Umweltpolitik, Planung, Implementierung und Durchführung, Kontroll- und Korrekturmaßnahmen, Bewertung durch die oberste Leitung und das alles unter dem Gesichtspunkt der „Kontinuierlichen Verbesserung" **(Bild 1)**.

Vergleichbar mit dem Qualitätsmanagementsystem eines Unternehmens, das die umfassende Unternehmensqualität durchsetzen soll, dient ein Umweltmanagementsystem dazu, die umfassenden Umweltschutzforderungen durchzusetzen.

Die dauerhafte Integration des Umweltschutzes in den betrieblichen Alltag gelingt umso besser, wenn das Umweltmanagementsystem von Unternehmensleitung, Mitarbeitern und gegebenenfalls von deren Interessenvertretung gemeinsam getragen wird **(Bild 2)**.

Die in dieser internationalen Norm vorgegebenen Forderungen an das Umweltmanagementsystem müssen nicht unabhängig von bereits bestehenden Managementsystemelementen festgelegt werden. In vielen Fällen dürfte eine Erfüllung der Forderungen durch eine Erweiterung bestehender Managementsysteme möglich sein.

Bild 2: Umweltschutz tragen wir alle

---
[1] EMAS = Abkürzung der engl. Bezeichnung Environmental-Management and AuditScheme, System für das Umweltmanagement und die Umweltbetriebsprüfung (Öko-Audit).

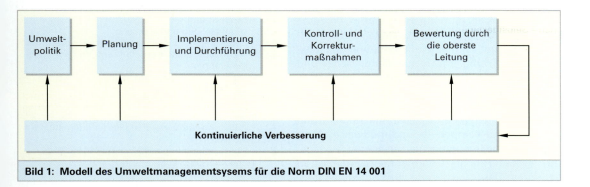

Bild 1: Modell des Umweltmanagementsysems für die Norm DIN EN 14 001

Als Hauptziele der Einführung eines Umweltmanagementsystems (UMS) nach ISO 14 001 sind zu nennen:

1. Die Verbesserung des betrieblichen Umweltschutzes durch geeignete Managementstrukturen und Verfahren. Damit sollen fortschrittliche Umwelttechnologien wirksam zum Einsatz kommen und eine dauerhafte umweltschonende Entwicklung sicherstellen.
2. Das integrierte Umweltmanagement zielt auf umweltmäßige Verbesserungen des Unternehmens insgesamt ab, also nicht auf einzelne Anlagen oder einzelne Medien (z. B. Emissionen).
3. Die systematische Sichtbarmachung und Lenkung der Umweltauswirkungen von Aktivitäten, Produkten und Dienstleistungen soll die erforderliche Umweltleistung des Unternehmens sicherstellen.

Der angestrebte Nutzen für ein Unternehmen bezieht sich auf die Risikominimierung, die Kostensenkung, die Wettbewerbsfähigkeit und die Organisationsverbesserung **(Tabelle 1)**.

Es sollte eine enge Wechselbeziehung zwischen QM-System und UM-System bestehen, da Umweltschutzforderungen ein Bestandteil der übergeordneten Qualitätsforderungen sind. Umgekehrt sind auch Qualitätsforderungen Bestandteil eines übergeordneten Umweltschutzgedankens. Deshalb ist vom Normengeber bewusst eine gewisse Ähnlichkeit in der Struktur der Normung angestrebt worden.

Diese Vergleichbarkeit ist die Grundlage für ein weiter zu entwickelndes integriertes Managementsystem IMS, das die beiden Managementsysteme QMS und UMS zusammenfasst und prozessorientiert anwenden will.

Ob Qualitätssicherung, Umweltschutz oder Arbeitssicherheit, immer geht es darum, Prozesse im Unternehmen zu planen, zu steuern und zu verbessern. Damit kann eine effiziente und qualitätsgerechte Leistung umweltschonend, sicher und verantwortungsbewusst erbracht werden.

Dieses Ziel erreicht man mit einem Managementsystem, das geplante, transparente Abläufe und Strukturen für kompetente und motivierte Mitarbeiter hat. Die Integration verschiedener Managementsysteme in die Unternehmensorganisation verhindert Doppelarbeit und nutzt Synergien.

Tabelle 1: Nutzen des UM-Systems

Risikominimierung
- Einhaltung der Gesetze und Verordnungen
- Schadensvermeidung durch Transparenz
- Handlungsfähigkeit und Schadensbegrenzung bei Zwischenfällen
- Reduzierung des Haftungsrisikos
- Erhöhung der Arbeitssicherheit

Kostensenkung
- Einsparungen bei Energie, Rohstoffen und Entsorgung
- Vermeidung teurer Sanierungen
- Ausschluss zivil- und strafrechtlicher Ansprüche
- Vorteile bei Versicherungs- und Kreditgewährung
- Erlangen von Fördermitteln

Wettbewerbsfähigkeit und Wettbewerbsvorteile
- Positives Image und Vorreiterrolle
- Schnellere Genehmigungsverfahren
- Angebotsvorteile gegenüber der Konkurrenz
- Langfristige Unternehmenssicherung
- Erfüllung von Kundenforderungen

Organisationsverbesserung
- Transparente Prozesse
- Effizienz und systematisches Vorgehen
- Mitarbeitermotivation
- Zielrealisierung durch Managementwerkzeuge
- Umfassende Dokumentation

Tabelle 2: Gliederung der ISO 14 001

1	Anwendungsbereich
2	Normative Verweisungen
3	Begriffe
4	Anforderungen an ein Umweltmanagementsystem
4.1	Allgemeine Anforderungen
4.2	Umweltpolitik
4.3	Planung
4.3.1	Umweltaspekte
4.3.2	Rechtliche Verpflichtungen und andere Anforderungen
4.3.3	Zielsetzungen, Einzelziele und Programme
4.4	Verwirklichung und Betrieb
4.4.1	Ressourcen, Aufgaben, Verantwortlichkeit und Befugnis
4.4.2	Fähigkeit, Schulung und Bewusstsein
4.4.3	Kommunikation
4.4.4	Dokumentation
4.4.5	Lenkung von Dokumenten
4.4.6	Ablauflenkung
4.4.7	Notfallvorsorge und Gefahrenabwehr
4.5	Überprüfung
4.5.1	Überwachung und Messung
4.5.2	Bewertung der Einhaltung von Rechtsvorschriften
4.5.3	Nichtkonformität, Korrektur- und Vorbeugungsmaßnahmen
4.5.4	Lenkung von Aufzeichnungen
4.5.5	Internes Audit
4.6	Managementbewertung
Anhänge	
A	Anleitung zur Anwendung dieser internationalen Norm
B	Übereinstimmung zwischen ISO 14001:2009 und ISO 9001:2008
C	Literaturhinweise

5.4 Von der Umweltpolitik zum Umweltprogramm

Es sollte hervorgehoben werden, dass die bestehende Internationale Norm ISO 14 001 zusätzlich zu der in der Umweltpolitik enthaltenen Verpflichtung zur Einhaltung der geltenden gesetzlichen Bestimmungen sowie zu einer kontinuierlichen Verbesserung keine absoluten Forderungen an die umweltorientierte Leistung stellt.

Aus der Gliederung der Norm ist zu erkennen, dass die Umweltpolitik und die für jedes Unternehmen selbstdefinierten Umweltziele die Grundlage für das Umsetzen, die Kontrolle und Bewertung sind **(Tabelle 2, vorhergehende Seite)**.

> Im Punkt 4.2 der Norm wird Folgendes zur Umweltpolitik gefordert:
> Die oberste Leitung muss die Umweltpolitik der Organisation festlegen und sicherstellen, dass diese
> a) in Bezug auf Art, Umfang und Umweltauswirkung ihrer Tätigkeit, Produkte oder Dienstleistungen angemessen ist,
> b) eine Verpflichtung zur kontinuierlichen Verbesserung und Verhütung von Umweltbelastungen enthält,
> c) eine Verpflichtung zur Erhaltung der relevanten Umweltgesetze und -vorschriften und anderer Forderungen, denen sich die Organisation verpflichtet, enthält,
> d) den Rahmen für die Festlegung und Bewertung der umweltbezogenen Zielsetzung und Einzelziele bildet,
> e) dokumentiert, implementiert und aufrechterhält sowie allen Mitarbeitern bekanntgemacht wird,
> f) der Öffentlichkeit zugänglich ist.

Beispiel: Autoreifen

Ein Beispiel aus der betrieblichen Praxis ist der Text der Umweltleitlinien eines Reifenherstellers:

„Unsere Grundhaltung ist es, die Wünsche der Menschen, die Belange der Umwelt und die Interessen unseres Unternehmens in Einklang zu bringen. Damit wird Umweltschutz zum verbindlichen Bestandteil unserer unternehmerischen Aktivitäten.

Wirtschaftlicher Erfolg und ökologische Verantwortung sind für uns kein Widerspruch.

Unsere Mitarbeiter sind bestrebt, ihren ganz persönlichen Beitrag zum Umweltschutz zu leisten.

- Schon bei der Konzeption unserer Produkte (**Bild 1**) und Verfahren wird sichergestellt, dass Umweltbelastungen weitgehend vermieden werden, Emissionen und Abfälle verringert und Ressourcen geschont werden.
- In der Produktion wenden wir im Rahmen der Wirtschaftlichkeit die besten zurzeit verfügbaren Techniken an.
- Gesetzliche Vorschriften und interne Verhaltensregeln werden eingehalten.
- Auf unsere Lieferanten und Vertragspartner wirken wir ein, damit sie die gleiche Umweltnorm wie wir anwenden.
- Mit Kunden, Behörden und der Öffentlichkeit führen wir einen offenen Dialog über umweltrelevante Fragen in unserem Unternehmen.
- Die Umsetzung unserer Umweltpolitik und die Realisierung unserer Umweltprogramme (**Bild 2**) werden regelmäßig bewertet. Notwendige Korrekturen werden umgehend veranlasst."

Bild 1: Pkw-Reifen

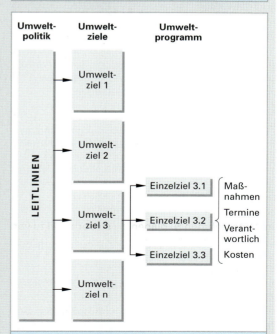

Bild 2: Von der Umweltpolitik zum Umweltprogramm

5.5 Umsetzung der Norm

Im Umweltprogramm sind die in den einzelnen Bereichen umzusetzenden organisatorischen und technischen Maßnahmen festgelegt. Da sich diese Maßnahmen von Unternehmen zu Unternehmen in Abhängigkeit von der Organisationsstruktur und den auftretenden Umwelteinwirkungen sehr voneinander unterscheiden, wird nur die Vorgehensweise bei der Umsetzung des Umweltmanagements betrachtet. Gefordert ist, dass diese Umsetzung nicht durch eine Person, dem Umweltschutzbeauftragten, erfolgt, sondern als Managementaufgabe alle Unternehmensebenen einbindet (**Bild 1**).

Bei der organisatorischen Verknüpfung der Umweltschutzfunktion im Unternehmen hat sich bei kleinen und mittleren Unternehmen eine Zusammenfassung der Funktion Umweltmanagement mit anderen Querschnittsfunktionen wie Qualitäts- und Arbeitsschutzmanagement als sinnvoll erwiesen (**Bild 2**).

Die Nutzung vorhandener Synergien, z. B. auf dem Gebiet der Personalentwicklung und Prozessdokumentation, wird auf diese Weise vereinfacht und standardisiert. Man spricht dann auch von einem integrierten Managementsystem IMS (**Bild 1, folgende Seite**).

Im Zusammenhang mit der Einrichtung des Umweltmanagementsystems müssen alle umweltrelevanten betrieblichen Prozesse ermittelt und dokumentiert werden.

Zu diesen Abläufen gehören unter anderem Funktionen wie die Produkt- und Produktionsplanung, die Beschaffung, die einzelnen Fertigungsverfahren und weitere betriebliche Aufgaben. Diese Prozesse sind umweltgerecht auszulegen.

> Die Norm fordert:
> - die Erstellung und Dokumentation von Verfahrens-, Arbeits- und Betriebsanweisungen für alle umweltrelevanten Prozesse,
> - die Einführung festgelegter Beschaffungsverfahren,
> - die Überwachung und Kontrolle aller umweltrelevanten Verfahren,
> - die Berücksichtigung von Umweltaspekten bei der Planung neuer Verfahren, Ausrüstungen und Produkte,
> - die Festlegung von messbaren Kennzahlen, z. B. der Energieverbrauch.

Bild 1: Aufgaben der drei Managementebenen

Bild 2: Qualität, Arbeitsschutz, Umwelt

Ein grundlegender Erfolgsfaktor für ein erfolgreiches betriebliches Umweltmanagement ist die Kommunikation, die Entscheidungsträger und Mitwirkende mit den für ihre Tätigkeit notwendigen Informationen, Daten und Fakten versorgt. Hier liefern rechnergestützte Umweltinformationssysteme die notwendige Vernetzung.

Die Umsetzung von Umweltpolitik und -zielen gelingt nur, wenn alle Mitarbeiter die Möglichkeit haben, sich aktiv daran zu beteiligen, *mitzudenken* und *mitzuhandeln*. Eine umweltorientierte Bewusstseinsbildung und Sensibilisierung sowie die Entfaltung einer Kultur des umweltbewussten Handelns sind erforderlich.

5.5 Umsetzung der Norm

Qualitätsmanagementsystem QMS

DIN EN ISO 9000

TQM
Total Quality Management

Umfassendes Qualitätsmanagement

Managementanforderungen
Ziele
Umsetzung
Prozesse

Umweltmanagementsystem UMS

DIN EN ISO 14001

EMAS
Eco Management and Audit Scheme

System für das Umweltmanagement und die Umweltbetriebsprüfung – Öko-Audit

Managementanforderungen
Ziele
Umsetzung
Prozesse

Arbeitsschutzmanagementsystem AMS

OHRIS
Occupational Health and Risk Management

Arbeitssicherheit
Gesundheitswesen
Risikomanagement/
Prozessrisiken

Managementanforderungen
Ziele
Umsetzung
Prozesse

Integriertes Managementsystem IMS

Anforderungen an das IMS
Ziele
Umsetzung / Synergieeffekte
Handlungsbereiche

Prozesse und Prozessbeschreibungen

Bild 1: Integriertes Managementsystem (IMS)

5.6 Umsetzungsprojekt

Der Aufbau eines Managementsystems umfasst die aufbau- und ablauforganisatorische Strukturierung des gesamten Unternehmens. In der Regel ist das Qualitätsmanagementsystem das erste Managementsystem im Unternehmen und die dort angewandte Umsetzungsstrategie ist vergleichbar.

Bei der Einführung eines Umweltschutzmanagementsystems sind zudem sämtliche Unternehmensbereiche, jeder einzelne Mitarbeiter, alle unternehmensinternen und Unternehmensgrenzen überschreitenden Vorgänge und Abläufe betroffen.

In Abhängigkeit von der Branche und Größe des Unternehmens sowie der vorhandenen Organisationsstruktur muss von einer unternehmensabhängigen, unterschiedlichen Umsetzungsdauer ausgegangen werden. Es ist jedoch möglich, bereits während der Einführungsphase, Komponenten des Umweltmanagementsystems zu nutzen. Voraussetzung für eine effektive und erfolgreiche Umsetzung ist ein zielgerichtetes Einführungskonzept.

Den Rahmen dazu bildet das allgemeine Projektmanagement, ein Führungsinstrument, das innerhalb einer geplanten Zeit mit bestimmten Mitteln ein definiertes, abgegrenztes Projekt erfolgreich verwirklicht. Das Umsetzungsprojekt kann durch einen Ablaufplan dargestellt werden, der sich an der Struktur des Unternehmens orientiert **(Bild 1, folgende Seite)**.

> Die Projektabschnitte (1. Ebene) sind:
> - Projektanstoß,
> - Situationsanalyse,
> - Ziele und Programme,
> - Umsetzung,
> - Maßnahmenüberprüfung.
>
> Die weitergehenden Untergliederungen sind:
> - Projektschritte (2. Ebene) und
> - Arbeitspakete (3. Ebene).

Die einzelnen Projektschritte müssen nicht zwingend nacheinander abgearbeitet werden. Es besteht die Möglichkeit, mehrere Schritte gleichzeitig zu bearbeiten. Nach jedem Projektschritt ist zu entscheiden, ob zum nächsten übergegangen werden kann, der Schritt nochmals überarbeitet wird oder noch weiter zurückgegangen werden muss.

Die einzelnen Projektschritte (Ebene 2) sind in der Ebene 1 in fünf übergeordnete Abschnitte zusammengefasst. Diese Einteilung ist insbesondere für die verantwortliche Unternehmensleitung von Bedeutung. Die Projektschritte der Ebene 2 besitzen für das mit der Einführung des Umweltmanagementsystems UMS beauftragte Projektteam besondere Bedeutung. In der dritten Ebene erfolgt eine Unterteilung in gesonderte Arbeitspakete, die für die einzelnen Bearbeiter wichtig sind **(Bild 1)**. Die Arbeitspakete eines Projektschrittes können parallel bearbeitet werden. Wo eine schrittweise Bearbeitung der Arbeitspakete aus ablauforganisatorischen Gründen nicht erforderlich ist, hängt der tatsächliche Projektfortschritt von den konkreten unternehmensspezifischen Rahmenbedingungen sowie den personellen und finanziellen Kapazitäten des Unternehmens ab.

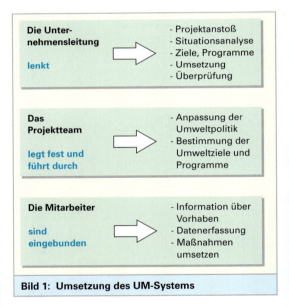

Bild 1: Umsetzung des UM-Systems

> **Wiederholung und Vertiefung**
> 1. Welche Verpflichtung hat unsere Generation gegenüber unseren Enkeln?
> 2. Welches ist das generelle Ziel des Umweltschutzes?
> 3. Nennen Sie drei Gesetze und drei Verordnungen in denen der Umweltschutz verankert ist.
> 4. Nennen Sie zwei wichtige Normen, die Grundlage für ein Umweltmanagementsystem sein können.
> 5. Die Struktur des Umweltmanagementsystems nach DIN EN ISO 14 001 ist von einer anderen Normenstruktur abgeleitet, von welcher?
> 6. Wer legt die Umweltpolitik eines Unternehmens fest?

5.6 Umsetzungsprojekt

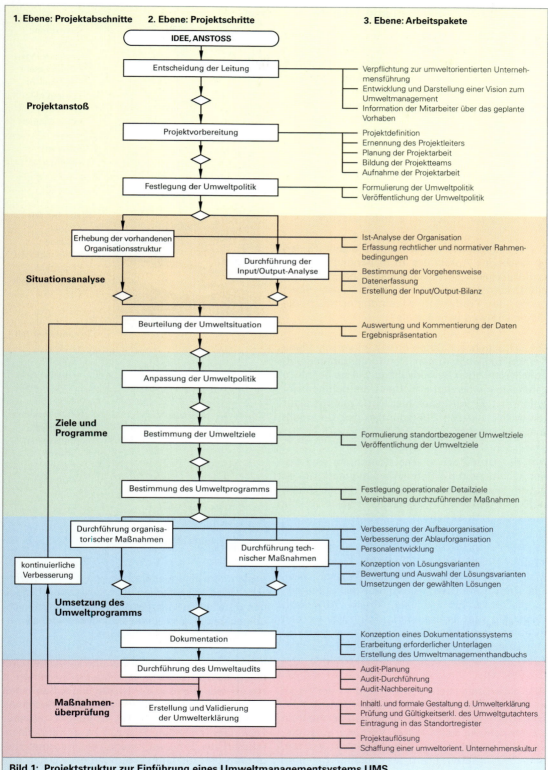

Bild 1: Projektstruktur zur Einführung eines Umweltmanagementsystems UMS

5.7 Die Eingabe/Ausgabe-Analyse

Das Ziel der Eingabe/Ausgabe-Analyse (Input/Output-Analyse) besteht in der Untersuchung der umweltschutzbezogenen Ausgangssituation eines Unternehmens als Grundlage zur Einleitung von Umweltschutzprogrammen und bei der Einführung eines Umweltschutzmanagementsystems. Das Ergebnis der Analyse zeigt die Problemfelder auf und ist die Basis zur Definierung von Umweltschutzzielen.

Erst die ausreichende Erfassung und Dokumentation der umweltrelevanten Daten ermöglicht das Erkennen von Schwachstellen und die Entwicklung von Maßnahmen zu deren Beseitigung.

Die Vollständigkeit dieser Analyse bestimmt den umfassenden Ansatz des zu planenden Umweltschutzprojekts. Die Bestandsaufnahme umfasst alle Unternehmensbereiche, schließt also neben denen der Produktion zugeordneten auch die administrativen Bereiche ein.

Die Erfassung der Daten erfolgt in verschiedene Konten und Unterkonten. Der Kontenrahmen entspricht dem einer Betriebsbilanz, wie sie bereits in zahlreichen umweltorientierten Unternehmen eingeführt ist. Es wird auch hier eine Kontenstruktur entwickelt, die den Bedingungen des Unternehmens entspricht.

Auf der Grundlage dieses Kontenrahmens findet nachfolgend die Datenerhebung statt. Um zu gewährleisten, dass alle umweltrelevanten Daten berücksichtigt werden, muss das Projektteam alle Prozesse im Unternehmen analysieren.

Mit Hilfe von Datenbanklisten werden alle eingekauften Rohstoffe, Betriebsstoffe, Gefahrstoffe, Materialien, Energie und Medien (Wasser, Gase, Öle, Treibstoffe usw.) erfasst, auf der Outputseite alle verkauften Produkte, Abfälle, Abwässer, Reststoffe und Emissionen. Zusätzlich werden in einem statischen Bilanzteil alle innerhalb des Unternehmens befindlichen umweltrelevanten Güter und Vorräte zusammengestellt **(Bild 1)**.

Alle gesuchten Informationen sind in der Regel in Datenbanken des Unternehmens gespeichert. Um eine aufwendige manuelle Datenermittlung zu vermeiden, sollte dieser Vorgang automatisiert und rechnergestützt durchgeführt werden. In der Input/Output-Bilanz werden die Ergebnisse der Datenerhebung zusammengestellt. Die Bilanz

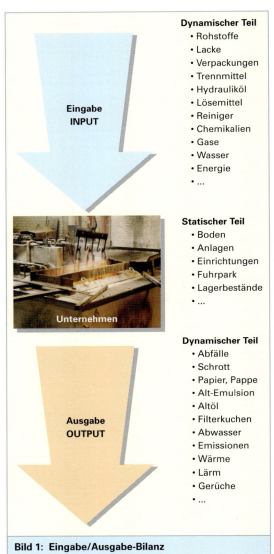

Bild 1: Eingabe/Ausgabe-Bilanz

besteht aus einem statischen und einem dynamischen Teil. Im statischen Bilanzteil werden diejenigen Güter aufgeführt, die die Systemgrenzen nicht überschreiten, also stationär im Unternehmen verbleiben (Lagerbestand, Fuhrpark).

Im dynamischen Teil werden alle stofflichen und energetischen Güter erfasst, die die Systemgrenzen überschreiten, also entweder von außen in den Betrieb eingehen oder ihn verlassen (Ausgabe). Um die Vergleichbarkeit der im Verlauf mehrerer Prüfungen erstellten Bilanzen zu gewährleisten, müssen die Erhebungswege, die Informationsquellen und die Umrechnungen aller Daten eindeutig gekennzeichnet sein.

5.8 Umweltaudit

Die EU-Verordnung zum Umweltaudit von 1993 mit der Bezeichnung „Verordnung über die freiwillige Beteiligung gewerblicher Unternehmen an einem Gemeinschaftssystem für das Umweltmanagement und die Umweltbetriebsprüfung (EMAS)", haben zum Ziel:

a) Die Festlegung und Umsetzung standortbezogener Umweltpolitik, -programme und -managementsysteme durch die Unternehmen und die Förderung der kontinuierlichen Verbesserung des betrieblichen Umweltschutzes.
b) Eine systematische, objektive und regelmäßige Bewertung der Leistung dieser Instrumente sowie die Bereitstellung von Informationen über den betrieblichen Umweltschutz für die Öffentlichkeit.

Die vorgeschlagene Vorgehensweise sieht vor:
1. Festlegung der betrieblichen Umweltpolitik,
2. Durchführung einer ersten Umweltprüfung,
3. Ableitung von Umweltzielen zur ständigen Verbesserung des betrieblichen Umweltschutzes,
4. Erstellen eines Umweltprogramms als Reaktion auf die Umweltprüfung und die Umweltziele,
5. Einführen eines Umweltmanagementsystems,
6. Erstellen einer Umwelterklärung für die Öffentlichkeit mit der Prüfung durch einen unabhängigen Gutachter,
7. Gültigkeitserklärung der Umwelterklärung durch die Zertifizierung,
8. Eintragung in ein Verzeichnis durch die Zertifizierungsstelle mit jährlicher Veröffentlichung im Amtsblatt der EU,
9. Regelmäßige, dreijährliche Umweltbetriebsprüfung (Folge-Audit),
10. Teilnahmeerklärung gilt standortbezogen als Zertifikat für vorbildlichen Umweltschutz.

Zu Punkt 1 der genannten Festlegung der betrieblichen Umweltpolitik gehört die unternehmensspezifische Vorgabe der umweltbezogenen Gesamtziele einschließlich der Einhaltung aller einschlägigen Gesetzesvorschriften. Zum Inhalt der Umweltpolitik gehört auch der Grundsatz zur kontinuierlichen Verbesserung.
Bei der unter Punkt 2 beschriebenen Vorgehensweise des Öko-Audits nach der EU-Verordnung mit der Durchführung einer ersten Umweltprüfung (Erst-Audit) geht es um die Betrachtung umweltrelevanter Tatbestände mit Wirkung, Stoff- und Energieflüssen in Bezug auf die Einhaltung gesetzlicher Vorschriften und Normen.

Tabelle 1: Erste Umweltprüfung

Ist-Analyse (Umweltprozesse erfassen)
- Systemgrenzen
- Technische Prozesse
- Organisation
- Informations-, Dokumentationsverfahren

Sachbilanz erstellen (beschreiben)
- Input-/Output-Analyse
- Stoff-, Energie-, Abfall- und Emissionsflüsse
- Wasserverbrauch
- Abluft, Art, Zusammensetzung
- Produkte
- Lebenswegkriterien
- Standort

Alle Daten werden erfasst und beschrieben.

Wirkungsbilanz-Darstellung
- Auswirkung aller Prozessstufen
- Quantitative Abschätzung
- Qualitative Abschätzung
- Wichtige Umwelteinwirkungen
- Vorhandene Bewertungsgrundlagen
- Gesetzliche Grenzwerte, Richtlinien
- MAK-Werte ermitteln und den einzelnen Stoffgruppen zuordnen,
- Jeder Stoffgruppe soll ein Grenzwert gegenübergestellt werden.

Bilanzbewertung
- Spezifischer Beitrag an der Gesamtbelastung
- Kritische Belastung
- Öko-Faktoren
- Umweltkostenrechnung
- Die Ist-Daten pro Stoffgruppe werden mit den vorhandenen Bewertungsgrundlagen bewertet und in Kennzahlen je Stoffgruppe überführt.
- Energie
- Abfall
- Wasser
- Luft

Die Toxizitätswerte der jeweiligen Stoffe werden ermittelt.
Die Bewertung Abfall erfolgt nach den Entsorgungskosten.
Unterschiedliche Energieverbräuche werden in k/Wh zusammengefasst.

Das Ziel dieser ersten Umweltprüfung ist die Ermittlung aller umweltschutzbezogenen Rahmenbedingungen sowie die Beschreibung des Ist-Zustandes.

Die Durchführung der Ist-Prozessanalyse, also die Erfassung der relevanten Umweltdaten mit der Erstellung der Sach- und Wirkungsbilanz (beschreiben und bilanzieren), hat den höchsten Stellenwert im Umweltschutzmanagementsystem **(Tabelle 1)**.

In der **Sachbilanz** wird der Energie-, Wasser-, Stoff-, Abfall- und Emissionsfluss entlang des Produktlebensweges beschrieben. Zu einem weiteren Schritt im Umweltaudit gehört die Aufstellung einer **Wirkungsbilanz**. Hierbei geht es um die Abschätzung der Gefährdung und des Risikos der in der Sachbilanz festgestellten Beeinflussung durch Gegenüberstellung der vorgeschriebenen Grenzwerte. In der Bewertung der ersten Umweltprüfung erfolgt die Ergebnisdarstellung, d. h. die Bewertung und Kommentierung der in der Bilanz erfassten Daten mit einer Interpretation und Ursachenanalyse für den Istzustand.

Aus den festgestellten Schwachpunkten des Erstaudits wird ein Maßnahmenkatalog abgeleitet. Hier werden die ökologischen Ansatzpunkte zur Verbesserung festgelegt. Die Umsetzung der Maßnahmen wird dokumentiert und im Rahmen des geplanten Öko-Audits auf ihren Erfüllungsgrad geprüft und bewertet. Die Öko- Auditverordnung umfasst weiter das Ableiten von Umweltzielen zur kontinuierlichen Verbesserung des betrieblichen Umweltschutzes. Beispielhaft sind einige Umweltziele dargestellt **(Bild 1 und 2)**, die durch die Öko-Verordnung realisiert werden sollen **(Bild 1 und Bild 2, folgende Seite)**.

Planung und Durchführung eines Umweltaudits
Das Hauptziel von Umweltaudits ist die objektive, systematische und dokumentierte Überprüfung der Wirksamkeit des Umweltmanagementsystems. Sie ist das wichtigste Instrument zur Bewertung der umweltbezogenen Leistung eines Unternehmens. Umweltaudits oder Umwelt-Management-Systemaudits werden in der EMAS-Norm als Umweltbetriebsprüfungen bezeichnet. Die DIN EN ISO 14 001 wie auch das EMAS enthalten eine Reihe detaillierter Forderungen an Inhalt und Ablauf der Audits. Zunächst werden die Ziele des Audits bestimmt. Diese müssen eine Erfassung und Bewertung der umweltrelevanten Leistungen des Unternehmens und des gesamten Umweltmanagementsystems umfassen.

Bild 1: Umweltziel Energiesparen

Bild 2: Umweltziel Wasserreinhalten

Umweltaudit bedeutet:
- eine Bewertung des bestehenden Umweltmanagementsystems,
- Feststellungen bezüglich der Eignung des Systems, die betriebliche Umweltpolitik zuverlässig umzusetzen,
- die Feststellung, inwieweit das Unternehmen seine formulierten Umweltziele erfüllt,
- die Prüfung der Erfüllung der einschlägigen Umweltvorschriften,
- die Überprüfung des Einsatzes der in einem ökonomisch vertretbaren Rahmen besten verfügbaren Technik zur Umsetzung der Umweltpolitik.

Daraufhin wird ein Auditplan erarbeitet, der neben den Zielen des Audits im Wesentlichen festlegt:
- die am Audit teilnehmenden Personen,
- die zu begutachtenden Bereiche und Abteilungen,
- die zugrundezulegenden Dokumente, Daten und Vorschriften,
- einen Zeitplan des Auditverlaufs.

Audit-Durchführung
Das Umweltaudit beginnt mit einer Eröffnungssitzung des Auditteams. Diese Sitzung dient hauptsächlich der nochmaligen kurzen Abstimmung von Prüfungsziel, -umfang und -ablauf. Auf der Grundlage des Auditplans erfolgt anschließend die Zusammenstellung aller Informationen, Nachweise und Dokumente, die zur Bewertung des Umweltmanagements benötigt werden. Die ermittelten Informationen und Daten werden auf Vollständigkeit und Richtigkeit überprüft. Als Richtlinien dienen:
- die betriebliche Umweltpolitik sowie die Umweltziele,
- gesetzliche Umweltvorschriften,
- die Anforderungen der DIN EN ISO 14 001 und des EMAS.

Audit-Nachbereitung
Vom Auditor wird ein schriftlicher Auditbericht erstellt, der mit dem Prüfungsteam vorher abgestimmt worden ist und der eine vollständige Dokumentation der erhobenen Daten und der daraus gezogenen Schlussforderungen beinhaltet. Der Bericht enthält Angaben über:
- die Ziele des Umweltaudits,
- Inhalt und Umfang der Prüfung,
- Angaben über festgestellte Abweichungen von den gesetzlichen oder betrieblichen Vorgaben,
- Angaben zu umweltrelevanten Fortschritten und Verschlechterungen im Vergleich zu früheren Audits bzw. der ersten Umweltprüfung,
- eine Einschätzung der Wirksamkeit des Umweltmanagementsystems,
- Vorschläge für Korrekturmaßnahmen.

Über die Auditergebnisse werden die Leitung, die betroffenen Bereiche sowie die Umweltprojektteams informiert. Der gleiche Kreis beschließt die Korrekturmaßnahmen zu den erkannten Abweichungen, dokumentiert die Verantwortlichen und legt den Termin für die Erledigung bzw. die nächste Berichterstattung fest. Das so überwachte und auf seine Wirksamkeit geprüfte Umweltmanagementsystem ist die grundlegende organisatorische Voraussetzung für die Umsetzung und die kontinuierliche Verbesserung einer umweltorientierten Unternehmensstruktur.

Bild 1: Umweltziel Abfallvermeiden

Bild 2: Umweltziel Emissionen vermeiden

Die Wirkung nach außen kann durch die Veröffentlichung der in Kraft gesetzten Umwelterklärung verbessert werden. Das Unternehmen kann sich in ein Standortregister bei der Industrie- und Handelskammer IHK eintragen lassen. Diese Stelle erteilt gegen eine Gebühr eine Registriernummer und trägt das Unternehmen in ein entsprechendes Verzeichnis ein, sodass die jährliche Veröffentlichung im Amtsblatt der Europäischen Gemeinschaft erfolgen kann.

Beispiel aus der Chemischen Industrie

In einem Unternehmen für die Herstellung von Klebstoffprodukten sind Aufgaben zur Sicherung einer konstanten Qualität, zum Umweltschutz und zur Sicherheit der Mitarbeiter eng miteinander verbunden. Als Unternehmensstrategie wurde bereits recht frühzeitig erkannt, die Themen Qualitätsmanagement, Umweltschutz und Arbeitsschutz als integriertes Management-system zu bündeln. Dieses System wird den Vernetzungen gerecht und unterstützt die Zusammenarbeit in allen Bereichen. Synergien können voll genutzt werden. In regelmäßigem Austausch mit den Verantwortlichen für Qualität, Umweltschutz und Arbeitsschutz in den Standorten, wird ein einheitlicher Mindeststandard festgelegt und dessen Umsetzung gemeinsam gesteuert.

Das IMS des Unternehmens basiert zudem auf einem Prozessmodell, das die komplexen Abläufe von den Kernprozessen bis hin zu detaillierten Anlaufbeschreibungen transparent macht. Im Mittelpunkt seht dabei die Erfüllung der Wünsche und Anforderungen der Kunden. Die Bereiche Qualitätsmanagement, Umweltschutz und Arbeitsschutz finden als sogenannte Management- und unterstützende Prozesse in allen Geschäftsprozessen Berücksichtigung.

Die Umweltziele des Unternehmens

Den Ausgangspunkt der Zielsetzung im Umweltbereich bildet eine systematische Untersuchung sämtlicher Geschäfts- und Produktionsprozesse im Hinblick auf Umweltauswirkungen und Umweltrisiken. Die Ergebnisanalyse führte zu einer Konzentrierung auf drei Kernziele:

- geringerer Lösemittelverbrauch,
- geringerer Energieverbrauch (**Bild 1**),
- weniger Abfall.

Bezogen auf vergleichbare Produktionsmengen sollen bis in zwei Jahren folgende Reduzierungen erreicht werden.

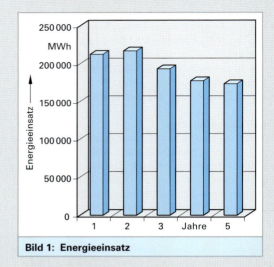

Bild 1: Energieeinsatz

- Eingesetzte Lösemittel   –40 %
- Eingesetzte Energie   –20 %
- Abfallmenge   –10 %

Diese Umweltziele sind nur durch engagierte Mitarbeiter aller Unternehmensbereiche zu erreichen. Das Umweltprogramm des Unternehmens setzt sich deshalb aus den Programmen der einzelnen Standorte zusammen und enthält kontinuierlich ca. 60 bis 80 Einzelprojekte. Gesteuert wird deren Umsetzung von einem Führungskreis der Unternehmensleitung. Mit Abschluss jedes Kalenderjahres wird die Wirksamkeit der Umweltprojekte erfasst. Die Unternehmensleitung gleicht das Erreichte mit den gesteckten Zielen ab. Ergeben sich Abweichungen, werden weitere Maßnahmen geplant und realisiert.

Umweltleitlinien des Unternehmens

- Unsere Systemlösungen von selbstklebenden Produkten belastet die Umwelt bei der Herstellung, Verwendung und Entsorgung so wenig wie möglich.
- Wir betreiben Umweltschutz aus eigener Initiative und Verantwortung und führen die dazu erforderlichen Maßnahmen durch.
- Gesetzliche Vorschriften werden als Mindeststandards eingehalten.
- Wir verbessern kontinuierlich unser Umweltmanagementsystem und seine Umweltschutztechnologie in Zusammenarbeit mit Behörden, Forschungsinstituten und Verbänden.
- Die Vermeidung, Verminderung und Verwertung von Abfällen hat Vorrang vor der Beseitigung. Mit knappen Produktionsmitteln wie Energie, Wasser und Rohstoffen wird sparsam umgegangen.
- Zum Schutz von Luft, Boden und Wasser werden vorbeugende Maßnahmen gegen denkbare Unfälle getroffen.

5.8 Umweltaudit

Umweltbelastung durch einen Pkw-Reifen[1]

Die Produkt-Ökobilanz **(Bild 1)** hat folgende Ziele:
1. Darstellung der Stoff- und Energieströme in den verschiedenen Lebensphasen des Reifens.
2. Qualifizierung und Bewertung von Emissionen und Abfällen, die Auswirkungen auf die Umwelt haben könnten.
3. Schwerpunktfindung der Umweltwirkung innerhalb des Reifenlebens als Ansatz für eine gezielte und effiziente Reduzierung des Ausmaßes möglicher Umweltwirkungen.
4. Entwicklung eines Werkzeugs zur Bewertung des Ressourcenverbrauchs und der Umweltwirkung alternativer Reifentypen (alternative Rohstoffe und Materialien).
5. Quantifizierung der Umweltauswirkung beim Einsatz von Altreifen in Verwertungsprozessen im Vergleich mit den jeweiligen Alternativprozessen.
6. Entwicklung einer standardisierten Methode für die Bilanzierung von Kautschukprodukten.

[1] Quelle: Auszug aus der Öko-Bilanzstudie der Firma Continental

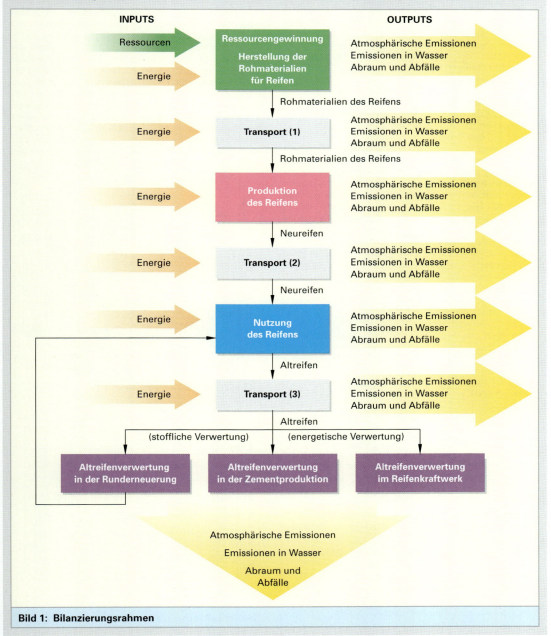

Bild 1: Bilanzierungsrahmen

Beispiel Reifen (Fortsetzung)
In Deutschland sind ca. 200 Mio. Pkw-Reifen im Einsatz. Jährlich werden ca. 600.000 t Altreifen demontiert und durch eine entsprechende Anzahl Neureifen oder runderneuerte Reifen ersetzt. Während seines gesamten Lebens von der Gewinnung der Rohmaterialien bis zur Verwertung als Altreifen steht der Reifen in ständiger Wechselwirkung mit der Umwelt.

Öko-Bilanzmodule
1. Herstellung der Rohmaterialien für Reifen mit Ressourcen-Gewinnung:
   Die Rohmaterialien für Reifen werden aus fossilen, mineralischen und nachwachsenden Ressourcen hergestellt. Diese Rohmaterialien ergeben aufgrund ihrer physikalischen und chemischen Eigenschaften das Leistungspotenzial des späteren funktionsfähigen Reifens.
2. Produktion des Reifens:
   Aus den Rohmaterialien werden die Bauteile des Reifens hergestellt und zum Rohling zusammengefügt, der dann in den chemischen Prozess der Vulkanisation den funktionsfähigen Reifen ergibt.
3. Nutzung des Reifens:
   Der Reifen stellt die Verbindung zwischen Fahrzeug und Fahrbahn her und überträgt sämtliche auf das Fahrzeug einwirkenden und vom Fahrzeug ausgehenden Kräfte auf die Fahrbahn. Diese Funktion bestimmt seinen konstruktiven und chemischen Aufbau. Für die Nutzungsphase wird ein Mittelklasse-Fahrzeug, eine durchschnittliche Fahrweise des Pkw-Halters, eine durchschnittliche Laufleistung sowie europäische Straßenzustände zugrunde gelegt. Es wird davon ausgegangen, dass der Pkw-Reifen den klimatischen Bedingungen in Mitteleuropa ausgesetzt ist. Durch den Fahrbetrieb nutzt sich der Reifen stetig durch Abrieb der Lauffläche ab, bis er mangels Profiltiefe seine Funktionsfähigkeit verliert und als Altreifen anfällt.
4. Altreifenverwertung:
   Der Wert des Altreifens liegt in seiner stofflichen Zusammensetzung und seinem Energie-Inhalt, wodurch die Verwertungswege für den Altreifen bestimmt werden. Die Hauptverwertungswege sind die Runderneuerung sowie die Verwertung im Zementwerk.
5. Transport:
   Zwischen den verschiedenen Stadien des Reifenlebens, in denen jeweils Stoffumwandlungen stattfinden, erfolgen die notwendigen Transporte. Sie dienen ausschließlich der Ortsverlagerung der betrachteten Materialien. In dem Öko-Bilanzmodul Transport sind, mit Ausnahme des Transports der Altreifen zum Verwertungsort, alle Transportvorgänge zusammengefasst.

Die Sachbilanz
Die Sachbilanz bezieht sich auf einen funktionsfähigen Ruß-Rayon-Reifen.
Input: Der Input umfasst den Ressourcenaufwand sowie den Bedarf an Luft und Wasser.

• **Bedarf an Ressourcen (Bild 1)**
Beim Abbau von mineralischen und fossilen Ressourcen entsteht sogenanntes Taubes Gestein. Taubes Gestein stellt zwar keine Ressource dar, wird hier aber getrennt dargestellt.

Der Ressourcenanteil beträgt 232 kg pro Reifen und 28 kg Taubes Gestein. Für die Nutzung des Reifens durch den Pkw werden ca. 88 % der insgesamt während des Reifenlebens verbrauchten Ressourcen benötigt. Bei der Gewinnung der Rohmaterialien für den Reifen werden ca. 6,9 % des gesamten Ressourcenbedarfs während des Reifenlebens verbraucht. Die Rohmaterialien Silica, Synthesekautschuk, Ruß und Stahl tragen am meisten zu dem Ressourcenverbrauch in dieser Phase des Reifenlebens bei.

Die Ressource Erdöl, die sowohl stofflich als auch energetisch verwendet wird, macht ca. 24 % des gesamten Ressourcenverbrauchs bei der Gewinnung der Rohmaterialien aus. Der Energiebedarf in dieser Phase des Reifenlebens wird zu ca. 18 % durch die Ressource Erdgas gedeckt. Der Bedarf an Ressourcen in der Produktion des Reifens entsteht durch die Bereitstellung der Energieträger Erdgas, Erdöl und Kohle. Diese Energieträger stellen ca. 29 % des Verbrauchs an Ressourcen bei der Reifenherstellung dar. Insgesamt werden bei der Produktion eines Pkw-Reifens ca. 4,8 % der gesamten verbrauchten Ressourcen des Reifenlebens aufgewendet. Der Verbrauch an Ressourcen ist in der Transportphase des Reifenlebens mit ca. 0,2 % am geringsten.

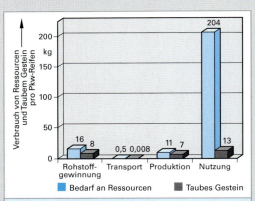

Bild 1: Verbrauch an Ressourcen

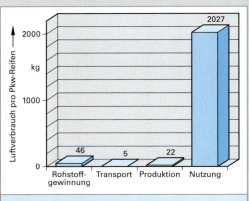

Bild 2: Luftverbrauch pro Pkw-Reifen

5.8 Umweltaudit

Beispiel Reifen (Fortsetzung)

- **Bedarf an Luft (Bild 2, vorhergehende Seite)**
  Der Luftverbrauch entsteht hauptsächlich durch den Bedarf an Sauerstoff bei der Verbrennung fossiler Ressourcen zur Energiegewinnung. Den größten Anteil hat die Nutzungsphase des Pkw mit ca. 96,5 % des gesamten Luftverbrauchs während des Reifenlebens.
  Der Rest verteilt sich folgendermaßen auf die übrigen Bilanzmodule des Reifenlebens:
  – Rohstoffgewinnung ca. 2,2 %
  – Produktion ca. 1,0 %
  – Transport ca. 0,2 %

- **Bedarf an Wasser (Bild 1)**
  Der Wasserverbrauch setzt sich aus Kühlwasser ca. 68 %, Prozesswasser ca. 31 % und Brauchwasser ca. 0,2 % zusammen. Das Kühlwasser wird meist in Kreisläufen geführt und kann daher über einen langen Zeitraum verwendet werden. Es weist einen geringen Belastungsgrad auf. Das Prozesswasser nimmt direkt an den Herstellungsprozessen teil. Es wird als Abwasser entsorgt. Der Begriff Brauchwasser steht für den Teil des Wasserverbrauchs, der weder eindeutig dem Kühl-, noch dem Prozesswasser zugeordnet werden kann. Wasser wird in allen Phasen, die der Reifen im Lauf seines Lebens durchläuft, verbraucht.
  Bei der Gewinnung der Rohmaterialien für den hier betrachteten Ruß-Rayon-Reifen setzt sich der Wasserverbrauch wie folgt zusammen:
  Herstellung von Synthesekautschuk ca. 63 %,
  Gewinnung von Rayon ca. 18 %,
  Herstellung von Naturkautschuk ca. 3,1 %,
  Produktion von Stahl ca. 5,6 %,
  Herstellung von Chemikalien ca. 6,5 %.

Die anderen Abschnitte des Reifenlebens tragen in deutlich geringerem Umfang als die Nutzungsphase zu den atmosphärischen Emissionen bei:
– die Produktion des Reifens mit ca. 2,5 %,
– die Gewinnung der Rohmaterialien mit ca. 1,8 %
– und der Transport mit ca. 0,3 %.

Der Staub entsteht fast ausschließlich in der Nutzungsphase und besteht überwiegend aus Partikeln unterschiedlicher Größe, die aus dem Reifenabrieb hervorgehen. Sie entweichen in die Luft und schlagen sich mit der Zeit auf dem Boden nieder. Die Freisetzung von Wasserdampf stammt aus der Produktion des Reifens. Sie entsteht durch Kühlvorgänge bei der Herstellung der Gummimischung.

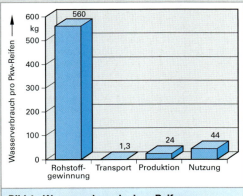

Bild 1: Wasserverbrauch eines Reifens

Output: Der Output der Sachbilanz umfasst atmosphärische Emissionen, Emissionen in Wasser, Abfälle sowie den Reifenabrieb.

- **Atmosphärische Emissionen (Bild 2)**
  Die atmosphärischen Emissionen werden zum größten Teil durch den Ausstoß von ca. 97 % Kohlendioxid bestimmt. Der restliche Anteil besteht zu ca. 1,2 % aus Kohlenmonoxid und zu ca. 1,3 % aus Wasserdampf.
  Weitere Emissionen sind Methan ca. 0,05 %, Stickoxide ca. 0, 04 %, Staub ca. 0, 17 %. Von allen Abschnitten des Reifenlebens verursacht die Phase der Nutzung des Reifens durch den Pkw die höchsten atmosphärischen Belastungen ca. 95,4 %. Diese Belastung entsteht fast vollständig, ca. 98 %, durch den Ausstoß von Kohlendioxid. Kohlenmonoxid trägt mit ca. 1,2 % zu den Belastungen der Atmosphäre in der Nutzungsphase bei.

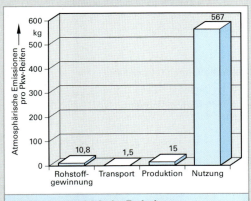

Bild 2: Atmosphärische Emissionen

Beispiel Reifen (Fortsetzung)

- **Emissionen in Wasser (Bild 1)**
Die Belastung des Abwassers entsteht fast vollständig durch die Gewinnung der Rohmaterialien für den Reifen, ca. 94,4 %. In den anderen Lebensabschnitten sind die Belastungen des Abwassers deutlich geringer: Transport ca. 2,8 %, Nutzung ca. 2,8 % und Produktion ca. 0,008 %. Die Belastung des Abwassers entsteht durch Chlorid-Ionen ca. 57,2 %, Sulfat-Ionen ca. 24,6 % und Natrium-Ionen ca. 14,8 %. Diese Ionen gelangen hauptsächlich bei der Herstellung von Silica, Rayton und synthetischen Harzen ins Abwasser.

- **Abraum und Abfälle (Bild 2)**
Bei der Förderung von mineralischen und fossilen Ressourcen fällt Taubes Gestein an. Taubes Gestein, das weitgehend unverändert bei der Erzaufbereitung bzw. bei der Rohstoffgewinnung verbleibt, wird als Abraum bezeichnet. Ein Teil des Tauben Gesteins wird durch die Erzgewinnung bzw. die Rohstoffgewinnung chemisch verändert. Diese Rückstände fallen in die Kategorie Abfälle. Daher wird bei allen folgenden Betrachtungen zwischen Abraum und Abfall unterschieden.
Der Abraum ist zu etwa 76,2 % der Nutzungsphase des Reifens zuzuweisen, bedingt durch die Förderung von Rohöl für die Kraftstoffgewinnung sowie durch die Bereitstellung der elektrischen Energie für die Erdöl-Raffination. Pro Kilogramm Normalbenzin entstehen 0,23 kg Abraum. Aus dem Kraftstoffverbrauch von ca. 186 kg Benzin pro Reifen auf 50.000 km, ergibt sich dann der hohe Beitrag der Nutzungsphase an den im gesamten Reifenleben entstehenden Abraummengen. Bei der Produktion des Reifens entstehen ca. 11,9 % und bei der Gewinnung der Rohmaterialien für den Reifen ca. 11,8 % der gesamten Abraummenge. In dieser Phase des Reifenlebens entsteht der größte Teil des Abraums durch die Förderung der Kohle. Die Kohle wird entweder zur Gewinnung von elektrischer Energie verwendet oder direkt im jeweiligen Prozess zur Energiegewinnung eingesetzt. Die Menge an Erdöl, die für den Transport eines einzelnen Pkw-Reifens benötigt wird, ist gering, ca. 0,01 % Abraum.
Die Abfälle entstehen bei der Gewinnung der Rohmaterialien für den Reifen, ca. 69,4 % und bei der Produktion, ca. 26,0 %.

Die Abfälle aus der Rohstoffgewinnung bestehen zu ca. 62 % aus Erzaufbereitungsrückständen. Große Mengen an Erzaufbereitungsrückständen fallen bei der Produktion von Stahl an. Die Abfälle aus der Reifenproduktion bestehen zu ca. 64 % aus Hausmüll. Die Nutzungsphase trägt mit ca. 4,6 % zum Abfallaufkommen während des Reifenlebens bei.

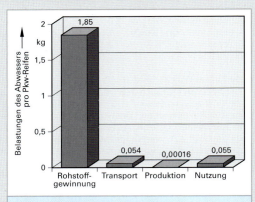

Bild 1: Belastung des Abwassers

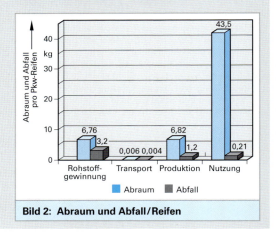

Bild 2: Abraum und Abfall/Reifen

Wiederholung und Vertiefung

1. Was bedeutet IMS?
2. Aus welchen drei wesentlichen Bereichen setzt sich das IMS zusammen?
3. Was ist ein Synergieeffekt?
4. Muss die Umweltpolitik eines Unternehmens entsprechend der Forderung der Norm veröffentlicht werden?
5. Wer ist verantwortlich für die Umsetzung des Umweltmanagements?
6. Hat das Umweltmanagement für die verschiedenen Unternehmen überall den gleichen Inhalt?
7. Wer bestimmt den Inhalt bzw. die Schwerpunkte des Umweltmanagements?
8. Welche ständig anzuwendende Methode fordert die Qualitäts- und die Umweltnorm gleichermaßen?
9. Wer gibt den Anstoß für ein Umweltprojekt?
10. Was wird in einer Input/Output-Analyse festgehalten?
11. Wo werden die vielen umweltrelevanten Daten eines Unternehmens dokumentiert?
12. Die Input/Output-Bilanz betrachtet drei verschiedene Medienströme. Welche?
13. Welches Dokument wird im Rahmen der Einführung eines UMS entsprechend der Norm von einem unabhängigen Gutachter geprüft?
14. Wo wird die bestandene Zertifizierung veröffentlicht?

5.9 Energiemonitoring und Energieeffizienz

Produktion und Verwaltung beinhalten eine Vielzahl von Energieverbrauchern. Dabei ist meist nicht bekannt, welche Prozesse zu welcher Zeit wie viel an Energie, insbesondere an Strom, benötigen. Es wird nur nach einer bestimmten Zeit der gesamte Verbrauch abgerechnet. Es besteht keine Möglichkeit den Verbrauch den jeweiligen Verursachern zuzuordnen. Eine Lösung für dieses Defizit ist der Einsatz von Energiemonitoring-Systemen. Es müssen an den jeweiligen Stellen Energie-Messgeräte, z. B. Wattmeter eingebaut werden und die Daten mitprotokolliert werden. **Bild 1** zeigt ein historisches Wattmeter von *Blathy*, 1889.

Unter Energieeffizienz wird verstanden, dass ein gewünschter Nutzen mit möglichst wenig Energieeinsatz erreicht wird. Im volkswirtschaftlichen Maßstab können Effizienzsteigerungen durch den *Rebound-Effekt*[1] neutralisiert werden.

Energiewertstrommethode

Die Energiewertstrommethode umfasst die Phasen Energiestromanalyse, Energiewertstromdesign und Energiemanagement (**Bild 2**). Folgende Ziele sollen erreicht werden:
- Feststellung aller Energieverbraucher,
- Schaffung von Transparenz bzgl. des Energieverbrauchs,
- Erfassung und Darstellung des Prozesses,
- Bewertung der Daten und Optimierung,
- Ableitung von Maßnahmen zur Steigerung der Energieeffizienz,
- Kostenersparnis bei gleichzeitigem Erreichen der ökologischen Vorgaben.

Eine sinnvolle Strukturierung der notwendigen Arbeiten wird in **Bild 3** dargestellt.

---
[1] engl. rebound = Abprall, hier: Effizienzsteigerungen führen zu einem höheren Verbrauch, je billiger ein Produkt, desto mehr wird es nachgefragt.

Beispiel 1: Datenerfassung bei einem Abfüllprozess (Bild 4)

Mit einer Pumpe wird Wasser in den oberen Behälter gepumpt. Über ein Ventil wird das Wasser in kleine Gläser abgefüllt und mit einem Transportband weitertransportiert. Nach dem Netzgerät wird ein Wattmeter eingebaut. Im Diagramm wird der gesamte Prozess mit dem PC aufgezeichnet. Die Kurven zeigen den elektrischen Energiebedarf der Anlage.

1 = Grundenergieverbrauch (Steuerung, Sensoren...), ca. 8 W; 2 = Leistung bei Pumpe, nach Einschaltstrom ca. 14 W; 3 = Leistung Ventil, ca. 8 W; 4 = Leistung Förderband, ca. 9 W; 5 = Gesamtenergie in Ws;

Da immer die Gesamtleistung gemessen wird, dürfen bei Überlagerungen nur die Differenzen verwendet werden.

Bild 1: Balthy-Wattmeter, 1889

Bild 2: Energiewertstrommethode

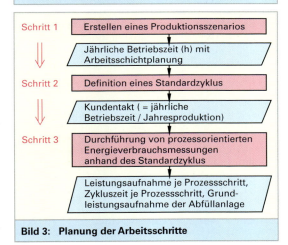

Bild 3: Planung der Arbeitsschritte

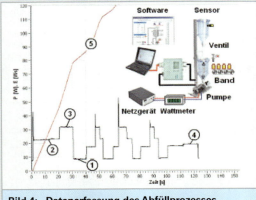

Bild 4: Datenerfassung des Abfüllprozesses

Zur übersichtlichen Darstellung des Energieverbrauchs wird der Prozess in Prozessschritte zerlegt und grafisch dargestellt (**Bild 1**). Aus dem Diagramm wird dann derjenige Teilprozess ermittelt, welcher am meisten Energie verbraucht (Energietreiber). An diesem ist häufig das größte Einsparpotenzial gegeben.

Eine andere Möglichkeit ist die Darstellung als %-Diagramm (**Bild 2**). Auch hier zeigen sich die größten Verbrauchsanteile. In diesem Fall ist es am lohnensten bei den Kompressorverlusten und bei der Kühlung Veränderungen vorzunehmen. So z. B. kann die Verlustleistung bei der Kühlung durch Wärmerückgewinnung kompensiert werden.

Lastmanagementsystem (Bild 3)
Die Leistungsbereitstellung der Energieversorger und die interne Auslegung der Anlagen ist von der Spitzenlast abhängig. Intelligente Lastmanagementsysteme haben den Strombezug unter ständiger Kontrolle. Es kann auf Lastspitzen präzise reagieren. Ohne nennenswerte Beeinträchtigung des Betriebsablaufs werden einzelne Betriebsmittel vorübergehend abgeschaltet, oder Eigenstromerzeuger werden zugeschaltet, so dass die teure Spitzenlast deutlich reduziert werden kann.

Beispiel 1:
Eine Druckluftstation bekommt einen doppelt so großen Vorratsbehälter. Damit genügt es, wenn in den Fertigungspausen Druckluft erzeugt wird. Der Kompressor wird vom Managementsystem so geführt, dass er in der Hochverbrauchsphase nicht eingeschaltet werden muss.

Beispiel 2: Werkstücke schieben (Bild 4)
Werkstücke (m = 14 kg) müssen 1000 mal täglich auf ein Transportband geschoben werden (Zylinder: D = 40 mm, Hub = 200 mm, 1 m³ Luft kostet 10 Cent). Zum Erfassen des Luftverbrauchs wird ein Durchflusssensor installiert.

Bisher wird die linke Schaltung (**Bild 4**) verwendet (Luftverbrauch/Tag = 10000 · 6 l = 60 m³/Tag, Kosten = 6,0 Euro). Nach Überprüfung auf Energieeffizienz werden die Drosselventile durch Druckminderventile ersetzt: Ausfahrdruck $p = F/A$, $F = 140\,N \cdot 0{,}2 = 28\,N$, $p = 28\,N/25\,cm^2 = 0{,}1$ bar.

Aus Sicherheitsgründen wird das Druckminderventil auf 1 bar eingestellt. Beim Einfahren wirken keine äußeren Kräfte, deshalb wird dieses Ventil auf 0,5 bar eingestellt.

Neue Situation: Luftverbrauch/Tag = 10 000 · 0,75 l = 7,2 m³/Tag, Kosten = 0,72 Euro. Im Jahr (300 Arbeitstage) beträgt die Einsparung 1584 €.

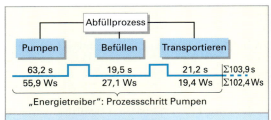

Bild 1: Zeitlinie des Standardzyklus

Bild 2: Energiefluss durch eine Druckluftanlage

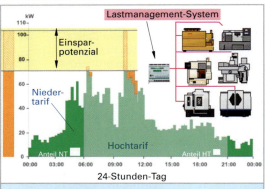

Bild 3: Lastmanagementsystem

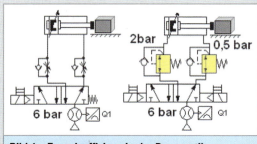

Bild 4: Energieeffizienz in der Pneumatik

Zusätzliche Einsparungen sind möglich durch kleinere Leitungen und eventuell durch eine kleinere Drucklufterzeugerstation. Das bisher verwendete federrückgestellte Ventil, welches während des Ausschiebens Strom verbraucht, wird durch ein Impulsventil ersetzt, welches jeweils nur einen kurzen Stromimpuls zum Umschalten benötigt. Hierdurch wird zusätzlich elektrische Energie gespart.

5.10 Kreislaufwirtschafts- und Abfallgesetz – KrW-/AbfG (Auszug)

Gesetz zur Förderung der Kreislaufwirtschaft und Sicherung der umweltverträglichen Beseitigung von Abfällen[1] (9 Teile und 4 Anhänge)

Aus Teil 2:

§ 4 Grundsätze der Kreislaufwirtschaft

(1) Abfälle sind

1. in erster Linie zu vermeiden, insbesondere durch die Verminderung ihrer Menge und Schädlichkeit,
2. in zweiter Linie
   a) stofflich zu verwerten oder
   b) zur Gewinnung von Energie zu nutzen (energetische Verwertung).

(2) Maßnahmen zur Vermeidung von Abfällen sind insbesondere die anlageninterne Kreislaufführung von Stoffen, die abfallarme Produktgestaltung sowie ein auf den Erwerb abfall- und schadstoffarmer Produkte gerichtetes Konsumverhalten.

(3) Die stoffliche Verwertung beinhaltet die Substitution von Rohstoffen durch das Gewinnen von Stoffen aus Abfällen (sekundäre Rohstoffe) oder die Nutzung der stofflichen Eigenschaften der Abfälle für den ursprünglichen Zweck oder für andere Zwecke mit Ausnahme der unmittelbaren Energierückgewinnung. Eine stoffliche Verwertung liegt vor, wenn nach einer wirtschaftlichen Betrachtungsweise, unter Berücksichtigung der im einzelnen Abfall bestehenden Verunreinigungen, der Hauptzweck der Maßnahme in der Nutzung des Abfalls und nicht in der Beseitigung des Schadstoffpotentials liegt.

(4) Die energetische Verwertung beinhaltet den Einsatz von Abfällen als Ersatzbrennstoff; vom Vorrang der energetischen Verwertung unberührt bleibt die thermische Behandlung von Abfällen zur Beseitigung, insbesondere von Hausmüll. Für die Abgrenzung ist auf den Hauptzweck der Maßnahme abzustellen. Ausgehend vom einzelnen Abfall, ohne Vermischung mit anderen Stoffen, bestimmen Art und Ausmaß seiner Verunreinigungen sowie die durch seine Behandlung anfallenden weiteren Abfälle und entstehenden Emissionen, ob der Hauptzweck auf die Verwertung oder die Behandlung gerichtet ist.

(5) Die Kreislaufwirtschaft umfasst auch das Bereitstellen, Überlassen, Sammeln, Einsammeln durch Hol- und Bringsysteme, Befördern, Lagern und Behandeln von Abfällen zur Verwertung.

§ 5 Grundpflichten der Kreislaufwirtschaft

(1) Die Pflichten zur Abfallvermeidung richten sich nach § 9 sowie den auf Grund der §§ 23 und 24 erlassenen Rechtsverordnungen.

(2) Die Erzeuger oder Besitzer von Abfällen sind verpflichtet, diese nach Maßgabe des § 6 zu verwerten. [2]Soweit sich aus diesem Gesetz nichts anderes ergibt, hat die Verwertung von Abfällen Vorrang vor deren Beseitigung. [3]Eine der Art und Beschaffenheit des Abfalls entsprechende hochwertige Verwertung ist anzustreben. [4]Soweit dies zur Erfüllung der Anforderungen nach den §§ 4 und 5 erforderlich ist, sind Abfälle zur Verwertung getrennt zu halten und zu behandeln.

(3) Die Verwertung von Abfällen, insbesondere durch ihre Einbindung in Erzeugnisse, hat ordnungsgemäß und schadlos zu erfolgen. Die Verwertung erfolgt ordnungsgemäß, wenn sie im Einklang mit den Vorschriften dieses Gesetzes und anderen öffentlich-rechtlichen Vorschriften steht. Sie erfolgt schadlos, wenn nach der Beschaffenheit der Abfälle, dem Ausmaß der Verunreinigungen und der Art der Verwertung Beeinträchtigungen des Wohls der Allgemeinheit nicht zu erwarten sind, insbesondere keine Schadstoffanreicherung im Wertstoffkreislauf erfolgt.

(4) Die Pflicht zur Verwertung von Abfällen ist einzuhalten, soweit dies technisch möglich und wirtschaftlich zumutbar ist, insbesondere für einen gewonnenen Stoff oder gewonnene Energie ein Markt vorhanden ist oder geschaffen werden kann. Die Verwertung von Abfällen ist auch dann technisch möglich, wenn hierzu eine Vorbehandlung erforderlich ist. Die wirtschaftliche Zumutbarkeit ist gegeben, wenn die mit der Verwertung verbundenen Kosten nicht außer Verhältnis zu den Kosten stehen, die für eine Abfallbeseitigung zu tragen wären.

(5) Der in Absatz 2 festgelegte Vorrang der Verwertung von Abfällen entfällt, wenn deren Beseitigung die umweltverträglichere Lösung darstellt. Dabei sind insbesondere zu berücksichtigen

1. die zu erwartenden Emissionen,
2. das Ziel der Schonung der natürlichen Ressourcen,
3. die einzusetzende oder zu gewinnende Energie und
4. die Anreicherung von Schadstoffen in Erzeugnissen, Abfällen zur Verwertung oder daraus gewonnenen Erzeugnissen.

(6) Der Vorrang der Verwertung gilt nicht für Abfälle, die unmittelbar und üblicherweise durch Maßnahmen der Forschung und Entwicklung anfallen.

§ 6 Stoffliche und energetische Verwertung

(1) Abfälle können

a) stofflich verwertet werden oder
b) zur Gewinnung von Energie genutzt werden.

Vorrang hat die besser umweltverträgliche Verwertungsart. 3§ 5 Abs. 4 gilt entsprechend. Die Bundesregierung wird ermächtigt, nach Anhörung der beteiligten Kreise (§ 60) durch Rechtsverordnung mit Zustimmung des Bundesrates für bestimmte

---
[1] Das KrW-/AbfG ist hier nicht vollständig und z. T. verkürzt abgedruckt. Für eine juristische Nutzung ist der jeweils aktuelle offizielle Gesetzestext zu verwenden.

Abfallarten aufgrund der in § 5 Abs. 5 festgelegten Kriterien unter Berücksichtigung der in Absatz 2 genannten Anforderungen den Vorrang der stofflichen oder energetischen Verwertung zu bestimmen.

(2) Soweit der Vorrang einer Verwertungsart nicht in einer Rechtsverordnung nach Absatz 1 festgelegt ist, ist eine energetische Verwertung im Sinne des § 4 Abs. 4 nur zulässig, wenn

1. der Heizwert des einzelnen Abfalls, ohne Vermischung mit anderen Stoffen, mindestens 11.000 kj/kg beträgt,

2. ein Feuerungswirkungsgrad von mindestens 75% erzielt wird,

3. entstehende Wärme selbst genutzt oder an Dritte abgegeben wird und

4. die im Rahmen der Verwertung anfallenden weiteren Abfälle möglichst ohne weitere Behandlung abgelagert werden können.

Abfälle aus nachwachsenden Rohstoffen können energetisch verwertet werden, wenn die in Satz 1 Nr. 2 bis 4 genannten Voraussetzungen vorliegen.

§ 9 Pflichten der Anlagenbetreiber

Die Pflichten der Betreiber von genehmigungsbedürftigen und nicht genehmigungsbedürftigen Anlagen nach dem Bundes-Immissionsschutzgesetz, diese so zu errichten und zu betreiben, dass Abfälle vermieden, verwertet oder beseitigt werden, richten sich nach den Vorschriften des Bundes-Immissionsschutzgesetzes.

§ 10 Grundsätze der gemeinwohlverträglichen Abfallbeseitigung

(1) Abfälle, die nicht verwertet werden, sind dauerhaft von der Kreislaufwirtschaft auszuschließen und zur Wahrung des Wohls der Allgemeinheit zu beseitigen.

(2) Die Abfallbeseitigung umfasst das Bereitstellen, Überlassen, Einsammeln, die Beförderung, die Behandlung, die Lagerung und die Ablagerung von Abfällen zur Beseitigung. Durch die Behandlung von Abfällen sind deren Menge und Schädlichkeit zu vermindern. Bei der Behandlung und Ablagerung anfallende Energie oder Abfälle sind so weit wie möglich zu nutzen. Die Behandlung und Ablagerung ist auch dann als Abfallbeseitigung anzusehen, wenn dabei anfallende Energie oder Abfälle genutzt werden können und diese Nutzung nur untergeordneter Nebenzweck der Beseitigung ist.

(3) Abfälle sind im Inland zu beseitigen. Die Vorschriften der Verordnung (EWG) Nr. 259/93 des Rates vom 1. Februar 1993 zur Überwachung und Kontrolle der Verbringung von Abfällen in der, in die und aus der Europäischen Gemeinschaft (ABl. EG Nr. L 30 S. 1) und des Ausführungsgesetzes zu dem Basler Übereinkommen vom 22. März 1989 über die Kontrolle der grenzüberschreitenden Verbringung gefährlicher Abfälle und ihrer Entsorgung vom ...*) bleiben unberührt.

(4) Abfälle sind so zu beseitigen, dass das Wohl der Allgemeinheit nicht beeinträchtigt wird. Eine Beeinträchtigung liegt insbesondere vor, wenn

1. die Gesundheit der Menschen beeinträchtigt,

2. Tiere und Pflanzen gefährdet,

3. Gewässer und Boden schädlich beeinflusst,

4. schädliche Umwelteinwirkungen durch Luftverunreinigungen oder Lärm herbeigeführt,

5. die Ziele der Raumordnung nicht beachtet, die Grundsätze und sonstigen Erfordernisse der Raumordnung nicht berücksichtigt und die Belange, des Naturschutzes und der Landschaftspflege sowie des Städtebaus nicht gewahrt oder

6. sonst die öffentliche Sicherheit und Ordnung gefährdet oder gestört werden.

§ 11 Grundpflichten der Abfallbeseitigung

(1) Die Erzeuger oder Besitzer von Abfällen, die nicht verwertet werden, sind verpflichtet, diese nach den Grundsätzen der gemeinwohlverträglichen Abfallbeseitigung gemäß § 10 zu beseitigen, soweit in den §§ 13 bis 18 nichts anderes bestimmt ist.

(2) Soweit dies zur Erfüllung der Anforderungen nach § 10 erforderlich ist, sind Abfälle zur Beseitigung getrennt zu halten und zu behandeln.

§ 16 Beauftragung Dritter

(1) Die zur Verwertung und Beseitigung Verpflichteten können Dritte mit der Erfüllung ihrer Pflichten beauftragen. Ihre Verantwortlichkeit für die Erfüllung der Pflichten bleibt hiervon unberührt. Die beauftragten Dritten müssen über die erforderliche Zuverlässigkeit verfügen.

(2) Die zuständige Behörde kann auf Antrag mit Zustimmung des Entsorgungsträger im Sinne der §§ 15, 17 und 18 deren Pflichten auf einen Dritten ganz oder teilweise übertragen, wenn

1. der Dritte sach- und fachkundig und zuverlässig ist,

2. die Erfüllung der übertragenen Pflichten sichergestellt ist und

3. keine überwiegenden öffentlichen Interessen entgegenstehen.

Die Pflichtenübertragung der privaten Entsorgungsträger auf Dritte bedarf der Zustimmung der öffentlich-rechtlichen Entsorgungsträger im Sinne des § 15. [3]Ist der Antragsteller Entsorgungsfachbetrieb im Sinne des § 52 Abs. 1 oder auditierter Unternehmensstandort im Sinne des § 55a, so hat die zuständige Behörde dies bei ihrer Entscheidung zu berücksichtigen.

(3) [1]Zur Darlegung der Voraussetzungen nach Absatz 2 hat der Dritte insbesondere ein Abfallwirtschaftskonzept vorzulegen. [2]Das Abfallwirtschaftskonzept hat zu enthalten:

1. Angaben über Art, Menge und Verbleib der zu verwertenden oder zu beseitigenden Abfälle,

2. Darstellung der getroffenen und geplanten Maßnahmen zur Verwertung oder zur Beseitigung der Abfälle,
3. Darlegung der vorgesehenen Entsorgungswege für die nächsten fünf Jahre einschließlich der Angaben zur notwendigen Standort- und Anlagenplanung sowie ihrer zeitlichen Abfolge,
4. gesonderte Darstellung der unter Nr. 1 genannten Abfälle bei der Verwertung oder Beseitigung außerhalb der Bundesrepublik Deutschland.

Bei der Erstellung des Abfallwirtschaftskonzepts sind die Vorgaben der Abfallwirtschaftsplanung nach § 29 zu berücksichtigen. Das Abfallwirtschaftskonzept ist erstmalig für fünf Jahre zu erstellen und alle fünf Jahre fortzuschreiben, soweit die zuständige Behörde nichts anderes bestimmt. Nach Ablauf eines Jahres nach der Übertragung der Pflichten ist darüber hinaus jährlich eine Abfallbilanz zu erstellen und vorzulegen, welche Angaben zu Art, Menge, Anfall und Verbleib der in Satz 2 Nr. 1 und 4 genannten Abfälle enthält; die zuständige Behörde kann abweichende Bilanzierungsfristen zulassen. Im Falle einer Beseitigung von Abfällen im Bilanzzeitraum ist die mangelnde Verwertbarkeit dieser Abfälle gesondert zu begründen.

(4) Die Übertragung ist zu befristen. Sie kann mit Nebenbestimmungen versehen werden, insbesondere unter Bedingungen erteilt und mit Auflagen oder dem Vorbehalt eines Widerrufs verbunden werden.

Aus Teil 3:

§ 22 Produktverantwortung

(1) Wer Erzeugnisse entwickelt, herstellt, be- und verarbeitet oder vertreibt, trägt zur Erfüllung der Ziele der Kreislaufwirtschaft die Produktverantwortung. Zur Erfüllung der Produktverantwortung sind Erzeugnisse möglichst so zu gestalten, dass bei deren Herstellung und Gebrauch das Entstehen von Abfällen vermindert wird und die umweltverträgliche Verwertung und Beseitigung der nach deren Gebrauch entstandenen Abfälle sichergestellt ist.

(2) Die Produktverantwortung umfasst insbesondere

1. die Entwicklung, Herstellung und das Inverkehrbringen von Erzeugnissen, die mehrfach verwendbar, technisch langlebig und nach Gebrauch zur ordnungsgemäßen und schadlosen Verwertung und umweltverträglichen Beseitigung geeignet sind,
2. den vorrangigen Einsatz von verwertbaren Abfällen oder sekundären Rohstoffen bei der Herstellung von Erzeugnissen,
3. die Kennzeichnung von schadstoffhaltigen Erzeugnissen, um die umweltverträgliche Verwertung oder Beseitigung der nach Gebrauch verbleibenden Abfälle sicherzustellen,
4. den Hinweis auf Rückgabe-, Wiederverwendungs- und Verwertungsmöglichkeiten oder -pflichten und Pfandregelungen durch Kennzeichnung der Erzeugnisse und
5. die Rücknahme der Erzeugnisse und der nach Gebrauch der Erzeugnisse verbleibenden Abfälle sowie deren nachfolgende Verwertung oder Beseitigung.

(3) Im Rahmen der Produktverantwortung nach den Absätzen 1 und 2 sind neben der Verhältnismäßigkeit der Anforderungen entsprechend § 5 Abs. 4, die sich aus anderen Rechtsvorschriften ergebenden Regelungen zur Produktverantwortung und zum Schutz der Umwelt sowie die Festlegungen des Gemeinschaftsrechts über den freien Warenverkehr zu berücksichtigen.

Aus Teil 4:

§ 27 Ordnung der Beseitigung

(1) Abfälle dürfen zum Zwecke der Beseitigung nur in den dafür zugelassenen Anlagen oder Einrichtungen (Abfallbeseitigungsanlagen) behandelt, gelagert oder abgelagert werden. Darüber hinaus ist die Behandlung von Abfällen zur Beseitigung in Anlagen zulässig, die überwiegend einem anderen Zweck als der Abfallbeseitigung dienen und die einer Genehmigung nach § 4 des Bundes-Immissionsschutzgesetzes bedürfen. Die Lagerung oder Behandlung von Abfällen zur Beseitigung in den diesen Zwecken dienenden Abfallbeseitigungsanlagen ist auch zulässig, soweit diese als unbedeutende Anlagen nach dem Bundes-Immissionsschutzgesetz keiner Genehmigung bedürfen und in Rechtsverordnungen nach § 12 Abs. 1 oder nach § 23 des Bundes-Immissionsschutzgesetzes oder in allgemeinen Verwaltungsvorschriften nach § 12 Abs. 2 nichts anderes bestimmt ist.

§ 54 Bestellung eines Betriebsbeauftragten für Abfall

(1) Betreiber von genehmigungsbedürftigen Anlagen im Sinne des § 4 des Bundes-Immissionsschutzgesetzes, Betreiber von Anlagen, in denen regelmäßig besonders überwachungsbedürftige Abfälle anfallen, Betreiber ortsfester Sortier-, Verwertungs- oder Abfallbeseitigungsanlagen sowie Besitzer im Sinne des § 26 haben einen oder mehrere Betriebsbeauftragte für Abfälle (Abfallbeauftragte) zu bestellen, sofern dies im Hinblick auf die Art oder die Größe der Anlagen wegen der

1. in den Anlagen anfallenden, verwerteten oder beseitigten Abfälle,
2. technischen Probleme der Vermeidung, Verwertung oder Beseitigung oder
3. Eignung der Produkte oder Erzeugnisse, bei oder nach bestimmungsgemäßer Verwendung Probleme hinsichtlich der ordnungsgemäßen und schadlosen Verwertung oder umweltverträglichen Beseitigung hervorzurufen, erforderlich ist. Das Bundesministerium für Umwelt, Naturschutz und Reaktorsicherheit bestimmt nach Anhörung der beteiligten Kreise (§ 60) durch Rechtsverordnung mit Zustimmung des Bundesrates Anlagen nach Satz 1, deren Betreiber Abfallbeauftragte zu bestellen haben.

(2) Die zuständige Behörde kann anordnen, dass Betreiber von Anlagen nach Absatz 1 Satz 1, für die die Bestellung eines Abfallbeauftragten nicht durch Rechtsverordnung vorgeschrieben ist, einen oder mehrere Abfallbeauftragte zu bestellen haben, soweit sich im Einzelfall die Notwendigkeit der Bestellung aus den in Absatz 1 Satz 1 genannten Gesichtspunkten ergibt.

(3) Ist nach § 53 des Bundes-Immissionsschutzgesetzes ein Immissionsschutzbeauftragter oder nach § 21a des Wasserhaushaltsgesetzes ein Gewässerschutzbeauftragter zu bestellen, so können diese auch die Aufgaben und Pflichten eines Abfallbeauftragten nach diesem Gesetz wahrnehmen.

Aus Teil 8:

§ 55 Aufgaben

(1) Der Abfallbeauftragte berät den Betreiber und die Betriebsangehörigen in Angelegenheiten, die für die Kreislaufwirtschaft und die Abfallbeseitigung bedeutsam sein können. Er ist berechtigt und verpflichtet,

1. den Weg der Abfälle von ihrer Entstehung oder Anlieferung bis zu ihrer Verwertung oder Beseitigung zu überwachen,

2. die Einhaltung der Vorschriften dieses Gesetzes und der aufgrund dieses Gesetzes erlassenen Rechtsverordnungen sowie die Erfüllung erteilter Bedingungen und Auflagen zu überwachen, insbesondere durch Kontrolle der Betriebsstätte und der Art und Beschaffenheit der in der Anlage anfallenden, verwerteten oder beseitigten Abfälle in regelmäßigen Abständen, Mitteilung festgestellter Mängel und Vorschläge über Maßnahmen zur Beseitigung dieser Mängel,

3. die Betriebsangehörigen aufzuklären über Beeinträchtigungen des Wohls der Allgemeinheit, welche von den Abfällen ausgehen können, die in der Anlage anfallen, verwertet oder beseitigt werden, und über Einrichtungen und Maßnahmen zu ihrer Verhinderung unter Berücksichtigung der für die Vermeidung, Verwertung und Beseitigung von Abfällen geltenden Gesetze und Rechtsverordnungen,

4. bei genehmigungsbedürftigen Anlagen im Sinne des § 4 des Bundes-Immissionsschutzgesetzes oder solchen Anlagen, in denen regelmäßig besonders überwachungsbedürftige Abfälle anfallen, zudem auf die Entwicklung und Einführung

  a) umweltfreundlicher und abfallarmer Verfahren, einschließlich Verfahren zur Vermeidung, ordnungsgemäßen und schadlosen Verwertung oder umweltverträglichen Beseitigung von Abfällen, sowie

  b) umweltfreundlicher und abfallarmer Erzeugnisse, einschließlich Verfahren zur Wiederverwendung, Verwertung oder umweltverträglichen Beseitigung nach Wegfall der Nutzung, hinzuwirken und

  c) bei der Entwicklung und Einführung der unter den Buchstaben a und b genannten Verfahren mitzuwirken, insbesondere durch Begutachtung der Verfahren und Erzeugnisse unter den Gesichtspunkten der Kreislaufwirtschaft und Beseitigung,

5. bei Anlagen, in denen Abfälle verwertet oder beseitigt werden, zudem auf Verbesserungen des Verfahrens hinzuwirken.

(2) Der Abfallbeauftragte erstattet dem Betreiber jährlich einen Bericht über die nach Absatz 1 Nr. 1 bis 5 getroffenen und beabsichtigten Maßnahmen.

(3) Auf das Verhältnis zwischen dem zur Bestellung Verpflichteten und dem Abfallbeauftragten finden die §§ 55 bis 58 des Bundes-Immissionsschutzgesetzes entsprechende Anwendung.

6 IT-Sicherheitsmanagement

6.1 Einführung

Sicherheitsvorkehrungen in der Kommunikationstechnik und Informationstechnik sind immer noch häufig vernachlässigte Bereiche, vernachlässigt aus Nachlässigkeit, aus Unkenntnis, aus Unvermögen.

Verständlich ist dies durchaus, haben doch Vorgesetzte und Unternehmensverantwortliche während ihrer eigenen Ausbildung, die oftmals Jahrzehnte zurückliegt, darüber nichts gehört und nichts gelernt. Es gab das Problem einfach nicht. Mit dem „Computerkram" beschäftigt sich die „obere Etage" oftmals auch nur am Rande. Es ist nach ihrer Sicht die Aufgabe der Techniker: *Die Systeme müssen halt laufen.*

So und so ähnlich ist vielfach heute noch das Denken und entsprechend unterentwickelt sind die Handlungen.

Wie verwundbar Unternehmen durch Störungen (**Bild 1 und Bild 2**) im IT- Bereich sind, erfährt man auch gelegentlich als Privatperson, wenn es z. B. wegen „Computerabsturz" an Automaten keine Fahrkarten oder kein Geld gibt, wenn Kundenadressen und Kontonummern im Internet kursieren u. v. m.

Den Befall von *Computerviren* bemerkt man manchmal am privaten PC, was aber die eingeschleusten Trojaner an möglichem Schaden schon angerichtet haben, kommt oftmals nicht oder erst spät ans Licht.

IT-Sicherheit ist nicht etwas, was man mal hat: Es ist ein ständiger Prozess. Jede neue Software, jeder neue Computer, jede neue computerisierte Steuerung kann ein Risiko darstellen. Natürlich kann auch das Personal durch Fehlhandlungen oder durch kriminelle Manipulation Schaden verursachen.

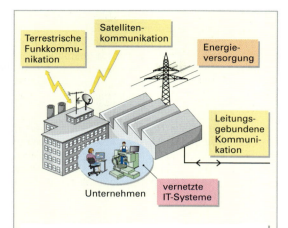

- Störung oder Zerstörung der Kommunikationsverbindungen, z. B. der Datenleitungen durch Erdrutsch.
- Störung oder Zerstörung der Informationstechnik-Systeme, z. B. der Computer durch Brand.
- Störung oder Zerstörung der Informationstechnik-Prozesse, z. B. durch Computerviren.
- Ausspähen und/oder Verfälschen von Informationen.

Bild 1: Störungen im IT-Bereich

VDI nachrichten, Düsseldorf, 20.11.09, kip

„Industrielle Systeme werden zunehmend auf Basis von Ethernet und TCP/IP-Protokollen vernetzt", betonte Lutz Jänicke gegenüber den VDI nachrichten. ...
... Die Konsequenzen bei Hackerattacken sind bei Industrienetzen oftmals viel gravierender als in einem Büronetzwerk: „Wenn eine ganze Fertigungslinie für Stunden stillsteht, verursacht dies dem Unternehmen weit höhere Kosten, als wenn PCs von Schadsoftware befallen sind", ...

Bild 2: Hackerattacken in Industrienetzen

Man muss sich z. B. einfach vor Augen halten:
- Welche Folgen hätte es, wenn Daten des Unternehmens in die Hände Dritter gelangen könnten? Direkter Schaden? Schadensansprüche Dritter, z. B. wenn Patientendaten einer Arztpraxis im Internet zu finden wären? Könnte es Erpressungen geben?
- Welcher Schaden könnte durch verfälschte Daten entstehen, z. B. eine falsche Zahl über ausgelieferte Maschinen, wenn Sie Wirtschaftsprüfer wären? Die Fälschungen könnten aus böser Absicht stammen oder auch durch technisches Versagen.
- Was würde im Unternehmen passieren, wenn ein Server ausfiele und Bestelldaten nicht mehr verfügbar wären?
- Welche Folgen hätte ein Brand im Computerzentrum?

Betrachtet man den persönlichen Bereich, z. B. das Onlinebanking (E-Banking): Die Datenübertragung ist üblicherweise gut gesichert. Die Authentifizierung mit Hilfe der per Post zugestellten TAN (Transaktionsnummer), dem wechselnden und nicht maschinell lesbaren Zugriffscode (**Bild 1**) und den selbstbestimmten Passwörtern gibt ebenfalls eine hohe Sicherheit.

Wie werden diese Nummern und Passwörter aber Zuhause aufbewahrt? Sind sie verschlossen in einem Tresor oder womöglich für Diebe gleich neben dem PC zu finden oder gar im Notebook gespeichert (das man mal versehentlich irgendwo liegen lässt)?

Also, es gibt für Kriminalität jede Menge Angriffsmöglichkeiten: neuartige täglich wechselnde Methoden und altbekannte Werkzeuge in neuen Bereichen.

> In Unternehmen, wie auch privat sind IT-Sicherheitsmaßnahmen durch strategisches Handeln Pflicht. IT-Sicherheitsmanagement ist eine strategische Unternehmensaufgabe.

Grundwerte der IT-Sicherheit

Die Grundwerte der IT-Sicherheit sind:
- **Vertraulichkeit**. Vertrauliche Daten müssen vor Missbrauch geschützt werden.
- **Verfügbarkeit**. Der IT-Nutzer muss zum vorgesehenen Zeitpunkt Zugang zu den für ihn vorgesehenen IT-Dienstleistungen, Funktionen, Daten und Informationen haben.
- **Integrität**[1]. Die Daten bzw. Informationen müssen unverfälscht und im vorgesehenen Nutzer-Profil vollständig sein.

Diese Grundwerte (**Bild 2**) müssen in einem Unternehmen zuverlässig geschützt sein. Eine Vernachlässigung kann nicht nur immensen Schaden hervorrufen sondern auch strafrechtliche Folgen haben.

Vorschriften und Gesetze

Es gibt Gesetze und Erlasse mit direktem Bezug zur IT-Sicherheit, z. B. das Bundesdatenschutzgesetz (**BDSG**) und die Grundsätze zum Datenzugriff und zur Prüfbarkeit digitaler Unterlagen (**GDPdU**). Hinzu kommen etliche Gesetze mit indirekten Vorgaben, z. B. das Strafgesetzbuch (StgB) § 203 „Verletzung von Privatgeheimnissen" und das Handelsgesetzbuch (HGB) § 317 „Gegenstand und Umfang der Prüfung". – Das Gesetz zur Kontrolle und Transparenz im Unternehmensbereich (KonTraG).

[1] Integrität von lat. integritas = Makellosigkeit, Unbestechlichkeit, hier: Unverletzlichkeit

Obwohl das Bundesdatenschutzgesetz (BDSG) nicht den Zweck der Datensicherheit zum Ziel hat, sondern Personen vor missbräuchlicher Datenerfassung schützt, gibt das BDSG in Anlage 9 doch recht deutliche Vorgaben zur Sorgfaltspflicht im Umgang mit (personenbezogenen) Daten. Diese Vorgaben gelten sinngemäß auch für sonstige sensible oder geschäftsrelevante Daten, z. B. für Daten, die der Steuerbehörde zur Verfügung gestellt werden.

> **Digitalisierung von Daten**
> Unternehmen und Verwaltungen erhalten Daten sowohl in digitaler Form als auch in Papierform, z. B. Rechnungen, Quittungen, Lieferscheine. Für die Archivierung, z. B. zum Zweck der Steuerprüfung müssen alle hierfür relevanten Daten verfügbar sein. Getrennte Archivierungsformen einerseits für Papierbelege und andererseits für Dateien und E-Mails sind aufwändig und teuer. So gehen viele Unternehmen, z. B. Versicherungen her und digitalisieren eingehende Belege und vernichten die Originalbelege anschließend. Die digitalen Dokumente sind dann für die weiteren Veranlassungen bequem abrufbar.

Bild 1: Zugriffscode

Bild 2: Grundwerte der IT-Sicherheit

6.1 Einführung

Bundesdatenschutzgesetz (BDSG), Auszug

Anlage 9: Werden personenbezogene Daten automatisiert verarbeitet oder genutzt, ist die innerbehördliche oder innerbetriebliche Organisation so zu gestalten, dass sie den besonderen Anforderungen des Datenschutzes gerecht wird. Dabei sind insbesondere Maßnahmen zu treffen, die je nach der Art der zu schützenden personenbezogenen Daten oder Datenkategorien geeignet sind,

1. Unbefugten den Zutritt zu Datenverarbeitungsanlagen, mit denen personenbezogene Daten verarbeitet oder genutzt werden, zu verwehren (**Zutrittskontrolle**),
2. zu verhindern, dass Datenverarbeitungssysteme von Unbefugten genutzt werden können (**Zugangskontrolle**),
3. zu gewährleisten, dass die zur Benutzung eines Datenverarbeitungssystems Berechtigten ausschließlich auf die ihrer Zugriffsberechtigung unterliegenden Daten zugreifen können, und dass personenbezogene Daten bei der Verarbeitung, Nutzung und nach der Speicherung nicht unbefugt gelesen, kopiert, verändert oder entfernt werden können (**Zugriffskontrolle**),
4. zu gewährleisten, dass personenbezogene Daten bei der elektronischen Übertragung oder während ihres Transports oder ihrer Speicherung auf Datenträger nicht unbefugt gelesen, kopiert, verändert oder entfernt werden können, und dass überprüft und festgestellt werden kann, an welche Stellen eine Übermittlung personenbezogener Daten durch Einrichtungen zur Datenübertragung vorgesehen ist (**Weitergabekontrolle**),
5. zu gewährleisten, dass nachträglich überprüft und festgestellt werden kann, ob und von wem personenbezogene Daten in Datenverarbeitungssysteme eingegeben, verändert oder entfernt worden sind (**Eingabekontrolle**),
6. zu gewährleisten, dass personenbezogene Daten, die im Auftrag verarbeitet werden, nur entsprechend den Weisungen des Auftraggebers verarbeitet werden können (**Auftragskontrolle**).
7. zu gewährleisten, dass personenbezogene Daten gegen zufällige Zerstörung oder Verlust geschützt sind (**Verfügbarkeitskontrolle**),
8. zu gewährleisten, dass zu unterschiedlichen Zwecken erhobene Daten getrennt verarbeitet werden können.

Im Rahmen der Steuergesetze (UstG), der Aktiengesetze (AktG) des Handelsgesetzbuchs (HGB), der Abgabenordnung (AO) und weiterer besteht z. B. die qualifizierte Aufbewahrungspflicht für Dokumente, z. B. Rechnungen, Briefe, auch E-Mails, Bilanzen. Das GDPU regelt die gesicherte **digitale Archivierung** von solchen Unterlagen mit Aufbewahrungszeiten von meist 10 Jahren.

Bild 1: Elektronischer Schlüssel

Bild 2: Biometrische Zutrittsprüfung

Grundsätze zum Datenzugriff und zur Prüfbarkeit digitaler Unterlagen (GDPdU),
Auszug aus dem Steuerrecht

Der Originalzustand der übermittelten ggf. noch verschlüsselten Daten muss erkennbar sein (§ 146 Abs. 4 AO). Die Speicherung hat auf einem Datenträger zu erfolgen, der Änderungen nicht mehr zulässt. Bei einer temporären Speicherung auf einem änderbaren Datenträger muss das Datenverarbeitungssystem sicherstellen, dass Änderungen nicht möglich sind.

- Bei Einsatz von Kryptographietechniken sind die verschlüsselte und die entschlüsselte Unterlage aufzubewahren.
- Bei Umwandlung (Konvertierung) der sonstigen aufbewahrungspflichtigen Unterlagen in ein unternehmenseigenes Format (sog. Inhouse-Format) sind beide Versionen zu archivieren und nach den GoBS mit demselben Index zu verwalten sowie die konvertierte Version als solche zu kennzeichnen.
- Wenn Signaturprüfschlüssel oder kryptographische Verfahren verwendet werden, sind die verwendeten Schlüssel aufzubewahren.
- Bei sonstigen aufbewahrungspflichtigen Unterlagen sind der Eingang, ihre Archivierung und ggf. Konvertierung sowie die weitere Verarbeitung zu protokollieren.

Strafgesetzbuch (StGB), Auszug

§ 202a Ausspähen von Daten

(1) Wer unbefugt sich oder einem anderen Zugang zu Daten, die nicht für ihn bestimmt und die gegen unberechtigten Zugang besonders gesichert sind, unter Überwindung der Zugangssicherung verschafft, wird mit Freiheitsstrafe bis zu drei Jahren oder mit Geldstrafe bestraft.

(2) Daten im Sinne des Absatzes 1 sind nur solche, die elektronisch, magnetisch oder sonst nicht unmittelbar wahrnehmbar gespeichert sind oder übermittelt werden.

§ 202b Abfangen von Daten

Wer unbefugt sich oder einem anderen unter Anwendung von technischen Mitteln nicht für ihn bestimmte Daten (§ 202a Abs. 2) aus einer nichtöffentlichen Datenübermittlung oder aus der elektromagnetischen Abstrahlung einer Datenverarbeitungsanlage verschafft, wird mit Freiheitsstrafe bis zu zwei Jahren oder mit Geldstrafe bestraft, wenn die Tat nicht in anderen Vorschriften mit schwererer Strafe bedroht ist.

§ 202c Vorbereiten des Ausspähens und Abfangens von Daten

(1) Wer eine Straftat nach § 202a oder § 202b vorbereitet, indem er

1. Passwörter oder sonstige Sicherungscodes, die den Zugang zu Daten (§ 202a Abs. 2) ermöglichen, oder
2. Computerprogramme, deren Zweck die Begehung einer solchen Tat ist, herstellt, sich oder einem anderen verschafft, verkauft, einem anderen überlässt, verbreitet oder sonst zugänglich macht, wird mit Freiheitsstrafe bis zu einem Jahr oder mit Geldstrafe bestraft.

(2) § 149 Abs. 2 und 3 gilt entsprechend.

§ 303a Datenveränderung

(1) Wer rechtswidrig Daten (§ 202a Abs. 2) löscht, unterdrückt, unbrauchbar macht oder verändert, wird mit Freiheitsstrafe bis zu zwei Jahren oder mit Geldstrafe bestraft.

(2) Der Versuch ist strafbar.

(3) Für die Vorbereitung einer Straftat nach Absatz 1 gilt § 202c entsprechend.

§ 303b Computersabotage

(1) Wer eine Datenverarbeitung, die für einen anderen von wesentlicher Bedeutung ist, dadurch erheblich stört, dass er

1. eine Tat nach § 303a Abs. 1 begeht,
2. Daten (§ 202a Abs. 2) in der Absicht, einem anderen Nachteil zuzufügen, eingibt oder übermittelt oder
3. eine Datenverarbeitungsanlage oder einen Datenträger zerstört, beschädigt, unbrauchbar macht, beseitigt oder verändert, wird mit Freiheitsstrafe bis zu drei Jahren oder mit Geldstrafe bestraft.

(2) Handelt es sich um eine Datenverarbeitung, die für einen fremden Betrieb, ein fremdes Unternehmen oder eine Behörde von wesentlicher Bedeutung ist, ist die Strafe Freiheitsstrafe bis zu fünf Jahren oder Geldstrafe.

(3) Der Versuch ist strafbar.

(4) In besonders schweren Fällen des Absatzes 2 ist die Strafe Freiheitsstrafe von sechs Monaten bis zu zehn Jahren. Ein besonders schwerer Fall liegt in der Regel vor, wenn der Täter

1. einen Vermögensverlust großen Ausmaßes herbeiführt,
2. gewerbsmäßig oder als Mitglied einer Bande handelt, die sich zur fortgesetzten Begehung von Computersabotage verbunden hat,
3. durch die Tat die Versorgung der Bevölkerung mit lebenswichtigen Gütern oder Dienstleistungen oder die Sicherheit der Bundesrepublik Deutschland beeinträchtigt.

(5) Für die Vorbereitung einer Straftat nach Absatz 1 gilt § 202c entsprechend.

Bild 1: Datendiebstahl mit USB-Stick

6.2 Gefährdungen und Abhilfen

6.2.1 Sicherheit und Gefährdung durch Missbrauch

6.2.1.1 Serverraum

Der Serverraum (**Bild 1**) bedarf eines erhöhten Schutzes. Hierzu werden modulare Sicherheitszellen aus Stahl gebaut. Die tragende Konstruktion hat einen Doppelboden, es ist eine Lüftungs- und Klimaanlage installiert. Für den Brandschutz sind Brandmeldeanlagen und Brandfrüherkennungssysteme eingebaut. Zur sofortigen Löschung ist eine fest eingebaute Argon-Löschanlagen installiert. Die Kabel sind in einem speziellen Schachtsystem untergebracht. Verschiedene Überwachungseinrichtungen wie z. B. Zutrittskontrolle und Videoüberwachung geben zusätzlich Sicherheit. So kann gewährleistet werden, dass unbefugte Personen den Serverraum nicht betreten. Komplett ausgestattete Räume werden z. B. nach ECB S[1] ,oder EN 45011, zertifiziert.

In **Bild 2** wird die Auswirkung im Falle eines Brandes von Außen dargestellt. Erst nach ca. 120 Minuten Beflammung mit 1000 °C ergibt sich bei einem Sicherheits-Serverraum eine Temperatursteigerung um 50 °C.

6.2.1.2 Sabotage

Durch Manipulation an Geräten und/oder Software kann mutwillig Schaden angerichtet werden, häufig so, dass die Schädigung erst verzögert bemerkt wird.

Beispiele für Sabotage
An Server oder PC werden die Lüftungsschlitze, z. B. mit Klarsichtfolie abgeklebt. Erst nach längerer Betriebsdauer gibt es Probleme in der Elektronik wegen Überhitzung (**Bild 3**). Diese führt oft zur Zerstörung des Motherboards.

An Tastaturen werden die Tasten, welche seltener gebraucht werden vertauscht. Der Bediener wird erst bei Schreibfehlern darauf aufmerksam und muss diese wieder zurücksetzen.

In die IT-Anlagen (**Bild 4**) werden Mikrochips nachträglich eingebaut. Diese werden am Anfang vom Betriebssystem nicht erkannt. Irgendwann lösen diese dann eine gezielte Fehlfunktion aus und können den Computer manipulieren. Experten meinen, dass diese Angriffe gefährlicher sind als Softwareangriffe. Man denke z. B. nur an Computer in Flugzeugen. Oftmals hat man auch keine Kontrolle bei der Chip-Herstellung.

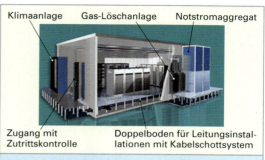

Bild 1: Sicherheits-Serverraum (Beispiel)

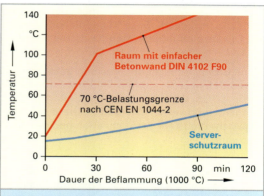

Bild 2: Temperaturanstieg bei Beflammung (Test)

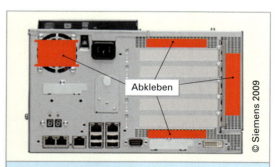

Bild 3: Sabotage durch Abkleben

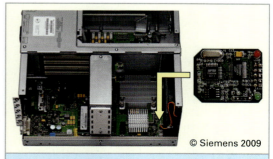

Bild 4: Einbau von Microchips

---

[1] ECB S = Vorschriften der European Security Systems Association (ESSA) e.V.

6.2.1.3 Diebstahl

Industrie-PC haben oft eine zweite Festplatte (**Bild 1**). Auf dieser werden regelmäßig alle Daten gespiegelt (gespeichert). Festplatten sind oft nur von außen aufgesteckt. Es ist somit einfach, die zweite Festplatte gegen eine andere Platte zu tauschen.

Man besitzt dann die gesamten Daten der Anlage. Es kann u. U. sehr lange dauern bis der Eingriff entdeckt wird, weil die Anlage ohne irgendwelche Fehlermeldung weiterläuft. Nur wenn IT-Spezialisten im Betriebssystem nachschauen, können Sie, wenn Ihnen die Gerätenummern der Originalfestplatte vorliegen, diese Manipulation feststellen. Der Dieb hinterlässt keine weiteren Spuren.

Damit Computer nicht unberechtigt geöffnet oder entwendet werden, gibt es Schlösser mit Seilsicherung. Oft wird ein gehärtetes Stahlseil mit Ummantelung verwendet (**Bild 2**). Diese schützen vor einem Diebstahl der Festplatten und der Speicherbausteine.

Es gibt auch eine, in das Gehäuse, integrierte Sicherung gegen das Öffnen des Computers (**Bild 3**). An geöffneten PCs können viele Manipulationen vorgenommen werden.

Die Sicherungen gegen unberechtigtes Öffnen bieten allerdings keinen Schutz gegen Diebstahl der gesamten PC-Anlage. Wenn die Anlage nicht gesondert, z. B. mit dem Fußboden oder Tisch fest verankert ist.

Wenn der PC nicht gesichert ist und der Bediener nicht aufmerksam ist, merkt er z. B. nicht, dass ein Teil der Speicherbausteine entwendet wurden. Die Programme auf dem PC laufen in der Regel trotzdem, manchmal etwas langsamer, weil auf der Festplatte zwischengepuffert wird. Solche sehr spät entdeckten Diebstähle sind sehr schwer aufzuklären.

Werden Sie misstrauisch, wenn
- das Betriebssystem eine Hardwareänderung meldet,
- wenn Programme plötzlich langsamer laufen,
- wenn die Geräusche am PC sich verändert haben,
- wenn plötzlich weniger Hauptspeicher zur Verfügung steht,
- wenn plötzlich andere Laufwerksbuchstaben vorhanden sind.

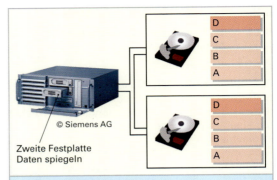

Bild 1: PC mit zwei Festplatten

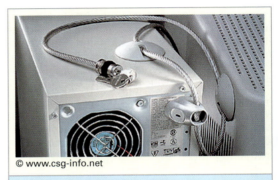

Bild 2: Schloss mit Sicherungsseil

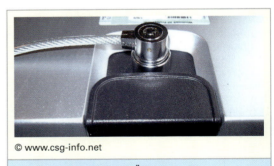

Bild 3: Sicherung gegen Öffnen des PC

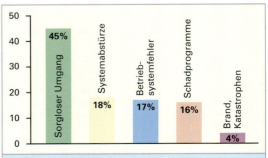

Bild 4: Ursachen von Störungen

6.2.1.4 Datensicherung

IT-Systeme können wie alle technischen Geräte ausfallen. Wobei der Mensch mit Fehlhandlungen oder Sabotage das größte Risiko darstellt (**Bild 4, vorhergehende Seite**).

Wir unterscheiden zwischen der Sicherung solcher Daten mit welchen wir arbeiten, z. B. Dokumente, Zeichnungen, Bilder und der Sicherung des IT-Systems mit der installierten Software.

Datensicherung im privaten Bereich

Im privaten Bereich erfolgt die Datensicherung durch regelmäßiges Kopieren auf einen anderen Datenträger.

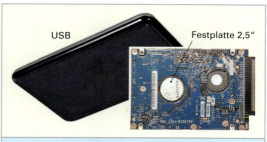

Bild 1: Externe Festplatte mit USB

Möglichkeiten der privaten Datensicherung sind:
1. Kopieren der Daten auf eine CD oder DVD und diese an einem sicheren Ort aufbewahren. Wenn sich die Daten geändert haben, muss eine neue CD,DVD erstellt werden. Das Überschreiben dieser Datenträger gilt nicht als besonders sicher.
2. Alle Daten auf einen zweiten Datenträger, z. B. zweite Festplatte speichern, z. B. auf eine externe Festplatte über USB-Massenspeicher und dann diese Speicher an einem sicheren Ort aufbewahren (**Bild 1**).
3. Daten über ein Netzwerk auf einen zweiten PC kopieren.
4. Eine gemeinsame große Festplatte über ein Netzwerk betreiben (**Bild 2**). Dort können alle beteiligten PCs ihre Daten ablegen und wieder kopieren.
5. Viele Onlinedienste (**Bild 3**) bieten z. B. 50 Gigabyte Speicher kostenlos an. Größere Speichervolumina erhält man gegen Gebühren. Per Internet hat man hiermit jederzeit und überall vollen Zugriff auf alle dort abgelegten Daten. Die Daten werden einfach über „Drag and Drop" in den Online-Speicher übertragen. Die Anbieter dieser Dienste sorgen für eine sichere Datenhaltung und machen Ihrerseits das notwendige Backup[1]. Für die Datenübertragung bieten die Dienste eine sichere Verschlüsselung an.

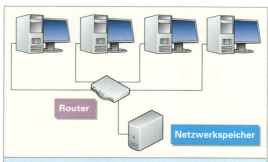

Bild 2: Datensicherung über Netzwerk

Datensicherung														
Mo	Di	Mi	Do	Fr	Mo	Di	Mi	Do	Fr	Mo	Di	Mi	Do	Fr	Mo
M1	M2	M3	M2	M3	M2	M1	M3	M1	M3	M1	M2	M3	M2	M3	M2
V															
			V												
								V							
															V

M Speichermedium   V Vollbackup
Neue und geänderte Dateien (inkrementelle Sicherung)

Bild 3: Plan zur systematischen Datensicherung

Datensicherung im kommerziellen Bereich

Unternehmen müssen eine regelmäßige und systematische Datensicherung nach Plan vornehmen. Dies geschieht häufig durch externe Dienstleister.

Datenbanken erfordern eine Sicherung in konsistenter (lückenloser) Weise, z. B. eine Datenbank für Reisebuchungen. Hier wird ein Ersatzdatenbestand zeitgleich mit der Live-Datenbank örtlich getrennt geführt. Im Falle einer Störung oder eines Schadens kann sofort auf den aktuellen Stand zugegriffen werden.

Man unterscheidet bei Backup-Systemen:

Die **Vollsicherung** (Vollbackup). Hierbei werden die Dateien in regelmäßigen Abständen, z. B. wöchentlich komplett gesichert (Bild 2).

Die **Differenzielle Sicherung** mit einer Sicherung geänderter oder hinzugekommener Daten seit der letzten Vollsicherung. Die letzte Vollsicherung wird aktualisiert.

Die **Inkrementelle Sicherung** mit einer Ergänzung aller geänderten Dateien der letzten inkrementellen Sicherung. Die letzte inkrementelle Sicherung wird aktualisiert.

Die **Abbildsicherung** (Image-Sicherung). Der komplette Datenspeicher (meist die Festplatte oder Datenträger im Netzwerk) wird durch ein 1:1 Abbild gesichert, also auch die Betriebssysteme mit individuellen Einstellungen.

---

[1] engl. backup = Unterstützung, im IT-Bereich = Datensicherung

6.2.1.5 Passwörter

Der berechtigte Zugang zu Programmen oder Daten wird häufig durch ein Passwort[1] (Kennwort) gesichert. Ein Passwort dient zur Authentifizierung und eindeutigen Identifizierung des Berechtigten.

Passwörter bestehen aus ASCII-Zeichen, in der Regel ergänzt mit Sonderzeichen (**Tabelle 1**). Umlaute sind nicht zulässig. Passwörter sind unsicher, wenn sie zu kurz sind oder wenn sie zwar lang aber leicht zu deuten sind (nicht hinreichend kryptisch[2] sind).

Sehr unsicher sind z. B. Passwörter wie: „12345", „abcde", „test". In **Tabelle 2** wird dargestellt, welche Zeit ein Hacker-Computerprogramm benötigt um ein Passwort zu entschlüsseln.

Das sichere Passwort

Eine sicheres Passwort sollte immer eine Kombination aus Buchstaben, Ziffern und Sonderzeichen sein. Es sollte darin keine Systematik enthalten sein und es sollte kein „geflügeltes" Wort enthalten sein, z. B. 0815.

Man sollte für jeden Zugang ein anderes Passwort haben, weil Passwörter im PC gespeichert werden. Bereits eine Mehrfachverwendung eines an sich sicheren Passwortes ist problematisch.

Manche Nutzer geben „blind" auf der Tastatur z. B. 10 Zeichen ein und verwenden diese Zeichenfolge als Passwort. Diese Art und Weise ist relativ sicher, aber man kann sich eine so entstandene Kombination nur schwer merken. Eine andere Möglichkeit ist es aus einem leicht zu merkenden Satz immer nur einen Buchstaben je Wort zu verwenden. Beispiel: Aus dem Satz „Ich arbeite oft am PC" kann man das Passwort „1I2a3o4a5P" ableiten.

Es gibt Programme welche die Sicherheit von Passwörtern ermitteln (**Bild 1**). Eine Alternative für Passwörter mit hoher Sicherheit sind solche mit nur einmaliger Gültigkeit. Die meisten der Online-Banking-Systeme arbeiten so: Bei einer Überweisung muss z. B. eine, nur ein einziges mal gültige, TAN (Transaktionsnummer) eingegeben werden.

Damit Passwörter, welche bei ihrer Verwendung (für andere nicht lesbar) sicher gespeichert werden, gibt es Programme, welche die Passwörter verschlüsseln.

Diese Programme speichern die Passwörter unlesbar und auch unauffindbar für andere in einer Datenbank ab.

---

[1] Passwort, (engl. password) von passieren lassen, aus franz. passer = durchschreiten.
[2] kryptisch von griech. kryptokos = bedeckt, verborgen

Tabelle 1: Zeichen für ein Passwort

Mindestlänge	8 Zeichen
Kleinbuchstaben	a, b, c ... z
Großbuchstaben	A, B, C, ... Z
Sonderzeichen	! # $ % & ( ) < > = ? [ ] { } |
Nicht zulässig	ä ö ü Ä Ö Ü ß §

Tabelle 2: Passwortlänge und Entschlüsselungsdauer

Anzahl der Zeichen	Maximale Entschlüsselungsdauer
3 Zeichen	0,2 Sekunden
5 Zeichen	14 Minuten
8 Zeichen	53 252 Stunden
10 Zeichen	1 179 469 Wochen
12 Zeichen	84 168 853 Jahre

Bild 1: Sicherheit eines Passwortes prüfen

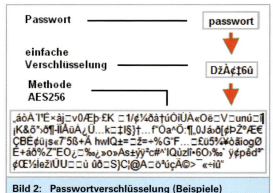

Bild 2: Passwortverschlüsselung (Beispiele)

Eine solche Datenbank ist jedoch insoweit nachteilig, als dass man zu deren Verwendung ein Masterpasswort braucht (**Bild 2**). Diese Verschlüsselungsprogramme nutzen z. B. die Methode: AES256. Das Prinzip dazu (vereinfacht widergegeben) ist am Beispiel „passwort" etwa so: Man verändert mithilfe von Zufallszahlen aus der ASCII-Tabelle jede Stelle des eingegebenen Passwortes. So wird z. B. aus p mal das Zeichen D und ein anderes Mal das Zeichen #.

6.2 Gefährdungen und Abhilfen

6.2.1.6 Computerviren

Die Entstehung von Computerviren ist auf den Informatiker *John von Neumann* (1903 bis 1957) zurückzuführen. Er hat unter anderem die Theorie von selbstproduzierenden Programmen entwickelt. Die ersten Viren entstanden um 1970.

Entwickelt werden Viren z. B. von:
- Informatikern, oft aus wissenschaftlichem Interesse,
- Witzbolden und von
- Technopathen (Technikkranken).

Letztere sind auf größtmögliche Zerstörung aus und wollen vor allem Schaden anrichten.

Computerviren sind Programme, die sich selbsttätig und unbemerkt vervielfältigen und sich in bestehende Computersysteme einschleusen. Sie führen sofort oder verzögert zerstörerische Aktionen aus. Einmal gestartet kann ein Virus Veränderungen am Status der Hardware, z. B. der Netzwerkverbindungen, am Betriebssystem oder an einer Anwendersoftware vornehmen. Bei Computern, welche im Internet sind, sind manche Viren in der Lage sensible Daten auszuspionieren.

Falsche Aussagen in Bezug auf Viren:
- „Ich bekomme keine Viren, weil ich keine E-Mail-Anhänge öffne".
- „Ich brauche keine Windows-Updates",
- „mein PC läuft gut, also kann kein Virus drauf sein".
- „Wenn ich den Absender der Mails kenne, dann sind die Mails ungefährlich".
- „Virenscanner können alle Viren problemlos beseitigen".

Ablauf der Infizierung

Virenprogramme (Malware[1]) werden von einem Programmierer entwickelt und meist an bestehende Anwenderprogramme eingearbeitet oder in E-Mail-Anhänge verpackt (**Bild 1**). Wenn dieses „Trägerprogramm" auf einen Computer geladen wird, wird der Virus aktiv und verbreitet sich auf dem System.

Es kommen täglich mehrere Hundert Viren in den Umlauf. **Bild 2** zeigt einen Ausschnitt von gefährlichen und aktuell vorkommenden Viren. Wenn neue Viren entdeckt werden, werden diese aufgelistet und nach ihrem Schadenspotenzial bewertet (**Bild 3**). Diese Listen werden von Virenschutzprogramm-Herstellern täglich aktualisiert. Ein grundsätzliches Problem ist, dass sie ihre Schutzmechanismen erst aufbauen können, nachdem der Virus aufgetreten ist. Es gibt unterschiedliche Virenarten (**Bild 4**).

Virenschutzprogramme müssen laufend, z. B. täglich aktualisiert werden.

[1] Malware = schlechtes Erzeugnis, engl. mal = schlecht und engl. ware = Erzeugnis

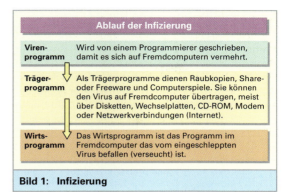

Bild 1: Infizierung

Hohe Bedrohungen	Aktuelle Bedrohungen
TR/Crypt.XPACK.Gen	TR/Ransom.SMSer.QM
HEUR/HTML.Malware	Worm/Autorun.nsu
HTML/Infected.WebPage.Gen	BDS/Agent.afbb
ADSPY/AdSpy.Gen	Worm/Autorun.qod
HTML/Crypted.Gen	TR/Agent.xqa

Bild 2: Bedrohungen durch Viren

Nr.	Name	Typ	Schadens-potential
1.	BDS/Inject.JA	Backdoor Server	mäßig
2.	Worm/VB.aki.2	Wurm	sehr groß
3.	TR/Agent.tvb	Trojaner	mäßig
4.	TR/Bagle.GE	Trojaner	mäßig
6.	TR/Dldr.Agent.bgyr	Trojaner	mäßig
5.	BDS/Agent.zwa	Backdoor Server	mäßig
7.	TR/Drop.Agent.ahvf	Trojaner	mäßig
8.	TR/Drop.Agent.uws	Trojaner	mäßig
9.	TR/Drop.AutoRun.B	Trojaner	mäßig
10.	TR/Onlinegames.B.23	Trojaner	mäßig
11.	TR/PSW.Magania.auy	Trojaner	groß
12.	TR/Onlinegames.B.21	Trojaner	mäßig
13.	Worm/SdBot.446976	Wurm	groß

Bild 3: Arten von Schadensprogrammen (Beispiele)

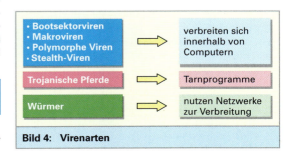

Bild 4: Virenarten

Ist ein Virus bekannt, dann können dessen Daten über Schutzprogramme gelesen werden (**Bild 1**).

Wenn das Schutzprogramm einen Virus erkennt, dann erfolgt eine Meldung an den Bediener (**Bild 2**). Die meisten Viren können von dem Schutzprogramm selbsttätig entfernt werden oder es werden Anleitungen gegeben wie weiter zu verfahren ist.

Man unterscheidet folgende Virenarten:

Bootsektorviren. Diese setzen sich im Bootsektor fest und wirken zerstörerisch, z. B. sie Löschen Programme oder Verändern Einstellungen des Betriebssystems. Bootsektorviren sind selten.

Makroviren. Diese Viren werden über Datendateien von Office- Programmen (z. B. Word, Excel) verbreitet. Die Makros sind Bestandteile der jeweiligen Dokumente. Vielen Anwendern ist z. B. nicht bewusst, dass ein einfaches Textdokument ein schädliches Makro enthalten kann. Man sollte daher nur zertifizierte Makros ausführen lassen. Makroviren können mit der im Office-Paket enthaltenen Programmiersoftware VBA (Visual Basis for Applikation) erstellt werden.

Skriptviren. Sie sind ein Teil des Quellcodes von HTML-Dateien. Ein Skript wird häufig auf Webservern verwendet, z. B. JavaScript. Hiermit werden Funktionen realisiert, die ansonten Fremdprogramme benötigen würden. Skriptviren suchen geeignete Wirtsprogramme, welche sie infizieren können.

Wurm. Würmer warten nicht bis sie von einem Anwender verbreitet werden, sondern sie versuchen selbst in ein neues System einzudringen. Hierzu nutzen Sie Lücken in Sicherheitssystemen. Würmer benutzen vor allem Netzwerke als Plattform. Sie tragen sich oft als ein eigenständiger Dienst in das Betriebssystem ein. Der häufigste Verbreitungsweg ist das E-Mail. Der Wurm kommt über einen Anhang auf ein Computersystem und kann sich dann selbst wieder als E-Mail unbemerkt weiterversenden. Er wählt hierzu z. B. willkürliche IP-Adressen. Ist er einmal auf einem Computer installiert fügt er sich an andere Programme an. Oft dringt er an einer unauffälligen Stelle in das System ein und verändert z. B. den Systemstart.

Trojaner. Ähnlich zum Trojanischen Pferd[1] (**Bild 3**) in der griechischen Mythologie, versuchen Trojaner-Viren zunächst ohne störende Wirkung einen Zugang zu sensiblen Daten eines Computers. Die Daten werden dann, ohne dass es weiter bemerkt wird an den Absender des Trojaners übermittelt.

Der Trojaner installiert sich so im System, dass er bei jedem Neustart des Computers auch mit gestartet wird.

Bild 1: Daten eines Virus (Beispiel)

Bild 2: Meldungen bei einem Virenschutzprogramm (Beispiel)

Bild 3: Trojanisches Pferd[1] (Gemälde von Giovanni Tiepolo, 1804)

---

[1] Im Bauch eines geschenkten hölzernen großen Pferdes waren Soldaten versteckt. Sie öffneten nachts die Stadtmauern von Troja von innen und ließen das Heer der Belagerer ein. Mit dieser List gewannen diese den Trojanischen Krieg.

6.2 Gefährdungen und Abhilfen

Beispiel: Auf einer Festplatte sind die Bankzugangsdaten abgelegt. Der Benutzer betrachtet ein Bild aus dem Internet, welches einen Trojaner enthält. Im Hintergrund wird die Festplatte nach Grundmustern von Bankzugangsdaten durchsucht. Werden welche gefunden, so werden diese unbemerkt an den Absender übermittelt.

Bild 1 zeigt die Analyse eines bekannten Trojaners. Gute Antivirenprogramm erkennen, wenn über das Internet Attacken auf den Computer erfolgen und melden es dem Anwender (**Bild 2**).

Bei einigen Typen von Trojanern kann es Monate dauern bis der Anwender bemerkt, dass ein Trojaner auf seinem Computer ist. Es gibt Trojaner, welche die Tastatureingaben des Anwenders aufzeichnen und an den Absender übermitteln. So können z. B. Passwörter ausgespäht werden.

Serverprogramm. Eine weitere sehr gefährliche Virenart nennt man auch Serverprogramm. Dieses ermöglicht einer fremden Person auf das infizierte System zuzugreifen und den gesamten Computer zu scannen.

Hoaxes (altenglisch für Scherz), sind sogenannte elektronische „Enten". Mittels E-Mail werden seit einigen Jahren häufig „Virus-Meldungen" verschickt, die vor einem neuen gefährlichen Virus warnen. Schon beim Lesen des E-Mails wird dann ein Virus aktiv, der z. B. die Festplatte neu formatiert.

Name:	TR/Onlinegames.B.23
Entdeckt am:	19/05/2008
Art:	Trojan
Schadenspotenzial:	Niedrig bis mittel
Dateigröße:	106.068 Bytes
MD5 Prüfsumme:	8b6cbd31dbb740d3140d9c7bb2a7db86
IVDF Version:	Mon, 19 May 2008 17:11 (GMT+1)

Dateien
Eine Kopie seiner selbst wird hier erzeugt:
• %SYSDIR%\amvo.exe
Es werden folgende Dateien erstellt:
– C:\Temp\7eb4nf.dll Erkannt als: TR/Crypt.XPACK.Gen
– %SYSDIR%\amvo0.dll Erkannt als: TR/Vundo.Gen

Registry
Einer der folgenden Werte wird dem Registry key hinzugefügt
– [HKCU\Software\Microsoft\Windows\CurrentVersion\Run]
• "amva"="%SYSDIR%\amvo.exe"
– [HKLM\SYSTEM\CurrentControlSet\Enum\Root\
LEGACY_DERTYHJUISHWKYOZDEMCXERPOGSE]
• "NextInstance"=dword:0x00000001
– [HKLM\SYSTEM\CurrentControlSet\Enum\Root\
LEGACY_DERTYHJUISHWKYOZDEMCXERPOGSE\0000]
• "Class"="LegacyDriver"
• "ClassGUID"="{8ECC055D-047F-11D1-A537-0000F8753ED1}"
• "ConfigFlags"=dword:0x00000000
• "DeviceDesc"="dertyhjuishwkyozdemcxerpogse"
• "Legacy"=dword:0x00000001
• "Service"="dertyhjuishwkyozdemcxerpogse"

Bild 1: Analyse eines Trojaners

Bild 2: Warnung durch ein Virenschutzprogramm (Beispiel)

Vorbeugen und Vorsorgen
- Betriebssystem aktuell halten, Updates ausführen.
- Regelmäßiges Backup auf externe Datenträger durchführen.
- Nur zertifizierte Originalsoftware installieren.
- Aktuelles Virenschutzprogramm installieren und täglich updaten (**Bild 3**).
- Besondere Vorsicht beim Öffnen unbekannter E-Mails und deren Anhänge.

Wiederholung und Vertiefung

1. Was versteht man unter Computervieren?
2. Aus welchen Komponenten besteht ein Virusprogramm?
3. Was versteht man unter einem „Trojanischen Pferd"?
4. Über welche Kanäle gelangen Viren in ein Computersystem?
5. Wie erkennt man, dass ein PC mit einem Virus verseucht wurde?
6. Wie kann man sich vor Virenbefall schützen?

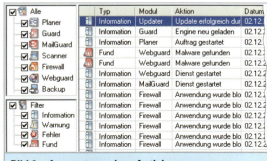

Bild 3: Auswertung eines Antivirenprogramms

6.2.1.7 Verändern von Dateien, Verschlüsselungen

So wie der Mensch anhand eines Fingerabdruckes als Individuum erkannt werden kann, so kann man jeder Datei ein Erkennungszeichen (**Bild 1**) zur Authentifizierung geben. Man erzeugt z. B. nach Fertigstellung einer Datei eine charakteristische Prüfsumme aller Bits mit dem Wert 1 und merkt sich diese. Manipuliert man die Datei so stimmt mit großer Wahrscheinlichkeit die Prüfsumme nicht mehr.

Ein übliches Verfahren ist die *Hashwert*[1]-Prüfsumme. Hier wird z. B. von der Quellmenge mit einem aufwändigen mathematischen Verfahren eine 128 Byte große Zahlenkombination abgebildet. Anhand dieser Zahl kann eindeutig festgestellt werden, ob eine Datei verändert wurde.

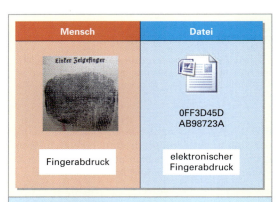

Bild 1: Authentifizierung

Beispiel 1: Jemand erstellt eine Geschäftsbilanz und geht anschließend in Urlaub. Er merkt sich die Hashwert-Prüfsumme. Wenn er wieder zurückkommt, kann er durch erneute Hashwert-Berechnung feststellen ob die Datei beschädigt oder verändert wurde.

Beispiel 2: Beim Verlassen einer Firma will jemand sich den Bearbeitungsstand seiner Dateien mit einer Hashwert-Prüfsumme bestätigen lassen, falls es je Rückfragen gibt, dann kann er sicher erkennen ob die Dateien seinem letzten Stand entsprechen.

Beispiel 3: Das Office-Programm Word speichert die Dokumente spezifisch codiert ab. Verändert man auch nur ein Zeichen in dieser Datei, z. B. mit einem ASCII-Editor, dann kann dieses Dokument nicht mehr mit Word gelesen werden (**Bild 2**).

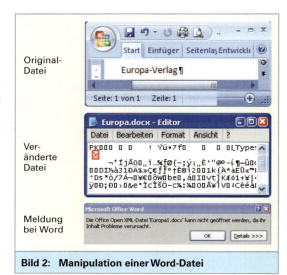

Bild 2: Manipulation einer Word-Datei

---

[1] Hashwerte sind sogenannte Streuwerte, engl. to hash = zerhacken.

Im Folgenden wird als Beispiel ein sehr einfaches (nach heutigem Stand auch unsicheres Verfahren) zur Bestimmung einer Prüfsumme beschrieben.

Dateien werden häufig als ASCII-Dateien abgelegt und können so mit einem Debugger gelesen werden (**Bild 3**). Mit Hilfe eines kleinen Programms (**Bild 4**) kann die Summe aller ASCII-Zeichen berechnet werden.

Bild 4: Beispiel zum Prüfsummenprogramm

Bild 3: Beispiel Prüfsumme bei einer ASCII-Datei

6.2 Gefährdungen und Abhilfen

Zum Beispiel (vorhergehende Seite)
Beschreibung des Quellcodes in C++ (**Bild 1**)
Zeile 1: Quelldatei angewählt und geöffnet
Zeile 2: Der ganze Text wird in ein Memo-Feld kopiert
Zeile 3: Die ASCII-Summe wird auf null gesetzt
Zeile 4: Die While-Schleife geht durch den ganzen Text

Zeile 5: Die ASCII-Werte werden aufaddiert
Zeile 6: Die Summe wird im zweiten Memofeld ausgegeben
Mit diesem Programm kann die Zeichensumme aller Dateien berechnet werden.

```
#pragma package(smart_init)
#pragma resource "*.dfm"
TForm1 *Form1;
char    *txt,*start;
int summe;
     void __fastcall TForm1::Button1Click(TObject        void __fastcall TForm1::Button2Click(TObject
     { OpenDialog1->InitialDir="C:";                     { start=txt;
       OpenDialog1->DefaultExt="*.txt";                3 ── summe=0;
1 ── if (OpenDialog1->Execute()==True)                 4 ── while(*txt)
       {Edit1->Text=OpenDialog1->FileName;             5 ── {summe=summe+ char(*txt++);}
        Memo1->Lines->LoadFromFile(Edit1->Text);       6 ── Memo2->Text=IntToStr(summe);
2 ──    strcpy(txt,Memo1->Text.c_str());                    txt=start;
       }}
```

Bild 1: Quellcode zur Berechnung der Prüfsumme

ASCII-Summe und Hashwert
Z. B. in einem Vertrag steht derText: *Die Miete beträgt 600 Euro.*

Text	ASCII-Summe	Hash-Wert
Die Miete beträgt 650 EURO	1889	F57AB282 F99E3DB2...
Die Miete beträgt 830 EURO	1889	A47599D1 8596FFE2...

Das Programm der ASCII-Summe liefert denselben Wert, da die Summe der ASCII-Zeichen „6" + „5" = „8" + „3" ist. Das Hashwert-Verfahren zeigt hingegen einen deutlichen Unterschied und erkennt die Fälschung.

Versteckte Daten in JPEG-Dateien
Digitalkameras und Bildbearbeitungsprogramme hinterlassen neben den sichtbaren Bilddaten auch Herstellerdaten. Das JPEG-Format erlaubt es, zusätzliche Informationen im Dateikopf unterzubringen.

Zusatzinformationen können z. B. sein:
- Hersteller und Modell der Digitalkamera,
- Datum und Uhrzeit der Aufnahme,
- Aufnahmeort (GPS-Daten),
- Copyright-Einträge,
- Seriennummer des Bildbearbeitungsprogramms,
- zusätzlich ein kleines Vorschaubild.

Bild 2 zeigt die Aufnahme und die sichtbaren Daten. Mit einem Debugger kann die Datei untersucht werden. Es zeigen sich dann die versteckten Daten (**Bild 3**), z. B. Kameratyp, Aufnahmedatum und Bildbearbeitungsprogramm. Solche Metadaten können auf unterschiedliche Art eingebunden werden. Ein besonderes Problem können die kleinen Vorschaubilder sein, besonders wenn sensible Teile eines Bildes geändert oder gelöscht werden, bleibt trotzdem das Vorschaubild im Original erhalten.

Bild 2: Fotoaufnahme mit Verschlüsselung des Apparatetyps

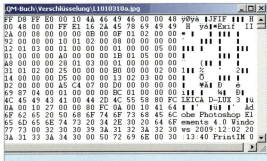

Bild 3: Hexdump-Auszug aus der Datei

Beispiel: Entfernen von Metadaten mit Programm JHEAD.EXE. Dies ist ein Kommandozeilenprogramm.
Vorgehensweise:
1. Programm in den Ordner der Bilder kopieren
2. Kommandozeilen CMD aufrufen Icon :"Ausführen"
3. In das Verzeichnis wechseln (cd:\....
4. Programm starten: C:\...\ihead –purejpg *.jpg

Wenn z. B. Bilder veröffentlich werden und keine sensiblen Daten enthalten dürfen, ist es sinnvoll, diese Metadaten vorher zu entfernen. Hierzu gibt es Programme im Internet.

Verschlüsselung von Dateien

Durch Verschlüsselung (Kryptographie[1]) können allgemein lesbare Dateien so verändert werden, dass sie nur mit Hilfe des Schlüssels wieder rückverwandelt werden können.

Eine historisch erfolgreiche mechanische Verschlüsselungsmaschine war die M-209 (**Bild 1**). Vor dem Verschlüsseln stellte man die Rotoren auf eine Buchstabenfolge ein. Dann stellte man den ersten Buchstaben der Nachricht ein und setzt die Maschine in Gang. Der verschlüsselte Buchstabe wird vom Druckrad auf das Papier gedruckt. Nun wird der nächste Buchstabe eingestellt und der Vorgang wiederholt. Bei der Entschlüsselung wird umgekehrt verfahren.

Als Grundlage der Verschlüsselung diente ein umgekehrtes Alphabet. Zusätzlich können die Buchstaben um Stellen verschoben werden. Wenn das Verfahren einem Außenstehenden nicht bekannt ist, hat er zumindest Mühe die Nachricht zu entziffern.

Eine Verschlüsselung ist nur solange sicher, wie das Verschlüsselungsverfahren unentdeckt bleibt.

[1] *Boris Hagelion*, 1892 bis 1983, schwedischer Unternehmer und Kryptograph

Verschlüsselungssoftware

Es gibt Verfahren, bei denen zwei Schlüssel verwendet werden. Dabei ist ein Schlüssel öffentlich gemacht. Dieser wird zum Verschlüsseln verwendet. Wenn die verschlüsselte Datei wieder entschlüsselt werden soll, dann wird der zweite Schlüssel, welchen nur die berechtigte Person kennt, verwendet.

Andere Verfahren schreiben die Daten zusätzlich in versteckte Partitionen, so dass ein Unberechtigter die verschlüsselten Dateien auf dem Computer nicht findet.

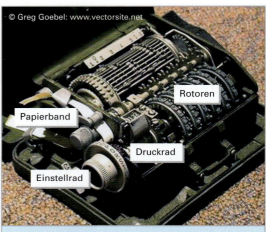

Bild 1: Historische Chiffriermaschine M-209

Beispiel einer einfachen Verschlüsselung

Bild 2 zeigt ein Programm, mit welchem man Texte verschlüsseln und entschlüsseln kann. Hierbei wird bei dem Text (**Bild 3**) zu jedem ASCII-Wert eines Zeichens z. B. die Zahl 100 addiert. Der Text ist als solcher nicht mehr lesbar. Wenn zur Entschlüsselung dann wieder der Wert 100 subtrahiert wird, erscheint der Originaltext.

Bild 2: Beispiel für eine Verschlüsselung

```
Unit1.cpp
#include "Unit1.h"
//---------------------------------------------
#pragma package(smart_init)
#pragma resource "*.dfm"
TForm1 *Form1;
char   *txt,*start;
//---------------------------------------------
void __fastcall TForm1::Button1Click(TObject *Sender)
{ strcpy(txt,Memo1->Text.c_str());
  start=txt;
  while(*txt)
  { (*txt=char(*txt)+100; txt++; }
  Memo2->Text=start;
  txt=start;
  while(*txt)
  { (*txt=char(*txt)-100; txt++; }
  Memo3->Text=start;
```

- Quellcode C++
- Deklaration der Char-Zeiger
- Aufruf der Funktion
- Originaltext auf den Zeiger kopieren
- Wiederholschleife für die Verschlüsselung
- Addieren der Zahl 100
- Ausgeben des Textes
- Zeiger zurücksetzen
- Wiederholschleife für die Entschlüsselung
- Subtrahieren der Zahl 100
- Ausgeben des Textes

Bild 3: Quellcode in C++, Einfachprogramm

6.2.1.8 E-Mail-Sicherheit

Zur sicheren E-Mail gehören:
- Die sichere Übertragung, eventuell mit einer Verschlüsselung,
- der Schutz vor Missbrauch der E-Mail-Adressen,
- das Vermeiden der Mitübertragung von Schadprogrammen,
- die sichere Einstellung des E-Mail-Programms,
- eine aktuelle Schutzsoftware.

Prinzipiell kann jeder den Inhalt einer E-Mail auf dem Weg vom Sender zum Empfänger mitlesen (**Bild 1**) oder sogar verändern, wenn diese nicht sicher verschlüsselt ist. Die Standardübertragungsprotokolle (POP3, SMPT) haben hier eine immanente Sicherheitsschwäche. Auf Grund der unsicheren Übertragungswege werden verschiedene Sicherheitslösungen eingesetzt. Es können Schutzprogramme eingesetzt werden, welche auch einen Spam-Filter beinhalten. Spam oder Junk sind E-Mails, welche massenhaft, unverlangt an Empfänger versendet werden (**Bild 2**). Durch Voreinstellung (**Bild 3**) kann ein Schutzprogramm so eingestellt werden, dass relativ wenige Angriffe beim E-Mail-Verkehr möglich sind.

Das Risiko bei der Klartextübermittlung kann durch Verschlüsselungssoftware gemindert werden. Das Problem ist hier das Mitführen des Schlüssels.

Es wird folgendes Verfahren praktiziert (**Bild 4**): Die E-Mail wird vom Sender, einschließlich des Nachrichtenschlüssels verschlüsselt an den Host-Rechner gesendet (1). Nun wird ein Schlüssel für die Entschlüsselung erzeugt (2) und an den Hostrechner zurückgesendet. Sodann kann der Empfänger die Nachricht (4) und den Entschlüsselungscode (5) laden um wieder das Originaldokument zu erzeugen. Bei diesem Verfahren wird keine zusätzliche Hardware benötigt.

Hinweise für den praktischen Umgang mit E-Mails:
1. Verwenden Sie ein sehr gutes Schutzprogramm (Virenscanner) und aktualisieren Sie dieses laufend.
2. Vermeiden Sie eine automatische HTML-Voransicht.
3. Starten Sie niemals unbekannte Anhänge direkt von der E-Mail aus, sondern erst nach dem Abspeichern, damit der Virenscanner prüfen kann.
4. Achtung Namenserweiterungen, z. B. *.doc kann auch ein ausführbares Programm sein.
5. Den Bekanntheitsgrad der eigenen E-Mail-Adresse sollten Sie möglichst klein halten. Eventuell *Wegwerf-E-Mail-Adressen* verwenden.
6. Möglichst nur „Texte" innerhalb der Mails lesen. Bilddateien können ausführbare Schadprogramme enthalten.

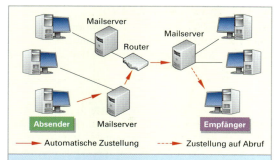

Bild 1: Weg einer Nachricht

Bild 2: Verseuchte E-Mails

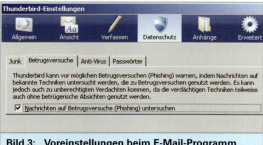

Bild 3: Voreinstellungen beim E-Mail-Programm (Beispiel)

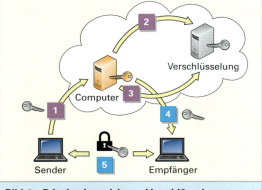

Bild 4: Prinzip einer sicheren Verschlüsselung

6.2.1.9 Sicherheit bei WLAN[1]

Immer mehr Unternehmen verwenden drahtlose Netzwerke. In vielen Fällen können WLANs die Arbeit erleichtern, weil man kabellos Zugriff auf andere PC und die Datenbanken hat. Meist arbeitet das WLAN im Frequenzbereich um 2,4 GHz (**Tabelle 1**).

In Unternehmen wird das WLAN in die Struktur der Standardnetzwerke eingebunden. Der Anschluss erfolgt sicherheitshalber über einen eigenen Server. Der Wireless Access Point (dt. Funkzugangsknoten) ist über eine Firewall mit dem Server verbunden (**Bild 1**).

Tabelle 1: Technische Daten WLAN

	Brutto-datenrate in MBit/s	Frequenz-band in GHz	Modulation
802.11:	1,0 bis 2,0	2,4	FHSS, DSSS
802.11b	11	2,4	DSSS
802.11g	54	2,4	OFDM
802.11a	54	5,5	OFDM

Es gibt trotzdem Sicherheitslücken:

1. **Unzureichend gesicherte WLANs**
   Es sollte der Datenverkehr immer verschlüsselt erfolgen. Hierzu gibt es mehrere Möglichkeiten mit unterschiedlicher Sicherheit. So z. B. die WPA[2]-Verschlüsselung (**Bild 2**). Dieses Verfahren sorgt für eine Verschlüsselung mit Hilfe eines Hash-Algorithmus mit zusätzlicher Integritätsprüfungsfunktion. Voraussetzung ist natürlich ein möglichst sicheres Passwort.
   Eine weitere Methode ist: Nur explizit benannte MAC-Adressen zum Netzwerk zuzulassen. Dies ist eine sehr sichere Methode, solange die Besitzer der zugelassenen MAC[3]-Adressen vertrauenswürdig sind. Man kann jederzeit nachschauen, welche Access Points gerade erreichbar sind (**Bild 3**). Je mehr hier erscheinen, desto eher ist der Zugriff gefährdet. Man kann diesen Eintrag auch ausschalten, somit sendet das eigene WLAN nicht mehr und erscheint nicht mehr auf anderen PCs.

2. **Sabotage durch Mitarbeiter-WLANs**
   Wenn Mitarbeiter eigene WLANs, welche oft nicht ausreichend gesichert sind, innerhalb des Unternehmens einrichten, können dritte Personen über dieses Netzwerk in das Unternehmensnetzwerk problemlos eindringen.

3. **Infizierungsgefahr durch mobile Geräte** wenn z. B. eine Firma ein WLAN einführt und die Mitarbeiter ihre Notebooks auch auf Geschäftsreisen oder privat nutzen und dort einen anderen Access Point anwählen, welcher weniger vor Angreifern geschützt ist, können Angreifer diesen Notebook so präparieren, dass sie danach über diesen Notebook in das Firmennetz eindringen können.

4. **Auswertung von Logbüchern**
   Auch wenn alle Sicherheitsaspekte berücksichtigt sind, ist es ratsam die Speicherung von Statusinformationen zu aktivieren. Die erstellten Berichte sollten regelmäßig durchgesehen werden, z. B. ob Netzwerkanmeldungen von Unbefugten erfolgten. Wenn dies der Fall ist müssen weitere Sicherheitsvorkehrungen getroffen werden.

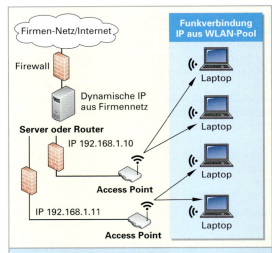

Bild 1: Struktur in Firmennetz

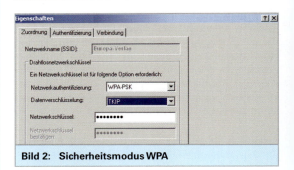

Bild 2: Sicherheitsmodus WPA

Bild 3: Aktuell erreichbare PCs im WLAN

---

[1] WLAN von engl. wireless local area network = kabelloses lokales Netzwerk
[2] WPA, von engl. Wired Proteced Access = verdrahteter geschützter Zugriffspunkt
[3] MAC-Adresse, von engl. Media-Access-Control-Adresse = Medienzugangssteueradresse

6.2.2 Gefährdung durch technisches Versagen

6.2.2.1 Gefahr durch Überspannung

Überspannungen entstehen hauptsächlich durch Blitzentladungen, Schalthandlungen oder elektrostatischen Entladungen. Dabei treten die Spannungen nur für einen Bruchteil einer Sekunde auf. Sie haben meist einen schnellen Anstieg in wenigen Millisekunden bevor sie relativ langsam wieder abfallen. Diese Spannungen könne Chips zerstören (**Bild 1**).

Bild 1: Durch Überspannung zerstörter Chip

Blitzentladungen bei Gewittern verursachen sehr hohe Überspannungen. Das Entstehen der Überspannung ist auf den Ladungsausgleich zwischen Wolke und Erde zurück zu führen. Die Einkopplung in das elektrische Netz erfolgt selten direkt sondern meist über galvanische, induktive oder kapazitive Einstreuungen.

Bild 2 zeigt eine induktive Einkoppelung. Durch die extrem hohen Entladungsströme werden in den Metallteilen der Umgebung von bis zu 1500 Metern immer noch gefährlich hohe Spannungen induziert.

In Deutschland werden pro Jahr etwa eine Millionen Blitzeinschläge registriert. Besonders wichtige oder gefährdete Gebäude werden daher mit Blitzschutzsystemen ausgerüstet (**Bild 3**). Dazu gehört der äußere Blitzschutz mit seinen Fangleitungen, Ableitern und Erdern, sowie der innere Blitzschutz. Der innere Blitzschutz umfasst alle Maßnahmen gegen die Auswirkungen des Blitzstroms. Dazu gehören hauptsächlich der Potenzialausgleich und der Überspannungsschutz. In der VDE-Blitzschutznorm ist festgelegt, dass ein äußerer Blitzschutz mit der Erdung und dem Potenzialausgleich des Gebäudes verbunden werden muss. Der Grobschutz baut Spannungen bis ca. 4 kV ab, der Mittelschutz bis 2,5 kV und der Feinschutz bis 1,5 kV. Die verbleibende Restspannung wird dann von modernen Verbrauchern direkt abgebaut.

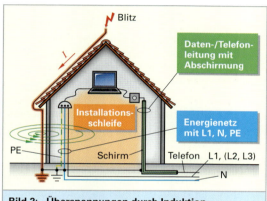

Bild 2: Überspannungen durch Induktion

Bild 3: Blitzschutz nach VDE

Es gibt auch fertige steckbare Überspannungsschutzgeräte. Für alle gängigen Anwendungen stehen komfortable Installationsblöcke zur Verfügung. **Bild 4** zeigt einen Überspannungsableiter in einem Hauptverteiler. Intern sind meist Varistoren (spannungsabhängige Widerstände) verbaut. Der Zustand der Elemente wird durch eine LED angezeigt. Moderne Einrichtungen sind mit Datenleitungen ausgestattet, so dass der Zustand der Elemente überwacht werden kann. Wenn die Anforderungen nach IEC 61643-1 erfüllt sind, so können die Elemente weltweit bei allen Netzen verwendet werden.

Bild 4: Überspannungsschutzmodule

Prüfen einer Anlage

Die Prüfbedingungen sind in DIN-VDE 0185 Teil 1 festgelegt. Der Prüfstrom ist als ein Impuls mit einem Maximalstrom I_{max} und der elektrischen Ladung Q definiert (**Bild 1**). Für den Blitzstromableiter und den Überspannungsableiter sind unterschiedliche Impulse definiert. Der Blitzstrom muss nach 350 ms auf 50 % abgefallen sein. Die Angabe in Datenblätter lautet z. B. 10/350 und bedeutet, dass der Stromstoß nach 10 µs den maximalen Wert erreicht hat und nach 350 Sekunden auf 50 % abgefallen ist.

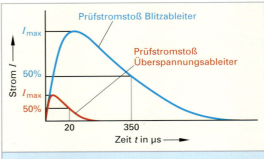

Bild 1: Prüfdiagramm

Prüfeinrichtung

Bild 2 zeigt ein tragbares Gerät, mit welchem sich normenkonforme Nachprüfungen durchführen lassen. Es werden die Leistungsparameter aller Bauelementen einer Schutzschaltung geprüft. Als Prüfergebnis wird ausgegeben:

- Prüfling o.k.
- Toleranzgrenze erreicht! Austausch empfohlen.
- Prüfling defekt! Austausch erforderlich.

Bild 2: Prüfgerät

Netzwerkschutz

Es gibt für alle Netztopologien, wie z. B. Bus, Ring, Stern und für die verschiedenen Kabeltypen, wie z. B.: Twinax; Twisted Pair und Lichtwellenleiter passende Schutzbausteine. In **Bild 3** ist ein Netzwerkschutzstecker für Ethernet-RJ45-Anschlüsse dargestellt.

Die Schutzschaltung (Bild 3) besteht aus einer hocheffizienten Kombination von Überspannungsableitern und Diodenkaskade, wobei GA = Gasableiter und SD = Diodenmatrix mit Suppressor bedeutet. Manche Geräte haben noch einen zusätzlichen Potenzialanschluss (grüngelbe Leitung). Dieser muss geerdet werden. Die Bausteine bedürfen in der Regel keiner Wartung. Sie sollten sich möglichst nahe an dem zu schützenden Gerät befinden. In **Tabelle 1** sind die Daten eines typischen Bausteins dargestellt.

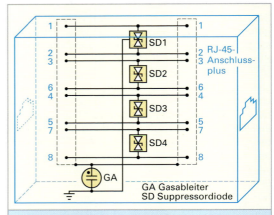

Bild 3: Netzwerkschutzstecker

Allgemeine Richtlinien zum Überspannungsschutz:
- Der Überspannungsschutz muss an allen Stellen eingesetzt werden, wo Überspannungen auftreten können,
- alle Schutzkomponenten müssen eine gemeinsame Erdung haben,
- die Erdung muss niederohmig sein,
- es dürfen keine Erdschleifen auftreten und
- Starkstromkabel dürfen nicht im selben Schacht wie Datenkabel verlegt werden. Es ist ein Abstand von mindestens 25 cm vorzusehen.

Tabelle 1: Daten eines Netzwerkschutzstecker

Anwendung	Ethernet, 100baseT-UTP
Nennspannung	6 V
Max. Betriebsspannung	8 V / 5,7 V
C2 Nennstromableitung	300 A
Anschlüsse	RJ45
Verdrahtung	4 Doppeladern
Montage	Zwischenstecker

6.2.2.2 Sichere Stromversorgung

Für EDV-Anlagen ist eine sichere elektrische Stromversorgung hoher Qualität die wichtigste Grundlage für einen sicheren Betrieb. Mögliche Störungen sind in **Tabelle 1** dargestellt.

Mögliche Probleme:
- **Stromausfall.** Stromausfälle werden in 2 Kategorien eingeteilt: Über 5 Minuten Dauer und unter 5 Minuten Dauer. Ursache ist oft ein Blitzeinschlag oder Schalthandlungen im Spannungsnetz.
- **Spannungseinbruch und Unterspannungen.** Bei Überlastung des Netzes können Spannungen unter die zulässigen Grenzen sinken. Oft dauert dies nur einige Millisekunden und die Schaltnetzteile können dies nicht ausgleichen.
- **Spannungsspitzen.** Spannungsspitzen können den Nominalwert oft um einige hundert Volt übertreffen. Diese Effekte treten z. B. auf bei Blitzschlag oder beim Abschalten induktiver Verbraucher. Die empfindliche Elektronik kann dadurch zerstört oder beschädigt werden.
- **Überspannungen.** Überspannungen können auftreten, wenn das Netz eine Unterbelastung erfährt. Diese Überspannungen können zur Sättigung von magnetischen Bauelementen führen und damit zu einer erhöhten Stromaufnahme und in dieser Folge zum Überhitzen von Bauelementen.
- **Schaltspannungsspitzen.** Schaltspannungsspitzen treten beim Ein- und Ausschalten von großen Verbrauchern in deren unmittelbarer Nähe auf. Dies kann zu unkontrolliertem Verhalten der Elektronik führen, was sich beispielsweise im „Einfrieren" eines Computers äußert.
- **Frequenzschwankungen.** Frequenzschwankungen können bei Netzteilen zu Fehlfunktionen und zu Überhitzungen führen. Verursacher dieser Frequenzschwankungen sind z. B. Notstromaggregate und Stromerzeuger, welche in das Netz einspeisen.
- **Harmonische Oberschwingungen.** Harmonische Oberschwingungen treten mit einem Vielfachen der Netzfrequenz auf und werden z. B. durch getaktete Netzteile erzeugt. Bei Motoren kann dies zu Erwärmung und kürzeren Standzeiten führen. An elektronischen Komponenten können Störungen auftreten.

Tabelle 1: Ursachen von Spannungsstörungen

Harmonische Oberschwingungen	
Schaltspitzen	
Frequenzabweichungen	
Leitungsrauschen	
Überspannungen	
Spannungseinbruch und Unterspannungen	
Spannungsspitzen	

Unterbrechungsfreie Stromversorgung (USV)

Es gibt hier mehrere Möglichkeiten. Am einfachsten ist eine **Offline-USV** (**Bild 1**). Die angeschlossenen Verbraucher beziehen den Strom aus dem Netz. Erst bei Stromausfall wird innerhalb von 5 bis 10 ms der Strom aus den Batterien bezogen. Sonstige Störungen im Netz werden nicht ausgeglichen.

Ein perfekte Absicherung bietet eine **Online-USV** (**Bild 2**), Hier handelt es sich um einen Dauerwandler. Es ist ein Umformer, welcher permanent eine gefilterte und geregelte Spannung liefert und somit alle Störungen beseitigt.

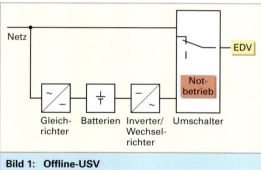

Bild 1: Offline-USV

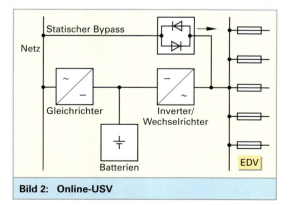

Bild 2: Online-USV

In **Tabelle 1**, ist dargestellt wie die notwendige Größe eines USV-Gerätes ermittelt wird. USV-Geräte sind oft modular aufgebaut. In einem Modul ist der Wechselrichter untergebracht und im anderen Modul das Batteriepaket. Es können bei Bedarf mehrere Batteriemodule angebaut werden. Der Wechselrichter bewirkt eine vollständige Entkoppelung der Last von der Energieversorgung. Es wird am Ausgang eine konstante Spannung und Frequenz zur Verfügung gestellt. Eine wichtige Funktion ist die automatische Datensicherung und ein geordnetes Herunterfahren des Gesamtsystems im Falle eines Stromausfalls. Es werden während des Arbeitens zeitgesteuert Test-routinen gefahren und mit protokolliert, so dass der Zustand der Anlage dokumentiert ist.

Die Zeitspanne, in der eine USV die autonome Stromversorgung der angeschlossenen Geräte aufrechterhalten kann, hängt von der Leistungsaufnahme sowie der Kapazität des Batteriemoduls ab. Es können mehrere Batteriemodule angeschlossen werden, so dass ein sicheres Herunterfahren des Systems gewährleistet ist.

Messen der Stromqualität

Die Qualität des Netzstromes ist in Normen festgelegt (**Tabelle 2**). Mit einem Netzanalysator können alle Messgrößen die im Bereich der Stromversorgung relevant sind, erfasst, dokumentiert und analysiert werden. Das in **Bild 1** gezeigte Gerät wird in das 3-Phasen Drehstromnetz eingeschaltet und erkennt automatisch die Messkonfiguration und die Stromkreisart. Mit einer übersichtlichen Menüführung kann der Anwender die Überwachungsart und die jeweiligen Grenzwerte festlegen. Die Daten werden auf Speicherkarten zur Auswertung abgelegt.

Bei der Auswertung nach EN 61000-4-30 werden die Daten z. B. als Balkendiagramm angezeigt. Man erkennt sofort an der roten Farbe, welcher Parameter nicht der Norm entspricht (**Bild 2**). Ergänzend können mit einer Auswertungssoftware die Daten und Grenzwerte grafisch dargestellt werden (**Bild 3**).

Tabelle 2: Normen zur Netzqualität	
Versorgung	EN 50160
Grenzwerte für Verbraucher	EN 61000-3-2
Oberschwingungsströme	EN 61000-3-12
Spannungsänderungen ($I < 16$ A)	EN 61000-3-3
Prüf- und Messverfahren	EN 6100-4-7

© Gossen-Metrawatt

Bild 1: Netzanalysator

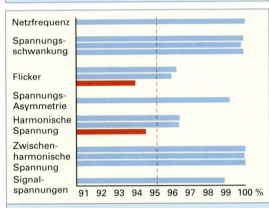

Bild 2: Statistik als Balkendiagramm

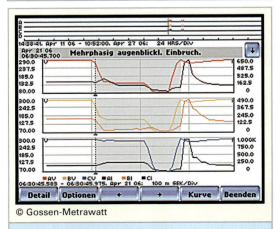

© Gossen-Metrawatt

Bild 3: Grafische Auswertung

Tabelle 1: Bestimmung der USV Größe				
USV-Lasten	Leistung in VA	Strom-Crest-Faktor	$\cos\varphi$	Einschaltstrom
PC, Server; Monitore; Drucker	4500	3	0,95 kap.	$1,5 \times I_n$
Klimageräte	3000	1,41	0,8 ind.	$6 \times I_n$
Beleuchtung	2000	1,41	0,9 ind.	$1 \times I_n$
Sonstiges	1500	2	1	$1 \times I_n$
Summe	**11000**	**2,14**	**0,95 ind.**	**2,57 × I_n**

6.3 Strukturierung eines IT-Sicherheitsmanagements

Das Managementsystem für Informationssicherheit (**ISMS**, von engl. Information Security Management System) hat als Aufgabe die Informationssicherheit in einem Unternehmen zu gewährleisten und fortlaufend zu verbessern. Ähnlich wie andere Managementsysteme ist das ISMS gegliedert in:

- Managementgrundsätze (**Bild 1**),
- Ressourcen,
- Mitarbeiter,
- Sicherheitsprozess, mit Leitlinie, Strategie, Dokumentation und Organisation.

Wie andere Prozesse auch ist der Sicherheitsprozess Veränderungen unterworfen und kann mit dem Deming-Kreis bzw. dem PDCA-Kreis (von engl. Plan-Do-Check-Act = Planen → Umsetzen → Überprüfen → Verbessern) deutlich gemacht werden (**Bild 2**).

Zu den Managementgrundsätzen gehört:

1. Die oberste Leitungsebene trägt die Gesamtverantwortung der Informationssicherheit. Die Führungskräfte bekennen sich zu dieser Verantwortung und machen den Mitarbeitern die Bedeutung der Informationssicherheit klar.
2. Die Informationssicherheit ist integraler Bestandteil aller Geschäftsprozesse, so sind z. B. neben Einkauf, Produktion, Verkauf und Buchhaltung auch die Bereiche Entwicklung, Forschung und Ausbildung einzubeziehen.
3. Die oberste Managementebene initiiert, steuert und überwacht den Sicherheitsprozess, insbesondere obliegt ihr:
   - Die Verabschiedung der Sicherheitsziele und der Sicherheitsstrategie,
   - Die Untersuchung der Sicherheitsrisiken auf die Geschäftstätigkeit,
   - Die Schaffung der organisatorischen Rahmenbedingungen,
   - Die Bereitstellung der finanziellen, personellen und räumlichen Ressourcen,
   - Die Überprüfung der Zielerreichung und die Schwachstellenanalyse,
   - Die Sensibilisierung und Schulung der Mitarbeiter hinsichtlich der Informationssicherheit.

[1] *William Edwards Deming* (1900 bis 1993), amerikanischer Wirtschaftswissenschaftler

Bild 1: **Managementgrundsätze zur Informationssicherheit**

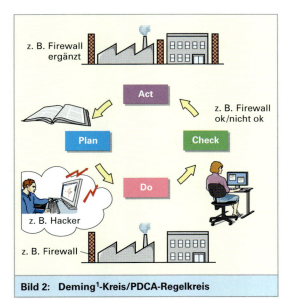

Bild 2: **Deming[1]-Kreis/PDCA-Regelkreis**

Erstunterweisung bei Neueinstellungen

Neueingestellte werden am besten durch den IT-Sicherheitsbeauftragten in die IT-Sicherheitsvorgaben eingewiesen. Hierzu werden dem Neuling alle relevanten Vorgaben schriftlich ausgehändigt und mündlich, am besten an seinem Arbeitsplatz, erläutert und gegebenenfalls durch Vormachen der einzelnen Vorgänge gezeigt. Nach Klärung aller Fragen überzeugt sich der IT-Sicherheitsbeauftragte, dass der Neuling alles verstanden hat, z. B. dadurch, dass er von diesem die Vorgaben repetieren bzw. mit eigenen Worten beschreiben lässt.

Die Unterweisung ist mit Datum und der Unterschrift des Neuen zu dokumentieren und in dessen Personalakte aufzubewahren.

Planung und Konzeption. Das Sicherheitskonzept wird für jeden Geschäftsprozess analysiert und es wird festgelegt, im Benehmen mit den in diesem Geschäftsprozess Verantwortlichen, wie kritisch, d. h. wie schutzbedürftig die Informationen sind.

So wird z. B. für den *Geschäftsbereich Fertigung* der Produktionsleiter darstellen, wie „seine Maschinen" vernetzt sind, wo und wie sicher die Maschinenstammdaten archiviert sind, auf welche Bereiche die Maschinenbediener Zugriff haben, auf welche Bereiche die Wartung und der Service Zugang haben und wie werkfremde Serviceleistungen sicher abgewickelt werden.

Er wird darstellen wie Prozessdaten, welche wesentliches Know-How sind, sicher gespeichert und nicht ausgespäht werden können und in welcher Weise er die Mitarbeiter, für die diese Daten alltäglich sind, sensibilisiert.

Die Ergebnisse der Sicherheitskonzeption wird dokumentiert und zwar unter Bezug auf die Aspekte: *Vertraulichkeit*, *Integrität* und *Verfügbarkeit* mit den Gefährdungsattributen *normal*, *hoch* oder *sehr hoch*.

IT-Sicherheitsleitlinie. Eine knapp gefasste, schriftlich formulierte Leitlinie mit Darstellung des Geltungsbereichs, der Sicherheitsorganisation, der Sicherheitsziele und der Sicherheitsstrategie wird für jeden Geschäftsprozess erstellt, mit der obersten Leitung abgestimmt und von dieser in Kraft gesetzt und bekannt gegeben. Die Leitlinie wird in regelmäßigen Zeitabständen, z. B. jährlich überprüft.

IT-Sicherheits-Organisation. Abhängig von der Unternehmensgröße ist die Sicherheitsorganisation einzurichten. **Bild 1** zeigt die Struktur für mittlere und kleine Unternehmen. Hier sind z. B. IT-Beauftragter, IT-Sicherheitsbeauftragter und Datenschutzbeauftragter in einer Person zusammengefasst.

Die Maßnahmen sind:
- Benennung der IT-Ansprechpartner für die einzelnen Geschäftsprozesse,
- Einschätzung der Wertigkeit der Informationen innerhalb der einzelnen Geschäftsprozesse,
- Sicherheitsziele der einzelnen Geschäftsprozesse,
- Abstimmung des Konzepts mit der Geschäftsleitung.

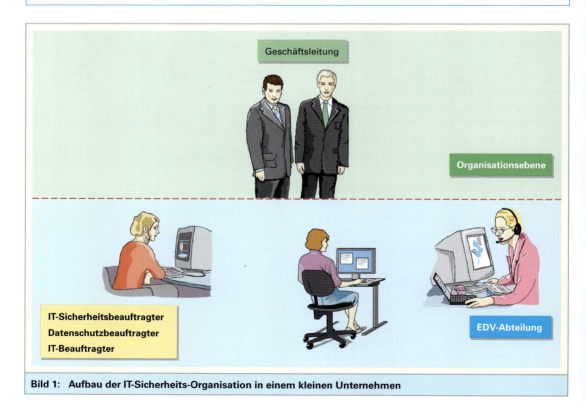

Bild 1: Aufbau der IT-Sicherheits-Organisation in einem kleinen Unternehmen

6.3 Strukturierung eines IT-Sicherheitsmanagements

Entsprechend erweitert wird die Sicherheitsorganisation für einen Unternehmenskonzern (**Bild 1**).

IT-Sicherheitsbeauftragter. Der IT-Sicherheitsbeauftragte hat die Aufgaben:

- Steuern des Sicherheitsprozesses,
- Unterstützung der obersten Leitung in allen Fragen zur IT-Sicherheit: technisch, strategisch, konzeptionell,
- Koordination der Sicherheitsprojekte und der Sicherheitsschulungen,
- Untersuchung und Dokumentation der IT-Sicherheitsvorfälle.

Datenschutzbeauftragter. Der Datenschutzbeauftragte nimmt die vom Gesetzgeber vorgegebenen Datenschutzaufgaben leitend, steuernd, und überwachend wahr. Er hat fundierte technische, organisatorische und rechtliche Kenntnisse. Er arbeitet eng mit dem IT-Sicherheitsbeauftragten zusammen oder ist bei kleinen Unternehmen mit diesem personengleich.

Keinesfalls sollte der Datenschutzbauftragte aber auch der Rechenzentrumsleiter sein, da in diesem Fall Interessenskonflikte wahrscheinlich sind.

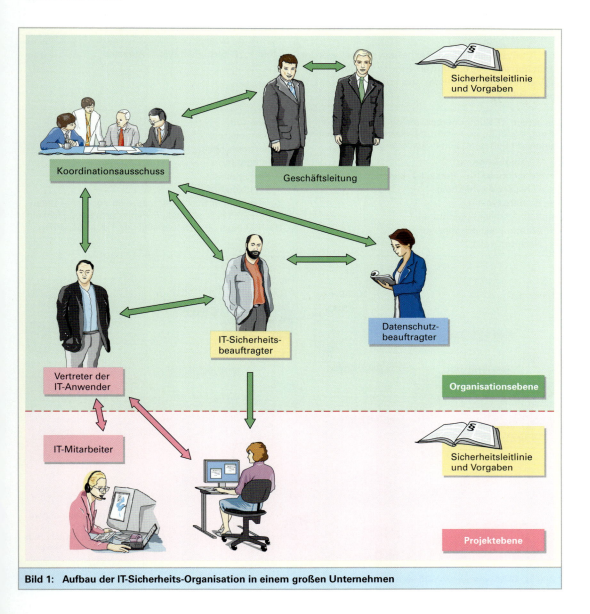

Bild 1: Aufbau der IT-Sicherheits-Organisation in einem großen Unternehmen

IT-Sicherheitsressourcen

IT-Sicherheitstechnik bewahrt oder reduziert finanzielle Schäden und Imageverluste ist aber ohne Aufwand nicht zu bewerkstelligen. Dieser Aufwand nimmt mit Annäherungen an die 100%-Sicherheit exponentiell zu (**Bild 1**). So ist der Sicherheitsaufwand dem sonstigen betrieblichen Aufwand angemessen zu halten. Organisatorisch ist zu klären, inwieweit eine Auslagerung des Sicherheitsaufwandes auf externe Ressourcen sinnvoll ist. Für externe Ressourcen spricht die dadurch zwangsläufige Präzisierung der Sicherheitsmaßnahmen, die Sicherheit der Maßnahmenausführung und die Klarheit über die Sicherheitskosten.

IT-Struktur

Zur Analyse des IT-Sicherheitssystems werden zunächst alle IT-relevanten Einrichtungen mit ihrer Vernetzung aufgelistet und aufgezeichnet, z. B. wie in **Bild 2**.

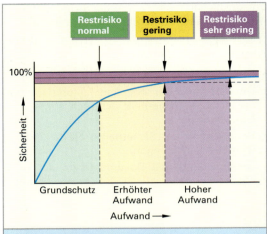

Bild 1: IT-Sicherheit und IT-Aufwand

In einem IT-Komponentenkatalog stellt man die IT-Komponenten am besten tabellarisch dar (**Tabelle 1, folgende Seite**) mit einer Gliederung nach:

- Kurzbezeichnung,
- Benennung, Typ, Hersteller, Lieferant
- Funktion, Anwendung
- Betriebssystem,
- Schnittstellen, Datenraten
- Kommunikationsadressen,
- Netzprotokolle,

- Standort,
- Administrator,
- Vertraulichkeit,
- Integrität,
- Verfügbarkeit,
- Schutzbedarf.

Zum schnellen Suchen ist natürlich auch eine Datenbank hilfreich. Ein Katalog in Papierform ermöglicht ein Nachschlagen auch bei Ausfall der IT-Komponenten.

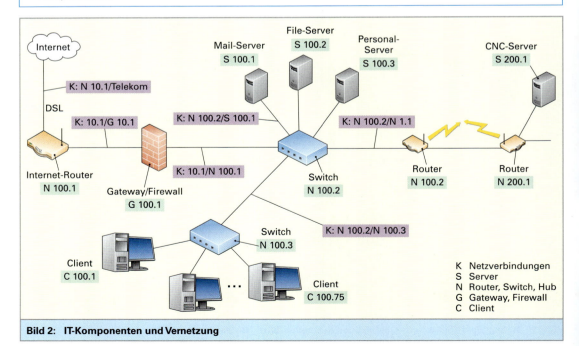

Bild 2: IT-Komponenten und Vernetzung

6.3 Strukturierung eines IT-Sicherheitsmanagements

Tabelle 1: IT-Komponentenkatalog (Ausschnitt)

Kurz-bezeich-nung	Benen-nung	Funk-tion, Anwen-dung	Betriebs-system	Schnitt-stellen	Kommuni-kations-adresse	Netz-pro-tokoll	Stand-ort	Admini-strator	Ver-trau-lichkeit	Inte-grität	Verfüg-barkeit
S 200.3	Server CNC	CNC-Fräs-progr.	Win-dows-Server	Ether-net V.24 USB	CNC-F1.1 CNC-V1.1, 1.2 CNC-U1.1 ... 1.3	TC/IP LSV2 Standard	Ferti-gung, Fräserei	Müller27	normal	normal	hoch

Checklisten

1. Verstöße gegen Gesetze, Vorschriften, Verträge
- Erfordern Gesetze die Vertraulichkeit von Daten?
- Ist mit Strafverfolgung oder mit Regressansprüchen zu rechnen bei Veröffentlichung vertraulicher Daten?
- Sind Verträge abgeschlossen, die Vertraulichkeit beinhalten?
- Erfordern Gesetze die Integrität bestimmter Daten?
- Welche Konsequenzen erwachsen bei Verletzung der Integrität?
- Wird bei Ausfall von IT-Komponenten gegen Gesetze verstoßen?
- Gibt es vertragliche Regelungen zu bestimmten IT-dienstleistungen?

2. Missbrauch personenbezogener Daten
- Welche Schäden können für Personen entstehen, wenn deren Daten nicht vertraulich bleiben?
- Werden personenbezogene Daten für unzulässige Zwecke verarbeitet?
- Welche Schäden können durch Verfälschen, absichtlich oder unabsichtlich entstehen?
- Wie und wann könnte der Verlust an Integrität personenbezogener Daten auffallen?
- Können personenbezogene Daten durch Störung der Datenübertragung, durch Verschlüsselung oder Speicherung verloren gehen oder verfälscht werden?

3. Persönliche Unversehrtheit
- Können Fehlleistungen oder Ausfälle von IT-Systemen Lebensgefahren verursachen, z. B. bei medizinischen Diagnosesystemen, Luftraumüberwachungssystemen, Verkehrssystemen, Rettungsleitsystemen?
- Können Menschen durch manipulierte Daten in Gefahr kommen?

4. Beeinträchtigung der Aufgabenerfüllung
- Können Fristen versäumt werden?
- Können bei Produkten falsche Abmessungen entstehen?
- Können falsche Mengen produziert werden?
- Können Waren oder Nachrichten an falsche Adressen gelangen?
- Wie und wodurch und durch wen können verfälschte Daten erkannt werden?
- Wird bei Ausfall einzelner Komponenten die Aufgabenerfüllung insgesamt in Frage gestellt?

5. Negative Imagewirkungen
- Welche Konsequenzen hat der Verlust an Vertraulichkeit, oder an Integrität oder an Verfügbarkeit für das Unternehmen in Bezug auf Image, Wettbewerbsposition, Ansehen und Motivation bei Mitarbeitern?

6. Finanzielle Schäden
- Welche finanziellen Auswirkungen kann eine Veröffentlichung vertraulicher Daten nachsichziehen?
- Was könnten manipulierte Daten in der Buchhaltung für Schäden verursachen?
- Was würde passieren, wenn der Server für e-Commerce ausfiele, kalkuliert nach Stunden und Tage?
- Könnten gefälschte Daten maßgebliche betriebliche Entscheidungen beeinflussen?

6.4 IT-Notfallmanagement

6.4.1 Notfallmanagementprozess

Nichtreguläre Abläufe und Situationen

Ausmaß und Folgen nichtregulärer Abläufe und Situationen kennzeichnen die Begriffe:

Störung. Störungen sind irreguläre Ereignisse mit keinen oder geringen Schadensfolgen. Die Störungsbeseitigung ist übliches Tagesgeschäft des Service- oder Wartungspersonals. Ein Beispiel ist der Ausfall eines Laufwerks. Die Maßnahmen betreffen das Störungsmanagement.

Notfall. Der Notfall ist ein Schadensereignis mit erheblicher Beeinträchtigung des Geschäftsbetriebs. Es entstehen sehr hohe Schäden. Geschäftsverpflichtungen können nicht eingehalten werden, z. B. Verträge können nicht erfüllt werden. Notfälle erfordern gesonderte Maßnahmen, die durch das Notfallmanagement geregelt sind. Ein Beispiel ist der Datendiebstahl von Kreditkartendaten (November 2009 in Spanien) mit der Folge, dass hunderttausende Kreditkarten europaweit für Missbrauch gefährdet waren und ersetzt werden mussten (**Bild 1**). Die Notfallmaßnahmen erfordern ein umgehendes Eingreifen der Geschäftsleitung. Im vorgenannten Fall haben sich die Banken, gegenseitig abgestimmt verhalten.

Krise und Katastrophe sind weitere Steigerungsformen der Notfälle, allerdings mit Auswirkungen, die über den Rahmen einer einzelnen Institution hinausreichen. Beispiele aus anderen Bereichen sind: Finanzkrise, Hochwasserkatastrophe. Die Bewältigung erfordert meist staatliche Maßnahmen.

Sechs Phasen im Notfallmanagement-Prozess

Der Notfallmanagement-Prozess umfasst die Phasen:

1. Initiierung,
2. Konzeption,
3. Umsetzung,
4. Bewältigung,
5. Übungen,
6. kontinuierliche Verbesserung.

Die Leitungsebene, i. A. also die Geschäftsleitung erstellt die Rahmenbedingungen und formuliert diese in einer Leitlinie. Darauf abgestimmt sind die Verantwortlichkeiten festzulegen und die betroffenen Mitarbeiter auf ihre Aufgaben vorzubereiten bzw. zu schulen.

Die schnelle und effiziente Handlungsfähigkeit in einem Notfall hängt maßgeblich von der Sicherheit und Zuverlässigkeit der den Notfall beschreibenden Dokumente ab. Es ist eine Risikoabschätzung vorzunehmen.

Im oben genannten Beispiel des Kreditkarten-Datendiebstahls war zu klären:

- Wie können Diebe diese Daten missbrauchen?
- Wie und wer wird möglicherweise geschädigt?
- Welche Abhilfemaßnahmen sind erforderlich und welche Kosten sind damit verbunden?

Bild 1: Datendiebstahl[1]

Bild 2: Phasen des Notfallmanagements

---
[1] Meldung in der Frankfurter Allgemeinen Sonntagszeitung vom 22.11.2009

6.4.2 Initiierungen in der Notfallsituation

Verantwortung

Die ersten Aufgaben in einer Notfallsituation sind die Übernahme der Verantwortung durch die Geschäftsleitung bzw. oberste Leitungsebene und die Entwicklung von Leitaussagen zu dem Notfall. Ein Notfallbeauftragter wird sich um die Umsetzung der Maßnahmen zur Schadensbegrenzung kümmern.

> Bei einem Notfall müssen kurz gefasste Leitaussagen formuliert werden.

Konzeption und Planung

Ein Notfallmanagement mit definierten Aufgaben, Kompetenzen und dem Geltungsbereich, z. B. für welche Standorte, muss festgelegt und eingerichtet werden. Auch die finanziellen Ressourcen für das Notfallmanagement sind darzustellen. Die Abgrenzungen und die Schnittstellen zu den anderen Managementsystemen, wie z. B. IT-Management, Gebäudemanagement, Qualitätsmanagement sind zu klären. Die Zuständigkeiten sind eindeutig festzulegen und zu dokumentieren.

Alle relevanten Gesetze und Vorschriften müssen ermittelt und bereitgehalten werden. Neben gängigen Gesetzeswerken, wie z. B. das BGB (Bürgerliches Gesetzbuch) sind branchenspezifische Gesetze und Regelungen, wie z. B. das Arbeitsschutzgesetz, das Post- und Telekommunikationssicherheitsgesetz, die Gefahrstoffverordnung, die Betriebssicherheitsverordnung u. ä. auf aktuellem Stand bereitzuhalten.

Die Zielsetzungen im Notfall sind festzulegen, z. B.:

- Welche Notfallsituationen sind denkbar und welche Konsequenzen ergeben sich daraus?
- Welche Risiken können dabei aufkommen?
- Was ist das erste Ziel der Notfallmaßnahme?
- Welche Interessengruppen sind betroffen und in welcher Reihenfolge werden sie berücksichtigt, z. B. die Mitarbeiter, die Kunden, die Anteilseigner, die Lieferanten, die Versicherer.
- Steht der Fortbestand der Institution auf dem Spiel?

Organisatorische Maßnahmen

Das oberste Leitungsgremium initiiert die Notfallorganisation, z. B. mit folgenden Einheiten:

- **Notfallbeauftragter.** Er steuert alle Aktivitäten der Notfallvorsorge und kümmert sich um das gesamte Notfallmanagement.
- **Notfallkoordinatoren.** In großen global verteilten Unternehmen ergänzen die Notfallkoordinatoren die Arbeit des Notfallbeauftragten.

> Im Falle eines Notfalls wird das Notfallmanagement durch einen *ad hoc*[1] zu bildenden
> - Krisenstab und/oder
> - ein Krisenentscheidungsgremium
>
> ergänzt.

Die Aufgaben des Krisenstabs sind: Situation zu bewerten, Aktivitäten zur Notfall-Behebung oder Notfall-Begrenzung zu veranlassen, Öffentlichkeitsarbeit intern/extern zu regeln.

---

[1] lat. ad hoc = für dieses, im Sinne von:
1. [eigens] zu diesem Zweck [gebildet]
2. aus dem Augenblick heraus [gemacht]

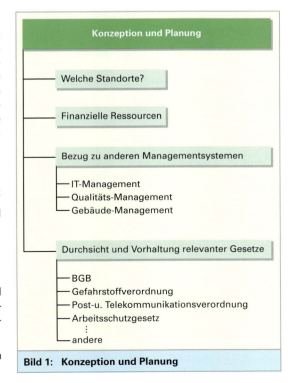

Bild 1: Konzeption und Planung

6.4.3 Kritische Geschäftsprozesse, Risikoanalyse und Strategien

6.4.3.1 Business-Impact-Analyse[1] (BIA)

Die Business Impact Analyse (Betriebsunterbrechungsanalyse) liefert die notwendigen Informationen über die kritischen Geschäftsprozesse und die kritischen Ressourcen. Diese kritischen Geschäftsprozesse werden durch das Notfallmanagement besonders abgesichert. Kritisch sind solche Prozesse, die eine schnelle Wiederherstellung erfordern, damit die Schäden möglichst gering bleiben.

Hohe Schäden sind z. B.:

- Finanzielle Verluste,
- Verstöße gegen Gesetze und Verträge mit zu erwartenden Strafmaßnahmen,
- Imageschäden.

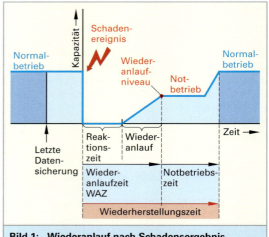

Bild 1: Wiederanlauf nach Schadensergebnis

Bild 2: Wiederanlaufzeit bei linearer Prozesskette

---

[1] engl. business = Geschäft, Tätigkeit, Gewerbe; engl. impact = Zasammenprall, Auftreffen, Wucht; Analyse = von griech. analysis = Auflösung: systematische Untersuchung eines Gegenstandes oder Sachverhalts

---

Sieben Schritte zur Durchführung einer BIA

Schritt 1: Feststellung der für das Notfallmanagement wichtigen Organisationseinheiten und der verantwortlichen Personen. *Man konzentriert sich auf das Wesentliche.*

Schritt 2: Analyse der voraussichtlichen Schäden, hinsichtlich deren Höhe und deren Verlauf. Bewertung einzelner Schäden. *Beachtung der direkten Schäden, z. B. Verluste durch Wiederherstellung und Beachtung indirekter Schäden, z. B. Verluste durch entgangene Aufträge.*

Schritt 3: Festlegung der Ausfallzeiten, der Wiederlaufzeiten und der Wiederanlaufpunkte einzelner Prozesse (**Bild 1**).

Schritt 4: Berücksichtigung von Prozessabhängigkeiten unter Berücksichtigung der Geschäftsziele. *Prozessabhängigkeiten stellt man in einem Abhängigkeitsgraph dar (**Bild 2**). Hierbei wird klar welche Prozessausgangsgrößen für Nachfolgeprozesse Eingangsgrößen sind. Z. B. können bei Datenverlust in der Konstruktion keine Fertigungsdaten erzeugt werden.*

Schritt 5: Setzen von Prioritäten für den Wiederanlauf. Prioritäten ergeben sich aus der Zielsetzung, die Schäden so gering wie möglich zu halten. *So muss man bei einem Zulieferbetrieb erst klären, wohin die schon fertigen Waren verschickt werden, ehe man die Bestellungen für das Rohteillager tätigt.*

Schritt 6: Ermittlung der verfügbaren Kapazitäten für einen Notbetrieb. Für die Ressource „Information" wird der maximal zulässige Datenverlust festgelegt. *Sind z. B. verloren gegangene Konstruktionsdaten nur durch Neuberechnung zu erzeugen, so sind die verfügbaren Konstrukteure für diese Aufgabe, unter Aussetzung der regulären Tätigkeit, einzusetzen.*

Schritt 7: Ermittlung der Wiederanlaufzeiten und Feststellen wie sicher diese Prozesse wieder anlaufen können. *Der Wiederanlauf kann entsprechend der Prozessketten z. T. nur aufeinanderfolgend z. T. aber auch parallel erfolgen. Es ist dabei auch eine Frage der Ressourcen, z. B der verfügbaren Informatiker: Lässt man diese die einzelne Prozesse nacheinander in Gemeinschaftsarbeit wieder herstellen oder bearbeiten diese, auf sich alleingestellt, parallel die geschädigten Prozesse.*

6.4.3.2 Risikoanalyse

Die Risikoanalyse untersucht die möglichen Ursachen für IT-Gefahren in den Geschäftsprozessen und bewertet die darin enthaltenen Risiken. Zielsetzung ist dabei

- Risiken deutlich zu machen und diese zu formulieren,
- Strategien zur Risikominderung und zur Stärkung der Robustheit der Geschäftsprozesse zu entwickeln,
- Notfallpläne aufzustellen.

Ermittelt werden bei einer Risikoanalyse.

1. Die Eintrittswahrscheinlichkeit eines Schadens und
2. die Auswirkungen eines Schadens.

Die Auswirkungen werden klassifiziert nach: gering, mittel, hoch, sehr hoch.

Meist ist es nicht möglich alle Risiken darzustellen und für die Eintrittswahrscheinlichkeiten gibt es selten präzise Angaben. Klar ist, dass z. B. bei Geräten mechanisch bewegte Teile stets einem Verschleiß unterliegen und so eine beschränkte Lebensdauer haben. Beispiele sind Laufwerke, Stecker, Kabel in „fliegenden" Verdrahtungen.

Man unterscheidet bei den Risiken folgende Klassen:
- Höhere Gewalt
- Fehlhandlungen,
- technisches Versagen,
- vorsätzliche Handlungen, mit

Beispiel:
Es ist stets mit einem Ausfall des Servers bzw. dessen Laufwerken zu rechnen:

a) Durch mechanischen Verschleiß → 2. und 3. Laufwerk läuft mit gespiegelten Dateien mit und übernimmt im Fehlerfalle ohne Unterbrechung die Datenspeicherung.

b) Stromversorgungsmodul versagt → ein unterbrechungsfreies Ersatzstromversorgungsmodul mit Batteriepufferung übernimmt die Stromversorgung.

c) Energieversorgung ist gestört → ein Diesel-Stromgenerator startet selbsttätig.

d) Ein Brand zerstört das Laufwerk oder die Stromversorgung → die gespiegelten Ersatzgeräte befinden sich in einem getrennten Raum mit Brandschutztrennwand oder in einem getrennten Gebäude.

Wiederholung und Vertiefung
1. Was bedeutet die Abkürzung ISMS?
2. Wie ist das ISMS gegliedert?
3. Skizzieren Sie den *Deming*-Kreis zur IT-Sicherheit.
4. Welche organisatorischen Maßnahmen sind in kleinen Unternehmen zur IT-Sicherheit zu treffen?
5. Wie unterscheiden sich die Maßnahmen bei Konzernen?
6. Welche Daten sind in einem IT-Komponentenkatalog festzuhalten?
7. Nennen Sie die sechs Phasen im Notfallmanagement-Prozess.

Wahrscheinlichkeitsprognosen (**Bild 1**):
- unwahrscheinlich (alle 50 Jahre denkbar),
- möglich (innerhalb der nächsten Jahre),
- wahrscheinlich (jedes Jahr einmal),
- sehr wahrscheinlich (jede Woche).

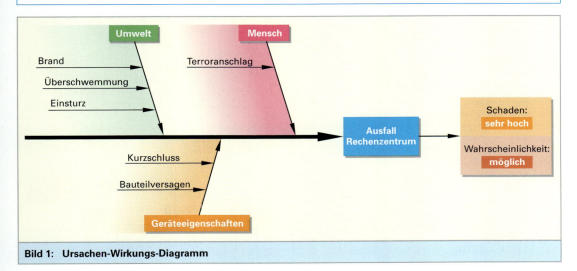

Bild 1: Ursachen-Wirkungs-Diagramm

6.4.3.3 Strategien

Es sind nun Strategien zur Geschäftsfortführung und zum Wiederanlauf zu entwickeln. Hierfür gibt es meist mehrere Wege. Diese werden sich in den Kosten (**Bild 1**), dem Zeitbedarf und der Zuverlässigkeit unterscheiden.

Man kann meist unterscheiden zwischen:
a) **Minimallösung.** Nur Prozesse mit hoher Kritikalität und Schadenspotenzial werden abgesichert. Die Kosten werden durch Versicherungen begrenzt. Es bleibt ein hohes Restrisiko.
b) **Kleine Lösung.** Prozesse hoher Priorität werden abgesichert. Die Gesamtkosten sind grob kalkulierbar. Die Risiken sind erheblich.
c) **Mittlere Lösung.** Die wichtigsten Prozesse werden abgesichert und zwar weitgehend mit betriebsinternen Maßnahmen.
d) **Umfassende Lösung.** Alle kritischen Prozesse werden betrachtet, unter Beachtung von allen Gesetzesvorgaben, Verträgen und unter Einbeziehung etwaigen Imageschadens. Die Maßnahmen sind teuer, das verbleibende Risiko ist gering.

Beispiel: Bevorratung oder Beschaffung von Ersatzkomponenten.

Lagerung. Kritische Komponenten und alle verschleißgefährdeten Komponenten werden meist bevorratet. Hier ist zu beachten, dass, entgegen den üblichen Lagerstätten, die Vorratslagerung von Ersatzkomponenten in hinreichend getrennten Räumen erfolgt, um so Sicherheit gegen Brand, Explosion, Versinken in Erdlöchern, Flugzeugabsturz u. ä. zu erreichen.

Beschaffung. Zur ersatzweisen Beschaffung ausgefallener Komponenten sollten Bestellunterlagen mit Leistungsbeschreibungen, Lieferzeiten und Lieferanten vorgehalten werden und laufend aktualisiert werden.

Notfallvereinbarungen mit Lieferanten. Für Notfälle können häufig Sonderlieferbedingungen bei IT-Komponenten vertraglich vereinbart werden, z. B. Lieferung innerhalb 12 Stunden.

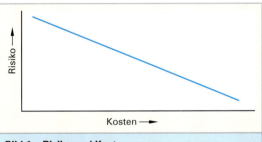

Bild 1: Risiko und Kosten

Beispiel: Redundante Standorte für kritische IT-Einrichtungen

Man unterscheidet zwischen *kalten*, *warmen* und *heißen* Standorten (Cold Site, Warm Site, Hot Site).

Kalter Standort. Kalte Standorte (**Bild 2**) sind Ausweichstandorte, im Wesentlichen sind das Räumlichkeiten mit den Grundvoraussetzungen zur Aufnahme von IT-Komponenten, z. B. mit passenden freien Flächen, geeigneten und gesicherten Zugängen, Energie-Installationen, gegf. mit Klimatisierung. Im Notfall können die erforderlichen IT-Komponenten dort aufgebaut und betrieben werden. Die Inbetriebnahmezeit beträgt wenige Tage.

Warmer Standort. Warme Standorte sind Ersatzstandorte mit vollständiger Ausstattung für einen Notbetrieb. Lediglich Softwarekonfigurationen und Dateien sind entsprechend den Gegebenheiten vor dem Notfalleintritt anzupassen. Die Inbetriebnahmezeit beträgt einige Stunden.

Heißer Standort. Ein heißer Standort ist ein Ausweichstandort mit vollständiger Infrastruktur, mit allen erforderlichen IT-Komponenten für den Notbetrieb und mit aktueller Datenbasis. Der heiße Standort kann im Notfall mit kleinstem Zeitverzug die Arbeit aufnehmen, evtl. durch Fernwirkung oder schneller Anreise des erforderlichen Personals.

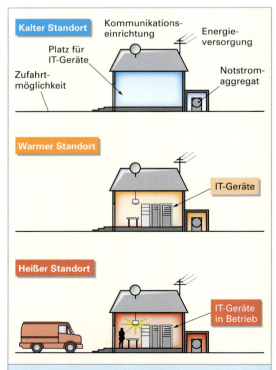

Bild 2: Kalter, warmer und heißer Standort

7 Notfallbewältigung und Krisenmanagement[1]

Meldung, Alarmierung

Die Meldung eines kritischen Ereignisses kann innerbetrieblich erfolgen durch Mitarbeiter oder automatisiert durch technische Meldesysteme, z. B. Störungsmelder, Rauchmelder, Einbruchmelder oder von außen durch Bürger, Kunden, Hilfsdienste.

Die Meldewege sind betrieblich festzulegen, so dass alle erst mal an *einer* Stelle zusammenlaufen. Diese Stelle, beim Kleinbetrieb ist es wohl der Geschäftsführer bzw. sein Stellvertreter, sonst ist es eine zentrale Meldestelle (**Bild 1**). Die Meldestelle muss rund um die Uhr und an jedem Wochentag erreichbar sein.

Werden die Meldungen von Personen abgegeben, so sind folgende Angaben erforderlich:

- Zeitpunkt, Ort und Art des Ereignisses,
- Angaben zur meldenden Person: Name, Adresse oder Telefonnummer,
- Handelt es sich vermutlich um Personenschäden oder (nur) Sachschäden,
- Vermutete Auswirkungen.

---

[1] „Krise" leitet sich aus griech. krínein = trennen bzw. scheiden ab und bedeutet *entscheidende Wendung* bzw. *Wendung zu einer gefährlichen Situation*. Einen Wendepunkt erkennt man allerdings oft erst, wenn die Krise überwunden ist.

Bei einem dauerhaft schlechten Verlauf spricht man von einer Katastrophe, von griech. *katá* = nieder und griech. *stréphein* = wenden, d. h. Wendung zum Niedergang.

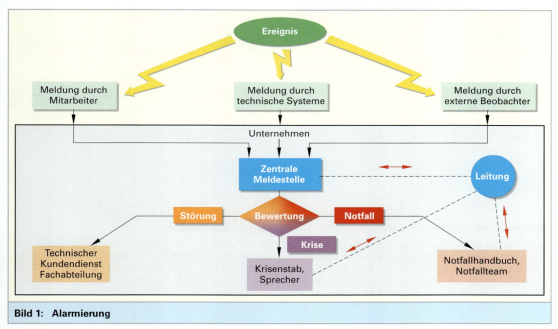

Bild 1: Alarmierung

Man unterscheidet folgende Alarm- und Eskalationsstufen:

1 (Grün)	→ Normalbetrieb	
2 (Gelb)	→ Störung	Ereignisse, die gemeldet, geprüft, dokumentiert und erforderlichenfalls behoben werden,
3 (Orange)	→ Voralarm	Ereignisse, die Gefahren abwehrende Maßnahmen erfordern, z. B. Löschen eines kleinen Brandes,
4 (Rot)	→ Notfall	Ereignisse, die den Geschäftsbetrieb stark beeinträchtigen,
5 (Rot)	→ Krise	Ereignisse, die eine übergeordnete Koordinierung (Krisenstab) erforderlich machen und die Existenz oder Leben gefährden,
6 (Rot)	→ Katastrophe	Großschadensereignis, das auch Handlungen der öffentlichen Verwaltung erfordert.

Die zentrale Meldestelle leitet gegebenenfalls Sofortmaßnahmen ein, z. B. Alarmierung von Rettungsdiensten, Feuerwehr, Polizei und/oder gibt eine Alarmierung an Mitarbeiter durch akustische/optische Signalisierung.

Sobald eine gewisse Störungs- bzw. Schadensschwelle überschritten wird, erfolgt eine Eskalation (Ausweitung) an die dafür Zuständigen.

Bei einer Eskalierung[1] zur Entscheidungsinstanz, legt diese fest welche Alarmstufe[2] bzw. Eskalationsstufe vorliegt und veranlasst alles Weitere, z. B. auch eine Herabstufung von *Notfall* in *Störung*.

Es ist festzulegen wie eine Alarmierung vorgenommen wird, z. B. sternförmig oder in einer Alarmierungskette.

Bei der Alarmierung ist zu dokumentieren:
- wer wurde alarmiert,
- wer hat alarmiert,
- wann wurde alarmiert,
- wer wurde tatsächlich erreicht und
- was hat der Alarmierte an Konsequenzen vermeldet.

Bild 1: Reihenfolge in der Krisenberichterstattung

---

[1] Eskalierung, Eskalation, fon franz. escalade = mit einer Leiter ersteigen: im übertragenen Sinne stufenweise steigern, sich ausweiten, an Intensität zunehmen; lat. scala = Leiter, Treppe

[2] Alarm von franz. à l'arme = an die Waffe, d. h. Signalisierung zur Bewaffnung bei einem Angriff

---

Einleitung von Sofortmaßnahmen

Sofortmaßnahmen sind stets bei Gefahren für Personen einzuleiten, z. B. Personenrettung, Evakuierung und bei Bränden durch Löschen. In einem Notfallplan ist festzuhalten: wer sind die Ersthelfer, Betriebssanitäter, Brandhelfer, Evakuierungshelfer. Diese werden zuerst alarmiert und handeln selbständig am Einsatzort. Für die Betriebe in einzelnen Branchen gibt es gesetzliche Vorgaben durch die Berufsgenossenschaften mit festgelegten Notfallmaßnahmen und Notfallhandbüchern.

Krisenbeurteilung

Der Krisenstab trifft eine Situationsbeurteilung:
- was kann im Weiteren noch geschehen,
- welche Auswirkungen sind zu erwarten,
- wie kann man zur Normalsituation zurückfinden.

Zur Krisenbewältigung werden Einzelmaßnahmen mit einer Zeitvorgabe formuliert und gegebenenfalls Abhilfemaßnahmen getroffen, um eine Folgekrise zu vermeiden.

Krisenkommunikation

Es sind „Sprachregelungen" im Umgang mit der Krise festzulegen und von allen Verantwortlichen einzuhalten. Dies ist erforderlich, damit nicht der Eindruck von Chaos entsteht. Die Zielgruppen der Krisenkommunikation sind:

1. Die unmittelbar Betroffenen: Management, Angehörige, Mitarbeiter,
2. Die mittelbar Betroffenen: Anwohner, Anteilseigner, Kunden, Behörden, Dienstleister,
3. Öffentlichkeit: Medien, Verbände.

Grundsätze der Krisenkommunikation

- Krisen werden stets öffentlich, insoweit ist es ratsam, die Öffentlichkeit frühzeitig zu informieren,
- Die gemachten Aussagen müssen wahr und prüffähig sein,
- Es sollten Fakten kommuniziert werden und gegebenenfalls persönliche Anteilnahme,
- Mutmaßungen sollten unterbleiben,
- Komplexe Ereignisse, wie z. B. „Computerabsturz" sollte allgemeinverständlich, vereinfacht aber nicht falsch dargestellt werden.

8 Glossar zu QM

Begriffe	Definition[1]	Erläuterung
Abweichungs-genehmigung	Vor der Realisierung eines Produktes erteilte Erlaubnis, von ursprünglich festgelegten Anforderungen abzuweichen.	Eine Abweichungsgenehmigung eines Produktes wird üblicherweise für eine begrenzte Menge und für einen bestimmten Gebrauch erteilt.
Anforderung	Erfordernis oder Erwartung, das oder die festgelegt, üblicherweise vorausgesetzt oder verpflichtend ist.	Anforderungen an ein Produkt müssen erfüllt werden. Es können Produkt-, Qualitäts- und Kundenanforderungen sein.
Anspruchsklasse	Kategorie oder Rang, die oder der den verschiedenen Qualitätsanforderungen an Produkte, Prozesse oder Systeme mit demselben funktionellen Gebrauch zugeordnet ist.	z. B. Hotelkategorie, 4 Sterne Hotel. Alle 4 Sterne Hotels haben den gleichen Standard und ähnlichen Komfort.
Arbeitsumgebung	Bedingungen, unter denen Arbeiten ausgeführt werden.	Die Arbeitsumgebung wird von Gesetzen, Vorschriften und Richtlinien beeinflusst.
Audit	Systematisch, unabhängiger und dokumentierter Prozess zur Erlangung von Audtnachweisen und zu deren objektiver Auswertung, um zu ermitteln, inwieweit Auditkriterien erfüllt sind.	Interne Audits: Innerhalb einer Organisation oder eines Bereiches mit eigenem Personal durchgeführtes Audit. Externes Audit: Der Auditor ist eine externe, unabhängige Person.
Auditauftraggeber	Organisation oder Person, die das Audit anfordert.	Ein Zertifizierungsaudit muss von der Geschäftsleitung beauftragt werden.
Auditfeststellung	Ergebnis der Beurteilung der zusammengestellten Auditnachweise gegen Auditkriterien.	Auditfeststellungen können entweder die Erfüllung, die Abweichung oder die Verbesserungsmöglichkeit aufzeigen.
Auditkriterien	Satz von Vorgehensweisen, Verfahren oder Anforderungen.	Auditkriterien werden als Grundlage verwendet und mit den Auditnachweisen verglichen.
Auditnachweis	Aufzeichnungen, oder andere Informationen, die für die Auditkriterien zutreffend und verifizierbar sind.	Dokumentiert die nachweisliche Erfüllung oder den Erfüllungsgrad von Anforderungen der Auditkriterien.
Auditor	Person mit den dargelegten persönlichen Eigenschaften und der Kompetenz, ein Audit durchzuführen.	Die Qualifikation zum Auditor kann man durch Weiterbildungsmaßnahmen erhalten.
Auditplan	Beschreibung der Tätigkeiten und Vorkehrungen für ein Audit.	Jedes Audit läuft nach einem Auditplan ab, zeitlich und inhaltlich.
Auditprogramm	Satz von einem oder mehreren Audits.	Ein Auditprogramm enthält alle Tätigkeiten, die mit der Art des Audits zusammenhängen.
Auditschlussforderung	Ergebnis eines Audits, welches das Auditteam nach Erwägung der Auditziele und aller Auditfeststellungen geliefert hat.	Bewertet das Auditergebnis und zeigt auf, wo Verbesserungen eingeleitet werden müssen.
Auditteam	Ein oder mehrere Auditoren, die ein Audit durchführen, nötigenfalls unterstützt durch Sachkundige.	Im Auditteam können auch auszubildende Auditoren mitwirken. Das Auditteam wird durch einen Leiter koordiniert.
Auditumfang	Ausmaß und Grenzen eines Audits.	Der Auditumfang beschreibt den Ort, die Organisationseinheit und die Prozesse, die auditiert werden.
Aufzeichnung	Dokument, das erreichte Ergebnisse angibt oder einen Nachweis ausgeführter Tätigkeiten bereitstellt.	Aufzeichnungen bedürfen üblicherweise nicht einer Überwachung durch die Revision.
Bewertung	Tätigkeit zur Ermittlung der Eignung, Angemessenheit und Wirksamkeit der Betrachtungseinheit, festgelegte Ziele zu erreichen.	Zur Bewertung werden alle verfügbaren Ergebnisse und Informationen herangezogen.
Dokument	Daten mit Bedeutung.	Dokumente können Aufzeichnungen, Spezifikationen, Verfahrensanweisungen, Zeichnungen, Berichte oder Normen sein.
Effizienz	Verhältnis zwischen dem erreichten Ergebnis und den eingesetzten Ressourcen.	Mit der Bewertung des Ergebnisses und der Gegenüberstellung der verwendeten Mittel kann die Effizienz gemessen werden.

---

[1] In Anlehnung an EN ISO 9000:2008

Begriffe	Definition	Erläuterung
Entwicklung	Satz von Prozessen, der Anforderungen in festgelegte Merkmale eines Produktes, eines Prozesses oder eines Systems umwandelt.	Das Ziel der Entwicklung kann in der Bezeichnung ausgedrückt werden, z. B. Produkt-, Prozess-, Verfahrensentwicklung.
Fähigkeit	Eignung einer Organisation, eines Systems oder Prozesses zum Realisieren eines Produktes.	Prozessfähigkeit kann mit Hilfe der Statistik nachgewiesen werden.
Fehler	Nichterfüllen einer Anforderung.	Fehler treten bei unsicheren Prozessen auf.
Freigabe	Erlaubnis, zur nächsten Stufe eines Prozesses überzugehen.	Freigaben werden innerbetrieblich von befugten Personen erteilt und verantwortet.
Funktionsbereich Metrologie	Funktionsbereich mit organisatorischer und technischer Verantwortung für die Festlegung und Verwirklichung des Messmanagementsystems.	Metrologie ist die Lehre von Maßen und Gewichten.
Infrastruktur	System von Einrichtung, Ausrüstung und Dienstleistung, das für den Betrieb einer Organisation erforderlich ist.	Die Infrastruktur eines produzierenden Unternehmens muss auf den Herstellungsprozess zugeschnitten sein.
Interessierte Partei	Personen oder Gruppen mit einem Interesse an der Leistung oder dem Erfolg einer Organisation.	Kunden, Geldgeber, Banken, Aktionäre, Partner, Gesellschaften, Vereinigungen.
Kompetenz	Dargelegte Eignung, Wissen und Fertigkeiten anzuwenden.	Von einem kompetenten Partner erwartet man Sachkenntnisse und Praxis in der Anwendung.
Kompetenz	Nachgewiesene persönliche Eigenschaft und nachgewiesene Eignung zur Anwendung von Wissen und Fähigkeiten.	Ein kompetenter Partner hat das Fachwissen und die Fähigkeit, sein Wissen anzuwenden und kann darüber Auskunft geben.
Konformität	Erfüllung einer Anforderung.	Die Konformitätsprüfung ermittelt die Vollständigkeit der erfüllten Anforderungen.
Korrektur	Maßnahme zur Beseitigung der Ursache eines erkannten Fehlers.	Für jeden aufgetretenen Fehler muss eine Korrekturmaßnahme eingeleitet werden.
Korrekturmaßnahme	Maßnahme zur Beseitigung der Ursache eines erkannten Fehlers.	Für jeden aufgetretenen Fehler muss eine Korrekturmaßnahme eingeleitet werden.
Kunde	Organisation oder Person, die ein Produkt oder eine Dienstleistung empfängt.	Die Behandlung des Kunden ist ein Qualitätsmerkmal.
Kundenzufriedenheit	Wahrnehmung des Kunden zu dem Grad, in dem die Anforderungen des Kunden erfüllt worden sind.	Kundenzufriedenheit wird durch die Erfüllung der vereinbarten und durch die Erfüllung der erwarteten, stillschweigenden Anforderungen erreicht.
Lieferant	Organisation oder Person, die ein Produkt bereitstellt.	Der Lieferant wird in die Prozesskette eines Unternehmens fest eingebunden.
Management	Aufeinander abgestimmte Tätigkeiten zum Leiten und Lenken einer Organisation.	Das Management ist eine Person oder eine Personengruppe mit Befugnis und Verantwortung für die Führung einer Organisation.
Managementsystem	System zum Festlegen von Politik und Zielen sowie zum Erreichen dieser Ziele.	Eine Organisation kann verschiedene Managementsysteme einschließen, z. B. Qualitäts-, Umwelt- und/oder Arbeitsschutzmanagementsystem.
Mangel	Nichterfüllen einer Anforderung in Bezug auf einen beabsichtigten oder festgelegten Gebrauch.	Die Unterscheidung zwischen den Begriffen Fehler und Mangel ist wegen ihrer rechtlichen Bedeutung wichtig, insbesondere im Zusammenhang mit der Produkthaftung.
Merkmal	Kennzeichnende Eigenschaften.	Ein Merkmal kann quantitative oder qualitative Eigenschaften haben.
Messmanagementsystem	Satz von in Wechselbeziehung oder Wechselwirkung stehenden Elementen, die zur metrologischen Bestätigung und zur ständigen Überwachung von Messprozessen erforderlich sind	Messeinrichtungen werden in einem Managementsystem gesteuert, zugeordnet, bereitgestellt, verwaltet, abgenommen, freigegeben und beschafft.
Messmittel	Messgeräte, Software, Messnormal, Referenzmaterial oder apparative Hilfsmittel, wie sie zur Realisierung eines Messprozesses erforderlich sind.	z. B. Messschieber, Bügelmessschraube, Innenmessgerät, Fühlhebelmessgerät, Messuhr, Messtaster, Messmaschine, Mikroskop, Kamera, Oberflächenmessgerät.
Messprozess	Satz von Tätigkeiten zur Ermittlung eines Größenwertes.	Ein Messprozess kann manuell oder automatisch, kontinuierlich oder einzeln ausgeführt werden.

8 Glossar

Begriffe	Definition	Erläuterung
Metrologische Bestätigung	Satz von notwendigen Tätigkeiten, um sicherzustellen, dass ein Messmittel die Anforderungen an seinen beabsichtigten Gebrauch erfüllt.	Die Anforderungen für den beabsichtigten Gebrauch enthalten Gesichtspunkte wie Messbereich, Auflösung, Grenzwerte für Messabweichungen.
Metrologisches Merkmal	Kennzeichnende Eigenschaft, die die Messergebnisse beeinflussen kann.	Ein Messmittel hat üblicherweise mehrere metrologische Merkmale.
Nacharbeit	Maßnahme an einem fehlerhaften Produkt, damit es die Anforderungen erfüllt.	Wenn Nacharbeit auftritt, sollte nach der Ursache gesucht werden, um sie abzustellen.
Neueinstufung	Änderung der Anspruchsklasse eines fehlerhaften Produkts, damit es eine abweichende Anforderung erfüllt, die von der ursprünglichen abweicht.	z. B. Neueinstufung in eine niedrigere Güteklasse oder Abstufung in die Klasse 2. Wahl.
Oberste Leitung	Person oder Personengruppen, die eine Organisation auf der obersten Ebene leitet.	z. B. Unternehmensleitung, Werkleitung, Geschäftsleitung, Geschäftsführer.
Objektiver Nachweis	Daten, welche die Existenz oder Wahrheit von etwas bestätigen.	Sie können durch Beobachtung, Messung, Test oder ähnliche Verfahren erbracht werden.
Organisation	Gruppe von Personen und Einrichtungen mit einem Gefüge von Verantwortung und Befugnissen.	z. B. Unternehmen, Geschäftsbereiche, Gesellschaften, Verwaltungen, Betriebe.
Organisationsstruktur	Gefüge von Verantwortungen, Befugnissen und Beziehungen zwischen Personen.	Die Organisationsstruktur kann grafisch in einem Organisationsdiagramm dargestellt werden.
Produkt	Ist das Ergebnis eines Prozesses.	Das Produkt wird durch eine Prozesskette, dem Gesamtprozess, erzeugt.
Produkt	Ergebnis eines Prozesses.	Es gibt vier Produktkategorien: Dienstleistungen, Soft-, Hardware, verfahrenstechnische Produkte (z. B. Öle).
Projekt	Einmaliger Prozess, der aus einem Satz von abgestimmten und gelenkten Tätigkeiten mit Anfangs- und Endterminen besteht, um ein Ziel zu erreichen.	Größere Projekte können strukturiert und in Einzelprojekte unterteilt werden, die durch die gleichen Kriterien gekennzeichnet sind.
Prozess	In Wechselwirkung stehende Tätigkeiten, Eingaben in Ergebnisse umzuwandeln.	Eingaben (Input) werden durch den Prozess in Ergebnisse (Output) umgewandelt.
Prüfung	Konformitätsbewertung durch Beobachten und Beurteilen, begleitet durch Messen, Testen oder Vergleichen.	Werden die vorgegebenen Anforderungen erfüllt?
Qualifizierungsprozess	Prozess zur Darlegung der Eignung, festgelegte Anforderungen zu erfüllen.	Qualifizierung von Personen, Produkten, Prozessen oder Systemen.
Qualität	Grad, in dem ein Satz inhärenter Merkmale Anforderungen erfüllt.	Qualität ist die Erfüllung geforderter und erwarteter Kundenansprüche.
Qualitätslenkung	Teil des Qualitätsmanagements, der auf die Erfüllung von Qualitätsanforderungen gerichtet ist.	Die Qualitätslenkung gibt Maßnahmen vor, die zur Erreichung der Qualitätsziele dienen.
Qualitätsmanagement	Aufeinander abgestimmte Tätigkeiten zum Leiten und Lenken einer Organisation bezüglich Qualität.	Das Qualitätsmanagement umfast das Festlegen der Q-Politik, der Q-Ziele, der Q-Planung und der Q-Verbesserung.
Qualitätsmanagement-Handbuch (QM-Handbuch)	Dokument, in dem das Qualitätsmanagementsystem einer Organisation festgelegt ist.	QM-Handbücher sollten sich in ihrem Detaillierungsgrad an die Größe der Organisation anpassen.
Qualitätsmanagementplan (QM-Plan)	Dokument, das festlegt, welche Verfahren und Ressourcen eingesetzt bzw. angewendet werden müssen.	QM-Pläne befassen sich meistens mit Qualitätsmanagementprozessen und Produktrealisierungsprozessen.
Qualitätsmanagementsystem QM-System	Managementsystem zum Leiten und Lenken einer Organisation bezüglich der Qualität.	QM-System zur Realisierung des vorausschauenden Qualitätsmanagements.
Qualitätsmerkmal	Inhärentes Merkmal eines Produkts, Prozesses oder Systems, das sich auf eine Anforderung bezieht.	Inhärent bedeutet „einer Einheit innewohnend", insbesondere als ständiges Merkmal.
Qualitätsplanung	Teil des Qualitätsmanagements, der auf das Festlegen der Qualitätsziele und der notwendigen Ausführungsprozesse gerichtet ist.	Die Qualitätsplanung legt die Vorgaben fest, an Hand derer die Prozessergebnisse bewertet werden können.

Begriffe	Definition	Erläuterung
Qualitätspolitik	Übergeordnete Absichten und Ausrichtung einer Organisation zur Qualität, formell ausgedrückt durch die oberste Leitung.	Eine Organisation legt mit ihrer Qualitätspolitik die Richtlinien für das Handeln aller Funktionsbereiche fest.
Qualitätssicherung	Teil des Qualitätsmanagements, der auf das Erzeugen von Vertrauen ausgerichtet ist, dass Qualitätsanforderungen erfüllt werden.	Der Begriff Qualitätssicherung ist im Laufe der Entwicklung des Qualitätsmanagements ein Unterbegriff geworden.
Qualitätsverbesserung	Teil des Qualitätsmanagements, der auf die Erhöhung der Eignung zur Erfüllung der Qualitätsforderungen gerichtet ist.	Verbesserung der Prozesse im Hinblick auf Wirksamkeit, Effizienz und Rückverfolgbarkeit.
Qualitätsziel	Etwas bezüglich der Qualität Angestrebtes oder zu Erreichendes.	Qualitätsziele beschreiben konkrete Vorgaben, die in einer bestimmten Zeit zu erreichen sind.
Reparatur	Maßnahme an einem fehlerhaften Produkt, um es für den beabsichtigten Gebrauch annehmbar zu machen.	Das reparierte Produkt muss ebenfalls alle Anforderungen eines fehlerfreien Produkts erfüllen.
Rückverfolgbarkeit	Möglichkeit, den Werdegang, die Verwendung oder den Ort des Betrachteten zu verfolgen.	Bei sicherheitskritischen Teilen kann eine Rückverfolgbarkeit bis zur Materialcharge gefordert werden.
Sachkundiger	Person, die spezielle Kenntnisse oder Fachwissen dem Auditteam zur Verfügung stellt.	Ein Sachkundiger handelt nicht als Auditor im Auditorenteam.
Sonderfreigabe	Erlaubnis, ein Produkt, das festgelegte Anforderungen nicht erfüllt, zu gebrauchen oder freizugeben.	In der Regel werden Sonderfreigaben mit dem Kunden abgestimmt und einvernehmlich freigegeben.
Spezifikation	Dokument, das Anforderungen festlegt.	z. B. Prozessspezifikation, Testspezifikation, Produktspezifikation, Abnahmespezifikation
Ständige Verbesserung	Wiederkehrende Tätigkeit zur Erhöhung der Eignung, Anforderungen zu erfüllen.	Das Finden von Verbesserungsmöglichkeiten um ein Ziel zu erreichen, ist ein ständiger Prozess.
System	Satz von in Wechselbeziehung oder in Wechselwirkung stehender Elemente.	Das System fasst einzelne Elemente aus einer Themengruppe zusammen.
Test	Ermitteln eines oder mehrerer Merkmale nach einem Verfahren.	z. B. Funktionstest, Klimatest, Korrosions-test, Sehtest, Verschleißtest, Belastungstest.
Validierung	Bestätigung durch Bereitstellung eines objektiven Nachweises, dass die Anforderungen für einen spezifischen beabsichtigten Gebrauch erfüllt worden sind.	Die Anwendungsbedingungen für die Validierung können echt simuliert werden.
Verfahren	Festgelegte Art und Weise, eine Tätigkeit oder einen Prozess auszuführen.	Herstellungs,- Produktions- und Fertigungsverfahren sind Bestandteile der Geschäftskompetenz.
Verifizierung	Bestätigung durch Bereitstellung eines objektiven Nachweises, dass festgelegte Anforderungen erfüllt worden sind.	Die Benennung „verifiziert" wird zur Bezeichnung des entsprechenden Status verwendet.
Verschrottung	Maßnahme an einem fehlerhaften Produkt, um dessen ursprünglichen Gebrauch auszuschließen.	Verschrottete und unbrauchbar gemachte Produkte können durchaus recycelt werden.
Vertrag	Bindende Vereinbarung.	In der Regel ein geschriebenes, unterschriebenes Dokument.
Vorbeugungsmaßnahme	Maßnahme zur Beseitigung der Ursache eines möglichen Fehlers.	Für jede mögliche Fehlerursache muss eine Vorbeugungsmaßnahme eingeleitet werden.
Wirksamkeit	Ausmaß, in dem geplante Tätigkeiten verwirklicht und geplante Ergebnisse erreicht werden.	Die Wirksamkeit eines Prozesses kann mit Hilfe einer Kennzahl bewertet werden.
Zuverlässigkeit	Ausdruck zur Beschreibung der Verfügbarkeit und ihrer Einflussfaktoren Funktionsfähigkeit und Instandhaltbarkeit.	Eine Messgröße für die Zuverlässigkeit ist die Zeitspanne zwischen zwei erkannten Fehlern.

Fachwörterbuch Deutsch – Englisch, Sachwortverzeichnis

100%-Prüfung, hundred percent inspection 17
3D-Scanner, 3D scanner, body scanner 210
7 Tools, 7 Tools 81
7M-Störgrößen, 7 perturbance variables 18

ABC-Analyse, ABC evaluation analysis 84
Abfall, waste 268
Abfallgesetz, waste law 271
AbfallRestübV, AbfallRestübV 251
AbfallVerbrV, AbfallVerbrV 251
Abfallvermeidung, waste avoidance 263
AbfG, AbfG 251
Abgasminimierung, exhaust minimization 263
Abnutzungsdiagramm, maintenance phase diagram 154
Abnutzungsvorrat, wear margin 154
Abraum, rubble 268
Abschlussbesprechung, final review 62
Abwasser, sewage 262, 268
Abweichungsgenehmigung, deviation permit 307
Aktionsliste, action list 54
Akustik, acoustics 220
Alarm, alarm 305
Albrecht Dürer, Albrecht Dürer 163
Alterungsausfall, wear-out failure 147
AltölV, AltölV 251
AMS, Arbeitsschutzmanagementsystem, AMS 257
Analyse, analysis 46
Anforderung, requirement 25, 307
Angebotserstellung, tender preparation 36
Anlage, virtuell, unit, virtual 156
Anlagensimulation, system simulation 157
Annahmeregelkarte, acceptance control chart 113
A-Normen, standards, cat. A 250
Anova-Methode, Anova method 123
Anspannung, stress 213
Anspruchsklasse, grade 307
Anthropometrie, anthropometry 163, 209
Arbeitsaufgabe, job 164
Arbeitsbelastung, workload 207
Arbeitsbereicherung, job enrichment 164
Arbeitsschutzmanagement, industrial safety 165
Arbeitserweiterung, job enlargement 164
Arbeitsgestaltung, job design 163, 165
Arbeitshaltung, willingness to work 32
Arbeitsmittelgestaltung, design of working means 164
Arbeitsorganisation, work management 7, 214
Arbeitspaket, work block 258
Arbeitsplatz, workplace 164
Arbeitsplatz-Zeichenschablone, work-drawing template 209
Arbeitsschutz, labor protection 163
Arbeitsschutzgesetz, industrial safety law 166
Arbeitsschutzhelm, industrial safety helmet 217
Arbeitsschutzmanagement, labor protection management 165, 257
Arbeitssicherheit, safety at work 257
Arbeitsumgebung, job context 32, 307
Arbeitsumsatz, work turnover 207
Arbeitsvorbereitung, work preparation 49
Arbeitszeit, working hours 164
Atemschutzmaske, protective mask 218
ätzend, corrosive 188
Audit, audit 26, 47, 63, 83, 307
Audit, extern, audit, external 64
Audit, First Party, audit, first party 64
Audit, intern, audit, internal 64
Audit, Second Party, audit, second party 64
Audit, Third Party, audit, third party 64
Auditarten, audit types 64
Auditauftraggeber, audit client 307
Auditbericht, audit report 63
Audit-Durchführung, implementation of an audit 263
Auditergebnis, audit result 63

Auditfeststellung, audit statement 63, 307
Auditkriterien, audit criteria 307
Auditleiter, lead auditor 83
Audit-Nachbearbeitung, audit review 263
Auditnachweis, audit evidence 307
Auditor, auditor 83, 307
Auditplan, audit plan 58, 307
Auditprogramm, audit program 307
Auditteam, audit team 307
Auditumfang, audit scope 307
Audtschlussfolgerung, audit conclusion 307
Auftragsdurchlauf, workflow 44
Auftretenswahrscheinlichkeit, probability of occurrence 94
Aufwand, amount 158
Aufzeichnung, record 307
Ausfall, failure 154
Ausfallverhalten, failure behavior 147
Ausrutschen, slip away 233
Ausschlussmöglichkeit, exclusion possibility 23
A-Zulieferer, supplier, cat. A 66

Backup-System, backup system 281
Balkendiagramm, bar chart 84
Bandscheibe, disk (intervertebral) 207
Barrierehöhe, barrier height 170
Basisanforderungen, basic requirements 11
Baugruppe, subassembly 158
Baumdiagramm, tree diagram 90
Bauteilermüdung, component fatigue 176
Bauteilprüfung, component testing 175
Bauteilversagen, component failure 175, 177
BDSG, BDSG 277
Beanspruchung, stress 207
Bediengeräte, operator panel 172
Bedienungspersonal, operator 222
Bedienungsplatz, control center 224
Befehlseinrichtung, control device 225
Befugnis, authority 29
Begeisterungsanforderungen, enthusiasm requirements 11
Bein-Enge, leg tight 169
Bekleidung, clothing 192
Belastung, stress 207
Belastungsbegrenzung, load limits 245
Beleuchtung, lightning 219, 224
Beleuchtungsstärke, light density 203
Bericht, report 62
Beschädigung, damage 43
Beschaffenheit, property 8
Beschaffung, procurement 40
Beschaffungsangaben, procurement specification 40
Beschaffungsdaten, procurement data 49
Beschaffungsprozess, process of procurement 40
Beteiligungsgruppe, interest group 164
BetrBeauftrV, BetrBeauftrV 251
Betriebsanleitung, instruction manual 236
Betriebskoeffizient, operating ratio 243
Beurteilungspegel, sound intensity evaluation level 195
Bewegung, unkontrolliert, motion, out of control 242
Bewegungsraum, movement area 212
Bewertung, rating 60
Bewertungspunkte, rating points 62
Bewertungsschema, rating scheme 62
Bewertungsschlüssel, rating code 60
Bewusstsein, awareness 31
Bezugsbeschleunigung, reference acceleration 195
BIA, BIA 302
Bilanzbewertung, balance rating 261
Bilanzierungsrahmen, balancing framework 265
Bildschirm, screen 220
Bildschirmdialog, screen dialog 220
BImSchG, BImSchG 251
BImSchV, BImSchV 251

Black Belt, Black Belt 77
Blendung, glare 204, 219
Blinken, flash 206
Blitzschlag, lightning 233
Blitzschutz, lightning protection 291
Bohrhammer, drilling hammer 198
Bootsektorvirus, boot sector virus 284
Brainstorming, brainstorming 19
Brand, fire 232, 242, 247
Brandbekämpfung, fire fighting 165
brandfördernd, fire-promote 188
Brandgefährdung, fire hazard 189
Brauchwasser, raw water 262
Breakthrough, breakthrough 75
Bundesdatenschutzgesetz, Federal Data Protection Act 277
Bundesgesetze, federal laws 251
Business-Impact-Analyse, business impact analysis 302
B-Zulieferer, supplier, cat. B 66

CE-Kennzeichnung, CE marking 235
CE-Zertifizierung, CE certification 200
Chiffriermaschine, encoding machine 288
C-Normen, standards, cat. C 250
Computerviren, computer virus 283
Condition-Monitoring, condition monitoring 159
CT, CT 202
CTQ, CTQ, Critical to Quality Characteristic 79

DAR, Deutscher Akkreditierungsrat, DAR 57
Datenanalyse, data analysis 49
Datenschutzbeauftragter, data protection representative 297
Datenschutzgesetz, Data Protection Act 277
Datensicherung, data backup 281
Dauerfestigkeit, fatigue 176
dB (A), dB (A) 194
dB (AF), dB (AF) 194
dB (AI), dB (AI) 194
dB (AS), dB (AS) 194
Debugger, debugger 286
DEKRA, DEKRA 51
Deming, W. E., Deming, W. E. 23, 68
Deming-Kreis, Deming-circle 23, 295
DGQ, Deutsche Gesellschaft für Qualität, DGQ 51
Diagramm, diagram 90
Diebstahl, theft 281
Dienstleistungsaudit, service audit 64
Dienstleistungserbringung, service delivery 42
Digitalisierung, digitization 276
DIN 31051, DIN 31051 145
DIN 3742, DIN 3742 195
DIN 45 630...649, DIN 45 630...649 195
DIN 55350, DIN 55350 11
DIN 66001, DIN 66001 81
DIN EN 1050, DIN EN 1050 249
DIN EN 292, DIN EN 292 249
DIN EN 60 204-1, DIN EN 60 204-1 249
DIN EN ISO 14001, DIN EN ISO 14001 52
DIN EN ISO 9000:2000, DIN EN ISO 9000:2000 20
DIN EN ISO 9001:2000, DIN EN ISO 9001:2000 51
DIN ISO 8402, DIN ISO 8402 13
Dispositionsfreiräume, disposition scope 164
Dokument, document 308
Dokumentation, documentation 54, 152
Dokumentationsanforderung, documentation requirement 24
Dokumentenprüfung, documentation inspection 56
Drahtbruchsicherheit, wire breakage safety 225

ECB S, ECB S 280
Ecken, corners 229
Effizienz, efficiency 308

EFQM, EFQM, European Foundation for Quality Management 69
Eigentum, ownership 43
Einfluss, influence 97
Eingabe/Ausgabe-Analyse, input-output analysis 260
Eingabe/Ausgabe-Bilanz, input-output balance 260
Eingabefeld, input panel 173
Eingangsprüfung, input inspection 15
Eingriffsgrenze, intervention limit 112, 113
Einlaufphase, initial break-in phase 154
Einzelhäufigkeit, single frequency 102
Elektrizität, statisch, electricity, static 232
Elektromagnetische Verträglichkeit, electromagnetic compatibility 185
Elektronik- Montage, electronic component assembly 184
Elektrostatische Aufladung, electrostatic charge 184
E-Mail-Sicherheit, e-mail security 289
EMAS, EMAS, Eco Management and Audit System 252, 257
Emission, emission 196, 233, 237, 242, 247, 263, 267
EMV, EMC 185
EN 207, EN 207 200
EN 50160, EN 50160 294
EN 60 825-1, EN 60 825-1 201
EN 61000, EN 61000 294
EN 954-1, EN 954-1 180
Endprüfung, final inspection 15, 48
Energieeffizienz, energy efficiency 270
Energieeinsatz, energy input 264
Energiemonitoring, energy monitoring 269
Energiequellen, energy source 262
Energiesparen, energy saving 262
Energieumsatz, energy throughput 207
Energiewertstrom-Methode, energy value of current method 269
Enge, tight 169
Engstellen, narrow pass 169
Entdeckungswahrscheinlichkeit, probability of detection 94
Entriegeln, unlock 227
Entwicklung, design and development 37, 308
Entwicklungsänderung, amendment of development terms 39
Entwicklungsauftrag, development request 38
Entwicklungsbewertung, development benchmark 38
Entwicklungsdaten, development data 49
Entwicklungseingaben, development inputs 37
Entwicklungsergebnisse, development results 38
Entwicklungsplanung, development planning 37
Entwicklungsvalidierung, development validation 39
Entwicklungsverifizierung, verification of development 38
EQA, EQA, European Quality Award 69
Erdung, protector ground 156
Erfolg, success 68
Ergebnisbewertung, benchmarking of operating results 30
Ergonomie, ergonomics 163, 171, 209, 220, 224
Ersatzteilliste, spare part list 158
Ersatznummer, spare part code 158
Erschütterung, vibration 198
Erzeugnis, product 90
EU-Maschinenrichtlinie, EU engine directive 221
EWG Nr. 1836/93, EWG Nr. 1836/93 53
Explosion, explosion 232
Explosionsgefährdung, explosion endangerment 189
explosionsgefährlich., explosion-dangerously 188

Fachaufsicht, specialized supervision 182
Fähigkeit, capability 18, 31, 117, 308,

Fahrersitz, driver seat 240
Fangstellen, entrapment 169
Fehlanwendung, misuse risk 222
Fehler, error 9, 48, 94, 180
Fehler, nonconformity 308
Fehlerart, fault type 85
Fehlerauswirkung, error result 94
Fehlerbaumanalyse, fault tree analysis 90
Fehlerbehebung, troubleshooting 13, 86
Fehlerdokumentation, error documentation 154
Fehlerentstehung, error emergence 13
Fehlerklasse, error class 9
Fehlerkosten, error expenses 13
Fehlersammelkarte, fault collection card 84, 85
Fehlerstromschalter, residual current device, RCD 181
Fehlersuche, trouble shooting 154, 157
Fehlerursache, failure cause 85
Fehlleistung, mistake 13
Ferndiagnose, remote diagnostics 150
Fernwartung, remote maintenance 150
Fertigung, fabrication 49
Festigkeit, strength 243, 247
Fingerabdruck, fingerprint 286
Finger-Enge, finger tight 169
First Party Audit, first party audit 64
Fließbandmontage, assembly line work 7
Flussdiagramm, flow chart 36, 83
FMEA, FMEA, Failure Mode and Effects Analysis 19, 81, 93, 153
Ford, H., Ford, H. 7
Forderungen, request 11
FpMM, Fehler pro Million Möglichkeiten, FpMM 79
Freigabe, release 308
Freiraum, free space 212
Freischalten, de-energizing 182
Freizeitumsatz, spare time metabolism 207
Frequenzschwankung, frequency variation 293
Frühausfall, early failure 147
Führung, management 72
Führungsfunktion, management function 71
Führungskraft, manager 71
Funktionsbereich Metrologie, metrological function 308
Fuß, foot 207
Fuß-Enge, narrow foot 169

Galton, F., Galton, F. 104
Gammastrahlung, gamma radiation 199
Ganzkörperschwingung, complete body oscillation 198
Gauß, K.-F., Gauß, K.-F. 74
GDPdU, GDPdU 277
Gebotszeichen, instruction flag 215
Gebrauchstauglichkeit, fitness for use 251
Gefährdung, risk 222, 279
Gefährdung, elektrische, hazard, electrical 181
Gefährdungen, hazards 174
Gefährdungsanalyse, endangerment analysis 165, 168
Gefahrenbereich, danger zone 222
Gefahrengruppe, risk group 174
Gefahrenhinweis, danger reference 187
Gefahrstoff, dangerous material 187
Gehörschützer, hearing protector 193, 218
Gelenke, joints 208
Genauigkeit, accuracy 120
Geräusch, noise 194
Geräuschemission, noise emission 220
Geschäftsprozess, business process 302
Gesetze, laws 251
Gestaltung, sicherheitsgerecht, design, safe manner 174
Gesundheitsanforderungen, health requirements 222
gesundheitsschädlich, injurious to health 188
Gesundheitsschutz, health protection 164, 251
Gesundheitswesen, public health service 257
GG, Grundgesetz, GG, Bonn basic law 251
Gießen, casting 190
giftig, toxic 188

Glockenkurve, bell-shaped curve 105
Glossar zu QM, glossary to QM 307
Greifarten, gripping types 172
Greifraum, grab space 212
Grenzwert, limit 9
Grenzwerte (Schall), limits (noise) 195
Griffe, handles, 172
Griffformen, handle forms 172
Grundgesamtheit, parent population 75, 107
Grundumsatz, basal metabolism 208
Gruppenarbeit, team work 164
Gurt, belt 246

Hammerschlag, stroke with a hammer 194
Hand-Enge, hand-tight 169
Handgelenk, wrist 198
Handhabung, handling 224
Handrad, handwheel 205
Handrad, reaktiv, handwheel, reactively 206
Handschutz, hand safety-guard 180
Hardware-Ergonomie, ergonomics of hardware 219
Hash-Wert, hash value 286
Häufigkeit, frequency 99
Hauptfehler, main error 9
Hauptkapitel, main chapter 21
Hebevorgänge, lifting operations 243
heiße Stoffe, hot materials 191
Hektik, hustle and bustle 213
Herzjagen, heart-hurt 213
HGB, Commercial Code 277
Hierarchieebenen, hierarchy levels 164
Hierarchiestufen, echelons of authority 77
Histogramm, histogram 99
Hoax, hoax 285
hochentzündlich, high-inflammatory 188
Höchstwert, maximum value 9
House of Quality, House of Quality 91

Immission, immission 196
Impuls, impulse 194
IMS, Integriertes Managementsystem, IMS 257
Inbetriebnahme, opening 155
Industriemodem, industrial modem 151
Infizierung, infection 283
Infrastruktur, infrastructure 32, 308
Ingangsetzen, starting 226
Innovation, innovation 144
Input, input 265
Inspektion, inspections 145, 152
Inspektionsplan, schedule of inspections 152
Instandhaltung, maintenance 145, 234
Instandhaltung, zustandsbedingt, maintenance, condition-life 159
Instandhaltungsmanagement, maintenance management 147
Instandhaltungsorganisation, maintenance management 147
Instandhaltungsstrategie, maintenance strategy 146
Instandsetzung, repair service 145, 154
Instandsetzungskosten, repair service costs 154
Integriertes Managementsystem, integrated management system 257
Integrität, integrity 276
interessierte Partei, interested party 308
Internet, internet 151
IP, International Protection 183
Ishikawa, K., Ishikawa, K. 89
Ishikawa-Diagramm, herring bone diagram 89
ISMS, ISMS 295
ISO 14001, ISO 14001 252
ISO 9001/9004, ISO 9001/9004 21
ISO 9001/9004, ISO 9001/9004 69
ISO/TS 16949, ISO/TS 16949 52
Isolationswirkung, isolation effect 192
Isolierung, isolation 181
Ist-Analyse, actual state analysis 261
IT-Sicherheitsmanagement, IT security management 275
IT-Sicherheitsressourcen, IT security resources 298

Fachwörterbuch Deutsch – Englisch, Sachwortverzeichnis

IT-Komponentenkatalog, IT components catalog 298
IT-Notfallmanagement, IT-emergency management 300
IT-Sicherheitsleitlinie, IT security policy 296
IT-Sicherheitsmanagement, IT Security Management 295
IT-Sicherheitsmanager, IT security managers 297
IT-Struktur, IT structure 298

Joystick, joy stick 205
JPEG-Datei, JPEG file 287

KAIZEN, KAIZEN 143
Kalibrierung, calibration 45
Kältearbeitsplatz, cool space job 192
Kano, N., Kano, N. 10
Kano-Modell, Kano model 10
Kanten, edges 229
Kapselung, encapsulation 197
Katastrophe, disaster 300
Kennzeichnung, marking 242
Kette, chain 244, 246
Klang, sound 194
Klassengrenze, class limit 99
Klassenweite, class interval 98
Klassenzahl, class number 98
Klassifizierung, classification 201
Klima, climate 192
Knall, shot 194
Kommunikation, communication 29
Kompetenz, competence 308
Konformität, conformity 308
Kontaktfläche, contact area 191
Kontaktgriff, contact control 172
Kontenrahmen, account system 260
Körper-Enge, body-tight 169
Körpergröße, body size 209
Körperhaltung, bearing 163
Körperhaltung, posture 210
Körpermaße, body measurements 210
Körperschall, structure-borne noise 195
Korrektur, correction 308
Korrekturmaßnahmen, corrective actions 25, 47, 50, 308
Korrosion, corrosion 154
Kosten, costs 68, 158
Kostensenkung, cost cutting 254
Kraftrückkopplung, force feedback 206
Kraftübertragung, force transmission 230
Kreislaufwirtschaft, cycle economy 271
Kreislaufwirtschaftsgesetz, cycle restaurant economics 271
Krise, crisis 300
Krisenkommunikation, crisis communications 306
Krisenmanagement, crisis management 305
Kunde, customer 35, 72, 308
Kundenforderung, customer claim 72
Kundenorientierung, customer orientation 10, 28, 67
Kundenwunsch, customer's need 91
Kundenzufriedenheit, customer satisfaction 46, 308
Kurzschließen, short circuiting 182
KVP, Kontinuierlicher Verbesserungsprozess, KVP 67, 75

LabfG, LabfG 251
Ladestelle, loading point 245
Lagerdaten, stock data 49
Landesgesetze, provincial laws 251
LandesImSchG, LandesImSchG 251
LandesWG, LandesWG 251
Lärm, noise 193, 232
Lärmimmission, noise immission 196
Lärmminderung, noise reduction 196
Laseranlage, laser related equipment 200
Laser-Gefahrenklasse, laser hazard category 201
Laserschutzbeauftragter, laser security engineer 200
Laserschutzbrille, laser protection glasses 340

Laserschutzmaßnahmen, protection against laser radiation 201
Laserstrahlung, laser radiation 200, 233
Last, load 243
Lastaufnahme, load handling 178, 244
Lastaufnahmemittel, lifting devices 246
Lastmanagementsystem, load management 270
Lastträger, load carrier 243, 245, 248
Laufkarte, job ticket 42, 61
Lebensdauerverlängerung, life cycle extension 159
Lebenszeit, life time 154
Lebenszyklus, life cycle 152
Leistungsanforderungen, performance requirements 11
Leistungsreifegrad, stage of performance maturity 61
Leitung, direction 28
Lenkung, guidance 25
Lenkung von Aufzeichnungen, recording guidance 27
Lenkung von Dokumenten, document guidance 27
Leuchtröhre, lighting tube 204
Licht, light 203
Lichtbogen, arc 181
Lichtfarbe, color of light 204
Licht-Managementsystem, sight management system 204
Lichtvorhang, light curtain 180
Lieferant, supplier 72, 308
Lieferanteneinstufung, supplier classification 66
Lieferantenkette, supplier chain 40
Lieferanten-Kundenverhältnis, supplier-customer relationship 72
Lieferantenqualität, supplier quality 48
Liefertermin, date of delivery 8
Logbuch, logbook 290
Luftfeuchtigkeit, air humidity 192
Luftgeschwindigkeit, air speed 192
Luftreinhaltung, air pollution control 263
Luftschallemission, emission of airborne noise 237
Lufttemperatur, air temperature. 192
Luftverbrauch, air consumption 266
Lux, lux 203

Magnesium, magnesium 190
Makrovirus, macro virus 284
Malware, malware 283
Management, management 19, 308
Managementbewertung, management rating 28, 30
Managementebene, top level 257
Managementsystem, management system 309
Mangel, defect 309
Maschine, machine 19
Maschine, tragbar, machine, portable 239
Maschinenbuch, machine log book 157
Maschineneffizienz, machine efficiency 159
Maschinenfähigkeit, machine capability 116, 129
Maschinenstörungsliste, machine failure report 153
Maßnahmenüberprüfung, examination of actions 258
Material, material 19
Materialermüdung, material fatigue 154
Matrixdiagramm, matrix diagram 91
mechanische Gefährdungen,, mechanical endangerments, 168
Meldung, reporting 305
Mensch, humans 19
Mensch-Maschinen-Interaction, man machine interaction 164
Mensch-Maschinen-Kommunikation, man machine communication 219
Merkmal, feature, characteristic 8, 309
Merkmalswert, feature value 8, 98
Messabweichung, error of dimension 118
Messbarkeit, measurability 19

Messmanagement, measurement management 309
Messmittel, measuring instrument 45, 60, 309
Messprozess, measurement process 309
Messung, measurement 46, 48
Methode, method 19
Metrologische Betätigung, metrological confirmation 309
Metrologisches Merkmal, metrological characteristic 309
Middle Third, Middle Third 142
Mikel J. H., Mikel J. H. 79
Mindestwert, minimum value 9
Mitarbeiterbeteiligung, employee involvement 164
Mitarbeiterorientierung, employee orientation 67, 72
Mitbestimmung, worker participation 164
Mittelwert, mean value 105
Mitwelt, environment 19

Nacharbeit, rework 68, 309
Nagelbrett, nail board 104
Nahrungsmittelmaschinen, food processing machinery 238
NC-Maschine, numerical machine 173
Nebenfehler, minor defect 9
Netzanalysator, power quality analyzer 294
Netzwerkschutz, network protection 292
Neueinstufung, reclassification 309
Normalarbeitsplatz, normal job 192
Normalbetrieb, standard operation 154
Normalverteilung, normal distribution 105
Normalverteilungsvariable, normal distribution variable 106
Normenbaum, specification tree 25
Normkapitel 4, standard chapter 4 25
Normkapitel 5, standard chapter 5 28
Normkapitel 6, standard chapter 6 31
Normkapitel 7, standard chapter 7 34
Normkapitel 7, standard chapter 7 37
Normkapitel 8, standard chapter 8 46
Normstruktur, structure of standards 22
NOT-AUS-Schalter, EMERGENCY-OFF switch 179
Notfall, emergency 300
Notfallbewältigung, emergency management 305
Notsignal, distress signal 206

Oberflächen, surfaces 229
Oberflächentemperatur, surface temperature 191
Oberste Leitung, top management 309
Objektiver Nachweis, objective evidence 309
OEG, obere Eingriffsgrenze, OEG 112
OHRIS, OHRIS, Occupational Health and Risk Management 257
Organisation, organization 309
Organisationsdiagramm, organizational chart 29
Organisationsstruktur, organizational structure 309
Output, output 265
OWG, obere Warngrenze, OWG 112

Paarvergleich, paired comparison 91
Pareto, V., Pareto, V. 84
Pareto-Analyse, Pareto analysis 19, 84
Passwort, password 282
PC-Arbeitsplatz, PC workstation 219
PDCA-Kreis, PDCA cycle 295
PDCA-Regelkreis, PDCA control loop 23
Pegel, gauge 195
Perzentil, percentile 210
Planung, planning 28
POP3, POP3 289
ppm, ppm, parts per million 80
Probeaudit, test audit 57
Produkt, product 35, 309
Produktaudit, product audit 64
Produkterhaltung, product maintenance 43
Produktion, production 42

Produktionsplanung, production planning 257
Produktivität, productivity 68
Produktkontrolle, product control 7
Produktmerkmal, product feature 91
Produktplanung, product planning 257
Produktrealisierung, product implementation 34
PROFIBUS-DP, PROFIBUS-DP 155
Programmier-Hand-Gerät (PHG), hand held 173
Projekt, project 309
Projektanstoß, project kick-off 258
Projektrahmen, project framework 78
Projektstruktur, project structure 259
Projektteam, project team 258
Protagoras, Protagoras 209
Prozess, process 75, 98, 310
Prozess, beherrscht, process, mastered 98
Prozess, fähig, process, compatible 98
Prozessaudit, process audit 64
Prozessbeschreibung, process description 26, 55, 257
Prozessdarstellung, process diagram 54
Prozessdokumentation, process documentation 96
Prozessfähigkeit, process capability 80, 116, 117
Prozesslandschaft, process survey 23, 24
Prozessleistung, process power 72
Prozessmerkmal, process characteristic 91
Prozessorientierung, process orientation 23, 67, 72
Prozessqualität, process quality 48
Prozessregelung, process control 96
Prozessrisiko, process risk 257
Prozesssicherheit, process safety 80
Prozessstruktur, process structure 21, 23
Prozessüberwachung, process control 117
Prozesswasser, process water 262
Prüfausführung, implementation of an inspection 15
Prüfdaten, test data 98
Prüfdatenverarbeitung, test data processing 18
Prüfhäufigkeit, testing frequency 17
Prüfintervall, inspection interval 45
Prüfmittel, measuring instruments 45
Prüfmittelfähigkeit, measuring instrument capability 117, 122
Prüfmittelüberwachung, measuring instrument control 117, 118
Prüfplan, check plan 16
Prüfplanung, inspection planning 14
Prüfprotokoll, inspection sheet 45
Prüfsumme, checksum 286
Prüfung, inspection 310
Prüfung, dynamisch, testing, dynamic 243
Prüfung, statisch, testing, static 243
Prüfwert, test value 99
PSA, personal protective equipment 217
PTCA-Kreis, PDCA circle 144
Pufferung, buffering 164
Pulsschlag, pulse beat 213

QFD, QFD, Quality Function Deployment 19, 81, 91
QM, Qualitätsmanagement, QM, quality management 7
QMB, Qualitätsmanagementbeauftragter, QMB 57
QMH, Qualitätsmanagementhandbuch, QMH 25, 57
QM-Handbuch, QM manual 54, 60
QMS, Qualitätsmanagementsystem, QMS 257
QM-Schulung, QM training 55
QM-System, QM system 25, 254
QS 9000, QS 9000 52
Qualifikationsmatrix, qualification matrix 31
Qualifizierung, qualification 164
Qualifizierungsprozess, qualification process 310
Qualität, quality 8, 310
Qualitätsaudit, quality audit 64

Qualitätselement, elements of quality circle 11
Qualitätsforderung, quality request 19, 72
Qualitätshaus, House of Quality 92
Qualitätskreis, quality circle 11, 12
Qualitätslenkung, quality control 18, 310
Qualitätsmanagement, quality management 256, 310
Qualitätsmanagementbeauftragter, quality management representative 57
Qualitätsmanagementhandbuch, quality management manual 25, 26, 57, 310
Qualitätsmanagementplan, quality plan 310
Qualitätsmanagementsystem, quality management system 257
Qualitätsmanagementsystem, quality management system 310
Qualitätsmerkmal, quality characteristic 8, 9, 310
Qualitätsplanung, quality planning 13
Qualitätspolitik, quality policy 28, 310
Qualitätsprüfung, quality inspection and testing 14
Qualitätspyramide, quality pyramid 12
Qualitätsregelkarte, quality control chart 97, 112, 137,
Qualitätsregelkreis, quality control loop 18
Qualitätssicherung, quality assurance 7, 310
Qualitätsüberwachung, quality control 96
Qualitätsverbesserung, quality improvement 10, 310
Qualitätsziel, quality objective 29, 310
Quetschstelle, pinching 169
Quittierung, confirmation 61

R&R-Studie, R&R study 123
RAMSIS, RAMSIS 209
Raumabtastsystem, space scanner 170
Raumtemperatur, ambient temperature 32
Rauschen, signal noise 194
Regelkreisaudit, closed loop audit 47
Regelstrecke, process controlled system 18
Regler, controllers 18
Reichweite, range 212
Reinigung, cleaning 234
Reklamation, complaint 48
Reparatur, repair 158, 310
Ressource, resources 31, 265
Restrisiko, residual risk 235
Reststoffe, residual materials 263
Rettungswege, emergency routes 178
Risiko, risk 222, 247, 249
Risikoanalyse, risk analysis 303
Risikobeurteilung, risk assessment 222
Risikobewertung, risk rating 249
Risikomanagement, risk management 257
Risikominimierung, risk minimization 249, 254
Rissprüfung, crack test 199
Roboter, robots 179
Rolle, roller 244
Röntgenstrahlung, X-ray 199, 202
RPZ, Risikoprioritätszahl, RPZ 93
Rückverfolgbarkeit, traceability 18, 43, 310
Run, run 142

Sabotage, sabotage 280
Sachbilanz, life cycle inventory analysis 261, 266
Sachkundiger, technical expert 310
Satzungen, statutes 251
Säulendiagramm, block diagram 99
Schadensdiagnose, damage diagnosis 153
Schadensstelle, defect 157
Schädigungsphase, impairment phase 154
Schall, noise 196, 237
Schallbelastung, acoustic strain 197
Schallbewertung, sound evaluation 194
Schalldruckpegel, sound intensity level 193, 196
Schallemission, acoustic emission 194
Schallerzeugung, sound generation 193
Schallgeschwindigkeit, sonic velocity 193
Schallleistung, acoustic power 193
Schallleistungspegel, sound power level 196

Schallquelle, noise source 196
Schallschutzwand, noise insulating wall 197
Schallschwingung, acoustic oscillation 194
Schallsenke, noise sink 196
Scheibe, carpet 244
Schichtarbeit, shift work 213
Schirmung, shielding 156
Schmelzen, melting 190
Schnelle, particle velocity 195
Schnellepegel, particle velocity level 195
Schrauber, nut runner 198
Schutzart, protection category 183
Schutzausrüstung, protection equipment 217
Schutzbrille, eye protector 217
Schutzeinrichtung, protection device 168, 222, 231
Schutzhandschuhe, protective gloves 218
Schutzhelm, protective helmet 217
Schutzkleidung, protective clothing 218
Schutzkleinspannung, protective low voltage 181
Schutzschirm, protective screen 217
Schutzschuhe, protection shoes 218
Schutzstufe, protection level 200
Schwachstelle, weak point 157, 260
Schweißlichtbogen, welding arc 199
Schwerhörigkeit, hardness of hearing 197
Schwingbeschleunigung, acceleration 195
Schwinggeschwindigkeit, velocity of oscillation 195
Schwingsitz, anti vibrating seat 225
Schwingspiel, cycle 176
Schwingungsdämpfung, oscillation damping 198
Schwund, contraction 43
Scriptvirus, script virus 284
Second-Party-Audit, second party audit 64, 65
Sehlinie, line of sight 171
Sehzelle, photoreceptor cell 203
Seil, rope 244, 246
Selbstentzündung, self inflammation 189
Serverprogramm, server program 285
Serverraum, server room 280
Servicedaten, service data 49
Shewart, W. A., Shewart, W. A. 7, 97
Shewartkarte, Shewart chart 113
Sicherheit, safety 180, 249
Sicherheitsabstand, safety distance 170
Sicherheitsanforderungen, safety requirements 222
Sicherheitskategorien, safety categories 180
Sicherheitsmatte, safety mat 170
Sicherheitsnorm, safety standard 249
Sicherheitsratschlag, safety advice 187
Sicherheitsschuhe, safety boots 218
Sicherheitszeichen, safety signs 215
Sichtbereich, visual field 171
Sigma, sigma 105
Signal, akustisch, signal, acoustically 206
Signal, optisch, signal, optically 206
Signalanalyse, oscillation analysis 153
Signaleinrichtung, signal device 242
Simulation, simulation 157
Situationsanalyse, situational analysis 258
Sitz, seat 225, 240
Sitzarbeitsplatz, seat job 198
Sitzen, seat 210
Six Sigma, six sigma strategy 74
Skip-Los-Prüfung, skip-lot inspection 17
SMPT, SMPT 290
Softkey, softkey 173
Sonderfreigabe, concession 311
Sonnenlicht, sunlight 204
Spanen, cutting 190
Spannungsspitze, voltage spike 293
SPC, SPC, Statistical Process Control 19, 81, 97
Spektralempfindlichkeit, spectral sensitivity 203
Spezifikation, specification 311
Stabilität, stability 120, 175
Stakeholder, stakeholder 75
Standardabweichung, standard deviation 74, 105

Fachwörterbuch Deutsch – Englisch, Sachwortverzeichnis 315

ständige Verbesserung, continual improvement 311
Standort, heiß, location, hot 304
Standort, kalt, location, cold 304
Standort, warm, location, warm 304
Standsicherheit, stability 178, 229, 243, 247
Statistik, statistics 7
Statistische Prozesslenkung, statistical process control, SPC 96, 97
Staubexplosion, dust explosion 189
Staubschutz, dust protection 183
Stauraum, reservoir 219
STCA-Kreis, SDCA circle 144
Stehen, standing 208, 210
Stellelement, actuating element 173
Stellteil, operating element 172, 191, 205, 226, 247
Steuerknopf, joy stick 205
Steuerung, control unit 225
StgB, Criminal Code 278
Stichprobe, sample 96, 107
Stichprobenprüfung, sampling inspection 17
Stillsetzen, stop 227
Stolpern, tripling 233
Störquelle, elektrische, interference source, electrical 185
Störung, disorder 147, 154, 300
Störungsliste, failure report 153
Stöße, impacts 198
Strahlenschutzbeauftragter, health physics officer 202
Strahler, emitter 204
Strahlung, radiation 232
Strahlung, elektromagnetische, radiation, electromagnetic 199
Strahlung, ionisierend, radiation, ionizing 199
Strahlung, nichtionisierend, radiation, not-ionizing 199
Stress, stress 213
Stressor, stress factor 213
Streudiagramm, scatter diagram 90
Streuung, dispersion 74, 121
Strichliste, tally sheet 99
Stromversorgung, power supply 293
Sturz, crash 248
Stürzen, falling 233
Summenhäufigkeit, cumulative frequency 102
System, system 311
Systemaudit, system audit 47, 57, 64

Tageslicht, daylight 220
Taktbindung, clock control 164
Tastatur, keyboard 173, 220
Taylor, F. W., Taylor, F. W. 7
Technikgestaltung, technical design 164
Teilchenstrahlung, particle radiation 199, 202
Temperatur, extreme, temperature extremes 232
Termindruck, deadline pressure 213
Test, test 311
TGA, Trägergemeinschaft für Akkreditierung, TGA 57
Third Party Audit, third party audit 64
Thorium, thorium 202
Toleranz, tolerance 98
Toleranzfeld, tolerance field 116
Ton, tone 194
Total Quality Management, Total Quality Management 67
Total Quality Management, Total Quality Management 71
TQM, TQM, Total Quality Management 20, 67, 71, 257
TQM-Modell Europa, TQM model Europe 69
TQM-Werkzeuge, TQM tools 81
Transportsicherheit, transport safety 178
Trend, trend 142
Trinkwasser, drinking water 262
Trojaner, Trojan 284
Trommel, drums 244
TÜV, Technischer Überwachungsverein, TÜV 51

Überlastung, overstress 154, 208
Überrollen, overrolling 242
Überspannung, surge voltage 293
Überspannungsschutz, surge protection 291
Überwachung, monitoring 45, 46, 48
Überwachungsmittel, machine monitoring device 60
UEG, untere Eingriffsgrenze, UEG 112
UM, Umweltmanagement, UM 251
Umfassungsgriff, enclosing grip 172
Umformanlage, forming equipment 180
Umkippen, overturning 242
UMS, Umweltmanagementsystem, UMS 252, 257
Umsetzungsphase, implementation phase 56
Umsetzungsprojekt, implementation project 258
Umsetzungsteam, implementation team 56
Umweltaudit, environmental audit 261
Umweltbelastung, environmental pollution 251, 265
Umwelterklärung, environmental statement 252
umweltgefährlich, environmentally hazardous 188
Umweltleitlinie, environmental guideline 264
Umweltmanagement, environmental management 53, 251, 257
Umweltmanagementsystem, environmental management system 252
Umweltpolitik, environmental policy 255
Umweltprogramm, environmental program 255
Umweltprüfung, environmental check 261
Umweltschutz, environmental protection 251, 253
Umweltschutzprogramm, environmental protection program 260
Umweltverträglichkeit, environmentally agreeableness 251
Umweltziel, environmental objective 255
Umzäunung, fencing 168, 230
Unterbrechungsfreie Stromversorgung, Uninterruptible Power Supply 293
Unternehmenskultur, corporate culture 164
Unternehmensleistung, corporate performance 77
Unternehmensprozesse, business processes 24
Urliste, raw data 99
Ursache-Wirkungs-Diagramm, cause and effect diagram 19, 89, 303
Urwertkarte, raw data chart 113
USV, UPS 293
UV-Strahlung, UV-RADIATION 199
UVV-Lärm, UVV-Lärm 195
UWG, untere Warngrenze, UWG 112

Validierung, validation 43, 61, 311
VDA 6, VDA 6 52
VDI 2567, VDI 2567 195
VDI 2570, VDI 2570 195
VDI 2711, VDI 2711 195
VDI 3720, VDI 3720 195
VDI 3760, VDI 3760 195
VDI/VDE/DGQ-Richtlinie 2619, VDI/VDE/DGQ-Richtlinie 2619 15
VDI/VDE/DGQ-Richtlinie 2619, VDI/VDE/DGQ-Richtlinie 2619 45
Verantwortung, responsibility 213
Verantwortung der Leitung, responsibility of direction 28
Verbesserung, improvement 46, 50
Verbotszeichen, prohibition flag 215
Verbrennungsgrad, burn degree 191
Verfahren, procedure 101
Verfassungsgesetze, constitutional laws 251
Verfügbarkeit, availability 276
Vergleichspräzision, reproducibility 120
Verifizierung, verification 61, 311
Verlaufsdiagramm, trend path diagram 89
Verlustfunktion, dissipation function 9
Verordnungen, decrees 251

VerpackG, VerpackG 251
Verschleißausfall, wear failure 147, 154
Verschlüsselung, encryption 286, 288
Verschrotten, scrapping 157
Verschrottung, scrap 311
Verschwendung, waste 68
Verteilungsfunktion, distribution function 104
Verteilungsmodell, distribution model 112
Vertrag, contract 311
Vertraulichkeit, confidentiality 276
Vertriebsdaten, sales data 49
Verwendung, bestimmungsgemäß, use, as intended 222
Vibration, vibration 198, 232
Virenschutzprogramm, anti-virus program 283
Vorbeugemaßnahme, prevent action 25, 50, 311

Wahrnehmung, perception 205
Wahrscheinlichkeit, probability 94, 103
Wahrscheinlichkeitsfunktion, probability function 104
Wahrscheinlichkeitsnetz, probability paper 108
Wärmearbeitsplatz, heat job 192
Wärmestrahlung, heat radiation 192
Warneinrichtung, warning device 235
Warngrenze, warning limit 112, 113
Warnhinweis, warning indication 235, 243
Warnsignal, warning signal 206
Warnzeichen, alarm flag 215
Wartung, maintenance 145, 148, 234
Wartungsplan, maintenance schedule 148
Wasser, water 262
Wasserreinhalten, water pollution controlling 262
Wasserschaden, damage caused by water 262
Wasserverbrauch, consumption of water 267
Wechselbeanspruchung, alternating stress 176
Wechselfestigkeit, fatigue strength 176
Wellenlänge, wavelength 199
Wettbewerbsfähigkeit, competitiveness 254
WHG, Wasserhaushaltsgesetz, WHG 251
Wiederanlaufzeit, recovery time 302
Wiedereinschalten, restarting 182
Wiederholpräzision, repeatability 120
Wiederholungsaudit, rerun audit 56, 63
Wiederinbetriebnahme, reopening 154
WIG-Schweißen, TIG-weld 202
Wirbelsäule, spine 208
Wirksamkeit, effectiveness 311
Wirkungsbilanz, action balance 261
WLAN, WLAN 290
Wöhler, August, Wöhler, August 176
Wolfram-Inert-Gasschweißen, tungsten inert gas-weld 202
Wurm, worm 284

Zehnerregel, tens rule 13
Zeitbewertung, temporal evaluation 194
Zeitstandsversagen, creep failure 177
Zertifizierung, certification 51
Zertifizierungsaudit, certification audit 57
Zertifizierungsurkunde, certification document 63
Zufallsausfall, random failure 147
Zufallsereignisse, random events 103
Zufassungsgriff, gripping grip 172
Zugangshindernis, entrance obstacle 168
Zugangsschutz, access protection 150
Zustimmungsschalter, enable switch 179
Zuverlässigkeit, dependability 147, 311
Zweihandschalter, two-hand switch 168
Zwischenprüfung, interim check 15

Professional-Dictionary English – German, Index

3D scanner, body scanner, 3D-Scanner 210
7 perturbance variables, 7M-Störgrößen 18
7 Tools, 7 Tools 81

ABC evaluation analysis, ABC-Analyse 84
AbfallRestübV, AbfallRestübV 251
AbfallVerbrV, AbfallVerbrV 251
AbfG, AbfG 251
acceleration, Schwingbeschleunigung 195
acceptance control chart, Annahmeregelkarte 113
access protection, Zugangsschutz 150
account system, Kontenrahmen 260
accuracy, Genauigkeit 120
acoustic emission, Schallemission 194
acoustic oscillation, Schallschwingung 194
acoustic power, Schallleistung 193
acoustic strain, Schallbelastung 197
acoustics, Akustik 220
action balance, Wirkungsbilanz 261
action list, Aktionsliste 54
actual state analysis, Ist-Analyse 261
actuating element, Stellelement 173
air consumption, Luftverbrauch 266
air humidity, Luftfeuchtigkeit 192
air pollution control, Luftreinhaltung 263
air speed, Luftgeschwindigkeit 192
air temperature, Lufttemperatur 192
alarm, Alarm 305
alarm flag, Warnzeichen 215
Albrecht Dürer, Albrecht Dürer 163
alternating stress, Wechselbeanspruchung 176
AltölV, AltölV 251
ambient temperature, Raumtemperatur 32
amendment of development terms, Entwicklungsänderung 39
amount, Aufwand 158
AMS, AMS, Arbeitsschutzmanagementsystem 257
analysis, Analyse 46
Anova method, Anova-Methode 123
anthropometry, Anthropometrie 163, 209
anti vibrating seat, Schwingsitz 225
anti-virus program, Virenschutzprogramm 283
arc, Lichtbogen 181
assembly line work, Fließbandmontage 7
audit, Audit 26, 47, 63, 83, 307
audit client, Auditauftraggeber 307
audit conclusion, Auditschlussfolgerung 307
audit criteria, Auditkriterien 307
audit evidence, Auditnachweis 307
audit plan, Auditplan 58, 307
audit program, Auditprogramm 307
audit report, Auditbericht 63
audit result, Auditergebnis 63
audit review, Audit-Nachbearbeitung 263
audit scope, Auditumfang 307
audit statement, Auditfeststellung 63, 307
audit team, Auditteam 307
audit types, Auditarten 64
audit, external, Audit, extern 64
audit, first party, Audit, First Party 64
audit, internal, Audit, intern 64
audit, second party, Audit, Second Party 64
audit, third party, Audit, Third Party 64
auditor, Auditor 83, 307
authority, Befugnis 29
availability, Verfügbarkeit 276
awareness, Bewusstsein 31

backup system, Backup-System 281
balance rating, Bilanzbewertung 261
balancing framework, Bilanzierungsrahmen 265
bar chart, Balkendiagramm 84
barrier height, Barrierehöhe 170
basal metabolism, Grundumsatz 208
basic requirements, Basisanforderungen 11
BDSG, BDSG 277
bearing, Körperhaltung 163

bell-shaped curve, Glockenkurve 105
belt, Gurt 246
benchmarking of operating results, Ergebnisbewertung 30
BetrBeauftrV, BetrBeauftrV 251
BIA, BIA 302
BImSchG, BImSchG 251
BImSchV, BImSchV 251
Black Belt, Black Belt 77
block diagram, Säulendiagramm 99
body measurements, Körpermaße 210
body size, Körpergröße 209
body-tight, Körper-Enge 169
boot sector virus, Bootsektorvirus 284
brainstorming, Brainstorming 19
breakthrough, Breakthrough 75
buffering, Pufferung 164
burn degree, Verbrennungsgrad 191
business impact analysis, Business-Impact-Analyse 302
business process, Geschäftsprozess 302
business processes, Unternehmensprozesse 24

calibration, Kalibrierung 45
capability, Fähigkeit 18, 31, 117, 308
carpet, Scheibe 244
casting, Gießen 190
cause and effect diagram, Ursache-Wirkungs-Diagramm 19, 89, 303
CE certification, CE-Zertifizierung 200
CE marking, CE-Kennzeichnung 235
certification, Zertifizierung 51
certification audit, Zertifizierungsaudit 57
certification document, Zertifizierungsurkunde 63
chain, Kette 244, 246
characteristic, Merkmal 8, 309
check plan, Prüfplan 16
checksum, Prüfsumme 286
class interval, Klassenweite 98
class limit, Klassengrenze 99
class number, Klassenzahl 98
classification, Klassifizierung 201
cleaning, Reinigung 234
climate, Klima 192
clock control, Taktbindung 164
closed loop audit, Regelkreisaudit 47
clothing, Bekleidung 192
color of light, Lichtfarbe 204
Commercial Code, HGB 277
communication, Kommunikation 29
competence, Kompetenz 308
competitiveness, Wettbewerbsfähigkeit 254
complaint, Reklamation 48
complete body oscillation, Ganzkörperschwingung 198
component failure, Bauteilversagen 175, 177
component fatigue, Bauteilermüdung 176
component testing, Bauteilprüfung 175
computer virus, Computerviren 283
concession, Sonderfreigabe 311
condition monitoring , Condition-Monitoring 159
confidentiality, Vertraulichkeit 276
confirmation, Quittierung 61
conformity, Konformität 308
constitutional laws, Verfassungsgesetze 251
consumption of water, Wasserverbrauch 267
contact area, Kontaktfläche 191
contact control, Kontaktgriff 172
continual improvement, ständige Verbesserung 311
contract, Vertrag 311
contraction, Schwund 43
control center, Bedienungsplatz 224
control device, Befehlseinrichtung 225
control unit, Steuerung 225
controllers, Regler 18
cool space job, Kältearbeitsplatz 192
corners, Ecken 229

corporate culture, Unternehmenskultur 164
corporate performance, Unternehmensleistung 77
correction, Korrektur 308
corrective actions, Korrekturmaßnahmen 25, 47, 50, 308
corrosion, Korrosion 154
corrosive, ätzend 188
cost cutting, Kostensenkung 254
costs, Kosten 68, 158
crack test, Rissprüfung 199
crash, Sturz 248
creep failure, Zeitstandsversagen 177
Criminal Code, StGB 278
crisis, Krise 300
crisis communications, Krisenkommunikation 306
crisis management, Krisenmanagement 305
CT, CT 202
CTQ, Critical to Quality Characteristic, CTQ 79
cumulative frequency, Summenhäufigkeit 102
customer, Kunde 35, 72, 308
customer claim, Kundenforderung 72
customer orientation, Kundenorientierung 10, 28, 67
customer satisfaction, Kundenzufriedenheit 46, 308
customer's need, Kundenwunsch 91
cutting, Spanen 190
cycle, Schwingspiel 176
cycle economy, Kreislaufwirtschaft 271
cycle restaurant economics, Kreislaufwirtschaftsgesetz 271

damage, Beschädigung 43
damage caused by water, Wasserschaden 262
damage diagnosis, Schadensdiagnose 153
danger reference, Gefahrenhinweis 187
danger zone, Gefahrenbereich 222
dangerous material, Gefahrstoff 187
DAR, DAR, Deutscher Akkreditierungsrat 57
data analysis, Datenanalyse 49
data backup, Datensicherung 281
Data Protection Act, Datenschutzgesetz 277
data protection representative, Datenschutzbeauftragter 297
date of delivery, Liefertermin 8
daylight, Tageslicht 220
dB (A), dB (A) 194
dB (AF), dB (AF) 194
dB (AI), dB (AI) 194
dB (AS), dB (AS) 194
deadline pressure, Termindruck 213
debugger, Debugger 286
decrees, Verordnungen 251
de-energizing, Freischalten 182
defect, Mangel 309
defect, Schadensstelle 157
DEKRA, DEKRA 51
Deming, W. E., Deming, W. E. 23, 68
Deming-circle, Deming-Kreis 23, 295
dependability, Zuverlässigkeit 147, 311
design and development, Entwicklung 37, 308
design of working means, Arbeitsmittelgestaltung 164
design, safe manner, Gestaltung, sicherheitsgerecht 174
development benchmark, Entwicklungsbewertung 38
development data, Entwicklungsdaten 49
development inputs, Entwicklungseingaben 37
development planning, Entwicklungsplanung 37
development request, Entwicklungsauftrag 38
development results, Entwicklungsergebnisse 38

Professional-Dictionary English – German, Index

development validation,
  Entwicklungsvalidierung 39
deviation permit, Abweichungsgenehmigung
  307
DGQ, DGQ, Deutsche Gesellschaft für Qualität
  51
diagram, Diagramm 90
digitization, Digitalisierung 276
DIN 31051, DIN 31051 145
DIN 3742, DIN 3742 195
DIN 45 630...649, DIN 45 630...649 195
DIN 55350, DIN 55350 11
DIN 66001, DIN 66001 81
DIN EN 1050, DIN EN 1050 249
DIN EN 292, DIN EN 292 249
DIN EN 60 204-1, DIN EN 60 204-1 249
DIN EN ISO 14001, DIN EN ISO 14001 52
DIN EN ISO 9000:2000, DIN EN ISO 9000:2000
  20
DIN EN ISO 9001:2000, DIN EN ISO 9001:2000
  51
DIN ISO 8402, DIN ISO 8402 13
direction, Leitung 28
disaster, Katastrophe 300
disk (intervertebral), Bandscheibe 207
disorder, Störung 147, 154, 300
dispersion, Streuung 74, 121
disposition scope, Dispositionsfreiräume 164
dissipation function, Verlustfunktion 9
distress signal, Notsignal 206
distribution function, Verteilungsfunktion 104
distribution model, Verteilungsmodell 112
document, Dokument 308
document guidance, Lenkung von
  Dokumenten 27
documentation, Dokumentation 54, 152
documentation inspection,
  Dokumentenprüfung 56
documentation requirement,
  Dokumentationsanforderung 24
drilling hammer, Bohrhammer 198
drinking water, Trinkwasser 262
driver seat, Fahrersitz 240
drums, Trommel 244
dust explosion, Staubexplosion 189
dust protection, Staubschutz 183

early failure, Frühausfall 147
ECB S, ECB S 280
echelons of authority, Hierarchiestufen 77
edges, Kanten 229
effectiveness, Wirksamkeit 311
efficiency, Effizienz 308
EFQM, European Foundation for Quality
  Management, EFQM 69
electricity, static, Elektrizität, statisch 232
electromagnetic compatibility,
  Elektromagnetische Verträglichkeit 185
electronic component assembly, Elektronik-
  Montage 184
electrostatic charge, Elektrostatische
  Aufladung 184
elements of quality circle, Qualitätselement
  11
e-mail security, E-Mail-Sicherheit 289
EMAS, Eco Management and Audit System,
  EMAS 252, 257
EMC, EMV 185
emergency, Notfall 300
emergency management, Notfallbewältigung
  305
emergency routes, Rettungswege 178
EMERGENCY-OFF switch, NOT-AUS-Schalter
  179
emission, Emission 196, 233, 237, 242, 247,
  263, 267
emission of airborne noise, Luftschallemission
  237
emitter, Strahler 204
employee involvement, Mitarbeiterbeteiligung
  164
employee orientation, Mitarbeiterorientierung
  67, 72
EN 207, EN 207 200

EN 50160, EN 50160 294
EN 60 825-1, EN 60 825-1 201
EN 61000, EN 61000 294
EN 954-1, EN 954-1 180
enable switch, Zustimmungsschalter 179
encapsulation, Kapselung 197
enclosing grip, Umfassungsgriff 172
encoding machine, Chiffriermaschine 288
encryption, Verschlüsselung 288
endangerment analysis, Gefährdungsanalyse
  165, 168
energy efficiency, Energieeffizienz 270
energy input, Energieeinsatz 264
energy monitoring, Energiemonitoring 269
energy saving, Energiesparen 262
energy source, Energiequellen 262
energy throughput, Energieumsatz 207
energy value of current method,
  Energiewertstrom-Methode 269
enthusiasm requirements,
  Begeisterungsanforderungen 11
entrance obstacle, Zugangshindernis 168
entrapment, Fangstellen 169
environment, Mitwelt 19
environmental audit, Umweltaudit 261
environmental check, Umweltprüfung 261
environmental guideline, Umweltleitlinie
  264
environmental management,
  Umweltmanagement 53, 251, 257
environmental management system,
  Umweltmanagementsystem 252
environmental objective, Umweltziel 255
environmental policy, Umweltpolitik 255
environmental pollution, Umweltbelastung
  251, 265
environmental program, Umweltprogramm
  255
environmental protection, Umweltschutz
  251, 253
environmental protection program,
  Umweltschutzprogramm 260
environmental statement, Umwelterklärung
  252
environmentally agreeableness,
  Umweltverträglichkeit 251
environmentally hazardous, umweltgefährlich
  188
EQA, European Quality Award, EQA 69
ergonomics, Ergonomie 163, 171, 209, 220,
  224
ergonomics of hardware, Hardware-Ergonomie
  219
error, Fehler 9, 48, 94, 180
error class, Fehlerklasse 9
error documentation, Fehlerdokumentation
  154
error emergence, Fehlerentstehung 13
error expenses, Fehlerkosten 13
error of dimension, Messabweichung 118
error result, Fehlerauswirkung 94
EU engine directive, EU-Maschinenrichtlinie
  221
EWG Nr. 1836/93, EWG Nr. 1836/93 53
examination of actions,
  Maßnahmenüberprüfung 258
exclusion possibility, Ausschlussmöglichkeit
  23
exhaust minimization, Abgasminimierung
  263
explosion, Explosion 232
explosion endangerment,
  Explosionsgefährdung 189
explosion-dangerously, explosionsgefährlich
  188
eye protector, Schutzbrille 217

fabrication, Fertigung 49
failure, Ausfall 154
failure behavior, Ausfallverhalten 147
failure cause, Fehlerursache 85
failure report, Störungsliste 153
falling, Stürzen 233
fatigue, Dauerfestigkeit 176

fatigue strength, Wechselfestigkeit 176
fault collection card, Fehlersammelkarte 84,
  85
fault tree analysis, Fehlerbaumanalyse 90
fault type, Fehlerart 85
feature, Merkmal 8
feature value, Merkmalswert 8, 98
Federal Data Protection Act,
  Bundesdatenschutzgesetz 277
federal laws, Bundesgesetze 251
fencing, Umzäunung 168, 230
final inspection, Endprüfung 15, 48
final review, Abschlussbesprechung 62
finger tight, Finger-Enge 169
fingerprint, Fingerabdruck 286
fire, Brand 232, 242, 247
fire fighting, Brandbekämpfung 165
fire hazard, Brandgefährdung 189
fire-promote, brandfördernd 188
first party audit, First Party Audit 64
fitness for use, Gebrauchstauglichkeit 251
flash, Blinken 206
flow chart, Flussdiagramm 36, 83
FMEA, Failure Mode and Effects Analysis,
  FMEA 19, 81, 93, 153
food processing machinery,
  Nahrungsmittelmaschinen 238
foot, Fuß 207
force feedback, Kraftrückkopplung. 206
force transmission, Kraftübertragung 230
Ford, H., Ford, H. 7
forming equipment, Umformanlage 180
FpMM, FpMM, Fehler pro Million
  Möglichkeiten 79
free space, Freiraum 212
frequency, Häufigkeit 99
frequency variation, Frequenzschwankung
  293

Galton, F., Galton, F. 104
gamma radiation, Gammastrahlung 199
gauge, Pegel 195
Gauß, K.-F., Gauß, K.-F. 74
GDPdU, GDPdU 277
GG, Bonn basic law, GG, Grundgesetz 251
glare, Blendung 204, 219
glossary to QM, Glossar zu QM 307
grab space, Greifraum 212
grade, Anspruchsklasse 307
gripping grip, Zufassungsgriff 172
gripping types, Greifarten 172
guidance, Lenkung 25

hand held, Programmier-Hand-Gerät (PHG)
  173
hand safety-guard, Handschutz 180
handle forms, Griffformen 172
handles, Griffe 172
handling, Handhabung 224
hand-tight, Hand-Enge 169
handwheel, Handrad 205
handwheel, reactively, Handrad, reaktiv 206
hardness of hearing, Schwerhörigkeit 197
hash value, Hash-Wert 286
hazard, electrical, Gefährdung, elektrische
  181
hazards, Gefährdungen 174
health physics officer,
  Strahlenschutzbeauftrager 202
health protection, Gesundheitsschutz 164,
  251
health requirements,
  Gesundheitsanforderungen 222
hearing protector, Gehörschützer 193, 218
heart-hunt, Herzjagen 213
heat job, Wärmearbeitsplatz 192
heat radiation, Wärmestrahlung 192
herring bone diagram, Ishikawa-Diagramm
  89
hierarchy levels, Hierarchieebenen 164
high-inflammatory, hochentzündlich 188
histogram, Histogramm 99
hoax, Hoax 285
hot materials, heiße Stoffe 191

House of Quality, House of Quality 91
House of Quality, Qualitätshaus 92
humans, Mensch 19
hundred percent inspection, 100%-Prüfung 17
hustle and bustle, Hektik 213

immission, Immission 196
impacts, Stöße 198
impairment phase, Schädigungsphase 154
implementation of an audit, Audit-Durchführung 263
implementation of an inspection, Prüfausführung 15
implementation phase, Umsetzungsphase 56
implementation project, Umsetzungsprojekt 258
implementation team, Umsetzungsteam 56
improvement, Verbesserung 46, 50
impulse, Impuls 194
IMS, IMS, Integriertes Managementsystem 257
industrial modem, Industriemodem 151
industrial safety, Arbeitsschutzmanagement 165
industrial safety helmet, Arbeitsschutzhelm 217
industrial safety law, Arbeitsschutzgesetz 166
infection, Infizierung 283
influence, Einfluss 97
infrastructure, Infrastruktur 32, 308
initial break-in phase, Einlaufphase 154
injurious to health, gesundheitsschädlich 188
innovation, Innovation 144
input, Input 265
input inspection, Eingangsprüfung 15
input panel, Eingabefeld 173
input-output analysis, Eingabe/Ausgabe-Analyse 260
input-output balance, Eingabe/Ausgabe-Bilanz 260
inspection, Prüfung 310
inspection interval, Prüfintervall 45
inspection planning, Prüfplanung 14
inspection sheet, Prüfprotokoll 45
inspections, Inspektion 145, 152
instruction flag, Gebotszeichen 215
instruction manual, Betriebsanleitung 236
integrated management system, Integriertes Managementsystem 257
integrity, Integrität 276
interest group, Beteiligungsgruppe 164
interested party, interessierte Partei 308
interference source, electrical, Störquelle, elektrische 185
interim check, Zwischenprüfung 15
International Protection, IP 183
internet, Internet 151
intervention limit, Eingriffsgrenze 112, 113
Ishikawa, K., Ishikawa, K. 89
ISMS, ISMS 295
ISO 14001, ISO 14001 252
ISO 9001/9004, ISO 9001/9004 21
ISO 9001/9004, ISO 9001/9004 69
ISO/TS 16949, ISO/TS 16949 52
isolation, Isolierung 181
isolation effect, Isolationswirkung 192
IT components catalog, IT-Komponentenkatalog 298
IT security management, IT-Sicherheitsmanagement 275
IT Security Management, IT-Sicherheitsmanagement 295
IT security managers, IT-Sicherheitsmanager 297
IT security policy, IT-Sicherheitsleitlinie 296
IT security resources, IT-Sicherheitsressourcen 298
IT structure, IT-Struktur 298
IT-emergency management, IT-Notfallmanagement 300

job, Arbeitsaufgabe 164
job context, Arbeitsumgebung 32, 307
job design, Arbeitsgestaltung 163, 165
job enlargement, Arbeitserweiterung 164
job enrichment, Arbeitsbereicherung 164
job ticket, Laufkarte 42, 61
joints, Gelenke 208
joy stick, Joystick 205
joy stick, Steuerknopf 205
JPEG file, JPEG-Datei 287
KAIZEN, KAIZEN 143
Kano model, Kano-Modell 10
Kano, N., Kano, N. 10
keyboard, Tastatur 173, 220
KVP, KVP, Kontinuierlicher Verbesserungsprozess 67, 75

LabfG, LabfG 251
labor protection, Arbeitsschutz 163
labor protection management, Arbeitsschutzmanagement 165, 257
LandesImSchG, LandesImSchG 251
LandesWG, LandesWG 251
laser hazard category, Laser-Gefahrenklasse 201
laser protection glasses, Laserschutzbrille 200
laser radiation, Laserstrahlung 200, 233
laser related equipment, Laseranlage 200
laser security engineer, Laserschutzbeauftragter 200
laws, Gesetze 251
lead auditor, Auditleiter 83
leg tight, Bein-Enge 169
life cycle, Lebenszyklus 152
life cycle extension, Lebensdauerverlängerung 159
life cycle inventory analysis, Sachbilanz 261, 266
life time, Lebenszeit 154
lifting devices, Lastaufnahmemittel 246
lifting operations, Hebevorgänge 243
light, Licht 203
light curtain, Lichtvorhang 180
light density, Beleuchtungsstärke 203
lighting tube, Leuchtröhre 204
lightning, Beleuchtung 219, 224
lightning, Blitzschlag 233
lightning protection, Blitzschutz 291
limit, Grenzwert 9
limits (noise), Grenzwerte (Schall) 195
line of sight, Sehlinie 171
load, Last 243
load carrier, Lastträger 243, 245, 248
load handling, Lastaufnahme 178, 244
load limits, Belastungsbegrenzung 245
load management, Lastmanagementsystem 270
loading point, Ladestelle 245
location, cold, Standort, kalt 304
location, hot, Standort, heiß 304
location, warm, Standort, warm 304
logbook, Logbuch 290
lux, Lux 203

machine, Maschine 19
machine capability, Maschinenfähigkeit 116, 129
machine efficiency, Maschineneffizienz 159
machine failure report, Maschinenstörungsliste 153
machine log book, Maschinenbuch 157
machine monitoring device, Überwachungsmittel 60
machine, portable, Maschine, tragbar 239
macro virus, Makrovirus 284
magnesium, Magnesium 190
main chapter, Hauptkapitel 21
main error, Hauptfehler 9
maintenance, Instandhaltung, Wartung 145, 148, 234
maintenance management, Instandhaltungsmanagement 147
maintenance management, Instandhaltungsorganisation 146

maintenance phase diagram, Abnutzungsdiagramm 154
maintenance schedule, Wartungsplan 148
maintenance strategy, Instandhaltungsstrategie 146
maintenance, condition-life, Instandhaltung, zustandsbedingt 159
malware, Malware 283
man machine communication, Mensch-Maschinen-Kommunikation 219
man machine interaction, Mensch-Maschinen-Interaction 164
management, Führung 72
management, Management 19, 308
management function, Führungsfunktion 71
management rating, Managementbewertung 28, 30
management system, Managementsystem 309
manager, Führungskraft 71
marking, Kennzeichnung 242
material, Material 19
material fatigue, Materialermüdung 154
matrix diagram, Matrixdiagramm 91
maximum value, Höchstwert 9
mean value, Mittelwert 105
measurability, Messbarkeit 19
measurement, Messung 46, 48
measurement management, Messmanagement 309
measurement process, Messprozess 309
measuring instrument, Messmittel 45, 60, 309
measuring instrument capability, Prüfmittelfähigkeit 117, 122
measuring instrument control, Prüfmittelüberwachung 117, 118
measuring instruments, Prüfmittel 45
mechanical endangerments, mechanische Gefährdungen, 168
melting, Schmelzen 190
method, Methode 19
metrological characteristic, Metrologisches Merkmal 309
metrological confirmation, Metrologische Betätigung 309
metrological function, Funktionsbereich Metrologie 308
Middle Third, Middle Third 142
Mikel J. H., Mikel J. H. 79
minimum value, Mindestwert 9
minor defect, Nebenfehler 9
mistake, Fehlleistung 213
misuse risk, Fehlanwendung 222
monitoring, Überwachung 45, 46, 48
motion, out of control, Bewegung, unkontrolliert 242
movement area, Bewegungsraum 212

nail board, Nagelbrett 104
narrow foot, Fuß-Enge 169
narrow pass, Engstellen 169
network protection, Netzwerkschutz 292
noise, Geräusch, Lärm, Schall 193, 194, 196, 232, 237
noise emission, Geräuschemission 220
noise immission, Lärmimmission 196
noise insulating wall, Schallschutzwand 197
noise reduction, Lärmminderung 196
noise sink, Schallsenke 196
noise source, Schallquelle 196
nonconformity, Fehler 308
normal distribution, Normalverteilung 105
normal distribution variable, Normalverteilungsvariable 106
normal job, Normalarbeitsplatz 192
numerical machine, NC-Maschine 173
nut runner, Schrauber 198

objective evidence, Objektiver Nachweis 309
OEG, OEG, obere Eingriffsgrenze 112
OHRIS, Occupational Health and Risk Management, OHRIS 257
opening, Inbetriebnahme 155
operating element, Stellteil 172, 191, 205, 226, 247

operating ratio, Betriebskoeffizient 243
operator, Bedienungspersonal 222
operator panel, Bediengeräte 172
organization, Organisation 309
organizational chart, Organisationsdiagramm 29
organizational structure, Organisationsstruktur 309
oscillation analysis, Signalanalyse 153
oscillation damping, Schwingungsdämpfung 198
output, Output 265
overrolling, Überrollen 242
overstress, Überlastung 154, 208
overturning, Umkippen 242
OWG, OWG, obere Warngrenze 112
ownership, Eigentum 43

paired comparison, Paarvergleich 91
parent population, Grundgesamtheit 75, 107
Pareto analysis, Pareto-Analyse 19, 84
Pareto, V., Pareto, V. 84
particle radiation, Teilchenstrahlung 199, 202
particle velocity, Schnelle 195
particle velocity level, Schnellepegel 195
password, Passwort 282
PC workstation, PC- Arbeitsplatz 219
PDCA circle, PTCA-Kreis 144
PDCA control loop, PDCA-Regelkreis 23
PDCA cycle, PDCA-Kreis 295
percentile, Perzentil 210
perception, Wahrnehmung 205
performance requirements, Leistungsanforderungen 11
personal protective equipment, PSA 217
photoreceptor cell, Sehzelle 203
pinching, Quetschstelle 169
planning, Planung 28
POP3, POP3 289
posture, Körperhaltung 210
power quality analyzer, Netzanalysator 294
power supply, Stromversorgung 293
ppm, parts per million, ppm 90
prevent action, Vorbeugemaßnahme 25, 50, 311
probability, Wahrscheinlichkeit 94, 103
probability function, Wahrscheinlichkeitsfunktion 104
probability of detection, Entdeckungswahrscheinlichkeit 94
probability of occurrence, Auftretenswahrscheinlichkeit 94
probability paper, Wahrscheinlichkeitsnetz 108
procedure, Verfahren 311
process, Prozess 75, 98, 310
process audit, Prozessaudit 64
process capability, Prozessfähigkeit 80, 116, 117
process characteristic, Prozessmerkmal 91
process control, Prozessregelung 96
process control, Prozessüberwachung 117
process controlled system, Regelstrecke 18
process description, Prozessbeschreibung 26, 55, 257
process diagram, Prozessdarstellung 54
process documentation, Prozessdokumentation 96
process of procurement, Beschaffungsprozess 40
process orientation, Prozessorientierung 23, 67, 72
process power, Prozessleistung 72
process quality, Prozessqualität 48
process risk, Prozessrisiko 257
process safety, Prozesssicherheit 80
process structure, Prozessstruktur 21, 23
process survey, Prozesslandschaft 23, 24
process water, Prozesswasser 262
process, compatible, Prozess, fähig 98
process, mastered , Prozess, beherrscht 98
procurement, Beschaffung 40
procurement data, Beschaffungsdaten 49

procurement specification, Beschaffungsangaben 40
product, Erzeugnis 90
product, Produkt 35, 309
product audit, Produktaudit 64
product control, Produktkontrolle 7
product feature, Produktmerkmal 91
product implementation, Produktrealisierung 34
product maintenance, Produkterhaltung 43
product planning, Produktplanung 257
production, Produktion 42
production planning, Produktionsplanung 257
productivity, Produktivität 68
PROFIBUS-DP, PROFIBUS-DP 155
prohibition flag, Verbotszeichen 215
project, Projekt 309
project framework, Projektrahmen 78
project kick-off, Projektanstoß 258
project structure, Projektstruktur 259
project team, Projektteam 258
property, Beschaffenheit 8
Protagoras, Protagoras 209
protection against laser radiation, Laserschutzmaßnahmen 201
protection category, Schutzart 183
protection device, Schutzeinrichtung 168, 222, 231
protection equipment, Schutzausrüstung 217
protection level, Schutzstufe 200
protection shoes, Schutzschuhe 218
protective clothing, Schutzkleidung 218
protective gloves, Schutzhandschuhe 218
protective helmet, Schutzhelm 217
protective low voltage, Schutzkleinspannung 181
protective mask, Atemschutzmaske 218
protective screen, Schutzschirm 217
protector ground, Erdung 156
provincial laws, Landesgesetze 251
public health service, Gesundheitswesen 257
pulse beat, Pulsschlag 213

QFD, Quality Function Deployment, QFD 19, 81, 91
QM manual, QM-Handbuch 54, 60
QM system, QM-System 25, 254
QM training, QM-Schulung 55
QM, quality management, QM, Qualitätsmanagement 7
QMB, QMB, Qualitätsmanagementbeauftragter 57
QMH, QMH, Qualitätsmanagementhandbuch 25, 57
QMS, QMS, Qualitätsmanagementsystem 257
QS 9000, QS 9000 52
cualification, Qualifizierung 164
cualification matrix, Qualifikationsmatrix 31
cualification process, Qualifizierungsprozess 310
cuality, Qualität 8, 310
cuality assurance, Qualitätssicherung 7, 310
cuality audit, Qualitätsaudit 8
cuality characteristic, Qualitätsmerkmal 8, 9, 310
cuality circle, Qualitätskreis 11, 12
cuality control, Qualitätslenkung 18, 310
cuality control, Qualitätsüberwachung 96
cuality control chart, Qualitätsregelkarte 97, 112, 137,
cuality control loop, Qualitätsregelkreis 18
cuality improvement, Qualitätsverbesserung 10, 310
cuality inspection and testing, Qualitätsprüfung 14
cuality management, Qualitätsmanagement 256, 310
cuality management manual, Qualitätsmanagementhandbuch 25, 26, 57, 310
cuality management representative, Qualitätsmanagementbeauftragter 57

quality management system, Qualitätsmanagementsystem 257
quality management system, Qualitätsmanagementsystem 310
quality objective, Qualitätsziel 29, 310
quality plan, Qualitätsmanagementplan 310
quality planning, Qualitätsplanung 13
quality policy, Qualitätspolitik 28, 310
quality pyramid, Qualitätspyramide 12
quality request, Qualitätsforderung 19, 72

R&R study, R&R-Studie 123
radiation, Strahlung 232
radiation, electromagnetic, Strahlung, elektromagnetische 199
radiation, ionizing, Strahlung, ionisierend 199
radiation, not-ionizing, Strahlung, nichtionisierend 199
RAMSIS, RAMSIS 209
random events, Zufallsereignisse 103
random failure, Zufallsausfall 147
range, Reichweite 212
rating, Bewertung 60
rating code, Bewertungsschlüssel 60
rating points, Bewertungspunkte 62
rating scheme , Bewertungsschema 62
raw data, Urliste 99
raw data chart, Urwertkarte 113
raw water, Brauchwasser 262
reclassification, Neueinstufung 309
record, Aufzeichnung 307
recording guidance, Lenkung von Aufzeichnungen 27
recovery time, Wiederanlaufzeit 302
reference acceleration, Bezugsbeschleunigung 195
release, Freigabe 308
remote diagnostics, Ferndiagnose 150
remote maintenance, Fernwartung 150
reopening, Wiederinbetriebnahme 154
repair, Reparatur 158, 310
repair service, Instandsetzung 145, 154
repair service costs, Instandsetzungskosten 154
repeatability, Wiederholpräzision 120
report, Bericht 62
reporting, Meldung 305
reproducibility, Vergleichspräzision 120
request, Forderungen 11
requirement, Anforderung 25, 307
rerun audit, Wiederholungsaudit 56, 63
reservoir, Stauraum 275
residual current device, RCD, Fehlerstromschalter 181
residual materials, Reststoffe 263
residual risk, Restrisiko 235
resources, Ressource 31, 265
responsibility, Verantwortung 213
responsibility of direction, Verantwortung der Leitung 28
restarting, Wiedereinschalten 182
rework, Nacharbeit 68, 309
risk, Gefährdung, Risiko 222, 247, 249, 279
risk analysis, Risikoanalyse 303
risk assessment, Risikobeurteilung 222
risk group, Gefahrengruppe 174
risk management, Risikomanagement 257
risk minimization, Risikominimierung 249, 254
risk rating, Risikobewertung 249
robots, Roboter 179
roller, Rolle 244
rope, Seil 244, 246
RPZ, RPZ, Risikoprioritätszahl 93
rubble, Abraum 268
run, Run 142

sabotage, Sabotage 280
safety, Sicherheit 180, 249
safety advice, Sicherheitsratschlag 187
safety at work, Arbeitssicherheit 257
safety boots, Sicherheitsschuhe 218
safety categories, Sicherheitskategorien 180

safety distance, Sicherheitsabstand 170
safety mat, Sicherheitsmatte 170
safety requirements,
    Sicherheitsanforderungen 222
safety signs, Sicherheitszeichen 215
safety standard, Sicherheitsnorm 249
sales data, Vertriebsdaten 49
sample, Stichprobe 96, 107
sampling inspection, Stichprobenprüfung 17
scatter diagram, Streudiagramm 90
schedule of inspections, Inspektionsplan 152
scrap, Verschrottung 311
scrapping, Verschrotten 157
screen, Bildschirm 220
screen dialog, Bildschirmdialog 220
script virus, Scriptvirus 284
SDCA circle, STCA-Kreis 144
seat, Sitz 225, 240
seat, Sitzen 210
seat job, Sitzarbeitsplatz 198
second party audit, Second-Party-Audit 64, 65
self inflammation, Selbstzündung 189
server program, Serverprogramm 285
server room, Serverraum 280
service audit, Dienstleistungsaudit 64
service data, Servicedaten 49
service delivery, Dienstleistungserbringung 42
sewage, Abwasser 262, 268
Shewart chart, Shewartkarte 113
Shewart, W. A., Shewart, W. A. 7, 97
shielding, Schirmung 156
shift work, Schichtarbeit 213
short circuiting, Kurzschließen 182
shot, Knall 194
sight management system, Licht-Managementsystem 204
sigma, Sigma 105
signal device, Signaleinrichtung 242
signal noise, Rauschen 194
signal, acoustically, Signal, akustisch 206
signal, optically, Signal, optisch 206
simulation, Simulation 157
single frequency, Einzelhäufigkeit 102
situational analysis, Situationsanalyse 258
six sigma strategy, Six Sigma 74
skip-lot inspection, Skip-Los-Prüfung 17
slip away, Ausrutschen 233
SMPT, SMPT 290
softkey, Softkey 173
sonic velocity, Schallgeschwindigkeit 193
sound, Klang 194
sound evaluation, Schallbewertung 194
sound generation, Schallerzeugung 193
sound intensity evaluation level,
    Beurteilungspegel 195
sound intensity level, Schalldruckpegel 193, 196
sound power level, Schallleistungspegel 196
space scanner, Raumabtastsystem 170
spare part code, Ersatzteilnummer 158
spare part list, Ersatzteilliste 158
spare time metabolism, Freizeitumsatz 207
SPC, Statistical Process Control, SPC 19, 81, 97
specialized supervision, Fachaufsicht 182
specification, Spezifikation 311
specification tree, Normenbaum 25
spectral sensitivity, Spektralempfindlichkeit 203
spine, Wirbelsäule 208
stability, Stabilität 120, 175
stability, Standsicherheit 178, 229, 243, 247
stage of performance maturity,
    Leistungsreifegrad 61
stakeholder, Stakeholder 75
standard chapter 4, Normkapitel 4 25
standard chapter 5, Normkapitel 5 28
standard chapter 6, Normkapitel 6 31
standard chapter 7, Normkapitel 7 34
standard chapter 7, Normkapitel 7 37
standard chapter 8, Normkapitel 8 46
standard deviation, Standardabweichung 74, 105

standard operation, Normalbetrieb 154
standards, cat. A, A-Normen 250
standards, cat. C, C-Normen 250
standing, Stehen 208, 210
starting, Ingangsetzen 226
statistical process control, SPC, Statistische
    Prozesslenkung 96, 97
statistics, Statistik 7
statutes, Satzungen 251
stock data, Lagerdaten 49
stop, Stillsetzen 227
strength, Festigkeit 243, 247
stress, Anspannung, Beanspruchung,
    Belastung, Stress 207, 213
stress factor, Stressor 213
stroke with a hammer, Hammerschlag 194
structure of standards, Normstruktur 22
structure-borne noise, Körperschall 195
subassembly, Baugruppe 158
success, Erfolg 68
sunlight, Sonnenlicht 204
supplier, Lieferant 72, 308
supplier chain, Lieferantenkette 40
supplier classification, Lieferanteneinstufung 66
supplier quality, Lieferantenqualität 48
supplier, cat. A, A-Zulieferer 66
supplier, cat. B, B-Zulieferer 66
supplier-customer relationship,
    Lieferanten-Kundenverhältnis 72
surface temperature, Oberflächentemperatur 191
surfaces, Oberflächen 229
surge protection, Überspannungsschutz 291
surge voltage, Überspannung 293
system, System 311
system audit, Systemaudit 47, 57, 64
system simulation, Anlagensimulation 157

tally sheet, Strichliste 99
Taylor, F. W., Taylor, F. W. 7
team work, Gruppenarbeit 164
technical design, Technikgestaltung 164
technical expert, Sachkundiger 310
temperature extremes, Temperatur, extreme 232
temporal evaluation, Zeitbewertung 194
tender preparation, Angebotserstellung 36
tens rule, Zehnerregel 13
test, Test 311
test audit, Probeaudit 57
test data, Prüfdaten 98
test data processing, Prüfdatenverarbeitung 18
test value, Prüfwert 99
testing frequency, Prüfhäufigkeit 17
testing, dynamic, Prüfung, dynamisch 243
testing, static, Prüfung, statisch 243
TGA, TGA, Trägergemeinschaft für
    Akkreditierung 57
theft, Diebstahl 281
third party audit, Third Party Audit 64
thorium, Thorium 202
tight, Enge 169
TIG-weld, WIG-Schweißen 202
tolerance, Toleranz 98
tolerance field, Toleranzfeld 116
tone, Ton 194
top level, Managementebene 257
top management, Oberste Leitung 309
Total Quality Management, Total Quality
    Management 67, 71
toxic, giftig 188
TQM model Europe, TQM-Modell Europa 69
TQM tools, TQM-Werkzeuge 81
TQM, Total Quality Management, TQM 20, 67, 71, 257
traceability, Rückverfolgbarkeit 18, 43, 310
transport safety, Transportsicherheit 178
tree diagram, Baumdiagramm 90
trend, Trend 142
trend path diagram, Verlaufsdiagramm 89
tripling, Stolpern 233
Trojan, Trojaner 284

trouble shooting, Fehlersuche 154, 157
troubleshooting, Fehlerbehebung 13, 86
tungsten inert gas-weld, Wolfram-Inert-Gasschweißen 202
TÜV, TÜV, Technischer Überwachungsverein 51
two-hand switch, Zweihandschalter, 168

UEG, UEG, untere Eingriffsgrenze 112
UM, UM, Umweltmanagement 251
UMS, UMS, Umweltmanagementsystem 252, 257
Uninterruptible Power Supply,
    Unterbrechungsfreie Stromversorgung 293
unit, virtual, Anlage, virtuell 156
unlock, Entriegeln 227
UPS, USV 293
use, as intended, Verwendung,
    bestimmungsgemäß 222
UV-RADIATION, UV-Strahlung 199
UVV-Lärm, UVV-Lärm 195
UWG, UWG, untere Warngrenze 112

Validation, Validierung 43, 61, 311
VDA 6, VDA 6 52
VDI 2567, VDI 2567 195
VDI 2570, VDI 2570 195
VDI 2711, VDI 2711 195
VDI 3720, VDI 3720 195
VDI 3760, VDI 3760 195
VDI/VDE/DGQ-Richtlinie 2619, VDI/VDE/DGQ-Richtlinie 2619 15, 45
velocity of oscillation,
    Schwinggeschwindigkeit 195
verification, Verifizierung 61, 311
verification of development,
    Entwicklungsverifizierung 38
VerpackG, VerpackG 251
vibration, Erschütterung, Vibration 198, 232
visual field, Sichtbereich 171
voltage spike, Spannungsspitze 293

Warning device, Warneinrichtung 235
warning indication, Warnhinweis 235, 243
warning limit, Warngrenze 112, 113
warning signal, Warnsignal 206
waste, Abfall, Verschwendung 68, 268
waste avoidance, Abfallvermeidung 263
waste law, Abfallgesetz 271
water, Wasser 262
water pollution controlling, Wasserreinhalten 262
wavelength, Wellenlänge 199
weak point, Schwachstelle 157, 260
wear failure, Verschleißausfall 147, 154
wear margin, Abnutzungsvorrat 154
wear-out failure, Alterungsausfall 147
welding arc, Schweißlichtbogen 199
WHG, WHG, Wasserhaushaltsgesetz 251
willingness to work, Arbeitshaltung 32
wire breakage safety, Drahtbruchsicherheit 225
WLAN, WLAN 290
Wöhler, August, Wöhler, August 176
work block, Arbeitspaket 258
work management, Arbeitsorganisation 7, 214
work preparation, Arbeitsvorbereitung 49
work turnover, Arbeitsumsatz 207
work-drawing template, Arbeitsplatz-Zeichenschablone 209
worker participation, Mitbestimmung 164
workflow, Auftragsdurchlauf 44
working hours, Arbeitszeit 164
workload, Arbeitsbelastung 207
workplace, Arbeitsplatz 164
worm, Wurm 284
wrist, Handgelenk 198

X-ray, Röntgenstrahlung 199, 202